Leon Wieseltier

KADDISCH

Aus dem Amerikanischen
von Friedrich Griese

Carl Hanser Verlag

Die Originalausgabe erschien unter dem Titel *Kaddish* im Verlag Alfred A. Knopf, New York; der Übersetzung liegt die 3. Auflage vom September 1998 zugrunde.

1 2 3 4 5 04 03 02 01 00

ISBN 3-446-19944-6

Satz: Filmsatz Schröter, München
Druck und Bindung: Franz Spiegel Buch GmbH, Ulm
Printed in Germany

Dem Andenken an
Mark Wieseltier,
meinen Vater

לזכר נשמת אבי
מרדכי בן שלמה זלמן
הריני כפרת משכבו

Vorwort

Am 24. März 1996, dem 5. Nissan 5756 des jüdischen Kalenders, starb mein Vater. Danach sprach ich ein Jahr lang dreimal täglich, während des Morgen-, des Nachmittags- und des Abendgottesdienstes, das Gebet, das man das Kaddisch des Trauernden nennt – zumeist in einer Washingtoner Synagoge, und wenn ich auswärts war, in den örtlichen Synagogen. Es war meine Pflicht, dieses Gebet zu sprechen, und die Gründe dieser Pflicht werden in diesem Buch deutlich werden.

Sogleich fiel mir auf, wie wenig ich über das Ritual wußte, das ich mit so unerwarteter Treue vollzog. Und bald begriff ich, daß es mir nicht gelingen würde, meine übrige Existenz gegen die Auswirkungen dieser unverstandenen und mühsamen Übung abzuschotten. Die Symbole durchdrangen alles. Aus der Zeit der Trauer wurde eine Zeit der seelischen Erneuerung, auf die ich überhaupt nicht vorbereitet war.

Da dies nun einmal meiner Neigung entspricht und ich auf diese Weise meinem Gefühl des Ungenügens abzuhelfen hoffte, begann ich zu studieren. Ich bin von Natur aus ein Büchermensch. Ich beschloß, die Geschichte des Kaddisch des Trauernden zu erforschen, und ich führte ein Tagebuch, in dem ich die Quellen aus Altertum, Mittelalter und Neuzeit festhielt, auf die ich dabei stieß, sowie die Überlegungen, die sie bei mir auslösten. Dieses Tagebuch bildet den Inhalt des vorliegenden Bandes. Es ist, um das gleich deutlich zu machen, kein Werk der Gelehrsamkeit. Die Art, wie ich mich in die Ursprünge und Bedeutungen des Kaddisch des Trauernden vertieft habe, ist das genaue Gegenteil eines systematischen Studiums. Ich habe mich den Quellen ohne vorgefaßte Absicht und in planloser Folge genähert. Ich habe darauf verzichtet, sie einer weitergehenden historischen, linguistischen oder begrifflichen Analyse zu unterziehen. Auch war ich nicht auf Vollständigkeit aus. Es gab mehr Quellen, aber die Zeit war begrenzt. Ich brachte nicht die Gelassenheit auf, die ein wirklich strenges Studium erfordert hätte. Meine Nachforschungen sind ein bißchen ziellos geraten.

Meine Pflicht stand fest, aber in meiner Tradition habe ich mich frei bewegt. Die Texte führten mich bald in diese, bald in jene Richtung, ließen Abstammungslinien erkennen, verwiesen in einer großen Kette des Brauchtums und des Wissens aufeinander. Meinem Bedürfnis und meiner Neugier entsprechend reichten die Rabbinen mich untereinander weiter. Es wäre ein zu dürres Wort, wollte man meine Erfahrung als »Intertextualität« bezeichnen. Dafür war sie zu erfrischend, belebend. Man kann die Texte mit Pfaden in einem Garten vergleichen. Ich folgte ihnen, ein wenig unstet. Manchmal hielt ich vor dem, was sie enthüllten, inne, dann wieder eilte ich daran vorbei. Ein Jahr lang habe ich die Umfriedung des Gartens nicht verlassen. Ich habe den Garten von vielen Punkten aus betrachtet, aber als ganzen nicht zu Gesicht bekommen.

Vor etlichen Jahren las ich in einem Essay von Coomaraswamy über die Ästhetik des Buddhismus von dem Pali-Wort *samvega*, das »vielfach benützt wird, um das Erschrecken oder Erstaunen zu bezeichnen, das man manchmal empfindet, wenn die Wahrnehmung eines Kunstwerks zur tiefen Erfahrung wird«. Coomaraswamy wollte eine Form der Kontemplation, die nicht interesselos ist, als legitim begründen. In den von ihm angeführten buddhistischen Quellen wird der Kunstgegenstand als »Stütze der Kontemplation« bezeichnet. Gleiches gilt für natürliche Gegenstände; in einem Pali-Werk geht es um einen Fürsten, der »als Stütze der Kontemplation lediglich einen Tautropfen benützte«, dessen Anblick ihn zum Denken, zu philosophischer Reflexion anregte. Der Lohn für sein kognitives Bemühen war nicht das Erfassen des Tautropfens, sondern die Idee, die das Erfassen des Tautropfens ihm eingab.

Ich sehe keinen Grund, warum die gründliche kognitive Beschäftigung mit einem Text nicht ähnlich anregend wirken sollte. Ich habe die Texte des Judaismus während meines Trauerjahres jedenfalls als Stütze der Kontemplation benützt. Ich habe die entsprechenden Gesetze und Legenden also nach besten Kräften zu ergründen versucht und sie dann für meine eigenen Zwecke, meine eigenen Ansprüche verwendet. Ich konsultierte die Gedanken meiner Vorgänger, um zu meinen eigenen Gedanken zu kommen. Meine Kontemplation war nicht interesselos. Ich bin hastig vorgegangen und habe dabei zweifellos Fehler gemacht, die ich bedaure. Aber ich war ungeduldig. Ich war der Trauernde im Garten, erhob mich, um das Kaddisch zu sagen, und suchte dann (wie es in einer autoritativen Pali-Quelle heißt) »Zufriedenheit beim Duft der gewählten Stütze der Kontemplation, die begriffen worden war«.

Alle Übersetzungen in diesem Buch stammen von mir, ausgenommen Bibeltexte, bei denen ich mich auf die englische King-James-Bibel gestützt habe. (Gelegentlich bin ich von ihr abgewichen, um grammatische Ungeschicklichkeiten und christliche Mißdeutungen richtigzustellen.) Der von mir verwendete Wortlaut des Kaddisch des Trauernden entspricht dem aschkenasischen Ritus. Ich verwende in diesem Buch für das jüdische Gotteshaus nicht das Wort »Synagoge«. Ich habe es nie gemocht. Es ist ein kaltes Wort, ein griechisches Wort. (Es geht zurück auf das griechische Wort für »sich versammeln«, und es taucht in der Septuaginta auf, der griechischen Bibelübersetzung, die im dritten Jahrhundert vor unserer Zeitrechnung in Alexandria entstand, als Übersetzung für das hebräische Wort *edah*, d.h. »Versammlung«. In der Bibel kommt das jüdische Gotteshaus nicht vor, im Unterschied zum Tempel, der eine Stätte des kultischen Opfers war.) Was noch schlimmer ist: Der Ausdruck »Synagoge« wurde zum sprachlichen und ikonographischen Kürzel für die Erniedrigung der Juden. Ich habe ihn für mich nicht von den Konnotationen befreien können, die ihm in der jahrhundertelangen Auseinandersetzung zwischen *ecclesia* und *synagoga* beigelegt wurden; letztere erscheint darin, mit unterschiedlicher Grausamkeit und Raffinesse dargestellt, als altes, besiegtes Weib, verhöhnt, niedergetrampelt, von einer Schlange geblendet, von einem Schwert durchbohrt, vom Teufel geritten, ihr Stab zerbrochen, ihr Gesetz auf den Kopf gestellt. Ich bezeichne das Gotteshaus lieber als »Schul«. Das ist ein jiddischer Ausdruck, der über das altdeutsche *scuola* auf das lateinische *scola* zurückgeht, und er bezeichnet das wesentliche und rettende Element des Gotteshauses, wie es sich im jüdischen Leben entwickelt hat: Die »Schul« ist ein Ort des Studiums und ein Ort des Gebets. »Schul« ist ein warmes Wort, ein jüdisches Wort. Für mich war es immer das freundlichste aller jüdischen Wörter, auch dann, wenn ich seine Freundschaft verschmäht habe.

Ein Wort zur Widmung dieses Buches. Wo es im Talmud um die Kindespflichten gegen die Eltern geht, heißt es: »Man muß ihn im Leben ehren, und man muß ihn im Tode ehren.« (Ihn oder sie: Den Rabbinen liegt es fern, zwischen Vater und Mutter einen Unterschied zu machen.) Wie ehrt man seinen Vater im Tode? »Wenn er berichtet, was sein Vater ihm gesagt hat, darf er nicht sagen: ›Dies sprach mein Vater‹. Er muß sagen: ›Dies sprach mein Vater, und ich bin die Sühne für wo er ruht.‹« Es sind diese verblüffenden hebräischen Worte – »ich bin die Sühne für wo er ruht« –, die in der Widmung dieses Buches erscheinen. Wenn sie hier erscheinen, ist damit formal das jüdische Gesetz verletzt. Denn im Talmud heißt es gleich anschließend, diese Rede solle nur während des Trauerjahres gesprochen werden; es ist die Rede des Trauernden, und mein Trauerjahr ist inzwischen um. Da dieses Buch aber mein Tagebuch jenes Jahres ist, habe ich mir erlaubt, die Worte dem Namen meines Vaters hinzuzufügen.

Und wenn der Kummer verflogen ist? Auch dann darf man nicht einfach so von seinen Eltern sprechen. Nach den zwölf Trauermonaten, heißt es bei den Rabbinen weiter, muß man, wenn von dem gestorbenen Vater oder der gestorbenen Mutter die Rede ist, hinzufügen: »Möge sein Andenken ein Segen für das Leben in der künftigen Welt sein.« Moderne Juden haben diesen Ausdruck der Pietät verkürzt, und wenn sie von ihren Toten sprechen, sagen sie: »Möge sein Andenken ein Segen sein.« Damit meinen sie einen Segen hier, für uns. Die Rabbinen meinen jedoch einen Segen dort, für ihn. Es ist ein schöner Satz, und zugleich ein unerhörter. Ich kann glauben, daß das Andenken an unsere Toten ein Segen ist – hier, für uns. Kann ich glauben, daß es ein Segen ist – dort, für sie? Dies war das Thema des Kaddisch für meinen Vater, und es ist Gegenstand dieser Untersuchungen seines gewissenhaften und zweifelnden Sohnes.

Das Kaddisch des Trauernden

Erhoben und geheiligt
werde sein grosser Name
in der Welt, die Er
nach Seinem Willen erschaffen,
und Sein Reich erstehe
in eurem Leben und in euren Tagen
und dem Leben des ganzen Hauses Israel
schnell und in naher Zeit,
sprechet: Amen!

Amen!
Sein grosser Name sei gepriesen
in Ewigkeit und Ewigkeit der Ewigkeiten!

Gepriesen sei
und gerühmt
und verherrlicht
und erhoben
und erhöht
und gefeiert
und hocherhoben
und gepriesen
der Name des Heiligen,
gelobt sei Er,
hoch über jedem Lob und Gesang,
Verherrlichung und Trostverheissung,
die je in der Welt gesprochen wurde,
sprechet: Amen!

Fülle Des Friedens
und Leben
möge vom Himmel herab
uns und ganz Israel zuteil werden,
sprechet: Amen!

Der Frieden stiftet in Seinen Himmelshöhen,
stifte Frieden unter uns und ganz Israel,
sprechet: Amen!

Kaddisch

I

Jedesmal gab es einen harten Schlag. Als die Tür des schwarzen Wagens hinter mir zufiel. Als die Schaufel in den Erdhaufen stieß. Als der hölzerne Sarg auf dem Boden der Grube landete.

Ich stand da und schwankte und sagte, was zu sagen man mich geheißen hatte. Ich wurde eingeführt mit den Worten, die das Gericht rechtfertigen. »Er ist der Fels. Vollkommen ist sein Tun; denn alle seine Wege sind recht …« Ich wurde eingeführt mit den Worten des Kaddisch, des langen für das Begräbnis, desjenigen über die Welt, die neugemacht werden wird, desjenigen, das ich nie zuvor gesagt hatte, und ich brachte es hervor. »Erhoben und geheiligt werde Sein großer Name …«

»Erhoben und geheiligt …« Laute, nicht Worte. Die Worte ergossen sich in die Grube und schlugen krachend auf den Sarg meines Vaters. Ich sah zu, wie die Worte auf der Holzoberfläche zersprangen, genau wie die Erdklumpen, die darauf fielen. Ich sah sie dort, die zersplitternden Worte. Ich sah die Buchstaben und ihre Schatten. Schließlich verschwanden sie in der Erde. Sie wurden mit ihm begraben.

»Er ist der Fels.« Und der Fels traf hart. Und ich stieß mich hart an dem Felsen.

Rechtfertige das Gericht, aber urteile auch über das Gericht. Bring das Gericht vor das Gericht!

Ich habe keine Tränen, keine Gedanken mehr.

Erhoben und geheiligt … Erhoben und geheiligt … Erhoben und geheiligt …

Kummer, gib mir Nahrung.

Sein großer Name sei gepriesen ... Sein großer Name sei gepriesen ... Sein großer Name sei gepriesen ...

◇

Wir beten im Studiersaal. Seine Schönheit verdankt der Raum seiner Schlichtheit. Seine einzige Zierde sind Bücher. Wenn ich bei den Bücherwänden stehe, habe ich das Gefühl, ich stünde am Ufer einer Unendlichkeit.

Die Rücken der Bücher. Bücher und Rückgrate. Bücher sind ein festes Rückgrat.

Erhoben und geheiligt ... Erhoben und geheiligt ... Erhoben und geheiligt ...

Die Schul wirkt so vernutzt. Über das Pult an der Stirnseite des Raums, unmittelbar vor dem Schrein, in dem die Torarollen untergebracht sind, ist ein rotes Samttuch geworfen. Hier steht der Vorbeter, das heißt der Leiter des Gottesdienstes, das heißt der Trauernde; und als ich meine Hände auf dieses Tuch lege, das die Farbe von Wein hat, sehe ich die Spuren der Hände, die dort vor den meinen gelegen haben. Der Samt ist fleckig. Hier und da ist er fadenscheinig. Dieser Verschleiß ist von erlesener Art. Diese Instrumente werden nicht durch Nachlässigkeit dünn, ganz im Gegenteil. Je fadenscheiniger, desto besser. Je dünner, desto dicker.

Sein großer Name sei gepriesen ... Sein großer Name sei gepriesen ... Sein großer Name sei gepriesen ...

Ein dunkler Strom.

Erhoben und geheiligt ... Erhoben und geheiligt ... Erhoben und geheiligt ...

◇

Ich weiß nicht, was ich tun soll. Doch, ich weiß es. Ich werde ein Buch aufschlagen.

Das einflußreichste Werk über das Sterben und Trauern in der jüdischen Tradition wurde von Nachmanides verfaßt, dem religiösen Genie der spanischen Judenheit im dreizehnten Jahrhundert. Sein Titel lautet *Torat ha-Adam* (»Das Gesetz des Menschen«). Es ist eine umfangreiche Kompilation von Gesetzen und Bräuchen, entnommen aus alten und mittelalterlichen Quellen, und seine Darstellung der Trauerbräuche diente als Vorbild für die großen Gesetzessammlungen des Mittelalters und der frühen Neuzeit. Es schließt mit einem großartigen Essay über Eschatologie, überschrieben »Das Tor der Vergeltung«, einer detaillierten Beschreibung des Systems von Belohnungen und Strafen. Aber ich will am Anfang beginnen, mit der Einführung in das Werk. Es handelt sich um eine philosophische Reflexion über die Sterblichkeit, die überwiegend aus einem gereimten (und ziemlich unerträglichen) Pastiche aus biblischen und rabbinischen Phrasen besteht. »Jeder kennt Trübsal und Freude«, erklärt Nachmanides. Dabei kann man die Wechselfälle des menschlichen Lebens auf ganz unterschiedliche Weise deuten. »Da ist der Mann, der mit seinem Los zufrieden ist. Er erfreut sich der Fülle seines Auskommens, seines aufgehenden Sterns. Er will nicht an morgen denken und trinkt, um sein Elend und seine Mühsal zu vergessen.« (Der »aufgehende Stern« bezieht sich auf das astrologische Zeichen, das, wie es bei einem hebräischen Autor des Mittelalters heißt, »zu jeder Stunde und Minute am Ende des östlichen Himmels aufgeht«.) Und da ist auch »der Weise, der den Genuß ablehnt und vor seiner Zeit und allem Kostbaren, das er sieht, zurückweicht. An Tagen der Freude denkt er an Trauer, und an Verzweiflung an Tagen der Hoffnung. Die Trauer zieht er dem Glück vor, und Jammern und Seufzen vorwegnehmend, macht er die Freude zunichte. Er erwartet nichts anderes als Böses.« Den Mann, der nur in der Gegenwart lebt, und den Mann, der nicht in der Gegenwart leben mag – Nachmanides mißbilligt sie beide. »Beide haben sie ihre Herzen krank gemacht.« Der Optimist »irrt verstandesmäßig«; er begreift nicht, daß kein Stern ewig aufgeht, denn »die Sphäre ist rund«, und das Zeichen, das heute steigt, wird morgen sinken. Der Pessimist, obwohl verstandesmäßig nicht im Irrtum (Nachmanides hat ihn als »den Weisen« bezeichnet), »ist überschlau, und er trinkt mit den Zynikern«. Die Zyniker wollen »das Kostbare als langweilig hinstellen«. Ihre rätselhaften Reden sind »eine Verleumdung der Zeit«. Doch die Zeit, bemerkt Nachmanides, ist »ein genauer Zeuge und ein ehrlicher Richter«. Sie bedient sich »der richtigen Gewichte und Maße«. Sie »behandelt einen Mann niemals ungerecht, und niemals schmälert sie seine Verdienste«. Jedenfalls haben die Sterne uns in Anbetracht unserer Sterblichkeit nichts zu lehren. »Die Sterne und die Zeichen haben nicht die Macht, Menschen sterben oder leben zu lassen, also schau nicht nach ihnen, denn sie werden dir weder schaden noch nützen.« Nein, »alles kommt vom Herrn des Weltalls«. Theologie und Astrologie unterscheiden sich jedoch nicht nur darin, daß Gott mächtig ist. Er ist außerdem gerecht. »Er spricht die Gerechten frei und verurteilt die Bösen, und Er macht alles recht zu seiner Zeit. Und in Seinen Wegen gibt es verborgene Geheimnisse (worüber die wenigen sich einig sind, denn die vielen werden niemals weise sein), Dinge, die zu erhaben sind, um von Menschen erkannt zu werden, die ferne Zukunft etwa und die tiefe Vergangenheit. Was also bleibt dem armen versuchten Menschen übrig, wenn er vor den König tritt, als das Gericht zu rechtfertigen und das Urteil zu bestätigen?«

Ich wünsche aber nicht, das Gericht zu rechtfertigen und das Urteil zu bestätigen! Zählen Sie mich also zu den vielen, die niemals weise sein werden. (Oder stellen Sie mich ein andermal auf die Probe.)

Hilf mir, Nachmanides, hilf mir!

Und damit kommt Nachmanides zum Thema der Trauer. Genauer gesagt, zur Absurdität der Trauer. »Ich möchte nun sagen, was mein Herz glaubt und was mein Verstand bewiesen hat.« Und was ist das? Er beginnt mit einer verwirrenden Erklärung: »Da es dem Menschen bestimmt ist zu sterben und er es verdient hat, sich im Schatten des Todes niederzulegen, warum sollten wir uns wegen jemandes Tod quälen und um den Toten weinen und ihn betrauern? Die Lebenden wissen schließlich, daß sie sterben werden. Es ist rätselhaft, daß diejenigen, die wissen, was geschehen wird, dann, wenn es eingetreten ist, trauern und andere zum Wehklagen auffordern.« Nachmanides beschreibt einen Widerspruch zwischen Herz und Verstand. (Nicht verwunderlich, sprach er doch eingangs von dem, »was mein Herz glaubt und was mein Verstand bewiesen hat«.) Er will sagen, daß das, was man weiß, sich auf das, was man empfindet, auswirken müsse. Dagegen läßt sich kaum etwas einwenden. Habe ich etwa erwartet, daß mein Vater nicht sterben würde? Natürlich nicht. Und doch wehklage ich. Wozu taugt die Philosophie, wenn es Schmerz gibt?

Aber Nachmanides glaubt nicht wirklich, daß Trauern absurd sei. Er hat Antworten auf seine Frage. Dies ist seine erste Antwort: »Es war dem Menschen bestimmt, ewig zu leben, aber als Folge der Ursünde sind die Menschen zum Sterben verurteilt. Darum zittern sie, weil sie von ihrer wahren Natur getrennt werden.« Nachmanides spricht von der Sünde im Paradies, die durch Evas Apfel ausgelöst wurde. Er gibt uns zu verstehen, daß wir nicht den Tod betrauern, sondern die Sterblichkeit. Eine interessante Idee, die allerdings wenig gemein hat mit der realen Trauer realer Menschen, die wahrlich nicht den Kopf sinken lassen, weil sie wissen, daß sie nicht ewig leben werden. Und Nachmanides fährt fort: »Im übrigen habe ich geforscht und gegrübelt, und in der ganzen Tora gibt es kein Verbot der Trauer und kein Gebot, getröstet zu werden. Verboten wurde [im fünften Buch Mose] lediglich, sich aus Trauer um einen Toten Einschnitte zu machen und sich kahl zu scheren zwischen den Augen. Aber laßt euch nicht abbringen vom Weinen, und verabscheut nicht das Seufzen.« Damit hat Nachmanides die Rechtmäßigkeit des Trauerns aus der Bibel nachgewiesen. Mehr noch, es ist eine religiöse Aktivität ersten Ranges: »Wir müssen begreifen, daß Trauern ein Dienst am Herrn ist, der uns im Schmerz und im Glauben befähigt, unser wahres Ende zu bedenken und den Ort zu erkennen, wo unser wahres Zuhause ist. Entsprechend steht [im Prediger] geschrieben, daß es ›besser ist, in das Haus der Trauer zu gehen, als in das Haus des Gelages zu gehen, indem jenes das Ende aller Menschen ist; und der Lebende nimmt es zu Herzen.‹«

Es gebe »kein Gebot, getröstet zu werden«, sagte der Riese von Gerona. Das werde ich mir merken.

Erhoben und geheiligt ... Sein großer Name sei gepriesen ... Erhoben und geheiligt ... Sein großer Name sei gepriesen ...

Und Nachmanides hat eine zweite Antwort auf seine Frage. Warum trauern, wenn wir wissen, daß wir sterben werden? »Damit wir trauern mögen um die Sünden eines, der vor der Zeit gestorben ist. Oder wenn ihm in einem seiner Kinder etwas Schreckliches widerfahren ist, schickt es sich, darüber zu weinen und wehzuklagen.« Trauer ist die angemessene Reaktion auf das Schicksal derer, die in Sünde sterben. Nachmanides bietet eine Deutung einiger Verse aus dem dritten Kapitel der Klagelieder. »Wenn du bereust, und du trachtest nach Gott, wird Er sich erbarmen nach der Menge seiner Gütigkeiten. Denn nicht von Herzen plagt Gott die Menschenkinder, und nicht von Herzen betrübt Er sie; noch zermalmt Er alle Gefangenen der Erde unter Seinen Füßen, um zu beweisen, daß sie Seine Gefangenen sind und Er Gewalt über sie hat; noch beugt Er das Recht eines Mannes oder tut ihm Unrecht in seiner Streitsache, daß heißt, wenn sie Sünder sind vor Seinem Angesicht. Dies alles billigt Er nicht. Da Er aber nicht will, daß solches Unrecht geschehe, hat Er auch gesagt: Glaubt nicht, daß all die Leiden, die euch widerfahren, Zufall sind und nicht von Ihm kommen, denn wer ist, der da sprach, und es geschah, ohne daß der Herr es geboten? Alles kommt von Ihm. Er gebot, und alle Taten wurden erschaffen, und es gibt nichts Böses oder Gutes, das nicht von Ihm ausgeht ... Und wenn alles aus Seinem Munde und aus Ihm hervorgeht und Er nicht wünscht, daß Böses geschehe, warum trauert und was beklagt sich da der lebende Mensch? Über seine Sünden trauere und beklage er sich.« Nachmanides zieht konkrete Folgerungen: »Wenn daher ein Mann früher stirbt, als die Menschen gewöhnlich sterben, oder wenn das Kind eines Mannes stirbt, schickt es sich, daß er und die, die ihn lieben, betrübt sind und trauern, doch muß ihre Trauer derart sein, daß sie ein Dienst am Herrn ist, in dem Sinne, daß sie über die Sünden trauern, die die Ursache ihres Leidens waren, und die Sünden bereuen, die ihnen bewußt sind, und Buße tun für die Sünden, die ihnen nicht bewußt sind. Denn vollkommen falsch ist es, wenn der Mensch im Leid sich mit Verzweiflung wappnet und sein Herz dieserhalb verhärtet.«

◇

Bei Tagesanbruch lag ein urzeitliches Leuchten über der Stadt. Als ich zur Schul fuhr, war alles keusch. In dem uralten Licht verblaßten die Gebäude, lösten die Denkmäler sich auf. Die Stadt glitt zurück in den Erdboden. Ich fuhr hinunter zum Fluß, wo ich das Zerrinnen der menschlichen Bestrebungen beobachtete. Ich sah das Licht eines urzeitlichen Washington. Einen Morgen ohne Zivilisation.

Nachmanides weiß sehr wohl, daß die Bekanntschaft mit dem Tod den Appetit aufs Leben verderben kann. Deshalb bemüht er sich, den Trauernden vor solchem Verderb zu bewahren, eine ideale Trauer zu beschreiben, die die Begegnung mit dem Tod respektiert, ihr aber nicht erliegt. Der Rabbi möchte die Macht des Todes einspannen für einen guten Zweck. Ich wünsche ihm Glück.

Der Trauernde soll also nicht metaphysisch über den Tod denken, sagt Nachmanides. Der Trauernde soll moralisch über ihn denken. Schrecklich ist nicht der Tod. Schrecklich ist die Sünde. Der Tod meines Vaters war keine Tragödie. Er war eine Kritik.

Weil mein Vater starb, soll ich mich also bessern? Darin kann ich dem Rabbi nicht folgen. Die moralistische Deutung des Todes stößt mich ab.

Der Tod, ein Vorwurf?

– Er ist schuldig.
– Nein, er ist tot.

Es ist eine absurde Zumutung, daß der Tod kein Grund zur Verzweiflung sein solle.

Der Tod wird moralisiert, weil man ihn fürchtet. Doch der Moralist hat nicht den Anstand, zuzugeben, daß er Angst hat.

Die Angst vor dem Tod läßt sich bezwingen, selbstverständlich. Aber durch gute Werke? Das begreife ich nicht. Was hat die Ethik mit dem Erlöschen zu tun? Die Unausweichlichkeit des Erlöschens soll der Ethik wohl eine gewisse Dringlichkeit verschaffen. Sie soll die Ernsthaftigkeit befördern. (Lebe jeden Tag, als wäre es dein letzter, und so weiter.) Trotzdem wird ein guter Mensch genauso sterben wie ein schlechter Mensch. Der Tod ist amoralisch, indifferent, mechanisch: zack zack zack. Er ist ein Faktum, und ein Wert kann nicht ein Faktum ungeschehen machen.

Gott ist gerecht, doch der Tod ist neutral.

Ich will nicht unbedingt untröstlich sein, aber ich will mich auch nicht täuschen lassen.

◇

In der Schul lasen wir an diesem Sabbath das Lied der Lieder. Da waren Gazellen in Georgetown.

»Denn die Liebe ist stark wie der Tod, grausam wie das Grab ihre Eifersucht ...« Was für Worte! Sie markieren die Entdeckung der Endlichkeit in der Erfahrung des Begehrens. Ich habe mir dann in der Schul eine Ausgabe des Hoheliedes aus dem Regal geholt, die mit einem Kommentar von Elia ben Salomo Salman, dem Gaon von Wilna, versehen ist, jenem Gelehrten und Asketen im Litauen des achtzehnten Jahrhunderts, der mehr Ehrfurcht eingeflößt hat als jeder andere Rabbi der Neuzeit, und der Gaon kommentiert diese Worte sehr viel weniger abstrakt: »Die Liebe ist stark wie der Tod, denn in der Todesstunde eines Menschen ist der Abschied der Seele vom Leib schwierig, denn es gibt keine Liebe und keine Anhänglichkeit und keine Vermengung, die der zwischen Seele und Leib vergleichbar ist; und ihre Eifersucht ist grausam wie das Grab, weil es in der Welt keine Eifersucht gibt, die vergleichbar ist derjenigen des Menschen, der in sein Grab geht und sieht, daß die Welt weiterlebt.« Der Kommentar des Gaon verletzt mich. Er versetzt mich zurück in die letzten Tage im Krankenhaus, als mein Vater wußte, daß die Welt weiterlebte, und er war eifersüchtig.

Ich erzählte einem Freund, daß ich zur Schul zurückgekehrt sei. Der Kreis ist also ungebrochen, sagte er. Vielleicht ein bißchen zu ungebrochen, dachte ich. Ich mag zerbrochene Kreise. Ich zerbreche Kreise.

Erhoben und geheiligt ... Sein großer Name sei gepriesen ... Erhoben und geheiligt ... Sein großer Name sei gepriesen ...

Zurück zu Nachmanides. Er beschließt die Einführung in sein Werk über den Tod mit einer Ermahnung an seinen Sohn. »Mein Sohn! Wenn Sünder dich verlocken, so gib du nicht nach. Denn du wirst auf viele Aussprüche der griechischen Philosophen und derer, die wie sie denken, stoßen, Aussprüche, die das Herz verhärten und den Sinn starr werden lassen. Nichtswürdig ist, woran sie sich erfreuen, und schlechte Tröster sind sie. Sie leugnen die Zukunft, und sie verzweifeln an der Vergangenheit. Wer sie erwählt, ist ein Greuel – und ein Häretiker. Denn Sokrates, einer ihrer Weisen, soll verkündet haben: ›Sie fragten mich: »Warum haben wir dich nie traurig gesehen?« Und ich erwiderte: »Weil ich nichts habe, dessen Verlust mich traurig machen würde.«‹ Er sagte auch: ›Wer die Welt kennt, wird nicht über sein Glück frohlocken und nicht über sein Unglück klagen.‹ Sie sagten auch: ›Unglücklich ist der, dem etwas an der Welt liegt.‹ Sie sagten auch: ›Wer weiß, daß er auf dem Wege aus der Welt ist, und sie dennoch zu bestellen trachtet, der täuscht sich.‹ Er und seine Freunde, die Philosophen, sagten viele derartige Dinge.« Es erstaunt mich nicht, daß Nachmanides diese Griechen und ihre Philosophie der inneren Distanz anprangert, aber seine Denkungsart ist verschlungener. »Gewiß«, schreibt er, »kommt es ihnen und allen Denkern zu, das ganze Treiben der Welt für weniger als nichts, für eitel, für sinnlos zu erachten.« Um diese Weisheit zu erlangen, braucht man sich nicht einmal zu den Griechen zu verirren. »Schließlich hat König Salomo sie alle [im Prediger] übertroffen, als er, vom heiligen Geist beseelt, alles für Eitelkeit erklärte und sagte, daß da kein Vorzug des Menschen vor dem Tiere ist.« Dennoch gab es, was die Abwendung von der Welt angeht, einen Unterschied zwischen König Salomo und Sokrates. »Trotzdem gab Salomo gut acht und forschte sorgfältig und unterschied zwischen gut und böse und zwischen wahr und falsch. Und so lehrte er, sich in Zeiten der Fülle zu erfreuen, aber in widrigen Zeiten eine Träne zu vergießen; daß das Weinen seine Zeit hat und das Klagen seine Zeit hat.« Das heißt, es gibt auch eine Zeit, *nicht* zu weinen, und eine Zeit, *nicht* zu klagen.

Ich sehe, worauf Nachmanides hinaus will. Er gesteht dem Pessimismus eine gewisse Wahrheit zu, die er dann aber einschränkt. Er folgt damit einer alten Deutung der Passage im ersten Kapitel der Bibel, wo Gott von dem Werk des sechsten Schöpfungstages sagt, es sei »sehr gut«. Den Rabbinen zufolge bezieht sich »gut« auf den guten Impuls in der Natur des Menschen, und »sehr« bezieht sich auf den bösen Impuls in der Natur des Menschen. »Aber ist der böse Impuls wirklich sehr gut? Nur insofern, als ein Mann, dem der böse Impuls fehlte, nicht ein Haus bauen und ein Weib nehmen und Söhne und

Töchter zeugen würde.« Das sind tiefe, illusionslose Worte der alten Rabbinen. Nachmanides läßt sich folgendermaßen über sie aus: »Sie drangen weit in die Materie ein, und wenn sie die Bestellung der Welt für nichtig und eitel erklärten, so geschah das, weil die Bestellung der Welt durch nichts anderes aufrechterhalten werden kann als durch den Dienst am Schöpfer, und in diesem Sinne ist die Welt wahrlich sehr gut für jene, die gut und aufrecht in ihren Herzen sind. Denn es gehört zum Dienst am Herrn, sich um die Angelegenheiten der Welt und die Erhaltung aller Arten zu kümmern, so daß Gott es für alle Zeit mit Wohlgefallen betrachten kann, daß Er uns geschaffen hat ... Es steht außer Zweifel und bedarf keiner Erwähnung, daß es bei verstandesmäßiger Betrachtung blanke Idiotie ist, zornig oder erstaunt zu sein über das, was geschieht. Und es ist obendrein eine Sünde und ein Frevel gegen Gottes Gerechtigkeit, gegen die sich solche Menschen aufgelehnt haben. Nimm Hiob und die Geschichte seiner großen, furchtbaren Leiden. Wie reagierte er auf das, was ihm widerfuhr? Er zerriß seine Kleider und weinte und hielt alle Bräuche der Trauer, und er pries seinen Richter mit den Worten: ›Der Herr hat's gegeben, der Herr hat's genommen, gelobt sei der Name des Herrn!‹ Und dies sollte die Regel für die Zukunft und die Vergangenheit sein, denn Zorn und Angst führen zu Torheit und Unwahrheit. Wenn einer sich der Verzweiflung ergibt und auf diese Weise Trost findet, oder wenn einer lauen Sinnes ist und das, was ihm widerfährt, dem Zufall oder der Gewohnheit zuschreibt, dann wird er unsinnig treiben [und nicht richtig trauern].«

Und Nachmanides schließt mit einer tröstenden Rede: »Möge der Herr, dessen Zorn wir fürchten, dessen Wille aber unser Schild und Schutz ist, uns bald die Wiederherstellung des Tempels erleben lassen und an uns und unseresgleichen den Vers erfüllen, der da lautet: ›Er wird den Tod verschlingen ewiglich, und der Herrgott wird die Tränen abwischen von jedem Angesicht, und die Schmach seines Volkes wird er hinwegtun von der ganzen Erde. Denn der Herr hat gesprochen.‹« Lesen Sie diesen Vers noch einmal: »Er wird den Tod verschlingen ewiglich, und die Schmach seines Volkes wird er hinwegtun von der ganzen Erde.« Jesaja hätte sich nicht klarer ausdrükken können. Für den Propheten – und für den mittelalterlichen Kommentator – ist der Tod eine Schmach.

»Es gehört zum Dienst am Herrn, sich um die Angelegenheiten der Welt zu kümmern.« Ein wunderbarer Satz. Doch Nachmanides' Behauptung hat es in sich. Er möchte in die bittere Frucht beißen und nicht das Bittere schmecken. In der Welt wirken und nicht die Welt lieben.

◇

Nachmanides' Streit mit dem Stoizismus. (Ich glaube, es ist die stoische Version von Sokrates, die er vorträgt.) Er hält den Stoizismus nicht für gänzlich falsch. Er bewundert seine Verachtung der materiellen Welt, sein Ideal der inneren Freiheit, seine Gelassenheit, seine Nüchternheit. Die Welt sieht der Stoiker richtig, nur erfaßt er nicht, was jenseits der Welt ist, die übrige Realität. Er gleicht einem Mann, der sich rückwärts aus einem Raum zurückgezogen hat, sich aber nicht umdrehen will. Und hinter ihm ist Gott.

Was den Stoizismus von der Verzweiflung trennt, ist Gott, sagt der Rabbi. (Er ist ungerecht gegen den Stoizismus, der eine Theorie des Mutes ist.)

Der mittelalterliche Jude stimmt mit dem alten Griechen darin überein, daß Tugend Glück bedeutet. Der Unterschied ist der, daß der Grieche sich mit weniger Glück zufriedengibt als der Jude. (Das meint jedenfalls der Jude.)

Sokrates, verbessert durch Salomo. Der Stoizismus, verbessert durch das Judentum.

Der Stoiker entsagt der Welt, weil sie eine ungerecht Welt ist. Doch die gerechte Welt und die ungerechte Welt sind ein und dieselbe Welt. Es gilt, die ungerechte Welt zur gerechten Welt zu machen. Deshalb darf man sich nicht von der Welt lossagen.

Im Ideal der Indifferenz gerät die Spiritualität in Widerspruch zur Moral. (Ein spiritueller Sieg ist manchmal eine moralische Niederlage.)

Die Pflicht ist eine Art Leidenschaft. Eine freudlose Art.

Stoizismus im Dienste Gottes – eine verzauberte Nüchternheit.

»Er wird unsinnig treiben.« Nachmanides bezieht sich auf den rächenden Jehu, den Sohn Josaphats, der im neunten Jahrhundert vor unserer Zeitrechnung in einer Orgie von Blut die bösen Könige von Israel und Juda stürzte. (Er vernichtete das Haus Ahab und zertrat höchstpersönlich Isebel.) Über Jehu berichtet die Bibel, er sei dafür bekannt gewesen, daß er wie ein Unsinniger, rücksichtslos, in einem gestörten Zustand seinen Wagen getrieben habe. Er tat, was der Herr ihm befohlen hatte, aber er war ein Fürst der Instabilität. Und was Nachmanides für den Trauernden anstrebt, ist Stabilität, eine unextreme Haltung gegenüber dem Extremen.

Solche Weisheit ist wünschenswert. Doch *dieser* Trauernde möchte seinen Wagen unsinnig treiben. Unphilosophisch, unreligiös, unsinnig.

Erhoben und geheiligt ... Sein großer Name sei gepriesen ... Erhoben und geheiligt ... Sein großer Name sei gepriesen ...

Ich soll im Holocaust Museum eine Rede halten. Am Abend, und das heißt, daß ich nicht rechtzeitig in der Schul sein kann. Ich muß meine Pflicht tun, und so sorgen meine Freunde für die Mindestanzahl von Männern, so daß wir im Vestibül, außerhalb des Auditoriums, das Gebet verrichten können. Ich leite es und sage das Kaddisch für meinen Vater, der diesen Ort sehr geschätzt hatte. An dem Tag, als das Museum eröffnet wurde, saß er mit meiner Mutter im Regen und staunte darüber, daß es errichtet worden war. Jetzt schweben die Worte seines Kaddisch empor in die Äther des Atriums, die die Erinnerung an die Konzentrationslager bewahren, fliegen vorbei an dem Glas, in das der Name seines niedergebrannten Geburtsortes in Polen eingeritzt ist, und dringen ein in die Säle, wo die Bilder zeigen, was seiner Welt angetan wurde; und die Silben des Kaddisch meines Vaters haften an diesen Bildern wie Speichel.

◇

Erhoben und geheiligt ... Erhoben und geheiligt ... Erhoben und geheiligt ... Anders gesagt, das Problem der Wiederholung. Sie regt an. Sie stumpft ab.

Als ich vor Jahren aufhörte zu beten, schien das Verschwinden der religiösen Struktur mit der Verheißung der Möglichkeit einherzugehen, daß jeder Tag anders beginnen würde. Das Abenteuer der Selbsterschaffung! Aber wurde wirklich jeder Tag anders begonnen? Ich habe mich nicht selbst erschaffen. Ich wuchs bloß in andere Platitüden und Gewohnheiten hinein. Nicht nur die Religion lebt von der Wiederholung.

Jeden Morgen einige Minuten vor sieben fährt ein gelber Schulbus an mir vorbei, wenn ich auf dem Weg zur Schul in die Massachusetts Avenue einbiege. Gepriesen sei die Eintönigkeit der Tage!

In der Schul, an einem schwülen Morgen. Ein junger Mann in Shorts möchte wissen, ob ein bestimmtes Gebet mit oder ohne Segensspruch gesprochen wird. »Mit langer Hose«, wird er beschieden.

Ein Freund kommt vorbei und erkundigt sich, ob ich die Schriften von Elija Capsali von Kreta im Regal habe, des Rabbis und Historikers aus dem sechzehnten Jahrhundert. Capsalis Chronik seiner Zeit gehört zu den lebendigsten jüdischen Schriften, die ich kenne, und ich habe sie wirklich und bin froh, daß ich meinem Freund die gewünschte Auskunft geben kann. Besonders froh bin ich, weil ich auf eine Stelle stoße, wo beschrieben wird, wie der bedeutende Rabbi Juda Minz im Jahre 1506 in Padua starb und sein Sohn Abraham Minz zu seinem Nachfolger als Haupt der Akademie gewählt wurde. Die Schilderung enthält das folgende Detail: »Seit dem Todestag seines Vaters, unseres Lehrers Rabbi Juda Minz, seligen Angedenkens, leitete er die Gebete in der Synagoge, abends, morgens und nachmittags, und er war in einen schwarzen Gebetsmantel gehüllt.« Ein schwarzer Gebetsmantel! Wo finde ich so etwas? Klingt erlesen. Ohne Zweifel handelte es sich bei diesem Kleidungsstück um eine Spielart des Trauerflors, den die Italiener während ihrer Trauerzeit aufhängten. Mit der Totenklage ist sicherlich auch ein gewisser Aufwand verbunden, und ich verspreche, daß dieser von den Italienern übernommene Luxus mich nicht von meinem spirituellen Vorhaben ablenken würde. Capsali berichtet ferner, daß »es seine Absicht war, nach dem Tod seines Vaters ein ganzes Jahr lang auf diese Weise zu beten, aber er wurde aus seiner Heimatstadt ausgewiesen«. Die venezianischen Behörden verbannten Abraham Minz aus Padua, weil er dem deutschen Heer, das die Stadt einnahm, ein Geschenk darbrachte. Er rettete sich nach Ferrara. Ich frage mich, ob er seinen schwarzen Schal zurückließ.

Freitagabend. Der Sabbat naht in hellem Glanz. Der Rabbi macht mich mit zwei Männern bekannt. Es sind Brüder, und sie haben an diesem Morgen ihren Vater beerdigt. Sie sind gekommen, um Kaddisch zu sagen, aber sie sind mit dem Wortlaut und den Gebräuchen des Gebets nicht vertraut. Sie sind hilflos. Der Rabbi bittet mich, ihnen zu helfen. Die Trauernden sollen während des Gottesdienstes in einem bestimmten Moment hereingeführt werden, und ich führe sie herein. (Der Unblinde führt die Unblinden.) Als die beiden Brüder eintreten, empfängt sie die Gemeinde mit einem melancholischen Gruß: »Möge der Allgegenwärtige euch zusammen mit den übrigen Trauernden von Zion und Jerusalem trösten!« Dann ist es an der Zeit, das Kaddisch aufzusagen. Die Brüder erheben sich mit mir. Sie lesen eine englische Transliteration des hebräischen Gebets. »Wir werden als Dummköpfe dastehen«, sagt einer der beiden. »Nein«, sage ich, »ein Dummkopf ist nur der, der es nicht probiert.« Der Ton, in dem ich das sagte, gefiel mir nicht recht; er erinnerte mich an die Selbstgefälligkeit, mit der ich unterwiesen wurde. Aber was ich sagte, das stimmt. Als ich sah, wie sich die Brüder mit dem transliterierten Gebet abplagten, empfand ich Bewunderung. Die Laute, die sie hervorbrachten, hatten für sie keinen Sinn. Und doch lasen sie das ihnen Unverständliche mit solcher Treue, solcher Demut.

Die goldenen Ziegelsteine der Schul im Licht des Sommermorgens. Ich kam vorzeitig an, und der Anblick erfüllte mich mit Liebe.

Die Schul verliert für mich ihre Fremdheit. Das beunruhigt mich. In der Fremdheit kann man einsam sein. Vertrautheit ist eine Gefahr für die Spiritualität. Allmählich kenne ich meine Mitbeter. Sie sind keine Fremden mehr, sie werden zu Freunden. Wie betet man mit Freunden? Wie betet man überhaupt mit anderen zusammen? Das Gebet ist, für mich zumindest, eine einsame Erfahrung. Und doch ist die Gemeinde eine der Voraussetzungen meines Kaddisch.

Wenn ich mich früher von der Schul fernhielt, so auch, weil ich mich zu leicht von ihr beeinflussen ließ. Ich wünschte so sehr, wie die Menschen zu sein, mit denen ich betete. Das störte mich. Man sollte nicht wünschen, beeinflußt zu werden. Man sollte wünschen, überzeugt zu werden.

Vor über zwanzig Jahren habe ich aufgehört, nach dem jüdischen Gesetz zu leben, habe ich, wie die Rabbinen sagen würden, das Joch der Gebote abgeworfen. Leider kann ich nicht sagen, daß meine Gründe rein philosophischer Natur waren. Ich ließ mich auch von meinen Begierden lenken. Doch daß ich aufgab, lag auch an meiner Gebetserfahrung. Sie war eine Katastrophe. Jahrzehntelang hatte ich in Synagogen und Schulen, in Feld und Wald, denkend oder auch gedankenlos gebetet, und in all diesen Jahrzehnten hatte ich nicht ein einziges Mal die feste Überzeugung, daß der Kosmos, in dem ich betete, dem Kosmos ähnelte, den mein Gebet beschrieb. Nie empfand ich auch nur eine Andeutung von Objektivität. Meine Gebete wurden in wachsendem Maße zu verzweifelten Anstrengungen der Subjektivität, nichts anderes, und ich konnte nicht glauben, daß die Intensität meiner Gefühle für die Wahrheit dessen, was ich sagte, auch nur die geringste Bedeutung hatte. Den Beweis der Wahrheit zu erbringen stand nicht in meiner Macht. Mehr noch, kein Beweis, den ich erbracht hätte, wäre ein Beweis gewesen. Der Beweis mußte von außen kommen. Ich war der Innerlichkeit überdrüssig. Ich sehnte mich nach der Äußerlichkeit, ihrer Gewißheit und Erhabenheit. Und so kam es, daß mein Gebet für mich schließlich zu einer Äußerungsform wurde, die mich trostlos und erniedrigt zurückließ, und ich gab es auf. Und jetzt bete ich morgens, nachmittags und abends. Die wunderbaren, vertrauten, kraftlosen Worte gehen mir leicht von der Zunge. Was mache ich?

Leugne nicht das Unsichtbare, aber sprich auch nicht davon. Man darf das Unsichtbare zwar erforschen, aber nicht belästigen.

◇

Heute dachte ich, es wäre das Beste, wenn ich mich restlos in diese Sache hineinstürzte. Sich ganz der Tradition überlassen! Alles aufzugeben außer den Vätern – ein schrecklicher Gedanke.

Ich komme mir vor wie eine Kopie. (Eine unvollkommene Kopie – und meine Unvollkommenheit ist meine Rettung.)

Es ist ehrenvoll, sich von der Welt zurückzuziehen. Aber trauern?

Heute morgen in der Schul drangen Bedeutungen auf mich ein. Ich leitete die Gebete, und plötzlich begriff ich bestimmte Worte und Wendungen in aller Schärfe, mit einer erstaunlichen Kraft. Manchmal kommt es vor, daß einem beim Beten wirklich der Schlaf von den Augen weicht. Und meine Wachheit muß aufgefallen sein, denn einige machten Bemerkungen darüber.

Ich entdeckte einen Riß in meinen Gebetsriemen. Sind dem Himmel Blitz und Donnerschlag abhanden gekommen?

Ein Mann, der unter uns war, erhob sich, um das Kaddisch aufzusagen. Für wen mochte es sein? Auf meine Frage hin erklärte er, er sei Arzt und sage Kaddisch für einen Patienten, der gestorben sei, ohne Kinder zu hinterlassen, die es für ihn sagen könnten.

Ich wachte mitten in der Nacht auf und wußte nicht, wo ich war. Ein purpurroter Ausschlag überzog meine weißen Wände. Ich verspürte ein Brennen im Hals. Ich hatte Angst zu ersticken. Ich muß es nur schaffen, zur Schul zu kommen, dachte ich, dann ist alles gut. Ich werde mich mit meinen Gebetsriemen an mir selbst festbinden, und der Tag kann mir nichts anhaben. Bei Tagesanbruch eilte ich nach Georgetown.

An manchen Tagen enthält die Liturgie einfach zu viele Worte. Das sind die Tage der Überempfindlichkeit. An solchen Tagen habe ich das Bedürfnis, die Gebete der Reihe nach mit Bedacht zu sprechen. Aber das ist mir nicht erlaubt, weil ich der Leiter bin. Ich muß die ganze Gemeinde da hindurchbringen, bis zum Kaddisch und darüber hinaus. Ich muß spirituell effizient sein.

In Chicago. Kaddisch unterwegs. Eine hübsche kleine Schul in Seenähe, in der die Trennung zwischen Frauen und Männern geschickt durch eine Reihe von Pflanzen erreicht wird. Ich sage das Kaddisch und schlendere am silbernen Ufer entlang. Ich bin froh, meine Pflicht getan zu haben. Heute empfinde ich die Pflichterfüllung nicht als bedrückend, sondern als belebend. Mir fällt ein, daß Pflichtvergessenheit eine große Zeitverschwendung ist: Man ist jahrelang damit beschäftigt, sie zu bemänteln, immer wieder daran denken zu müssen, sich zu entschuldigen, die Entschuldigung zu verweigern, sich schuldig zu fühlen, das Schuldgefühl zu hassen. Man kann einen Großteil seiner Seele damit vergeuden, daß man nicht seine Pflicht tut.

Am Morgen ging ich auf der Michigan Avenue entlang und sah nichts als meinen Vater, der nie hier gewesen ist.

In Brooklyn. Am Sabbatnachmittag spricht der Rabbi über die Segnung des Neumonds. Er führt ein Gesetz an: »Die Blinden sollen den Mond loben.« Wohlgemerkt die Blinden, obwohl der Anblick des Mondes der Anlaß der Segnung ist. Ich denke bei mir: Das ist genau die Situation des Trauernden. Er soll das Wunderbare loben, obwohl er es nicht sehen kann.

Wichtiger als etwas zu sehen ist es, von diesem Etwas zu wissen.

Ein Freund macht mich darauf aufmerksam, daß das Kaddisch des Trauernden eine moderne Fassung erfahren hat. S. Y. Agnon verfaßte 1947 ein Gebet, das bei Soldatenbegräbnissen gesprochen werden sollte, »während man den Särgen derer folgt, die für das Land Israel gefallen sind«. Es ist ein Vorwort zum Kaddisch des Trauernden. »Wenn ein König aus Fleisch und Blut gegen seine Feinde in den Krieg zieht, schickt er seine Soldaten, um zu töten und getötet zu werden. Gleich, ob er seine Soldaten liebt oder nicht. Ob er Achtung für sie empfindet oder nicht. Aber selbst wenn er Achtung für sie empfindet, betrachtet er sie als Tote. Denn der Todesengel ist einem Mann, der in den Krieg geht, dicht auf den Fersen, und er weicht nicht von ihm, um ihn zu töten. Wird er dahingerafft und getötet von einem Pfeil oder Schwert oder sonstigen Zerstörungswerkzeug, so tritt ein anderer Mann an seine Stelle. Der König merkt nicht, daß jemand fehlt. Die Völker sind ja zahlreich, und zahlreich sind ihre Truppen. Fällt einer von ihnen, verfügt der König über zahlreichen Ersatz. Doch unser König, der König der Könige, der Heilige, gelobt sei Er, wünscht das Leben und liebt den Frieden und strebt nach Frieden und liebt Sein Volk Israel. Er hat uns auerwählt, und nicht, weil wir ein großes Volk sind, denn wir sind eines der kleinsten Völker. Wir sind wenige, und dank der Liebe, mit der Er uns liebt, ist jeder von uns für Ihn eine ganze Legion. Er verfügt nicht über zahlreichen Ersatz für uns. Wenn einer von uns fehlt, was der Himmel verhüten möge, sind die Streitkräfte des Königs vermindert, so daß Sein Reich gewissermaßen geschwächt ist. Eine seiner Legionen ist dahingegangen, und Seine Größe ist vermindert. Darum pflegen wir das Kaddisch aufzusagen, wenn ein Jude stirbt.« Anschließend gibt Agnon einen kurzen Kommentar zum Kaddisch des Trauernden, in dem es heißt, Gottes Name werde »verherrlicht in seiner Macht, damit es vor Seinem Angesicht keine Einbuße an Stärke gebe ... und geheiligt, damit wir uns nicht um uns selbst zu ängstigen brauchen, sondern nur um den Glanz und die Pracht Seiner Heiligkeit.« Doch was Agnon schrieb, war keine allgemeine Meditation über das Kaddisch des Trauernden. Er schrieb in Jerusalem, als die Stadt unter Beschuß lag, und so wendet er sich den harten historischen Gegebenheiten zu. »Wenn es dies ist, was wir beten und was wir sagen für jeden einzelnen, der stirbt, wieviel mehr sollen wir es beten und sagen für unsere Brüder und Schwestern, die schönen und freundlichen und teuren Kinder Zions, die getötet wurden für das Land Israel, deren Blut vergossen wurde für die Ehre Seines gepriesenen Namens, für Sein Volk und Sein Land und Sein Vermächtnis! Wahrlich, jeder, der im Land Israel wohnt, ist einer von den Legionen des Königs der Könige, des Heiligen, gelobt sei Er, dem der König einen Wächter bestellt hat über Seinen Palast. Wird einer von ihnen getötet, so ist Er beraubt um andere, die an seine Stelle treten. Und so laßt uns, meine Brüder im Hause Israel, ihr alle, die ihr bei diesem traurigen Anlaß trauert, unsere Herzen unserem Vater im Himmel zuwenden, dem König Israels und seinem Erlöser, und für uns und für Ihn, wenn ich so sagen darf, beten: ›Erhoben und geheiligt werde Sein großer Name ...‹«

Es ist eine schöne Arbeit. Zugleich ist sie ein bißchen abstoßend. Das Heer Gottes – wieviel Elend hat diese Metapher über die Welt gebracht! Das militärische Leben ist auf jeden Fall die Antithese des spirituellen Lebens. Der Dienst am Herrn ist auf jeden Fall kein Krieg. Was das Überleben der Juden im Lande Israel angeht, so bin ich geneigt, die Juden im Lande Israel dafür zu preisen, die Legionen zu bewundern, aber nicht den König.

In Brooklyn. Eine schlaflose Nacht. Ich nehme einen Band aus dem Regal in meinem alten Zimmer und stoße zufällig auf die Quelle von Agnons Interpretation des Kaddisch des Trauernden. Es ist Simcha Bunim von Przysucha, ein chassidischer Meister, der im ersten Teil des neunzehnten Jahrhunderts in Polen lebte und die Philosophie der Mystik, das Rationale dem Magischen vorzog. (Er war Apotheker.) »Der Ausspruch von Rabbi Bunim von Przysucha über den Grund für das Kaddisch des Trauernden ist wohlbekannt«, las ich. »Wenn in der gewöhnlichen Welt ein großes Heer eine kleine Einheit verliert, merkt man den Verlust nicht. Erst wenn eine ganze Division verlorengeht, muß man den Verlust beheben und das Heer verstärken. Anders ist es jedoch beim Heer Gottes. Schon wenn nur ein einziger Jude fehlt, entsteht eine Lücke in der Größe und Heiligkeit Gottes. Deshalb beten wir, daß Sein Name ›erhoben und geheiligt‹ werden möge, das heißt, daß Sein gepriesener Name um das, was er mit dem Verschwinden des Verstorbenen verloren hat, vervollständigt werde.« Die Passage endet mit dem Satz: »Und im Fall einer so heiligen Seele wie Eliezer Abraham, der Friede sei mit ihm, gilt ganz besonders, daß eine solche Verstärkung nötig ist.« Eliezer Abraham war ein junger Gelehrter, der 1982 mit zwanzig Jahren starb. Er war mein Vetter. Es war sein Vater, der den Heiligen von Przysucha zitierte, in seiner Einführung zu einem posthumen Band mit den Bibelauslegungen seines Sohnes, den er einige Jahre später in Brooklyn veröffentlichte. Den Sohn kannte ich nicht. Der Vater lehrte mich mancherlei, als ich ein junger Mann war. Wann immer ich bei einer Diskussion im Talmud nicht weiterwußte, rief ich ihn an. Ich rief ihn oft an.

◇

Die Zeit ist gekommen, Dispositionen für den Grabstein meines Vaters zu treffen. Wie bei den amerikanischen Juden üblich, soll ein »Familienstein« die gesamte Grabstelle überragen, während ein Stein am Fußende das Grab meines Vaters anzeigen und seine Lebensdaten nennen soll. Vor vielen Jahren bat uns mein Vater, dafür zu sorgen, daß die Namen seines Bruders und seiner Schwester auf seinem Grabstein genannt werden. Sie wurden in Europa ermordet, und es gab keine Begräbnisfeier. Wenn die Zeit gekommen ist, sagt meine Mutter, wünscht sie dasselbe auch für die Märtyrer aus ihrer Familie. Sie schlägt vor, daß auch der Familienstein einen Hinweis auf die Narbe enthalten sollte. Auf diese Weise wird sich die jüdische Erfahrung meines Vaters und meiner Mutter von der jüdischen Erfahrung der amerikanischen Brüder abheben, in deren Gesellschaft sie ewig ruhen werden. Erinnerung, Erinnerung, Erinnerung. Sie hat recht: Zwischen denen, die erlebt haben, was Hitler tat, und denen, die es nicht erlebt haben, klafft ein Abgrund. Ich schlage vor, einen geeigneten Vers aus den Psalmen in den Stein gravieren zu lassen: Der Psalmist entgeht stets seinen Feinden und dankt für seine Errettung. Der Herr, den wir ausersehen haben, dieses kleine Denkmal zu schaffen, sagt, er werde den Vers in einigen Monaten benötigen.

Kurz vor acht kehre ich von den Morgengebeten heim. Vor dem Gebäude steht ein Arbeiter. Er lächelt mich mitleidig an. »Nachtschicht, was?« Na ja, in gewisser Weise.

Oft hat sich meine Phantasie an der Vorstellung der Gefangenschaft entzündet. Eine Einschränkung der Erfahrung stellte ich mir als einen Zustand vor, der echte Anstrengung erfordert. Und jetzt ist es zu einer Einschränkung gekommen. Ich kann nicht mehr so herumstreunen, wie ich sonst tat. Endlich habe ich eine gewisse Gefangenschaft erfahren. Was werde ich damit anfangen?

Das Abendgebet. Gleich wird die Sonne untergehen. Ich begebe mich an meine Aufgabe. »Ist es soweit?« frage ich den jungen Mann, der für die zeitliche Abwicklung zuständig ist. Er schaut auf seine Uhr. »Noch vierzig Sekunden«, erwidert er. Mir kommt eine Gesetzwidrigkeit in den Sinn. Ich werde sie alle dazu bringen, zu sündigen! Ich werde in dreißig Sekunden anfangen und meine frommen, haarspalterischen Betgenossen durch diesen Betrug veranlassen, mit dem Gebet volle zehn Sekunden vor der festgesetzten Stunde zu beginnen! Natürlich widerstehe ich der Versuchung. Ich bin für sie hier, und sie sind für mich hier.

◇

Ein Freund fragte mich, warum ich Kaddisch sage. Eine gute Frage. Das habe ich geantwortet: Weil es meine Pflicht gegen meinen Vater ist. Weil es meine Pflicht gegen meine Religion ist. (Dies sind die starken Gründe, die nicht-utilitaristischen, nicht-therapeutischen Gründe.) Weil es mich härter ankäme, nicht Kaddisch zu sagen. (Ich würde mich selbst verachten.) Weil ich dank der Erfüllung meiner Pflicht ohne Reue- und Schuldgefühle an meinen Vater denken kann. Möglicherweise kann ich, weil ich meine Aufgabe erfülle, unbelastet über das Thema Väter und Söhne nachdenken.

In Maimonides' Kodex Mischne Tora ein Urteil: »Wer nicht trauert, wie es die Weisen gelehrt haben, ist grausam.«

– Er ist für mich abwesend.
– Dann ist er für dich gegenwärtig.

Bei Tagesanbruch stehe ich mit meinen Gebetsriemen da, und plötzlich fühlen sie sich anders an. Sie binden mich nicht, sie gürten mich. Sie haben (ich weiß, das klingt ein bißchen lächerlich) etwas Gladiatorenhaftes. In dem Arm, um den sie gewickelt sind, spüre ich Kraft.

Ein Samstagabend im Juli. Der Sabbat endet irritierend spät. Ich habe das Gefühl, als sei ich den ganzen Tag in der Schul gewesen. Als ich um den Dupont Circle fahre, sind meine Sinne in einem angenehmen Aufruhr. Alles, was meine Augen sehen, ist köstlich. Die miserable Marmorfontäne in der Mitte erscheint mir als ein Meisterwerk des Neoklassizismus. Nicht eine der Frauen auf der Straße wirkt reizlos. In diesen Monaten in der Schul bin ich manchmal um meine Sinne besorgt. Ich denke an eine Stelle bei Rabbi Joseph Soloveitchik, dem Meister meiner Generation, ihrem Vorbild eines Intellektuellen in Gott. (Er war aber nicht mein Meister oder mein Vorbild. Ich nippte anderswo.) Sie findet sich in einem glänzenden Essay, der mir schon immer zu schaffen gemacht hat. Soloveitchik beschreibt darin das Verhältnis des »halachischen Menschen«, also des Juden, der nach dem jüdischen Gesetz lebt, zur natürlichen Welt. »Es gibt kein reales Phänomen, zu dem der halachische Mensch nicht ein von vornherein feststehendes Verhältnis und eine klare, definitive, apriorische Orientierung hat«, schrieb er. Wenn ein religiöser Jude »auf eine still sprudelnde Quelle stößt«, fragt er sich, ob sie geeignet ist, den Menschen von verschiedenen Unreinheiten reinzuwaschen. Wenn er »zum westlichen Horizont schaut und die verblassenden Strahlen der untergehenden Sonne erblickt oder am östlichen Horizont das erste Licht des anbrechenden Tages sieht«, dann sieht er die Pflichten, die Sonnenauf- und -untergang ihm auferlegen. Wenn er »auf mächtige Berge stößt«, erinnert ihn das an die rechtlichen Schritte, die im rabbinischen Schadensersatzrecht einen Privatbereich definieren. Und so weiter. Ich kann das nicht akzeptieren. Es wirkt entmenschlichend. Bestimmt rangieren die Sinne vor den Geboten. Sonst wird der Jude nicht nur des Vergnügens an der physischen Welt beraubt, auf das er ein natürliches Recht hat, sondern auch der Möglichkeit, dieses Vergnügen dadurch zu bezähmen, daß er die physische Welt mit einer metaphysischen Bedeutung erfüllt. Wenn ich Soloveitchik lese, möchte ich aufspringen und die physische Welt aus der metaphysischen Bedeutung zurückholen. Auf jeden Fall lebt kein Mensch in nur einem Bereich. Die Wahl zwischen dem Physischen und dem Metaphysischen ist die Wahl zwischen Luft und Wasser. Die Sinne dienen der Religion, und die Sinne bieten Erholung von der Religion. Wenn ich den Tagesanbruch betrachte, möchte ich lieber nicht an meine Gebetsriemen denken. Und wenn nicht alles säuberlich zusammenpaßt, wenn zwischen dem Physischen und dem Metaphysischen eine Dissonanz auftritt, sehr gut.

Was ich in letzter Zeit bei mir beobachte, gefällt mir nicht. Ich schwanke zwischen einer neuen Gereiztheit und einer neuen Mattigkeit. Manchmal habe ich das Gefühl, von der Zeit zerrieben zu werden, und dann hetze ich herum zwischen dem Zwang meiner morgendlichen Pflicht und dem Zwang meiner abendlichen Pflicht; dann wieder ist die Zeit mir gleichgültig, und ich möchte die Augen schließen und mich nicht rühren. Mal bin ich gereizt, mal schläfrig. In den letzten Wochen wurde ich oft heimgesucht vom Bild meines Vaters im Krankenhaus, wie er im Sterben lag und wußte, daß er sterben würde.

Ein strahlender, heiterer Abend. Gerade als die Gebete beginnen, schlendert eine Schar von rundlichen, ungezogenen Jungen von einer Jeschiwa auf dem Jersey-Ufer herein. Der Staub eines Sommertages haftet an ihnen. Ihre Rüpelhaftigkeit ärgert mich ein bißchen. (Und zugleich ist mein Ärger mir ein bißchen peinlich; als ich ein Junge war, mochte ich diese alten Männer nicht, die auf nichts mehr achteten als auf schickliches Betragen.) Dann ist die Reihe an ihnen, amen zu sagen, und sie singen es laut, wieder und wieder, und mit jedem kleinen Chor schmelze ich dahin. Es ist fast unmöglich, beim Gedanken an die Kontinuität nicht sentimental zu werden.

◇

Wo soll ich anfangen mit meiner Suche nach dem Kaddisch des Trauernden? – Meiner Suche nach dem Kaddisch des Trauernden? Aber es hat mich doch schon gefunden!

Die Suche nach dem, was man bereits gefunden hat, das heißt mit anderen Worten, die Tradition ernst zu nehmen.

Bisher war das Kaddisch des Trauernden der unwichtigste Teil des Gebetsgottesdienstes. Für mich wenigstens. Es war das Kleingedruckte in der Liturgie, eine morbide Rezitation in den Lücken des Gottesdienstes. Aber nicht länger. Jetzt wohne ich in den Lücken.

Das Kaddisch des Trauernden ist nur einer von mehreren Typen des Kaddisch, die im Gotteshaus rezitiert werden. Es gibt das Vollkaddisch, das Halbkaddisch, das Kaddisch de-Rabbanan. (Das Kaddisch des Trauernden ist gegenüber dem Vollkaddisch geringfügig verkürzt.) Es sind alles Varianten einer Äußerung, die von den Gelehrten als »Doxologie« oder Ausdruck der Lobpreisung bezeichnet wird. Das Kaddisch ist weniger die Lobpreisung Gottes als vielmehr ein Gebet um die Lobpreisung Gottes. Es ist ein messianisches Gebet, nur wird die eschatologische Erhöhung hier nicht nur den Juden, sondern auch dem Gott der Juden zugeschrieben. (Im sephardischen Ritus ist der Messianismus des Kaddisch ganz deutlich.) Das ist rätselhaft.

Innerhalb der Liturgie spielt das Kaddisch eine wichtige formale Rolle. Es strukturiert den Gottesdienst, trennt wichtigere von weniger wichtigen Gebeten, markiert Pausen zwischen verschiedenen Arten von Gebeten. Und seine spirituelle Rolle? Sie muß bedeutend sein, folgt man einer berühmten Aussage im Talmud, wonach »die Welt erhalten wird ... durch [die Äußerung von] ›Sein großer Name sei gepriesen‹ zum Abschluß des Lehrens und Predigens«. Diese Stelle vermittelt einen Eindruck vom Alter der Proklamation, die den Kern des Kaddisch bildet. (Die Antwort der Gemeinde, in der vom Namen Gottes die Rede ist, geht auf biblische Ursprünge zurück.) Die Aussage des Talmud sagt auch etwas über die ursprüngliche Funktion des Kaddisch: Es war ein eschatologischer Redeschluß nach einem Lehrvortrag. Nach dem »Lehren und Predigen« wurden diese Worte rezitiert. Diese Rolle spielen sie in der jüdischen Liturgie bis heute in Gestalt des Kaddisch der Rabbinen, das ergänzt wird durch eine Bitte um das Wohlergehen von »Israel und seinen Lehrern und ihren Schülern und den Schülern ihrer Schüler und jedermann, der sich hier und andernorts dem Studium der Tora widmet«. In einem Fragment des Kaddisch, das aus dem elften Jahrhundert in Kairo stammt, werden die Namen der Meister und der führenden Mitglieder der Akademie genannt, und Nachmanides berichtet, daß die Juden des Jemen Maimonides für seine spirituelle und politische Hilfe dadurch dankten, daß sie seinen Namen in das Kaddisch einfügten: »bei euerem Leben und in eueren Tagen und beim Leben des Rabbi Moses ben Maimon ...« (Das Kaddisch war offenbar eine Art Intermezzo, in dem persönliche Bitten und zeitgenössische Anspielungen hinzugefügt werden konnten.) Im Ägypten des zwölften Jahrhunderts lieferte Maimonides selbst eine knappe Beschreibung der Funktion des Kaddisch in einem Respons an die Gemeinde in Aleppo. Auf die Frage, ob das Kaddisch am Schluß eines Gebets gesagt werden müsse, das von Saadja Gaon im zehnten Jahrhundert »für Sabbate, Festtage und Freudentage« verfaßt worden war, erwiderte Maimonides: »Das Kaddisch darf unter keinen Umständen rezitiert werden, außer an den wohlbekannten Punkten in den obligatorischen Gebeten oder nach einer Erklärung einer Frage aus der Tora, also nach einer Erörterung von Gesetzen, oder sogar nach einer Erläuterung eines einzigen [biblischen] Verses, wenn das Kaddisch der Rabbinen gesagt werden sollte. Ich sehe jedoch keinen Grund, warum das Kaddisch gesagt werden sollte im Anschluß an diese Bittgebete, die von seiner Eminenz, dem Gaon, verfaßt wurden.« Eine ähnliche Regel findet sich in einer Kompilation der Traditionen der französischen Gemeinden des elften und zwölften Jahrhunderts, die bekannt ist als Gebetbuch des Raschi, der neben Maimonides die andere überragende Gestalt des mittalterlichen Judentums war. »Wann immer die Gemeinde Verse aus der Bibel oder Passagen aus dem Talmud rezitiert, muß sie im Anschluß daran das Kaddisch rezitieren.« Schrift und Lehre, das waren die ursprünglichen Anlässe für das Kaddisch. Nicht ein Wort über die Trauer.

Noch eine wichtige Quelle für die frühe Geschichte des Kaddisch, und diese Erleuchtung verdanke ich dem Zusammenbruch des Kommunismus. »Mit dem Fall des Eisernen Vorhangs, der den Ostblock jahrzehntelang einschloß«, schreibt der gelehrte Herausgeber des Fundes, der mit der Signatur Guenzberg 566 in der Russischen Staatsbibliothek, der vormaligen Lenin-Staatsbibliothek, in Moskau, ruht, »gelangen die dort aufbewahrten Handschriftenschätze ans Licht, Stück für Stück«. Guenzberg 566 enthält eine umfangreiche Sammlung von Responsen von Abraham ben Isaak, einem bahnbrechenden Rechtsgelehrten, der im elften Jahrhundert in der Provence lebte. Abraham war das Oberhaupt eines rabbinischen Gerichts in Narbonne und der Verfasser des ersten, von den Juden in der Provence hervorgebrachten Gesetzeskodex. Eines seiner Response erweist sich als ein kurzer Überblick über die liturgischen Anlässe des Kaddisch. »Was das Ritual des Kaddisch angeht, nach dem du fragtest«, schreibt er seinem Korrespondenzpartner, »so besitzen wir keine klare Aussage darüber von unseren frühen Weisen [im Talmud]. Spätere Weise behaupteten, es stütze sich auf den folgenden Vers [im 3. Buch Mose]: ›Ich will geheiligt werden unter den Kindern Israel.‹ Und aus dem, was unsere Rabbinen [im Talmud] über diesen Vers erklärten, daß nämlich die *Keduscha* nicht rezitiert werden darf, solange nicht zehn [Männer] anwesend sind, folgerten sie, daß jedesmal, wenn zehn Männer versammelt sind, um eine Gebets- oder eine Lernpflicht zu erfüllen, sie die Gelegenheit [mit einem Kaddisch] heiligen müssen.« Die *Keduscha* ist die Rezitation des Verses aus Jesaja – »Heilig, heilig, heilig ist der Herr der Heerscharen« –, bekannt als das Trishagion oder »dreimal heilig«: *kadosch, kadosch, kadosch*. Und das Wort *Kaddisch* ist selbst eine andere Form des Wortes für »Heiligkeit«. Das Kaddisch heiligt.

Abraham geht anschließend die Liturgie durch und zeigt, daß das Vorkommen des Kaddisch an verschiedenen Stellen des Gottesdienstes von der von ihm genannten Regel gefordert wird; jede durch das Kaddisch abgegrenzte liturgische Einheit stellt nämlich die Erfüllung einer bestimmten Gebets- oder Lernverpflichtung dar, die das Kaddisch markiert und heiligt. »Ein Kaddisch«, schreibt er, »muß auch nach jedem Psalm und jedem Kapitel [der Bibel] und jedem talmudischen Gesetz oder jeder talmudischen Legende folgen, die am Schluß des Gottesdienstes mancherorts zu lesen der Brauch ist.« Schrift und Lehre: Das Kaddisch begleitet das Wort Gottes, wie es den Juden verkündet wurde und wie es die Juden verkünden.

Im Talmud wird ein paar Zeilen nach der Stelle, auf die sich Abraham ben Isaak bezieht, davon berichtet, daß es in Palästina Rabbinen gab, die behaupteten, man dürfe seine Rezitation des zentralen Gebets des Gottesdienstes nicht unterbrechen, außer um die Antwortstrophe zu äußern: »Sein großer Name sei gepriesen«. Bezugnehmend auf Hesekiels lebhafte Vision von den himmlischen Realitäten, behaupten diese Rabbinen, daß »man sogar sein Studium des Wirkens des Wagen unterbrechen darf«, um diese Worte zu äußern. Das Wissen von der Gottheit muß hinter die Lobpreisung der Gottheit zurücktreten. Da aber die Rabbinen in Babylonien anderer Meinung waren als die Rabbinen in Palästina, »ist das Gesetz nicht in Übereinstimmung mit ihrer Ansicht«.

Abraham ben Isaak kommt zum Schluß seiner Entscheidung kurz auf das Kaddisch beim Begräbnis zu sprechen. »Die [Rezitation der] Rechtfertigung des Gerichts ist eine Pflicht, welche die Menschen zu erfüllen haben – wie es [im Talmud] heißt, wird das Studium der Tora für ein Begräbnis oder eine Hochzeit ausgesetzt –, und muß daher [mit einem Kaddisch] geheiligt werden.« Er fügt sogleich hinzu, daß das Kaddisch nicht bei einer Hochzeit rezitiert wird: »Wenn du zu wissen begehrst, warum nicht Kaddisch gesagt wird, wenn die Braut zum Hochzeitsbaldachin gebracht wird – was natürlich eine Pflicht in einem Minjan [von wenigstens zehn Männern] ist –, so lautet die Antwort, daß diese Regel nicht gilt, weil die Menschen zu einer Hochzeit nur in der allgemeinen Absicht kommen, [die Braut und den Bräutigam] zu ehren, und sie äußern nicht ein einziges Wort; was würde ein Kaddisch also heiligen? Schließlich wird das Kaddisch nicht rezitiert, wo nicht verlangt ist, daß ein Psalm oder eine Lobpreisung geäußert wird.« Bei einem Begräbnis wird dagegen eine Äußerung verlangt, nämlich die Rechtfertigung des Gerichts, die eine Auswahl von Bibelversen ist, und daher muß das Kaddisch rezitiert werden. Dies ist wiederum nicht das Kaddisch des Trauernden.

Abraham erwähnt auch eine Meinungsverschiedenheit unter den Geonim, wie man die frühmittelalterlichen Autoritäten in Babylonien nannte. »Einige Geonim entschieden, daß nach der Rechtfertigung des Gerichts kein Kaddisch gesagt werden darf, sondern erst dann, wenn es im Anschluß an etwas gesagt werden darf, das seinerseits eine rituelle Pflicht ist, andere Geonim entschieden hingegen, daß es sogleich gesagt werden muß, da das Begräbnis selbst eine rituelle Pflicht ist.« All diese Weisen scheinen der Ansicht zu sein, daß die Rechtfertigung des Gerichts an sich keine rituelle Pflicht sei, doch Abraham weicht von ihnen allen ab. »Und dies zum Abschluß eurer Anfragen nach den Gründen für die herrlichen Lobpreisungen«, schreibt Abraham am Ende seines Respons. »Möge unser Gott eure Herzen für Sein Gesetz und für die Unterscheidungen derer öffnen, die Sein Wort lobpreisen, und möge Er uns beistehen und unter Seine Fittiche nehmen, amen, amen, sela!«

Ich komme zu dem Schluß, daß die liturgische Funktion des Kaddisch nichts mit seinem Inhalt zu tun hat; daß ferner das Kaddisch beim Begräbnis nichts zu tun hat mit dem Kaddisch des Trauernden; und daß das Kaddisch des Trauernden nichts mit dem Trauern zu tun hat. Was genau ist dann dieser Ausruf, dessen Knecht ich geworden bin?

Einige Freunde haben in der Nähe ein Teehaus eröffnet. Jetzt werden meine Morgende vollkommen sein: von der Schul ins Teehaus, wo ich im ersten Stock still sitzen werde, in der Ecke beim Fenster, und der Geschichte des Kaddisch des Trauernden nachjagen. (»Teaism« heißt das Lokal. Ich habe abstrakte Substantive schon immer poetisch gefunden. Und ein Freund bemerkt: vom Theismus zum Teeismus.)

II

Wo soll ich mit meiner Suche nach dem Kaddisch des Trauernden anfangen? In den glänzenden Schriften von Rabbi Akiba. Irgendwann im siebten oder achten Jahrhundert, Jahrhunderte nach Rabbi Akiba, erschien ein pseudo-epigraphisches Werk mit dem Titel *Otiyot De' Rabbi Akiva* (»Das Alphabet von Rabbi Akiba«), ein frühes, ausschweifendes Produkt der mystischen Einbildungskraft des Judentums. In diesem kurzen, aber dichten Werk werden Buchstabe für Buchstabe die kosmologischen und eschatologischen Eigenschaften des hebräischen Alphabets erörtert, wird geprüft, was es über Gott enthüllt. In der Betrachtung des siebten Buchstabens des Alphabets, des Buchstabens Sajin, gibt es eine bemerkenswerte Passage, in der dem Kaddisch die Macht zugeschrieben wird, die Seelen der Toten vor der Hölle zu bewahren. Die Passage ist ein Katalog von Gottes Schlüsseln, basierend auf allen Bibelversen, in denen davon die Rede ist, daß Gott etwas öffnet oder befreit. Mich interessiert der letzte Schlüssel dieses Katalogs. »Er hat den Schlüssel zur Gehenna, denn es steht geschrieben [bei Jesaja]: ›Macht auf die Tore, daß einziehe das gerechte Volk, das Treue bewahrt.‹« Wo steckt in diesem Vers die Hölle? In einem Wortspiel. »Das die Treue bewahrt« heißt auf hebräisch *schomer emunim*; das Wort *emunim* ist jedoch ein Plural, und es ähnelt sehr der Pluralform von *amen*, so daß man den Vers auch folgendermaßen lesen kann: »Macht auf die Tore, daß einziehe das gerechte Volk, das die Amen bewahrt.« So wird er im Talmud gelesen, und so wünscht ihn Pseudo-Akiba zu lesen. »Lies *schomer emunim* nicht anders als in dem Sinne, daß [er sich auf einen Menschen bezieht, der] Amen sagt. Denn um eines einzigen Amen willen, das die Bösen in der Hölle äußern, werden sie aus der Hölle emporgeholt werden.«

Und wann retten sich die Bösen mit diesen erlösenden Silben? Wenn sie auf das Kaddisch antworten! Dazu heißt es in dem Text: »Dereinst wird der Heilige, gelobt sei Er, im Garten Eden sitzen, lehrend und predigend. Alle Gerechten der Welt werden vor Ihm sitzen. Und all die himmlischen Diener werden dort stehen, die Sonne und die Planeten zur Rechten Gottes, der Mond und die Sterne zur Linken Gottes. Der Heilige, gelobt sei Er, wird vor ihnen die neue Tora auslegen, die Er ihnen dereinst durch die Hand des Messias geben wird. Wenn Er [im nicht auf die Gesetze bezogenen Teil seiner Rede, die von der Homiletik handelt] seine Homiletik bespricht, erhebt sich Serubabel ben Sealthiel und rezitiert ›Erhoben und geheiligt!‹ [das heißt, er rezitiert das Kaddisch]. Seine Stimme erschallt bis an alle Enden der Erde, und alle Geschöpfe der Erde antworten: Amen! Selbst in der Gehenna werden die gottlosen Seelen Israels und ebenso die gerechten Seelen Israels, die dort noch ausharren [bis zum Abschluß ihres göttlichen Gerichts], Amen sagen. Sie sagen dies aus den Tiefen der Hölle – wie geschrieben steht: ›Macht auf die Tore, daß einziehe das gerechte Volk, das die Amen bewahrt‹ –, bis die ganze Welt von dem Schall erbebt. Der Heilige, gelobt sei Er, hört ihre Worte. Er erkundigt sich: ›Was ist das für ein lautes Lärmen, das ich vernehme?‹ Die bei Ihm stehenden Engel erwidern: ›Herr des Weltalls, es sind die Bösen Israels in der Gehenna und die Gerechten Israels, die noch in der Gehenna sind, die in der Hölle Amen sagen.‹ Sogleich übermannt Ihn Erbarmen. ›Was kann ich für sie tun‹, sagt Er, ›das höher ist als die Forderungen der Gerechtigkeit? Es waren ja ihre eigenen bösen Neigungen, die dies über sie gebracht haben.‹ Und genau in diesem Augenblick nimmt Er die Schlüssel der Gehenna und übergibt sie, in Anwesenheit aller gerechten Seelen, die vor Ihm sind, an Gabriel und Michael mit den Worten: »Gehet hin und macht auf die Tore der Gehenna und holt sie empor aus der Hölle! Denn es steht geschrieben: ›Macht auf die Tore, daß einziehe das gerechte Volk, das die Amen bewahrt.‹« Gabriel und Michael gehen unverzüglich, und sie schließen vierzigtausend Tore in der Gehenna auf und holen sie von dort empor ... Sie packen jeden einzelnen mit eigenen Händen und heben sie empor, wie ein Mann, der seinen Freund aus einem Abgrund rettet, indem er ihn an einem Seil emporzieht. Dann machen Gabriel und Michael sie sauber und schön, und sie kurieren sie von allen Schäden, die sie in der Hölle davongetragen haben, und sie kleiden sie in edle und schöne Gewänder, und sie nehmen sie an den Händen und bringen sie, erfrischt und geschmückt, vor den Heiligen, gelobt sei Er, und vor die Versammlung der Gerechten ... Als sie am Tor von Eden anlangen, treten Gabriel und Michael zuerst ein, um von Gott empfangen zu werden. Er antwortet ihnen und sagt: ›Laßt sie gehen, auf daß sie eintreten und hereinkommen und Meine Herrlichkeit sehen mögen.‹ Und als sie eintreten, werfen sie sich nieder, und sie verneigen sich, und sie loben den Herrn, und sie preisen den Herrn, in der Gegenwart der Heiligen und der vollkommen Gerechten.«

Das Kaddisch in diesem Text ist offensichtlich nicht das Kaddisch des Trauernden. Es ist das Kaddisch der Rabbinen, das Kaddisch, das gesagt wird, nachdem man studiert hat – in diesem Fall ist es Gott, der studiert hat! Dennoch ist die Funktion des Kaddisch hier wesentlich erweitert. Es ist von einem Beiwerk der Lehrtätigkeit befördert worden zu einem Beiwerk der Eschatologie. Es wird assoziiert mit den Toten, mit der Erlösung der Toten.

Als Gott seine Rede beendet hatte, rezitierte Serubabel ben Sealthiel das Kaddisch, so wie es jeder anständige Schüler in jedem Lehrhaus nach der Rede eines Rabbi rezitieren würde. Serubabel war eine historische Gestalt. Ein Sproß aus dem Hause David, führte er Tausende von Juden aus Babylon zurück nach Jerusalem, wo er im sechsten Jahrhundert vor unserer Zeitrechnung unter dem Perserkönig Darius I. als Statthalter von Judäa diente. Da seine Herkunft und sein Tun etwas von Erlösung an sich hatten, wurde Serubabel zum Helden einer der großen apokalyptischen Erzählungen der jüdischen Geschichte, des anonymen *Sefer Serubabel* (»Buches von Serubabel«), das im siebten Jahrhundert erschien, etwa zur selben Zeit wie *Das Alphabet von Rabbi Akiba*. Es soll Serubabel von Michael mitgeteilt worden sein, dem Engel, der auch als Metatron bezeichnet wird, und schildert den Endkampf der göttlichen Heere gegen die Heere Satans. (Was an dem Werk besonders auffällt, ist die Schmähung der Jungfrau Maria.)

Die Rabbinen waren gottergeben, aber bescheiden waren sie nicht. In der zitierten Passage aus dem *Alphabet von Rabbi Akiba* übertrugen sie ihre eigenen Gebräuche auf den Himmel! Gott lehrt und predigt, wie sie es tun. Seine Schüler beschließen den Unterricht mit dem Kaddisch, wie ihre Schüler auch. Und schließlich weist Gott Seine Engel an, die Tore der Hölle zu öffnen, gemäß der rabbinischen Auslegung eines Bibelverses. Der Herr des Weltalls läßt sich durch ein talmudisches Wortspiel dazu verleiten, in die Gerechtigkeit des Weltalls einzugreifen.

Engel sind für die Idee Gottes noch peinlicher, als es Menschen sind.

◇

Seit über drei Monaten ist mein Vater nun tot. Meine Schwester überrascht mich mit dem Geständnis, sie bringe es noch immer nicht fertig, sich Musik anzuhören. Erneut sehe ich, daß das Kaddisch für mich ein Glücksfall ist. Es sorgt für die äußerlichen Dinge und enthebt mich damit der nicht geringen Aufgabe, die Rituale meiner Trauer zu improvisieren.

Der Rabbiner ist verreist, und so wurde die Predigt heute morgen von einem Gemeindeglied gehalten, vom »Pult der Leute« aus, wie es in der Schul heißt. Das Thema des Predigers war Lohn und Strafe, und er zitierte gerade das großartige Gleichnis von Rabbi Tarphon – »der Tag ist kurz und die Arbeit ist beträchtlich und die Arbeiter sind faul und der Lohn ist reichlich« –, als er abrupt innehielt, weil ein schwarzer Vogel durchs Fenster in die Schul geflogen war. Es war wohl ein Star, und er warf sich immer wieder heftig gegen die Wand, was bei der Gemeinde teils Besorgnis, teils Amüsement auslöste. Jemand schlug vor, die Frauen auf der oberen Galerie sollten die oberen Fenster öffnen, damit das arme verängstigte Tier entkommen könne. Von oben ergoß sich Sonnenlicht in den Raum, als plötzlich eine Frauenstimme ertönte: »Er ist tot!« Ein Schaudern ging durch die Gemeinde. Der Vogel war nicht mehr geflogen, er war gestorben. Der Mann am Pult machte einen kleinen Scherz, um die Ordnung wiederherzustellen und der Mutmaßung, daß dem tödlichen Flug des Staren irgendeine Bedeutung zukommen könnte, die Spitze zu nehmen, aber das mißlang ihm gründlich, als er den Ausspruch von Rabbi Tarphon vollendete und sagte: »und der Herr ist fordernd.«

Als ich heute abend zur Schul fuhr, beklagte ich mich im stillen. Hin und her, hin und her, hin und her: Manchmal empfinde ich mich nicht als Erbe der Tradition, sondern als Marionette der Tradition. Als die Gebete begannen, war ich nicht in der entsprechenden Verfassung. Doch meine Verwirrung legte sich, als ich in der Ecke des Raums einen kleinen Jungen erblickte, mit Schläfenlocken und Pony und dicken Brillengläsern, und rechts neben ihm seinen Zwillingsbruder. Ihr bärtiger, kaftantragender Vater hatte sie vor eine kabbalistische Ausgabe des Gebetbuchs gesetzt und eine seiner Seiten mit widersinniger Typographie aufgeschlagen, wo der gewöhnliche Sinn der Worte einer mysteriösen Anordnung der Buchstaben geopfert wird. Die kleinen Jungen zerbrachen sich den Kopf über das Gewirr von großen und kleinen Buchstaben. Der eine fing an zu gähnen, der andere fing an zu kichern. Erste Anzeichen von kritischem Verstand.

Ich ging von der Schul zu Fuß nach Dumbarton Oaks, zu der alten Steinbank, die am anderen Ende der Gartenanlagen fast am Fuß des Hügels steht. Seit Jahren suche ich immer wieder diese Steinbank auf, wenn ich ein wenig Einsamkeit brauche. Die Forsythien standen in voller Pracht, wie jedes Jahr um diese Zeit. Als ich jetzt den von gelbem Feuer überzogenen Hang betrachtete, dachte ich: ein Hügel in der Hölle.

Flammen in Blüte.

◇

Wie gehe ich in meiner Suche nach dem Kaddisch des Trauernden weiter? Drei oder vier Jahrhunderte nachdem das *Alphabet von Rabbi Akiba* das Kaddisch der Rabbinen mit der Erlösung der Toten verknüpft hatte, führt eine Legende über Rabbi Akiba das Kaddisch des Trauernden ein und verkündet, seine Funktion sei die Erlösung der Toten. Die Legende findet sich im *Machsor Vitry*, einem liturgischen, rechtlichen und exegetischen Kompendium, ursprünglich verfaßt von Simcha ben Samuel aus Vitry, genauer Vitry-le-Brûle, einer Kleinstadt in der Champagne im Nordosten Frankreichs. Darin sind die Gebräuche und Ansichten der jüdischen Gemeinschaft im Zeitalter des Raschi, dem elften Jahrhundert, verzeichnet; spätere Jahrhunderte erweiterten es um eine Fülle von Materialien. In diesem reichhaltigen Buch lese ich: »Eine Legende von Rabbi Akiba. Er wandelte auf einem Friedhof neben der Straße und begegnete dort einem nackten Mann, kohlrabenschwarz, der eine mächtige Bürde Holz auf dem Kopf trug. Er schien lebendig zu sein und lief unter der Last wie ein Pferd. Rabbi Akiba forderte ihn auf, stehenzubleiben. ›Wie kommt es, daß ein Mensch so schwere Arbeit tut?‹ fragte er. ›Wenn du ein Knecht bist und dein Herr dir dies angetan hat, dann will ich dich von ihm freikaufen. Wenn du arm bist und die Menschen dich meiden, dann will ich dir Geld geben.‹ ›Bitte, Herr‹, erwiderte der Mann. ›Haltet mich nicht auf, denn meine Oberen werden verärgert sein.‹ ›Wer bist du‹, wollte Rabbi Akiba wissen, ›und was hast du getan?‹ Der Mann sagte: ›Der Mann, zu dem Ihr sprecht, ist ein toter Mann. Ich werde tagtäglich ausgeschickt, um Holz zu schlagen.‹ ›Mein Sohn, was war deine Arbeit in der Welt, aus der du gekommen bist?‹ ›Ich war Steuereinnehmer, und ich pflegte die Reichen zu begünstigen und die Armen zu vernichten.‹ ›Haben deine Oberen dir nicht gesagt, wie du dein Los erleichtern kannst?‹ ›Bitte, Herr, haltet mich nicht auf, denn Ihr werdet meine Peiniger verärgern. Für einen solchen Menschen [wie mich] kann es keine Erleichterung geben. Ich hörte sie zwar etwas sagen – aber nein, es ist unmöglich. Sie sagten, wenn dieser arme Mann einen Sohn hätte, und sein Sohn würde vor der Gemeinde stehen und [das Gebet] »Gelobt sei der Herr, der gelobt ist« rezitieren, und die Gemeinde würde mit amen antworten, und der Sohn würde außerdem »Sein großer Name sei gepriesen« [eine Wendung aus dem Kaddisch] sagen, so würden sie ihn von seiner Strafe erlösen. Doch dieser Mann hatte keinen Sohn. Er verließ seine Frau, als sie schwanger war, und wußte nicht, ob das Kind ein Knabe war. Und wenn sie einen Knaben gebar, wer sollte ihn in der Tora unterwiesen haben? Denn dieser Mann hat nicht einen Freund in der Welt.‹ Rabbi Akiba machte es sich sogleich zur Aufgabe, herauszufinden, ob dieser Mann einen Sohn gezeugt hatte, um den Sohn in der Tora zu unterweisen und ihn vor die Gemeinde zu stellen, auf daß er die Gebete leite. ›Wie heißt du?‹ fragte er. ›Akiba‹, antwortete der Mann. ›Und wie heißt deine Frau?‹ ›Schoschnia.‹ ›Und wie heißt deine Stadt?‹ ›Lodkiya.‹ Rabbi Akiba war von all dem tief berührt und begann mit seinen Erkundigungen. Er kam in die genannte Stadt und fragte die Leute nach dem Mann, der ihm begegnet war, und die Stadtbewohner erwiderten: ›Mögen seine Gebeine zu Staub zermahlen werden!‹ Er fragte nach der Frau des Mannes, und man sagte ihm: ›Möge ihre Erinnerung von der Welt getilgt werden!‹ Er fragte nach dem Sohn des Mannes, und man sagte ihm: ›Er ist ein Heide – wir haben uns nicht einmal die Mühe gemacht, ihn zu beschneiden!‹ Rabbi Akiba beschnitt ihn unverzüglich und setzte ihn vor ein Buch. Doch der Junge wollte die Tora nicht annehmen. Da fastete Rabbi Akiba vierzig Tage lang. Er hörte eine himmlische Stimme sagen: ›Dafür kasteist du dich?‹ ›Aber, Herr des Weltalls‹, erwiderte Rabbi Akiba, ›für Dich bereite ich ihn doch vor.‹ Plötzlich tat der Heilige, gelobt sei Er, das Herz des Jungen auf. Rabbi Akiba lehrte ihn die Tora und ›Höre, Israel‹ und das Dankgebet nach dem Essen. Er stellte den Jungen der Gemeinde vor, und der Junge rezitierte [das Gebet] ›Gelobt sei der Herr, der gelobt ist!‹ und die Gemeinde antwortete: ›Sein großer Name sei gepriesen!‹ Genau in diesem Augenblick wurde der Mann von seiner Strafe erlöst. Alsbald erschien der Mann Rabbi Akiba in einem Traum und sagte: ›Möge es der Wille des Herrn sein, daß deine Seele Freude findet im Garten Eden, denn du hast mich vor der Höllenstrafe errettet.‹ Rabbi Akiba erklärte: ›Dein Name, o Herr, währet ewiglich, und Dein Gedenken durch alle Generationen!‹ Aus diesem Grunde wurde es üblich, daß die Abendgebete am Abend nach dem Sabbat von einem Mann geleitet werden, der nicht Vater oder Mutter hat, damit er Kaddisch sagen kann und ›Gelobt sei der Herr, der gelobt ist!‹«

Hier ist eine sehr frühe Belegstelle für das Kaddisch des Trauernden. Ich bemerke, daß dieses Kaddisch nur für samstags abends vorgesehen ist. Der Text erklärt, warum. »Am Sabbat werden die Sünder Israels aus der Gehenna befreit, und sie finden Ruhe am Sabbat, bis die Juden ihre Abendgebete [am Samstagabend] beendet haben. Deshalb werden die Gebete verlängert, damit diese Seelen nicht in die Hölle zurückeilen.«

»›Wie heißt du?‹ fragte er. ›Akiba‹, antwortete der Mann.« Das ist verblüffend. Der Retter begegnet in dem Geretteten seinem Namensvetter: eine Legende von zwei Akibas. Was haben die beiden Akibas miteinander gemein? Nun, über Rabbi Akiba hieß es, daß »er jeden Tag ein Bündel Holz trug, von dem er eine Hälfte verkaufte, um seinen Lebensunterhalt zu bestreiten, während er die andere Hälfte selbst verbrauchte. Seine Nachbarn protestierten: ›Akiba, wir erstikken am Rauch [deines Brennholzes]! Verkauf uns das Holz und kauf dir Öl und studiere beim Licht einer Lampe.‹ Er erwiderte: ›Das Holz erfüllt mir verschiedene Bedürfnisse. Ich studiere bei seinem Licht, ich wärme mich an seiner Wärme, und ich schlafe darauf.‹«

Doch es gibt eine tiefere Verwandtschaft zwischen den beiden Akibas. Bevor er einer der Lehrmeister seiner Epoche wurde, war Akiba ein kleiner Schäfer und völlig ungebildet. Mit vierzig Jahren begann er zu studieren, und er gestand einmal, daß er in der Zeit, als er noch ein »dummer Bauer« war, den Wunsch hatte, den Gelehrten »die Knochen zu brechen«. Und hier heilt er nun die Unwissenheit des Sohnes dieses anderen Akiba, rettet er diesen anderen Akiba vor den Folgen dessen, daß er ein Kind gezeugt hatte, das sich in seiner Tradition nicht auskennt.

Lodkiya: das muß Laodicäa sein, die Hafenstadt an der nordsyrischen Küste. Man weiß, daß Akiba viel gereist ist. Er hat eine ziemlich lange Reise gemacht, um das Kaddisch zu etablieren.

Akiba unterrichtete den Sohn des Verdammten nicht um seiner selbst willen, sondern aus einem äußerlichen Grund. Ein anderer war darauf angewiesen, daß der Sohn sich in diesen Dingen auskannte. Ein anderer setzte darauf seine Hoffnung. Dieses Lernmotiv wird oft übersehen. Wissen dient nicht nur einem selbst, sondern auch anderen, nicht nur der Befriedigung des eigenen Wissensdurstes, sondern auch der Erfüllung der eigenen Pflichten gegen andere, deren Anlässe von der Wirksamkeit der Tradition abhängen. Die große, ungebildete jüdische Gemeinschaft Amerikas könnte eine Million Begegnungen mit Akiba gebrauchen. Oder erwarten sie etwa, daß ihre Kinder sie retten? Ihre Kinder, die mit einer Unkenntnis der jüdischen Tradition aufwachsen, wie sie in der jüdischen Geschichte ohnegleichen ist?

Rund hundert Jahre nach *Machsor Vitry* wird in einem Werk mit dem Titel *Kol Bo*, einer anonymen Anthologie von Gesetzen und Gebräuchen der jüdischen Gemeinden Frankreichs, der Zusammenhang zwischen dem Kaddisch und der Legende von Akiba und dem Verdammten eindeutig bestätigt. Im Anschluß an die Wiedergabe der Legende heißt es dort: »Und auf dieser Grundlage wurde es zu einem verbreiteten Usus, daß der Sohn eines toten Mannes Kaddisch sagt.«

Im Talmud stieß ich auf eine Geschichte über Rabbi Juda, die als Inspiration für die Geschichte von Rabbi Akiba und dem Verdammten gedient haben muß. Sie beginnt mit einer seltsamen Äußerung von

Rabbi Hisda: »Die Seele eines Mannes trauert um ihn ganze sieben Tage.« Eine ergreifende Vorstellung. Die Seele trauert um ihre Trennung vom Leib! Offenbar ist Rabbi Hisda der Ansicht, daß die Seele an ihren diesseitigen Umständen Freude hat. Der Geist mag das Gegenteil der Materie sein, doch er ist ihr loyales Gegenteil. Weiter heißt es in dem Text: »Rabbi Juda sagte: Wenn jemand gestorben ist und keine Trauernden hinterlassen hat, um [ihn] zu trösten, dann gehen zehn Männer hin und lassen sich im Haus des Toten nieder. Es geschah, daß ein Mann in der Nachbarschaft von Rabbi Juda starb. Er hinterließ keine Tröster, und so versammelte Rabbi Juda alle Tage zehn Männer, und sie ließen sich in seinem Haus nieder. Nach sieben Tagen [als die Trauerwoche zu Ende war] erschien der Tote Rabbi Juda in einem Traum und sagte: ›Laß deinen Geist ruhen, denn du hast meinen Geist zur Ruhe gebracht.‹« Die Seele des Toten, die der Dienste der Lebenden bedarf; die Dienste der Lebenden in Gestalt der Trauerrituale; der Traum, in dem der Tote dem Lebenden dafür dankt, daß er die Pflichten des Trauernden erfüllt hat, und eine angemessene Belohnung verspricht: all diese Elemente sind in der Geschichte von Rabbi Juda und in der Geschichte von Rabbi Akiba vorhanden. Es gibt natürlich einen bedeutenden Unterschied. In der Geschichte von Rabbi Akiba hinterließ der Tote einen Sohn. Auch Rabbi Judas Ziel ist es, eine Seele zu trösten, doch Rabbi Akibas Ziel ist es, eine Seele zu retten. Wo ein Sohn ist, kann mehr verlangt werden.

◇

Ein regnerischer Morgen. Ich weile in Aschkenas. Washington ist für mich nicht so real wie Worms. Im *Sefer ha-Rokeach*, dem »Buch des Salbenmischers«, von Eleasar ben Juda aus Worms, dem einflußreichen Pietisten und Rechtsgelehrten, der an der Wende vom zwölften zum dreizehnten Jahrhundert lebte, enden die Vorschriften für das »zusätzliche Gebet« am Sabbat (es folgt dem Morgengebet) mit diesen Worten: »Und die Waise erhebt sich und sagt Kaddisch, und alle verlassen das Gotteshaus.« (Sie können sich fast schon an den Mittagstisch setzen.) Und in seinem Kommentar zum Gebetbuch beendet Eleasar der Salbenmischer seine Betrachtung der Liturgie für den Samstagabend, wenn der Sabbat zu Ende ist, mit der Bemerkung, daß »die Waise Kaddisch sagt«, und erzählt dann die Geschichte von

Akiba und dem Verdammten, aus der er den Schluß zieht, daß »ein Junge, der [das Kaddisch] sagt, seinen Vater vor Strafe bewahrt«. Das Kaddisch des Trauernden wurde also Ende des zwölften, Anfang des dreizehnten Jahrhunderts am Sabbat, mittags oder bei Dämmerung, von einem Minderjährigen in der Schul gesagt.

In dem Gesetzeskompendium von Isaak ben Mose aus Wien aus dem frühen dreizehnten Jahrhundert, dem *Or Sarua* (»Gesätes Licht«) – Licht ist gesät dem Gerechten, sang der Psalmist –, finde ich folgendes: »Es ist unser Brauch im Lande Kanaan [Isaaks Bezeichnung für Böhmen], und es ist der Brauch der Gemeinden des Rheinlands, daß, nachdem die Gemeinde ›Es ist kein Gott wie unser Gott‹ [ein Keloheinu, ein beliebter Hymnus, kurz vor dem Ende des Gottesdienstes] gesagt hat, die Waise sich erhebt und das Kaddisch sagt. In Frankreich sah ich, daß sie es nicht so genau nehmen, wer das Kaddisch sagt, ein Waisenknabe oder ein Knabe, der Mutter und Vater hat; doch unser Brauch ist besser gerechtfertigt, wenn wir der Geschichte von Rabbi Akiba folgen.« Seine Quelle für die Geschichte und die Ableitung des Kaddisch aus ihr? »Dies ist, was mein Lehrer, Rabbi Eleasar von Worms, fand.«

Bei Isaak ein hübsches Detail: »Doch in Frankreich sah ich, daß sie es nicht so genau nehmen, wer das Kaddisch sagt, ein Waisenknabe oder ein Knabe, der Mutter und Vater hat; doch unser Brauch ist besser gerechtfertigt, wenn wir der Geschichte von Rabbi Akiba folgen.« In Aschkenas wurde der zusätzliche Sabbatgottesdienst offenbar von einem Kind beendet. Doch dieser Brauch hatte unterschiedliche Gründe. In Frankreich wurde er geübt, damit das Kind lernen konnte. In Deutschland diente er dazu, daß das Kind trauern konnte. Das Kaddisch nahm seinen Ausgang als Trauerritual für Minderjährige.

Im Teehaus heute morgen mit einem liturgischen Handbuch für Kantoren und Vorbeter von Nathan ben Juda, einem Rabbi im Frankreich des dreizehnten Jahrhunderts (»Ich bin immer auf die Ansichten meiner Freunde eingegangen, und sie baten mich, die Gebete in die richtige Reihenfolge zu bringen …«). Es bestätigt Isaaks Bemerkung über den französischen Brauch, das Kaddisch für Kinder betreffend. Wo er auf die Abfolge der Nachmittagsgebete am Sabbat zu sprechen kommt, nennt Nathan auch das Kaddisch des Minderjährigen, wie er es nennt. »All die vielen Rezitationen des Kaddisch für Minderjährige«, erklärt er, »wurden eingeführt, um sie in der Praxis der Gebote zu unterweisen.« Das Kaddisch des Trauernden hatte demnach einen geringen Status. Die Rezitation durch die Knaben diente pädagogischen Zwecken. Diese Gebete waren keine obligatorischen Gebete. »Wären sie nämlich obligatorische Gebete, wie könnten dann Minderjährige die Gemeinde von ihrer Pflicht entbinden? Denn wer nicht eine bestimmte Pflicht zu erfüllen hat, kann diese Pflicht nicht für jemand anderen erfüllen.« (Letzteres ist ein talmudischer Entscheid.) Und doch wurde von den Jungen verlangt, sich zu erheben und zu trauern. Ach, diese jüdische Knabenzeit …

Eine der hauptsächlichen Methoden der Weitergabe der Tradition ist die vorzeitige Beendigung der Kindheit.

Seit Jahrhunderten wurden Kinder in der westlichen Kunst als Erwachsene in Miniatur dargestellt. Die Kindheit hat eine Geschichte, und erst seit der frühen Neuzeit stellte man Jungen und Mädchen als Jungen und Mädchen und nicht als kleine Männer und kleine Frauen dar. Ich werde immer Zärtlichkeit für die linkischen Gestalten dieser geschrumpften Erwachsenen auf den alten Gemälden empfinden. Diese Bilder erinnern mich mit ihrem teleologischen Verständnis der Kindheit, ihrer Ungeduld, schnell erwachsen zu werden, an meine eigenen Anfänge. Meine Eltern und Lehrer handelten nach dem Prinzip, daß es nie früh ist. (Junger Mann, welche Edelsteine enthielt der Brustschild des Hohenpriesters? In der richtigen Reihenfolge, bitte!) Ich denke an meine frühen Jahre, und ich bewundere diese verzerrten Bilder wegen ihrer Ähnlichkeit mit der Realität.

Offenbar blieb der Brauch, Jungen wie Männer auftreten zu lassen, nicht unangefochten. Joseph Karo schreibt im sechzehnten Jahrhundert, es sei »erstaunlich, daß man einem Minderjährigen erlaubt, zum Abschluß des Sabbats Funktionen im Gottesdienst auszuüben und das Abendgebet zu leiten. … Ein Minderjähriger trägt keine Verantwortung, und so kann er die Gemeinde auch nicht [von ihrer Verantwortung] entbinden. Denn es wurde gelehrt, daß, wer nicht eine bestimmte Pflicht zu erfüllen hat, diese Pflicht nicht für jemand anderen erfüllen kann. Auch habe ich gehört, daß Rabbi Josef Abudarham diesen Brauch angefochten hat ... und daß der große Rabbi Isaak von Leon ihm beipflichtete, daß dieser Brauch abgeschafft werden sollte.« (Abudarham und De Leon waren Rechtsgelehrte im Spanien des fünfzehnten Jahrhunderts.)

Ist es nie zu früh? Nein. Es ist nie zu spät.

Als ich heute morgen in die Schul kam, saß jemand auf meinem Stuhl. Das brachte mich aus der Fassung. Ich habe mich an einen bestimmten Platz gewöhnt, von dem aus ich das Geschehen verfolge, und ich möchte ihn nicht verändert sehen. Natürlich ist das eine Schwäche von mir, aber ich bin nun einmal darauf eingestellt, daß die Wiederholung erhalten bleibt. Eintönigkeit ist für mich kein Problem. Was ich anstrebe, ist ein Jahr, in dem alles seinen geregelten Gang geht. Ich muß ein Motor sein.

◇

Wer wagt zu behaupten, die Rabbiner hielten nicht Schritt mit der Zeit? In einer jüdischen Zeitung finde ich eine Anzeige einer Organisation, die sich »Kaddish Foundation« nennt. »Ist es für Sie oder einen Freund von Ihnen schwierig, zur Schul zu gehen und Kaddisch zu sagen? Rufen Sie uns an, gebührenfrei. Wir werden sehen, ob wir Ihnen helfen können.« Zu den angebotenen Dienstleistungen gehört »tägliches Kaddisch sagen *mit einer persönlichen Note*«. Des weiteren, reichlich ominös, »Zukunftsplanung möglich«. Es folgen eine Telefonnummer, eine Faxnummer und dies: »http://www.mnemotrix.com/kaddish«. Kabbala! (Was hat das mit dem »Freund« auf sich? Denken sie an Geschenkgutscheine? Das wäre doch ein Geschenk zu Bar Mizwa.)

Streit in Brooklyn. Ein Vetter wollte meiner Mutter einreden, das Schicksal der Seele meines Vaters sei so kostbar, daß man es nicht seinem auf Abwege geratenen Sohn überlassen sollte. Sie solle sich jemanden nehmen, der ein Jahr lang in der Schul das Kaddisch rezitiert. »Engagiere jemanden dafür«, sagte mein Vetter. Ich war wütend. Daß mein Lebenswandel nicht gerade fromm ist und die Erfüllung dieser

Pflicht mir schwerfällt, bestreite ich nicht. Aber es ist *meine* Pflicht. Nur ich kann sie erfüllen. Nur ich werde sie erfüllen. Mein frommer Verwandter scheint den Charakter dieser speziellen Pietätspflicht nicht begriffen zu haben. Sie ist eine Sache für Söhne, nicht für Außenstehende. Ich äußerte meiner Mutter gegenüber, ich würde meinen Vetter auf verschiedene Quellen des Brauches hinweisen. »Aber nichts allzu Schwieriges«, meinte sie boshaft. Also wählte ich eine Stelle aus einem wohlbekannten Sammelband über die Praktiken des Trauerns aus, der 1947 vom Oberhaupt des rabbinischen Gerichts in Columbus, Ohio, verfaßt wurde. »Das stärkste und wirksamste Band«, schrieb der Rabbi, »das die jüngere Generation an ihr Volk und seine Tora bindet, ist das Kaddisch. Es hebt nicht nur die Seele des Verstorbenen, sondern auch die Seele dessen, der es rezitiert. Es bringt ihn in den Schoß Israels, und in den Tagen seiner Trauer lernt er sein Volk und seinen Vater im Himmel kennen. Doch zu unserem großen Verdruß ist auch dies in Gefahr geraten. In unserer Zeit geht man sorglos mit dem Kaddisch um. Manche engagieren Außenstehende, die es an ihrer Stelle sagen sollen, Leute, die mit einem Kaddisch für jedweden Notfall bereitstehen, die es für ein Dutzend Tote am Jahrestag ihres Todes und für ein halbes Dutzend Tote während des Jahres nach ihrem Tode rezitieren. Und währenddessen verkommen die Trauernden faul in ihren Betten! Sie begreifen nicht, daß das Kaddisch ausdrücklich für den Trauernden geschaffen wurde, damit er Gelegenheit hat, ein Kapitel des Judentums kennenzulernen.« Sage also meinem Vetter, daß ich nicht verkommen werde; und sag ihm auch, daß es mancherlei Arten von Verkommenheit gibt.

Die Vorstellung der Leute aus Ohio, das Kaddisch sei günstig für die jüdische Identität, gefällt mir nicht. Es gibt schon zuviel Kaddisch-Judentum im Land. Die Religion ist jedoch das Werk von schuldbeladenen oder sentimentalen Kindern. Ich meine die richtige Religion.

Der Sommer verschwindet, und ich merke, daß ich es nicht merke. So war es immer mit meinem Judentum. Ich beobachtete, daß ich nicht beobachte. – Von diesem zwiespältigen Denken werde ich mich nie befreien. Nie.

III

Ich komme zu dem Schluß, daß das Kaddisch des Trauernden im Laufe des zwölften Jahrhunderts – in den Generationen nach Raschi – von französischen und deutschen Juden entwickelt wurde. (Die Legende von Rabbi Akiba und dem Verdammten im *Machsor Vitry* gehört also zu den späteren Schichten des Buches.) Ich habe nämlich im gesamten Bestand der – wie man heute sagt – Raschi-Literatur, den Sammlungen seiner Praktiken und Anschauungen, nach dem Gebet gesucht und es nicht gefunden. Es gibt in dieser Literatur nur eine einzige Verbindung des Kaddisch mit den Toten, und dabei geht es um das »Kaddisch der Wiederauferstehung der Toten«, das bei Begräbnissen rezitiert wird. Es war dieses Kaddisch, das ich in meiner Benommenheit beim Begräbnis meines Vaters rezitierte, das Kaddisch über die Erneuerung der Welt und andere Schimären. Von dem Text, den man mir vorgelegt hatte, unterscheidet sich der Text aus Raschis Zeit nur dadurch, daß er zusätzlich eine Äußerung der Sehnsucht nach dem Messias enthält.

Im Begräbnisprotokoll aus dem elften Jahrhundert, das ich in der Raschi-Literatur finde, steht das Begräbniskaddisch am Ende des Geschehens. Nachdem der Trauernde es rezitiert hat, »nehmen alle Anwesenden eine Handvoll Erde oder Kieselsteine, riechen daran und sprechen [den Vers aus den Psalmen]: ›gedenkt daran, daß wir Staub sind!‹ Und darauf werfen sie es [Erde bzw. Steine] über die Schulter hinter sich. Dies tun sie dreimal, um sich von dem Toten zu verabschieden. Und es gibt einige, die Gras ausrupfen und [den Vers aus den Psalmen] sprechen: ›und sie werden hervorblühen aus den Städten wie das Gras der Erde‹. Dies ist, was sie in Deutschland tun.« (Ich kann nur vermuten, daß mit dem merkwürdigen Wort, das im Text vorkommt, »Deutschland« gemeint ist.) Worte der Auferstehung, Symbole der Auferstehung. Ich will dies das Auferstehungskaddisch nennen. Das Auferstehungskaddisch war indes keine Erfindung des Weisen von Troyes. Es wird bereits in dem kleinen talmudischen Traktat *Soferim* erwähnt, zu deutsch »Schreiber« oder »Schriftgelehrte«, der genaugenommen ein post-talmudischer Text ist, da er zum großen Teil aus dem achten Jahrhundert stammt. Allerdings hat das Auferstehungskaddisch in diesem frühen Text seinen Platz nicht auf dem Friedhof, sondern an der Schwelle des Gotteshauses, wo man die Trauernden und ihre Angehörigen antraf. Es hat mit dem Kaddisch des Trauernden, wie wir es kennen, nichts gemein.

Ich erzähle einem alten Freund, daß ich jeden Morgen und jeden Abend in der Schul bin. »Der Todesengel ist der beste Totengräber«, meint er.

In der Raschi-Literatur findet sich noch eine rätselhafte Stelle. Bei einer Gelegenheit wurde die Verbindung zwischen Kaddisch und Trauer offenbar nachdrücklich verneint. »Einst geschah es, daß jemand an einem der mittleren Tage eines Festes begraben wurde, und die Anwesenden sträubten sich, die Rechtfertigung des Gerichts und das Kaddisch zu äußern. Denn das Kaddisch wird nicht gesagt außer nach den Versen in der Rechtfertigung des Gerichts.« Die Rechtfertigung des Gerichts, *zidduk hadin*, bildet den Kern des Trauergottesdienstes; sie ist ein kurzes Gebet talmudischen Ursprungs und besteht hauptsächlich aus Bibelversen, die bekräftigen, daß treu und gerecht ist, was Gott über den Menschen beschließt, vor allem dem folgenden Vers aus dem 5. Buch Mose: »Er ist der Fels. Vollkommen ist sein Tun; denn alle seine Wege sind recht. Ein Gott der Treue und sonder Trug, gerecht und gerade ist er!« (In der mir beim Begräbnis meines Vaters zur Rezitation aufgegebenen Version der Liturgie folgte auf diesen Vers ein auf ihm aufbauendes, äußerst mediokres Gedicht, ein langatmiges gereimtes Bittgebet.) Und das Kaddisch, um das es hier geht, ist nicht das Auferstehungskaddisch, sondern das gewöhnliche Kaddisch, das traditionell nach »Schrift und Lehre« gesprochen wurde. Wenn keine Verse, dann auch kein Kaddisch. Diese Stelle beweist, daß das Kaddisch nur eine indirekte Beziehung zum Tod und den damit zusammenhängenden Dingen hatte.

Das Widerstreben dieser Trauernden, an dem Festtag die Begräbnisverse zu sprechen, beruht auf dem Brauch, an Sabbat- und Festtagen nicht öffentlich zu trauern, um die Freude nicht durch Kummer zu beeinträchtigen. Doch Raschi, der bei dem Begräbnis zugegen war, gab ihnen nicht recht, im Gegenteil, er verblüffte sie: »Unser Rabbi erhob sich und rezitierte die Rechtfertigung des Gerichts und das Kaddisch, denn es ist weder eine Klage noch ein Trauerlied, sondern ein Ausdruck der Bejahung und Hinnahme des himmlischen Urteils und somit kein Verstoß gegen den Festtag.« Ein paar Zeilen weiter wird Raschis Eingriff in ein allgemeines Prinzip unterstützt: »Unser Rabbi lehrte, daß es schön wäre, wenn man an Sabbat- und Festtagen die Rechtfertigung des Gerichts und das Kaddisch rezitieren würde, denn es ist weder eine Klage noch ein Trauerlied, die verboten sind.« Es wäre schön, wenn man es rezitieren würde: Raschis Wortwahl läßt erkennen, daß es ihm um eine Revision jüdischer Gebräuche geht.

Ich komme zu dem Schluß, daß das Kaddisch zu Raschis Zeit nur seine traditionelle Rolle spielte, sei es im Kontext der Trauer, sei es außerhalb ihrer. Es war nach wie vor ein liturgisches Beiwerk der Lehrtätigkeit. Nach Raschis Auffassung war die Liturgie der Trauer, mit der das Kaddisch einherging, selbst nicht ein Ausdruck der Trauer, auch wenn sie von Trauernden vorgetragen wurde. »Weder eine Klage noch ein Trauerlied« – das klingt seltsam. Offenbar hat sich in dieser unsentimentalen Interpretation des Rechtfertigungsgebets die Sprache des Raschi von der Realität gelöst. Natürlich sind diese Worte eine Klage und ein Trauerlied. Man braucht nur zu schauen, an welchem Ort sie gesprochen werden. So wie ich dieses Gebet erlebt habe, konnte ich jedenfalls trennen zwischen den Worten der Hinnahme und dem Wissen davon, was ich hinnahm.

In all diesen Jahrhunderten war das Kaddisch, das mit der Rechtfertigung des Gerichts gesprochen wurde, nicht das Kaddisch des Trauernden; aber heute morgen kommt mir der Gedanke, daß der Zweck des Kaddisch des Trauernden nichts anderes ist als die Rechtfertigung des Gerichts. Vom Schicksal der Seele meines Vaters kann ich nichts wissen, aber ich weiß sehr wohl, was der Tod meines Vaters meinem Herzen angetan hat. Die Natur der Dinge hat mir einen Schlag versetzt. Ich kann zwischen Zorn und Hinnahme wählen, und ich möchte lieber zornig sein. Ich möchte aber nicht dumm sein. Also werde ich mich den Anstrengungen der Hinnahme unterziehen müssen.

Eine dieser Anstrengungen ist mein Kaddisch – jedenfalls möchte ich, daß es das ist. Wenn ich mich erhebe, um das Kaddisch zu rezitieren, werde ich das Gericht rechtfertigen; nicht die Entscheidung über seine Seele, aber die Entscheidung über sein Leben; nicht, weil ich weiß, daß sie gerecht ist, sondern weil ich weiß, daß sie wahr ist.

Du hast mir meinen Vater genommen, verherrlicht und geheiligt werde Dein großer Name ...

◇

Auch den Kompilatoren der Raschi-Literatur muß die Verfahrensänderung des Meisters merkwürdig vorgekommen sein, denn in einer der Quellen, dem *Sefer ha-Pardes* (»Buch vom Obstgarten«), findet man gleich nach Raschis Entscheidung, daß die Rechtfertigung des Gerichts an einem Freudentag gesagt werden darf, das genaue Gegenteil davon. Der Text gibt Raschis Ansicht wieder, daß das Gebet an Sabbat- und Festtagen gesprochen werden dürfe, weil es nichts Freudloses enthält, und fährt dann fort: »Gleichwohl wird sie [die Rechtfertigung des Gerichts] an Sabbat- und Festtagen nicht gesprochen, weil sie Schmerz verursacht und die Freude des Tages mindert, obwohl der Segensspruch ›Gepriesen sei der treue Richter‹ gesagt wird, weil er kurz und knapp ist. Einige sind besonders streng und rezitieren die Rechtfertigung des Gerichts am Vortag des Sabbat nicht nach dem Mittag, doch er [Raschi] kennt die Quelle für diese Strenge nicht. Die Juden sind Gelehrte und Söhne von Gelehrten, nicht aber Propheten und Söhne von Propheten, und die Bräuche, die sie von ihren Vorvätern erlernt haben, sind wie die Tora, die nicht vermehrt oder vermindert werden darf. Im Kern geht es darum, daß es geboten ist, einen Segensspruch zu seiner Zeit zu sagen, mag dieser Zeitpunkt auch auf einen Sabbat fallen, und es ist geboten, die Rechtfertigung des Gerichts an den sieben Trauertagen zu sagen, auf welche Tage sie auch fallen mögen. So kommt es, daß er [an Sabbat- und Festtagen] an jenen Orten, wo es nicht der Brauch ist, nicht gesagt wird« – doch an jenen Orten, wo es der Brauch ist, wird er gesagt.

Dieser Text ist für mich unklar. Es wurde gezeigt, daß Raschi sich gröblich widerspricht. Entweder verursacht die Rechtfertigung des Gerichts Schmerz, oder sie verursacht keinen Schmerz. Beides zugleich kann nicht Raschis Auffassung sein, doch beides wird ihm zugeschrieben. Das verstehe ich nicht. Die Stelle erweckt mir den Eindruck einer Interpolation, die einen Widerspruch zwischen Raschis Meinung und dem zu seiner Zeit üblichen Brauch erklären sollte. Der Lehrer sagte das eine, die Gemeinde tat das andere. Die herrschende Praxis war nicht mit der Idee des Lehrers zu vereinbaren, es sei denn, man führte das Prestige des Brauchtums ins Feld. Mir gefällt die spannende Situation, daß der Lehrer sich der Gemeinde und die Gemeinde sich dem Lehrer widersetzt. Philosophisch gesehen, ist die Berufung auf das Brauchtum allerdings ein verfahrensfremdes Argumentieren.

Der Knoten schürzt sich. Der moderne Herausgeber des *Buches vom Obstgarten*, in dem Raschi zugunsten der öffentlichen Hinnahme des Todes an Sabbat- und Festtagen und gegen sie entscheidet, weist in einer Anmerkung darauf hin, daß er diese Passage tatsächlich in den Text interpoliert hat. Der Herausgeber war Chajim Juda Ehrenreich, ein ungarischer Gelehrter und vormaliger Rabbiner der Stadt Deva in Siebenbürgen, und seine Ausgabe erschien 1924 in Budapest. Er schreibt, er habe Raschis andere Meinung in zwei Quellen gefunden: im *Machsor Vitry* und in *Shibbolei ha-Leket* (»Halme von der Nachlese«) von Zedekia dem Arzt, einer Sammlung von Gesetzen und Gebräuchen, die im dreizehnten Jahrhundert in Italien zusammengestellt wurde. »Sie fehlte hier [im *Buch vom Obstgarten*], und ich habe sie wieder an dem ihr zukommenden Platz eingefügt«, schreibt Ehrenreich. Mein Vertrauen in ihn wird jedoch erschüttert, als ich den *Machsor Vitry* konsultiere und feststelle, daß Raschis andere Meinung nirgends zu finden ist. Raschis andere Meinung war überhaupt in keinem der Werke der Raschi-Literatur zu finden, bevor Ehrenreich sie in eines davon einfügte. »Sollte der Leser Dinge finden, die ihm nicht richtig erscheinen«, schreibt er am Schluß seiner Einführung, »so hoffe ich, daß er mildernde Umstände für mich gelten läßt, denn ich habe weder in einem fürstlichen Palast noch an einem mit Überfluß gedeckten Tisch gearbeitet.« Ich weiß nicht, wieso die beschränkten Verhältnisse des Mannes überhaupt eine Rolle spielen sollten. Seine Verfahrensweise erscheint mir anmaßend. Dennoch will ich mildernde Umstände für Ehrenreich gelten lassen, denn seine Verhältnisse wurden, wie sich später herausstellt, noch beschränkter. Er und seine Angehörigen wurden 1942 von den Nazis ermordet.

◇

Ich pflüge diesen Boden noch ein wenig mehr und fördere einen Goldklumpen zutage. Es wird ferner berichtet, daß Raschi von dem Begräbnis zum Haus der Hinterbliebenen ging. Er traf dort den Trauernden an, auf einem Stuhl sitzend wie die anderen und ihre tröstenden Worte entgegennehmend. Nun lehrten die alten Rabbinen, daß diejenigen, die kommen, um den Trauernden zu trösten, nicht sprechen dürfen, bevor nicht der Trauernde spricht. »Doch es war hart, daß unser Rabbi schweigend dasaß. Denn welchen Trost gibt es im Schweigen?«

»Welchen Trost gibt es im Schweigen?« Dies soll das Motto des Trauernden sein, das Motto dieses beschädigten Jahres, dessen Ende ich nicht absehen kann. (Und dann werde ich ein wenig Stille suchen.)

Raschi konnte es nicht ertragen, den Mann bekümmert zu sehen, und so brach der Feind des Schweigens das Schweigen und hielt eine kleine Trostpredigt. »Da hob er zu reden an und richtete Worte des Trostes an den Trauernden.« Raschis Rede war eine Auslegungen des folgenden Verses aus den Psalmen: »Und dein, o Herr, ist die Güte; denn du, du vergiltst einem jeden nach seinem Werke.« Er sagte darüber folgendes: »Ist es wirklich Güte, daß Er einem jeden nach seinem Werke vergilt? Es ist doch eigentlich eine Strafe, daß Er einem jeden nach seinem Werke vergilt, nicht wahr? Nein, [die Bedeutung hier ist die, daß] eines Mannes gerechter Lohn aus den Anstrengungen seines Leibes und aus seiner Mühe ihm vergolten wird, wenn etwa seine Kinder und die, die er aufgezogen hat, von ihm genommen werden, um ihn zu erlösen; und dies ist die große Güte, die Er jedem einzelnen und allen seinen Geschöpfen erweist.« Als erstes fällt mir an Raschis Homilie die bisher unbekannte Information auf, daß Raschi am Begräbnis eines Kindes teilgenommen hatte. Er war gekommen, um einen trauernden Vater zu trösten. Aber was für ein roher Trost, einem Mann zu erklären, sein Kind sei für seine Sünden gestorben! Der Rabbi verlangte von dem Trauernden, ihm in die entlegensten Winkel der Theodizee zu folgen. Ist es ernsthaft denkbar, daß dieser Mann dadurch getröstet wurde? Ist es ernsthaft denkbar, daß ihm mehr an seiner eigenen Unschuld lag als an der Unschuld seines Kindes? Raschis Verknüpfung von Güte und Gerechtigkeit geht über meinen Verstand.

Selbstverständlich hatte Raschis Trostpredigt eine Quelle in der Tradition. Er stützte sie auf eine ähnlich schroffe Abfuhr, die im Talmud Rabbi Samuel ben Juda von dem Weisen Ulla erteilt wurde, nachdem seine Tochter gestorben war. Ulla erklärte, Gott habe die gottlosen Völker Moab und Ammon verschont, weil diese am Ende die »zwei Tauben« Ruth und Naamah hervorbringen sollten. Um so mehr müsse er, Samuel, sich folgendes überlegen: »Wenn Gott zwei große Völker um dieser zwei Tauben willen verschonte, hätte dann nicht auch deine Tochter weitergelebt, wenn sie würdig gewesen wäre und eine stattliche Nachkommenschaft verdient hätte?« Daraufhin erklärte Raschi dem gebrochenen Mann, der vor ihm saß, mit schonungsloser Offenheit: »Hätte deine Tochter es verdient, Kinder zu haben und eine Nachkommenschaft hervorzubringen, so stünde sie noch in der Welt. Du siehst also, daß es keinen Sinn hat, ihretwegen zornig oder traurig zu sein.« Fassen Sie Mut, mein Herr: Es gab keinen Grund, daß Ihre Tochter nicht sterben sollte!

Göttliche Güte ist nicht menschliche Güte. Daraus, daß Gott uns errettet, folgt nicht, daß Er uns auf menschliche Weise behandelt.

Und wenn deine Toten für die Errettung der Welt unwesentlich sind? Sie sind deine Toten.

Im Talmud (und im Raschi-Text) beginnt die Geschichte, bevor Ulla zu Rabbi Samuels Haus kommt. »Rabbi Samuel ben Judas Tochter starb. Die [babylonischen] Rabbinen sprachen zu Ulla: ›Laß uns hingehen und ihn trösten.‹ Ulla erwiderte: ›Was gehen mich babylonische Tröstungen an? Sie sind gotteslästerlich! Denn sie fragen, was hätte getan werden können, so als ob sie etwas getan haben würden, so als ob man etwas hätte tun können.‹ Also ging er allein zum Haus des Trauernden ...« Was Ulla (ebenso wie Raschi) dem Mann predigte, der seine Tochter begraben hatte, war Quietismus. Er wollte den Trauernden geistlich entwaffnen, wollte einem Aufbegehren zuvorkommen. »Du siehst also, daß es keinen Sinn hat, ihretwegen zornig oder traurig zu sein.« Das sind die Worte eines Rabbi, der die Gefahr erkennt, die der Religion von einem tragischen Geschehen droht. Und doch kann ich diese Worte nicht akzeptieren. Wer ein Kind begraben hat, hat ein Recht, die Faust gegen den Himmel zu schütteln. Zorn ist kein Abfall vom Glauben. Ganz im Gegenteil: Er erkennt, auf andere Weise, Gottes Verantwortung für die Welt an.

– Man hätte nichts tun können. Es hat keinen Sinn, sich den Kopf zu zermartern.
– Aber ich will wissen, wieso man nichts hätte tun können. Es hat wohl einen Sinn, wenn ich mir das Hirn zermartere.

Was der Tod eigentlich sagt, ist: *Denke nach.*

◇

Die Geschichte von Raschi endet so: »Nach dem Fest sah er [Raschi] ihn [den Vater des toten Mädchens] emsig seine Fässer ausbessern, während er noch in Trauer war, und so lehnte unser Rabbi es ab, das Haus des Mannes zu betreten, um ihn zu trösten, denn Arbeit ist, wie er sagte, [für Trauernde] verboten, auch dann, wenn sie [für sie] von anderen in einem anderen Hause ausgeführt wird. Warum sollte ich ihn trösten, wenn er ein Sünder ist?« Güte und Gerechtigkeit, wahrlich.

Wenn Gerechtigkeit mit Güte gewürzt wird, kommt es ganz auf die Proportionen an.

Ich schlug eine Stelle im Talmud nach und fand dies: »Warum sterben die Söhne oder Töchter eines Mannes in jungen Jahren? Auf daß er weinen und um einen würdigen Menschen trauern möge.« Für die rabbinische Tradition ist der Tod eines Kindes ein quälendes Problem, ein Messer ins Herz der Lehre von Lohn und Strafe. Insofern der Tod eine Strafe ist, können Kinder nicht aus eigener Schuld sterben, da sie nicht verantwortlich sind. Also muß der Tod des Kindes irgendwie mit dem Leben der Eltern erklärt werden. Diese Stelle ist eine solche Erklärung, und sie ist erschreckend. Unschuld wird für Anständigkeit geopfert! (Das hebräische Wort für »würdig« ist hier *koscher*, so als solle es heißen »ein koscherer Mensch«. Diesen Ausdruck habe ich noch nie gemocht. Gegenstände können koscher oder unkoscher sein, Menschen nicht.)

Doch sogleich wird ein Einwand vorgetragen. »›Auf daß er weinen möge‹: aber das ist ja ein Versprechen, das ihm abgenommen wird!« Ich weiß nicht, ob ich das verstehe. Raschi erklärt: »Er hat noch nicht gesündigt, und seine Garantie wird angenommen?!« Soll das wirklich heißen, daß Gott den Tod des Kindes eines Mannes gewissermaßen als Pfand eines Versprechens akzeptieren würde, um sicherzustellen, daß er künftig das Richtige tun und um einen koscheren Menschen trauern wird? Nein, wenn das Kind gestorben ist, dann kann es nur daran liegen, daß der Vater bereits gesündigt hat. Deshalb fährt der Text auch mit einer revidierten Fassung fort: »Warum sterben die Söhne oder Töchter eines Mannes in jungen Jahren? Weil er nicht um einen koscheren Menschen geweint und getrauert hat, denn wer um einen koscheren Menschen weint und trauert, dem werden alle seine Sünden vergeben, wegen des Respekts, den er erweist.« Ich weiß nicht, ob das wirklich eine Verbesserung ist. In der ersten Fassung sterben die Kinder wegen der Sündlosigkeit des Vaters. In der zweiten Fassung sterben sie wegen seiner Sünde. Die ganze Überlegung kommt mir, ich kann es nicht anders sagen, unkoscher vor. (Für den Tod eines Kindes gibt es keine Erklärung, die akzeptabel wäre.)

Anständigkeit ist das Ziel eines sittlichen Lebenswandels, doch Unschuld ist der Zustand derer, die für einen sittlichen Lebenswandel ungeeignet sind, wie es für Kinder gilt. Anständigkeit beginnt dort, wo die Unschuld endet.

Die Besessenheit, mit der die Religion auf der Reue besteht, hat etwas Unbarmherziges.

◇

Heute abend ging ich nach der Schul durch den Park. In der schwülen Sommerluft wimmelte es von Hunderten von Glühwürmchen, die aufleuchteten und erloschen, aufleuchteten und erloschen. Der Park war ein Raum schwebender, vergänglicher Intensitäten. Ich setzte mich und schaute mir die kleinen Lichteruptionen eine Weile an. Wo ich auch hinblickte, überall sah ich ein Licht beginnen und ein anderes enden. Keines der Lichter war von langer Dauer, doch ganz dunkel war es nie. Dies, dachte ich, ist ein anderes Ideal von Erleuchtung.

Das Leuchten vergeht. Aber das Nachleuchten [die Erinnerung an das Leuchten; Anm. d. Ü.] muß nicht vergehen. Das Problem ist nur, daß es von uns abhängt, wie lange es währt. Im Unterschied zum Leuchten ist das Nachleuchten keine Erfahrung; und wir ziehen die Erfahrung vor.

Ich habe von Leuten gelesen, deren ganzes Leben in einem einzigen Augenblick verwandelt wurde. Ich glaube nicht, daß eine solche Verwandlung bei mir möglich ist. Denn was diese Menschen verwandelt hat, war nicht nur der Augenblick, sondern auch die Treue, die sie anschließend diesem Augenblick bewahrten. Das ist das Paradoxon der Offenbarung. Sie durchbricht die Ordnung der Dinge und hängt dann von dieser Ordnung ab.

Ohne Tradition ist eine Offenbarung lediglich eine Epiphanie. Sie kann allenfalls die Kunst inspirieren.

Die Tradition nimmt für sich in Anspruch, ein Licht zu sein, das nicht mit dem Abstand von der Quelle schwächer wird. Das ist unerhört.

Auch Mystiker leben in der Vergangenheit. Doch sie erinnern sich an etwas, das ihnen selbst widerfahren ist. Und die persönliche Erinnerung kommt ohne historische Erinnerung aus. Der Mystiker ist der Gläubige ohne Verspätung.

Es ist nicht möglich, das Unvergängliche auf unvergängliche Weise zu erfahren. Es ist möglich, das Unvergängliche auf unvergängliche Weise zu erinnern.

Wir leben nicht vor dem Ewigen. Wir leben nach ihm. Die Glücklichen jedenfalls. Für die anderen gibt es das ganze System der Eschatologie, das ihnen die Gewißheit geben soll, daß ihr kurzer Augenblick noch vor ihnen liegt. Dies ist zumindest der spirituelle Vorzug der Idee der Offenbarung: sie lehrt, daß wir nach dem streben, was bereits ist.

Pascals Wette ist so uninteressant. Sie lebt, wie alle Wetten, in der Zukunft. Sie ist bloß eine weitere Vorahnung, bloß eine weitere Theologie der Verzögerung, in der die Gegenwart abgelehnt wird.

Ich bemerke allmählich, daß meine Gebete mein Leben mit Sprache aufladen. Dreimal täglich hebräische Musik.

◇

Die Raschi-Literatur ist ein ziemliches Durcheinander. Bestimmte Texte und Textfragmente kommen in der einen oder anderen Kompilation vor oder auch nicht, aber das ist mir nicht wichtig. Es erstaunt mich nicht, daß die Geschichte von Raschi bei dem Begräbnis und nach dem Begräbnis mehr oder weniger so geschildert wird wie in den anderen Quellen. In den Responsen setzt die Geschichte allerdings früher ein, und was ich dort lese, ist recht amüsant. Offenbar fing Raschis Ärger an diesem Tag schon vor dem Begräbnis an. »Einst geschah es, daß jemand an einem Festtag starb, und unser Rabbi trug ein neues Gewand, und er war besorgt um sein Gewand und wünschte es nicht für den Toten zu zerreißen.« Es gibt mißliche Situationen, die durch ihren kleinlichen Charakter ihre Menschlichkeit verraten. (Ich muß gestehen, daß auch ich mir beim Gedanken an das Begräbnis meines Vaters längere Zeit überlegt habe, welchen meiner teuren Gehröcke ich dem Rasiermesser des Rabbiners ausliefern sollte.)

Die Geschichte geht folgendermaßen weiter: »Er wollte es ablegen, bevor der Tod [des Betreffenden] eintrat«, und nicht sein Obergewand zerreißen, sondern das Hemd, das er darunter trug, doch als »sein Blick auf den Kragen dieses Hemdes fiel, entdeckte er, daß es bereits wegen des Todes eines anderen zerrissen worden war«. Aber das war nicht das Problem, sondern folgendes: »Er prüfte, wie es ausgebessert worden war, und sah, daß die Naht nicht fest war. [Nun heißt es aber im Talmud, daß] man nicht ein Gewand zerreißt, das zusammengestichelt oder geheftet ist, sondern ein Gewand [das genäht ist] mit alexandrinischer Naht, so daß es gut und fest ist.« Die Rabbinen sind einem bis in den Kleiderschrank auf den Fersen! Sie wollen freilich nicht, daß der Tod die Garderobe eines Mannes dezimiert, und deshalb dürfen Kleider, die bei einem Begräbnis zerrissen wurden, nach einer angemessenen Frist geflickt und wieder zerrissen werden. (Das gilt nicht für Kleider, die zerrissen wurden in Trauer um einen Verwandten, um einen Lehrer, um eine Torarolle, die verbrannt ist, um den Tempel, um schlimme Nachrichten, um den Anblick Jerusalems in seiner Verwüstung, um einen König oder um ein Oberhaupt des Sanhedrins. Diese dürfen zusammengeheftet, aber nicht geflickt werden.)

Es gibt freilich eine Komplikation. Die Flickmethoden können befriedigend oder unbefriedigend sein. »Was ist ein geflicktes Gewand? Ein Gewand, das vollständig ausgebessert ist, für alle Bedürfnisse.« Rabbi Hisda, ein talmudischer Weiser aus dem dritten Jahrhundert, hält eine Ausbesserung mit alexandrinischer Naht für ausreichend, denn das ausgebesserte Gewand ist (wie Raschi erklärt) »praktisch ganz«. Aber was ist eine alexandrinische Naht? In einer kurzen, aber umfassenden Erörterung antiker und mittelalterlicher Nähmethoden berichtet Aaron von Lunel in der Provence im vierzehnten Jahrhundert, daß Abraham ben David von Posquières in der Provence im zwölften Jahrhundert »bemerkte, daß die alexandrinische Naht unserer Nähmethode gleicht, bei der die Oberfläche auf der Außenseite glatt ist, aber auf der Innenseite [die Naht hervorragt]«. Das kommt einem bekannt vor. Aber ich habe nicht die Zeit, mich in der Geschichte der Schneiderei zu verlieren. Belassen wir es bei dem Hinweis, daß Raschis Hemd sein Obergewand nicht zu retten vermochte. Der große Mann opferte sein bestes Stück. »Er behielt sein neues Gewand an und zerriß es.«

Der Trauernde zerreißt sein Gewand: Dieser Gewaltakt ehrt die äußere und die innere Wahrheit dessen, was geschehen ist.

Die alten Rabbinen erklärten, daß »derjenige, der sich den Toten in einem zerrissenen Gewand nähert, die Toten beraubt; und es ist schlimmer, die Toten zu berauben, als die Lebenden zu berauben, denn die Lebenden kann man beschwichtigen, indem man ihnen zurückgibt, was man ihnen genommen hat, aber die Toten kann man nicht beschwichtigen, indem man ihnen zurückgibt, was man ihnen genommen hat«. Doch eine der zahlreichen Neuerungen, welche die Juden Amerikas in die Tradition eingeführt haben, ist der Brauch, sich ein Stück Trauerflor ans Revers zu heften, um nicht ihre Gewänder zerreißen zu müssen. All die Stunden, die man beim Einkauf verbracht hat, dürfen nicht vergeblich sein! Einen Anzug ruinieren? Nicht in diesem aufgeklärten Zeitalter.

Neben seinem spaßigen Aspekt hat dieser Umsturz der Kleiderordnung auch seine philosophische Seite. Das Äußere verweist ja auf das Innere. In dem Text über Raschi wird auch die talmudische Vorschrift erwähnt, daß der Schnitt durch das äußerste Gewand zu führen ist, »und trüge er auch zehn Gewänder«, um den Trauernden sichtbar zu kennzeichnen. (Auch aus diesem Grund war Raschis Obergewand nicht zu retten.) Wenn man das Unsichtbare respektiert, muß man auch das Sichtbare respektieren.

Beim Tod des Vaters oder der Mutter gilt jedoch: »Mag er auch hundert Gewänder tragen, er zerreißt sie alle«, bis er »sein Herz entblößt«. Je tiefer das Sichtbare, desto tiefer das Unsichtbare.

Das Zerreißen der Kleider um der Eltern willen muß vor aller Augen geschehen. Darum muß eine Frau nicht ihr Herz entblößen. »Eine Frau zerreißt nur das äußerste Gewand. Rabbi Juda sagte: Eine Frau sollte das Untergewand zerreißen, die Rückseite nach vorn drehen und dann ihre anderen Gewänder zerreißen.« Auch darf eine Frau ihre Kleider schon nach den ersten sieben Trauertagen flicken, nach Rabbi Judas Meinung sogar gleich. Die Ehre der Frau muß auch in der Verzweiflung gewahrt werden.

Warum mußte Raschi sein Gewand zerreißen? In welcher Beziehung stand er zu dem toten Mädchen?

All dieses Zerreißen und Zerschneiden. Das Leben nimmt einen mit, und das soll auch zu sehen sein. Man soll seine Zerrissenheit zur Schau stellen. Aber irgendwann muß es zu weit gegangen sein, denn im Jerusalemer Talmud heißt es: »Da die Spötter sich mehrten, ließen sie das Zerreißen sein.« Auch die Spötter hatten nicht unrecht.

Sobald die Trauer einer Vorschrift unterworfen wird, wird sie zu einem gekünstelten Verhalten.

»Wer in Lumpen geht, zerreißt nicht.« So heißt es bei den Rabbinen, sehr anständig. Aber auch hierzu gibt es eine abweichende Meinung. »Rabbi Juda sagt: Er zerreißt.« Auch der, den sein Glück verlassen hat, ist nach Rabbi Judas Meinung damit nicht seiner Verantwortung enthoben. Anstand spricht auch aus dieser Meinung. Die ganze moderne Debatte über den Sinn der Armut wird hier von diesen alten Juden in wenigen Worten zusammengefaßt.

In Maimonides' Kodex: »Wer viele Tote auf einmal verloren hat, zerreißt einmal für sie alle. Waren sein Vater und seine Mutter darunter, zerreißt er einmal für sie alle und einmal für Vater und Mutter.« Das Gesetz muß das Unglück vorwegnehmen. Es gibt natürlich viele Arten, eine große Menge geliebter Menschen gleichzeitig zu verlieren, doch als ich diese Worte lese, kommt mir nur eine in den Sinn.

Ich komme mit meiner Arbeit nicht nach, und ich weiß auch warum. Es fehlt mir die Geduld, an etwas anderes zu denken als an meine Texte des Trauernden. Ich hatte gedacht, mein Studium zu Ehren meines Vaters auf die stille Stunde im Teehaus beschränken zu können, aber es hat nicht geklappt. Wenn ich das Teehaus verlasse, ist das tägliche Studium beendet, aber das tägliche Nachdenken hat gerade erst begonnen.

◇

Jesaja von Trani war ein Talmudist im Italien des dreizehnten Jahrhunderts, dessen Auslegungen und Entscheidungen von späteren Generationen sehr geschätzt wurden. Nachdem er in Deutschland studiert und den Mittelmeerraum bereist hatte, bildete er ein Bindeglied zwischen Norden und Süden. In einem seiner Response, das sein italienischer Zeitgenosse Zedekia der Arzt zitiert, wird die Geschichte von Raschi beim Begräbnis angeführt. (Sie wird sogar zweimal angeführt. Dies ist die Quelle, auf die sich der arme Ehrenreich verließ.) Nach Ansicht Jesajas erzählt hier nicht ein Schüler Raschis über seinen Lehrer, sondern Raschi selbst über seinen eigenen Lehrer. Aus dem Text geht das nicht schlüssig hervor; Jesaja wurde offenbar zum Opfer eines Kopisten. In der Sache selbst hat er Bedenken gegen Raschis Auffassung von der Liturgie der Resignation. Er glaubt, Raschi habe geirrt. Er ist nicht der Ansicht, daß die Rechtfertigung des Gerichts (und das damit verbundene Kaddisch) an Sabbat- und Festtagen rezitiert werden sollten, weil er nicht der Ansicht ist, daß sie nichts Trauriges an sich hätten. »Es ist nicht korrekt, sie [an Sabbat- und Festtagen] zu sagen«, schreibt er. »Enthielte sie nichts anderes als eine Bejahung und Hinnahme des himmlischen Urteils [wie Raschi behauptet], wäre es sicherlich zulässig. Doch in ihrer Rezitation sind Dinge enthalten, die Schmerz verursachen, einen so großen Schmerz, daß keine Klage der Welt größer ist als [dieses Gebet]. Sie ist voller Aussagen, die das Menschenherz betrüben. Der Kern der Rechtfertigung des Gerichts ist der Segensspruch ›Gepriesen sei der treue Richter‹, wie er [im Talmud] gelehrt wird, doch all die Verse und Bilder, mit denen wir die Rechtfertigung des Gerichts füllen, können nur das Herz eines Menschen brechen und ihn an den Tag des Todes erinnern und seine Natur unterjochen. Und deshalb ist es nicht angebracht, sie an einem Tage zu äußern, an dem die Äußerung von Klagen nach dem Urteil der Weisen verboten ist.« Jesaja hat recht. Die Hinnahme des Urteils ist kein Ausruf des Glücks. Wie kann man nach einem Todesfall dessen Urheber ohne Schmerz preisen?

Jesaja beruft sich auf zwei frühere mittelalterliche Autoritäten, die die Rezitation des bitteren Gebets an Freudentagen verboten hatten, einen gewissen Rabbi Meschullam, über den ich nichts Näheres herausbekam, und Natronai Gaon, das einflußreiche und fruchtbare Haupt der Akademie in Sura am südlichen Euphrat im neunten Jahrhundert. Seine eigene Vorliebe bringt Jesaja unmißverständlich zum Ausdruck: »Wir sind uns derer bewußt, die die Rezitation [dieser Gebete] verboten haben, und ihre Ansichten sind richtig.« Unter diesen Autoritäten ist – Raschi! Hier die unerwartete Stelle, die Raschis modernen Herausgeber so beeindruckte: »Und auch [Raschi], der im Namen seines Lehrers [die Rechtfertigung des Gerichts an Sabbat- und Festtagen] erlaubte, beendete seine Erörterung damit, daß der Brauch, den sie von ihren Vorvätern erlernt hätten, nicht vermehrt oder vermindert werden dürfe, und deshalb dürfe kein Zweifel in der Sache aufkommen. Der alllgemeine Brauch, daß sie nicht gesagt werden darf, dürfe nicht ausgemerzt werden.« Mit anderen Worten: Raschi, der sagte, es sei erlaubt, sagte, es sei verboten. Das ist einmal ein Meister!

Vermutlich ist es so abgelaufen: Raschis »erste« Auslegung, seine wahre Auslegung, seine radikale Auslegung, in der er die Hinnahme des Todes an einem Freudentag erlaubte, kollidierte mit einer Norm, und so mußte man sich der praktischen Umsetzung seiner Idee widersetzen. Er mußte gegen sich selbst gekehrt werden. Zumindest ist Jesajas Text sich des Widerspruchs bewußt. Aber ist er glaubwürdig? Ist sein Bericht über Raschis Kehrtwendung vertrauenswürdiger als sein Bericht, daß dies alles gar nicht Raschi passiert sei?

Hier prallten Theorie und Praxis, die Autorität eines Denkers und die Autorität einer Gemeinschaft aufeinander. In der jüdischen Tradition ist ein Widerspruch zwischen einer Theorie und einer Praxis etwas anderes als ein Widerspruch zwischen einer Theorie und einer anderen. Eine Theorie kann man widerlegen, eine Praxis nicht. Ein Brauch will nicht bewiesen, er will verstanden werden. Und dann ist da das Gefühl, ein Hüter zu sein: Du kannst denken, was du willst, aber zerstöre nicht die Bräuche, die von alters her bestanden haben, bis heute. Das klingt wie gedankenloser Behaviorismus, ist es aber nicht. Schließlich haben sich mancherlei Bräuche erhalten, hinter denen mancherlei Vorstellungen stecken. Du kannst nicht alle Bräuche praktizieren und alle Vorstellungen verteidigen. Du mußt dich für etwas entscheiden. Und indem du kritisch über die Bräuche denkst, denkst du auch kritisch über die Vorstellungen. Die Rabbinen bewundern die kollektive Spontaneität, die sich in der Entwicklung von Bräuchen äußert (sie sagen sogar: »ein Brauch hat den Vorrang vor einem Gesetz«), aber sie bewundern sie nicht unkritisch. Es gibt »irrige Bräuche« und »schlechte Bräuche«, für die man weder in den Schriften noch in der Vernunft eine Grundlage findet, und solche

Bräuche können für null und nichtig erklärt werden. Die Verehrung der Gebräuche ist kein Kniefall des Geistes vor der Anthropologie. Eine rituelle Lebensführung ist nicht eine Lebensführung, die der kritischen Prüfung entzogen wäre.

Das Ritual verwandelt Wesenheiten in Taten.

Die Vergänglichkeit des menschlichen Lebens ist der Grund der menschlichen Zeremonie. Da Dinge vergehen, müssen sie wiederholt werden. Allein das Ewige kommt ohne Wiederholung aus.

Das Ideal der Epiphanie, der Hunger nach dem, was die Amerikaner »peak experiences« nennen, all das ist ein bißchen feige, ein Versuch, den Konsequenzen des Lebens in der Zeit zu entgehen. Natürlich kann die Epiphanie eintreten, aber nach der Epiphanie wird der Moment nach der Epiphanie eintreten. Die höchste Erfahrung wird ihren Gipfel erreichen. Und irgendwann kommt dann – in ganz alltäglichem Gewand – eine Erfahrung der eschatologischen Enttäuschung.

Eine Möglichkeit, sich gegen unsere Zeitlichkeit zu wenden, ist die Epiphanie, eine andere das Ritual. Dem Gegenangriff der Zeit ist die Epiphanie stärker ausgeliefert als das Ritual. (Aber wer würde nicht das Ritual gegen die Epiphanie eintauschen? So habe ich jedenfalls einmal gedacht.)

Bräuche haben Gründe, aber ihre Gründe sind nicht ihr einziger Grund. Es gibt sie auch, weil es sie bisher schon gab. Die Zeit ist ein wichtiger Bestandteil eines Brauches. Jeder Brauch trägt die Schmutzspuren der Zeit. Deshalb wirken Bräuche so undurchsichtig. Doch ihre Schönheit verdanken sie zum Teil ihrer Undurchsichtigkeit. Sie ähneln jenen indischen Statuen, die von unzähligen Händen im Laufe der Jahrhunderte abgegriffen sind. Was sie an Kontur verlieren, das gewinnen sie an Verehrung.

Meir ben Baruch von Rothenburg war im dreizehnten Jahrhundert für die Juden in Deutschland die höchste Autorität in Gesetzesfragen. Er war ein fruchtbarer Autor, doch das einzige seiner umfangreichen juristischen Werke, das sich erhalten hat – und erst 1789 veröffentlicht wurde –, ist eine Kompilation der Trauervorschriften. In seiner Erörterung der Frage, ob auch Frauen ihr Gewand zerreißen, fand ich eine interessante Bemerkung. Meir zitiert eine andere Fassung des Talmudtextes, den ich vor einer Woche gelesen habe. »Was das Zerreißen angeht, so gilt für Männer und Frauen ein und dieselbe Regel. Rabbi Simeon ben Eleasar bestreitet dies und sagt, eine Frau solle ihr Untergewand zerreißen, es umdrehen und dann das äußere Gewand zerreißen.« (Der Text, den ich gelesen habe, schrieb Rabbi Simeons Ansicht Rabbi Juda zu.) Meir bemerkt, daß »das Gesetz auf der Ansicht der Rabbinen [und nicht auf der Ansicht von Simeon ben Eleasar] beruht, daß eine Frau beim Zerreißen nicht anders verfährt als ein Mann.« Aber wie ist das möglich? Eine Frau darf nicht ihre Brust in der Öffentlichkeit entblößen. »Da man sein Gewand in der Öffentlichkeit, vor den Leuten, zerreißen soll, ist dies gewiß eine Erniedrigung der Frau, und nach Ansicht aller [die diese Frage erörtert haben] müssen wir sie vor unsittlichen Gedanken bewahren.«

Dies ist Meirs Antwort: Die Frau zerreißt ihr Gewand, und um ihre Erniedrigung braucht man sich keine Gedanken zu machen, weil »der böse Impuls in der Stunde der Trauer keine Gewalt hat«. Als Beweis führt Meir einen anderen Talmudtext an, der Frauen erlaubt, an einem Leichenzug teilzunehmen: »Wo es Brauch ist, daß Frauen der Bahre folgen, folgen sie ihr; [wo es Brauch ist,] ihr voranzugehen, gehen sie voran.« Meir erklärt, daß »wir uns keine Sorgen zu machen brauchen, daß Männer sie anschauen werden«.

»Der böse Impuls hat in der Zeit der Trauer keine Gewalt.« Was für eine Aussage! Ist sie wahr? Ich kann es noch nicht sagen. Ich werde es herausfinden, ganz sicher. Gleichwohl fühle ich mich von Meirs Aussage bestärkt, weil sie dem widerspricht, was man mir über das Verhältnis von Sterblichkeit und Sexualität beigebracht hat. Ich erinnere mich ganz genau an den ersten Satz jenes Buches von Bataille: »Die Erotik kann man bestimmen als das Jasagen zum Leben bis in den Tod.« Man hat einen Orgasmus, man stirbt; und die genuinste Sexualität ist die gewaltsame, weil sie die Gefahr offenbar werden läßt, das Verlangen nach Zerstörung, das dieser Erregung innewohnt. Als wäre es der Tod, der erregt! Doch heute abend sehe ich nicht, daß der Tod zu erregen vermöchte. Mag sein, daß der böse Impuls in mir in der Stunde meiner Trauer keine Gewalt hat; dennoch bleibe ich dabei, daß zwischen Sex und Tod ein fundamentaler Unterschied besteht. Der Tod ist kein Orgasmus. Er ist keineswegs etwas so Abgrenzbares wie ein Orgasmus. Er kommt, wenn er kommt, und er kommt kein zweites Mal. (Und man kann nicht mit Vergnügen an ihn zurückdenken.) Wenn man das Begehren als eine Sehnsucht nach dem Tod interpretiert, glorifiziert man nur eine bestimmte Art von Begehren, doch es gibt viele Arten des Begehrens. Und so bleibe ich heute abend entgegen Bataille bei der Auffassung: Die Erotik bejaht das Leben, doch der Tod ist ihr vollkommen gleichgültig.

Noch immer gefällt mir Meirs Formulierung nicht ganz. Muß man dem bösen Impuls unbedingt etwas Erotisches unterstellen? Das ist genau der dunkle Punkt bei Bataille. Meirs Formulierung spielt der Religion der Überschreitung direkt in die Hände.

Die eigenen Grenzen kennenzulernen heißt nicht, sein eigenes Ende kennenzulernen. Sein Ende erlebt man nur einmal. Deshalb sind die eigenen Grenzen spannender als das eigene Ende. Sie zeigen dir deine Spannweite. Sie verhöhnen deine Seele an jedem Tag deines Lebens.

Haben wir also im Ergebnis von Meirs Erörterung jüdische Frauen, die vor ihren Freunden und Nachbarn ihre Brüste entblößen? Nicht ganz. Meir schließt mit einer praktischen Anmerkung. Am Ende vertraut er doch nicht darauf, daß die Trauer das Begehren zum Schweigen bringt. Er verweist darauf, daß sich unter den talmudischen Vorschriften über das Zerreißen des Gewands der Trauernden auch folgendes findet: »Und das *efikarsin* ist kein Hindernis für das Zerreißen.« Was ist ein *efikarsin*? Im talmudischen Sprachgebrauch bezeichnet das griechische Wort ein Unterhemd, doch die mittelalterlichen Autoritäten verstanden es anders. Raschi beschreibt es als ein Kleidungsstück »auf seinem Kopf, so daß es kein Hindernis ist und keine Notwendigkeit besteht, es zu zerreißen«. Meir beschreibt es als »einen Schal, in den man sich so hüllt, das er über das Gesicht fällt und den Riß im Gewand verdeckt«. Ob nun Unterhemd oder Schal, wird es der Lüsternheit jedenfalls im Wege sein. »Auf diese Weise«, schließt Meir, »kann sie den Riß mit ihrem *efikarsin* verdecken.« So wahrt denn das Gesetz sowohl die Gleichheit als auch die Sittsamkeit der jüdischen Frau in Trauer. Problem gelöst.

Verzweiflung ist keine Ausrede für Unschicklichkeit. (Das würde ich gern glauben.)

Meir bemerkt nebenbei, einige hätten im Sinne von Simeon ben Eleasar entschieden, eine Frau brauche nicht in der gleichen Weise wie ein Mann ihr Gewand zerreißen. Die Begründung ist, wie Meir zu verstehen gibt, das von Samuel, dem Weisen des frühen dreizehnten Jahrhunderts, angeführte Prinzip: »Wenn es um das Trauern geht, nimmt das Gesetz eine nachsichtige Haltung ein.« Anschließend zitiert Meir das Prinzip, das im Talmud gleich nach Samuels Prinzip angeführt wird: »Die Trauer ist eine Sache, das Zerreißen eine andere.« Da das Zerreißen im Augenblick des höchsten Schmerzes erfolgt, ist eine strenge Vorschrift über das Zerreißen verständlich, und sie darf nicht verallgemeinert werden zu einer strengen Vorschrift über das Trauern. Deshalb muß das Gesetz schließlich die Auffassung von Simeon ben Eleasar verwerfen. Aber das alles braucht uns nicht zu stören. Was ich mir merken muß, ist Samuels Prinzip. Wenn es um das Trauern geht, nimmt das Gesetz eine nachsichtige Haltung ein.

Aber was ist, wenn der Trauernde nicht eine nachsichtige Haltung einnimmt?

Im Teehaus blättere ich eine Seite um und finde, daß die Rabbinen sich über die Hartnäckigkeit des Begehrens keinen Illusionen hingaben. Meir hält fest, was der Talmud für den schrecklichen Fall vorsieht, daß ein Baby im ersten Lebensmonat stirbt. Ein solches Baby »darf man am Busen [zum Begräbnis] tragen, das heißt, es bedarf keiner Bahre. Und es kann von einer Frau und zwei Männern begraben werden, das heißt, es sind nicht mindestens zehn Männer nötig.« Eine Einschränkung gibt es aber doch: Das Baby darf begraben werden von einer Frau und zwei Männern, aber nicht von einem Mann und zwei Frauen, »denn es könnte geschehen, daß der Kummer nicht hinreichend groß ist und sie zur Sünde verleitet werden, wie wir denn [an anderer Stelle im Talmud] belehrt wurden, daß ein Mann nicht mit zwei Frauen allein sein sollte«. Die Rabbinen wollen auf Nummer Sicher gehen. Allerdings gibt es eine abweichende Meinung. Abba Saul, ein Weiser aus dem zweiten Jahrhundert, der als Beruf einmal Totengräber angab und eine phantastische Geschichte von einem Hirsch erzählte, den er in den Oberschenkelknochen einer Riesenleiche jagte, entschied, daß das Begräbnis eines Babys auch von einem Mann und zwei Frauen vorgenommen werden dürfe. Für Abba Saul hat der böse Impuls in einer Zeit der Trauer wirklich keine Gewalt. Die übrigen Rabbinen sind sich da nicht so sicher. Sie möchten auch das trauernde Herz unter Kontrolle wissen.

◇

Betrachte den Nachthimmel. Du siehst nicht nur das Licht der Sterne. Du siehst auch die Reise des Lichts von den Sternen zu dir. Bewundere den Raum, und du bewunderst die Zeit. Auf diese Weise bringt dich die Unermeßlichkeit zur Geschichte.

Das ist jedoch eine Geschichte, die nichts mit unserer Geschichte gemein hat. Vor einigen Jahren las ich ein Buch, das von der Auseinandersetzung unter Geologen über das massenhafte Artensterben handelte. In der Geschichte des Lebens auf der Erde, wie sie von den Steinen erzählt wird, kam es wiederholt zu globalen Katastrophen. »Verfolgt man jedoch«, hieß es in einem der Beiträge, »wie schnell sich das Aussterben vollzogen hat, kommt man zu Zeiträumen von 1 bis 10 Millionen Jahren und mehr. Das gemächliche Tempo des Aussterbens war eigentlich alles andere als eine Katastrophe. Es vollzog sich in evolutionären Zeiträumen und nicht in der Spanne eines Menschenlebens.« Dies half mir, den Unterschied zwischen Naturgeschichte und menschlicher Geschichte zu verstehen. Es waren die Menschen, die das massenhafte Aussterben »in der Spanne eines Menschenlebens« erfanden, die das Tempo des Unglücks so beschleunigten, daß es das Tempo der Evolution hinter sich ließ, die Katastrophen erfanden, welche als Katastrophen erlebt werden können. Wir sind die perfektesten Katastrophisten in der Geschichte des Lebens.

Wenn ich betrachte, wie weit meine Tradition zurückreicht, vergesse ich manchmal, daß sie nichts Natürliches ist. All dieser Reichtum ist Menschenwerk!

Es gibt Momente, da erscheint mir die Tradition so unendlich größer als ich, daß sie unmöglich auf mich angewiesen sein kann. (Aber in der Schul war man heute abend auf mich angewiesen. Ich war der zehnte Mann.)

◇

In Raschis »Gebetbuch«, einer weiteren Kompilation seiner rituellen und liturgischen Praktiken, mache ich eine aufregende Entdeckung. Im Zusammenhang mit der kurzen Lesung aus der Tora in den Morgengottesdiensten an Montagen und Donnerstagen werden die abschließenden Gebete beschrieben, die nach der Rückkehr der Tora in den Schrein gesprochen werden, und dann heißt es weiter: »Und der Junge erhebt sich, um Kaddisch zu sagen.« Ist dies das Kaddisch des Trauernden? Ja! Gleich darauf heißt es nämlich, daß der Junge einen der Sätze des Vollkaddisch ausläßt und direkt übergeht zu: »Des Friedens Fülle und Glückseligkeit komme vom Himmel …« Das Kaddisch des Trauernden in Raschis Zeit? Ich stehe vor einem Rätsel. Meine Forschungen deuteten bisher auf eine spätere Entstehungszeit. Und ansonsten finde ich den Jungen und sein Kaddisch in der Raschi-Literatur nirgends erwähnt; ich werde aber meine Augen offenhalten. Einstweilen belasse ich es dabei, daß diese Stelle sich nicht auf Raschi selbst bezieht (mir fällt auf, daß sie nicht ihm direkt zugeschrieben wird, denn es fehlt der Zusatz »dies hörten wir von unserem Meister«), sondern auf seine Schule, also auf die Bräuche des zwölften Jahrhunderts, die von seinen Nachfolgern geschaffen wurden.

Vor vielen Jahren – ich studierte damals Religionsphilosophie – enttäuschte mich der ontologische Gottesbeweis. Den Wunsch nach Gewißheit wußte ich durchaus zu schätzen, und ich sah ein, daß dieser Beweis die Existenz Gottes mit der höchsten Gewißheit ausstatten sollte, der Gewißheit einer notwendigen Wahrheit. Doch an diesem Punkt wurde der Beweis für mich sinnlos. Die Vollkommenheit der notwendigen Wahrheit hob ihn, so schien mir, über den Bereich des Wißbaren hinaus. Eine notwendige Wahrheit ist wahr, gleichgültig, ob sie erkannt wird oder nicht. Was sie so erhaben macht, ist die Tatsache, daß sie von erkenntnistheoretischen Zufälligkeiten überhaupt nicht berührt wird. Die Religion lehrte aber, daß Gott erkannt werden müsse, nicht nur in dem Sinne, daß unser Wissen von Gott ein menschliches Bedürfnis sei, sondern auch in dem Sinne, daß unser Wissen von Gott ein göttliches Bedürfnis sei. Das erschien mir unsinnig. Ich konnte mir nicht vorstellen, daß »etwas, im Vergleich zu dem nichts Größeres gedacht werden kann«, nicht gemindert wird durch die Verwicklung mit etwas, im Vergleich zu dem etwas Größeres gedacht werden kann. Freunde und Rabbiner, denen ich meinen Einwand vortrug, überhäuften mich mit Beteuerungen: es handle sich um etwas Paradoxes, Wunderbares, Absurdes, um unermeßliche Güte, um den Sprung, den man von der Vernunft zum Glauben machen müsse. Aber ihr ändert ja mitten im Spiel die Regeln, sagte ich. Ihr senkt die Maßstäbe für euren Gott. Die Gewißheit, von der wir sprachen, war die höchste Gewißheit, eine Sache des Geistes. (Und es ist das Vorrecht der Seele, vom Geist geleitet zu werden: Anselm verpackte seinen Beweis in ein Gebet.) Ihr könnt von mir aus Sprünge machen, aber für mich sind sie enttäuschend. Ich will euch eure Absurdität nicht nehmen, aber dann sprecht mir bitte nicht von Notwendigkeit.

Wie aufrichtig ist das Bekenntnis deiner Bedeutungslosigkeit, wenn du glaubst, daß etwas, im Vergleich zu dem nichts Größeres gedacht werden kann, dich beachtet? (»Komm nun, unbedeutender Mensch«, beginnt Anselm ...)

Mutlosigkeit, ich meine wirkliche Mutlosigkeit, ist keine Störung oder so etwas wie ein Ausnahmezustand der Seele, und sie hat weder etwas Krankhaftes noch etwas von einem falschen Zauber an sich. Mutlosigkeit ist nichts anderes als eine Schlußfolgerung aus der Erfahrung, ein Schluß, in aller Seelenruhe aus der jedermann zugänglichen Beobachtung gezogen, daß zwischen dir und dem Universum ein Unterschied von Größenordnungen besteht.

Ich studiere die alten Texte, weil ich hoffe, von ihren Dimensionen angesteckt zu werden, weil ich hoffe, die Größe dessen, was ich lese, zu erreichen.

Demut ist nicht ein Gefühl. Demut ist eine Methode.

Wenn Juden ihre Bücher aufschlagen, dann aus einem von zwei Gründen: um sich selbst mehr der Tradition anzugleichen oder um die Tradition mehr sich selbst anzugleichen.

Eine anonyme Passage im Talmud nennt einen weiteren Grund für die Suspendierung der Trauer an Festtagen. »Ein Trauernder verhält sich an einem Festtag nicht wie ein Trauernder, denn es steht geschrieben: ›Und du sollst dich erfreuen an deinem Fest.‹« Das scheint der Vorstellung Raschis zu entsprechen, dem Vorrang der Freude vor dem Kummer. Doch der Text begründet das Verbot mit einer anderen Priorität. »Wenn seine Trauer vor dem Festtag begonnen hat, hebt ein Gebot, das für die Gemeinschaft gilt, ein Gebot, das für den einzelnen gilt, auf; und wenn seine Trauer an dem Festtag begonnen hat, kann ein Gebot, das für den einzelnen gilt, nicht ein Gebot, das für die Gemeinschaft gilt, aufheben.« Die Zerrüttung des Teils darf nicht zur Zerrüttung des Ganzen werden. Ich kann nicht erwarten, daß die Gemeinschaft sich der Unmittelbarkeit meiner Erfahrung beugt. Genau umgekehrt: Die Gemeinschaft kann von mir erwarten, daß ich das Unmittelbare ins Mittelbare verwandle und dadurch die Explosionen von Schmerz und Freude abwende, von denen die gemeinschaftliche Ordnung Schaden nehmen würde. Und wenn eine solche Selbstbeherrschung schwierig ist, wenn die Unmittelbarkeit der Erfahrung zu stark ist, als daß sie bezwungen werden könnte, muß ich meinen Platz am Rande einnehmen, wo man mich einen Trauernden nennt.

Die Begrenztheit des Leidens macht es nur noch schlimmer. Ich leide, doch die Welt leidet nicht. Würde die Welt leiden, wenn ich leide, wäre mein Leid gelindert, zumindest insofern, als ich es nicht als eine Form von Auserwähltheit erfahren würde. Die Frage Hiobs würde ihre durchschlagende Kraft verlieren.

Das Ende der Welt meiner Eltern war nicht das Ende der übrigen Welt. Das war die Beleidigung, welche die Geschichte den Juden Europas zufügte. Die Ehre der Apokalypse wurde ihnen verwehrt. Die Katastrophe war nicht vollkommen. Die Städte sind noch da. Nur die Juden sind verschwunden.

Soll deshalb ein leidender Mensch von der Zerstörung der Welt träumen? Nein, nein, nein. Weil das Leid partiell ist, ist es nicht endgültig. (Wenn es nicht endgültig ist.)

Wüte gegen die Gleichgültigkeit der Welt, und dann nutze sie. Weil die Welt sich nicht für das interessiert, was dir geschieht, hast du eine Chance.

◇

Im »Buch des Salbenmischers«: »In der Zeit unseres Lehrers änderte sich der Brauch in Worms: Jemand starb am Tag des Neumonds, und die Rechtfertigung des Gerichts und das Kaddisch wurden rezitiert. Dies taten sie freilich aus Respekt vor einem großen Gelehrten.« Man machte eine Ausnahme, weil ein außergewöhnlicher Mensch gestorben war. Normalerweise hätte man am Tag des Neumonds nicht die Gebete des Trauernden gesprochen, denn er ist ein Freudentag. (Ein Halbfeiertag, aber doch ein Tag der Freude.) Mit dem Lehrer, von dem in der dritten Person gesprochen wird, ist vermutlich der Salbenmischer selbst gemeint; es dürfte sich hier um eine Interpolation eines Schülers handeln. Weiter heißt es in dem Bericht: »Wenn in Mainz jemand am 3. Siwan starb [an dem keine Klagen rezitiert werden, weil drei Tage darauf der Schawuot, das Wochenfest, gefeiert wird, als Jahrestag des Tages, an dem am Berg Sinai die Tora gegeben wurde], wurde die Rechtfertigung des Gerichts rezitiert.« In Aschkenas gab es also unterschiedliche Bräuche! In Mainz hielt man sich an Raschis »erste« Meinung und verdarb den Festtag mit kummervollen Worten. In Worms hielt man sich an Raschis »zweite« Meinung, um nicht den Festtag zu verderben. Ein paar Zeilen weiter berichtet der Salbenmischer »über die Bräuche von Rabbi Kalonymus«: »In Worms wird am Tag des Neumonds auf dem Weg zum Friedhof die Rechtfertigung des Gerichts und auf dem Friedhof das Kaddisch rezitiert. Doch in Mainz wird es nur beim Begräbnis eines Gelehrten rezitiert.« Genau das Gegenteil dessen, was kurz zuvor behauptet wurde. Oh, es ist zum Verzweifeln!

Ich habe das Gefühl, daß der stärker von Trauer geprägte Brauch der von Worms war. Dabei stütze ich mich auf eine Bemerkung, die der Salbenmischer an einer anderen Stelle, im Zusammenhang mit allgemeinen Fastentagen, macht. Er schreibt, daß »sie in Worms am Neumond des Monats Siwan zum Gedenken an die Verfolgung fasten«. Ein Fastentag am Neumond? Das ist seltsam. Die Verfolgung muß sehr schlimm gewesen sein. Und das war sie: Am 1. Siwan 4856, dem 24. Mai 1096, fiel der Pöbel, der sich den Kreuzfahrern angeschlossen hatte, zum zweiten Mal über die jüdische Gemeinde von Worms her und vernichtete sie restlos. Eine hebräische Chronik beschreibt die Ereignisse jenes Tages folgendermaßen: »Am ersten Tag des Monats Siwan, ebenjenem Tag, an dem Israel am Berg Sinai ankam, um die Tora zu empfangen, terrorisierten sie die Juden, die am Hof des Bischofs zurückgeblieben waren, und ließen sich mutwillig an ihnen aus, wie sie es [eine Woche zuvor beim ersten Überfall] mit der ersten Gruppe gemacht hatten, und sie richteten sie hin. Die Juden aber wurden gestärkt durch das Vorbild ihrer Brüder und auserwählt, erschlagen zu werden, auf daß der Name vor allen geheiligt werde, und sie boten ihren Hals dar, damit ihr Kopf abgeschlagen werden könne zum Ruhm ihres Schöpfers. Es gab auch solche, die sich selbst töteten, um den Vers zu erfüllen, daß ›die Mutter samt den Kindern zu Trümmern ging‹. Väter fielen auf Söhne und wurden zusammen erschlagen, und sie erschlugen sich gegenseitig, jeder Mann sein Weib und seine Kinder; und Bräutigame erschlugen Bräute, und barmherzige Mütter erschlugen ihre einzigen Kinder. Sie alle nahmen das Urteil des Himmels aus ganzem Herzen an. Als sie ihre Seele ihrem Schöpfer überantworteten, riefen sie: ›Höre, Israel, der Herr, unser Gott, der Herr ist Einer!‹ Die Feinde zogen sie aus und quälten sie und erschlugen sie, und sie verschonten nur eine geringe Zahl unter ihnen, die sie in ihren stinkenden Wassern zwangsweise tauften ...« Ist es da ein Wunder, daß die Juden von Worms sich nicht scheuten, am Neumond die Rechtfertigung des Gerichts zu rezitieren? Kummer im Lichte des Neumonds, das war für sie ein vertrautes Bild.

Haben die Juden von Worms bei Begräbnissen an Freudentagen das Gericht gerechtfertigt und das Kaddisch rezitiert, weil der natürliche Tod sie an den unnatürlichen Tod erinnerte? Wenn ja, dann waren sie wahrhaft meine Vorväter.

Sei achtsam. Lies genau. Aus dem Bericht des Salbenmischers geht hervor, daß die Juden von Worms diese Gebete nicht beim Begräbnis, sondern auf dem Weg zum Begräbnis sprachen. Das war ihre Liturgie für den Leichenzug. Vielleicht war das ihre Konzession an den Feiertag, vielleicht machten sie auf diese Weise einen Unterschied zwischen der Liturgie bei einem Begräbnis an einem Freudentag und der Liturgie bei einem Begräbnis an einem gewöhnlichen Tag. Jedenfalls sagten sie es.

Aus der guten alten Zeit, als ich arm war, weil ich geheimnisvolle Bücher erwarb, steht in meinem Regal ein Buch, das dem Salbenmischer als Quelle gedient haben könnte. Es handelt sich um *Ma'aseh ha-Machiri* (»Das Werk der Machiriten«), ein Dokument aus den Anfängen der Geschichte der jüdischen Gemeinschaft in Aschkenas. Der Hauptteil dieses Werkes wurde erst 1910 (und dann unter anderem Titel) veröffentlicht, und der Herausgeber glaubte (ebenso wie ich, als ich das Buch erwarb), es handele sich um ein Stück der Raschi-Literatur; Gelehrte haben jedoch nachgewiesen, daß dieses Buch älter ist als die Raschi-Literatur und ihr als Quelle diente. Die Machiriten waren vier Brüder, Nathan, Menachem, Nehemia und Jakar, die die Söhne von Machir waren, der der Sohn von Menachem war, der der Sohn von Machir war, der der Bruder von Gerschom war, dem außergewöhnlichen Rabbi Gerschom, der Leuchte des Exils, dem Gründungsrabbi – wenn es überhaupt einen gegeben hat – der Kultur von Aschkenas. Die Brüder lebten und arbeiteten an unterschiedlichen Orten, blieben aber Sprößlinge von Mainz. Ihr Buch entstand in den letzten Jahren des elften Jahrhunderts, in den düsteren Jahren des Ersten Kreuzzuges und seiner Folgezeit. (Im Jahre 1084, ein Dutzend Jahre vor den Greueln, legte man den Juden von Mainz eine Feuersbrunst zur Last, die einen großen Teil der Stadt, darunter auch jüdische Behausungen, vernichtete; viele gingen daraufhin nach Speyer.) Das Werk ist im wesentlichen eine Kompilation von Bräuchen, die möglicherweise aufgezeichnet wurden, um sie angesichts der unruhigen Zeiten zu bewahren. Das Buch der Machiriten befaßt sich kurz mit einigen Aspekten der Trauer, und dort finde ich folgendes: »In Worms tat man Dinge, die in Mainz in den Tagen unserer Lehrer nicht getan wurden. Am Neumond lasen sie auf dem Weg zum Friedhof die Verse der Rechtfertigung des Gerichts, und sie sagten das Kaddisch von der Auferstehung der Toten. In Mainz dagegen werden die Rechtfertigung des Gerichts und das Kaddisch am Neumond nicht gesagt, außer für einen großen Gelehrten.« Dies sind die Sätze, die hundert Jahre später fast wortwörtlich beim Salbenmischer auftauchen.

Es folgt ein Respons zum gleichen Thema, das Rabbi Meschullam, das ist Meschullam ben Moses, an seinen Schüler Nehemia den Machariten sandte, als dieser sich in Worms aufhielt. (Dies ist also der von Jesaja von Trani erwähnte Meschullam!) Nehemia war offenbar über die Wormser Begräbnispraktiken bestürzt und hatte seinen Rabbi in Mainz um Klärung gebeten. Meschullam versicherte seinem Schüler, der Brauch von Mainz sei gültig: diese Gebete sollten nicht rezitiert werden an Neumond, an Purim, an Chanukka und während des Wochenfestes, »außer wenn ein Mann betrauert wird, der in seiner Generation vorbildlich ist und dessen Entscheidungen von jedermann als Autorität anerkannt werden, so daß sein Nein Nein und sein Ja Ja ist.« Und Meschullam fügt hinzu: »Und da sie nicht die Rechtfertigung sagen, warum sollten sie dann das Kaddisch sagen? Denn das Kaddisch wird nicht gesagt, außer nach einer Lehrrede über die Tora und der Lesung von Versen.«

In den Jahren vor den Kreuzzügen gabe es kein Kaddisch des Trauernden. In den Jahren nach den Kreuzzügen taucht das Kaddisch des Trauernden auf. Das kann kein Zufall gewesen sein. Die Kreuzzüge lösten den ersten größeren Versuch aus, eine ganze Judenheit in Europa auszurotten. Er schlug fehl, aber er hinterließ viele, viele Trauernde.

◇

Heute sah ich einen Blinden weinen. Dazu taugten seine Augen.

In seinem Kompendium der Trauervorschriften schreibt Meir von Rothenburg: »Ich habe von Rabbi Isaak von Wien gehört, daß unser Lehrer Rabbi Gerschom, die Leuchte des Exils, um seinen Sohn trauerte, weil dieser [zum Christentum] konvertierte.« Die Leuchte des Exils, das Dunkel des Exils. Meir schrieb dreihundert Jahre nach Gerschom, und er machte sich Sorgen, ob das Leid des Meisters rechtliche Implikationen haben könnte. »Er [Isaak von Wien] sagte mir auch, wir sollten aus dem, was er [Gerschom] tat, keinen Brauch machen, denn er tat dies nur aus Schmerz, weil sein Sohn nicht das Glück hatte, Reue zu empfinden.« Nach jüdischem Gesetz darf man nicht um einen Abtrünnigen trauern, und Gerschoms Sohn hatte die Abtrünnigkeit gewählt. Doch die Liebe des Vaters war größer als sein Abscheu, und er trauerte. (Isaak behandelt den Fall in seinem eigenen Werk, und da ist die Sachlage und ihre theologische Deutung etwas verwickelter.) Meir fürchtet, daß die Handlungsweise des großen Rabbi zum Präzedenzfall werden könnte, wie es bei großen Rabbinen öfter geschieht. Laßt euch also von dem Pathos nicht anstecken, warnt er. Das Gesetz ist das Gesetz.

Ein paar Zeilen weiter bei den Machariten: »In Speyer starb das Töchterchen eines Mannes am Tag vor dem Vorabend von Pessach. Sie gingen zum Friedhof, und Rabbi Eliakim der Levit war mit ihnen, und er erlaubte ihnen, die Rechtfertigung des Gerichts und auch das Kaddisch zu sagen. Ich habe keine Ahnung, warum er es tut. Es ist einfach das, was ich sah.«

An anderer Stelle bei den Machariten im Zusammenhang mit Chanukka: »An Chanukka wurde bei ihnen nicht gerechtfertigt und getrauert. Und sie behaupteten, schon Rabbi Leontin habe [an Chanukka] um einen Gelehrten getrauert.« Rabbi Leontin! Weiter kann man in der Geschichte des aschkenasischen Judentums nicht in die graue Vorzeit vordringen. Hier ist eine sagenumwobene Gestalt, für diejenigen, die in solchen Dingen nach Sagenhaftem suchen. Leontin kam sogar noch vor Gerschom und war sein Lehrer. Er wirkte im zehnten Jahrhundert erfolgreich in Mainz. (Die Gemeinde wurde irgendwann nach 917 gegründet, als die Familie der Kalonymiden von Lucca aus nach Norden wanderte.) Vielleicht ist also diese Kontroverse über das Trauern schon in den Anfängen von Aschkenas zu finden. Doch warum war Leontins Meinung so wichtig, daß die Machariten es für wert erachteten, sie festzuhalten? Eigentlich bestätigte er nur die Meinung von Rabbi Papa, dem babylonischen Weisen des vierten Jahrhunderts, der im Talmud bemerkte, daß es »im Angesicht [des Todes] eines Gelehrten kein Fest gibt, gar nicht zu reden von Chanukka und Purim«. (Rabbi Papa fügte gleich hinzu, daß die Freude des Tages nur »in der Gegenwart« des Gelehrten, also bei seinem Begräbnis, hinter die Trauer des Tages zurücktritt. Fernab vom

Begräbnis herrscht die Festtagsstimmung.) Was war so denkwürdig an Leontins entschiedener Meinung, der Tod eines Gelehrten übertrumpfe die Freude des Tages? Der israelische Gelehrte Avraham Grossman hat eine Erklärung. Er schreibt, daß »die Wirkung [von Leontins Entscheidung] über die Rechtsfrage, die sie behandelte, ohne Zweifel hinausreichte. Zusammen mit anderen Entscheidungen und anderen Legenden rief sie im Bewußtsein der damaligen Gemeinschaft von Aschkenas eine gesteigerte Bewunderung für die Tora und ihre Träger, die Gelehrten, hervor.«

So, so. Es hat den Anschein, als habe das Kaddisch eine Rolle bei der Entwicklung dessen gespielt, wodurch sich das Judentum im Exil vielleicht am stärksten auszeichnet: das Charisma der Gelehrsamkeit. Wenn die Juden in Mainz zwischen Gelehrten und sonstigen Gemeindegliedern einen Unterschied machten und wenn sie diese gemeinschaftliche Unterscheidung in unterschiedliche Trauerprotokolle übersetzten, dann definierten sie nicht eine soziale Elite, sondern einen spirituellen Kern. Sie proklamierten den Primat des Geistes.

Ich fuhr über die Memorial Bridge in Richtung des Friedhofs von Arlington. Es war ein regnerischer Nachmittag, und die Wolken hingen tief über den grünen Hügeln. Die Regenschleier ließen alles undeutlich werden. Einzelne Gräber waren nicht auszumachen. Und auf einmal hatte ich die Vorstellung, alle Gräber hier, alle Gräber andernorts seien verschwunden. Ich sah nur das Haus auf dem Hügel und sanfte Hänge, die keine Toten verbargen. Da lichteten sich die Wolken allmählich. In der Ferne sah ich ein Begräbnis. Das Begräbnis des Todes! Ich werde dort emporsteigen und Kaddisch sagen. Nicht das Kaddisch für die Toten. Das Kaddisch für den Tod.

Aus der Schul zurückgekehrt, fand ich in meiner Post Avraham Grossmans neue Studie über die frühen Weisen in Frankreich, ein zeitlich passendes Geschenk von einem Freund in Jerusalem. Ich setzte mich hin, um das ausführliche Kapitel über Raschi zu lesen. In einer in Jerusalem bewahrten Handschrift hatte Grossman eine detailliertere Schilderung dessen entdeckt, was Raschi bei dem Begräbnis zugestoßen war: »Einst geschah es, daß jemand starb und an einem Festtag begraben wurde. Bei dem Begräbnis waren etliche hervorragende

Rabbinen zugegen, und sie waren verwirrt und ratlos, was zu tun sei: Sollte die Rechtfertigung des Gerichts gesagt werden oder nicht? Als einziger erhob sich Raschi und sagte es, und nicht ein Weiser focht seine Handlungsweise an.« Raschi sagt nicht, was zu tun sei. Er handelt. Er macht Propaganda für die Trauer. Grossman zufolge ereignete sich dieser Vorfall bald nach Raschis Rückkehr nach Troyes, nachdem er zehn Jahre in Mainz und Worms studiert hatte, irgendwann um 1070, als er dreißig Jahre alt war. Ich glaube, daß er den Brauch von Worms mitgebracht hat. In Mainz wurden die Rechtfertigung und das Kaddisch an Feiertagen vermutlich nur beim Begräbnis eines Gelehrten gesagt, doch in Worms wurden sie auch beim Begräbnis eines Mädchens gesagt. Raschi war beim Begräbnis eines Mädchens zugegen. Er erhob sich, um den Tod eines Kindes in aller Öffentlichkeit anzunehmen. Um Gott aus der Verlegenheit zu helfen.

Aus einer fesselnden Fußnote bei Grossman entnehme ich, daß Raschi später selbst diese schmerzliche Erfahrung machen sollte. Man weiß, daß er drei Töchter hatte, aber möglicherweise hatte er noch eine vierte Tochter, die zu seinen Lebzeiten starb. Aus veröffentlichten und handschriftlichen Quellen zitiert Grossman den folgenden Bericht: »Rabbi Salomo [Raschi] zerriß sein Gewand beim Tod seiner Tochter während des Wochenfestes, obwohl die Trauervorschriften während dieser Zeit außer Kraft gesetzt sind.« So kam dem großen Mann seine Tränenseligkeit gut zustatten.

Und was ist mit Raschis Trostpredigt für den Mann, dessen Tochter gestorben war? »Hätte deine Tochter es verdient, Kinder zu haben und eine Nachkommenschaft hervorzubringen, so stünde sie noch in der Welt«, hatte der Rabbi dem Trauernden geraten. »Du siehst also, daß es keinen Sinn hat, ihretwegen zornig oder traurig zu sein.« Waren dies seine Gedanken, als sein eigenes Kind in die Grube hinabgelassen wurde?

◇

Hin und her zwischen Schreibtisch und Bücherregal, zehn-, zwanzig-, dreißigmal am Tag. Die Quellen wirbeln um mich herum. Ich bin trunken von Büchern. Den Seiten entströmt ein süßer Duft. Ein Delirium vom Studieren.

Die Aussicht auf Klarheit trübt meinen Verstand, also bin ich der Dumme.

Mehr, mehr. Als Raschi behauptete, die Rechtfertigung des Gerichts und das Kaddisch seien »weder eine Klage noch ein Trauerlied«, bezog er sich auf eine Unterscheidung im Talmud. »Während der Woche des Festes dürfen Frauen wehklagen, aber sie dürfen nicht [mit einem Ausruf der Betrübnis] in die Hände klatschen; Rabbi Jischmael sagt, daß jene, die in der Nähe der Bahre stehen, klatschen dürfen. An Neumond, an Chanukka und an Purim dürfen sie wehklagen und klatschen, doch weder an diesen Tagen noch an den Festtagen dürfen sie ein Trauerlied rezitieren. Wenn der Tote begraben ist, dürfen sie weder wehklagen noch klatschen. Was ist eine Wehklage? Wenn alle einstimmig sind. Ein Trauerlied? Wenn einer anstimmt und der Rest antwortet.« Dies waren Vorschriften für das Begräbnis. Die Wehklage und das Trauerlied waren offenbar bestimmte liturgische Formen. Das Trauerlied war die kunstvollere Form, und deshalb wurde es an größeren und kleineren Festtagen mißbilligt, deren Sache es war, die Freude zu organisieren.

Im Spanien des dreizehnten Jahrhunderts skizziert Nachmanides die post-talmudische Karriere dieser Talmudstelle in einem Rechtsgutachten der frühen Geonim. Die Geonim waren die Häupter der Akademien in Babylonien, der Gegend, die wir heute Irak nennen, in frühmittelalterlicher Zeit. Sie waren die Begründer des post-talmudischen Judaismus, des Judaismus nach dem »Ende der Belehrung« im fünften Jahrhundert, als der Talmud verfaßt wurde. Nachmanides berichtet, daß einer dieser Weisen gefragt wurde, ob ein Trauernder an Neumond die Rechtfertigung des Gerichts rezitieren dürfe. Der Gaon zitiert in seiner Antwort die Talmudstelle über die trauernde Frau und bemerkt, daß ihre Forderungen »Gesetz sind, das von keinem der Weisen bestritten wird«. Die Rechtfertigung des Gerichts darf also rezitiert werden im Stil einer Wehklage, einstimmig, nicht aber im Stil eines Trauerliedes, als Anruf und Antwort. (Nachmanides nennt den Urheber dieses Respons nicht, doch sind dies dieselben Worte, die ich vor einigen Tagen bei Jesaja von Trani las, der Natronai Gaon zitierte.)

Dann zitiert Nachmanides ein Respons von Hai Gaon, dem größten der Geonim, der im Jahre 1038 starb. Dieser Text gibt Aufschluß über die Frühgeschichte des Brauches. Hai wurde gefragt, wie die Rechtfertigung des Gerichts gehandhabt werde »an den anderen Tagen, die nicht sind wie das Wochenfest. Wird sie als Wehklage oder als Trauerlied gesagt, oder habt ihr in eurer Akademie einen anderen Brauch?« Und Hai antwortet: »In der Tradition von Babylonien wird nichts gesagt, was als Rechtfertigung des Gerichts bezeichnet werden könnte. Das ist der Brauch eines anderen Ortes, den die früheren Geonim aufschrieben, als sie danach gefragt wurden, aber hier haben wir keinen solchen Brauch.« (Die Rechtfertigung des Gerichts muß demnach als ein palästinensischer Brauch entstanden sein, als einer der »Bräuche des Landes Israel«.) Doch Nachmanides möchte nicht den Eindruck aufkommen lassen, seine Vorgänger hätten keine Vorkehrungen für einen Freudentag getroffen, der durch einen Besuch des Todesengels verdorben wird. Er zitiert gleich darauf eine andere Meinung Hais (ich habe sie auch in der jetzt veröffentlichten Moskauer Handschrift Guenzberg 566 gefunden, wo sie als ein Respons an die Rabbinen von Fez beschrieben wird): »Es ist unser Brauch am zweiten Tag eines Festes, das Kaddisch für die Toten zu sagen und nach dem Grund zu fragen wie an einem gewöhnlichen Tag.« (Nach dem Grund zu fragen? Ich habe keine Ahnung, was das bedeutet. Aufgabe für morgen.)

Hai bezieht sich auf das Begräbniskaddisch, das Auferstehungskaddisch. Zu Hais Zeit und dort, wo er lebte, sah das Begräbnisprotokoll also offenbar das Kaddisch vor, nicht aber die Rechtfertigung des Gerichts. Das ist sehr ungewöhnlich, weil das Rechtfertigungsgebet bekanntlich vorwiegend aus Bibelversen besteht und die Lesung dieser Verse den frühen aschkenasischen Quellen zufolge das Kaddisch verlangten. (»Denn das Kaddisch wird nicht gesagt, außer nach den Versen.«) In Hais Brauch steht das Kaddisch jedoch allein. Es ist losgelöst von seiner traditionellen Funktion als Schlußgebet nach der Begegnung mit der Tora und explizit mit der Trauer verbunden. Dies ist nicht das Kaddisch des Trauernden. Aber es ist jedenfalls ein Kaddisch, das mehr auf das Begräbnis ausgerichtet ist.

Wenn ich vom post-talmudischen Judaismus spreche, so ist das nur chronologisch gemeint. Spirituell und historisch ergibt der Ausdruck keinen Sinn. Ohne Talmud kann von Judaismus nicht die Rede sein. Allenfalls von Jüdischsein.

Moses von Coucy war ein französischer Gelehrter in den ersten Jahrzehnten des dreizehnten Jahrhunderts. Sein *Sefer Mizwot Gadol* (»Das Große Buch der Gebote«) war die erste umfassende Kodifikation des Gesetzes, die von der französisch-deutschen Judenheit hervorgebracht wurde. Moses war ein Wanderprediger, der nach Spanien und in andere Länder reiste, »wenn vom Himmel ein Ruf erging, durch all die Lande zu reisen, um die Gemeinden Israels zu züchtigen«, und große Erweckungsversammlungen abhielt, bei denen er »Tausende und Zehntausende« seiner Brüder zur Reue ermahnte. In seiner Zusammenfassung der Trauergesetze erwähnt er den Streit um Trauer und Freude in Aschkenas. »Über Rabbi Salomo [Raschi] wird gesagt, er habe an einem der mittleren Tage des Festes wegen eines Toten sein Gewand zerrissen.« Das ist alles, was Moses über das Ereignis weiß. Und dann wechselt er den Bezugsrahmen und wendet sich von dem Titanen von Troyes im elften Jahrhundert dem Titanen von Kairo im zwölften Jahrhundert zu. Er schließt mit nahezu wörtlichen Zitaten von Maimonides: »Die Toten sollen an Chanukka und Purim und an den Neumondstagen nicht öffentlich betrauert werden, doch im übrigen sollen alle Trauerbräuche praktiziert werden … Dies bezieht sich auf die gewöhnlichen Toten; Gelehrte dagegen sollen an einem Festtag und natürlich an Chanukka und Purim und an den Neumondstagen betrauert werden.« (Mit dem Gesetzeskodex von Moses von Coucy faßte der des Maimonides erstmals richtig im Norden Fuß.)

All diese Bräuche. All diese Legitimität. Eine lange Schulung in Pluralismus.

»Nach dem Grund zu fragen«: Was meinte Hai Gaon damit? Ich habe gesucht und gefunden. Und was ich gefunden habe, ist eine schöne Institution. Hier ein Auszug aus einer Kompilation von Material der Geonim: »Dies war die Übung im Haus des Trauernden und im Gotteshaus, wenn Trauernde anwesend waren. Der Mann, der die

Gebete leitete, erklärte: ›Meine Herren, fragt nach dem Grund!‹ Das will sagen, warum haben die Leute dort drüben ihr Haupt verhüllt und ihr Gesicht bedeckt? Und die ganze Gemeinde antwortet: ›Gepriesen sei der treue Richter!› Einer der Wege, auf denen Trauernde dem Talmud zufolge ihren Kummer bekunden sollen, ist die Verhüllung des Hauptes. (Dieser Brauch wird nicht mehr praktiziert. Ich frage mich, wann er obsolet wurde.) Weiter heißt es im Text: »Und wenn neue Leute hinzukommen, erklärt der Mann, der die Gebete leitet, auch ihnen: ›Meine Herren, fragt nach dem Grund!‹ Und auch sie antworten: ›Gepriesen sei der treue Richter!‹ Und sie beginnen, die Trauernden zu trösten.« Für die Hinzugekommenen muß das verblüffend gewesen sein. Plötzlich wurden sie zu einer Begegnung mit der Sterblichkeit aufgefordert. In einer Welt, in der wir sterben, ist es niemandem gestattet, oberflächlich zu leben.

Der Text gibt auch eine praktische Erklärung für die Aufforderung: »Da nicht jeder Trauernde ausdrücken kann, was er empfindet, führten die frühen Weisen die Frage nach dem Grund ein, um das Schweigen zu brechen, damit die Tröstung beginnen konnte.«

»Die Frage nach dem Grund« war ein Gespräch zwischen dem Leiter der Gemeinde und der Gemeinde. Die Trauernden wurden nicht angesprochen. Ihre Einsamkeit wurde respektiert. Doch hätte man sie gefragt, hätte man ihnen den Grund für ihre eigentümliche Erscheinung abverlangt, so weiß ich, was die Trauernden erwidert hätten. Wir sehen so aus, hätten sie gesagt, weil wir nach dem Grund fragen ...

Meine Herren, fragt nach dem Grund. Meine Damen, fragt nach dem Grund. Kinder, fragt nach dem Grund. Fremde, fragt nach dem Grund. Wolken und Blätter und Kamine und Spatzen und alles, was durch das Glas, hinter dem ich sitze, vor meinen Augen erscheint, während ich nach dem Grund frage, fragt nach dem Grund!

◇

Isaak ibn Ghijat war ein bedeutender Rechtsgelehrter und Lehrer im Spanien des elften Jahrhunderts. Nachmanides notiert die folgende Rechtsmeinung von ihm: »Es war seit den Tagen der frühesten Weisen bei uns Brauch, an Neumond und an den mittleren Tagen eines Festes und an Chanukka und Purim nicht die Rechtfertigung des Gerichts über dem Toten zu rezitieren.« Isaak nennt verschiedene Gründe. Bei all diesen Gelegenheiten verlangt die Liturgie zum Beispiel Ausrufe der Freude wie: »Dies ist der Tag, den der Herr gemacht hat, frohlocken wir und freuen wir uns in ihm!« Eine Konfrontation mit dem Tod paßt nicht recht mit einem solchen Ausruf zusammen, »und darum wird die Rechtfertigung des Gerichts ausgelassen«. Doch gleich nach der Meinung von Isaak zitiert Nachmanides die gegenteilige Meinung von Isaaks großem französischen Zeitgenossen. »Und wir haben über Rabbi Salomo den Exegeten [Raschi] erfahren, daß er, wie seine Schüler in seinem Namen berichteten, die Rechtfertigung des Gerichts und das Kaddisch an den mittleren Tagen des Festes sagte, da es keine Klage ist und somit keine Verletzung des Feiertages, sondern eine Bejahung und Hinnahme des himmlischen Urteils.« Nachmanides ist überzeugt. In seiner eigenen Entscheidung verwirft er die spanische Tradition, in der er aufgewachsen war, und macht sich die von Raschi geschaffene französische Tradition zu eigen: »Und so ist es recht, daß während der Woche des Festes die Rechtfertigung des Gerichts und das Kaddisch auf die übliche Weise gesagt werden, und so auch am zweiten Tag des Festes [einem Tag größerer Freude als die mittleren Tage, doch geringer als der erste Tag]. Aber am ersten Tag des Festes wird nichts gesagt, wenn man sich nicht den Toten widmet. Und dies ist das Gesetz.« Raschi warf einen sehr langen Schatten. Offenbar war die spanische Praxis tief verwurzelt, und es bezeugt Raschis Autorität, daß ein Bericht seiner Schüler über sein Verhalten bei einem Begräbnis sie zu Fall bringen konnte. (Ich frage mich, wann das Kaddisch des Trauernden und die anderen Neuerungen aus dem Norden zu den spanischen Juden vorgedrungen sind.)

Heute abend bin ich frühzeitig in der Schul. Wenn man früh in die Schul kommt, kann man nur eins tun: ein Buch aufschlagen. Da ich mir Gedanken über die Begegnung zwischen der aschkenasischen und der sephardischen Kultur zur Zeit von Nachmanides gemacht habe, komme ich auf die Idee, einen Blick in die Kommentare von Ascher ben Jechiel zu den talmudischen Texten zu werfen, die sich auf die Dinge beziehen, denen meine Pedanterie in den letzten Tagen gegolten hat. Ascher war eine bedeutende, fruchtbare Persönlichkeit. Er floh von Worms nach Toledo, wo er im Jahr 1305 zum Haupt der Akademie wurde. Der Führer der deutschen Judenheit wurde zum Führer der spanischen Judenheit. Und natürlich kommt er in seinen Kommentaren auch auf all die Streitfälle zu sprechen, denen ich nachgegangen bin. Zunächst der Disput innerhalb von Aschkenas: »In der Frage, ob an Neumond und Chanukka und Purim die Rechtfertigung des Gerichts und das Kaddisch gesagt werden dürfen, waren die Weisen von Aschkenas geteilter Meinung. Die Gelehrten von Worms sagten es auf dem Weg [zum Friedhof], und die Gelehrten von Mainz sagten es nicht, außer für einen großen Gelehrten.« (Er zitiert außerdem Meschullams Respons an Nehemia den Machariten.) Sodann der Disput zwischen Spanien und Aschkenas: er führt Isaak ibn Ghijats Meinung an, und er führt Raschis Meinung an. Und dabei beläßt es Ascher, bei einem Bild der Unruhe. Aschers Sohn Jakob [Jakob ben Ascher], der die *Arba Turim*, die *Vier Reihen*, verfaßte, den bedeutendsten Gesetzeskodex nach Maimonides, den Kodex, dessen Einteilung der Gesetze kanonisch wurde, beläßt es ebenfalls dabei. Er gibt lediglich die Kommentare seines Vaters wider. Allerdings setzt Ascher, auf die Zeiten der Geonim Bezug nehmend, hinzu: »In einem Austausch über die Bräuche zwischen der Gemeinschaft in Babylonien und der Gemeinschaft im Land Israel steht geschrieben, daß nach Ansicht beider die Rechtfertigung des Gerichts nicht an einem Fest gesagt wird.« Raschi stellte demnach, als er sich bei dem Begräbnis erhob, einen Konsens in Frage. Er zerstörte eine alte Tradition und schuf eine neue.

Eine neue Tradition: was für bezaubernde Worte! Aber seien wir vernünftig. Würden wir eine neue Tradition schaffen, von wem könnten wir erwarten, daß er sie weitergibt?

Das Neue kann sich nicht behaupten, außer als das Alte. Das ist der Ruin der Revolutionäre. Irgendwann kommt man dahin, etwas so sehr zu schätzen, daß man es bewahren möchte. Wenn man scheitert und es geht verloren, wird man den Verlust beklagen, und man wird sich selbst anklagen, und vermutlich wird man damit recht haben.

Das Gegenteil von Traditionalismus ist Sensationalismus, bloß in der Gegenwart zu leben.

◇

Was Elieser ben Joel ha-Levi, ein bedeutender Rechtsgelehrter in Deutschland um die Wende vom zwölften zum dreizehnten Jahrhundert, über die Gesetze und Bräuche der Trauer schreibt, vermittelt mir einen Eindruck von Raschis kleiner Revolution. »Rabbi Salomo [Raschi] entschied, daß es auch an den mittleren Tagen des Festes erlaubt sei, die Rechtfertigung des Gerichts [bei einem Begräbnis] zu rezitieren«; und Elieser fügt hinzu: »Im Register der Unterschiede zwischen den Bräuchen des Landes Israel und den Bräuchen Babyloniens steht geschrieben, daß es nach Ansicht beider Gemeinschaften verboten ist, die Rechtfertigung des Gerichts an den mittleren Tagen des Festes zu rezitieren.« Raschi lehnte sich also gegen einen universalen Brauch auf. Elieser vermerkt außerdem, daß Raschis Neuerung sich auch auf Begräbnisse während anderer festlicher Zeiten im Jahresverlauf erstreckte: im gesamten Monat Nissan die Zeit von Pessach; im Monat Siwan die Woche vor und die Woche nach Schawuot, dem Wochenfest (er zitiert das Beispiel seines Urgroßvaters Elieser ben Nathan, der zu den bedeutenden Autoritäten im Mainz des elften Jahrhunderts gehörte und die Greuel des Ersten Kreuzzuges in Prosa und Poesie festhielt); im Monat Tischri vom zehnten Tag dieses Monats an, das ist Jom Kippur, bis zum Beginn des Monats Cheschwan. In diesen Zeiten »wird die Rechtfertigung des Gerichts auf dem Weg [zum Friedhof] und das Kaddisch nach dem Begräbnis rezitiert«. Es gab also Gelegenheiten, bei denen das Kaddisch das einzige war, was am Grab gesagt wurde.

»Das Register der Unterschiede zwischen den Bräuchen des Landes Israel und den Bräuchen Babyloniens« ist ein Dokument der Geonim. Aus Eliesers Bericht geht hervor, daß Raschi gegen eine altehrwürdige Praxis handelte. Ich besitze jedoch einen Nachdruck einer 1937 erschienenen Ausgabe dieses »Registers« der frühmittelalterlichen Bräuche der Juden des Nahen Ostens, der nicht nur Eliesers Bericht, sondern sogar unserem historischen Wissen offen widerspricht. Dort heißt es beiläufig: »Die Gemeinschaften im Lande Israel betrauern die Toten an Feiertagen. Die Gemeinschaften in Babylonien trauern nicht. Und es gibt einige Versionen, in denen das Gegenteil steht.« Wie auch nicht?

Was wäre eine Tradition ohne Konfusion? Doch ich habe nichts gegen die Konfusion. Sie ist ein existentieller Überschuß, ein Zeichen von Vitalität.

Eine Tradition, die völlig transparent ist, ist eine Tradition, die völlig am Ende ist.

Ich nehme das zurück. Ich habe doch etwas gegen solche Konfusion. (Man hat mir beigebracht, etwas dagegen zu haben.) Und deshalb habe ich eine neuere Studie über »Die Bräuche des Landes Israel« erworben, und ich habe sie an einem grauen Morgen mit ins Teehaus genommen. Der korrekte Name des alten »Registers«, so erfahre ich, lautet »Die Unterschiede zwischen den Leuten des Ostens und den Kindern des Landes Israel«, oder, weniger tendenziös, zwischen der babylonischen Gemeinschaft und der palästinensischen Gemeinschaft. Es ist eine Kompilation von fünfundfünfzig rechtlichen und rituellen Widersprüchen, die vermutlich zwischen dem siebten und zehnten Jahrhundert entstand; der Name des Kompilators ist unbekannt. Wie ich des weiteren erfahre, lag ich mit meiner Vermutung vor einem Monat richtig: die Rechtfertigung des Gerichts ist ein palästinensischer Brauch. Der Herausgeber des Bandes schreibt, daß »der Brauch seinen Ursprung im Lande Israel hat, wie andere Trauerbräuche, die den Geonim in Babylonien unbekannt waren ... und obwohl die Geonim nicht von ihm wußten und ihn nicht mit ihrem Prestige ausstatteten, wurde dieser Brauch in der gesamten israelischen Diaspora übernommen«.

Der Konflikt zwischen den Judenschaften wird in dem Buch folgendermaßen beschrieben: »Die Rechtfertigung des Gerichts und das Kaddisch werden über dem Toten wie immer rezitiert, doch einige bestreiten dies und meinen, daß die Rechtfertigung des Gerichts an einem Feiertag nicht gesagt werden darf. An einem Feiertag sprechen die Leute des Ostens nicht vor dem Toten, und die Kinder des Landes Israel sprechen vor dem Toten.« Der Konflikt bezieht sich offenbar nicht auf die Rechtfertigung des Gerichts an Freudentagen, sondern auf Lobpreisungen an Freudentagen. In Babylonien gehörte es sich nicht, beim Begräbnis zu sprechen, sondern erlaubt waren nur Stöhnen und Wehklagen – ein anderes Fragment der Geonim reagiert auf einen Bericht über den palästinensischen Brauch der Rechtfertigung mit der Bemerkung, daß »wir nicht wissen, worin er besteht, ob es eine Form des Trauerns ist wie ›ach, wehe, wehe!‹ oder ob es Tränen sind« –, und so war es Brauch, an einem Feiertag nicht vor dem Toten zu sprechen, denn Sprechen hätte das Maß der kummervollen Äußerungen noch erhöht; im Lande Israel, wo die Rechtfertigungsrede zum Begräbnis gehörte, erschien eine Lobpreisung dagegen weniger innovativ, weniger kontrovers.

Na, das ist besser. Etwas mehr Dunkelheit zerstreut. Doch beim Durchstöbern dieser alten palästinensischen Trauerpraktiken stoße ich auf eine, die mich erstaunt. »Es ist Brauch, daß der Sohn Kaddisch sagt, zusammen mit dem Vorleser, der die Gebete leitet, schon wenn er bekümmert ist [und noch nicht trauert].« Ist das möglich? Wenn der Vater oder die Mutter gestorben ist, soll der Sohn öffentlich in der Schul ein Kaddisch rezitieren? Und sogar unmittelbar nach dem Tod, in der kurzen, elenden Zeitspanne zwischen Tod und Begräbnis, wenn man aus Respekt vor dem Toten und dem eigenen Elend von allen Forderungen des Gesetzes freigestellt ist? Ich weiß nicht, wie ich das verstehen soll. Sicherlich bin ich auf die früheste Version des Kaddisch des Trauernden gestoßen. Auffällig ist, daß der Herausgeber keine frühen Quellen zitiert, die deren Herkunft belegen, sondern nur späte Quellen, die behaupten, frühe Bräuche zu beschreiben. Ich bin ratlos.

Am Morgen habe ich furchtbar gelogen, und als ich mich am Abend erhob, um Kaddisch zu sagen, schämte ich mich. Damit hatte ich nicht gerechnet.

IV

Isaak ibn Ghijat hatte im Spanien des elften Jahrhunderts einen interessanteren Grund dafür angeführt, sich an Freudentagen Äußerungen des Kummers zu enthalten. Wenn der Fels, dessen Tun vollkommen ist, an Neumond und an den mittleren Tagen von Festen sowie an Chanukka und Purim nicht angerufen wird, so Isaak zufolge deshalb, weil »wir die Rechtfertigung des Gerichts wegen des Todes eines gewöhnlichen Menschen nicht höher schätzen als die Rechtfertigung des Gerichts wegen des Todes von Moses, und sie [die Rechtfertigung des Gerichts wegen des Todes von Moses] wird ausgesetzt, wenn der Neumond auf einen Sabbat fällt«. Wenn die Feiertagsfreude groß genug ist, um die Trauer um Moses ausfallen zu lassen, dann ist sie gewiß auch groß genug, um die Trauer um Menschen ausfallen zu lassen, die geringer sind als er – und das sind alle Juden, die je gelebt haben.

Die Rechtfertigung des Todes von Moses? Isaak spricht von der Rechtfertigung des Gerichts, die ein regelmäßiger Bestandteil der wöchentlichen Liturgie ist. Am Nachmittag eines jeden Sabbats werden die folgenden Verse aus den Psalmen gesprochen: »Deine Gerechtigkeit ist eine ewige Gerechtigkeit, und dein Gesetz ist Wahrheit. Und deine Gerechtigkeit, o Gott, ist hoch; du, der du große Dinge getan hast; o Gott, wer ist wie du? Deine Gerechtigkeit ist gleich Bergen Gottes, deine Gerichte sind eine große Tiefe; Menschen und Vieh rettest du, o Herr.« Und die Tradition überliefert zwei Einzelheiten über Moses' Todestag: es war der siebte Tag des Monats Adar, und es war der Sabbat.

In diesem Sinne heißt es im *Machsor Vitry:* »›Deine Gerechtigkeit ist Gerechtigkeit‹ wird im Nachmittagsgebet am Sabbat zum Zweck der Rechtfertigung des Gerichts gesagt, um Moses zu ehren, der genau zu dieser Stunde am Sabbat starb.« Die französischen Rabbinen sind sich mit dem spanischen Rabbi einig, daß die Äußerung des Gedenkens an einem Sabbat, der auf einen Feiertag fällt, ausfällt, um »die Freude des Tages zu ehren, die zu der Zufriedenheit des Sabbats hinzukommt. Diesem Sabbat wird größerer Respekt erwiesen als anderen Sabbaten, und darum wird der Kummer der Seele an diesem Sabbat nicht erwähnt. Denn [von der Bibel] wurde dem Feiertag ausdrücklich Freude zugeschrieben, was beim Sabbat nicht der Fall ist.« Und der Text im *Machsor Vitry* schließt: »Dies wurde von Rabbi Salomo von Lyon gesandt, und es wurde zum Brauch.« (Wer war Salomo von Lyon? Ich habe nie von einer solchen Gestalt gehört. Der Text deutet darauf hin, daß dies eine spätere Interpolation in das Buch ist.)

Mit dem Glück des Sabbats ist das Totengedenken zu vereinbaren, mit dem Glück des Feiertages nicht. Warum? Die Antwort lautet, daß Tolstoi unrecht hatte. Nicht alle Arten des Glücks sind einander gleich. Die rabbinische Unterscheidung zwischen dem Glück des Sabbats und dem Glück des Feiertages ist offenbar eine Unterscheidung zwischen einem Glück der Betätigung und einem Glück der Betrachtung. Am Feiertag herrscht Frohlocken, wird aktiv gefeiert (entsprechend ist am Feiertag mehr Arbeit erlaubt als am Sabbat). Das Glück des Sabbats ist dagegen eine Meditation über die Realität, die man in einem Zustand der Ruhe anstellt, eine tiefe, fast philosophische Zufriedenheit mit der erschaffenen Welt, und so kann das Wissen um die Sterblichkeit in diese Weisheit Eingang finden. (Ich finde allerdings nichts Sabbatartiges an der Trauer.)

Es gibt Freude, und es gibt Zufriedenheit, es gibt Kummer, und es gibt Trauer; die Rabbinen waren sich der vielfältigen Nuancen des Gemüts, seiner hellen und seiner dunklen Seiten, bewußt. Sie machten daraus Vorschriften.

Doch der Mythos, Moses sei an einem Sabbat gestorben, fiel bald in Ungnade. Unter Berufung auf Jakob ben Meir Tam, auch Rabbenu Tam genannt, den scharfsinnigen Talmudisten des zwölften Jahrhunderts und Enkel Raschis, berichtet Isaak von Wien, daß die Ansicht, dieses Sabbatgebet werde zum Gedenken an den Tod Moses' gesprochen, eine gaonische Ansicht sei, die im neunten Jahrhundert von dem einflußreichen Sar Schalom Gaon formuliert wurde. (Ursprung, Ursprung, Ursprung! Freilich ist der Ursprung etwas Gewichtiges in einer Kultur der Bräuche, und auch Ideen sind Bräuche.) Und dann schreibt Isaak: »Mein Lehrer Rabbi Juda der Fromme sagte mir aber, dies sei unmöglich.« Juda der Fromme, gestorben 1217, war der Begründer des jüdischen Pietismus im Rheinland, einer scharfen, leicht anti-intellektuellen Hinwendung zur Askese, die sich nachhaltig auf die Entwicklung des Judaismus auswirkte. (Ein Historiker hat Juda den Frommen mit Franz von Assisi verglichen.) Isaak zufolge kam Juda nach der Prüfung einiger alter rabbinischer Texte, in denen das Datum des Falls von Jericho genannt wurde – darunter ein sehr frühes Werk jüdischer »Historiographie«, eine im zweiten Jahrhundert entstandene Chronik der Weltgeschichte –, zu dem Schluß, daß Moses an einem Freitag gestorben sein muß, und »so erfahren wir, daß Moses am Vortag des Sabbats und nicht am Sabbat selbst gestorben ist«. Und nachdem sein Lehrer die Legende widerlegt hatte, widerlegt Isaak auch dessen Legende. Er zitiert die alte Geschichte, der zufolge Moses am Tage seines Todes dreizehn Abschriften der Tora anfertigte, je eine für die zwölf Stämme Israels und eine »für den Fall, daß jemand versuchen sollte, auch nur einen Buchstaben zu verdrehen«. (Nachdem er den ganzen Tag »emsig mit der Tora beschäftigt war, die in ihrer Gänze Leben ist«, flehte Moses vergeblich zu Gott, ihn zu verschonen.) Und daraus »folgt, daß Moses nicht am Sabbat starb. Wie hätte er in diesem Fall schreiben können?« Schreiben ist am Sabbat verboten!

Ein Problem bleibt noch offen. Wenn Moses nicht am Nachmittag des Sabbats starb, warum wird dann die Rechtfertigung des Gerichts am Nachmittag des Sabbats rezitiert? Der große Pietist kann das erklären. »Rabbi Juda der Fromme sagte mir«, fährt Isaak fort, »daß wir beim Nachmittagsgebet am Sabbat ›Deine Gerechtigkeit ist Gerechtigkeit‹ rezitieren, weil seine Verse von Tora, Engeln und Hölle sprechen. Dies hörte ich ihn sagen. Er hat seine Gedanken nicht erläutert, weil ich ihn nicht bat, sie zu erläutern.« Tora, Engel und Hölle? Isaak ist zu Recht verblüfft. Die Worte seines Meisters sind sehr dunkel. Er macht sich daran, den Ausspruch seines Lehrers zu interpretieren und zu zeigen, daß jeder der drei Verse eines der von Juda elliptisch aufgeführten Themen behandelt. Der Vers, in dem es heißt, daß Gottes Gerichte »eine große Tiefe« sind, so Isaak, »spricht von der Gehenna, und wir loben den Herrn des Weltalls, daß diejenigen, die den

Sabbat einhalten, nicht am Sabbat in der Gehenna gerichtet werden, obwohl ihre übrigen Taten sündhaft sind«.

Das bringt mich zurück zu dem eschatologischen Element, das die Grundlage dafür bildete, das Kaddisch des Trauernden ans Ende des Sabbats zu legen. Der Sabbat bedeutet ja eine Aussetzung des Fegefeuers, und deshalb müssen die Gebete am Ende des Sabbats aus Mitleid verlängert werden. Isaak bringt denn auch gleich nach der Erörterung der Rechtfertigung des Gerichts eine Erinnerung an seinen anderen illustren Lehrer, Eleasar ben Juda von Worms, den Salbenmischer, der gesagt hatte, der Mann, der das Gebet leitet, »solle es außerordentlich verlängern, weil die Seelen gleich darauf in die Gehenna zurückkehren, und solange er [das Gebet] ausdehnt, kehren sie nicht zurück; und auch, weil es sich schickt, dem scheidenden Sabbat das Geleit zu geben, so wie man einem scheidenden König das Geleit gibt; und auch, weil wir wünschen, daß der Sabbat uns spät verläßt, und so ziehen wir das Gebet in die Länge. Und ich selbst halte es in aller Bescheidenheit auch so. Überdies habe ich gehört, daß Rabbi Elieser, der Sohn unseres großen Rabbi Meschullam, ein Kantor war, und bei ihm war es Brauch, das Gebet mit aller Kraft zu verlängern. Außerdem steht im Gebetbuch von Rabbi Amram geschrieben, daß das Gebet am Ende des Sabbats in die Länge gezogen werden solle.« Rabbi Amram war eine babylonische Autorität im neunten Jahrhundert, und sein Gebetbuch ist die erste vollständige jüdische Liturgie. (Elieser ben Meschullam war, glaube ich, eine Persönlichkeit im Speyer des dreizehnten Jahrhunderts.)

Gibt es eine größere Qual, als hilflos in der Schul zu sitzen, während der Kantor mit aller Kraft das Gebet verlängert? Ach, was man nicht für seine Toten tut!

◇

Aus der fruchtbaren Phantasie des Salbenmischers in seinem Kommentar zur Liturgie: »Das Gericht [über die Toten] wird am Sabbat im Nachmittagsgottesdienst gerechtfertigt, weil die Höllenstrafe der Toten am Sabbat erleichtert wird. An diesem Nachmittag dürfen die Seelen an einer schimmernden Wasserfontäne stehen, die am Eingang des Gartens fließt, und sie baden sich in dem Wasser, um ihre Leiber von der Glut abzukühlen. Und so rezitieren wir ehrfürchtig die drei Verse der Rechtfertigung gegen die drei Dinge, die sie begangen haben, ihre Missetat und ihre Übertretung und ihre Sünde, und wir bezeugen, daß Er recht verurteilt, recht geurteilt, recht gehandelt hat.« Der Salbenmischer vermerkt einen weiteren, seiner Phantasie entsprungenen Brauch: »Da die Seelen zu dieser Stunde an der Fontäne stehen, begründeten die Geonim und die [post-talmudischen] Rabbinen den Brauch, daß wir am Sabbat zwischen dem Nachmittagsgottesdienst und dem Abendgottesdienst kein Wasser trinken, denn wir würden es den Toten stehlen. Was [den Bericht im Talmud betrifft, daß] die Schule von Raw Aschi es mit dem Wassertrinken am Ende des Sabbats nicht so genau nahm, so dürfen wir daraus schließen, daß dieses Verbot erst später ausgesprochen wurde oder daß sie nach dem Abendgebet Wasser tranken, wenn der Sabbat vorüber war und die Seelen in die Unterwelt zurückgekehrt waren.«

Den Toten das Wasser stehlen? Das ist ernst gemeint. Zedekia der Arzt geht ausführlicher auf diesen Verstoß ein. »Wenn jemand [am Nachmittag des Sabbats] bei Dämmerung Wasser trinkt, so ist das, einer rabbinischen Legende zufolge, als würde er das Wasser seinen Toten stehlen. Und ich habe in den Responsen der Geonim folgendes gefunden: ›Wir haben im Namen der frühen Weisen sagen gehört, daß den Seelen der Toten während der Dämmerung Erlaubnis gewährt wird, Wasser zu trinken. Und wenn man Wasser trinkt zu der Stunde, da die Seelen der Toten Wasser trinken, wird den Seelen der Toten, die zur eigenen Verwandtschaft gehören, nicht erlaubt zu trinken. Darum sagten die Weisen, es sei, wie wenn man die eigenen Verwandten bestiehlt. Dies gilt aber nicht für alle Verwandten, sondern nur für die, um die wir trauern müssen: unseren Vater, unsere Mutter, unseren Bruder, unsere Schwester, unseren Sohn, unsere Tochter, unseren Ehegatten. Auch gilt es nur für die zwölf Trauermonate. Warum? Weil die Weisen erklärten, daß der Leib zwölf Monate besteht und die Seele aufsteigt und fällt, aber nach zwölf Monaten ist der Leib nicht mehr, und die Seele steigt auf und fällt nicht mehr.«

Sie geben dir ihr Leben, und du nimmst ihnen ihr Wasser!

Eine Familie, ein Brunnen.

Wasser, Wasser. Ich habe bei den Autoritäten von Aschkenas gesucht und gefunden, daß die Enteignung des Wassers der Toten eine sehr umstrittene Sache war. Ich beginne mit Isaak von Wien, der die Debatte im zwölften Jahrhundert eröffnet: »Wenn der Nachmittag [des Sabbats] kommt, schreibt Maimonides, ist es üblich, daß die Gerechten das Nachmittagsgebet rezitieren und danach eine Mahlzeit zu sich nehmen. Doch war dies mancherorts Brauch, und Rabbenu Tam [Jakob ben Meir, der Enkel Raschis] schalt sie und sagte, es sei verboten, und er zitierte die Geschichte im Jerusalemer Talmud von einem Mann, der zwischen dem Nachmittagsgebet und dem Abendgebet Wasser trank, und der Todesengel kam und erschlug ihn, weil er trank, während die Toten tranken, und daher die Toten beraubte.« Isaak ärgert sich über den Widerspruch zwischen den Autoritäten. Er sucht praktischen Rat. »Ich bat meinen Lehrer Simcha ben Samuel um eine praktische Entscheidung, und er sagte mir, ich solle am Sabbat zwischen dem Nachmittagsgebet und dem Abendgebet nicht essen, weil Rabbenu Tam es verboten habe.« Doch Isaak läßt den Rat seines Rabbi nicht gelten. »Ich verstand dies nicht. Rabbenu Tam hatte lediglich Wasser verboten. Doch Essen und Wein und Honig und Getränke? Sie sind gewiß erlaubt!« Isaak konsultiert einige Talmudstellen, um herauszufinden, worin sich das Nachmittagsgebet des einzelnen vom Nachmittagsgebet der Gemeinde unterscheidet, und kommt zu dem Schluß: »Mir scheint, daß der, dessen Brauch es ist, zu essen, keinen Schaden auf sich lädt.«

Wasser, Wasser. Zedekia der Arzt fügt hinzu, daß die Orte mit dem nachsichtigen Brauch, von denen Isaak sprach, in Frankreich waren und daß Jakob Tams Gesprächspartner Meschullam ben Nathan von Melun war. Das überrascht mich nicht, denn der herrische Jakob führte bekanntlich einen Krieg gegen Meschullams Entscheidungen, die er als Untergrabung der Tradition geißelte. (Seine Briefe an Meschullam sind klassische Beispiele rabbinischer Schmähungen.) Zedekia berichtet auch, daß »es einmal einen Vorfall in Lothringen gab [wo es Brauch war, sich am Sabbat nachmittags des Essens zu enthalten], und es bestand Gefahr [weil bei Sonnenuntergang das Fasten zu Jom Kippur beginnen sollte], und nur unter Schwierigkeiten wurde die Erlaubnis gewährt, am Vorabend von Jom Kippur unmittelbar vor Beginn des Gottesdienstes etwas zu essen. (Die Rabbinen verlangten, daß das Sündenbekenntnis [an Jom Kippur] vor dem Essen und dem Trinken rezitiert würde, weil sie Benommenheit fürchteten.)« Welche Gefahr? Es ist Vorschrift, das Fasten mit einer Mahlzeit einzuleiten, die eine Pause zwischen dem normalen Leben und den sich anschließenden Kasteiungen markiert, und das Verbot, am Nachmittag des Sabbats zu essen und zu trinken, gefährdete dieses Unterscheidungsritual. Aber am Ende führte es doch nicht zu dessen Aufhebung. Zedekia berichtet, daß das Fasten am 9. Aw in gleicher Weise gefährdet war, doch auch in diesem Fall wurde der Widerstand dagegen, am Nachmittag des Sabbats zu essen und zu trinken, »unter Schwierigkeiten« überwunden.

Wasser, Wasser. Mordechai ben Hillel, der im dreizehnten Jahrhundert in Deutschland lebte und in seiner umfangreichen Sammlung von Entscheidungen und Talmudkommentaren die Meinungen vieler mittelalterlicher Rabbinen bewahrte, geht genauer auf den Disput zwischen Jakob und Meschullam ein: »Als Rabbi Meschullam in seiner Stadt Melun den Brauch einführte, nach dem Nachmittagsgebet am Sabbat eine Mahlzeit zu halten, schrieb ihm Rabbenu Tam und und fragte nach seinem Grund. Rabbi Meschullam erwiderte, er habe in seinem Text der alten rabbinischen Legende eine andere Formulierung. In seinem Text heiße es, daß ›diejenigen, die am Nachmittag des *Vortages* des Sabbats essen und trinken, [die Toten bestehlen]‹, und der Grund ist, daß die Toten [am Freitag nachmittag] von der Strafe, die sie die ganze Woche lang erlitten haben, erschöpft sind. Und aus diesem Grund war er streng dagegen, am Nachmittag des Vortages des Sabbats zu trinken.« Mordechai zufolge war es Jakob Tams Vater – Meir ben Samuel, auch Meir der Verehrungswürdige genannt, verheiratet mit Raschis Tochter und einer der ersten Tossafisten, also Kommentatoren des Talmud –, der von dem Vorfall in Lothringen berichtete, welcher sich wahrscheinlich im elften Jahrhundert zutrug. Ebenfalls Mordechai zufolge war es Jechiel ben Josef von Paris – jener Rabbi, der 1240 in einem öffentlichen »Prozeß« in Paris mutig den Talmud verteidigte und einige Jahre später mit ansehen mußte, wie er den Flammen überantwortet wurde –, der »gehört hatte, daß man sich nicht länger als während der zwölf Trauermonate mit dem Trinken vorsehen muß, weil die Weisen erklärten, daß der Leib zwölf Monate besteht und die Seele aufsteigt und fällt, aber nicht länger«. Am Ende fügt Mordechai hinzu (ich kann nicht entscheiden, ob diese Bemerkung auf Mordechai oder auf Jechiel zurückgeht): »Und es ist aller Welt Brauch, sich vorzusehen [mit dem Trinken des Wassers der Toten], auch nachdem die zwölf Monate vorüber sind.«

Auch nachdem die zwölf Monate vorüber sind – also immer. An jedem Nachmittag eines jeden Sabbats picheln all die Toten das Wasser an den Toren von Eden.

Ich muß sagen, daß Meschullams Antwort an Jakob mir angemessen erscheint. Meschullam untergrub nicht die Tradition, er ehrte sie, nur wich seine Tradition von der Jakobs ab. Nach dem Text, den Jakob besaß, trinken die Toten, um sich für die Flammen vorzubereiten. Nach dem Text, den Meschullam besaß, trinken die Toten, um sich von den Flammen zu erholen. Gewiß scheint Meschullam der einzige Rabbi zu sein, der die Freitagsversion des Textes besaß. Die Flammen leugnete aber keiner.

Kein Wasser an Sabbatnachmittagen? Das erscheint merkwürdig, unklug, albern. Gibt es in dieser Welt und in der nächsten Welt nicht genügend Wasser für die Lebenden und die Toten? (Jetzt haben sie mich dahin gebracht, auf diese Weise zu »argumentieren«!) Und ich bin nicht der einzige mit diesem Bedenken. Ich beziehe mich nicht nur auf die nachsichtigen Rabbinen im Lothringen des elften Jahrhunderts. Meir ha-Kohen von Rothenburg, der Gelehrte, der um die Wende vom dreizehnten zum vierzehnten Jahrhundert das Meisterwerk des Maimonides durch die Traditionen der französischen und der deutschen Gemeinschaft zu ergänzen suchte, schlägt in seinen Kommentaren zu dessen Gesetzeskodex vor, den Brauch einzuschränken: »Selbst nach Ansicht derer, die [Wasser zu trinken] verbieten, gilt das Verbot nur für Wasser aus einem Fluß. Im eigenen Haus ist es dagegen erlaubt, Wasser zu trinken.« Das ist vernünftig. Es ist auch im Einklang mit dem Mythos, um den die Kontroverse sich drehte. Ein Fluß in dieser Welt kann in eine Quelle in der nächsten Welt münden oder aus ihr entspringen, nicht aber das Wasser im Eimer neben dem Herd oder im Becher auf dem Tisch. Darauf haben die Toten keinen Anspruch. Auch die Lebenden haben Bedürfnisse.

Warum nicht die Toten bestehlen? Sie bestehlen ja auch die Lebenden.

Meir ha-Kohen von Rothenburg berichtet ferner: »Rabbi Simcha hörte Rabbenu Tam lehren, daß die dritte Mahlzeit [am Sabbat] nach dem Nachmittagsgebet eingenommen werden solle.« Das verwirrt ihn. »An allen anderen Stellen heißt es, Rabbenu Tam habe das Wassertrinken zwischen Nachmittagsgebet und Abendgebet verboten.« Dann gibt er die Ansicht des einflußreichen Elieser ben Joel ha-Levi wieder, der um die Wende vom zwölften zum dreizehnten Jahrhundert in Bonn wirkte: »Sein Vater handelte in dieser Frage streng, doch Elieser ben Joel entschied nachsichtig [und erlaubte, am Nachmittag des Sabbats Wasser zu trinken] und sagte, diese Frage sei unwesentlich.« Und das ist sie! Vernunft ist so erfrischend wie Wasser.

Hier eine köstliche Anmerkung zu dem Brauch von Joel Sirkes, der in den ersten Jahrzehnten des siebzehnten Jahrhunderts in Polen das Gesetz kommentierte: »Rabbenu Tam entschied, daß es [an Sabbatnachmittagen] keine Mahlzeiten gibt, weil es damals ihr Brauch war, zu einer Mahlzeit Wasser zu trinken [und das Trinken von Wasser verboten war]. Doch in unserem Land trinken wir Wein, so daß kein Anlaß besteht, sich wegen der Gefahr zu sorgen.« Wasser gefährlicher als Wein! Und der Weintrinker ist unnachsichtig mit den Wassertrinkern. Auf die alte Debatte zwischen Jakob Tam und Meschullam von Melun eingehend, rät Sirkes, »daß man, da eine Gefahr besteht, [beide Ansichten gelten lassen und] sich von beidem enthalten sollte«. Das heißt, daß weder am Freitag- noch am Samstagnachmittag Wasser getrunken werden sollte. Eigentlich sollte ein Mann, der Wein in seinem Glas hat, gegenüber einem Mann, der Wasser in seinem Glas hat, freundlicher sein.

Trinke das Wasser der Toten und bleibe nüchtern.

◇

Ein alter Mann spricht mich an, als ich gerade mit den Gebeten beginnen will. Es ist der Jahrestag des Todes seines Vaters, und ob er nicht den Gottesdienst leiten dürfe? Er hat nach dem Brauch den Vorrang, und so gebe ich ihm statt. Während ich mich in meinen

Winkel im hinteren Teil des Raumes begebe, denke ich: Eines Tages werde ich an seiner Stelle sein. Früher konnte ich mir kaum vorstellen, daß mein Vater einmal sterben würde. Jetzt kann ich mir kaum vorstellen, wie es sein wird, wenn der Tod meines Vaters lange zurückliegt. Doch eines Tages wird sein Tod lange her sein, und ich werde an der Spitze der Gemeinde stehen, und ich werde alt sein. – An die Stelle eines anderen treten, das heißt: Tradition.

Erhoben und geheiligt ... Erhoben und geheiligt ... Erhoben und geheiligt ...

Die Verbrennung des Talmud in Paris: es gibt einen Bericht von dieser Greueltat bei Zedekia dem Arzt. Er fügt in seine Erörterung der Fastengesetze eine historische Nebenbemerkung ein. »Wir haben dies geschrieben, um an das zu erinnern, was in unserer Zeit geschah, als Folge unserer vielen Sünden, als unsere heilige Tora im Jahre 5004 [1244] verbrannt wurde. Am Freitag der Woche, in der 4. Mose 19-21 der Teil der Tora war, der am Sabbat gelesen wird, wurden, wie wir vernahmen, in Frankreich an die vierundzwanzig Fuhren mit Bänden des Talmud und des Gesetzes und der Lehre verbrannt. Von den Rabbinen, die dort waren, vernahmen wir ferner, daß sie eine Traumbefragung unternahmen, um herauszufinden, ob dies vom Schöpfer bestimmt worden war. Sie erhielten zur Antwort: ›Dies ist die Anordnung der Tora.‹ ... Von dem Tage an haben einige sich für den Freitag jener Woche Fasten auferlegt.«

»Dies ist die Anordnung der Tora« – die Antwort, die die Rabbinen von Frankreich erhielten, war von grausamer Ironie. Es war die Tora, die die Vernichtung der Tora anordnete! (Im Jahre 1242, um genau zu sein.) Und daher dürfen sie nicht murren. Sie müssen das Urteil hinnehmen. Die Antwort auf ihre Traumbefragung war zugleich ein gelehrter Hinweis, ein Zitat der aramäischen Übersetzung der ersten Worte der Toralesung in jener verfluchten Woche. Und die Traumbefragung? Die Traumbefragung war ein letzter esoterischer Ausweg für ratlose Rabbinen.

Eine Traumbefragung zur Erforschung des Gesetzes? Ein skandalöser Gedanke! Das System des jüdischen Gesetzes ist nämlich ein ganz und gar immanentes System. Es schützt seine Integrität sogar gegen den Eingriff Gottes. Fragen werden mit logischem Denken und nicht mittels Wahrsagerei beantwortet. »Fortan hat ein Prophet keine Autorität mehr, um Neues hinzuzufügen«, erklärten die alten Rabbinen. Berühmt ist ein Disput zwischen Rabbi Elieser und Rabbi Josua im ersten Jahrhundert über den rituellen Status eines Ofens, der zugunsten von Rabbi Josua entschieden wurde, obwohl die Auffassung von Rabbi Elieser durch Wunder unterstützt wurde. Denn ein Wunder ist kein Beweis. »›Wenn das Gesetz so ist, wie ich es sage‹, [sagte Rabbi Elieser,] ›möge der Himmel es beweisen!‹ In diesem Augenblick erklärte eine göttliche Stimme: ›Warum streitest du mit Rabbi Elieser? Das Gesetz ist immer so, wie er es sagt.‹ Daraufhin erhob sich Rabbi Josua und sagte: ›Es ist nicht im Himmel!‹ Und Rabbi Jeremia erklärte: ›Da die Tora uns schon am Berg Sinai gegeben wurde, schenken wir einer göttlichen Stimme keine Beachtung.‹« (Das Ende der Geschichte ist bemerkenswert: »Gott lächelte und sagte: ›Meine Söhne haben Mich geschlagen, meine Söhne haben Mich geschlagen.‹« Doch Rabbi Elieser lächelte nicht. Er wurde wegen seiner Vermessenheit exkommuniziert und starb in Verbitterung.)

»Es ist nicht im Himmel« – Rabbi Josua zitierte triumphierend einen Vers aus dem fünften Buch Mose. Und doch gab es Gelehrte, für die es im Himmel war, Rechtskundige, die einer göttlichen Stimme Beachtung schenkten. Es gibt eine unbedeutende, beinahe versteckte Tradition von Rabbinen, die sich bei Widersprüchen des Geistes hilfesuchend an den Himmel wandten. Die von Zedekia dem Arzt im dreizehnten Jahrhundert erwähnte Traumbefragung war eines der Verfahren juridischer Wahrsagerei. Und Zedekia führt noch eine weitere Traumbefragung an. Der Fragesteller war Jakob von Marvège, und Gegenstand seiner Anrufung des Himmels war nichts anderes als der Disput zwischen Jakob Tam und Meschullam von Melun um Essen und Trinken am Nachmittag des Sabbats, wenn die Toten in die Hölle zurückkehren.

Jakob von Marvège war der Verfasser von *Sche'elot u-Teschuwot Min ha-Schamajim* (»Fragen und Antworten von den Himmeln«). Es ist eines der exotischsten Werke der Rechtsliteratur der Juden, eine Sammlung von neunundachtzig knappen Fragen und Antworten. (Jakob nennt als Datum einer seiner Befragungen das Jahr 1203.) Nachdem er die Frage, ob ein Mann, der einen Samenerguß erlitten (oder genossen) hat, im rituellen Sinne unrein sei, zu beantworten geruht hat, schreibt Jakob: »Als ich das alles sah, fragte ich, ob mir das alles wirklich von Gott gekommen sei oder nicht. Es war ein Dienstagabend, der neunzehnte Tag des Monats Kislew. Dies war meine Frage: ›O erhabener König, großer und mächtiger und ehrwürdiger Gott, der Seinen Bund und Seine Güte gegen jene, die Ihn lieben, bewahrt, bitte bewahre Deinen Bund und Deine Güte gegen uns und befiehl den heiligen Engeln in Deinem Dienst, denen die Beantwortung von Traumbefragungen obliegt, wahrheitsgemäß und richtig die Frage zu beantworten, die ich vor Deinem Thron stellen will, auf daß jede Sache gebührend begründet und klar und deutlich aus der Schrift oder dem Gesetz abgeleitet werde. Ich erkundige mich hiermit nach den Weisungen, die mich in der Antwort auf die Frage erreichten, die ich bezüglich des rituellen Bades eines Mannes gestellt hatte, der einen Samenerguß hatte: Entsprangen diese Worte dem Heiligen Geiste? Und sind sie nützlich? Und darf ich diese Worte meinem Schwiegervater Rabbi Josef enthüllen und ihn anweisen, sie unter den Gelehrten des Landes zu verbreiten? Oder erreichten sie mich von einem fremden Geist, und sind sie nutzlos, und wäre es besser, ich würde sie verbergen und für mich behalten?« Die Antwort auf die Frage des Rabbi nach der Echtheit seiner Erleuchtung war positiv. »Sie erwiderten«, schreibt Jakob, »daß es wirklich das Wort Gottes war, und auch, daß diese Dinge längst von dem Alten bestimmt wurden, und auch, daß heute wieder ein Tag der Verkündigung sei. Ich wartete bis zur Dämmerung, und eine Stunde später antworteten sie ...« Es folgt die Entscheidung des Himmels bezüglich des Mannes mit dem Samenerguß, die in Form eines Verses aus dem fünften Buch Mose erfolgt. (Die Methode, eine göttliche Stimme in einem zufällig gefundenen Bibelvers zu suchen, ist so alt wie der Talmud.) Und auf die Entscheidung des Himmels bezüglich des Mannes mit dem Samenerguß folgt ein Vers aus dem ersten Buch Mose: »Ich bin mit dir, und ich will dich behüten überall, wohin du gehst.« Das ist es, was Gott Jakobs Vorfahr Jakob versprach.

Die neununddreißigste von Jakobs »Antworten von den Himmeln« lautet folgendermaßen: »Ich fragte auch nach denen, die [am Sabbat] zwischen dem Nachmittagsgebet und dem Abendgebet essen [und trinken]. Ist es eine Sünde, wie Rabbenu Tam entschied, oder nicht?« Offensichtlich konnte sich der Richter in Marvège nicht zwischen der Strenge von Jakob und der Nachsicht von Meschullam entscheiden. Und wie antwortete Gott? Mit einem Bibelvers und einem rechtlichen Präzedenzfall. Einem Bibelvers, weil dies eine orakelhafte Mitteilung ist, und einem rechtlichen Präzedenzfall, weil das richtige Gesetz den besonderen Umständen entsprechen muß. (Die Antwort ist himmlisch, aber die Frage ist irdisch.) »Sie antworteten: ›Und ihr werdet essen, essen und satt werden, und werdet den Namen des Herrn, eures Gottes, preisen, der Wunderbares an euch getan hat.‹ Und der Beweis ist das Fasten an Jom Kippur und das Fasten am neunten Aw und anderen Fastentagen.« Jakobs Orakel läuft vermutlich auf dasselbe hinaus wie die in Lothringen ein Jahrhundert zuvor »unter Schwierigkeiten« gewährte Erlaubnis, an einem Sabbat, dem eine Fastenzeit folgte, nachmittags zu essen und zu trinken. Gottes kurze Erörterung dieser Fastenzeiten ist ein wenig verworren, doch seine Schlußfolgerung ist so klar, wie es Jakob sich nur wünschen konnte: »Wir kommen zu dem Schluß, daß es erlaubt ist, [am Sabbat] zwischen dem Nachmittagsgebet und dem Abendgebet zu essen [und zu trinken].« Gott entschied zugunsten Meschullams und der durstigen Lebenden und gegen Jakob und die durstigen Toten.

Beim Beten habe ich es heute versucht, aber umsonst.

◇

Zedekia der Arzt resümiert die Kontroverse um die Hinnahme von Gottes Gericht am Sabbat folgendermaßen: »Es ist Brauch, beim Nachmittagsgebet am Sabbat ›Deine Gerechtigkeit ist Gerechtigkeit‹ zu rezitieren. Nach Ansicht mancher sprechen wir dieses Gebet als Äquivalent der Rechtfertigung des Gerichts, weil uns von unseren Vorvätern überliefert wurde, daß Moses am Sabbat am Nachmittag gestorben ist, und so rechtfertigen wir das Gericht über ihn. Rabbi Schnejur erklärte dagegen, daß [wir das Gebet sprechen, weil] die Stunde naht, da die Bösen wieder dem Strafgericht in der Gehenna überantwortet werden, und so rechtfertigen wir das Gericht über sie.« (Schnejur lebte in der ersten Hälfte des dreizehnten Jahrhunderts in der Normandie. Er war der Vater dreier Gelehrter, die als »die Großen von Évreux« bekannt sind.) Für den Tod Moses' oder für den Tod von allen anderen.

Moses starb nicht wie alle anderen, aber wie alle anderen starb er. Der Tod Moses' bestätigt eindrücklich, wie ernst die Lehre des Judaismus von der Endlichkeit ist. Am Ende war der außergewöhnlichste aller Menschen keine Ausnahme. Die alten Rabbinen ersannen eine lange und bewegende Geschichte vom Tode Moses'. Wieder und wieder ersucht der Mann, der mit Gott »von Angesicht zu Angesicht sprach, so wie ein Mann mit seinem Freund spricht«, um Begnadigung von der Sterblichkeit. Wieder und wieder wird sein Ersuchen abgelehnt. »Und in dem Augenblick, als Moses einsah, daß nichts ihn vom Wege des Todes befreien kann, sagte er: ›Er ist der Fels. Vollkommen ist sein Tun; denn alle seine Wege sind recht. Ein Gott der Treue und sonder Trug, gerecht und gerade ist er.‹« Auch er rechtfertigte das Gericht.

Als es an ihn kam, die Rezitation der Rechtfertigung des Gerichts am Nachmittag des Sabbats zu erklären, bestritt Mordechai ben Hillel, daß es zum Gedenken an den Tod Moses' geschieht. Nein, die drei Verse der Resignation sind ein Ausdruck der Sorge um die Seelen der Toten, die in die Hölle zurückkehren. Und Mordechai fügt einige liturgische Einzelheiten hinzu: »Wenn der Neumond an einem Samstagabend [nach dem Sabbat] beginnt, wird die Rechtfertigung des Gerichts nicht gesagt, weil die Toten nicht zu ihrem Strafgericht zurückkehren, wie Rabbi Aftoriki erklärte: ›Das Licht der Hölle ruht an Sabbaten und Neumondstagen.‹ ... Sie wird auch nicht am Samstagabend gesagt, wenn [nach dem Sabbat] ein Fest beginnt, obwohl die Toten an Festen zu ihrem Strafgericht zurückkehren. Es geschieht aus Respekt vor dem Feiertag, daß die Rechtfertigung des Gerichts nicht gesagt wird, um nicht öffentlich davon zu sprechen, daß die Toten an einem Feiertag zu ihrem Strafgericht zurückkehren.« Hier spricht nicht die Sorge um die Reputation der Toten, sondern die Sorge um die Reputation des Feiertages.

Rabbi Aftoriki? Nie von ihm gehört. Das Licht der Hölle? Endlich spricht jemand davon. Ich war immer davon überzeugt, daß die

Hölle hell erstrahlt. Beim Licht der Hölle kann der Geist gedeihen. Doch das Licht ist ein Feuer, und deshalb darf der Geist dem Licht nicht zu nahe kommen.

Mordechai schreibt Rabbi Aftorikis Bemerkung einer im fünften Jahrhundert entstandenen Sammlung von Homilien für die Feiertage zu. Ich besitze eine kritische Ausgabe dieses Textes (ich kenne den Herausgeber aus der Zeit, als ich noch ein Junge war), und ich durchstöbere sie nach dem Rabbi mit dem merkwürdigen Namen. Ich finde ihn nicht, dafür aber einige Trophäen. Zu der Aussage im Talmud, daß die Strafe der Bösen in der Gehenna zwölf Monate währt, hatte ein Denker namens Hesekia folgendes zu sagen: »Sechs Monate in der Hitze und sechs Monate in der Kälte. Am Anfang schickt ihnen der Heilige einen Juckreiz. Dann versetzt er sie in die Hitze, woraufhin sie sagen: ›Ist das alles von Gottes Hölle?‹ Also versetzt Er sie in den Schnee, woraufhin sie sagen: ›Ist das alles von Gottes Hölle?‹ [Also versetzt er sie in die Hölle.] Anfangs sagen sie oh!, und am Ende sagen sie wehe!«

Es hat den Anschein, daß Gott auch der vollkommenste Folterer ist. Er gestattet Seinen Gefangenen keine Ruhepause, keine Sammlung. Sie werden erhitzt, bis sie brennen. Sie werden abgekühlt, bis sie zu Eis erstarren. Was sie noch ertragen können, wird auf sadistische Weise so gesteigert, daß sie es nicht mehr ertragen können. Was das Schlimmste ist: Gott weiß, daß geringfügige Strafen besonders schmerzlich sind. Ein Juckreiz! Wahrlich teuflisch! (Die Juden, unter denen ich aufwuchs, hielten eine Belästigung für eine Marter.)

Wenn die Hölle ein Juckreiz ist, dann ist der Himmel ein Kratzen. Und wer würde nicht diese Welt einem Juckreiz oder einem Kratzen vorziehen?

»Gottes Hölle.« Was für ein Eingeständnis! Aber es ist die Wahrheit. Wenn es eine Hölle gibt, dann ist sie Gottes Hölle.

Bei der Suche nach Rabbi Aftoriki las ich folgendes: »Warum schuf der Heilige die Gehenna und den Garten Eden? Damit sie voneinander borgen können. Und wieviel Platz ist zwischen ihnen? Rabbi Jochanan sagte: die Breite einer Mauer. Rabbi Hanina sagte: die Breite einer Hand. Die Rabbinen sagten: Sie grenzen direkt aneinander.« Voneinander borgen? Platz, nehme ich an. Himmel und Hölle sind wie Nachbarn, die einander helfen, wenn es beim einen anderen zu voll wird. Himmel und Hölle konkurrieren nicht, sie arbeiten zusammen. Und sie gehören zu ein und derselben Nachbarschaft. Der Nachbarschaft des Gerichts. – Die Sprache dieser Passage ist dunkel. Man kann sie prosaischer wiedergeben. »Warum schuf der Heilige die Gehenna und den Garten Eden? Damit sie sich voreinander retten können.« Ich habe schon lange den Verdacht, daß der Himmel, genau wie die Hölle, ein Ort ist, aus dem man gerettet werden möchte.

Aftoriki ist aufgetaucht! Er kommt im Talmud vor, in einer Erörterung über Eide im Schadenersatzrecht und in einer Erörterung über Eier in den Gesetzen über verbotene Speisen. Nur kommt Aftoriki nicht als die, sondern als Sohn der Autorität, die diese Meinungen äußert. Über Eide hören wir von »dem Vater von Rabbi Aftoriki«. Über Eier von »Dostai, dem Vater von Rabbi Aftoriki«. Der Vater wird gekennzeichnet durch seinen Sohn, und der Sohn wird gekennzeichnet durch seinen Vater. Und dann kommt in der Passage des Textes aus dem fünften Jahrhundert, die Mordechai ben Hillel im dreizehnten Jahrhundert zitiert, endlich der Sohn selbst zu Wort. Und was hat der Sohn auf einmal zu sagen? Er behauptet, das Licht der Hölle werde aus Barmherzigkeit gedämpft, die Seelen der Väter erhielten einen einwöchigen Aufschub. Sprach Aftoriki nach dem Tod von Dostai? War es das Schicksal von Dostais Seele, das Aftoriki zum Sprechen bewog? Vielleicht hat der Tod des Vater die Zunge, den Geist des Sohnes befreit.

Dein Vater stirbt, und du bist frei. Und was machst du mit deiner Freiheit? Du denkst nach und schreibst und betest über und für deinen Vater. Gratuliere!

Auch als Sohn mußt du in deinem eigenen Namen sprechen.

Indem du deine Vormundschaft analysierst, lockerst du sie. Wenn du die Autorität verstehst, hast du sie gelähmt. So wandert die Autorität von einer Hand zur anderen. Ich wundere mich nicht, daß Gott immer höher sein wollte als der menschliche Verstand. (Es ist eines der Wesensmerkmale der Macht, daß sie von der Furcht besessen ist, man könnte ihr hinter die Schliche kommen.)

◇

Ich bin mit Nathan ben Judas Handbuch für Kantoren im Teehaus. Er verzeichnet eine klare Anweisung: »Wir sagen die Rechtfertigung des Gerichts für die Seelen, die nach dem Sabbat zu ihrem Strafgericht zurückkehren – und wenn der Tag nach dem Sabbat der Neumond ist, sagen wir sie nicht, weil sie [an Neumond] nicht zu ihrem Strafgericht zurückkehren.«

Läuft das alles auf eine weitere Quelle hinaus, nach der das Kaddisch des Trauernden am Ende des Sabbats eingeführt wurde? In der Raschi-Literatur hieß es ja über das Kaddisch beim Begräbnis, »das Kaddisch wird nicht gesagt außer nach den Versen in der Rechtfertigung des Gerichts«. Und hier haben wir die Rechtfertigung des Gerichts, wenn am Sabbat die Sonne untergeht. Könnte das Kaddisch des Trauernden als Begleitung dieser Verse entstanden sein, die schließlich so interpretiert wurden, als erfüllten sie genau die Aufgabe, die das Kaddisch des Trauernden schließlich erfüllte, nämlich die Seelen der Toten zu schonen?

Das »Gebetbuch« von Salomo ben Samson, dem älteren Kollegen Raschis, der im Jahre 1096 in Worms ermordet wurde, ist der älteste Kommentar zur Liturgie in Aschkenas. (Es ist in einer einzigen Handschrift in Oxford erhalten. Neuerdings wurde es Elieser ben Nathan zugeschrieben, der ein Jahrhundert später lebte.) Salomo schreibt, daß »Deine Gerechtigkeit ist Gerechtigkeit« am Ende des Sabbats zum Gedenken an Moses rezitiert wird. Auch sagt er, daß um der Toten willen die Gebete in dieser Stunde »verlängert werden sollen. Das ist Brauch.« Es gab also im elften Jahrhundert, wie ich vermutet hatte, kein Kaddisch des Trauernden. Doch rheinische Pietisten verfaßten im dreizehnten Jahrhundert einen Kommentar zu Salomos Kommentar, und der zeichnet ein etwas anderes Bild. Der alte Brauch, den Salomo beschreibt, wird erwähnt, und dann heißt es weiter, die drei Verse des Gebets ehrten nicht nur Moses, sondern auch seinen Bruder Aaron und seine Schwester Miriam, die ebenfalls am Sabbat bei Dämmerung starben. Anschließend widerruft der Text den Brauch unter Berufung auf Salomo von Évreux, der »in der Handschrift von Juda dem Frommen geschrieben fand, daß Moses nicht am Sabbat gestorben war«.

Die anonymen Verfasser dieses Kommentars wollen den Toten nicht die Dienste der Lebenden verweigern. Sie meinen jedoch, daß den Seelen ein anderes Gebet am Ende des Sabbats zu Hilfe kommt: die Sammlung von Versen über die Erlösung, die als *Keduscha de-Sidra* bekannt sind und deren mittleren Teil der große Ausruf Jesajas bildet: »Und einer rief dem anderen zu und sprach: Heilig, heilig, heilig ist der Herr der Heerscharen, die ganze Erde ist voll seiner Herrlichkeit!« Dies ist die verkürzte Version eines der wichtigsten Gebete der jüdischen Liturgie. Der Text gibt folgende Erläuterung: »Wir sagen die Ordnung der Keduscha beim Scheiden des Sabbats, weil die Sünder Israels zu dieser Stunde in die Gehenna zurückkehren ... und selbst wenn ein Mann zur Höllenstrafe verurteilt wurde, wird die Hölle für ihn gekühlt, wenn er zu Lebzeiten darauf geachtet hat, Keduscha zu sagen. Deshalb sagen wir die Keduscha, wenn der Sabbat scheidet, um unsere Seelen vor der Gehenna zu retten und um Sühne zu tun für die Sünder Israels, die in der Hölle sind und wenigstens einen Aufschub haben werden bis zum Abschluß dieses Gebets.« Es ist bemerkenswert, daß es in diesem Text aus dem dreizehnten Jahrhundert statt des Kaddisch die Keduscha ist, die diese Aufgabe für die Toten erfüllt. Warum? Das Kaddisch des Trauernden gab es schließlich schon. Wie ist das zu erklären? Ich habe eine Idee. Die für die Seelen der Toten vorgeschriebene Keduscha ist die *Keduscha de-Sidra*, also die »Keduscha des Lehrvortrags«. Sie wurde zur Zeit der Geonim in den Akademien von Babylonien formuliert und nach der Rezitation von Versen aus den Propheten gesagt, die sich an das morgendliche Studium anschloß; sie wurde, um allen zugänglich zu sein, auf aramäisch und hebräisch gesagt (so geschieht es bis heute jeden Morgen). Die *Keduscha de-Sidra*, die »Keduscha des Lehrvortrags«, hatte auffallende Ähnlichkeit mit dem *Kaddisch de-Rabbanan*, dem »Kaddisch der Rabbinen«, das die ursprüngliche Form des Kaddisch war, die schließlich den Bedürfnissen des Trauernden angepaßt wurde. (Verzeihung, den Bedürfnissen der Toten.) Vielleicht war diese

Keduscha also eine Spielart des Kaddisch des Trauernden. Sie war, könnte man sagen, die Keduscha des Trauernden.

◇

Im Talmud ist es Rabbi Akiba, der die Ansicht formuliert, der Sabbat sei eine Ruhepause für die Toten. Sie erscheint in einer seiner außergewöhnlichen Disputationen mit »dem gottlosen« Tinneius Rufus, dem römischen Statthalter von Judäa. (Im Jahre 132 ging er daran, den Bar-Kochba-Aufstand niederzuschlagen, den Akiba als ein messianisches Ereignis begrüßt hatte.) »Worin unterscheidet sich der Sabbat von allen anderen Tagen?« fragte der Tyrann den Rabbi. Der Rabbi zeigte sich der Provokation gewachsen. »Ein Geisterbeschwörer sei mein Beweis«, erwiderte er, »denn er kann an jedem Tag der Woche einen Geist beschwören, doch am Sabbat wird sich der Geist nicht beschwören lassen. Falls Ihr mir nicht glaubt, so geht hin und versucht es mit Eurem Vater, mögen seine Gebeine zu Staub zermahlen werden.« Der Römer nahm die Herausforderung an. »Er beschwor den Geist seines Vaters am ersten Tag und am zweiten Tag und am dritten Tag und am vierten Tag und am fünften Tag und am sechsten Tag – und am Sabbat ließ sich der Geist nicht beschwören. Sein [toter] Vater sagte zu ihm: ›Mein Sohn, wer in deiner Welt den Sabbat nicht einhält, wie es sich gehört, ist hier gezwungen, ihn einzuhalten.« Rom, hilflos angesichts des Sabbats!

Und die Geschichte geht noch weiter: »Sein Sohn fragte ihn: ›Und welche Arbeit tut ihr an den Wochentagen?‹ Er erwiderte: ›An all den Tagen der Woche unterliegen wir dem Strafgericht, und am Sabbat ruhen wir aus, und wir ruhen am Sabbat so lange, bis die Ordnung [des Gottesdienstes] abgeschlossen ist. Wenn die Ordnung abgeschlossen ist, kommt der Engel, der über die Geister gesetzt ist, er heißt Duma, und ergreift die Geister dieser Menschen und schleudert sie hinab!‹« (In einer anderen alten Quelle finde ich diese Version: »Am Beginn des Sabbats verkündet der Engel, der über die Geister gesetzt ist: ›Sünder, verlaßt die Gehenna und ruht aus, so wie die Juden ausruhen!‹ Und am Ende des Sabbats verkündet er: ›Sünder, kehrt zurück in die Gehenna, denn die Juden haben ihre Ordnungen [des Gottesdienstes] abgeschlossen!‹, denn es steht [bei Hiob] geschrieben, ›ehe ich hingehe in das Land des Todesschattens und der

Unordnung‹ – das heißt, wenn die Ordnung abgeschlossen ist.«) Hier liegt vielleicht ein anderer Grund, warum Akiba zum Helden der mittelalterlichen Legende von dem Verdammten und seiner Erlösung durch das Kaddisch des Trauernden ausersehen wurde. Man brachte ihn mit dem Aufschub am Ende des Sabbats in Zusammenhang. (Und so erscheint die Geschichte denn auch im *Machsor Vitry* bei der Betrachtung der Gebete, die den Sabbat abschließen.)

Ich trete aus der Schul hinaus in einen sintflutartigen Regen und flüchte mich ins Teehaus. Es weht ein böiger Wind. In meine Zuflucht begleitet mich Zedekia der Arzt, der mich mit einem weiteren Informationsbrocken zu Dank verpflichtet. Er zitiert, was Akiba dem Römer erwidert, und nennt dann die liturgischen Auswirkungen. Seinem Bericht zufolge war Aha von Schabba, ein Gaon des frühen achten Jahrhunderts, der Ansicht, daß dem Abschluß des Sabbats eine Lesung aus den Psalmen angefügt wurde, damit die Toten nicht eilends in die Hölle zurück mußten, »und deshalb war es Brauch, sie melodisch und gemächlich zu rezitieren«.

Zedekia notiert auch eine Meinung seines älteren Bruders Benjamin. (Er zitiert seinen Bruder oft und ehrfurchtsvoll. Benjamin war ein bedeutender Talmudist und ein vollendeter Dichter. Bekannt sind vor allem seine Elegien, in denen er das Unglück der italienischen Juden im dreizehnten Jahrhundert beklagte. Die Familie gehörte zu den ältesten jüdischen Familien in Italien und ging nach eigener Überzeugung auf eine der vier jüdischen Familien zurück, die der Legende zufolge nach der Zerstörung Jerusalems von Titus nach Rom verschleppt wurden. Sie soll außerdem die erste jüdische Familie sein, die einen Familiennamen führte: Anaw, was »bescheiden« bedeutet.) Diese Auswahl aus den Psalmen – die letzten Verse des neunzigsten Kapitels »Und die Huld des Herrn, unseres Gottes, sei über uns! Und befestige über uns das Werk unserer Hände, befestige es!« und anschließend das ganze einundneunzigste Kapitel – wird nach Benjamins Überzeugung zum Schutz vor Dämonen gelesen. »Am Sabbat bedarf es keines Schutzes«, erklärte Benjamin, weil »der Sabbat sich selbst und seine Beschützer schützt und kein Anlaß besteht, Dämonen zu fürchten. ... Doch zu dieser Stunde, wenn [der Sabbat scheidet und] wir zum profanen Teil der Woche zurückkehren, wird Schutz nötig, weil den Kräften der Zerstörung Erlaubnis gewährt wurde.« Die Welt ist mit einem Schlag gefährlicher geworden, und deshalb wird der einundneunzigste Psalm (»Er ist meine Zuflucht und meine Burg ... Schild und Dartsche ist seine Wahrheit ... so wird dir kein Unglück widerfahren ... denn er wird seinen Engeln über dir befehlen, dich zu bewahren auf allen deinen Wegen ...«) apotropäisch, zur Abwehr von Unheil, gelesen. Doch es sind nicht die Dämonen der Lebenden, die am Sabbat bei Sonnenuntergang wieder ans Werk gehen. Erlaubnis wurde, wie Benjamin fortfährt, auch Duma gewährt, »dem Engel über die Geister, die Seelen der Bösen zum Strafgericht in die Gehenna zurückzubringen – und deshalb war es Brauch, zum Abschluß des Sabbats diesen Psalm zu lesen, denn er ist ein Gebet um Bewahrung vor den Dämonen und dem Strafgericht der Hölle«. Und Zedekia fügt hinzu, daß »auch das Kaddisch ohne Eile gesprochen wurde, um ihre Einkehr in das Strafgericht hinauszuzögern«.

Warum heißt der Hüter der Geister Duma? Salomon Buber (der Großvater von Martin Buber und, was wichtiger ist, jener Gelehrte, dessen Editionen von rabbinischen Märchen und Legenden aus Altertum und Mittelalter das moderne Studium dieser Quellen maßgeblich beeinflußte) vermerkt, daß das hebräische Wort *duma* auf das griechische *daemon* zurückgehen könnte. Ich habe von der Sache eine nicht ganz so gelehrte und etwas boshaftere Auffassung. Der Name geht, glaube ich, auf eine grobe Lesart eines Verses aus Psalm 115 zurück: »Die Toten werden den Herrn nicht loben, noch alle, die zum Schweigen hinabfahren.« Das hebräische Wort für »Schweigen« ist *duma*, wie im »Schweigen des Grabes«. Die zum Schweigen hinabfahren sind die, die zum Grab hinabfahren. Doch die angelologisch Orientierten wollten von so feinen Unterschieden nichts wissen. Ihre bevorzugte Lesart war nicht, daß die Toten zur *duma* hinabfahren, sondern, daß die Toten zu Duma hinabfahren. Warum sich mit Bedeutungen abgeben, wenn man konkrete Wesen haben kann? Warum den Verstand strapazieren, wenn man die Phantasie strapazieren kann?

Der Verstand kommt nicht aus ohne Phantasie, die Phantasie aber sehr wohl ohne Verstand. Ist das ein Beweis für die Überlegenheit der

Phantasie? Durchaus nicht. Es ist ein Beweis ihrer Unterlegenheit. Es genügt nicht, Bilder von der Realität zu machen. Die Bilder müssen auch einer Prüfung unterzogen werden. Die Schönheit muß auf die in ihr enthaltene Wahrheit hin untersucht werden.

Selbstgenügsamkeit ist nicht nur ein Zustand der Unabhängigkeit. Sie ist auch ein Zustand der Beschränkung. Nur eine geringe Seele ist nicht auf andere angewiesen. Auf sich allein gestellt zu existieren ist ein stolzes und klägliches Dasein.

Der Solipsist ist sich stets treu.

Gedanken beginnen mit Definitionen und werden anschließend von ihnen zurückgehalten.

Es ist wenig sinnvoll, mit eigener Kraft zu reisen, wenn deine eigene Kraft dich nicht weit trägt. (Emerson predigte Selbstvertrauen, aber er vertraute auf nichts Geringeres als das Universum.)

◇

Heute dachte ich, daß es mir passieren könnte, ein ganzes Jahr in der Schul zu verbringen Morgengebete, Nachmittagsgebete, Abendgebete, ohne eine religiöse Erfahrung zu machen. Eine entmutigende Vorstellung. Doch ich darf nicht verlangen, was nicht gegeben werden kann. Die Schul wurde nicht für religiöse Erfahrungen erfunden. In der Schul ist eine religiöse Erfahrung eine Erfahrung der Religion. Alles andere liegt an mir.

Ein kühler Augustmorgen. Alles ist betaut. Das Beten tut gut. Beim Betreten des Teehauses nehme ich die Nachricht auf, daß sie heute morgen Kuchen haben. Im *Sohar Chadasch*, einer Kompilation von mystischen Texten aus dem siebzehnten Jahrhundert, auf die ich durch einen aus dem achtzehnten Jahrhundert stammenden bibliographischen Hinweis in einer Anmerkung des Gaon von Wilna gestoßen bin, suche ich nach der Version der Geschichte von Akiba und dem Verdammten. Dabei entdecke ich eine reichhaltige Beschreibung der Hölle, die aus alten rabbinischen Quellen aussortiert wurde. Die Hölle ist hier in sieben Stufen von Sündern eingeteilt. (Zwei weniger als üblich! Es ist, wie schon gesagt, ein schöner Tag.) Diese Stufen sind übereinandergeschichtet. Sie haben alle einen Namen, bestehen aus Feuerbahnen und sind von »Engeln der Subversion« bevölkert. (Die Häretiker, Abtrünnigen und Verräter, die es bis zur fünften Stufe bringen, werden in ihrem Schicksal übertroffen von denen auf der sechsten Stufe, »die mit ihrer Mutter geschlafen haben«, und die siebte Stufe ist derart gräßlich, daß über ihre Opfer nichts Näheres mitgeteilt wird, außer daß »diejenigen, die dorthin absteigen, nie wieder aufsteigen«.) Doch am Sabbat »läßt das Strafgericht die Welt aus, und die Bösen in der Gehenna haben eine Ruhepause, und die Engel der Subversion haben keine Gewalt über sie«.

Der Sabbat in der Hölle muß der angenehmste Sabbat im ganzen Universum sein.

Im berühmten Schlußteil des *Gesetzes des Menschen* gibt Nachmanides eine detaillierte Beschreibung von Himmel und Hölle, Gehenna und Eden. (Er behauptet, die Hölle sei ein wirklich existierender Ort, den die Rabbinen »der Breite und der Länge nach gemessen« haben.) Er macht eine allgemeine Aussage über diese Eschatologie: »Die Höllenstrafe findet unmittelbar nach dem Tode statt. ... Dies ist die Regel: In den Aussprüchen der Weisen wird erklärt, und es wird von denen, die die Tora empfangen haben, aufrechterhalten, daß die Gehenna der Ort des Urteils ist, wo die Sünder in ihren Seelen mit einem Leid und einer Qual bestraft werden, die in dieser Welt nicht ihresgleichen haben. Denn die Qualen der materiellen Welt treffen einen niedrigen Körper von grober stofflicher Beschaffenheit und stumpfer Empfindungsfähigkeit, wohingegen die schwere Bürde von Strafe und Pein auf die Seele fällt, die in ihrem Wesen fein und zart ist. Ein Mensch empfindet einen Nadelstich stärker als ein Esel, weil der Esel gröber ist, und auch unter den Menschen empfinden jene, die körperlich feiner und in ihren Gedanken und Schöpfungen reiner sind, Leid und Schmerz stärker als jene, die körperlich grob und in ihren Gedanken und Gefühlen verworren sind. ... So werden auch die seelischen Schmerzen stärker empfunden als die körperlichen Schmerzen.«

Ich habe keinen Zweifel, daß dies zutrifft. Die Seele ist feiner als der Körper. Doch der Rest des Schemas? Der Rest des Schemas ist reine Fiktion. Und doch kann ich sie nicht verachten, genauer gesagt, ich kann sie nur verachten, wenn ich die Unterscheidung zwischen Leib und Seele verachte, denn die Fiktion ist das Resultat dieser Unterscheidung. Wenn man nämlich glaubt, daß es einen Unterschied zwischen dem Körperlichen und dem Unkörperlichen gibt, und wenn man glaubt, daß es ein qualitativer Unterschied ist, so daß das eine sich nicht auf das andere reduzieren läßt, dann muß man auch glauben, daß das eine einen anderen Weg geht als das andere, und dann steht man vor der Frage, was aus der Seele wird, unabhängig vom Körper. Nur der Materialist braucht sich über das Leben nach dem Tode keine Gedanken zu machen.

Vergiß den ganzen Kram von Leib und Seele, sagt der Materialist. Nein, sage ich, denn dann verstehe ich noch weniger.

Das Leben nach dem Tode ist eine Antwort der Phantasie auf eine Frage des Verstandes.

Wenn ich die eschatologischen Spekulationen der Rabbinen lese, denke ich: Sie waren im Irrtum, wenn auch nicht auf spektakuläre Weise. Sie verwarfen den Materialismus. Doch mit ihren richtigen Schlußfolgerungen taten sie verrückte Sachen.

Ist es möglich, sich die Seele als etwas vorzustellen, das nicht materiell und nicht unsterblich ist?

Ich habe keinen Anlaß, an die Unsterblichkeit der Seele zu glauben. Doch ebensowenig Anlaß habe ich zu glauben, daß der Tod der Seele irgend etwas mit dem Tod des Körpers zu tun hat. Wie also stirbt die Seele? Ich weiß es nicht. Vielleicht töten wir sie. Die drängende Frage ist nicht, ob die Seele den Tod des Körpers überlebt. Die drängende Frage ist, ob die Seele das Leben des Körpers überlebt.

Die Vorstellung, ich sei im wesentlichen Geist, mag grotesk sein, doch noch grotesker ist die Vorstellung, ich sei im wesentlichen Fleisch.

– Dann zeig mir so etwas wie die Seele, etwas, das nicht wie der Körper lebt und nicht wie der Körper stirbt.
– Ganz einfach. Ich zeige dir die Vernunft.

Wenn man einmal die Existenz von immateriellen, aber intelligiblen Objekten oder Propositionen einräumt, wenn man einmal die Existenz von Dingen anerkennt, die real sind, ohne Tatsachen zu sein, dann befindet man sich im Bereich der Vernunft; und der Bereich der Vernunft führt unmittelbar zum Bereich der Religion insofern, als auch die Religion es mit realen, aber nicht tatsächlichen Entitäten zu tun hat. Das heißt nicht, daß jegliche Religion rational ist oder daß man an alle Aussagen der Religion in derselben Weise glauben muß, wie man an die Aussagen der Vernunft glaubt. Es gibt aber Aussagen der Religion, an die man möglicherweise in dieser Weise glauben muß. Wichtig ist, daß wir lernen, kritisch über die einzelnen Behauptungen nachzudenken, die über die immaterielle Welt aufgestellt werden.

Die Vernunft öffnet die Schleusentore, und die Vernunft schließt sie.

Die immaterielle Welt ist nicht dasselbe wie die Geisteswelt. Und Glauben ist nicht dasselbe wie Leichtgläubigkeit. Es ist jedenfalls nichts Glanzvolles an der Leichtgläubigkeit. Sie ist die Epistemologie von Kindern und Mystagogen und Massen.

Lange Jahre habe ich ohne Religion gelebt. Ich hätte aber nicht ohne die Möglichkeit der Religion leben können.

So viele Dinge wir auch erfinden mögen, gibt es doch Dinge, die wir entdecken. Und Entdecken ist ein Modus des Erfahrens. (Eigentlich ein Modus der Offenbarung.) Auch ein Gedanke ist eine Erfahrung. Gedanken werden nicht nur gedacht, sie werden auch erlebt. Insofern ist die Vernunft nicht die Feindin der Mystik.

Als Nietzsche seinen Glauben verlor, folgerte er, daß Gott tot sei. Das ist kein kritisches Denken. Das ist Narzißmus. Ich verstehe die Idee, daß, wenn Gott existiert, man an Ihn glauben muß. Die Idee, daß, wenn man nicht an Ihn glaubt, Gott nicht existieren kann, verstehe ich nicht.

Die Tatsache, daß ich mein ganzes Leben im Dunkeln verbringe, beweist nicht, daß es kein Licht gibt. Meine Erfahrung ist nicht die einzige philosophische Gegebenheit, die zählt.

Nihilismus ist Materialismus bei schlechter Laune.

Was der Nihilist am meisten fürchtet, ist Objektivität. Sein Name für Objektivität ist Gott.

◇

Im Teehaus fesseln mich die folgenden Zeilen des Salbenmischers: »Während der ersten sieben Trauertage wandert die Seele zwischen der Höhle, in der sie begraben ist, und dem Haus, in dem sie gelebt hat, hin und her. Nach sieben Tagen ist der Körper von Würmern befallen, und die Seele wird zurückkehren zu dem, der sie gegeben hat. Gib Ihm, was Er dir gegeben hat: eine reine.« Tatsächlich hat der Salbenmischer diese Zeilen überhaupt nicht geschrieben. Sie sind ein Pastiche aus zwei alten rabbinischen Aussagen, die eine aus einem pseudepigraphischen Werk der frühen gaonischen Zeit, das angeblich das Werk eines Weisen des ersten Jahrhunderts ist, die andere aus dem Talmud, die der Salbenmischer allerdings leicht abgekürzt und ihr damit eine geradezu archaische Beredtsamkeit verliehen hat. (Ich erkenne die Quellen, aus denen er es hat!) Das Pastiche des Salbenmischers ist ein Ausdruck seiner Frömmigkeit. Wie einer, der zwei Hölzer aneinanderreibt, um ihnen einen Funken zu entlocken, reibt er zwei Texte aneinander, um ihnen eine Idee zu entlocken. Seine Idee ist Reinheit, Reinheit, Reinheit. Ich entnehme aus diesem Muster an Geschicklichkeit freilich etwas anderes. Ich entnehme daraus, daß Aberglaube eine treibende Kraft für Gedankenschärfe sein kann. Aus Mythen entstehen Moralen.

Am Sabbat läuft mir in der Schul jemand über den Weg, den ich jahrzehntelang nicht gesehen habe, und ich freue mich riesig. In der High-School war er einer der gescheitesten Kerle (wie wir damals sagten). Jetzt ist er, wie er mir berichtet, Chef der Laserforschung in einer der wichtigsten militärischen Forschungseinrichtungen des Landes. Die Jeschiwa von Flatbush bringt dir … Massenvernichtungswaffen!

Aaron von Lunel zitiert gleichfalls den Mythos von der wandernden Seele, aber er zieht daraus nicht eine ethische, sondern eine rituelle Lektion. »Manche sagen, daß im Hauseingang eine Kerze auf den Boden gestellt wird, damit die Seele sieht, wohin sie geht, wenn sie sich auf den Heimweg begibt ... Vielleicht war dies der Grund, warum es mancherorts Brauch war, eine Kerze hinter die Tür zu stellen.«

V

Hier noch einmal die Geschichte von Rabbi Akiba und dem Verdammten, der Gründungsmythos des Kaddisch des Trauernden. »Eine Legende von Rabbi Akiba. Er wandelte auf einem Friedhof neben der Straße und begegnete dort einem nackten Mann, kohlrabenschwarz, der eine mächtige Bürde Holz auf dem Kopf trug. Er schien lebendig zu sein und lief unter der Last wie ein Pferd. Rabbi Akiba forderte ihn auf, stehenzubleiben. ›Wie kommt es, daß ein Mensch so schwere Arbeit tut?‹ fragte er. ›Wenn du ein Knecht bist und dein Herr dir dies angetan hat, dann will ich dich von ihm freikaufen. Wenn du arm bist und die Menschen dich meiden, dann will ich dir Geld geben.‹ ›Bitte, Herr‹, erwiderte der Mann. ›Haltet mich nicht auf, denn meine Oberen werden verärgert sein.‹ ›Wer bist du‹, wollte Rabbi Akiba wissen, ›und was hast du getan?‹ Der Mann sagte: ›Der Mann, zu dem Ihr sprecht, ist ein toter Mann. Ich werde tagtäglich ausgeschickt, um Holz zu schlagen.‹ ›Mein Sohn, was war deine Arbeit in der Welt, aus der du gekommen bist?‹ ›Ich war Steuereinnehmer, und ich pflegte die Reichen zu begünstigen und die Armen zu vernichten.‹ ›Haben deine Oberen dir nicht gesagt, wie du dein Los erleichtern kannst?‹ ›Bitte, Herr, haltet mich nicht auf, denn Ihr werdet meine Peiniger verärgern. Für einen solchen Menschen [wie mich] kann es keine Erleichterung geben. Ich hörte sie zwar etwas sagen – aber nein, es ist unmöglich. Sie sagten, wenn dieser arme Mann einen Sohn hätte, und sein Sohn würde vor der Gemeinde stehen und [das Gebet] »Gelobt sei der Herr, der gelobt ist« rezitieren, und die Gemeinde würde mit Amen antworten, und der Sohn würde außerdem »Sein großer Name sei gepriesen« [eine Wendung aus dem Kaddisch] sagen, so würden sie ihn von seiner Strafe erlösen. Doch dieser Mann hatte keinen Sohn. Er verließ seine Frau, als sie schwanger war, und wußte nicht, ob das Kind ein Knabe war. Und wenn sie einen Knaben gebar, wer sollte ihn in der Tora unterwiesen haben? Denn dieser Mann hat nicht einen Freund in der Welt.‹ Rabbi Akiba machte es sich sogleich zur Aufgabe, herauszufinden, ob dieser Mann einen Sohn gezeugt hatte, um den Sohn in der Tora zu unterweisen und ihn vor die Gemeinde zu stellen, auf daß er die Gebete leite. ›Wie heißt du?‹ fragte er. ›Akiba‹, antwortete der Mann. ›Und wie heißt deine Frau?‹ ›Schoschnia.‹ ›Und wie heißt deine Stadt?‹ ›Lodkiya.‹ Rabbi Akiba war von all dem tief berührt und begann mit seinen Erkundigungen. Er kam in die genannte Stadt und fragte die Leute nach dem Mann, der ihm begegnet war, und die Stadtbewohner erwiderten: ›Mögen seine Gebeine zu Staub zermahlen werden!‹ Er fragte nach der Frau des Mannes, und man sagte ihm: ›Möge ihre Erinnerung von der Welt getilgt werden!‹ Er fragte nach dem Sohn des Mannes, und man sagte ihm: ›Er ist ein Heide – wir haben uns nicht einmal die Mühe gemacht, ihn zu beschneiden!‹ Rabbi Akiba beschnitt ihn unverzüglich und setzte ihn vor ein Buch. Doch der Junge wollte die Tora nicht annehmen. Da fastete Rabbi Akiba vierzig Tage lang. Er hörte eine himmlische Stimme sagen: ›Dafür kasteist du dich?‹ ›Aber, Herr des Weltalls‹, erwiderte Rabbi Akiba, ›für Dich bereite ich ihn doch vor.‹ Plötzlich tat der Heilige, gelobt sei Er, das Herz des Jungen auf. Rabbi Akiba lehrte ihn die Tora und ›Höre, Israel‹ und das Dankgebet nach dem Essen. Er stellte den Jungen der Gemeinde vor, und der Junge rezitierte [das Gebet] ›Gelobt sei der Herr, der gelobt ist!‹ und die Gemeinde antwortete: ›Sein großer Name sei gepriesen!‹ Genau in diesem Augenblick wurde der Mann von seiner Strafe erlöst. Alsbald erschien der Mann Rabbi Akiba in einem Traum und sagte: ›Möge es der Wille des Herrn sein, daß deine Seele Freude findet im Garten Eden, denn du hast mich vor der Höllenstrafe errettet.‹ Rabbi Akiba erklärte: ›Dein Name, o Herr, währet ewiglich, und Dein Gedenken durch alle Generationen!‹ Aus diesem Grunde wurde es üblich, daß die Abendgebete am Abend nach dem Sabbat von einem Mann geleitet werden, der nicht Vater oder Mutter hat, damit er Kaddisch sagen kann und ›Gelobt sei der Herr, der gelobt ist!‹«

Die Themen der Geschichte? Daß die Toten spirituelle Rettung brauchen; und daß es der Sohn ist, der spirituelle Rettung bringt; und daß das Mittel der spirituellen Rettung das Gebet ist, besonders das Kaddisch.

Das Studium der jüdischen Geschichte ist eine Einladung zum Reisen. Die Geschichte von Rabbi Akiba und dem Verdammten fand ich bisher: in einem obskuren Werk aus dem zwanzigsten Jahrhundert, verfaßt als ein altertümlicher Midrasch über die zehn Gebote (in dieser Version lernt der Sohn nur die Segenssprüche, die zitiert werden, wenn man im Gotteshaus zur Tora gerufen wird, und das Kaddisch wird nicht erwähnt); im zwölften Jahrhundert in Frankreich; im dreizehnten Jahrhundert in der Provence; im dreizehnten Jahrhundert in Spanien; im dreizehnten Jahrhundert in Deutschland; im dreizehnten Jahrhundert in Österreich; im vierzehnten Jahrhundert in Spanien und Nordafrika; im fünfzehnten Jahrhundert in Deutschland; im sechzehnten Jahrhundert in Polen; im sechzehnten Jahrhundert in Palästina; im siebzehnten Jahrhundert in Holland; im achtzehnten Jahrhundert in Litauen; im zwanzigsten Jahrhundert in Deutschland (in Berdiczewskis Sammlung von Märchen und Gedichten der Juden [»Der Born Judas«, 6 Bde., 1916-23; Anm. d. Ü.]); im zwanzigsten Jahrhundert in Israel (in einem Respons von Owadia Josef und in Aaron Roths *Schomer Emunim* (»Hüter der Glauben«), einem der primitivsten Werke in der Geschichte des Judaismus). Die Langlebigkeit der Geschichte ist bemerkenswert. Es gibt noch weitere Zitate, die zu überprüfen wären, aber ich habe genug. Die wichtige bibliographische Tatsache ist, daß keine der Quellen, in denen ich die Geschichte gefunden habe, eine klassische Quelle ist. Die Geschichte von Akiba kommt in keinem Text vor, der auch nur annähernd aus Akibas Zeit stammt. Mir scheint, daß es sich um eine mittelalterliche Erfindung über eine Gestalt aus dem Altertum handelt.

Es gibt in der Geschichte interessante Variationen. (Tatsächlich so viele Variationen, daß der frustrierte Menasse ben Israel im Amsterdam des siebzehnten Jahrhunderts ausrief: »Keine Version ist wie die andere.«) In den meisten Versionen begegnet der Verdammte Rabbi Akiba, doch es gibt auch solche, in denen er einem gewissen Rabbi Smira'ah oder »einem Gelehrten« oder »einem bestimmten Rabbi« oder »einem Mann« begegnet. Einige Versionen schildern die Begegnung als reales Ereignis, andere als einen Traum. In einigen Versionen findet sie auf einem Friedhof statt, in anderen in einer feurigen Landschaft, die als eine der Stationen der Hölle identifiziert wird. In einigen Versionen besteht die Strafe des Mannes in seiner Sisyphusarbeit, in anderen verbrennt er in dem Feuer, das an sein Holz gelegt wird, und muß dann wieder von vorn anfangen. Die liturgische Pflicht, die sich daraus ergibt, besteht einigen Versionen zufolge im Kaddisch, anderen zufolge im Ruf zur Tora am Sabbat oder in der Lesung aus den prophetischen Büchern am Sabbat oder in der Leitung des Abendgebets nach dem Sabbat oder (so Bachja ben Ascher im Spanien des dreizehnten Jahrhunderts) in »einem Segensspruch, der im Gotteshaus öffentlich geäußert wird«. In einigen Versionen besteht die Schuld des Verdammten darin, daß er die Armen unterdrückte, anderen zufolge darin, daß er an Jom Kippur Geschlechtsverkehr mit einer verlobten Jungfrau hatte, oder auch, allgemeiner, in einer universalen Schlechtigkeit. (Geschlechtsverkehr mit einer verlobten Jungfrau ist ein Verbrechen, das die Rabbinen im Talmud nur den größten Übeltätern wie etwa Esau zuschreiben; die Greueltat am Sabbat der Sabbate zu verüben, verleiht der Sache jedoch einen besonderen Hauch.) Isaak Aboab gibt die verschollene Version der Legende aus dem *Midrasch Tanchuma*, einer Sammlung frühmittelalterlicher Homilien ebenfalls ungewissen Ursprungs. Es ist die Version, deren Verlust von allen spätmittelalterlichen und frühneuzeitlichen Quellen beklagt wird, und sie ist mit nahezu hundertprozentiger Gewißheit diejenige im *Machsor Vitry*, ausgenommen der folgende Zusatz: Der Verdammte bekennt sich als betrügerischer Steuereinnehmer *und* als Vergewaltiger an Jom Kippur. Im *Sohar Chadasch* stellt er sich folgendermaßen vor: »Ich bin ein schuldbeladener Jude, und es gibt keine Missetat oder Sünde in der Welt, die ich nicht begangen hätte.« Ich glaube ihm.

◇

Besonders interessant ist die Darstellung der Legende in *Tanna D'Bei Eiyahu Zuta* (»Die Lehre der Schule des Elia, kleinere Version«), einem spätantiken oder frühmittelalerlichen Werk ungewissen Ursprungs. Der Held dieser Darstellung ist nicht Rabbi Akiba, sondern Rabbi Jochanan ben Zakkai, der Gelehrte des ersten Jahrhunderts, der aus dem belagerten Jerusalem herausgeschmuggelt wurde und mit Erlaubnis der Römer am Meer eine Akademie gründete, womit er das Schicksal des Judaismus vom Schicksal Judäas löste. »Rabbi Jochanan ben Zakkai sagte: ›Einst ging ich eine Straße entlang und begegnete einem Mann, der Holz sammelte. Ich sprach ihn an, doch er antwortete nicht. Dann trat er an mich heran und sagte: »Rabbi, ich bin nicht lebendig, ich bin tot.« Ich sagte zu ihm: »Wenn du tot bist, wozu brauchest du dann Holz?« »Rabbi«, erwiderte er, »höre, was ich dir jetzt sagen werde. Als ich lebendig war, gaben mein Freund und ich uns in meiner Villa der Sünde hin, und als wir hierher [in die Gehenna] kamen, wurden wir zur Feuerstrafe verurteilt. Während ich Holz sammle, brennt er, und während er Holz sammelt, brenne ich.« Ich fragte ihn: »Und wie lang dauert eure Strafe?« Er erwiderte: »Als ich hierher kam, ließ ich meine schwangere Frau zurück. Ich weiß, daß sie mit einem Knaben schwanger ist. Ich flehe Euch an, habt ein Auge auf ihn, vom Tage seiner Geburt an, bis er fünf Jahre alt ist, und bringt ihn dann zu einem Lehrer, damit er lernt, die Schrift zu lesen. Denn sobald er sagt: ›Gelobt sei Gott, der gelobt ist!‹, wird mir die Höllenstrafe erlassen.«‹« Diese erlösenden Worte kommen im Morgen- und im Abendgebet vor. Sie ähneln den Worten des Kaddisch, aber sie sind nicht die Worte des Kaddisch. Dies ist also nicht exakt die Geschichte der Erfindung des Kaddisch. Was wir hier jedoch haben, ist die Erfindung der Fürsprache des Sohnes. Was wir hier auch haben, ist die Sünde der Sodomie. Dieser geschwärzte arme Kerl erleidet nicht die Folgen verbotener heterosexueller Lust, sondern die Folgen verbotener homosexueller Lust. »Als ich lebendig war, gaben mein Freund und ich uns in meiner Villa der Sünde hin«: Das Geständnis hat etwas von aristokratischer Dekadenz. (Das Wort für »Villa« ist das aramäische Wort *palterin*, das auch »Palast« bedeutet. In einem in der Kairoer Genisa gefundenen Text erscheint es verdreht als *ofin pat palter*, zu deutsch »Brot backen in einer Bäckerei«. Salomon Schechter bemerkte, daß dies nicht richtig sein könne – fürs Backen landet ein Jude nicht in der Hölle –, und er kam zu dem Schluß, daß das aramäische Wort eine Korrumpierung des griechischen Wortes *pederastia* sei. Mir erscheint Schechters Etymologie an den Haaren herbeigezogen. Ich habe einen anderen Vorschlag. Mit einem sehr gelehrten Freund, der vor einigen Jahren gestorben ist, erörterte ich die Geschichte der Homosexualität, und ich erinnere mich, daß er ein griechisches Ideal erwähnte, das *philetairia* genannt wurde, Kameradenliebe. *Philetairia, palter, palterin:* ich entdecke eine lasterhafte Wurzel ...)

Ein wunderschöner Morgen, ein schweres Herz. Vor einigen Monaten machte ich mir Sorgen, daß mein Leben als Trauernder mein übriges Leben beeinträchtigen könnte. Jetzt mache ich mir Sorgen, daß mein übriges Leben mein Leben als Trauernder beeinträchtigen könnte. Es wächst die Versuchung, dem Drill und der Traurigkeit nachzugeben. Ich habe die Gabe, unter freudlosen Bedingungen vergnügt zu sein, doch jetzt läßt sie mich im Stich.

Salomon Schechter war überzeugt, daß die früheste Version der Legende von Akiba und dem Verdammten, »der Ursprung all der Versionen in unserem Besitz«, im elften Jahrhundert in Tunesien erschien, im *Chibur meha-Jeschua* (»Sammlung von der Erlösung«) von Nissim ben Jakob, dem großen Gelehrten von Kairouan. Nissim verfaßte seine Sammlung von Geschichten, um einen Verwandten, der um seinen Sohn trauerte, zu trösten. In der Widmung schreibt er: »Du hast mir mitgeteilt, daß die Häretiker [gemeint sind die Moslems] ein Buch haben, das von Trost nach Kummer und Unglück handelt ... und in deinem Begehren nach den Worten der Tora hast du mich gebeten, für dich ein Werk der Tora zu diesem Thema zu verfassen, zusammengestellt aus den Legenden von unseren Weisen und Frommen, von unseren Rabbinen, so daß du keine Bücher konsultieren mußt, die unserer Tradition fremd sind.« Hat die Legende von Akiba und dem Verdammten etwa eine islamische Quelle oder eine islamische Parallele? Ich besitze die Amsterdamer Ausgabe von 1846. Die Geschichte erscheint kurz vor Schluß, fast wortgleich mit der Version im *Machsor Vitry*, mit einem, freilich interessanten Unterschied. In Nissims Version hat sich der Verdammte eines Machtmißbrauches schuldig gemacht, doch war er mächtiger als ein Steuereinnehmer: »Ich war ein reicher Mann und ein Richter, ich war einer der Honoratioren der Gemeinschaft, und ich pflegte die Reichen zu begünstigen und die Armen zu vernichten.« Dennoch hatte Schechter unrecht. Aus der späteren wissenschaftlichen Forschung geht hervor, daß die Geschichte im jüdisch-arabischen Original gar nicht vorkommt. Offenbar wurde sie von einem Herausgeber in Europa in Nissims Text eingefügt.

Ein Traum: Ich gehe auf dem Oak-Hill-Friedhof in Georgetown spazieren. Es ist Nacht. In der Nähe der kleinen Steinkapelle begegne ich einem Mann in Nadelstreifenanzug und blankgeputzten Schuhen. In beiden Händen trägt er eine Aktenmappe, wie sie Anwälte benutzen. Sein Gesicht ist rußgeschwärzt. Er bittet mich um Hilfe. Beide Aktenmappen sind mit Holz gefüllt, und er sucht jemanden, der ihm hilft, das übrige, was er gesammelt hat, zu tragen. – Meine Deutung meines Traums: Ich bin besessen von meinen Texten, und ich glaube, daß Anwälte Sünder sind.

◇

Zurück zum *Sohar Chadasch*, wo die Geschichte von Akiba und dem Verdammten zweimal erscheint. Diese Version (»eine bizarre Version!« ruft Schechter aus) enthält ein ungewöhnliches Element. Nach seinem Namen befragt, erwidert der Verdammte seinem Gesprächspartner: »Ich weiß ihn nicht, denn die zur Hölle Verdammten erinnern sich nicht ihres Namens.« Und ein paar Seiten weiter: »Ich bin ein schuldbeladener Jude, und die Wächter der Gehenna wollen mir nicht meinen Namen verraten.« Diese Neuigkeit über das Leiden des Mannes fehlt in den anderen Versionen, wo der Name des Mannes ein Anhaltspunkt ist, um seinen Sohn ausfindig zu machen. Doch in dieser Darstellung ist das Verschwinden der persönlichen Identität eine Form der Bestrafung. Namenlosigkeit ist teuflisch.

Mir fällt außerdem ein, daß die Wirkung dieser speziellen Strafe dem Stil der Namensgebung in der Welt der Rabbinen zuzuschreiben ist. Es war eine Welt der Patronyme, in der der Name eines Mannes vom Namen seines Vaters bestimmt wurde: Ruben ben Schimon, also Ruben Sohn des Simeon. Wenn du weißt, wessen Sohn du bist, weißt du, wer du bist. Daher besitzt die Qual der Anonymität eine düstere Schönheit in dieser Geschichte über die Ursprünge des Kaddisch, dieser Geschichte vom Sohn als dem Erlöser des Vaters.

Da ist noch etwas. In dieser Darstellung wird dem Erlöser-Sohn ein Name gegeben. Er wird Nahum ha-Pakuli genannt, Nahum der Pakuli. Für die Benennung wird eine Belegstelle angegeben, ein Vers aus Jesaja, der über den trunkenen Priester und den trunkenen Propheten sagt, daß sie *paku plilija*, »sie schwanken beim Rechtsprechen«. Dann erlaubt sich der Verfasser ein Wortspiel. Das hebräische Wort *paku* bedeutet »schwankten«, doch im Aramäischen hat dasselbe Wort eine andere Bedeutung: »befreiten«, »zogen heraus«, »holten heraus«. Nahum ha-Pakuli ist also der, der seinen Vater von dem Strafgericht jener Welt befreite. Oder wie wir sagen würden, der seinen Vater rausholte. Er ist Nahum der Retter. Doch sein Name Nahum bedeutet »Trost«. Nahum ha-Pakuli ist also der Tröster-Retter, derjenige, der seinen Vater tröstete, indem er ihn befreite. Ich ernenne Nahum ha-Pakuli hiermit zum Vater des Kaddisch des Trauernden. Ich werde ihm bald auf die Spur kommen.

Fiktionen sind nicht alles, was aus Fiktionen erwächst.

Was ist für mich der Unterschied zwischen Studieren und Schwelgen, zwischen Gier und Morbidität? Manchmal ist es schwer zu unterscheiden. Besessenheit kann zu allerlei dienen. Ihre Intensität verschleiert bisweilen die Tatsache, daß sie eine Methode der Isolation ist.

Das Kaddisch: Sprache, die angeblich auf die Kosmologie einwirkt.

Nach dem Dunkelwerden ein Besuch am Jefferson Memorial, um die Wucht der Melancholie abzuschwächen. Rabbi Akiba ist nirgendwo zu sehen, und Gott ist hier nur schwach vertreten, einzig durch die Religion der Vernunft, die in den Einzelheiten des Rituals nicht wählerisch ist. Ein vollkommen klarer Himmel. Ich kann den letzten Rest des abnehmenden Mondes im Tidebecken erkennen, wo sein Spiegelbild sanft auf den Rippelwellen tanzt, die ein schwacher Windhauch hervorruft. Der Platz ist still und offen. Ein paar leise Worte zu einem Freund, ein paar Seufzer von einem Ort, der weit von der Vernunft entfernt ist, ein paar Minuten des Wohlgefühls.

◇

Ich finde, daß die Legende von Rabbi Akiba und dem Verdammten etwas Abstoßendes hat. Sie beruht auf der Verworfenheit des Vaters, den man ehren soll. Mein Vater war ein ziemlich guter Mensch, und ich habe eigentlich keine Lust, ihn dieser düsteren, pessimistischen Kosmologie auszuliefern. Die Pflicht, Kaddisch zu sagen, dauert jedenfalls elf Monate und nicht zwölf, weil die Rabbinen die Verstorbenen ausdrücklich von dem rabbinischen Urteil ausnehmen wollten, daß die Bösen ihre Strafe in den zwölf Monaten nach ihrem Tod empfangen. (Nach einem Jahr der Qual finden sie Erlösung: »Und nach zwölf Monaten ist ihr Leib nicht mehr, und ihre Seele ist in Flammen erloschen, und ein Wind verweht sie unter den Füßen der Gerechten.«)

Ich war in gereizter, mürrischer Stimmung, als ich heute morgen mit meinen Texten ins Teehaus kam, doch die Stimmung wurde von Menasse ben Israel vertrieben. In seinem 1651 verfaßten *Nischmat Chajim* (»Die Seele des Lebens«), einem mit dem Neuplatonismus liebäugelnden theologischen Werk, das die Unsterblichkeit der Seele beweisen soll, erörtert Menasse auch das Kaddisch, und in seiner Erörterung entdeckte ich, daß mein Vorbehalt gegen das Kaddisch, mein Gefühl, daß es meinen Vater ebenso beleidigt, wie es ihn ehrt, von keinem anderen vorweggenommen wurde als Isaak Luria, dem mystischen Meister des sechzehnten Jahrhunderts. »Die Macht des Kaddisch ist so groß«, schreibt Menasse, daß »Rabbi Isaak Aschkenasi [Luria] schrieb, daß es gut ist, es auch an Sabbaten und Feiertagen und Neumondstagen zu rezitieren, weil sein Zweck nicht nur ist, [die Seele des Toten] vor der Gehenna zu retten, sondern auch, sie vom unteren Eden Stufe um Stufe immer höher aufsteigen zu lassen.« Menasse zitiert auch ein Werk, von dem ich nie gehört habe, das das Kaddisch (jenes, das alljährlich am Jahrestag des Todes eines Elternteils rezitiert wird) gegen den Einwand verteidigt, es unterstelle dem Verstorbenen Gottlosigkeit, insofern es impliziert, daß der Verstorbene lange nach Ablauf der zwölf Monate des Gerichts, Jahr um Jahr, Jahrestag um Jahrestag, noch immer in der Hölle schmachtet. Das Kaddisch ist nicht nur eine Zuflucht für die Bösen, behauptet dieser Verfasser, sondern außerdem »läßt es den Gerechten von Stufe zu Stufe aufsteigen ... und jeder dieser Aufstiege wird beschrieben als ein Abschied von der Welt, aus der er kam«.

Menasse ist in seiner Analyse des Kaddisch ein Optimist. Er glaubt an die Macht der Überredungskunst. Das ist wohl nicht erstaunlich. Er war derjenige, der Cromwell ersuchte, die Juden wieder nach England zu lassen.

Ich bin Lurias Interpretation des Kaddisch des Trauernden bis zu ihrer Quelle nachgegangen. Sie wurde von seinem Gehilfen Chajim Vital aufgezeichnet, der den mehr oder weniger kanonischen Korpus der lurianischen Lehren in einem umfangreichen Werk mit dem Titel *Ez ha-Chajim* (»Der Baum des Lebens«) festlegte. Dieses Werk besteht aus einer Reihe von »Toren«, die von verschiedenen mystischen Lehren handeln, und Lurias Bemerkung erscheint in dem Tor, das die Kunst des mystischen Gebets behandelt, innerhalb einer ausführlichen Analyse der verborgenen »Intentionen« des Kaddisch, auf die man sich während seiner Rezitation innerlich konzentrieren muß. Diese Intentionen oder esoterischen Bedeutungen werden bestimmt von einer gründlichen, verwickelten Analyse der in dem Gebet enthaltenen Buchstaben, ihrer Anordnungen und Zusammenhänge. Ich gestehe, daß ich dieses System der Meditation immer ermüdend gefunden habe. Es ist eine überladene, unverständliche Ablenkung vom schlichten Sinn der Liturgie, der schon hinreichend geheimnisvoll ist. Doch Chajim unterbricht diese theosophische Pedanterie, um zu bezeugen, wie sein Meister das Kaddisch des Trauernden handhabte: Luria »rezitierte das Kaddisch gemäß dem spanischen Ritus und nicht gemäß dem Ritus der arabischen Länder, der um fremde Zusätze vermehrt war«, und er rezitierte es alljährlich – morgens, nachmittags und abends – am Jahrestag des Todes seines Vaters. Chajim gibt auch die von Menasse zitierte Meinung über das Kaddisch des Trauernden wieder (Menasse fand sie in Chajims Buch), aber etwas ausführlicher. Die Ansicht, daß das Kaddisch die Toten vor der Hölle bewahre, bezeichnet Luria als »die Meinung der Massen«. Sie ist, mit einem Wort, vulgär. Nach der vornehmen Auffassung des Kaddisch des Trauernden läßt das Gebet dagegen die Toten zum Himmel aufsteigen. Ist es vornehm, zu glauben, daß dieses Gebet meinen Vater in den Himmel bringt? Ich weiß es nicht. Ich weiß jedoch, daß es vulgär ist, zu glauben, daß es ihn aus der Hölle herausholt.

Verglichen mit der Idee des Himmels läßt die Idee der Hölle den Menschen gröber werden. Der Himmel ist keine Phantasievorstellung der Grausamkeit. Eine Phantasievorstellung wie der Himmel ist geeignet, den Menschen zu verfeinern.

Manche Unterschiede zwischen einzelnen Menschen und ganzen Gesellschaften lassen sich darauf zurückführen, daß bestimmte Fiktionen veredelnder wirken als andere.

Als ich heute abend bei der Schul ankomme, ist sie von Polizisten umgeben. Sie haben vor einigen Stunden einen Mann festgenommen, und er warf eine Waffe aus dem Fenster seines Wagens, nach der sie jetzt suchen. Doch genug der Aufregung, jetzt ist die Zeit, um dem Herrn zu dienen. Als wir gerade mit den Gebeten beginnen wollen, schlendern zwei Chassidim herein. Sie sind von echtem Schrot und Korn: schwerer schwarzer Kaftan, schwarzer samtener Hut, der eine schwarze samtene Jarmulke enthüllt, die einen geschorenen Kopf enthüllt, lange, kunstvoll gelockte Schläfenlocken, alles, was dazugehört. »Bullen«, sage ich kichernd zu meinem Nachbarn, »Undercover-Bullen.« Und dazu fällt ihm eine Geschichte ein. Ein Polizist, mit dem er befreundet ist, erzählte ihm einmal, wie ein paar Bullen, als Chassidim verkleidet, in einer Brooklyner Schul am Sabbat ermittelten. Offenbar waren sie nicht über die Sabbatgesetze und die Länge der Sabbatgebete informiert worden. Einer von ihnen wurde ungeduldig und zündete sich eine Zigarette an, was am Ruhetag streng verboten ist, aber er stand da, mit seinem Hut und Bart, und paffte drauflos. Von der Heftigkeit, mit der die Bürger reagierten, soll der arme bärtige Bulle sehr überrascht gewesen sein.

Heute morgen habe ich verschlafen. Es war ein eigenartiges Gefühl, den Tag ohne Gebet und Studium zu beginnen. Aber auch ein herrliches Gefühl. Ein wenig Ruhe in einem ruhelosen Jahr.

Rabbi Akiba zufolge gibt es »fünf Dinge, die zwölf Monate währen«: das Strafgericht der Sintflut, das Strafgericht an Hiob, das Strafgericht an den Ägyptern, das Strafgericht an Gog und Magog in der Zukunft, das Strafgericht der Bösen in der Gehenna. Was haben diese fünf Jahre des Strafgerichts miteinander gemein? Das Leid, das als Läuterung gedeutet wird. Für mich war die Verknüpfung zwischen Leid und Läuterung immer eine unzweifelhafte Sache. Allerdings erinnere ich mich an ein Gespräch auf dem College, in dem es um Nietzsche ging und ein Philosophieprofessor bemerkte, es sei Unsinn, die Wahrheit mit Leiden in Verbindung zu bringen, die Wahrheit sei gleichgültig gegen Glück und Unglück, sie sei dem Glücklichen wie dem Unglücklichen gleichermaßen zugänglich oder unzugänglich. Ich war schockiert. Sich vorzustellen, daß Leiden sinnlos ist, tut weh.

◇

Heute abend beginnt der metaphysisch heiße Monat Elul, auf den Rosch ha-Schana und die Zeit des Strafgerichts folgen. Und der Rabbiner zog es vor, über Definitionen des Eigentums zu predigen, wie sie von dem Fall eines Juden aufgeworfen werden, der einem Nichtjuden für den Sabbat seinen Ochsen ausborgt! Kein Wort über Sünde und Sühne. Nur zivilrechtliche Delikte, harmlose zivilrechtliche Delikte.

Im *Kol Bo* die schlechte und die gute Nachricht. Die schlechte Nachricht: »Zwölf Monate lang steigt die Seele auf und fällt.« Die gute Nachricht: »Nach zwölf Monaten steig die Seele auf und fällt nicht.«

Die Bücher auf meinem Schreibtisch sind wie meine Pfingstrosen. Ich freue mich an ihrem Anblick, wenn sie geschlossen sind und ihr Versprechen in sich bergen, und dann freue ich mich an dem Anblick, wie sie aufgehen und die Fülle ausbreiten, die ich von ihnen erwarte.

Der erste Tag des Monats Elul. Es beginnt die Zeit, da man in sich geht. Die Betrachtung meiner eigenen Sünden, eine freudlose und unsystematische Sache, wird mich dieses Jahr erlösen von der Betrachtung der Sünden meines Vaters, die ich – eine Verpflichtung des Kaddisch – zu betrachten habe. Neulich las ich, während ich auf den Beginn der Gebete wartete, die folgende Stelle im Talmud: »Der Schule Schammais zufolge gibt es am Tag des Jüngsten Gerichts drei Klassen: die vollkommen Gerechten, die vollkommen Bösen und die Durchschnittlichen. Die vollkommen Gerechten werden sofort eingeschrieben und versiegelt für das ewige Leben. Die vollkommen Bösen werden sofort eingeschrieben und versiegelt für die Gehenna. Die Durchschnittlichen steigen hinab in die Gehenna und heulen und steigen auf.« (Raschi voller Mitleid über das Wort »heulen«: »Sie schreien und jammern eine Stunde lang und steigen dann auf.«) Ich habe diese Stelle schon oft gelesen und immer mit meinem Schicksal assoziiert. Diesmal nicht. Jetzt stelle ich mir vor, wie *sein* Heulen klingt.

Über die Eschatologie der Durchschnittlichen ist die Schule Hillels anderer Meinung als die Schule Schammais. Die Schule Hillels leugnet, daß gewöhnliche Menschen mit der Hölle Bekanntschaft machen, und behauptet statt dessen: »Er, der voller Güte ist, läßt [die Waagschale] zur Güte neigen.« Diese Begnadigung für das gemeine Volk wird auf eine Reihe von Belegstellen gestützt. Mir fällt auf, daß die Diskussion im Talmud von Hillels Neigung zur Barmherzigkeit und nicht von Schammais Neigung zur Gerechtigkeit ausgelöst wird. Die Neigung zur Gerechtigkeit bedarf keiner Erklärung. Sie ist völlig im Einklang mit dem System von Lohn und Strafe. Doch die Neigung zur Barmherzigkeit durchkreuzt das ganze System. Dafür, daß Gott uns vor den Folgen unseres Tuns bewahrt, müssen Erklärungen gefunden werden. (Wohltuende Erklärungen.)

Als ich letzte Nacht nicht schlafen konnte, nutzte ich die gewonnene Zeit. Ich setzte mich an den Schreibtisch und blätterte hier und da, bis ich auf einen alten Kommentar zu einem der berühmtesten Ausrufe des Psalmisten stieß: »Mein Gott, mein Gott, warum hast du mich verlassen?« Die Rabbinen sagten, hier gehe es nicht um Gottes Maß der Gerechtigkeit, sondern um Gottes Maß der Barmherzigkeit. Denn »es ist sinnlos, vom Maß der Gerechtigkeit zu fragen, warum es einen verlassen hat«. Gerechtigkeit besteht aus Objektivität und Notwendigkeit; sie ist eine fühllose Maschine von Rechtsfolgen. Die Gerechtigkeit aufzuheben hieße, die moralische Struktur der Welt aufzuheben. Mit der Barmherzigkeit ist es etwas anderes. Sie ist eine nicht durch Überredung herbeigeführte Wohltat, eine Einmischung von Zuneigung in die Zusammenhänge von Ursache und Wirkung, so wie man einen Stock in ein sich drehendes Rad steckt, um es anzuhalten. Der Unterschied zwischen Gerechtigkeit und Barmherzigkeit ist der Unterschied zwischen Logik und Gnade. Ich machte das Buch zu, ich ging wieder ins Bett, ich schlief.

Wir tun Böses, daher muß es Barmherzigkeit geben. Doch werden wir Gutes tun, wenn es Barmherzigkeit gibt? Die Gewißheit hinsichtlich der Güte Gottes verfälscht wahrscheinlich manches. Sie verringert die Anspannung, die für die Tugend nötig ist. Man denke an Heines Bemerkung, mit der er, ohne es zu wissen, Hillel glossierte: »Dieu me pardonnera. C'est son métier.«

Barmherzigkeit ist nicht Gnade, da sie Reste menschlicher Verantwortlichkeit bewahrt. Insofern ist Barmherzigkeit weniger als Gnade, und zugleich ist sie mehr.

Heute war ich unlenksam.

Zu den Lehren der Alten über Himmel und Hölle macht Menasse ben Israel folgende polemische Bemerkung: »Man beachte bitte, daß andere Orte [außer dem Garten Eden und der Gehenna] nicht erwähnt werden, wie sie die Weisen der Nationen erwähnen, die sie limbo und purgatorio nennen.« Es gibt daher im Judaismus keinen Aufschub für die toten Seelen, kein suspendiertes Schicksal. Außer daß die Gehenna in Menasses Darstellung – ja sogar in der ganzen rabbinischen Geschichte von dem Jahr in der Unterwelt – entschieden wie ein Fegefeuer zu funktionieren scheint. Sie ist die erste Station der Seele, wo es zu einer Reinigung kommt. Denn »die Seele kann sich nicht von ihrem Schmutz reinigen«, schreibt Menasse, »außer in der Gehenna«, und so bleibt praktisch niemandem ein Besuch erspart. »Es gibt Gerechte, die es verdienen, das Schicksal der Bösen ein- oder zweimal zu erleben ... Sie verweilen nicht in der Hölle, sie hasten hindurch.«

◇

Glaube ich wirklich an diese Geschichten von den Seelen der Toten, die absteigen und aufsteigen, diese Pornographie von Lohn und Strafe? Ich habe keinen Beweis dafür, daß auch nur ein Wort davon wahr ist. Und für die Ausrede, daß es gefühlsmäßig wahr sei, habe ich nichts übrig; Wahrheit ist kein Gefühl. Dennoch sind diese eschatologischen Erfindungen sinnvoll insofern, als sie mich zwingen, das Leben meines Vaters als ein Ganzes zu betrachten, das Körperliche und das Unkörperliche; und die Flüchtigkeit all dieser Todesbilder paßt zu diesen Wochen und Monaten, zu dem gestörten Gleichgewicht meiner Situation. Und hinter dem Abstoßenden dieser rabbinischen Halluzinationen erkenne ich ihre Anständigkeit. Sie sind die grotesken Auswüchse des Gewissens.

Kann die Furcht einen zum guten Menschen machen?

Ermutigende Worte von Kant: »überdem ein alltäglicher Schein doch nicht soviel Stoff zu neuen Bemerkungen gibt, als ein befremdlicher und sinnreich ausgedachter.« So etwas brauche ich, ein vom Glauben abgefallener Mensch, der auf einmal zum Glauben zurückfindet.

In diesem Jahr werde ich die Freuden der Wiederaufnahme kennenlernen.

Es war ein strahlender Morgen, und ich begab mich auf einen kurzen Spaziergang unter dem weißen Himmel in den kleinen Park am Rande von Georgetown, wo ich zuschaute, wie die Hunde sich tummelten. Meine Begeisterung für all diese eschatologischen Visionen ist mir unheimlich. Ich bin kein Visionär.

Ich betrachte die Visionen lieber als philosophische Fabeln. Heute kam ich zum Beispiel darauf, daß die rabbinischen Lehren vom Tod und dem Leben nach dem Tode jegliche Vorstellung von Prädestination unterlaufen. Dadurch bewahren sie dem ethischen Leben die notwendige Bodenhaftung. Ohne all diese posthumen Prüfungen wären Lohn und Strafe etwas völlig Mechanisches: das Gute steigt auf, das Schlechte steigt ab, und das alles mit einer monströsen Unerbittlichkeit. Doch das Gute und das Schlechte kommen fast nie unvermischt vor, denn das Herz ist begierig, und der Wille ist frei. Es ist die Komplexität des Menschen, der der Mythos vom Strafgericht [Gottes] Rechnung trägt.

Und die Prüfung der Seele in den zwölf Monaten nach dem Tod des Körpers? Ich will diese Legende vom göttlichen Strafgericht nicht als Allegorie für den Mangel an Klarheit in den meisten moralischen Abrechnungen verstehen. In der Ungewißheit des Ausgangs steckt die Möglichkeit eines gerechten Urteils. Jede menschliche Geschichte hat nämlich zwei Seiten. Man muß Komplikationen berücksichtigen, mildernde Umstände einbeziehen und Zeugenaussagen einholen.

Agnon zitierte in seiner Kompilation rabbinischer Texte über die Furchtbaren Tage folgendes von Chajim Josef David Azulai, einem der interessantesten Gelehrten des achtzehnten Jahrhunderts: »Mancherorts ist es Brauch, daß der Totengräber während des gesamten Monats nach den Abendgebeten ausruft: ›Kehrt zurück, ungeratene Söhne!‹«

– Kehrt zurück, ungeratene Söhne!
– Aber ich bin doch da.

Ich bin ungeraten, aber ich bin da.

Die moderne Philosophie ist überzeugt, sie habe die Unterscheidung von Leib und Seele längst abgeschafft und durch verschiedene Materialismen ersetzt. Das Gehirn, die Tatsachen der Macht, die Gene, die Regeln des allgemeinen Handelns – das sind jetzt die Schlüssel zum Reich. Als ich vor Jahren in Oxford Ryle las, war ich selbst fasziniert vom Sturz der Seele. »Der Geist in der Maschine« – Ryles spöttische Beschreibung der idealistischen Erklärung menschlichen Verhaltens brachte mich in Verlegenheit. Doch jetzt bin ich nicht mehr in Verlegenheit. Nicht, daß ich die philosophische Arbeit geleistet hätte, derer es bedarf, um den Geist angemessen zu verteidigen. Vielmehr macht mir meine Alltagserfahrung klar, daß menschliches Verhalten nicht vollständig aus sich heraus beziehungsweise mit dem Physischen oder dem Pragmatischen zu erklären ist. Etwas am menschlichen Verhalten überlebt das Physische – nicht im Himmel oder in der Hölle, sondern im Verstehen. Darin sehe ich das analytische Leben nach dem Tod, und ohne das analytische Leben nach dem Tod vermag ich den Mut und die Großmütigkeit und die Verzweiflung, die ich erlebt habe, nicht zu erklären. Mein Vater erkrankte und starb, als sein Körper ihn im Stich ließ, doch die Art, wie er starb – der Widerstand, den er seiner Krankheit entgegensetzte, und dann die Entscheidung, die er traf (ich bin sicher, daß er ein, zwei Tage, bevor er starb, eine solche Entscheidung getroffen hat), seinen Weg aus dieser Welt anzutreten –, läßt sich nicht auf seinen Körper und dessen Nierenbefindlichkeiten zurückführen. Das Sterben meines Vaters war nicht das Sterben eines rein materiellen Wesens. Als er starb, verloren wir seinen Geist in der Maschine.

Wenn ein Mensch beschließt, sein Leben zu beenden oder es für andere zu opfern, handelt er nicht bloß nach den Regeln der Lebensbeendigung und den Konventionen der Lebensopferung. Der Pragmatismus ist eine so armselige Theorie. Was sind das überhaupt für Regeln und Konventionen? Und so ist es mit allem, was das Leben übersteigt. Es gibt so viele Fragen, auf die die Pragmatisten keine Antwort haben. Die Wandlung eines Menschen ist keine »Handlung«. Es gibt Veränderungen, für die wir keine Regeln und Konventionen besitzen. Deshalb fürchten und ehren wir sie; sie sind Leistungen, für welche die Erfahrung keine Anleitung gegeben haben kann.

Der Glaube an den Unterschied von Geist und Materie ist nicht bloß ein Glaube. Die Beziehungen zwischen beiden mögen kompliziert sein. Die Materie ist nicht durchgängig tot. Und nicht alle mentalen Prozesse sind spirituelle Prozesse. Wie der Körper, so kann auch die Seele sich gleichzeitig in viele Richtungen ausdehnen oder ihren eigenen Bewegungen im Wege stehen. Der Dualismus entfaltet sich.

Ich hasse die gönnerhafte Art des Materialisten. Er hat es einfach. Intellektuell gesehen ist der Materialist unterbeschäftigt.

Kann die Furcht einen zum guten Menschen machen? Absolut, sagt die jüdische Tradition, und so lassen wir während dieses ganzen Monats jeden Morgen den Schofar erklingen. Der Klang soll die, die ihn hören, zur Reue aufrütteln. Reue ist nicht meine starke Seite, doch das Blasen am frühen Morgen hilft entschieden, mich zu sammeln.

Als ich das Haus verließ, um zur Schul zu fahren, fand der Mann, der sich um das Gebäude kümmert, im Garten eine Waffe.

Heute nachmittag kam mir eine andere Idee zum Kaddisch. Ist die Erlösung, der Schutz des toten Vaters durch den Sohn nicht eine Allegorie für die Macht der Gegenwart über die Vergangenheit? Denn die Vergangenheit ist der Gegenwart auf Gedeih und Verderb ausgeliefert. Die Gegenwart kann die Vergangenheit zur Vergessenheit oder Unbekanntheit verdammen. Was immer der Vergangenheit widerfährt, es widerfährt ihr posthum. Und so ist die Saga der Familie auch die Saga der Tradition. Einer Familie angehören heißt, die Vergangenheit zu verwalten.

Mich reizt der Gedanke, daß die Hölle eine Geschichte hat. Man hat mir beigebracht, die Vergangenheit zu ehren. Vielleicht muß ich sie auch bedauern.

Das Leben der Toten – eine idiotische Vorstellung. Außerdem das Geheimnis der Zivilisation.

Insofern die Zivilisation eine Kommunion mit der Vergangenheit ist und etwas Abwesendes als gegenwärtig betrachtet, ist sie Mystizismus.

Hätten die Materialisten recht, wäre Tradition unmöglich.

◇

Im Monat Elul ist es Brauch, den Friedhof aufzusuchen, und so werden wir zum Grab meines Vaters fahren. Und dies wird der erste Elul sein, in dem wir ein Grab zu besuchen haben. Ich meine, historisch. Meine Großeltern und meine Tanten und meine Onkel liegen in einer Schlucht in Galizien begraben, zusammen mit all den anderen Juden, die an jenem abscheulichen Tag in jenem abscheulichen Monat jenes abscheulichen Jahres von den Deutschen ermordet wurden. Niemand in unserer Familie wurde, wie die Rabbiner in Amerika sagen, zur Ruhe gebettet. (Außer den Eltern meines Vaters, die im Sommer 1940 in ihren eigenen Betten starben. Ihr Tod war ihre Belohnung.) Für meine Mutter ist das eine unverheilte Wunde. Elul erinnert sie daran, daß ihr Schicksal und das ihres Mannes ein anderes war als das der Juden, unter denen sie Zuflucht fand. Mit unausgesprochener Bitterkeit beobachteten meine Eltern, wie ihre Freunde und Nachbarn in den Wochen vor Rosch ha-Schana zu den Friedhöfen auf Long Island fuhren, im natürlichen Rhythmus der Generationen. Es ist, denke ich, kein Wunder, daß die Trauer meiner Mutter um meinen Vater zu einer Art Super-Trauer wurde, einem umfassenden Kummer, in dem sie endlich die Pflichten einer Trauernden nicht nur für ihren Mann, sondern auch für ihren Vater und ihre Mutter und ihren Bruder erfüllen konnte. Der große Trauerfall wurde nicht länger hinausgeschoben. Wir werden, wie er es verlangt hat, auf dem Grabstein meines Vaters die Namen seines Bruders und seiner Schwester eintragen, die den Märtyrertod gestorben sind; und meine Mutter hat verlangt, ihrer Familie gleichfalls diese bleibende Gefälligkeit zu erweisen. Hier haben wir wieder eine dieser infernalischen Umkehrungen, die auf einige der Kinder Israel und deren Kinder warten: Wir werden ein Grab mit Freude begrüßen.

In Manhattan sind am Freitagabend nur wenige Männer in der Schul. Ich gerate in ein nervtötendes Geplänkel, das ich nicht ertrage. (Bisweilen ist die Schul das letzte Bollwerk des Judaismus gegen die Religion.) Ich sage mein Kaddisch und nehme Reißaus. Am Samstagmorgen kommt es noch schlimmer. Da ich dasselbe nicht noch einmal erleben möchte, fahre ich ein paar Häuserblöcke weiter nach Norden, zu einer egalitären Gemeinde, wo ich gewöhnlich auf Freunde treffe. Ich bin vorzeitig da. An der entsprechenden Stelle im Morgengottesdienst erhebe ich mich, um das Kaddisch zu sagen. Ich Blödmann! Hier ist kein Kaddisch vorgesehen. Die fortschrittlichen Männer und Frauen dieser Gemeinde haben die Liturgie modernisiert und das Kaddisch weggelassen. Gleich erkundige ich mich bei einem Freund, ob das Kaddisch, das im weiteren Verlauf des Gottesdienstes vorkommt, nicht auch gestrichen wurde. Meine Erkundigung scheint ihm ein bißchen lästig zu sein, aber er versichert mir, daß mein Moment kommen werde. Bald darauf erhebt sich ein junger Mann, um die Predigt zu halten. »Ich möchte die Toralesung dieser Woche im Lichte eines Artikels diskutieren, der diese Woche in *Jewish Week* erschienen ist«, sagt er. »Man muß«, bemerkt der junge Mann, »unterscheiden zwischen dem, was die Tora verlangt, und dem, was die Republikanische Partei verlangt. Wie heißt es doch im *Sefer Jezira* ...« Und so weiter. Ich frage mich, ob der junge Mann auch unterscheidet zwischen dem, was die Tora verlangt, und dem, was die Demokratische Partei verlangt. Doch es ist nicht die politische Ausrichtung dieser Gemeinde, an der ich mich stoße. *Sefer Jezira* (»Das Buch der Schöpfung«) ist ein altes Werk der jüdischen Mystik und eines der unverständlichsten Werke der jüdischen Tradition, und ich bin ganz sicher, daß der junge Mann am Pult sich in diesem Werk nicht zurechtfände, wenn sein Leben davon abhinge. Was ich aber eigentlich wissen möchte, ist, warum genau das Kaddisch gestrichen wurde. Sicher nicht wegen des Egalitarismus. Ich bin auch der Meinung, daß jüdische Frauen von ihrer Religion rechtlich und rituell den Männern gleichgestellt werden sollten, und es ist, denke ich, nur eine Frage der Zeit, bis sie Genugtuung erhalten. Doch wenn sie sich an den frauenfeindlichen Elementen der Tradition zu schaffen machen, gibt ihnen das auch ein Recht, sich an den anderen Elementen der Tradition zu vergreifen? Wieso geht der Egalitarismus so oft einher mit einem allgemeinen Nachlässigwerden? Und wieso ist es den ehrbaren Frauen dieser Gemeinde nicht peinlich, daß sie ihre Aufnahme durch eine Lockerung der Maßstäbe erreicht haben? Doch ich habe noch ein Kaddisch zu sagen, und so halte ich durch. Der Rest des Gottesdienstes ist nicht viel mehr als die Religion des Singens, ein pseudo-chassidisches Gejohle. Ich kann es kaum erwarten, bis ich für meinen Vater beten und gehen kann. Wenn ich mich schon entfremden muß, dann wenigstens von der richtigen Religion.

In dem Testament, das der Gaon von Wilna seiner Familie hinterließ, als er ins Heilige Land aufbrach – er brach irgendwann vor 1873 auf, aber er schaffte es nie und starb 1897 in Wilna –, wies er sie warnend darauf hin, daß »es besser ist, zu Hause zu beten, denn im Gotteshaus kommt man nicht umhin, leere Worte und Verleumdungen zu hören«. Richtig. Banalität ist heiligen Gefühlen feind. Aber was tun? Der Gaon schlägt etwas vor, das in der jüdischen Tradition ganz und gar unerhört ist: »Die beste Garantie ist, daß man, Gott behüte!, nie die Schwelle überschreitet, daß man sein Haus nie verläßt.«

Ich gestehe: Nach Freitagabend und Samstagmorgen habe ich mir Samstagabend freigenommen. Doch am Sonntagmorgen war in der Schul alles bestens. Eine erfrischende, geschäftsmäßige Effizienz. Das Klappern der Holzkästen mit den Gebetsriemen. Die kraftvolle Anbetung des Herrn. Unter uns, in Dunkelheit gehüllt, war das Allerheiligste. Ein Lichtstrahl fiel über die rote Altardecke und auf den Fuß einer Marmorsäule, wo die welkenden Blumen in ihrem düsteren Verfall nach dem Sabbat aufgeschreckt wurden. Wie ich eine leere Schul liebe! Sie ist das Gegenteil einer verfallenen Schul. Sie ist ein Haus der Verheißung.

◇

An einem strahlenden Montagmorgen fahren meine Mutter, meine Schwester und ich zum Friedhof. Mein Vater liegt in unserem Familiengrab am entlegenen Ende eines stillen Friedhofs in Elmont. Wir stehen schweigend vor dem schmucklosen Grab. Das Lärmen der Zikaden ist allgegenwärtig. Meine Mutter und meine Schwester lesen leise die traditionellen Gebete. (»Friede sei mit dir, mein Mann und Ehemann. Du warst das Fundament meines Hauses und die Freude meiner Wohnung. Du warst das Licht in meiner Dunkelheit. Doch nun ist meine Sonne versunken, und ich bin zurückgeblieben, allein und mittellos …« »Im Dunkel dieses Grabes ruht der Leib meines Vaters. Alle Schätze, die mir aus alter Zeit zuteil wurden, liegen hier begraben … Wehe! Ich habe meinen kostbarsten Besitz verloren. Solange du unter uns warst, habe ich seinen Wert nicht erkannt, habe ich ihn nicht geliebt und geehrt, wie er es verdiente. Ich wollte seine züchtigenden Worte nicht hören. Doch ich sündigte, und hier, auf diesem geheiligten Boden, will ich meine Sünden bekennen …«) Es ist ein schwer zu ertragender Anblick, wie meine Mutter und meine Schwester da in der Sonne stehen, flüsternd und schluchzend. Dann rezitiere ich das Gedenkgebet für meinen Vater, bei dem mir fast die Stimme versagt. Ich habe den überwältigenden Eindruck, daß wir nicht zu dritt sind, sondern zu viert. Wir sind zusammen, auch wenn einer von uns in der Erde liegt. Ich dachte wieder an das Floß. Während meiner Kindheit war meine Vorstellung von meiner Familie von einer einzigen Metapher bestimmt: wir waren zu viert auf einem Floß. Das Floß war mir in meinen jungen Jahren fast immer gegenwärtig. Zweifellos ging das Bild auf die Dinge zurück, die ich über die Not- und Fluchterlebnisse meiner Eltern gehört hatte. Es befriedigte mein Empfinden, daß wir umhergeworfen wurden und ungeschützt waren, daß wir aber auch unauflöslich vereint waren, daß wir von den anderen, die uns umgaben, getrennt waren durch die rauhe See der Erinnerung, daß wir alles waren, was wir besaßen. Diese Vorstellungen wirkten sich auf meine Bindung an die Welt unterschiedlich aus. Ich weiß heute, daß es ein Fehler wäre zu glauben, daß die Familie alles ist, was es gibt. Doch am Grab meines Vaters denke ich: Dies ist nicht alles, was es gibt, aber es ist alles, was es *hiervon* gibt. Wir verweilen ein wenig an diesem Ort. Sein heiterer Friede ist meiner Mutter sichtlich angenehm. Endlich hat sie, was sie sich immer wünschte, für sich und ihre Familie: Riten.

Heute abend in der Schul meines Vaters in Brooklyn. Alte Männer, geführt von jungen Männern, die um alte Männer trauern. Heute berühren mich die Gemeinplätze, die sie austauschen. (»Du betest so oft darum, alt zu werden, doch du solltest darum beten, gesund zu bleiben ...«) Anschließend gehe ich an der Sheepshead Bay entlang heim, um den Druck des Tages loszuwerden. Dreißig Jahre lang bin ich diese Meile mit meinem Vater gegangen. Die Neonlichter auf der anderen Seite der Bucht werfen grelle Farben auf das Wasser. Russische Häuser mit Wachhunden, russische Männer beim Angeln, russische Liebespaare, russische Jugendliche, die in einem alten Cadillac Drogen nehmen. Eine Familie züchtig gewandeter Moslems auf einem Spaziergang. Ich frage mich, ob diese Leute an dieser Umgebung leiden, wie ich an ihr gelitten habe. In meinem Fall zeigt sich allerdings, daß das Leiden ein Geschenk meiner Umgebung für mich war. Es war diese Enge, die mich von hier forttrieb. Und auf dem ganzen Weg die Bucht entlang sah ich heute abend die Beengtheiten einer anderen Zeit. Ein Ort gehört denen, die mit ihm etwas anfangen können.

Ich nahm das Gebetbuch *Ma'ane Laschon* (»Die Responsen der Zunge«) mit auf den Friedhof. Es ist ein merkwürdiges Buch. Es gilt als weitschweifig, und zu Recht. Das »Gebet, am Grab des Vaters zu rezitieren«, ist ein Wortstrom, der sich über Seiten ergießt. Voraussetzung dieser Gebete ist ein Grauen vor der Stille. Sie sollen dafür sorgen, daß der Trauernde unablässig redet. Nur keine Leere, jedenfalls nicht auf dem Friedhof. Auf der Titelseite der Ausgabe, die ich bei mir trage, heißt es, diese »Gedenkgebete und Meditationen« seien »mit vielen originalen Zusätzen übersetzt [worden] von Prof. G. Selikovitch«. Nach dem Schriftbild und dem jiddischen Inhaltsverzeichnis zu urteilen, muß dieses Buch irgendwann im zweiten oder dritten Jahrzehnt unseres Jahrhunderts entstanden sein. Doch wer war dieser gar nicht wortkarge Professor, der sich so in den Vordergrund drängt? Aus einem Lexikon erfahre ich, daß Getzel Selikovitch ein litauischer Jude war, der in Paris Ägyptologie studierte, bei der Expedition zur Befreiung Gordons in Khartum als Kitcheners Dolmetscher fungierte, buddhistische Texte unter dem Titel *Torat Buddha* ins Hebräische übersetzte, einen Teil des ägyptischen *Totenbuches* ins Hebräische übersetzte, ein arabisch-jiddisches Lehrbuch verfaßte (ein utopisches Buch, wenn es je eines gegeben hat) und schließlich zu einem prominenten jiddischen Journalisten in New York wurde, wo er 1926 starb. Hier stand ich also, mit Kitchener in Long Island! (Eines kann man den Vertreibungen und freiwilligen Ortsveränderungen der modernen jüdischen Geschichte jedenfalls nicht absprechen: sie haben Biographien hervorgebracht.)

Zurück in Washington, spreche ich mit meiner Mutter am Telefon über unsere Wallfahrt nach Elmont. Sie sagt, sie habe beim Besuch des Grabes meines Vaters »Zorn, wachsenden Zorn« über das empfunden, was ihrer Familie und ihrem Volk in Polen angetan wurde. Sie gesteht, daß sie Friedhöfe jahrelang gemieden habe, daß sie ihre Pflicht, die Gräber von Cousins in Long Island zu besuchen, versäumt habe, weil sie nicht wollte, daß dieser Zorn sich entlädt. »Nicht, weil sie tot sind, sondern weil sie kein anständiges Ende fanden.« Ich kann ihr nicht sagen, sie solle sich mit dem, was geschehen ist, abfinden, ihren Frieden damit machen, das Gericht rechtfertigen. »Gelobt seist Du, o Herr unser Gott, König der Welt, der euch gerecht erschaffen hat, der euch gerecht ernährt und erhalten hat, der gerecht den Tod über euch gebracht hat, der gerecht weiß, wie viele ihr seid, und der euch gerecht ins Leben zurückrufen wird. Gelobt seist Du, o Herr unser Gott, der die Toten wieder lebendig macht.« Dies ist der Segensspruch, den man beim Betreten eines Friedhofes sagt. Er richtet sich an die Toten, als wolle er ihnen eine Analyse dessen liefern, was ihnen widerfahren ist. Ich sehe allerdings keine Möglichkeit, eine solche Analyse an die toten Angehörigen meiner Mutter zu richten. Ich sehe bei ihnen keine Möglichkeit, einen solchen Frieden zu machen. Ich sehe keine Möglichkeit, ein solches Gericht zu rechtfertigen. Für meine Mutter und die anderen ist Zorn die erste Trauerpflicht.

Plötzlich, mitten am Tag, mitten in meiner Arbeit, fehlte mir die Stimme meines Vaters.

Wieder ein zeitlich passendes Geschenk aus Jerusalem. Es ist ein Exemplar der »Responsen der Zunge«, gedruckt von einem gewissen Pinchas Mosche Balaban im Jahre 1859 in Lwow, deusch Lemberg. Lemberg war die Hauptstadt jener Region Polens, in der meine Eltern aufgewachsen sind, und meine Mutter hat dort das Lyzeum besucht. (Sie hat Josephine Baker in Lemberg gesehen.) Über die Jahre ist das Papier dieses alten Lemberger Buches so weich wie Kaschmirwolle geworden. Die Titelseite ist umrahmt von einem hübschen Blumenmuster-Holzschnitt, und sie teilt mir mit, daß das Werk pseudepigraphisch Rabbi Eleasar ben Arach zugeschrieben wird, der in der zweiten Hälfte des ersten Jahrhunderts lebte. Warum ihm? (Ich erinnere mich aus meiner Lektüre, daß er eine besondere Gabe beim Kondolieren bewies, als er seinen Lehrer Rabbi Jochanan ben Zakkai tröstete, der den Tod seines Sohnes betrauerte.) Und wer hat diese Gebete überhaupt geschrieben? Ein rascher Blick in ein bibliographisches Nachschlagewerk ergibt, daß die »Responsen der Zunge« erstmals 1615 in Prag veröffentlicht wurden, dann noch einmal 1620 und bis 1800 weitere vierzigmal, in Hebräisch und Jiddisch. Die Sprache der Lemberger Ausgabe ist unschön und schwerfällig bei der Übernahme biblischer und rabbinischer Texte, und der Ton ist kabbalistisch angehaucht. Diese Ausgabe unterscheidet sich stark von derjenigen, die ich nach Elmont mitgenommen habe. Prof. G. Selikovitch hat sich als Bearbeiter außergewöhnliche Freiheiten erlaubt; seine Versionen sind beinahe nicht zu erkennen.

Mit einer einzigen grammatikalischen Vertauschung hat der Professor den Text grundlegend geändert. In der Ausgabe von 1859 sind es nicht Gebete für die Toten oder über die Toten, sondern an die Toten. »Friede sei mit dir, und Grüße, mein Meister, mein Vater, mein Lehrer ... Es ist meine Pflicht, dich zu ehren in deinem Leben und in deinem Tode ... Ich habe übel gehandelt nicht nur gegen meine Seele, sondern auch gegen dich, ich habe gesündigt. Es war meine Aufgabe, dich zu rechtfertigen, dich auf eine höhere Ebene zu heben, doch statt dessen habe ich das Niedrige erhöht und das Hohe erniedrigt ... Darum wollen du und ich um Barmherzigkeit vom Himmel flehen ... Bitte, bitte, hör nicht auf, für mich zu beten, und sporne auch den Engel meines [astrologischen] Zeichens an, für mich zu beten und sich zu beeilen ...« Selikovitch hat die zweite Person entfernt und durch die dritte Person ersetzt. Das am Grab des Vaters zu rezitierende Gebet enthält somit in seiner Version keine Anrede an den Toten. Sie beginnt so (die Übersetzung ist auch von ihm): »Hier, in der Finsternis des Grabes, ruht der Leib meines Vaters. Hier liegt begraben der kostbare Schatz, der vormals mein war – mein geliebter Vater, der in Rechtschaffenheit und Unbescholtenheit vor Dir wandelte.« Auf diese Weise suchte Selikovitch die Sache philosophisch zu veredeln. Er verbog den alten Wortlaut, um ihn einer weniger abergläubischen Vorstellung vom Friedhof anzupassen. (»Der Engel meines Zeichens!«) In seinem Gebet hält der Sohn über der Erde keine Zwiesprache mit dem Vater unter der Erde. Vielmehr rechnet der Sohn mit seinen eigenen Versäumnissen ab. Die Fürbitte der Toten für die Lebenden wird ersetzt durch die Fürbitte der Lebenden für sich selbst. Die trauervolle Reflexion geht über in eine moralische Reflexion, und die Rolle des Toten ist es, diesen Übergang zu fördern.

In der alten Version kehren diese Gebete die religiöse Situation des Kaddisch um: Im Gotteshaus lege ich Fürbitte für die Seele meines Vaters ein, auf dem Friedhof bitte ich, daß seine Seele Fürbitte für mich einlegen möge. Ich muß sagen, daß ich mich mit dieser Idee nicht anfreunden kann. Ich werde von meinem Vater sprechen, da er tot ist, aber ich werde nicht zu meinem Vater sprechen, da er tot ist. (In meinem Inneren freilich, wo er lebt, werde ich endlos zu ihm sprechen.) Ich werde meine Pflicht tun, aber ich werde mich nicht zum Narren halten lassen.

Spiritualität ist umlagert von Aberglaube. Es ist eine Dauerbelagerung.

Gibt es eine Möglichkeit, ein guter Sohn zu sein und nicht mit der Vernunft in Konflikt zu geraten?

◇

Ein Mitglied unserer Schul hat seine Schwester verloren, und daher wird er jetzt für eine Weile die Gebete leiten. Ich bin ein bißchen verärgert. Die Gebete zu leiten ist eine stärkere Erfüllung meiner Pflicht als das Kaddisch zu sagen, jedenfalls scheint es mir so. Aber ich bin auch ein wenig erfreut. Ich kann wieder unter die Gemeinde zurückkehren und im hinteren Teil des Raumes Platz nehmen und über die Worte nachdenken, die ich mich sagen höre. Das Problem ist, daß meine Aufmerksamkeit umherschweift. Und das ist spirituell keine geringe Gefahr. Welch eine Gefahr stellt das gewöhnliche Bewußtsein für die Seele dar!

Um spirituell zu versagen, braucht man nicht zu fallen. Es genügt, daß man nicht aufsteigt.

In einem Essay über Aby Warburg lese ich von seiner Weigerung, Kaddisch für seinen Vater zu sagen. Ich hatte diese Episode vergessen. Der Aufsatz läßt mich zu meinem alten Warburg-Ordner greifen, wo ich eine Übersetzung von Warburgs Brief an M. M. Warburg finde, geschrieben am 19. Februar 1910 [Quelle: Warburg Institute Archives, KB trans., vol. III, p. 192, A. Warburg an M. M. Warburg, 19/02/1910]; er erklärt darin, warum er nicht an einem Gedenkgottesdienst für seinen Vater teilnehmen will: »Jetzt wird Minchah [das Mittagsgebet] ›geort‹ werden; der eine Einzel-Kaddisch fällt dem Ältesten zu; er bedeutet nicht nur einen äußerlichen Akt, sondern ist bei dieser öffentlichen Gedenkfeier demonstrativer moralischer Erbantritt; dieser öffentlichen Heuchelei werde ich mich nicht schuldig machen, keiner darf das von mir verlangen. Bliebe die Möglichkeit, daß Du den Kaddisch sagst und ich mich nur dem allgemeinen aller anschlösse; darin läge f. jeden Wissenden eine noch deutlichere Abdankung meinerseits als moralischer Haupterbe m. Vater<s>. […] Ich bitte Dich, meine Auffassg. zu verstehen und bestmöglichst vor Mama zu vertreten, die ich gebeten habe, mich gütigst entschuldigen zu wollen. Erspart mir die demütigende Situation einer verlogenen öffentlichen Handlung meinerseits. Ich werde einfach verreisen oder krank sein; dann hat die Sache nach außen ihr Gesicht. Man wird mich ja auch nicht vermissen: die Kille [Gemeinde] und Börse hält Dich ja immer f. d. Ältesten.« Und knapp eine Woche später, zwei Tage vor dem Gottesdienst, schrieb er in sein Tagebuch [WIA, III. 10.3, fols 86v-87r.; 25/II]: »Noch mehr: Kleider zerreißen, Filzschuhe anziehen, Kaddisch sagen, morgens u. abds. einerlei ob einen selbst die Dämonen wieder packen: demonstrativ: ›ich verlasse m. Familie unter diesen Umständen nicht.‹ Die Kille will mehr: ich soll bei einer Trauerfeier assistiren, die m. active Teilnahme am Kult verlangt, wodurch unter diesen Umst. ein moralischer Erbantritt der Familienmgl. clanmäßig besiegelt wird. Das hat keinen Stil, besonders wenn man Vater respektirt; m. Respekt vor ihm liegt darin, daß ich nicht durch eine äußere Kulthandlung einen Gegensatz der Weltanschauung vertusche: denn ich bin Dissident. [...] das genügt, um den Leuten z. zeigen, daß m. Dissidentencharacter ebenso respektiert werden muß wie der Char. d. Orthodoxen.«

Als ich mich vor Jahren mit Warburg und dem großen Melodrama der Väter und Söhne in der jüdischen Welt des wilhelminischen Deutschland befaßte, war ich von dieser trotzigen Haltung fasziniert. Die Auflehnung erschien heroisch, auch wenn sie ziemlich konventionell war. Jetzt finde ich Warburgs Haltung abstoßend. Sie ist so selbstbezogen, so kindisch in ihrer Schwärmerei für die Auflehnung, in so absurder Weise auf philosophische Meinungen bauend, hinter denen psychologische Gründe durchscheinen. »Ich verlasse meine Familie unter diesen Umständen nicht.«: warum sollte man auch seine Familie unter diesen Umständen verlassen? »Mein Dissidentencharacter muß respektiert werden«: dies von einem der verwöhntesten jungen Männer in Deutschland! Seine Familie respektierte ihn nicht nur, sie vergötterte ihn. Und aus welchem Grund genau lehnte Warburg das ab, was er »den Kult« nennt? Sicherlich nicht deshalb, weil er die Vernunft beleidigt. Schließlich flüchtete er ja geradewegs vor der Vernunft in einen lebenslangen Kult der Irrationalität. Vielleicht haßte er den Judaismus aus dem entgegengesetzten Grund, wegen seiner Rationalität, die die deutschen Juden in ihm zu finden beliebten; doch andererseits kannte er sich im Judaismus nicht sonderlich gut aus, und so gab er vielleicht nur der Unvernunft anderer den Vorzug vor seiner eigenen. Warburg hat keine Nachsicht mit denen, die das Kaddisch rezitieren, denn sie tun das »einerlei ob einen selbst die Dämonen wieder packen.« Er wünscht sich Dämonen. (Er hat sie bekommen.)

»Einerlei ob einen selbst die Dämonen wieder packen.« Sehr gut, laßt uns also Dämonen haben. Aber sie warten auf einen in der Schul. Ein regelmäßiges Gedenken an den eigenen Vater ist eine regelmäßige Einladung an die eigenen Dämonen. Kaddisch ist nichts für die Zaghaften. Die rituelle Gedenkfeier für Vater oder Mutter bringt nicht nur Stabilität. Sie bringt auch Instabilität. Warburg hätte sie geliebt.

Der Sabbat scheidet ruhig in dieser Woche. Als ich zum Nachmittagsgebet zur Schul gehe, wird in der Kirche am oberen Ende der Straße gerade Gospelgesang geübt. Ein paar Männer- und Frauenstimmen erheben sich in die stinkende Augustluft. Ein weißhaariger Schwarzer steht mit einem Pinsel hoch oben auf einer Leiter und verpaßt der Vorderfront des alten Backsteinhauses einen neuen Anstrich. Er sieht mich vor der Kirche stehenbleiben und beäugt mich argwöhnisch; dann sieht er meine Jarmulke und lächelt. Nach den Gebeten hält der Rabbiner einen interessanten Vortrag über die Bedingungen, unter denen ein Jude von Gesetzes wegen verpflichtet ist, einen Menschen in Todesgefahr zu retten und auch zugunsten des gefährdeten Eigentums eines anderen einzuschreiten – wieder ein Beispiel für den nichtlibertären Charakter des jüdischen Gesetzes, das der Rabbiner in aller Deutlichkeit darlegt. Nach diesem Vortrag nehmen wir die »dritte Mahlzeit« zu uns. Das Essen ist besser als üblich, und es geht sehr lebhaft zu. Dann die Abendgebete. Hinaus mit der geheiligten Zeit, herein mit der ungeheiligten Zeit. Daran schließt sich die Segnung des Neumonds an, als die Türen der Schul sich auftun und ein paar Dutzend jüdischer Männer auf den Bürgersteig entlassen, die eifrig nach dem Mond Ausschau halten. Man blickt uns erstaunt an. Ich kann mir ein Lachen nicht verkneifen. An dem Archaischen dieses Gebets haben viele Juden sich seit vielen Jahrhunderten gestoßen – es ist eine dringende Bitte an den Mond! –, doch bisher hatte ich nicht erkannt, daß es eine komische Seite hat. Die entdecke ich jetzt in den staunenden Gesichtern der Passanten. In Georgetown waren Juden!

Ich habe den Vater des Kaddisch nicht vergessen. Ich habe nach Nahum ha-Pakuli gestöbert, aber ohne Ergebnis. Ich bitte den Rabbiner, mir die CD-ROM, die er besitzt, auszuleihen. Darauf befinden sich der babylonische Talmud und der Jerusalemer Talmud und viele, viele rabbinische Texte, ganze Kontinente der Tradition, die alle durch »Schlüsselwörter« erschlossen werden können. (Für mich steht fest, daß diese Technik das Wissen entwürdigen und diese Materialien – wie alle Materialien, die sie enthält – auf den Status einer Information herunterholen wird.) In der rabbinischen Literatur des Altertums gibt es keinen Eintrag unter Nahum ha-Pakuli. Aber es gibt einen Simon ha-Pakuli. Er wird im Talmud zweimal erwähnt, als derjenige, der das Amida-Gebet, das »Achtzehnbittengebet«, das den Hauptteil der jüdischen Liturgie ausmacht, bearbeitet oder in eine gewisse amtliche Ordnung gebracht hat. Dies war ein bedeutender Beitrag. Raschi erklärt, daß das aramäische Wort *pakuli* dem französischen *coton* entspricht, »Baumwolle«. Baumwolle war vermutlich Simons Broterwerb. Wir haben also zwei Pakulis, Nahum den Retter und Simon den Baumwollwirker. Was haben sie miteinander gemein? Der eine erwarb sich seinen Ruf mit Beten, der andere mit der Redaktion von Gebeten. Und es gibt möglicherweise auch einen chronologischen Zusammenhang. Der eine wurde von Rabbi Akiba beauftragt, an der Liturgie zu arbeiten, der andere wurde von Rabbi Gamaliel beauftragt, an der Liturgie zu arbeiten; und Rabbi Akiba war der jüngere Zeitgenosse von Gamaliel. Könnten der Retter und der Redakteur ein und derselbe Mann sein?

◇

Wie sieht die Geschichte des Kaddisch des Trauernden unter den Sephardim aus? In Maimonides' Gesetzeskodex aus dem zwölften Jahrhundert wird es nicht erwähnt. In den Responsen von Isaak ben Jakob Alfassi, Maimonides' großem Vorgänger in der Kodifikation, habe ich eine Entscheidung entdeckt, der zufolge der Judaismus von Nordafrika und Spanien für dieses Gebet wenig übrig hatte. Alfassi lebte im elften Jahrhundert und verbrachte den längsten Teil seines Lebens in Fes, bis er gezwungen war, nach Spanien zu flüchten, wo er zum anerkannten Meister wurde und im Jahre 1103 starb. Der Worlaut von Alfassis Respons ist knapp: »Antwort: Das Kaddisch wird nach dem Begräbnis des Toten nicht rezitiert, bevor nicht ein Vers aus der Schrift rezitiert wird wie ›Er aber war barmherzig und vergab die Missetat‹ oder ›Er wird den Tod verschlingen ewiglich‹ oder ähnlich einschlägige Verse.« Gab es da jemanden, der das Kaddisch in ein Gebet für den Toten, in ein spezielles Begräbnisgebet umwandeln wollte? Alfassi verbietet es. Er besteht darauf, daß das Kaddisch seine alte Funktion behält, als Abschluß von Gottes Wort, auch am Grab. Und dann gibt es noch einen Beleg von Alfassis jüngerem Zeitgenossen Abraham bar Hijja, einem Theologen und Mann der Wissenschaft in Spanien, der um 1136 starb. Abraham verfaßte ein Werk der Volksweisheit mit dem Titel *Hegjon ha-Nefesch ha-Azuwa* (»Reflexionen der betrübten Seele«), das erste auf hebräisch geschriebene Werk jüdischer Philosophie, und im letzten Kapitel, das sich mit eschatologischen Fragen befaßt, machte er die folgende moralisierende Bemerkung: »Laß es dir nicht in den Sinn kommen, du könntest nach deinem Tode bereuen, denn wenn du in der nächsten Welt bereust, wird dir auch tausendfaches Bereuen der Missetaten, die du in dieser Welt begangen hast, nichts helfen. ... Auch derjenige, der meint, all die Taten, die seine Kinder und Verwandten nach seinem Tode für ihn tun, und all die Gebete, die sie für ihn verrichten, würden ihm nützen, gibt sich törichten Vorstellungen hin. Das ist in den Augen aller Weisen und aller Philosophen eine eitle Hoffnung. ... Wir haben in der Tora nicht eine Stelle gefunden, aus der wir schließen dürften, daß das Handeln der Lebenden in dieser Welt die Toten erlöst, außer in einem Fall, den die Vernunft uns lehrt und den die Tora bestätigt, nämlich dem Fall des Mannes, der etwas gestohlen und nicht vor seinem Tode zurückgegeben hat: er wird dafür in der nächsten Welt bestraft, doch wenn das gestohlene Gut nach seinem Tode seinen Eigentümern zurückgegeben wird, dann verdient er, von seiner Strafe in der nächsten Welt erlöst zu werden, sofern er seine Tat noch zu Lebzeiten bereut hat. Dennoch gibt es etwas in dieser Welt, das den Weisen zufolge dem Toten nützt, und das ist das Studium der Tora, wenn sie von jemandem gelehrt wird, den er darin unterwiesen hat, und es in seinem Namen geschieht.«

Was Abraham lehrt, ist hart. Das Gebet für die Toten stellt in seinen Augen einen Eingriff in das Wirken der Gerechtigkeit dar. Die Lebenden sollten sich nicht in das Gericht über die Toten einmischen. Am Lebenswandel eines Menschen läßt sich nachträglich nichts mehr ändern. Die Tatsachen seines Falles dürfen nicht durch noch so viele posthume Beredtsamkeit beschönigt werden. (Die Ausnahme, die der Talmud für den toten Dieb macht, ist eigentlich gar keine, da die Rückgabe des Gutes, das von einem unbußfertigen Dieb gestohlen wurde, an dessen Schicksal nichts ändert.) Hart ist Abraham ersichtlich nicht gegen die Toten, sondern gegen die Lebenden; er befürchtet, daß die Moral und der religiöse Lebenswandel sich lockern könnten, wenn man sicher sein kann, daß die Nachkommen die Dinge für einen in Ordnung bringen werden. Ich entnehme aus Abrahams Text, daß ein Gebet im Sinne des Kaddisch in dieser jüdischen Kultur von jeher abgelehnt wurde. Es war wohl der Einfluß des Nordens, der diese ablehnende Haltung schließlich überwand.

Es macht mir Mut, von Abraham zu erfahren, daß Studieren Dinge bewirken kann, die Beten nicht zu bewirken vermag. Dies bestätigt eines meiner ältesten Vorurteile.

Das Begräbniskaddisch kommt natürlich in der babylonischen, nordafrikanischen und spanischen Tradition vor. Das Respons von Hai Gaon an die Rabbinen von Fes schreibt für das Begräbniskaddisch einen bestimmten Text vor. Und Nachmanides beschreibt im Katalonien des dreizehnten Jahrhunderts eine anerkannte »Ordnung von Bräuchen« für das Begräbnis und die Trauerzeit nach dem Begräbnis, die das Begräbniskaddisch umfaßt, in der längeren Version, die die neue Welt und die Auferstehung der Toten verheißt; und dann bemerkt er, daß »diese Bräuche in unserer Zeit nicht mehr üblich sind, da sie nicht auf einer strengen Pflicht beruhten, sondern nur von den Generationen gepflegt wurden«. In seiner Zeit, bekundet er, herrscht ein einfacheres Protokoll, welches das Begräbniskaddisch beibehält. Nachmanides führt als seine Quelle den kleineren talmudischen Traktat *Soferim* (»Schreiber«) an (ihm galt er zweifellos als talmudischer Text, obwohl er ein paar Jahrhunderte nach dem Talmud entstanden ist), und er vermerkt, daß dieser die Rezitation dieses Kaddisch auf die Trauer »um einen Schüler oder einen Exegeten« beschränkt. Am Tag des Begräbnisses »wird nach dem Morgen- und dem Abendgebet in Gegenwart der Betenden der Segensspruch des Trauernden über den Wein gesprochen, und nach diesem Segensspruch wird das Kaddisch rezitiert, wie es nach dem Begräbnis des Toten rezitiert wurde, und [der Passus über] die neue Welt und so weiter wird [im Kaddisch] nicht gesagt, außer für einen Schüler oder Exegeten. Der Grund ist, daß die neue Welt nicht für gewöhnliche Menschen erfleht wird, sondern nur für jemanden, der durch Taten bewiesen hat, daß er der Auferstehung von den Toten würdig ist. Ebenso ist Gesetz, daß dieses [das Auferstehungskaddisch] auf dem Friedhof nach dem Begräbnis [für gewöhnliche Menschen] nicht gesagt wird.« Wie schrecklich! Elitäre Vorstellungen sind nicht gerade angebracht bei einem Ritual, das den Weg allen Fleisches charakterisiert. Alle sterben gleich, und alle sollten gleich betrauert werden. Und so wurde das Gesetz durch Brauchtum aufgeweicht. »Es wurde Brauch«, schließt Nachmanides, »das Auferstehungskaddisch für jeden zu sprechen, selbst für Frauen, um einen Konflikt zu vermeiden, da die Generation sich nicht einig ist.«

»Selbst für Frauen«: Ein Schritt hin zu mehr Gerechtigkeit ist, auch wenn er widerwillig getan wird, ein Schritt hin zu mehr Gerechtigkeit.

All dies ist nicht das Kaddisch des Trauernden, wie es sich in Aschkenas entwickelte. Es ist nur die Liturgie des Begräbnisses, und es weicht nicht nennenswert vom Begräbniskaddisch ab, das in der Raschi-Literatur erwähnt wird, bevor Raschis Erben in Aschkenas das Kaddisch des Trauernden entwickelten. Gegen Ende des dreizehnten Jahrhunderts gibt es jedoch einen Hinweis auf das Kaddisch des Trauernden in Spanien. In seinem Pentateuch-Kommentar erwähnt Bachja ben Ascher von Saragossa 1291 in einer Glosse zu einem Vers des fünften Buches Mose eine obskure alte Quelle und schreibt dann: »Daraus lernen wir, daß die Andachten [*Hakdaschot*], die die Lebenden den Toten zu widmen pflegen, den Toten zugute kommen, um so mehr, wenn der Sohn ein solches Gebet [*Makdisch*] für seinen Vater verrichtet, denn er ist des Vaters Verdienst, da der Sohn die Frucht des Vaters verzehrt. Daher die Vorschrift, daß der Sohn im Gotteshaus für seinen Vater Kaddisch oder sonst einen öffentlich rezitierten Segensspruch sagt, wie es in der Legende von Rabbi Akiba geschildert wird.« Das ist das Kaddisch des Trauernden, zweifelsfrei. Abraham bar Hijas alte Abneigung gegen ein Gebet für die Toten scheint inzwischen überwunden zu sein.

Ich gehe meine Bücherregale durch und stelle fest, daß die große Studie zur Liturgie, die David ben Josef Abudarham 1340 in Sevilla verfaßte, nicht das Kaddisch des Trauernden enthält, doch rund ein halbes Jahrhundert später gibt es Anzeichen dafür, daß die aschkenasische Neuerung in der sephardischen Welt Wurzel geschlagen hat. Der Rechtsgelehrte Isaak ben Scheschet Perfet hatte in der zweiten Hälfte des vierzehnten Jahrhunderts großen Einfluß in Spanien, mußte aber 1391 vor judenfeindlichen Ausschreitungen nach Nordafrika fliehen und starb im Jahre 1408 in Algier. In einem seiner Response erzählt er die Geschichte von Rabbi Akiba und dem Verdammten. Die Frage, die er mit dieser Geschichte beantwortete, lautete folgendermaßen: »In Spanien war es Brauch, daß ein Mann, dessen Vater gestorben war, während seines ganzen Trauerjahres das Kaddisch der Rabbinen rezitierte; der Brauch beruhte auf der Legende von der Begegnung mit seinem Vater, der sein Strafgericht abbüßte und kohlenschwarz war. Ich sah diese Legende in jenem Land, aber ich erinnere mich ihrer nicht. Und möge mein Meister mich auch von ihrer Quelle in Kenntnis setzen, so daß ich die freundlichen Wege [der Tora] und ihre Pfade zum Frieden erkennen möge.« Anschließend zitiert er den gesamten Eintrag über das Kaddisch des Trauernden in dem Buch über die Bräuche von Aaron ben Jakob ha-Kohen von Lunel, dem provenzalischen Gelehrten um die Wende vom dreizehnten zum vierzehnten Jahrhundert, der seinerseits Meir von Rothenburgs mehr oder weniger zeitgenössische Entscheidung zitiert, daß »es ein Gebot ist, das Kaddisch für seinen Vater und seine Mutter zu sagen, doch soll er nicht Kaddisch für seine Mutter während der Lebenszeit seines Vaters sagen, wenn sein Vater in diesem Punkt strenge Ansichten hat«. (Diese letztere Einschränkung ist ihrerseits Beleg dafür, daß das Kaddisch des Trauernden in der zweiten Hälfte des dreizehnten Jahrhunderts eine vertraute Einrichtung in Deutschland war, der man bereits Klauseln über die richtige Ausübung beigefügt hatte.) Es folgt Meirs abgekürzte Version der Legende von Akiba. Nach Perfets Auffassung war das Kaddisch des Trauernden somit eine Neuerung der Gemeinschaft in Deutschland, die über die Gemeinschaft in der Provence die Gemeinschaft in Spanien erreichte.

Bemerkenswert ist, daß Perfet nicht nach dem Kaddisch des Trauernden gefragt wurde, sondern nach dem »Kaddisch der Rabbinen«, das sich bei traurigen Anlässen eingebürgert hatte. Das »Kaddisch der Rabbinen« ist, wie schon gesagt, die älteste Version des Kaddisch, diejenige, die als Abschluß eines Lehrvortrages gedacht war, diejenige, die um Segen bittet für »die Gelehrten und ihre Schüler und die Schüler ihrer Schüler und alle, die sich hier und andernorts dem Studium der Tora widmen«. Dennoch wird es hier in Spanien von dem Trauernden rezitiert, was Alfassi gerade nicht gewünscht hatte. Bemerkenswert ist auch, daß Perfet zwar nach der Grundlage für die Rezitation des Kaddisch der Rabbinen durch Trauernde gefragt worden war, daß aber die Quellen, die er in seiner Antwort anführt, sich auf die Rezitation jeder Art von Kaddisch durch Trauernde beziehen: sowohl auf das »abschließende Kaddisch« am Ende des Gottesdienstes als auch auf die öffentliche Lesung aus den prophetischen Büchern, die am Sabbat in der Schul auf die Lesung aus den Fünf Büchern Mose folgt; und »es gibt auch Trauernde, die am Samstagabend nach dem Sabbat den ganzen Abendgottesdienst leiten, da dies die Stunde ist, in der die Seelen der Sünder in die Gehenna zurückkehren, von der sie am Sabbat ausgeruht haben«. Vielleicht führte Perfet all diese Praktiken an, um die liturgische Rolle des Trauernden, die sein spanischer Korrespondent beschrieben hatte, zu erweitern. Auf jeden Fall war das Kaddisch des Trauernden jetzt da. Um die Mitte des fünfzehnten Jahrhunderts, nicht lange vor der Vertreibung der Juden aus Spanien, führen die Gelehrten Josef Abudarham und Isaak de Leon denn auch Klage, daß der Brauch um sich greife, am Ende des Sabbats Knaben für ihre Eltern Kaddisch sagen zu lassen, und sie tun alles, um diese fremdartige Sitte auszumerzen.

Seit heute gehöre ich in Washington dazu. Der Rabbiner hat mir einen Schlüssel zur Schul ausgehändigt. Ich kann jetzt vorzeitig kommen und länger dableiben. Ich habe eine sichere Zuflucht. Ich bin gern allein mit meiner Religion. Und dieser Schlüssel in meiner Tasche fühlt sich fast wie eine Belohnung an: Jahre habe ich mich dem Studium meiner Tradition zugebracht, und nur darum, nicht ausgesperrt zu werden.

Eine kleine Pointe bei Nachmanides. Sein Text des Begräbniskaddisch ist fast identisch mit dem Text, den wir benutzen, dem Text, den ich beim Begräbnis meines Vaters gelesen habe, nur enthält er ein paar Worte mehr. Nach der Bitte um die Erneuerung der Welt und die Auferstehung der Toten und den Wiederaufbau Jerusalems und die Wiederaufnahme des Kults im Tempel bittet der Trauernde beim Begräbnis, wie Nachmanides ihn darstellt, noch um ein weiteres Ereignis: »Mögen wir und alle Brüder in Israel vor Zerstörung und Gefangenschaft und Tod bewahrt bleiben.« Endlich eine Version des Kaddisch, die den Tod erwähnt! Diese Worte wirken, wenn man so will, nach den vorausgegangenen Worten erleichternd. Denn letztlich ist ja die Auferstehung der Toten eine Negation des Todes, die direkteste, dogmatischste und vollkomenste Negation des Todes, die man sich denken kann. Vielleicht ist das der Grund, warum ich von diesen Worten so unberührt blieb, nachdem der Leichnam meines Vaters in die Erde hinabgelassen worden war. In diesem Moment war die Realität des Todes die einzige Realität. Gewiß, auch in dieser Version des Kaddisch bezieht sich die Erwähnung des Todes auf die Hoffnung auf Wiederauferstehung, doch immerhin kam das Wort »Tod« vor, mußte es an dieser Stelle ausgesprochen werden! Aus Nachmanides' Ausführungen ist zu entnehmen, daß dieser Wortlaut gaonischen Ursprungs ist. Er erscheint in einem Respons von Hai Gaon, die Nachmanides an anderer Stelle in seinem Buch zitiert. Und er wurde Nachmanides zufolge noch zu seiner Zeit benutzt. Warum in aller Welt kam er außer Gebrauch?

Ich gestehe einem Freund, daß ich dieses Gebet für die Toten, das die Toten ausläßt, satt habe. Verherrlicht, geheiligt: diese Schmeicheleien gegenüber dem Himmel gehen mir auf die Nerven. Sie lassen meinen Kummer verdorren. Kennst du Jabotinskys Erklärung des Kaddisch? fragt mein Freund. Jabotinskys Erklärung des Kaddisch! Ich bin verblüfft. Jabotinsky, sagt mein Freund, habe gegen die rituelle Pflicht des Trauernden einen ähnlichen Einwand geäußert, dem er dann eine philosophische Phantasievorstellung entgegenhielt. Er will mir die entsprechende Stelle beschaffen.

Mein Vater verehrte Jabotinsky. 1933 kam Jabotinsky nach Stryj, in die Heimatstadt meines Vaters in Polen, und diesen Besuch hat mein Vater nie vergessen. (Gern langweilte er mich mit seinen Erinnerungen an seinen Helden, der nicht mein Held war.) Wie ich jetzt erfahre, begann Jabotinsky im selben Jahr 1933 in einer russischen Zeitschrift in Paris einen Roman über die Juden von Odessa in den ersten Jahrzehnten unseres Jahrhunderts zu veröffentlichen. Diese Chronik der Familie Milgrom und ihrer fünf Kinder kam drei Jahre später unter dem Titel »Die Fünf« als Buch heraus. (Einige Jahre später wurde sie ins Hebräische übersetzt.) Gegen Ende des Buches wird das Begräbnis der ältesten Tochter beschrieben, die bei einer Feuersbrunst umgekommen ist, und in diesem Kontext wendet sich der Erzähler mit humanistischer Empörung gegen das Kaddisch. »Wir haben schöne Gebete«, bemerkt er zur Liturgie des Begräbnisses. »Aber da wurde noch ein weiteres Gebet rezitiert, ein seltsames Gebet, das ich nicht verstand. Der Verlust des geliebten Menschen wurde dort nicht mit einem Wort erwähnt. Statt dessen war es voller Lobpreisungen des mörderischen Gottes. Als ich es hörte, biß ich mir vor Wut auf die Lippen und dachte bei mir: Ich würde dich steinigen, Herr, wenn ein Stein dich erreichen könnte, wenn du dich nicht so weit weg versteckt hättest!«

Es gibt noch mehr solcher freisinnigen Äußerungen. Etwa einen Tag später besucht der Erzähler die Hinterbliebenen. Der betrübte Vater »saß im Salon auf dem Boden, wie es üblich war, unrasiert, wie es Trauernde sind, und las das Buch Hiob, dem jüdischen Gesetz gemäß, aus einer dicken Bibel mit einer russischen Übersetzung«. Der alte Mann spricht über Hiob, und dann, »nach einem kurzen Moment des Schweigens, begann er, über das Gebet zu sprechen, das mich auf dem Friedhof irritiert hatte«. Auch der alte Mann kritisiert das Kaddisch des Trauernden. Auch ihn empört seine Unterwürfigkeit, seine Gleichgültigkeit gegenüber der Verzweiflung der Menschen: »Dieses Gebet, das wir ›Kaddisch‹ nennen, ist das Hauptgebet des Trauernden, es wird an allen Tagen der Trauerzeit gesagt, und das genügt nach unserem Gesetz, mehr braucht man nicht zu sagen. Und was sagt es? ›Erhoben und geheiligt werde sein großer Name ...‹ Nur das. Mehr nicht. Nicht ein Wort über den Toten, nicht ein Hinweis auf das, was geschehen ist. Nicht einmal ›Ich füge mich in deinen heiligen Willen‹. Nur ein Haufen verrückter Wörter: ›Gelobt und gepriesen und gerühmt‹ und noch fünf mehr solcher Komplimente. Verzeihung, aber mich erinnert das an den Brief, den Boris Mawrikowitsch aus Italien an Anna Michailowna schrieb: ›Teure, Geliebte, Ehrenwerte, Geschätzte Anjatotschka ...‹ Wie kann Gott das vertragen? Von all den Verbeugungen und Katzbuckeleien muß ihm doch übel werden!«

Doch das ist nicht alles, was der alte Mann über das Kaddisch zu sagen hat. Seine Respektlosigkeit bekommt doch nicht das letzte Wort. »Dennoch stimmt es, daß dieses Gebet nicht nur Unsinn ist. Es wurde für einen Zweck erdacht. Er verdammte den Teufel.

– Er? Verdammte den Teufel?

– Ich meine den, der das Gebet verfaßt hat, Rabbi Akiba, wenn ich nicht irre. Wirklich ein sehr kluger Mann. Ihm schwebte folgendes vor. Ein Unglück passiert. Ein Mann steht am offenen Grab, wie ein ruinierter Kaufmann. Er hat alles verloren. Er hat keinen Grund weiterzuleben. Er steht am Rande der Grube und präsentiert dem Herrn des Weltalls seine Rechnung, seine Schadensaufstellung. Er ist wütend. Er schüttelt seine Fäuste und sendet Flüche zum Himmel. Und ganz nah, hinter dem nächsten Grabstein, liegt Satan auf der Lauer. Er wartet auf den Moment, da der Mann am Grab wild zu fluchen beginnt, da er unverhüllt ein für allemal erklärt: ›Verzeih mir, Herr des Weltalls, aber du bist launenhaft und grausam und grob. Und außerdem dumm. Fort mit dir! Ich will nichts von dir wissen!‹ Darauf hat Satan gewartet. Als er diese Wort vernimmt, hält er sie sogleich gewissenhaft und exakt fest, und mit diesem Zeugnis der Gotteslästerung eilt er zum Garten Eden und spricht zu Gott: ›Schau, wie dir deine Güte vergolten wird! Und schau, von wem: von einem Juden! Von deinem eigenen Agenten und Vertreter auf Erden! Also entferne dich unauffällig! Jetzt bestimme ich.‹ So hat sich der Teufel das gedacht. Doch der Kaufmann, der am Grab steht, ist kein Narr, er durchschaut das Spiel Satans. Er fragt sich: ›Will ich wirklich den Teufel erfreuen? Will ich wirklich zulassen, daß das Böse die Welt beherrscht? Nein! Das darf nicht sein! Ich werde es ihm zeigen, ihn verdammen‹ – und an dieser Stelle – verstehst du jetzt? – beginnt der Mann, all die Lobpreisungen Gottes aufzuzählen, all diese Komplimente herunterzuleiern. Ohne Grund; aber wer braucht Gründe? Es reicht als Grund, den Teufel niederzuschlagen, ihn in den Staub zu ziehen, ihn zu prügeln, bis er ein Häuflein Knochen ist. Mit anderen Worten, zu sagen: ›Du, Satan, halt dich da heraus! Was immer ich an Beschwerden gegen Gott habe, das ist unsere Sache. Wir sind Partner seit unvordenklichen Zeiten. Irgendwie werden wir die Sache unter uns regeln. Aber steck du deine Nase da nicht hinein.‹ Verstehst du jetzt? Es ist dieselbe Idee wie bei Hiob: Gott und der Jude sind Partner.«

Der Mann mit dem Kaddisch hat also eine Aufgabe. Er wendet sich deutlich gegen die Dunkelheit, gegen das Nichts. Auch das ist Humanismus, mit oder ohne Gott.

Der Kampf gegen das Böse ist gewaltiger als der Kampf gegen Gott.

Der Trauernde und der von einem traurigen Ereignis Betroffene sind identisch, bevor das Nachdenken einsetzt. Es trennt zwischen Empfinden und Anlaß, und so kann die Trauer ihre Enge überwinden. Vom Standpunkt einer persönlichen Verletzung aus ist die Welt nicht zu verstehen.

Der Tod entfesselt die Subjektivität. Also muß die Subjektivität gezähmt werden. Die Subjektivität zu zähmen ist das Werk des Kaddisch. Dreimal täglich wird die innere Perspektive des Trauernden entherrlicht, entheiligt. Das Psychologische wird in seiner Bedeutung geschmälert.

Objektivität ist das Geschenk des Todes.

Ein Bote kommt zum Haus des Trauernden. »Komm«, sagt der Bote, »du wirst gebraucht.« »Ich kann nicht kommen«, sagt der Trauernde, »mein Geist ist gebrochen.« »Gerade deshalb wirst du gebraucht«, sagt der Bote.

Nach den Abendgebeten überkam mich Abscheu vor mir selbst. Diese ganze Treue, dieses ganze Nachdenken über die Treue – ich werde zum Frömmler. Mein Trauerjahr in der Schul wird zum Anlaß, mich selbst großartig zu finden. Doch ich habe nicht vergessen, wie ich vorher gelebt habe. Die Erfüllung dieser Pflicht kann das, was ich über mich weiß, nicht auslöschen. Ein guter Schüler ist nicht dasselbe wie ein guter Mensch. Ein guter Sohn ist nicht dasselbe wie ein guter Mensch.

Der Mann, der den Grabstein anfertigt, ruft an. Er braucht den Vers aus den Psalmen für den Stein meines Vaters. Ich finde viele Verse, in denen David Gott für seine Rettung dankt, aber sie sind alle in der ersten Person Singular, und die Inschrift soll sich auf das Schicksal von mehr als einer Person beziehen. Ich durchforsche die Psalmen nach Dankbarkeit im Plural. In Kapitel 34, Vers 18 finde ich sie. Sechs hebräische Worte, die besagen: »Sie klagten, und Gott erhörte sie und rettete sie aus all ihren Nöten.« Das ist es! Die Worte sind schlicht, unprätentiös, direkt. Für diesen großen Dichter sind sie ungewöhnlich kunstlos, aber ich suche nicht nach Kunst. (Und ich sage diese Worte jeden Sabbat beim Morgengebet.) Ich faxe diese Worte meiner Schwester, und sie gefallen ihr. Sie zeigt sie meiner Mutter. Meine Mutter stimmt zu. Es ist auch ihre Grabinschrift.

VI

Bera mesake aba. Der Sohn erlöst den Vater. Oder der Sohn rechtfertigt den Vater. Oder der Sohn bürgt für den Vater. Oder der Sohn zeigt die Verdienste des Vaters auf. Das ist das Prinzip, auf dem das Kaddisch des Trauernden gründet. Es wird im Talmud formuliert, wo es um die gottlosen Könige von Juda geht, denen ihr Anteil an der künftigen Welt abgesprochen wird. Die Rabbinen sind erstaunt, daß Amon nicht zu den Verdammten gehörte. Amon war ein König des Stammes Juda im siebten Jahrhundert vor unserer Zeitrechnung, und er gilt von allen königlichen Missetätern allgemein als der schlimmste. In dem mir vorliegenden talmudischen Text wird Amon unter anderem bezichtigt, mit seiner Mutter geschlafen zu haben. (Die Mutter: »Hast du also Lust an dem Ort, von dem du gekommen bist?« Der Sohn: »Glaubst du, ich hätte es aus einem anderen Grund getan als dem, meinen Schöpfer zu ärgern?« Amons Inzest war nicht persönlich, sondern philosophisch gemeint.) Amon soll noch bösartiger gewesen sein als sein bösartiger Vater Menasse, und doch erscheint der Name des Vaters auf der Liste der Verdammten und nicht der des Sohnes. Warum nicht? Die Antwort: »Aus Achtung vor Josia.« Josia war der Sohn Amons und ein rechtschaffener König. Unter seiner Herrschaft nahm die Religion einen starken Aufschwung. Und so wird Amon durch Josia gerechtfertigt. Der Vater wird durch den Sohn gelöst. Eine Frage bleibt aber noch offen. Warum wurde Menasses Name in der Liste nicht ausgelassen »aus Achtung vor Hesekia«? Menasse war ein gottloser König, der einen rechtschaffenen Vater hatte, Hesekia, und doch wird ihm sein Anteil an der künftigen Welt abgesprochen. Die Antwort der Rabbinen lautet: *bera mesake aba, aba lo mesake bera.* Der Sohn erlöst den Vater, der Vater erlöst nicht den Sohn.

Ich muß hier festhalten, was Raschi zu der zornigen Frage ausführt, die die Mutter an den Sohn richtet, der sie vergewaltigt hat. »Hast du also Lust an dem Ort, von dem du gekommen bist?« Raschi erläutert: »Ein Mann ist gesättigt von dem Ort, von dem er gekommen ist, und begehrt nicht Lust von einem solchen Ort.« Dies ist nicht bloß eine Bemerkung über die Natur des Inzests. Es ist auch eine Bemerkung über die Natur des Heims. Es gibt viele Gründe, die dafür sprechen, ein Heim zu haben, doch das Streben nach Lust gehört nicht zu ihnen.

Der Sohn erlöst den Vater, der Vater erlöst nicht den Sohn. Die Rabbinen treten den Beweis an, indem sie aus einem Vers im fünften Buch Mose ableiten, daß »Abraham nicht Ismael zu retten vermag, Isaak nicht Esau zu retten vermag«. Als Patriarchen waren Abraham und Isaak die Begründer eines Volkes, doch als Väter konnten sie nichts tun, ihre störrischen Söhne zu retten. Ich habe eine andere Version dieser Deutung gefunden, und sie sagt noch etwas Zusätzliches: »Die Väter erlösen nicht die Söhne, Abraham erlöst nicht Ismael, und Isaak erlöst nicht Esau. Doch wir lernen [aus dem Vers im fünften Buch Mose] nur, daß die Väter nicht die Söhne erlösen. Woher lernen wir, daß Brüder nicht Brüder erlösen? Aus [dem Vers in den Psalmen] ›kann doch einen Bruder niemand erlösen‹.« Also bin ich nicht direkt meines Bruders Hüter, zumindest ist das nicht die ganze Wahrheit. Die ganze Wahrheit ist, daß mein Bruder auch auf sich selbst achtgeben muß.

Es ist ein paar Stunden später, und ich habe mich gefragt, warum die Rabbinen darauf bestehen, daß der Vater nicht für den Sohn bürgen kann. Diese Vorschrift ist schmerzlich für Väter, die ihre Söhne lieben. Ich durchblättere den vor mir liegenden Folioband auf der Suche nach einem Kommentator, dem das ebenfalls ein Rätsel war. Ich finde einen. Es ist Samuel Edels, ein Kommentator des talmudischen Gesetzes und der talmudischen Legende, der am Anfang des siebzehnten Jahrhunderts in Polen lebte. »Es gibt schlechte Menschen, die nicht wünschen, daß ihre Söhne wie sie sind, sondern wünschen, daß sie rechtschaffen sind – und daher erlöst der Sohn den Vater, indem er zeigt, daß der Vater ihn ungeachtet seiner Schlechtigkeit gezüchtigt und ihm einen guten Weg gewiesen hat. Doch der Vater erlöst nicht den Sohn, da der Sohn einen Lehrer hatte, von dem er lernen konnte, doch er lernte nicht.« Das ist scharfsinnig. Was Edels beunruhigt, ist das Schicksal des Sohnes eines schlechten Vaters. Sollte der

Vater den Sohn lösen, weil er wie der Sohn ist, könnte der Sohn nicht gelöst werden, weil er wie der Vater ist! Doch nicht jeder schlechte Mensch wünscht seine Schlechtigkeit seinem Sohn. Mancher wünscht seinem Sohn einen guten Lebenswandel, einen besseren Lebenswandel, als er ihn selbst führt. Der schlechte Vater wird dadurch unvollkommen schlecht – und *das* ist das Verdienst, das der Sohn zugunsten der Erlösung seines Vaters anführen kann. (Was für eine nachsichtige Kasuistik!) Die Unvollkommenheit der Schlechtigkeit des Vaters gibt dem Sohn außerdem seine eigenen Möglichkeiten, seine eigene Freiheit zurück. Denn der Sohn hatte einen Lehrer, von dem er lernen konnte. Hat er gelernt? Das lag bei ihm. Der Charakter des Vaters kann also nicht das Schicksal des Sohnes bestimmen. Der Sohn ist immer ein moralisch Handelnder. Darin ähnelt er dem Vater. Und worin besteht eigentlich der Unterschied zwischen einem unvollkommen schlechten Menschen und einem gewöhnlichen Menschen? Ich komme mit Edels zu dem Schluß, daß der Vater schuldig und nicht schuldig ist und der Sohn schuldig und nicht schuldig ist, und deshalb können sie sich aufeinander verlassen. Ende der Lektion für heute.

Eine der gefürchtetsten Eventualitäten im Leben eines Menschen hat mich eingeholt, und was tue ich? Ich stürze mich in Bücher! Ich sehe ein, daß das schon eigenartig ist. Es ist auch jüdisch. Wie auch immer, es ist das, worauf ich mich verstehe.

Menasse ben Israel über das Prinzip, daß der Sohn den Vater erlöst: »Der Sohn erlöst den Vater mit zehn Dingen, und zwar: ihm die Augen schließen, seinen Leichnam waschen, ihn in ein Leichentuch hüllen, ihn begraben, das Gericht rechtfertigen, Kaddisch, Wohltätigkeit, Fasten, eine Kerze, eine Lobrede.« Ich kam einige Minuten zu spät, um meinem Vater die Augen zu schließen, aber ich küßte ihn auf die Stirn, auf der ich die heraufsteigende Kälte spürte. Ich zog ihm das Bettlaken übers Gesicht, und ich saß bei ihm, nachdem der Geist von ihm gewichen war. Ich rechtfertigte das Gericht, in den Worten der Liturgie und in meinem Herzen, an seinem gerade zugeschütteten Grab, rund eine Stunde, nachdem ich die Lobrede auf ihn gehalten hatte. Ich sage regelmäßig Kaddisch. Ich gebe Almosen. Ich faste nicht. Möge mein Buch meine Kerze sein.

Ein dunstiger Morgen. Nichts ist klar. Ich verhaspele mich beim Kaddisch. (Nicht zum ersten Mal in letzter Zeit.) Im Teehaus verschwimmen mir die Zeilen der Lektüre vor den Augen, und ich verbringe den Rest der Stunde damit, auf die Straße hinauszustarren. Wieder ein Zauber, der nachläßt.

◇

In *Jesch Nochalin* (»Das Vermächtnis«) von Abraham Horowitz, einem moralischen Testament von Buchlänge, das 1615 in Prag veröffentlicht wurde, finde ich eine einfachere Lösung für das Problem, das Samuel Edels ein Jahrhundert später zu schaffen machte. Horowitz' Interpretation ist das Gegenteil derjenigen von Edels. »Der Grund«, schreibt er in seiner Erörterung des Kaddisch, »warum der Sohn den Vater erlöst und der Vater nicht den Sohn erlöst, scheint mir folgender zu sein: Die Seele des Vaters ist in der Seele des Sohnes, er ist Gebein von seinem Gebein und Fleisch von seinem Fleisch. Genaugenommen sagten die Rabbinen, der Sohn sei ›seines Vaters Bein‹. Sie sagten auch, es gebe drei Elemente in einem Mann, und eines davon sei der Vater. Somit leiten sich all die rituellen Verrichtungen und all die guten Werke des Sohnes direkt von dem Vater her. Doch auf welcher Grundlage sich das Verdienst und die Frömmigkeit des Vaters günstig auf den Sohn auswirken werden, ist leicht zu verstehen.« Seines Vaters Bein? Das ist ein erbrechtlicher Begriff, dem gemäß ein Erbe genau in die Position seines Vaters eintritt. Doch Horowitz erweitert ihn über die rechtliche Bedeutung hinaus zu einer allgemeinen Regel der Identität zwischen den Generationen: Wo der Sohn geht, dort geht der Vater. (Die drei Elemente in einem Mann in dieser Talmudpassage sind Gott, der Vater und die Mutter.)

Horowitz glaubt, dies sei leicht zu verstehen. Das glaube ich nicht. Güte wird nicht so umstandslos von einer Generation an die andere weitergegeben. Auf jeden Fall macht sich der Sohn am väterlichen Erbe zu schaffen, zum Guten oder zum Bösen. Außerdem verdient der Sohn eines guten Vaters für seine Leistungen ebenso gelobt zu werden wie der Sohn eines schlechten Vaters. Es ist auch nicht so, daß der Sohn eines guten Vaters gegenüber dem Sohn eines schlechten Vaters im Vorteil wäre. Ich habe Kinder von guten Eltern gekannt, und ich habe beobachtet, daß es auch nicht einfach ist, in einem tugendhaften Elternhaus aufzuwachsen. Horowitz nimmt dem Kaddisch des Sohnes seine Bedeutung, da er die Autonomie des Sohnes schmälert. Das Kaddisch ist in seinen Augen ein stellvertretender Akt, und der Sohn ist ein Medium, durch das der Vater in eigener Sache agiert. Das ist Quatsch. Ich bin nicht der Stellvertreter meines Vaters. Ich bin der Sohn meines Vaters. Ich bin mein eigener Herr. Und ich bin anders als mein Vater. – Ein paar Seiten weiter schreibt Horowitz: »Wenn der Sohn mit seinen guten Taten bewirkt, daß die Welt den Vater bewundert und sagt: Glücklich, wer einen solchen Sohn zeugte, glücklich, wer einen solchen Sohn aufzog ..., dann ist es, als wäre der Vater nicht tot.« Doch der Vater ist tot.

Mein Vater war ein schwieriger Mensch. Vor einigen Jahren beklagte ich mich bei einem Freund über ihn, und mein Freund gab mir den Rat, daß es irgendwann zu einem Rollenwechsel komme werde, daß der Vater irgendwann zum Kind und das Kind zum Vater werde. Das war ein guter Ratschlag. Er half mir, besser Abstand zu halten, und ohne diesen Abstand wäre ich für meinen Vater und meine Familie in den letzten schweren Jahren seines Lebens und in der Zeit seines Sterbens zu nichts nutze gewesen. Ich sehe im Kaddisch das vollendete Symbol dieser Umkehrung. Mit einem Mal verläuft die Kette der Überlieferung anders herum. *Er* braucht *mich*. Das Pathos des Kaddisch beruht auf dem Ausmaß der Hilflosigkeit der Toten, auf dem Ausmaß ihrer Abhängigkeit von den Lebenden. Der Kommentar zu Abraham Horowitz' Buch wurde passenderweise von seinem Sohn verfaßt, und Jakob Horowitz bemerkt zu dem Prinzip, daß der Sohn den Vater erlöst: »So wie der Vater Erbarmen mit seinen Kindern hat, so muß der Sohn Erbarmen mit der hilflosen Seele seines Vaters und seiner Mutter haben.« Das ist die Umkehrung.

Mein Vater war ein maßloser Mensch. Maßlos war er auf jeden Fall, was mich und mein Wohlergehen betraf: Entweder ging es mir glänzend, oder es ging mir elend, und es gab für seinen Sohn weder geringe Gefahren noch geringe Enttäuschungen, sondern es ging immer um die große Errettung. Da mein Vater in seiner Liebe zu mir so extrem war, kam es mir bisweilen sinnlos vor, mich um Hilfe an ihn zu wenden. Meine Probleme hätten ihn nur geängstigt, und am Ende hätte ich ihm helfen müssen. Aber er hat so viel für mich getan, er hat so viel für mich getan.

Horowitz gibt folgende Erklärung für das Kaddisch des Trauernden: »Der Vater, der seinen Kindern das [richtige] Vermächtnis macht, wird die nächste Welt aus diesem Grund erleben ...: Da die Söhne [die gute Werke tun] gemäß den Worten des Vaters handeln, der sie geheißen hat, recht und dem Gesetz entsprechend zu handeln, wird ihr Verdienst dem Vater, der sie gelehrt hat, zum Vorteil gereichen. Wie unsere Weisen sagten: ›Der Sohn erlöst den Vater.‹ Das heißt: Der Sohn rechtfertigt den Vater in der künftigen Welt auch dann, wenn er aus eigenem Willen etwas Gutes tut, ohne daß sein Vater ihn dazu aufgefordert hat. Dieses kann man auch der Legende von Rabbi Akiba entnehmen.« Horowitz erzählt die Legende und fährt fort: »Daraus ersehen wir, daß, wenn die Lebenden das Kaddisch und [das Gebet] ›Gelobt sei der Herr, der gelobt ist‹ rezitieren, den Toten vergeben wird, und die Seele des einen wird dank des anderen leben.« – Ich komme zu spät zur Arbeit.

Horowitz gibt zum Kaddisch auch einen praktischen Rat: »Nicht jeder ist willens und fähig, bei allen Gelegenheiten all die Gebete und das Kaddisch und ›Lobe den Herrn‹ zu leiten, und nicht jeder versteht es, vor einer Menge oder einer Gemeinde zu singen, und deshalb schufen die frühenWeisen etwas, das allen gleichermaßen möglich ist: wenigstens am Ende des Gottesdienstes dieses Kaddisch zu sagen, denn das ist leicht, und jeder kann es, sogar ein kleiner Junge. Doch jeder Mann, der gelehrt oder auch nur ein wenig gelehrt ist, wird selbstverständlich, so oft er kann, das Nachmittags-, das Abend- und das Morgengebet leiten, denn je öfter er die Gebete leitet und je öfter er das Kaddisch rezitiert, desto besser wird es für die Seelen der Toten sein. Auch wenn er keine gute Stimme hat, sollte er sich nicht scheuen, vor die Gemeinde zu treten und die Gebete zu leiten. Wem es an der Kraft oder dem Wissen fehlt, den ganzen Gottesdienst zu leiten, der sollte wenigstens [die abschließenden Gebete] leiten, denn auf diese Weise erlöst man seinen toten Vater wirksamer und eindrucksvoller, als wenn man nur das Kaddisch sagte.« Horowitz schätzt das Kaddisch also nicht sehr hoch. Es ist strenggenommen das Geringste, was ein Sohn tun kann. Rund dreihundert Jahre nach seiner Begründung gilt das Kaddisch des Trauernden noch immer als Behelf, als unvollständige Pflichterfüllung, als ein Zugeständnis an die Unwissenheit oder Unfähigkeit vieler Trauernder.

Ich kehrte aus dem Teehaus zurück, und der Schlaf kehrte in meine Augen zurück, aber nicht auf freundliche Weise. Er drang ein, wie das Wasser unter der Tür eindringt. Ich schlief einige Stunden lang einen verzweifelten Schlaf.

Hier Horowitz' Charakterisierung des Kaddisch des Trauernden: »Dieses Kaddisch ist kein Gebet, daß der Sohn vor Gott für den Vater betet, damit Er ihn aus den unteren Tiefen aufsteigen lasse. Es ist vielmehr ein Privileg und eine gute Tat, die dem Toten zugute kommt, wenn sein Sohn öffentlich den Namen Gottes heiligt [indem er das Kaddisch rezitiert] und die Gemeinde antwortet. ... Und dies gilt um so mehr, wenn der Sohn eines der Gebote Gottes erfüllt, weil sein Vater es ihm eingeschärft hat.« Was für eine gefällige, nicht-morbide Ansicht! Mir gefällt die Idee, daß das Kaddisch kein Gebet für die Toten ist. Und es gefällt mir, daß dem Kaddisch wieder sein angemessener Platz im jüdischen Leben zugewiesen wird, so daß es nicht mehr als das zentrale Instrument der Identität fungiert, als das es von modernen Juden mit ihren kläglichen religiösen Ausdrucksmitteln hingestellt wird. Horowitz stellt die Proportionen auf angenehme Weise wieder her.

◇

Im Teehaus stoße ich auf einen Skandal. David de Sola Pool, ein britischer Jude, der später zu einem der bedeutendsten Rabbiner Amerikas wurde, veröffentlichte 1909 in Leipzig eine Monographie mit dem Titel *The Old Jewish-Aramaic Prayer: The Kaddish*, eine altmodische »literarische und historische Untersuchung« des Textes des Kaddisch in seinen zahlreichen Versionen und Varianten. De Sola Pool erweitete sein Buch nur um einen kurzen Anhang über die Anpassung des Kaddisch an die Bedürfnisse der Trauernden. Dort stoße ich auf einen interessanten Satz aus dem Buch von Abraham Horowitz: »Der Vater sollte seinen Söhnen auftragen, [nach seinem Tode] ein bestimmtes Gebot zu erfüllen, und wenn sie es erfüllen, so steht dies in höherem Ansehen als das Kaddisch. Und da dies so ist, ist der

Vater nicht ohne Zuflucht, falls er eine Tochter hat.« Das stimmt mich froh. Ich bewundere seit langem die Frauen, die auf ihr Recht pochen, Kaddisch zu sagen, und es sagen, und hier ist eine Autorität, auf die sie sich berufen können. Natürlich hat Horowitz keine Ausnahmegenehmigung für Frauen erteilt, das Kaddisch zu rezitieren, aber hier ist eine egalitäre Alternative zum Kaddisch, die »in höherem Ansehen steht als das Kaddisch«, von der auch Frauen Gebrauch machen können. Horowitz hat ausdrücklich festgestellt, daß Frauen die Pflicht und das Privileg haben, an Gedenkfeiern für ihre Eltern teilzunehmen. Jetzt zu dem Skandal: Ich benutzte eine Ausgabe von Horowitz' Buch, die 1993 in Manchester erschienen ist. Ich durchstöbere Horowitz' Einleitung, in der er generell die Kindespflicht erörtert, nach dem toleranten Passus, den de Sola Pool zitierte. Und er ist nicht zu finden. Der Herausgeber hat ihn entfernt! An der Stelle, wo er sich befand, zeigt sich eine Narbe, die dem Text seine Kohärenz raubt. Offenbar wird Inkohärenz weniger gefürchtet als einige Worte der Ermutigung für diese frechen jüdischen Frauen. Ich bin von dieser Reinigung des Textes von vermeintlich anstößigen Stellen angewidert. Sie ist feige. Sie ist ein Zeichen des Niedergangs.

Darf eine Frau Kaddisch sagen? Das ist eine umstrittene Frage. Manchen kommt sie wie eine feministische Provokation vor. Man kann sie aber anders formulieren. Darf eine Tochter Kaddisch sagen? Auf einmal ist die Kontroverse wie weggeblasen, jedenfalls für mich. Wenn man einer Tochter das Kaddisch verwehrt, hat man das Kaddisch nicht verstanden. Das Kaddisch ist keine geschlechtsgebundene Pflicht. Es ist eine Pflicht der Nachkommen. Hier geht es nicht um Männer, sondern um Söhne. Hier geht es nicht um Frauen, sondern um Töchter.

Um mir den Nachmittag zu versüßen, habe ich mir heute ein paar alte Aufnahmen von Heifetz angehört, und dabei mußte ich an meinen Vater denken. Er war nicht besonders musikalisch, aber die Geige liebte er. Das ist nicht erstaunlich, denn sie ist das Instrument, das am meisten zu Herzen geht.

In New York kommt eine Frau in die Schul, um Kaddisch zu sagen. Ich sehe sie jedesmal, wenn ich hier bin. Sie kommt leise herein und begibt sich rasch in die Frauenabteilung, die durch eine Glaswand abgeteilt ist. Ich frage mich, ob sie die Gebete hören kann. Ihr Gesicht verrät Verlegenheit und Entschlossenheit. Sie ist hier nicht unwillkommen, doch ihre Anwesenheit ist eine Herausforderung, ein streitbarer Akt. Dennoch ist sie nicht hergekommen, um Kritik zu üben. Sie ist hergekommen, um einen verstorbenen Elternteil zu betrauern und zu beten. Ich bewundere sie. Zugleich befürchte ich, daß sie mich dabei ertappt, wie ich zu ihr herüberschaue, und mich mißversteht. Sie ist auch hier, um einen bestimmten männlichen Blick außer Kraft zu setzen.

»In Amsterdam trug sich etwas Ungewöhnliches zu, und es wurde hier allgemein bekannt.« So beginnt ein kurzes, bewegendes Respons von Jair Chajim Bacharach, dem bedeutenden Talmudisten und Rechtsgelehrten, der im siebzehnten Jahrhundert in Deutschland lebte. »Ein Mann starb, ohne einen Sohn zu hinterlassen, und vor seinem Tode verlangte er, während der zwölf Monate nach seinem Tode zehn Männer dazu anzuhalten, in seinem Haus zu studieren, und am Ende ihres Studiums solle seine Tochter das Kaddisch sagen. Und die Gelehrten und Beamten der Gemeinde verwehrten es ihr nicht.« Was für ein kluger Mann! Er sah voraus, daß es Streit geben würde, und gab seiner Tochter Deckung: Ihr Kaddisch sollte nach dem Studium gesagt werden, und es sollte in Gegenwart von zehn Männern gesagt werden, und es sollte zu Hause gesagt werden, nicht im Gotteshaus. Der Mann wollte ein Kaddisch, und er bekam eines.

Bacharach gibt eine ungewöhnliche Analyse des Kaddisch dieser Frau. Er verurteilt es, aber so, daß es legitimiert wird. Seine Meinung beginnt folgendermaßen: »Es gibt zwar keinen gegenteiligen Beweis – denn auch Frauen sind gehalten, den Namen zu heiligen, und es war ein Quorum [Minjan] von zehn jüdischen Männern zugegen –, und auch die Legende von Rabbi Akiba, die die Grundlage der Rezitation des Kaddisch der Trauernden ist, spricht nur von einem Sohn [dessen Kaddisch seinen Vater erlösen kann], doch ist es vernünftig, anzunehmen, daß auch eine Tochter der Seele des Toten Nutzen und Ruhe bringen kann, denn auch sie ist seine Nachkommenschaft.« Großartig! Aber leider kommt dann noch etwas. »Ungeachtet alles dessen müssen wir besorgt sein, daß dann [wenn die Tochter das Kaddisch sagen darf] die Kraft der Bräuche Israels, die ebenfalls Tora sind, geschwächt werden und jeder nach Gutdünken seinen eigenen Altar errichten wird und jeder die Worte der Rabbiner mit Hohn und Spott aufnehmen und sie am Ende verachten wird.« Aus diesem Grund muß das Kaddisch der Tochter verboten werden.

Das Verbot überrascht mich nicht, aber an Bacharachs Verbot fällt mir auf, daß es sich nicht auf einen substantiellen Einwand gegen das Kaddisch stützt, das die Frau in Amsterdam sagte. Ganz im Gegenteil. Sein Respons bekräftigt, daß im Hinblick auf das, was für die Seele des Vaters oder der Mutter getan werden kann, die Tochter dem Sohn ebenbürtig ist. Bacharach beruft sich vielmehr allgemein auf den Traditionalismus des jüdischen Lebens und warnt vor den Gefahren der Neuerung. (Amsterdam war ein Zufluchtsort für aus Spanien und Portugal geflohene zwangsgetaufte Juden, die viele verwirrende Bräuche mitbrachten, und deshalb galt es in Amsterdam bisweilen als besonders dringlich, die Tradition zu verteidigen.) Das ist in Ordnung, aber es ist auch schwach. Denn die Neuerung ist für den Judaismus nicht nur eine Gefahr, sondern auch eine Realität. Die Geschichte des traditionellen jüdischen Lebens ist eine Geschichte alter wie neuer Gebräuche, eine Geschichte der Erhaltung wie der Neuschöpfung. Sie ist voller neuer Rituale. Natürlich muß man ein neues Ritual in Frage stellen, doch hat Bacharach bereits den Boden preisgegeben, auf dem das neue Ritual des Kaddisch der Tochter in Frage gestellt werden kann.

Bacharach greift zu einer Analogie. Er vergleicht das Kaddisch der Tochter mit dem Brauch, sich während des Achtzehnbittengebetes, das den Hauptteil der jüdischen Liturgie ausmacht, an bestimmten Stellen zu verbeugen. Der Talmud nennt ausdrücklich die Stellen, an denen man sich zu verbeugen hat; weiter heißt es dann: »Falls jemand wünscht, sich am Anfang jeder Bitte und am Ende jeder Bitte zu verbeugen, so wird er belehrt, sich nicht zu verbeugen.« Hier haben wir also wieder den Fall, daß jemand bezüglich des Rituals initiativ wird, daß ein frommer Jude in seinem Eifer mehr zu tun wünscht, als der herkömmliche Brauch verlangt. Bacharach zitiert den Kommentar der Tossafisten zu dieser Talmudpassage: »Aber warum soll man ihm nicht erlauben, sich häufiger zu verbeugen? Wo ist das Problem?«

Eine gute Frage. Und die Tossafisten haben eine Antwort: »Das Problem ist, daß er nicht die Worte der Weisen ausmerzen sollte, daß es nicht heißen darf, jeder könne sich seine eigenen Vorschriften ausdenken. Es gibt keine rabbinische Verordnung [für mehr Verbeugungen]. Außerdem muß man sich wegen [der Gefahr der] Anmaßung sorgen.« Bacharach will damit sagen, daß die Tochter, die auf ihrem Kaddisch besteht, dem Betenden gleicht, der darauf besteht, sich endlos zu verbeugen: Ihr Enthusiasmus muß gezügelt werden.

Bacharach sieht einen Einwand gegen seine Analogie vorher und begegnet ihm. »Solltest du der Meinung sein, daß der Fall [der Verbeugung während des Gebets] eine Forderung unserer frühen Weisen war und im Talmud erwähnt wird [und infolgedessen strikter zu handhaben ist als das Kaddisch des Trauernden, das nicht im Talmud erwähnt wird und daher trauernden Frauen erlaubt werden kann], so ist darauf zu erwidern, daß dieser Brauch, der nicht im Talmud vorkommt, sondern dem Midrasch entstammt, um so mehr gestärkt werden muß, wie alle Bräuche Israels. ... Die Rabbinen haben ihren eigenen Verordnungen oft stärkeren Schutz angedeihen lassen als der Tora.« Und daher ist das Kaddisch der Tochter zu verwerfen. Doch dann zerstört Bacharach seine eigene Analogie! Im Fall der Verbeugung »heißt es nicht, daß sie ihn daran hindern, sich zu verbeugen, sondern es heißt nur, daß sie ihn belehren, sich nicht zu verbeugen; und es ist nicht einmal davon die Rede, daß dies unwürdig sei, weshalb es nach meiner Ansicht von Maimonides nicht in seinem Kodex erwähnt wird«. Die talmudische Entscheidung scheint demnach eine milde Entscheidung zu sein. Auch das Kaddisch der Tochter ist nicht unwürdig. Ist es daher erlaubt? Nein, nicht ganz. Die Rabbinen, erklärt Bacharach, äußerten sich milde, weil es um den Enthusiasmus eines einzelnen ging, um Idiosynkrasien persönlicher Frömmigkeit, »und die anderen sich daher kein Beispiel daran nehmen werden. Sie werden lediglich zu dem Schluß kommen, daß dieser Mann [der sich unablässig verbeugt] sich ungehobelt benimmt. Darum haben die Tossafisten zu Recht den Grund angeführt, warum dies zu verwerfen ist [als Anmaßung eines einzelnen].« Dagegen würde eine Frau, die Kaddisch sagt, zum Vorbild werden. »Und daher ist in der uns vorliegenden Sache, da es in der Öffentlichkeit geschieht und allgemein bekannt ist, [das Kaddisch der Tochter] zu verbieten. Dies ist meine unmaßgebliche Meinung.«

Und dies ist meine unmaßgebliche Meinung: Die Strenge, der wir hier begegnen, ist eine Einladung zur Nachsicht. Faßt Mut, Töchter Israels!

Die Frau, die Kaddisch sagt, anmaßend? Kaum. Sie erscheint jeden Morgen, um sich einer Pflicht zu unterziehen. Sie verlangt mehr, nicht weniger davon. Wenn das, was sie begehrt, Nachsicht ist, dann begehrt sie in Wahrheit ein Joch.

◇

Stand Bacharach mit seiner Auffassung vom Recht einer Frau, Kaddisch zu sagen, allein? Offenbar nicht. Das entnehme ich jedenfalls einer Entscheidung, die in der auf Bacharach folgenden Generation überliefert ist. Ein Respons von Jakob ben Josef Reischer von Metz, der um die Wende vom siebzehnten zum achtzehnten Jahrhundert eine Autorität war, enthält einen Hinweis auf die Existenz eines Kaddisch der Tochter. Reischer erhielt eine Anfrage von einem ehemaligen Schüler in Kreuznach, einem Rabbiner, der selbst um seine Mutter trauerte: »Hier starb ein Mann, und er hatte nur zwei kleine Töchter, die älteste vier Jahre alt. Auf seinem Sterbebett bat er mich, seiner älteren Tochter zu gestatten, nach seinem Tode das Kaddisch zu rezitieren, wenn auch auf keinen Fall im Gotteshaus. Doch nun kommt sein Vater und verlangt, im Gotteshaus in Anwesenheit der anderen Trauernden Kaddisch zu sagen.« Was ist zu tun? Eine Reihe von Autoritäten aufbietend, antwortet Reischer, daß der Vater durchaus das Kaddisch für seinen Sohn rezitieren dürfe. Im Talmud heißt es zwar, daß »der Sohn den Vater erlöst [und] der Vater nicht den Sohn erlöst«, und das Kaddisch des Sohnes ist auch darum wirksam, weil es gesagt wird »von seinem Samen, der den Namen des Himmels heiligt, und es sich daher für den Vater nicht schickt«, es für den Sohn zu sagen, doch gibt es Grund anzunehmen, daß ein frommer Vater die Seele seines Sohnes mit Verdienst ausstatten kann. Auch ist es recht, »die Toten, die ohne Söhne gestorben sind, zu versöhnen«. Deshalb dürfen die Trauernden im Gotteshaus sich auf ein Kompromiß-Kaddisch einigen. Aber nicht im Kreuznacher Fall. Im Kreuznacher Fall, erklärt Reischer, ist es nicht nötig, den Vater des Toten zu bitten, weil die Tochter des Toten schon tut, was zu tun ist! »In dem uns vorliegenden Fall ist der Tote bereits versöhnt worden durch das Kaddisch, daß die Tochter zusammen mit dem Minjan zu Hause sagt (denn im Gotteshaus darf ihr auf keinen Fall erlaubt werden, ein Kaddisch welcher Art auch immer zu sagen). Was im übrigen seinen [des Toten] Vater und die Frage der Leitung der Gebete angeht, so soll sein Vater das Gebet [nach dem Brauch des Trauernden] nur zu Hause leiten, in der Gebetsandacht, bei der die Tochter das Kaddisch rezitiert; er hat aber keinen Anspruch auf die Leitung anderer Gottesdienste und auf die anderen Rezitationen des Kaddisch.« Nach Reischers Meinung ist das Kaddisch der Tochter vollkommen unstreitig. Er äußert sich dazu in einem neutralen Ton. Es ist so, als sei Bacharachs Begründung beibehalten und seine Entscheidung verworfen worden. Und dabei war die Tochter, die in Kreuznach Kaddisch sagte, vier Jahre alt!

Einige Tage lang forsche ich nach dem weiteren Schicksal des Kaddisch der Tochter beziehungsweise danach, ob es ein solches Schicksal hatte. Was ich finde, ist ein entmutigendes Muster in der Rezeption von Bacharachs Präzedenzfall. Seine Entscheidung wird beibehalten, doch seine Begründung wird verworfen. So gibt Hesekiel Katzenellenbogen in der Mitte des achtzehnten Jahrhunderts in einem ausladenden, enzyklopädischen Respons über die Protokolle des Kaddisch des Trauernden (»dies sind die Visionen und Vorschriften, die ich in der Offenbarung Hesekiels sah, allgemeine Schlußfolgerungen, die ich aus den Einzelfällen mit all ihren Verwicklungen gezogen habe, die ich aus all den Entscheidungen und den Responsen und der Dialektik zum Thema der Rezitation all der Kaddische hier in den heiligen Gemeinden von Altona, Hamburg und Wandsbeck nach besten Kräften meines Verstandes zusammengestellt habe«) Bacharachs Entscheidung schlicht und einfach mit der Formel wieder: »Kein weibliches Wesen sagt Kaddisch« – und Punkt. Implizit bestreitet Katzenellenbogen Bacharachs Behauptung, die Tochter zähle zur Nachkommenschaft des Vaters. Ihr biologischer Status wird nach Katzenellenbogens Ansicht durch ihren rechtlichen Status aufgehoben. Was einen Sohn zu der Aufgabe befähigt, die Seele seines Vaters zu retten, ist Katzenellenbogen zufolge die Tatsache, daß er seines

Vaters Erbe ist; eine Tochter erbt hingegen nicht. Und dies hat weiter zur Folge, daß nicht nur unter den Kindern, sondern auch unter den Enkelkindern diskriminiert wird. Katzenellenbogen zitiert die Legende von Rabbi Akiba und dem Verdammten und schreibt dann: »Die Rabbinen sprachen [in einem anderen Passus des Talmud] ausdrücklich davon, daß ein Mann einen ›Sohn, der ein Erbe ist‹, hinterläßt, und da der Sohn des Sohnes als Erbe gilt, darf er das Kaddisch rezitieren; hat er aber eine Tochter, so rezitiert sie nicht das Kaddisch, im Einklang mit [Bacharachs] Entscheidung, daß kein weibliches Wesen Kaddisch sagt, und der Sohn seiner Tochter rezitiert ebenfalls nicht das Kaddisch. Wie es im Jerusalemer Talmud heißt, sind die Söhne von Töchtern nicht wie Söhne.« Ziemlich hart.

Im weiteren Verlauf seines Respons faßt Katzenellenbogen in einer Liste der Bräuche des Kaddisch sein Verbot folgendermaßen zusammen: »Wenn ein Mann stirbt und hier oder andernorts keinen Sohn hinterläßt, ist es gestattet, das Kaddisch dem Enkelsohn zu übertragen, als Kompromiß mit den anderen Trauernden, die [im Gotteshaus] anwesend sind, aber nicht mehr als ein Kaddisch von Zeit zu Zeit [im Verlauf des Jahres]. ... Doch dies gilt nur für den Sohn des Sohnes. Der Sohn der Tochter – ganz zu schweigen davon, daß andere, und seien es auch seine Verwandten, seinen Vater eingeschlossen, das Kaddisch für diesen Verstorbenen sagen – hat kein Kaddisch im Gotteshaus, wenn andere Trauernde anwesend sind.« In dem alten System wurde das Kaddisch des Trauernden nicht wie heute üblich von allen Trauernden gemeinsam gesagt. Es wurde von einem einzigen Trauernden gesagt, einem bestimmten Trauernden, der gemäß einer komplizierten Hierarchie des Kummers ausgesucht wurde. (Wann änderte sich das System?) Katzenellenbogen hat den Sohn der Tochter an das untere Ende dieser Hierarchie verwiesen, und die Tochter selbst befindet sich unterhalb des Endes, in der Unterwelt ihres Geschlechts. (Mir fällt auf, daß Katzenellenbogens Vorschriften sich auf »Kaddisch im Gotteshaus« beziehen. Vielleicht will er damit stillschweigend sagen, daß die Tochter das Kaddisch des Trauernden bei einem Gottesdienst zu Hause rezitieren darf, wie die Frau in Amsterdam, die es erstmals tat. Aber warum sollte sie sich die Mühe machen, wenn doch nur das Kaddisch eines rechtmäßigen Erben den Zweck erfüllt?)

Auch im neunzehnten Jahrhundert ist die Geschichte von Bacharachs Entscheidung nicht erbaulicher. Ephraim Margolioth, der im ausgehenden achtzehnten und beginnenden neunzehnten Jahrhundert als Gelehrter und Geschäftsmann in Galizien lebte, verfaßte ein Handbuch der Gesetze des Kaddisch des Trauernden, welches das folgende »Gesetz« enthält: »Wenn ein Mann keine Söhne, aber eine Tochter hat und vor seinem Tode anordnet, daß sich zehn Männer in seinem Haus dem Studium widmen sollen und seine Tochter beim Abschluß ihres Studiums Kaddisch sagen soll, so soll ihm nicht gehorcht werden, und es muß verhindert werden, daß dies geschieht.« Margolioth bezieht sich offensichtlich auf Bacharachs Respons, doch auch hier ist wieder Bacharachs Entscheidung ohne Bacharachs Begründung. Und Margolioth fährt fort: »Um so mehr ist es verboten, sie das Kaddisch des Trauernden rezitieren zu lassen, das im Gebetsgottesdienst vorkommt. Selbst wenn sie eine unverheiratete Frau ist, ist es ihr verboten, es zu rezitieren; und um so mehr ist es einer verheirateten Frau verboten, ihre Stimme, Gott behüte!, beim Rezitieren des Kaddisch öffentlich vernehmbar zu machen, sei es im Gotteshaus oder mit einem Minjan zu Hause.« Die Stimme einer Frau ist nach dem jüdischen Gesetz der Inbegriff der Lüsternheit. Sie soll ausdrücklich nicht gehört werden. Was soll also eine trauernde Frau tun? »Falls sie jedoch die Seele ihres toten Vaters zu erlösen wünscht, sollte sie gewissenhaft alle Gebetszeiten im Gotteshaus oder in einem privaten Gottesdienst einhalten und aufmerksam dem Kaddisch lauschen, das gesagt wird, auf daß sie ein sinnvolles Amen sagen könne, das Gnade finden wird. Und Er, der unsere Gedanken kennt, wird dies aufnehmen, als habe sie das Kaddisch selbst gesagt und die Forderung ihres Vaters erfüllt.«

Margolioths Text ist begleitet von einem Kommentar, den ein gewisser Meschullam Finkelstein aus Warschau im Jahre 1906 geschrieben hat. Das einzig Bemerkenswerte an diesem Kommentar ist, daß er alles noch schlimmer macht. Finkelstein zitiert Reischers Billigung des Kaddisch des Mädchens von Kreuznach und bemerkt dazu: »Es ist meine unmaßgebliche Meinung, daß wir in unserer Zeit, da die Lüsternheit allgegenwärtig ist, nicht gemäß diesem Brauch handeln und einer Tochter erlauben sollten, Kaddisch zu sagen, auch nicht in einem Gottesdienst zu Hause und auch nicht nach einem Studium. … Denn sie wird gewiß bestrebt sein, lieblich zu klingen ... und das darf sie nicht, weil der Verlust größer sein würde als der Gewinn: die anderen würden nicht, wie sie [die Tochter] beabsichtigte, durch ihre Dienste den Namen des Himmels heiligen, sondern auf einen Stolperstein stoßen.« Finkelstein gibt ferner an, daß »wir in unserer Zeit solches [wie eine Frau, die Kaddisch sagt] nicht gesehen haben«. Es gab also, ethnographisch betrachtet, unterschiedliche Bräuche: Gemeinschaften, in denen Töchter Kaddisch sagten, und Gemeinschaften, in denen Töchter nicht Kaddisch sagen. Und was sollte nach Finkelsteins Meinung eine Tochter tun, die ihren Vater verloren hat? Er wiederholt Margolioths Ratschlag – sie sollte den Gebeten lauschen und ihre Trauer mit ihrem Amen ausdrücken – und fügt hinzu: »Er, der unsere Gedanken kennt, weiß, was sie denkt: daß sie den Namen öffentlich heiligen würde, wenn sie ein Mann wäre.«

Wenn sie ein Mann wäre! Wenn sie ein Mann wäre, könnte sie Finkelsteins Ansicht über Frauen haben, also war es gut, daß Gott sie nicht als Mann schuf. – Ich weiß, es ist unvernünftig, von den Menschen zu erwarten, daß sie die Schranken ihrer Tradition überschreiten. Aber es ist nicht unvernünftig, Anstand zu erwarten. Eine Grundlage für Anstand kann man in jeder Tradition finden; man muß sie allerdings auch zu finden wünschen.

◇

Zwi Hirsch Chajes, ein bemerkenswerter Schüler Margolioths, der als aufgeklärter galizischer Rabbiner und Gelehrter zu einem der gefürchtetsten Polemiker gegen die religiöse Reform wurde, zitierte 1849 die kritischen Bemerkungen seines Lehrers über die Stimme einer Frau, die Kaddisch sagt. Er schimpfte über »den Brauch der Hamburger Gemeinde und neuerdings speziell im Tempel der Reformjuden in Berlin, daß Männer und Frauen zusammensitzen«. Darin hätten sich die Reformer »verschworen und ihre Hand gegen die Tora erhoben«. Chajes war besorgt, daß die Nähe der Frauen zu den Männern diesen Gelegenheit geben könnte, »einen flüchtigen Blick auf ihr Fleisch zu werfen, wenn sie ein dünnes Kleid trägt«. Eine solche Nähe »ist insbesondere verboten wegen der Männer, die in ihrer Nähe stehen und ihre Stimme hören. Selbst wenn es wahr ist, daß diese Reformgottesdienste sich durch vollkommene Stille auszeichnen, so daß niemandes Stimme zu hören ist, so gibt es dennoch Berichte, daß Frauen am Gottesdienst mitwirken und in Chören singen, und eine größere Lüsternheit kann es nicht geben. ... Diese Leute erfüllen nicht ihre Gebetspflicht.« (Was ist mit Debora, der biblischen Heldin, die für ihren Gesang berühmt war? Chajes folgt der Autorität seines Lehrers und erklärt, daß »Debora nicht selbst ihre Stimme im Gesang vor den Menschen erhob, sondern nur das musikalische Arrangement und den Text lieferte«. Sie war nicht eine große jüdische Sängerin. Sie war eine große jüdische Komponistin.) Anschließend zitiert Chajes Bacharachs Entscheidung, die er in grotesker Weise darstellt: »Zu der Frage eines sterbenden Mannes, der anordnete, daß seine Tochter das Kaddisch des Trauernden rezitieren sollte, siehe das Respons von Rabbi Jair Bacharach, in dem er antwortet, daß es für jede rechtschaffene und gottesfürchtige Frau, verheiratet oder unverheiratet, schicklich und recht ist, daß sie in Gegenwart eines Mannes nicht ihre Stimme vernehmen läßt. [Wie bei Hanna, als sie in Silo betete,] sollten nur ihre Lippen sich bewegen, doch ihre Stimme sollte nicht gehört werden. Sonst könnte der Mann, der sie hört, zu bösen Gedanken erregt werden, was schlimmer ist als eine Sünde. Die Frau muß sehr darauf achten, daß sie nicht für die Verfehlung der Männer verantwortlich ist.«

Aber Bacharach hat nichts gesagt, was auch nur entfernt diesem ähnelte! Seine Analyse des Kaddisch des Trauernden war eine egalitäre Analyse – und dann kollidierte sein Egalitarismus mit seinem Traditionalismus. Chajes stellt Bacharach in einer schrecklichen tendenziösen Verzerrung dar.

»Die Frau muß sehr darauf achten, daß sie nicht für die Verfehlung der Männer verantwortlich ist.« Nein. Der Mann muß sehr darauf achten, daß er nicht für seine eigene Verfehlung verantwortlich ist. Der Witz an dieser kleinen Übung in Misogynie ist, daß sie die Männer ihrer Verantwortung als moralisch Handelnde beraubt. Sie werden als jämmerliche Kreaturen hingestellt, die vor Frauen geschützt werden müssen. Denn Frauen haben Macht. Und da sie Macht haben, muß man sie machtlos machen.

Armer Bacharach. Die Rezeption seines Respons sank noch tiefer. In der Bibliothek der Schul in Georgetown stieß ich auf ein kurzes

Werk über die Gesetze des Trauerns, das vor einigen Jahren in Chicago veröffentlicht wurde. Der Verfasser ist ein sehr namhafter Rabbiner, Sproß einer berühmten Rabbinerfamilie, und er schrieb es zum Gedenken an seinen Enkelsohn. Im Zusammenhang mit dem Kaddisch des Trauernden faßt er Bacharachs Meinung folgendermaßen zusammen: »Er schrieb, daß, wenn der Verstorbene keinen Sohn hat, sondern nur eine Tochter und die Tochter verheiratet ist, ihr Ehemann das Kaddisch zu rezitieren hat.« Das ist reine Erfindung! Dann fährt er fort: »Und wenn die Tochter nicht verheiratet ist, darf sie auf der Grundlage des gesetzlichen Prinzips das Kaddisch sagen, es sei denn, sie sollte es nicht tun, da sie dadurch die Bräuche Israels schwächen würde; und da ihr Tun weithin bekannt werden würde, muß es verboten werden.« Das ist schon besser. Über den Familienstand der Frauen hat Bacharach sich zwar nicht geäußert, doch der Rest dessen, was ihm hier zugeschrieben wird, stammt immerhin von ihm. Und dann trägt der namhafte Rabbiner seine eigene Meinung vor. Sie ist nachsichtig und praktisch und lustig. »In unserer Zeit, da in der Frage des Rufs zur Tora [während des Gottesdienstes, wenn Männer zur Tora gerufen werden] manche Männer und Frauen für die Gleichstellung der Frauen eintreten, darf es Frauen nicht verwehrt werden, Kaddisch zu sagen, wenn die Gelegenheit sich ergibt, weil sonst der Einfluß von konservativen Rabbinern und Reformrabbinern wachsen würde. Deshalb ist es verboten, eine Frau daran zu hindern, Kaddisch zu sagen.« Diese moderne Autorität kann also mit Bacharachs großzügiger Auffassung des »gesetzlichen Prinzips« etwas anfangen. Er benötigt sie nicht, um Frauen zu helfen, sondern um andere Rabbiner zu behindern. Das Kaddisch der Tochter ist ein taktischer Rückzug in den konfessionellen Auseinandersetzungen des amerikanischen Judentums. Wirf ihnen das Kaddisch hin, und die Emporkömmlinge werden beschwichtigt sein.

Heute tauchten zwei Frauen in der Schul auf, die wie Touristinnen wirkten. Es waren aber keine Touristinnen, sondern Trauernde. Sie erhoben sich, um zusammen mit uns anderen das Kaddisch zu sagen. Gegen diese Frauen können diese Texte nichts ausrichten. Sie lieben ihre Religion, und sie lieben ihre Eltern. Diese Frauen haben nichts Subversives an sich. Nur wird man sie nicht verleugnen können.

Ich erzähle einer Freundin von meinen kleinen Recherchen zur sexuellen Geschichte des Kaddisch, und ich treffe einen wunden Punkt. Sie erinnert sich, wie vor etlichen Jahren in Brooklyn ihre Mutter gestorben war, genauer gesagt, an die Probleme, die sie hatten, für das Gebet in ihrem Haus die Mindestzahl zusammenzubekommen, so daß das Kaddisch gesagt werden konnte. »Das Haus war voller Frauen, aber sie sahen völlig an uns vorbei und gingen auf die Suche nach Männern. Es war grotesk.« Meine Freundin wurde Juristin und Richterin, und sie setzte sich unermüdlich und mit Erfolg dafür ein, der geschlechtlichen Diskriminierung im amerikanischen Recht ein Ende zu machen; und wie sie sagt, wurde ihre entschiedene Haltung in dieser Frage an jenem Abend geboren, als sie für das Kaddisch ihres Vaters nicht berücksichtigt wurde. Ich verspreche, ihr den Text Bacharachs zu zeigen. Und ein paar Tage später kommt mit der Post ein Text von ihr. Es ist ein Auszug aus einem Brief, den Henrietta Szold 1916 geschrieben hat. Als ihre Mutter gestorben war, erbot sich ein Herr namens Hayim Peretz, der mit Szold befreundet war, für sie das Kaddisch zu rezitieren. Szold lehnte ab: »Ich finde keine Worte, um Ihnen zu vermitteln, wie tief mich Ihr Angebot bewegt hat, als ›Kaddisch‹ für meine teure Mutter aufzutreten. Ich vermag Ihnen nicht einmal zu danken, denn es ist mehr als bloße Dankbarkeit. Es ist schön, wozu Sie sich erboten haben – ich werde es Ihnen nie vergessen.« Es ist Szold jedoch bewußt, daß sie ihrem Freund eine Erklärung schuldet. »Sie werden demnach erstaunt sein, daß ich Ihr Anerbieten nicht annehmen kann. Vielleicht wäre es das beste, ich würde nicht versuchen, es Ihnen schriftlich zu erklären, sondern abwarten, bis wir uns sehen, um Ihnen zu sagen, warum es so ist. Ich weiß sehr wohl und erkenne an, was Sie über den jüdischen Brauch sagten, der mir teuer und heilig ist. Und doch kann ich Sie nicht bitten, Kaddisch für meine Mutter zu sagen. Für mich bedeutet das Kaddisch, daß der Überlebende öffentlich seinen Wunsch und seine Absicht bekundet, zur jüdischen Gemeinde in jenes Verhältnis zu treten, das der verstorbene Elternteil zu ihr hatte, und daß die Kette der Tradition ungebrochen bleibt von Generation zu Generation und jede ein Glied hinzufugt. Sie konnen das fur die Generationen Ihrer Familie tun. Ich muß es für die Generationen meiner Familie tun. Ich bin überzeugt, daß es nie Intention unseres Gesetzes und unseres Brauches war, Frauen von solchen Pflichten auszuschließen – von bestimmten

Pflichten wurden Frauen befreit, wenn sie sie nicht erfüllen konnten, nicht aber, wenn sie dazu imstande waren. Es war nie beabsichtigt ..., daß ihre Erfüllung dieser Pflichten nicht als ebenso wertvoll und gültig betrachtet werden sollte, wie wenn einer vom männlichen Geschlecht sie erfüllte. Und ich bin sicher, daß dies ganz besonders für das Kaddisch gilt.« Mit Szolds allgemeiner Charakterisierung des Status der Frauen im jüdischen Recht bin ich einverstanden, doch gibt es da heikle Punkte, mit denen eine solche Analyse sich befassen müßte. Szold geht dann von der Betrachtung ihrer Tradition zur Betrachtung ihrer Familie über: »Meine Mutter hatte acht Töchter und keinen Sohn, und doch habe ich den Lippen meiner Mutter oder meines Vaters nie ein Wort des Bedauerns entschlüpfen hören, daß eine von uns kein Sohn war. Als mein Vater starb, ließ meine Mutter nicht zu, daß andere an Stelle ihrer Töchter das Kaddisch sagen, und so bin ich sicher, in ihrem Geiste zu handeln, wenn ich mich veranlaßt sehe, Ihr Anerbieten abzulehnen. Doch das ändert nichts daran, daß ich es nach wie vor schön finde, und es ist mir, wie gesagt, vollkommen bewußt, daß es mit der allgemein anerkannten jüdischen Tradition weit besser übereinstimmt als meine Auffassung oder die meiner Familie. Sie verstehen mich doch, nicht wahr?« Ich frage mich, ob der Herr das verstanden hat. Ich frage mich außerdem, was die Szold-Mädchen gemacht haben. Haben sie Kaddisch für ihren Vater gesagt, oder wurde kein Kaddisch gesagt? Und hat Henrietta Kaddisch für ihre Mutter gesagt, oder wurde kein Kaddisch gesagt? Ich will annehmen, daß sie ihre Pflicht getan hat.

Die Sonne war, als sie über den Giebeln von Adams-Morgan aufstieg, ein Feuerrad. Es war ein starker Anblick. Ich war ihm nicht gewachsen.

Heute abend blieb ich länger in der Schul, für ein paar Minuten der Stille. Beim Blättern in Mordechai ben Hillels Kompendium aus dem dreizehnten Jahrhundert über den Traktat des Talmud, der die Trauerbräuche behandelt, machte ich eine sensationelle Entdeckung. Mordechai bringt ein Fragment aus einem Respons seines Meisters Meir von Rothenburg. »Was deine Frage angeht, ob man den Frauen das Trauern leichter machen soll als den Männern, so verstehe ich sie nicht. Denn in den Äußerungen der Rabbinen [zu dieser Frage] sind

Mann und Frau gleich.« (Meir fügt sogar an: »Plausibler wäre es, das Trauern für Männer zu erleichtern, denn Männer haben die Pflicht, Nachkommen zu zeugen (und das ist in den ersten Tagen der Trauer verboten).«) Vom Kaddisch sprach Meir nicht. Dennoch, »in den Äußerungen der Rabbinen [zu dieser Frage] sind Mann und Frau gleich«.

◇

Ich habe Akiba bei den Christen entdeckt! Er wurde ausgemacht bei Jacques Bénigne Bossuet, Bischof von Meaux, dem großen Prediger der Gegenreformation und Verteidiger des französischen Katholizismus im siebzehnten Jahrhundert. Bossuet erzählt die Geschichte von Akiba und dem Verdammten mitten in einer Rechtfertigung des Gebets für die Toten.

Nach der Reformation spaltete das Gebet für die Toten die Christenheit. Bei einem Historiker lese ich: »Die Katholiken behaupteten, das Gebet könne die Toten von den Qualen des Fegefeuers befreien, während die Protestanten die Lehre von der Reinigung nach dem Tod ablehnten und dem Gebet jegliche Wirkung auf das Schicksal der Toten im nächsten Leben absprachen.« Calvin nannte das Gebet für die Toten »eine perverse Form des Gebets«. Luther gestand einer solchen Fürbitte höchstens das folgende zu: »Lieber Gott, wenn die dahingegangenen Seelen in einem Zustand sind, in dem ihnen noch geholfen werden kann, dann bitte ich dich, barmherzig mit ihnen zu sein.« Dem fügte er hinzu: »Hast du ein- oder zweimal so gebetet, laß es genug sein und befiehl sie Gott.« Katholische Gelehrte versuchten zu beweisen, daß das Gebet alt und wirksam sei, protestantische Gelehrte versuchten hingegen zu zeigen, daß es unwirksam und eine relativ junge Neuerung in der Geschichte der christlichen Tradition sei.

Bossuet verteidigte das Gebet für die Toten gegen zwei protestantische Polemiker namens Roque und Blondel, die behaupteten, es sei unter dem Juden bis ins zweite Jahrhundert, bis in die Zeit Akibas, unbekannt gewesen. Bossuet hielt dem die Geschichte von Akiba und dem Verdammten entgegen. Bossuet hatte die Geschichte in einer lateinischen Übersetzung des kleineren talmudischen Traktats *Kalla* (»Braut«) gelesen, eines Kompendiums von Gesetzen, die von Verlobung, Ehe und sexuellen Beziehungen handeln. Tatsächlich entstand dieser Traktat nach dem Talmud, im Frühmittelalter, doch Bossuet ist von der antiken Entstehungszeit der Quelle überzeugt. Er versucht sogar zu zeigen, daß Akiba nicht der Verfasser des Gebets für die Toten war, sondern daß es weit älter sei. Man könne es, sagt er, im *Zweiten Makkabäerbuch* finden. Mehr noch, »es war seit unvordenklichen Zeiten in allen Synagogen ständig in Gebrauch«.

Bossuet gibt die Legende korrekt wieder, mit Ausnahme von zwei Ausschmückungen. Die eine besteht in der Einführung des Fegefeuers. Dorthin trägt der unerlöste Mann seine Bürde Holz. Bei Bossuet heißt es, in Akibas Traum habe »der erlöste Mann ihm mitgeteilt, er sei durch seine [Akibas] Fürbitte vom Fegefeuer erlöst worden und befinde sich jetzt im Garten Eden, das heißt, im Paradies auf Erden, in das, wie die Juden glauben, die Seelen der Gerechten kommen«. Bossuet hat hier der jüdischen Eschatologie die christliche aufgepfropft. Die andere Ausschmückung Bossuets besteht in seiner Beschreibung des Kaddisch. »Rabbi Akiba forschte nach dem Sohn des Toten und lehrte ihn das Gebet, das mit dem Wort *kaddisch* beginnt, das heißt *heilig*, welches man in den Ritualen der Juden findet.« Das ist falsch. Es gibt ein Gebet, das man in den Ritualen der Juden findet, aber es ist nicht das Kaddisch, und es beginnt nicht mit dem Wort »kaddisch«. Es ist die Keduscha, ein Gebetsstück, das in der Rekapitulation des Achtzehnbittengebets von der Gemeinde rezitiert wird; ein wichtiger Bestandteil ist der Vers »heilig, heilig, heilig ist der Herr der Heerscharen«, das sogenannte Trishagion aus Jesaja, das im Westen als *Sanctus* Eingang in die christliche Liturgie fand.

Die christliche Unkenntnis des Judaismus ist eine der großen historischen Tragödien. – Doch wie viele Juden haben nach dem Beispiel des katholischen Geistlichen die Geschichte von Akiba als Geschichte über ein Gebet für die Toten gelesen?

Auf Bossuet wurde ich aufmerksam durch einen alten Essay von Salomon Reinach, dem jüdischen Archäologen der gallischen Zivilisation und Historiker der Religion der Antike, den seine voltairianische Verachtung für die Rabbiner nicht hinderte, in den ersten Jahrzehnten dieses Jahrhunderts zu einem Führer der jüdischen Gemeinschaft in Frankreich zu werden. Im Jahre 1900 veröffentlichte er einen Aufsatz über die Ursprünge des christlichen Gebets für die Toten, speziell über seine ägyptischen Ursprünge. Reinach widerlegte Bossuets Ansichten und zeigte, daß die Christen das Gebet in der Zeit Tertullians übernahmen, um die Wende zum dritten Jahrhundert, daß nichts darauf hindeutet, daß es in Akibas Zeiten in der jüdischen Liturgie vorkam und daß es zurückgeführt werden kann auf den orphischen Kult in Ägypten sowie auf »bestimmte jüdische Gemeinschaften, besonders die in Ägypten«, in der Zeit des Hellenismus. Im ersten Teil seines Essays trifft Reinach eine bemerkenswerte Feststellung: »Die Heiden beteten zu den Toten, die Christen beteten für die Toten.« Und die Juden? Sie beten nicht zu den Toten. Beten sie für die Toten?

Ein Gebet für die Toten ist nur geringfügig weniger absurd als ein Gebet zu den Toten.

Im Grunde ist es nicht so weit hergeholt, wenn Bossuet das Fegefeuer der jüdischen eschatologischen Tradition zuschreibt. Die rabbinische Konzeption der zwölf Monate nach dem Tod kann sicherlich als eine Art Purgatorium bezeichnet werden. (Allerdings wurde das christliche Fegefeuer von der *regio gehennis* unterschieden.) Und vielleicht gibt es sogar eine historische Koinzidenz. Es ist behauptet worden, die Idee des Fegefeuers sei eine Schöpfung des zwölften Jahrhunderts, der militanten feudalen Welt der Kreuzzüge. Ein Historiker hat das Auftreten des Begriffs »Purgatorium« in das Jahrzehnt zwischen 1170 und 1180 verlegt. Ich vermag nicht festzustellen, ob das richtig ist, doch entgeht es nicht meiner Aufmerksamkeit, daß die Geburt des Purgatoriums sich zur gleichen Zeit vollzogen haben könnte wie die Geburt des Kaddisch. Doch das ist, wie gesagt, ein zufälliges Zusammentreffen. Ich glaube nicht einen Augenblick, daß das eine die Ursache des anderen war. Der Judaismus hat sich durch äußere Einflüsse diversifiziert, doch entwickelt hat er sich aus eigener Kraft.

Zum ersten Mal, seit ich von einer Mindestzahl von zehn Männern abhängig wurde, haben wir diesen Minjan heute abend nicht zusammenbekommen. Der freundliche, rastlose, fromme junge Anwalt, der für die Musterung des Minjan zuständig ist, telefonierte herum. »Aryeh? Steh auf! Aus den Federn! Was? Ja, hier ist die Schul! Los, mach dich auf die Socken!« Er legte den Hörer auf und verkündete freudig: »Okay, damit wären wir fünf.« Und so ging es weiter. Unser Musterer zählte uns nicht, wie üblich, mit dem traditionellen Vers der zehn Worte. Seine Gedächtnishilfe waren die zehn Plagen. Die Sonne ging unter, und wir waren erst bei den Geschwüren! Dann traf der Hagel ein, dann die Heuschrecken, dann die Finsternis und dann die Plage, daß alle Erstgeburt starb, und wir waren soweit. Ich war bewegt von der Bereitwilligkeit, mit der diese Leute das, was sie gerade taten, liegengelassen hatten und nach Georgetown geeilt waren, um anderen Leuten eine Pflichtversäumnis zu ersparen. Im nächsten Frühjahr, wenn ich mit meinem Kaddisch fertig bin, wird eines Abends bei Dämmerung mein Telefon klingeln. Dann werde ich hoffentlich die heutige Dämmerstunde nicht vergessen haben.

◇

Heute morgen wurde in der Schul das schreckliche achtundzwanzigste Kapitel im fünften Buch Mose gelesen, das Kapitel mit der Überschrift »Die Züchtigung«, in dem Gott in grausigem Detail die Strafen aufzählt, die auf das Volk warten, wenn es den Bund bricht. Es ist die sadistischste, unmenschlichste Passage der Schrift, und sie wird in der Schul rasch und mit gedämpfter Stimme gelesen. Ich wurde gebeten, den darauffolgenden Teil aus den Propheten zu lesen, das sechzehnte Kapitel aus Jesaja, ein außergewöhnlich tröstliches Kapitel. Der Trauernde stand vor der Gemeinde, um sie zu trösten! Gegen Ende der Lesung lag ein Vers für mich bereit: »Denn der Bedrükker hat ein Ende.« Die öffentlichen Bedeutungen wurden mit einem Schlage überwältigt von privaten Bedeutungen. Ich unterdrückte ein Schluchzen.

Im hinteren Teil der Schul saß ein magerer, durchgeistigter Mann, ein Mann mit erschöpften, knochigen Gesichtszügen und einem langen grauen Bart, mit einer starken Brille, die ihm fast auf der Nasenspitze saß, in einem Kaftan, den er eng um sich geschlungen hatte. Er betete in seinem eigenen Tempo. Ihn umgab eine Aura der Askese. Ich hatte ihn gern in meiner Nähe. Beim Verlassen der Schul sah ich den frommen Mann im Licht der hoch stehenden Sonne verweilen, das ihn durchdrang. Ich weiß nicht, woran er dachte, aber bestimmt nicht an das Licht. Ich erlebte den Zusammenprall zweier Arten von Schönheit. Das Licht war schön, die Gleichgültigkeit gegen das Licht war schön.

Heute ist Labor Day [1. Montag im September]. Washington ist eine Geisterstadt, aber in den letzten Tagen pflege ich Umgang mit Geistern. In der Stille des abendlichen Georgetown ist das Licht sanft, ein milder Glanz, in dem die Strukturen der Backsteinhäuser sich auflösen in ihre Oberflächen, die voller Muster und Texturen sind. Ich sehe nur kleine Dinge. Während ich die Gebete leite, habe ich keine Gewalt über meine Gedanken. Sie schweifen umher. Kleine Dinge, kleine Dinge. Meine Gedanken und meine Worte haben nichts miteinander zu tun. Doch die Worte kommen aus mir heraus, ungehindert davon, daß ich sie nicht beachte. Triumph der Routine.

In einer späteren Talmudpassage, Tausende von Seiten von der Stelle entfernt, wo es heißt, daß der Sohn den Vater erlöst, der Vater aber nicht den Sohn erlöst, wird eine Komplikation erörtert. Es ist Davids Klage um Absalom. »Da wurde der König sehr bewegt, und er stieg hinauf in das Obergemach des Tores und weinte; und während er ging, sprach er also: Mein Sohn Absalom! mein Sohn, mein Sohn Absalom! wäre ich doch an deiner Statt gestorben! Absalom, mein Sohn, mein Sohn! ... Und der König hatte sein Angesicht verhüllt, und der König schrie mit lauter Stimme: Mein Sohn Absalom! Absalom, mein Sohn, mein Sohn!« Die Rabbinen haben eine Frage zu diesen Versen: »Warum [sagte David] achtmal ›mein Sohn‹? Siebenmal für die sieben Stufen der Gehenna, aus denen David ihn aufsteigen ließ, und was das achte Mal angeht, so sagen einige, es sei dafür, Absaloms Kopf wieder mit seinem Leib zu vereinen, während andere sagen, es sei dafür, ihn in die künftige Welt zu bringen.« Was David äußerte, war demnach keine Klage, sondern ein Gebet, und es hatte die Folge, die Seele seines Sohnes aus der Hölle zu erretten und in den Himmel zu geleiten. Der Vater erlöste demnach den Sohn! Auf diesen Widerspruch stürzten sich die Tossafisten, die scharfsinnigen Talmudkenner der französisch-deutschen Judenheit im Hochmittelalter, und sie lösten ihn folgendermaßen auf: »Da Absalom seine verdiente Strafe in dieser Welt erhalten hat, als er eines absonderlichen Todes starb, kam ihm das Gebet seines Vaters zugute. ... Auch war Absalom nie ein Götzenanbeter [wie die schlechten Könige in dem anderen Talmudtext, denen nicht zu helfen war]. Und so dürfen wir schließen, daß die Aussage, daß der Vater nicht den Sohn erlöst, bedeutet, daß Respekt vor dem [guten] Vater nicht verhindert, daß der [schlechte] Sohn zu den Bösen gerechnet wird, für die es kein Gebet gibt, aber dennoch ist Nutzen im Gebet, weshalb David für Absalom betete.« Dies alles sind Erweise der Barmherzigkeit. Für Seelen, die von der Welt mit seltener Grausamkeit behandelt wurden, und für Seelen, die sich nicht des schlimmsten Verrats schuldig gemacht haben, besteht Hoffnung. Auch weiterhin erlöst der Vater nicht den Sohn, doch das Gebet des Vaters wird erhört werden.

Beim Essen beschreibe ich einer Freundin, wie es mir in der Schul ergeht, und sie sagt mir fast protestierend: »Aber ich glaube an Gott, und du nicht!« Wenn sie meint, daß ich nicht in derselben Weise glaube wie sie, hat sie recht. Dennoch bete und studiere ich nicht *nur* aus Gründen der Sohnespflicht.

Eine Seele ist nie nur ein Sohn. Manchmal entweder eine Seele oder ein Sohn.

Samuel Edels macht zu dem Fall Absalom eine interessante Bemerkung. Er erinnert an den Fluch, den der Prophet über David verhängte, nachdem dieser mit Bathseba gesündigt hatte: »Siehe, ich will aus deinem Hause Unglück über dich erwecken.« Dies war Edels zufolge eine Vorahnung von Absaloms Tragödie. Edels schreibt: »Da sein Sohn infolge seiner Taten bestraft wurde, kam es ihm zu, daß er seinen Sohn aus der Gehenna aufsteigen ließ. Und so sagte David: ›wäre ich doch an deiner Statt gestorben‹, [weil] ›es meine Sünde war, durch die dir dies geschehen ist‹.« Dies ist derselbe Kommentator, der zuvor auf die Autonomie des Sohnes gepocht hatte. Widerspricht Edels sich selbst? Ich glaube nicht. An dieser Stelle ist er, was die Autonomie angeht, realistisch. Autonomie ist zwar etwas Unbedingtes, aber sie tritt doch unter Bedingungen auf. Der Sohn ist frei, aber er ist auch Einflüssen ausgesetzt. Das ist kein Widerspruch. Es ist der Rohstoff des sittlichen Lebens. Wer würde den Einfluß des Vaters bestreiten? In seiner ersten Diskussion belegte Edels die Verantwortlichkeit des Sohnes. In seiner zweiten Diskussion belegt er die Verantwortlichkeit des Vaters. Keiner kommt davon.

Es gehört zu den Freuden der talmudischen Tradition, daß die Diskussion endlos ist, aber nicht ziellos. Die Schraube dreht sich immer weiter.

Mal ist Tradition etwas Festes, mal ist sie etwas Flüssiges.

In all diesem Ringen mit Erinnerung, Familie, Identität, Moral, Geschichte und Theologie gibt es ein Thema, mit dem ich nicht ringe, und das ist der Tod. Es stellt sich freilich heraus, daß es bei der Trauer in der jüdischen Tradition nicht wirklich um den Tod geht. Die Juden interessieren sich nicht für das Erlöschen, außer um sich ihm zu widersetzen. Ich interessiere mich jedoch für das Erlöschen, da ich es erwarte. Die Juden werden nicht sterben, doch Juden werden sterben, und ich bin einer von ihnen.

Ich kann nicht sagen, daß der Tod meines Vaters ein Übel war. Ich wünsche, es wäre nicht geschehen, aber ich wußte, daß es geschehen würde. Es verletzt mich, aber es verdüstert nicht mein Bild von der Welt. Gegen ein Übel kann ich hingegen protestieren, intellektuell und praktisch. Wir können uns selbst davon abhalten, zu sündigen, aber wir können uns nicht davon abhalten, zu sterben.

Vielleicht ist Liebe philosophisch nicht bedeutsam. Ein erfrischender Gedanke. (Und eine Erleichterung für die Liebe.)

In der Weisheit von Ben Sira: »Der Mann, der seinen Sohn lehrt, wird seinen Feind eifersüchtig machen und vor seinen Freunden über ihn frohlocken. Wenn sein Vater stirbt, ist es, als wäre er nicht tot, denn er hinterläßt einen, der ist wie er selbst.« Denselben Gedanken fand ich im rabbinischen Kanon: »Rabbi Simeon bar Johai sagte: Wer einen Sohn hat, der sich in der Tora vorwärtsarbeitet, ist, als würde er nicht sterben.« Hier wird die Verwischung des Unterschieds zwischen Vater und Sohn sehr weit getrieben. Nach meinem Verständnis ist der Sinn von Simeons Äußerung, den Vorzug der Kontinuität gegenüber der Diskontinuität zu rühmen. Und ich begreife, daß die

Weitergabe der Tradition eine beträchtliche Ähnlichkeit zwischen Vater und Sohn voraussetzt. Doch für meinen Geschmack ist die Äußerung zu extrem, und nicht nur, weil sie die Unaufhebbarkeit des Todes leugnet. Auch darf die Unaufhebbarkeit des Unterschiedes zwischen Vater und Sohn nicht geleugnet werden. Ein Moment der Wahrheit steckt auch in der gegenteiligen Aussage: Wer genauso lebt, wie sein Vater gelebt hat, ist, als würde er nicht leben.

Ich habe die ganze Woche über die Gebete geleitet, und ich werde meiner eigenen Stimme überdrüssig. Ich gehöre nicht in die vorderste Reihe dieser Aktion.

Es ist September, und ich wache immer noch zu derselben gottlosen (nein, göttlichen) Zeit auf, und jetzt ist es um diese Zeit dunkel. Ich hatte mich daran gewöhnt, daß die Sonne mich aufscheucht und in Gang bringt, daß sie mich für meine lästige Aufgabe mit dem entschädigt, was sie mir zeigen würde. Das morgendliche Licht war der Köder. Jetzt schlage ich meine Augen auf und blicke in die morgendliche Dunkelheit. Nun ja, ich glaube schon, daß es gut für mich ist. (Die Geschichte dieses Jahres: zuerst etwas, das schlecht für mich ist, und dann elf Monate mit Dingen, die gut für mich sind.)

◇

Heute morgen war es das *Sefer Chassidim* (»Das Buch der Frommen«), das ich mit ins Teehaus brachte. Es ist die seltsamste Hervorbringung des mittelalterlichen Judaismus. In ihm sind die Wertvorstellungen, Phantasien, Praktiken, Erfahrungen und Interpretationen der Pietisten von Aschkenas im zwölften und dreizehnten Jahrhundert festgehalten. Juda dem Frommen zugeschrieben, ist es im Grunde ein Kollektaneenbuch der spirituellen Empfindsamkeit, in dem sich vergeistigte theologische und ethische Vorstellungen mit Dämonen und Hexen vermengen. Ich habe dieses Buch schon immer geliebt und gefürchtet. Seine Verfasser standen noch unter dem Eindruck der Kreuzzüge, und durch seine Seiten ziehen sich der Tod und seine Folgen. Ich habe in dem Buch eine Reihe von Texten gefunden, die sich auf meine Probleme des Trauernden beziehen, und es ist an der Zeit, mit ihnen zu beginnen. Doch sobald ich das Buch aufmache, schlägt mir ein Hauch der Unvernunft entgegen. Nein, nein, nein.

Nicht heute morgen. Heute morgen wünsche ich diesen Planeten nicht zu bereisen. Ich schlage das Buch zu. Ich nippe an meinem Tee und lasse die Stunde verstreichen.

In New York feiert ein Freund seinen fünfzigsten Geburtstag. Ich kann nicht lange bleiben; es ist der Sabbat vor Rosch ha-Schana, und um Mitternacht gilt es, Bußgebete zu sagen, als Einleitung der Tage der geringen Furcht und der hohen Feierlichkeit. Ein kurzer Besuch in Gramercy Park, Umarmungen, Küsse, Klatsch, ein paar Drinks, und ich sitze wieder im Taxi und fahre die Madison Avenue hinauf. Die Stadt ist knapp einem Hurrikan entgangen, aber er hat dafür gesorgt, daß es glühendheiß ist, und die Leute auf der Straße wirken äußerst gereizt. Ich bin versucht, mich ihnen anzuschließen, dem Taxifahrer zu sagen, er solle umkehren und mich so davon abhalten, den Rest meiner Nacht meiner Religion zu opfern. Aber ich sage ihm nichts. Im Handumdrehen setzt er mich vor der Schul ab. Hunderte junger Männer und Frauen strömen hinein. Ich fühle mich ein bißchen verwirrt. Heute abend bin ich nicht stolz auf mein Doppelleben. Heute abend war der Übergang zwischen den Welten zu rasch. Ich bin mir dabei abhanden gekommen. Die Gebete rauschen an mir vorbei, ich kann mich auf nichts konzentrieren. Endlich findet meine Zerstreuung Einhalt durch das kurze aramäische Bittgebet gegen Ende des Gottesdienstes, das Saadja Gaon zugeschrieben wird, jenes, das um Linderung bittet für die, welche »gebrochenen Herzens« und »bedrückten Geistes« sind. Es läßt mich richtig demütig werden. Denn mein Herz ist nicht gebrochen, und mein Geist ist nicht bedrückt. Ich bin nur das Opfer der Übersättigung. – In diesem Gottesdienst gibt es kein Kaddisch, aber ich bin nicht wegen eines Kaddisch gekommen. Ich bin gekommen, weil ich ein Mitglied der Gemeinde bin.

Zurück in Washington, das nicht zu knapp dem Hurrikan entgangen ist. Der Fluß ist aufgewühlt und schlammig und tritt über die Ufer. Er führt allerlei zerbrochene Dinge mit sich. In der Schul sind die weinroten Vorhänge und Altardecken durch weiße ersetzt worden – die Farbe des Strebens nach Reinheit. Im Studiersaal geht von den unbedeckten flammenförmigen Glühbirnen in dem Kandelaber, der inmitten all dieser Weißheit stand, ein greller Schein der Keuschheit aus, der meinen Augen weh tut wie der erste Schnee des Winters. Ich fühle mich durch ihn gerügt. Als ich ein Junge war, machte mein Vater mich gern darauf aufmerksam, daß der Kantor seine schwarzen Gewänder gegen weiße ausgetauscht hatte. Ich wußte, daß ein Höhepunkt bevorstand. Ich erinnere mich, daß der Kantor unter seinem weißen Kopftuch weinte.

In einer obskuren Passage im »Buch der Frommen« ist die Rede von einem bestimmten Kaddisch eines bestimmten Sohnes für einen bestimmten Vater. Es geht um die Forderungen, die ein sterbender Mann im Hinblick auf seine Frau und seinen Sohn erhebt. Was er von der Frau in Sachen Disposition über den Besitz verlangt, ist schwer auszumachen. Der Text ist an dieser Stelle korrupt, oder vielleicht verstehe ich ihn einfach nicht. Doch der Rest der Passage vermittelt, glaube ich, folgendes: »Ein Mann, der im Sterben lag, bat einen bestimmten Juden, seinem Sohn das Kaddisch beizubringen. Es traf sich, daß der Sohn eines Frommen zur gleichen Zeit Kaddisch sagte. Als es sich als schwierig erwies, dem Sohn das Kaddisch beizubringen, [schlug der Lehrer vor,] daß der Sohn des Frommen das Kaddisch [für den Mann, dessen Sohn es nicht lernen konnte,] rezitiert. Er wurde jedoch ermahnt, daß es seine Pflicht sei, dem Sohn das Kaddisch beizubringen, und daß es die Pflicht des Sohnes sei, das Kaddisch für seinen Vater zu rezitieren.« Es kommt mir so vor, als werbe diese Passage für die Frommen, deren Söhne mit der Aufgabe keine Schwierigkeiten hatten. (Schul-Politik nennen sie das in Brooklyn.) Dies könnte der erste anekdotische Beweis für das Kaddisch des Trauernden sein.

Pietismus ist eine Form von Elitismus. Und Demut ist die raffinierteste Maskierung des Snobismus.

»Wenn man einen Erschlagenen findet …«: So beginnt ein merkwürdiges Kapitel im fünften Buch Mose, das die Israeliten darüber belehrt, wie man einen Mord sühnt, wenn man nicht weiß, wer der Mörder ist. Man verfährt folgendermaßen: Einer Färse, die noch nicht ein Joch gezogen hat, soll in einem versiegten Bachbett das Genick gebrochen werden, und alle Ältesten der Stadt, die dem Erschlagenen am nächsten ist, sollen ihre Hände über der Färse waschen und sagen: »Unsere Hände haben dieses Blut nicht vergossen, und unsere Augen haben es nicht gesehen; vergib, Herr, deinem Volke Israel, das du erlöst hast, und lege nicht unschuldiges Blut in deines Volkes Israel Mitte.« Im Talmud fällt den Rabbinen die Ausdrucksweise dieser Bitte auf. Sie wirkt ein wenig redundant. Warum »deinem Volke Israel« noch »das du erlöst hast« hinzufügen? Sie erklären, daß sich der Vers auf eine bestimmte Erlösung bezieht; der Vers impliziere, daß »diese Sühne verdient, auf all jene ausgedehnt zu werden, die aus Ägypten kamen«. Doch all jene, die aus Ägypten kamen, starben in der Wüste, was bedeutet, daß dies ein Sühneritual für die Toten ist. Und das provoziert die Pietisten des Rheinlandes. »Wie kann eine Tat für jemanden sühnen, der sie zu Lebzeiten nicht begangen hat?« Eine ausgezeichnete Frage. Der Text im »Buch der Frommen« unterstützt die Frage mit einer Analogie: »Ist es [im Talmud] nicht so, daß ein Sühneopfer, dessen Stifter gestorben ist, nicht mehr [zum Tempel] gebracht werden kann? Denn es gibt keine Sühne nach dem Tode. Es sind die Todesqualen, die für eines Mannes Sünden Sühne leisten.« Woran dachten die Rabbinen dann, als sie sagten, die Lebenden könnten die Toten erlösen? Sie dachten an das Verhältnis von Vater und Sohn. »Sie meinten, daß der Sohn den Vater erlöst. Wenn ein Mann sündigt, und er sorgt dafür, daß sein Sohn die Tora studiert und gute Werke tut, dann bringt der Sohn dem Vater Verdienst, weil der Vater dem Sohn Verdienst gebracht hat.«

Dies ist eine starke Behauptung zugunsten der spirituellen Macht der Trauer des Sohnes. Der Sohn ist die Ausnahme von der Regel, daß es keine Sühne für andere, keine Sühne nach dem Tode gibt. Es gibt keine moralischen Stellvertreter, außer einem. Weiter heißt es in der Passage: »Und wenn die Väter die Söhne anweisen, bestimmte Dinge zu tun, nachdem die Väter gestorben sind, und wenn die Söhne sie tun, ist es, als hätten die Väter sie getan.« Die Identifikation zwischen Vater und Sohn ist total. In diesem Fall ist Sühne nach dem Tode möglich, weil es zwischen den Lebenden und den Toten keinen wesentlichen Unterschied gibt.

»Vergib, Herr, deinem Volke Israel, das du erlöst hast«: Aus diesen Worten leiten die Pietisten eine Praxis ab. »Auf dieser Grundlage wurde der Brauch geschaffen, Almosen für die Toten zu geben, mit dem Ziel, ihr Los zu bessern.« Und es wird noch eine hilfreiche Institution geschaffen. Es ist die Institution des Gebets für die Toten, über das »Das Buch der Frommen« so viel zu sagen hat. (Das Kaddisch wird in diesen Passagen nicht erwähnt.) »Wir haben gelernt, daß die Toten für ihre Kinder beten«, fährt der Text fort und zitiert eine antike Interpretation eines Bibelverses. »Auch nützt es den Toten, daß die Lebenden für sie beten oder Almosen für sie geben. ... Denn wozu bedarf ich des Gebets? Wozu bedarf ich des Almosens?« Nein, bedürftig sind die Toten.

Die Fürbitte der Toten für die Lebenden verwirrt die Pietisten nicht. Die Fürbitte der Lebenden für die Toten verwirrt sie sehr. Und so errichten sie gleich eine Grenze. Das Gebet für die Toten »wirkt nur für eine Person, die Verdienst hat, die aber gesündigt hat. Wenn die Person kein Verdienst hat, wirkt es nicht«. Wenn über einen Mann nichts Gutes gesagt werden kann, ist es sinnlos, für ihn zu beten. Das ist eine drastische und äußerst weitgehende Einschränkung. Sie schützt die Idee der Gerechtigkeit gegen die Idee der Barmherzigkeit. Niemand kann seinem gerechten Lohn oder seiner gerechten Strafe entgehen. Das System von Lohn und Strafe wird nicht untergraben. Natürlich gibt es nicht viele Menschen, über die man nichts Gutes sagen kann. Die meisten Menschen sind moralisch keine eindeutigen Fälle. Sie haben Verdienst, und sie haben gesündigt. Philosophisch mögen die Pietisten das Gebet für die Toten also beschränkt haben, praktisch jedoch nicht.

Eine eschatologische Schummelei ist also nicht möglich. Der Sohn kann nicht zwischen den Vater und die Folgen des Lebenswandels des Vaters treten. Den Trauernden *ex machina* gibt es nicht. Die Liebe findet ihre Grenze an der Moral. Klingt rational, nicht wahr? Nun, beinahe. Aber man bedenke folgendes: »In dieser Welt kann er der Seele des Toten nützen. Doch wenn er in dieser Welt seinen Mund geschlossen hielt und nicht seine Forderung stellte, dann sollte er seine Forderung auch nicht in der Zukunft stellen«, das heißt, in der künftigen Welt. Eine Bedingung! Und sogleich ein Einwand gegen die Bedingung: Was ist mit Elischa ben Abuja? Elischa war die tragischste Gestalt des klassischen Judaismus. Er lebte in der zweiten Hälfte des zweiten Jahrhunderts. Er war ein großer Weiser, der zu einem großen Abtrünnigen wurde, weshalb man ihn Acher nannte, »der andere«. Sowohl Rabbi Meir als auch Rabbi Jochanan versprachen, nach ihrem Tode seine Seele zu retten. »Wenn ich sterbe, werde ich bewirken, daß Rauch von seinem Grab aufsteigt«, gelobte Rabbi Meir. Der Rauch sollte zeigen, daß der arme Mann bestraft worden war, und »als Rabbi Meir starb, stieg Rauch von Achers Grab auf«. »Wenn ich sterbe, werde ich den Rauch von Elischas Grab löschen«, gelobte Rabbi Jochanan. Das Ausbleiben des Rauches sollte zeigen, daß dem armen Mann vergeben worden war, und »als Rabbi Jochanan starb, verschwand der Rauch von Achers Grab«. (Und als Rabbi Jochanan starb, hieß es bei seinem Begräbnis, daß »sogar der Pförtner der Gehenna dir nicht die Stirn bieten konnte!«) Warum konnten sie ihn nicht retten, als sie noch am Leben waren, wie es die mittelalterlichen Pietisten fordern? »Weil Achers Sünden zu groß waren«, erklären die mittelalterlichen Pietisten. »Als sie noch am Leben waren, hätte ihr Flehen nicht ausgereicht. Sie mußten in der nächsten Welt Gewalt anwenden«, was immer das bedeuten mag.

Ich bin froh, daran erinnert zu werden, daß das Irrationale in das Rationale übergehen kann, daß man Sinn im Unsinn und Unsinn im Sinn entdecken kann. Und ich bin auch froh, zu erfahren, daß der Appell einer von der körperlichen Hülle befreiten Seele nichts bewirkt. Eine Seele ohne Körper hat nicht die Autorität einer Seele mit Körper. Wir trauern auf der Erde.

◇

Der Verfasser dieser Passage ist besorgt, daß seine kritischen Bemerkungen die Lebenden davon abhalten könnten, für die Toten zu beten. Deshalb schließt er mit der entschiedenen Feststellung: »Beten in dieser Welt bessert dennoch das Los der Toten.« Doch an anderen Stellen des »Buches der Frommen« werden immer wieder die Beschränkungen des Gebets für die Toten betont. Unter den ersten Eintragungen des Buches ist eine Sammlung von drei Legenden zu dem Thema. In der ersten geht es um »einen Pietisten, bei dem es Brauch war, Almosen für die Seelen der Toten zu geloben, für die Seelen seiner Angehörigen und dann für die Seelen aller Toten. Als man ihn nach dem Grund fragte, erwiderte er: ›Weil ich der Nutznießer einer dieser verdienstvollen Seelen sein könnte, und ich möchte nicht undankbar sein. Und auch deshalb, damit auch sie nicht undankbar sein werden, und um ihrer willen werde ich belohnt werden.‹« Der Text wirft dann die Frage auf, wie das möglich sei. Ist ein Sühneopfer nicht unwirksam, wenn es nicht von dem Schuldigen selbst dargebracht wird? Als Antwort darauf heißt es, daß »Mildtätigkeit ist wie die Färse, der das Genick gebrochen wurde«, durch die bewiesen wurde, daß eine rückwirkende Sühne möglich ist. Und dann kommt die folgende Geschichte: »Ein Mann ging in einen Wald und verirrte sich. Nachts sah ihn jemand im Mondesschein und erkannte ihn und begriff, daß er tot war. Er wollte die Flucht ergreifen, als der [tote] Mann zu ihm sagte: ›Lauf nicht weg von mir. Ich werde dir nichts antun. Ich bin der und der [das heißt, er nannte seinen Namen].‹ Der verängstigte Mann rief aus: ›Aber du bist doch schon seit Jahren tot!‹ ›Das stimmt‹, erwiderte er, ›aber ich finde keine Ruhe wegen des Ackers, den ich gestohlen habe [als ich noch am Leben war]. Man erschöpft und quält mich in dem Wald wegen des Gutes, das ich gestohlen habe.‹« Und anschließend kommt diese Geschichte: »Ein Heide starb, und ein paar Tage später begegnete ihm sein Knecht in der Nacht. ›Lauf nicht weg von mir‹, sagte er zu ihm, ›ich werde dir nichts antun.‹ ›Aber du bist doch tot‹, erwiderte der Knecht. ›Das stimmt‹, sagte der Mann. ›Doch man erschöpft und quält mich, weil ich das Gut von dem und dem mit Gewalt an mich gebracht habe. Bestell bitte meiner Frau, sie möge es zurückgeben.‹ Der Knecht sagte: ›Aber sie werden mir nicht glauben!‹ ›Bestell ihnen‹, sagte der tote Mann, ›sie möchten sich morgen an einer bestimmten Stelle einfinden, und sie werden mich sehen.‹ Der Knecht kehrte in die Stadt zurück und berichtete allen davon. ›Dies ist, was mir der Mann gesagt hat, der seit Tagen tot ist‹, verkündete er. [Sie waren skeptisch.] ›Hat er dir einen Beweis gegeben?‹ fragten sie. ›Morgen werdet ihr ihn in einem bestimmten Baum sehen‹, erwiderte der Knecht, ›und dann werdet ihr mir glauben.‹ Sie gingen zu dem bezeichneten Ort und sahen ihn in dem Baum, und als sie in seinem Grab nachschauten, war er nicht da. ›Gib nun das gestohlene Gut seinem Eigentümer zurück‹, erklärte der Knecht, ›und der Mann wird Ruhe finden.‹«

Für diejenigen, die diese Legenden erzählen, beweisen diese, daß die Lebenden auf das Schicksal der Toten einwirken können. »Doch halt!« wendet der Text ein. »Diese Geschichte handelt von einem

Heiden! Ist sie wahr oder falsch?« Aber »darauf kommt es nicht an. Es gibt ähnliche Geschichten über Juden.« Der Aberglaube ist universal. Alle Kinder Gottes werden von Gespenstern heimgesucht. Und ein anderer Einwand: »Wie könnten die Taten der Lebenden in dieser Welt den Toten in der nächsten Welt nützen? Der [tote] Mann hat diese gute Tat ja nicht getan, als er noch am Leben war.« Dies ist der Protest der Moral gegen den Aberglauben. Die Antwort lautet: »Seine Söhne handeln in seinem Namen.« Die Fürbitte der Lebenden für die Toten ist nur in einem Fall möglich. Es müssen die eigenen Söhne sein.

Und dennoch sind die Pietisten nicht damit einverstanden, daß der Sohn das Ethische aufheben können soll. Nicht einmal der Sohn eines Mannes vermag etwas gegen dessen verdiente Strafe auszurichten. »Außerdem«, heißt es in dem Text weiter, »gibt es einen Unterschied. Wenn ein Mann kein eigenes Verdienst hat, nützen ihm alle Wohltaten und Freundlichkeiten der Welt nichts. Doch wenn er eigenes Verdienst, aber auch eigene Sünden hat, und wenn es um seiner Missetaten willen geschieht, daß er aus dem Garten Eden verbannt ist oder in der Gehenna bestraft wird oder von Dornen geplagt wird oder Dämonen ihr Spiel mit ihm treiben – oder wenn er ein Gerechter ist, der verdient, unter den Gerechten zu weilen, aber um einer Sünde willen ist ihm ihre Gesellschaft verwehrt –, dann nützt es ihm, wenn die Lebenden für ihn beten und um seiner willen Almosen geben und das Gut, das er gestohlen hat, zurückgegeben wird. ... Doch die Lebenden können nichts tun, das einem Menschen helfen würde, der nach seinem Tode nicht für verdienstvoll befunden wird.«

Es gibt jedoch ein Hintertürchen. Nichts kann von den Lebenden für den Toten getan werden, »es sei denn, er habe angeordnet, daß nach seinem Tode [eine bestimmte Tat] getan wird, und sie wurde getan«. Man kann beizeiten einen Weg der posthumen Rettung vorbereiten. Der Text nennt das Beispiel von Moses, der anordnete, daß die Gebeine Josefs aus Ägypten ins Gelobte Land gebracht werden sollten. Es waren Josua und die Israeliten, die die Tat vollbrachten – und doch erkannte die Schrift Moses das Verdienst daran zu.

»Es sei denn, er habe angeordnet, daß nach seinem Tode [eine bestimmte Tat] getan wird, und sie wurde getan.« Indem er etwa anordnet, die Tochter solle Kaddisch für ihn sagen?

Ungeachtet ihrer entflammten Phantasien sind die Pietisten von Aschkenas wirklich sehr aufgebracht über die Vorstellung, daß in das System von Lohn und Strafe eingegriffen werden könnte. Schließlich sind sie ja gegen Zauberei und für die Moral. Ich lese weiter: »Wenn zugunsten des Toten in dieser Welt und in der Zukunft Spenden gegeben werden, so werden Reichtümer dem Sünder und dem, der andere dazu gebracht hat, zu sündigen, am Tage des Zorns nichts nützen. Wenn der Tote andere daran gehindert hat, Almosen zu geben und gute Taten zu tun, oder wenn er versäumt hat, die Tora zu studieren und gute Taten zu tun, so daß er nicht selbst das Verdienst erworben hat, die Gebote zu erfüllen und gütig zu handeln, oder wenn er nicht getreulich dafür gesorgt hat, daß nach seinem Tode Almosen gegeben werden, so wird es ihm nichts nützen, und würden andere auch ein Haus voller Gold um des Toten willen geben. Ein Mann hat die Tugend, und ein anderer den Lohn? Nein, so geht es nicht. Für was büßen denn dann die Bösen? Sie würden es sich in dieser Welt wohlgehen lassen und dann durch die Mühsal anderer Eden gewinnen!«

Die Pietisten von Aschkenas waren besessen von Buße. Sie entwickelten die extremsten und kompliziertesten Bußprotokolle des mittelalterlichen Judaismus. Und sie machten oft Gebrauch von den Methoden der Kasteiung. Sie waren Asketen. Das folgende ist daher nicht erstaunlich: »Wenn er [der Tote] sowohl Tugenden als auch Laster hatte, dann kann der Lebende für ihn fasten und beten, daß die Strafe des Toten entsprechend den Kasteiungen und wohltätigen Verpflichtungen, die der Lebende auf sich nimmt, gemindert werde.« Doch auch die Askese vermag einen Menschen nicht vor den Folgen seines Lebenswandels zu bewahren: »Dies wird dem Toten nur nützen, wenn er Gutes und Böses getan hat, doch wenn er nichts Gutes getan hat, wird es ihm nicht nützen.« Anschließend nennt der Text einige Beispiele aus dem Altertum, wie sehr sich die Lebenden um die Toten bemühten. Er zitiert die posthumen Bemühungen von Rabbi Meir und Rabbi Jochanan um die Seele von Acher, dem Abtrünnigen, den sie liebten. Und dann führt er die Legende von Rabbi Simon ben Jochai an, dem charismatischen Gelehrten des zweiten Jahrhunderts, der den Römern entkam und sich mit seinem Sohn zwölf Jahre lang in einer Höhle versteckte. (Die Offenbarungen, die ihm in der Höhle zuteil wurden, machten ihn zum Helden der jüdischen Mystik.) Eine Passage des Talmud ausschmückend, berichtet der pietistische Text, daß »Rabbi Simon ben Jochai die ganze Welt vom Strafgericht zu erlösen wünschte. ›Ich habe die Reihen derer gesehen, die der göttlichen Gegenwart ansichtig werden sollen, und es sind ihrer wenige. Wenn es ihrer wirklich nur zwei sind, dann sind es ich und mein Sohn.‹ Und er sagte auch: ›In der Höhle erwarb ich so viel Verdienst, und ich nahm so viel Schmerz und Leid auf mich, aber nicht für mich selbst. Nein, ich nahm Qualen auf mich, die nicht meine gerechte Strafe waren, weil ich sie an den Qualen maß, welche die Bösen für ihre Sünden erleiden sollen, und auf diese Weise konnte ich sie vom Tag des Gerichts erlösen.‹«

Ich kannte diese Legende von Simon ben Jochai nicht, und sie ist verblüffend. Denn die Absicht, die Simon hier zugeschrieben wird, kann man nur als eine Jesus-gemäße Absicht bezeichnen. Allerdings ist dies nicht das Ende von Simons Selbstgespräch. Sein Wunsch, die Welt zu erretten, wird eingeengt durch die moralische Realität der Welt. »Wenn die Bösen einiges Verdienst haben, wird ihnen das, was ich getan habe, dennoch nicht schaden. Wenn sie kein Verdienst haben, werden sie als Folge dessen, was ich getan habe, dennoch nicht in den Garten Eden gelassen werden. Denn es wäre nicht zu verstehen, wenn einem Mann die künftige Welt geschenkt würde, ohne daß er sich um sie bemüht hätte.«

Niemand stirbt für die Sünden eines anderen. Es gibt Barmherzigkeit, aber es gibt keinen Freispruch von der Verantwortung. Es gibt, moralisch gesehen, keine Wunder.

◇

Einige Seiten vorher im »Buch der Frommen« werden die fundamentalen Tatsachen nüchtern beim Namen genannt. »Kein Wesen und kein Dämon hat die Macht, den Gerechten etwas von ihrem verdienten Lohn in der künftigen Welt zu verwehren. Sie werden erhalten, was sie wahrhaft und vollkommen verdienen, denn es ist unmöglich, daß ihnen nicht voll zukommen wird, was sie verdient haben. Wenn daher ein böser Mann stirbt, ist es nicht möglich, durch Beten zu erreichen, daß er mit den Gerechten gerechtfertigt wird. Ein solches Gebet wird nichts ausrichten. Denn der Lohn, der die Gerechten erwartet, ist für nichts anderes als die Mühe und Plage, die sie in der Befolgung der Gebote ertragen haben. Wie aber kann der, der seinen Neigungen zu den Freuden der Sünde nachgab, erwarten, einen guten Teil zu erben? Eine solche Vorstellung ist offenkundig unsinnig und fern der Vernunft.«

Und der Rest dieses Textes, ist er nicht fern der Vernunft? Nein, nicht alles davon.

Der Salbenmischer war einer der großen Pietisten von Aschkenas. Er war der Schüler von Juda dem Frommen, der diese Sekte gründete. Seine Erörterung des Trauerns schließt mit einer Passage »aus dem Notizbuch von Rabbi Juda dem Frommen (und in seinem ›Buch der Herrlichkeit‹ wirst du den Beweis dessen finden, was er sagt)«. Sie lautet folgendermaßen: »Die Geister der Toten schweifen durch die Welt, um auf das zu horchen, was für die Welt verfügt wurde. Manchmal laden sie die Lebenden ein, mit ihnen zu gehen; nimmt aber ein Mann oder seine Nachkommenschaft die Einladung an, so werden sie sterben. Nein, er soll zu den Geistern der Toten sagen: ›Im Namen Gottes, ich wünsche nicht, dich oder sonst einen Toten zu begleiten.‹ Am folgenden Tag soll er zum Friedhof gehen und seine Schuhe ausziehen und sich auf ihren Gräbern zu Boden werfen und sagen: ›Um Gottes willen, dessen Wunsch es ist, daß der Mensch lebe, verfolgt mich nicht länger. Es ist Gottes Wille, und es ist mein Wille, daß ich es ablehne, mich zu dir oder zu irgendeinem Toten zu gesellen. Du sollst mich und die, die ich liebe, nicht verfolgen, weder du noch deine Helfershelfer. Denn ich wünsche in dieser Welt zu leben, nicht in jener Welt!‹«

Der Kampf der Religion mit sich selbst. Mehr Beweise für die Unveräußerlichkeit des Denkens.

In dieser Woche werden vor den Morgengebeten Bußgebete gesprochen, und ich muß noch früher aufstehen, ein paar Minuten nach sechs. Das geht nicht spurlos an mir vorüber. Im Büro war nichts mit mir anzufangen. Den ganzen Tag lang konnte ich nicht sagen, ob ich müde oder traurig war. Was ist der Unterschied? Müde oder traurig, ich kann nicht über meine Kräfte verfügen.

Immer wenn ich Kafka lese, frage ich mich: Was für eine Art von Niedergeschlagenheit ist das, die einem die Kraft läßt, zu schreiben, zu schreiben und wieder zu schreiben? Wenn man über das Scheitern schreiben kann, ist das Scheitern nicht vollkommen. Man ist unversehrt. Hier ist eine Regel: Der verzweifelte Schriftsteller ist keinesfalls der verzweifeltste Mensch der Welt.

Ich erhebe mich bei Dunkelheit, »in der ersten Morgenwache«, wie es in der Liturgie heißt. Es regnet heftig. Als ich ein paar Minuten verspätet in der Schul ankomme, lesen sie gerade eines der mittelalterlichen Gedichte über die Buße. Manche dieser Kompositionen sind von einer nicht zu überbietenden Dunkelheit und Preziosität. Es fällt mir schwer, den hochtrabenden Stil zu ignorieren und in diesen Seiten etwas anderes zu sehen als Literatur. Doch die Leidenschaft im Raum ist spürbar. Ich bin in einer Versammlung von wirklich religiösen Menschen. Was sie auch sonst noch als Begründung für ihr Tun anführen mögen, hier ist es unerheblich. Ihr Glaube ist eine irreduzible Größe. Sie sind hier, weil sie glauben, und ich bin hier, weil sie glauben.

Gestern abend bin ich wütend ins Bett gegangen. Jede Nacht wird mir verdorben durch den folgenden Morgen. Der Morgen ist für mich Nacht. Ich möchte nichts anderes tun als das, was ich tue. Äußerst gereizt.

Mir fällt das Versprechen des Talmud ein, daß, »wenn es um das Trauern geht, das Gesetz eine nachsichtige Haltung einnimmt«, und ich denke: nicht in der Erfahrung dieses Juden.

◇

Das älteste der speziellen Gebete des Morgens kommt am Ende des Gottesdienstes: »Er, der unserem Vater Abraham am Berge Morija antwortete, Er wird uns antworten. Er, der seinem Sohn Isaak antwortete, als er auf den Altar gebunden war, Er wird uns antworten. Er, der Jakob in Bethel antwortete, Er wird uns antworten.« Und so geht es weiter mit Josef, Moses, Aaron, Phineas, Josua, Samuel, David, Elia, Elischa, Jona, Hesekia, Hananja, Michael, Asarja, Daniel, Mordechai, Esther und Esra. Die Liturgie ist voller rätselhafter Berufungen auf das, was die Tradition »das Verdienst der Väter« nennt. Ahnen anzuführen ist eine jüdische Gewohnheit. Ahnen sind die Heiligen des Judaismus.

Heute morgen fällt mir auf, wie gut diese Liturgie mit meinen derzeitigen Obsessionen zusammenpaßt. Hier sind wir und flehen Gott an, daß uns das Verdienst unserer Väter gut zustatten komme. Die Väter erlösen also doch die Söhne! Dies ist sogar eines der Axiome des jüdischen Gebets. Und die gegenteilige Ansicht, die dem Handeln der Söhne den Vorzug vor dem Einfluß der Väter gibt, die Ansicht, die mich in den letzten Monaten erregt hat, ist die Ansicht der Minderheit. Aus Ephraim Urbachs Studie über die Weisen der Antike erfahre ich, wie alt diese Debatte ist. Im Midrasch-Kommentar zur Teilung des Roten Meeres wird ausgiebig darüber spekuliert, wessen Verdienste für das Wunder verantwortlich waren, und die beiden frühesten Autoritäten im Talmud sind sich nicht einig. Schemaja stellte sich vor, daß Gott folgendermaßen abwägt: »Der Glaube ihres Vaters Abraham an Mich reicht aus, daß Ich das Meer für sie spalte.« Und Awtaljon folgendermaßen: »Ihr Glaube an Mich reicht aus, daß Ich das Meer für sie spalte.« Die Väter oder die Söhne. Die Errungenschaften der Vergangenheit oder die Errungenschaften der Gegenwart. Die absteigenden oder die aufsteigenden Generationen.

Urbach: »Awtaljon und die lange Reihe der Weisen, welche die Wunder und die wiederholte Errettung dem Verdienst und den Taten des Volkes Israel und nicht dem Verdienst der Väter zuschrieben, waren besorgt, daß man sich allzusehr auf das letztere Verdienst verlassen könnte und daß dadurch das Verantwortungsgefühl geschwächt werden könnte.« Mit anderen Worten: Man soll das Leben in der Gegenwart leben. Doch die Partei der Gegenwart unterlag der Partei der Vergangenheit. Urbach kommt zu dem Schluß, daß »die Weisen nicht sonderlich Erfolg damit hatten, über das Sichverlassen auf das Verdienst der Väter herzuziehen«.

Und so wurde die Unterscheidung zwischen Frömmigkeit [piety] und (kindlicher) Ehrfurcht vor dem Vater [filial piety] verwischt. Hier sind die Grundlagen von Freuds Irrtum zu suchen. Religion ist ganz gewiß mehr als die Anbetung des Vaters. Gott ist nicht der Vater, und der Vater ist nicht Gott. Und dennoch sind Gott und der Vater – das ist der Wahrheitskern von Freuds Ansicht – eng und tief miteinander verflochten. Sie müssen deshalb aus spirituellen Gründen entflochten werden. Spirituell ist der Krieg der Generationen ein notwendiger Krieg.

Die Sünden der Väter, verkündete Gott gegenüber Mose, werden nicht heimgesucht werden an den Söhnen. Das ist ein Versprechen der Gerechtigkeit. Doch auch die Heiligmäßigkeit der Väter sollte nicht an den Söhnen heimgesucht werden. Gerechtigkeit muß sein.

Ich sprach mit meiner Mutter, dann mit meiner Schwester. Sie fürchten die Feiertage, die morgen abend beginnen. Man nennt sie die Furchtbaren Tage, doch das Furchtbare besteht dieses Jahr allein in der Abwesenheit meines Vaters. Ich fürchte ihre Furcht. Aber wir werden schon durchkommen, einen Schrecken nach dem anderen. Für diejenigen, die dir nicht helfen können, gibt es sowieso nur ein Mittel: du mußt ihnen helfen.

Heute abend habe ich die Spaziergänger in Dupont Circle beneidet, diejenigen, die absichtslos dahinschlenderten.

VII

Ein paar Minuten mit einer Seite des Talmud in der Schul. Die Seite enthält manches, das zu meinen Recherchen paßt. So etwa Rabbi Akibas Ansicht über den Einfluß des Vaters auf den Sohn. »Er sagte: Der Vater *soché* den Sohn mit Schönheit und Stärke und Reichtum und Weisheit und einem langen Leben.« Unter *soché* versteht die Tradition »mit Verdienst ausstatten«: dies ist eine Aufzählung der Vorzüge, mit denen der Vater den Sohn ausstattet. (Es ist eine vollkommen ungrammatikalische Deutung des Verbs *soché* in Akibas Ausspruch, aber lassen wir das.) Akibas Ansicht läßt dem Sohn nicht viele Vorzüge, die er selbst erwerben könnte.

Akiba entwickelt einen genealogischen Determinismus. Er ist nicht sehr anziehend, und nicht nur für mich. Einigen Querverweisen nachgehend, entdecke ich, daß nicht nur die mittelalterlichen Kommentatoren sich nicht für die Hegemonie des Vaters erwärmen konnten, sondern auch schon Akibas Zeitgenossen. In den Tossafot ist ein Disput verzeichnet: »Rabbi Akiba lehrte … daß der Vater den Sohn mit fünf Dingen ausstattet. Die Weisen sagten, dies sei so bis zur Reife, und von da an erwerbe der Sohn sie selbst.« Ich freue mich, daß Akibas Determinismus, seine Erklärung von den Vätern her, die Ansicht der Minderheit ist.

Heute morgen erblickte ich das erste zaghafte Licht und dachte sofort daran, mir die Gebetsriemen anzulegen und mich in meinen Gebetsmantel zu hüllen. Es ist passiert. Ich lebe im Käfig der Pflicht, in dem eingeengten Erkenntniszustand, den Soloveitchik beschrieb und den ich beklagte. Auf dem Weg zur Schul versuche ich ihn zu bekämpfen. Ich erteile mir immer wieder kleine Befehle: Sieh. Höre. Schmecke. Riech. Taste. Sieh. Höre. Schmecke. Riech. Taste. Sonst verlangten meine Sinne mehr, als ihnen zusteht, und ich tat ihnen den Gefallen. Jetzt verlangen sie lediglich, was ihnen zusteht. Aber das steht ihnen zu.

Zurück zum Disput zwischen Akiba und den Rabbinen über die Macht des väterlichen Erbes. Zunächst gibt der Text die verschiedenen Ansichten wieder, und dann kommt es zu einem interessanten Austausch. Akiba bestreitet, daß Schönheit, Stärke, Reichtum, Weisheit und Jahre etwas mit Reife oder Unreife zu tun haben. Er fragt: »Haben wir Kunde von einem, der bis zum Reifealter lahm war und im Reifealter plötzlich zu gehen vermochte? Haben wir Kunde von einem, der bis zum Reifealter taub war, und im Reifealter gingen ihm plötzlich die Ohren auf? Haben wir Kunde von einem, der bis zum Reifealter blind war, und im Reifealter gingen ihm plötzlich die Augen auf?« Die Antwort, gibt Akiba zu verstehen, lautet nein, von so weitgehenden persönlichen Wandlungen haben wir keine Kunde. Das Kind ist der Vater des Mannes – und dies gilt folglich auch für den Vater des Kindes. Wenn du den Sohn zu kennen wünschst, studiere den Vater. Akiba stellt eine radikale Behauptung auf: Die Errungenschaften des einzelnen sind nicht erworben, sie sind ererbt. Bei einigen Errungenschaften – Stärke, Schönheit, Reichtum – ist das einsichtig, sogar trivial. Doch die Weisheit? Sie in das Ererbte einzubeziehen heißt, das Moralische auf das Natürliche zu reduzieren. (Meine dem Darwinismus anhängenden Bekannten wären entzückt und würden Akibas Aberglauben erfreut als eine vorzeitige wissenschaftliche Einsicht bezeichnen.)

Doch die Entgegnung der Rabbinen läßt nicht auf sich warten. »Sie sagten zu Akiba: Haben wir nicht Kunde von einem, der bis zum Reifealter gehen konnte und im Reifealter plötzlich lahm wurde? Haben wir nicht Kunde von einem, der bis zum Reifealter hören konnte und im Reifealter plötzlich taub wurde? Und von einem, der bis zum Reifealter sehen konnte und im Reifealter plötzlich blind wurde? Wir müssen daher folgern, daß der Vater nur bis zu dieser Zeit für die Gaben des Sohnes verantwortlich ist.« Nach Ansicht der Rabbinen gibt es eine individuelle Entwicklung, eine individuelle Wirksamkeit. Der Mann ist der Vater des Mannes. Wenn du den Sohn zu kennen wünschst, studiere den Sohn. Das Erbe erklärt einiges, aber es erklärt nicht alles.

◇

Der Abend von Rosch ha-Schana in Brooklyn. Bei Dämmerung fallendes, umhertreibendes Laub. Mein Vater ist überall. Ich komme zur Schul, seiner pompösen Schul, und setze mich auf den Platz, den er sonst einnahm. Schaudern, augenblicklich. Er war auf diesem Platz, jetzt bin ich auf diesem Platz. Es war sein Platz, jetzt ist es mein Platz. Ich habe ein körperliches Empfinden, sein Erbe zu sein. Ich bin meines Vaters Bein. Und die Männer um mich herum, mit denen er dreißig Jahre lang gebetet hat, haben bemerkt, was geschehen ist. Einige kommen zu mir und schütteln mir schweigend die Hand. Sie vermitteln nicht nur Beileid. Sie vermitteln auch Glückwünsche. Sie haben beobachtet, wie die Position vom Vater auf den Sohn überging. Von einem solchen Übergang träumen sie.

Die Gebete sind zu Ende, und die Gemeinde marschiert hinaus. Auf dem Gang tritt ein Herr an mich heran und sagt: »Ich wünsche Ihnen ein gutes Jahr, Mr. Wieseltier.« Ich bin ein bißchen verwirrt. Ich bin nicht Mr. Wieseltier. Er war Mr. Wieseltier. In einem gewissen Sinne markiert dies das Ende der Schul, wie ich sie gekannt habe. Mein Leben lang bin mich mit meinem Vater zur Schul gegangen, das heißt, ich bin als Sohn zur Schul gegangen. Da ich praktisch nicht aufhören konnte, als Sohn zur Schul zu gehen, hörte ich ganz auf, zur Schul zu gehen. Die Religion wurde für mich eins mit der Kindheit. Doch die Kindheit ist vorbei. Und so erwidert Mr. Wieseltier die Glückwünsche: »Ihnen ebenfalls ein gutes Jahr.«

Noch bin ich nicht ganz bereit, zusammen mit meiner Mutter und meiner Schwester zu Abend zu essen. Ich muß mich erst beruhigen. Ich gehe an der Bucht entlang und setze mich auf eine der alten Holzbänke, genau gegenüber einem kleinen verfallenen Pier. Das Wasser wirkt beruhigend. Zwei Männer kreuzen auf. Der eine trägt eine große Taschenlampe, der andere eine lange Stange, an der ein Netz befestigt ist. Sie fischen nach Krabben. Der eine leuchtet ins Wasser, der andere beugt sich tief hinunter und gibt sich große Mühe, das, was im Licht zu sehen ist, herauszuholen. Bald ist ihr kleiner Eimer voll mit Eßbarem. Manchmal kostest es große Mühe, überhaupt unter die Oberfläche zu gelangen, aber wenn man es geschafft hat, unter die Oberfläche zu kommen, dann hat man auch die Tiefe erreicht.

Die Melancholie vermag alles in eine Metapher zu verwandeln. Auf dem Weg zum Haus meiner Schwester nehme ich flackernde Lichter und solide Ladebäume, ziehende Wolken und die kräftigen Stümpfe gefällter Bäume wahr. Das alles sind Embleme meiner inneren Zustände. Ich greife das, was außerhalb von mir ist, mit dem an, was in mir ist. Mir fallen die »objektiven Übereinstimmungen« ein, die zu ehren mir beigebracht wurde, und ich denke: objektive Übereinstimmungen sind etwas Nichtiges. Es ist eine größere Aufgabe, subjektive Übereinstimmungen zu finden, die Seele zu trainieren, die außerhalb ihrer befindlichen Formen anzuprobieren.

Das Gegenteil der Metapher ist die Verwandlung.

◇

Was ich mir nach Brooklyn mitgenommen habe, ist der große Traktat über die Reue von Menachem ben Salomon ha-Meiri, der bis zum Beginn des vierzehnten Jahrhunderts in der Provence lebte und ideengeschichtliche Abhandlungen und Kommentare verfaßte. Der überaus weitschweifige ha-Meiri verband den Rationalismus eines Maimonides mit dem Talmudismus der französischen und deutschen Rabbinen, und er schrieb in einem geschmeidigen, enzyklopädischen Stil. Dieses dickleibige Buch über die Reue ist ein Werk aus seiner Jugendzeit, und es schließt mit philosophischen Betrachtungen über das Trauern. »Ich hielt es für angebracht, die Gesetze des Trauerns [auf die Erörterung der Reue] folgen zu lassen, denn wenn die Tora und die Weisen sich über den Kummer und die Trauer des einzelnen geäußert haben, über die Verzweiflung, die ihn überkommt, wenn diejenigen, die er geliebt und an denen er gehangen hat, nicht mehr da sind, so in der Absicht, ihm einzuschärfen, daß er sich über seine eigenen Taten Rechenschaft ablegt, damit er erkennt und versteht, daß es an ihm lag, daß dies geschehen ist, daß dieser Wirbelsturm seine Schuld war.« Meine Schuld? Es war seine Schuld!

Er ist tot, aber ich soll schuld daran sein? – Ich beteure nicht meine Unschuld. Ich weiß, wer ich bin. Ich beteure nur meine Unschuld an seinem Tod.

Der Tod macht mich klein, aber er macht mich nicht schuldig. Selbst wenn ich makellos wäre, wäre ich doch sterblich, und Sterblichkeit ist kein Makel. Ich bin schuldig des Tuns, ich bin nicht schuldig des Seins. (Heidegger bediente sich der Verschmelzung von Endlichkeit und Schuld, um die Schuld aus dem Bereich der Ethik in den Bereich der Ontologie zu verlagern und dadurch das normale Gewissen als banal erscheinen zu lassen.)

Wenn ich von Anfang an und grundlegend schuldig bin, wenn meine Schuld meinem Tun vorausgeht, dann kann ich machen, was ich will. Was für eine Generalerlaubnis eine solche Schuld ist! Die ontologische Schuld ist der Traum eines Immoralisten.

Man ist nicht verantwortlich für sein Sein. Das ist genau das Problem.

Doch ha-Meiri läßt nicht nach. Er besteht darauf, daß die Trauer eine Rüge und daher von Nutzen ist. Im Zusammenhang mit dem Vers aus dem Prediger »Es ist besser, in das Haus der Trauer zu gehen, als in das Haus des Gelages zu gehen, indem jenes das Ende aller Menschen ist; und der Lebende nimmt es zu Herzen«, schreibt er: »Wenn der Lebende es zu Herzen nimmt, das heißt, wenn er sich über den Tag des Todes äußert und sein eigenes Ende begreift, dann wird es dazu führen, daß ihm das Herz bricht ... Und jeder wird, wenn die, die er geliebt hat, plötzlich nicht mehr da sind, dazu bewegt werden, inmitten des Übels, das seinem Volk widerfahren ist, und des Verlustes seines Heimatlandes seine Sünden zu bereuen. Nun versteht ihr, warum ich diese Gesetze und Fragen [der Trauer] hinzugefügt habe, denn sie entfalten sich auf die Reue hin, da diese Dinge die Ergebung des Herzens und die Vernichtung des Stolzes nach sich ziehen und so bewirken, daß man sich in seinen Taten bessert und die Wege der Rechtschaffenheit beschreitet.« Ha-Meiri gibt diesem Kapitel über die Gesetze der Trauer die Überschrift »Die Vernichtung des Stolzes«. Nach seiner Darstellung ist das Ziel der Trauer die Unterwerfung des Trauernden. Der Trauernde soll durch den Tod, den er beklagt, gebessert werden. Der Tod ist eine Mitteilung an die Lebenden, die dazu neigen, in Wollust zu leben, weil sie vergessen, daß auch sie sterben werden. Das Zerreißen des Gewands des Trauernden erklärt ha-Meiri folgendermaßen: »Wenn die Gewänder zerrissen werden, werden die Herzen zerrissen werden. In dieser Weise wird dein Zerreißen eine bestimmte Intention haben, und deine Trauer wird die Aspekte der Rechtschaffenheit und der Melancholie haben. Aus diesem Grund befahlen die Rabbinen [dem Trauernden], Dinge zu tun, die schmerzen.«

Meine kleine Nichte lernt gehen und sprechen. Nach dem Essen stolpert sie im Zimmer umher und flüstert: »Groß werden, groß werden, groß werden.« Dann hält sie inne, weil ihr andere Worte einfallen, die sie gehört hat, und sie beendet ihren Gedanken mit den Worten: »Vorsichtig, vorsichtig, vorsichtig.«

Der Talmud erinnert daran, daß »die frühen Pietisten stets eher in ein Haus der Trauer als in ein Haus des Gelages gingen«, wie es der Prediger empfahl, und fragt dann: »Welches ist die Lehre [der Bibelworte] ›und der Lebende nimmt es zu Herzen‹? Daß derjenige, der hinter der Bahre geht, sagen muß: ›Ich folge diesem hier.‹« Ha-Meiri zitiert diese grausige Passage, aber in noch bedrückenderen Worten: »Jeder, der hinter der Bahre geht, muß sagen: ›Ich sterbe als nächster.‹«

◇

»Wir möchten Ihnen das Ehrenamt Ihres Vaters übertragen«, teilt mir am Morgen der Kantor in der Schul mit. Mir bleibt die Luft weg. Ich erwidere, daß es mir eine Ehre sein wird, das Ehrenamt meines Vaters zu übernehmen, obwohl mir bewußt ist, daß es mich und meine Mutter und meine Schwester ruinieren wird. Das Ehrenamt meines Vaters bestand darin, während des zusätzlichen Gottesdienstes (Parascha) den Schrein zu öffnen, vor Beginn des ehrwürdigen Gebets, das von Isaak von Wien unter Berufung auf Ephraim von Bonn, der die große, schauderhafte Chronik des Zweiten Kreuzzuges verfaßte, einem Märtyrer des zwölften Jahrhunderts namens Rabbi Amnon von Mainz zugeschrieben wurde, während der Dauer des Gebets vor dem Schrein zu stehen und ihn danach zu schließen. Als es soweit ist, steige ich die wenigen Stufen zum Schrein hinauf und ziehe an der Kordel, um den Vorhang zu öffnen. Die Torarollen werden sichtbar, die Gemeinde erhebt sich, die Stunde der vollkommenen Trauer ist da. Direkt hinter mir stimmt der Kantor die mittelalterlichen Worte an – »Wie ein Hirte seine Herde versammelt und seine Schafe unter seinem Stab passieren läßt, so wirst Du die Seelen aller Lebenden vor Dir erscheinen lassen, um sie zu zählen und über sie zu richten und ihr Ende zu bestimmen« –, und ich werde von einem stummen Krampf geschüttelt. Ich lehne mich gegen den Schrein, in das helle Licht hinein, das von ihm ausstrahlt. In meinem Auge hängt eine einzelne Träne, die nicht herunterfallen will. Ich sehe alles durch diese Träne. Die Träne fängt das Licht ein, wird zu einem Medium des strahlenden Glanzes. Ich bin ein Hinterbliebener in einem Diamanten, einem Juwel des Schmerzes. Aus dem Winkel meines erfüllten Auges sehe ich das Gesicht meiner Mutter ins Gebetbuch versenkt. Sie weint. Ich zittere. Das Licht hält mich nicht. Ich greife nach dem glatten Holz des Schreins und halte mich daran fest. »Wer durch Feuer und wer durch Wasser ... wer durch Hunger und wer durch Durst ... wer Ruhe finden wird und wer keine Ruhe finden wird ... wer getröstet werden wird und wer gepeinigt werden wird ...« Die Träne ist heruntergefallen. Ich weine unkontrollierbar. Aber worum eigentlich? Um meinen Vater natürlich. Aber weshalb eigentlich um meinen Vater? Ich rechnete damit, daß er sterben würde. Ich weine um das Ende seiner Freuden, von seinen Enkelkindern bis hin zu seinen Streitigkeiten. Nein, um mehr. Ich weine um seine erste Begegnung mit dem Tod, diejenige, der er entkam. Nein, um mehr. Ich weine um den Sieg seiner Leiden über seine Freuden. Er war ein unglücklicher Mensch. Nein, um mehr. Ich weine, weil das Sein endlich ist. Ich weiß, wovon ich rede. Ich fürchte nichts mehr als die Endlichkeit. »Der Mensch ist aus Staub und wird wieder zu Staub. Er bringt sein Brot mit seinem Leben. Er ist wie die Scherbe, die zerbricht, das Gras, das verdorrt, die Blume, die verwelkt, der Schatten, der vergeht, die Wolke, die verschwindet, der Wind, der weht, der Staub, der in der Luft hängt, der Traum, der verfliegt.« Schließlich ist das Gebet beendet. Ich schließe den Schrein. Das Licht vergeht. Sein Ehrenamt ist jetzt mein Ehrenamt. Meine tiefste Wunde wurde aufgerissen. Ich habe dem Tod meines Vaters eine Philosophie entlockt – und mit der Philosophie das Entsetzen. Ich lasse mich auf meinen Sitz sinken. Ich hoffe, daß meine Mutter und meine Schwester sich von dem erholt haben, was der Kantor und die Struktur der Schöpfung uns diesen Nachmittag angetan haben.

Es kommt die Zeit, sich zu erheben und Kaddisch zu sagen. Ich sehe meine Schwester aufstehen und ebenfalls Kaddisch sagen. Nein, nicht sie! Noch nie bin ich in meinem Wunsch, meine Schwester vor dem zu bewahren, was sie kränkt, so vollständig geschlagen worden. Doch in wenigen Augenblicken wird aus dem Gefühl des Scheiterns ein Gefühl der Freude. Es ist richtig, daß meine Schwester Kaddisch sagt. Sie ehrt unseren Vater genauso, wie ich ihn ehre. Meine Besorgnis angesichts ihrer Not weicht einem Gefühl der Solidarität. Mittlerweile warten alle ungeduldig darauf, daß wir fertig werden, damit die Gottesdienste beendet werden können.

◇

Ein Mann, der wünscht, er wäre nicht geboren, betrauert die Toten. Kann ein solcher Mann trauern? Es sollte ihn nach der Erlösung gelüsten! Aber er ist von der Welt eingefangen worden. Er wünschte nicht zu kommen, und er wünscht nicht zu gehen. Und deshalb trauert er.

Ich werde an meinen Lieblingsdisput im Talmud erinnert. Es ist eine der Auseinandersetzungen zwischen der Schule Hillels und der Schule Schammais, der Patriarchen des jüdischen Gesetzes im ersten Jahrhundert. »Seit zweieinhalb Jahren waren die Schule Schammais und die Schule Hillels entzweit. Die erstere war der Ansicht, es wäre für einen Menschen besser gewesen, nicht geboren zu sein, als geboren zu sein. Die letztere war der Ansicht, es sei besser für einen Menschen, geboren zu sein, als nicht geboren zu sein. Sie stimmten ab und kamen zu einem Schluß: Es wäre für einen Menschen besser gewesen, nicht geboren zu sein, doch nun, da er geboren ist, sollte er besser die Taten prüfen, die er getan hat. Und manche sagten: Er sollte besser die Taten prüfen, die er tun wird.« Das war der Kompromiß zwischen den Schulen: ein Pessimismus, der kein Nihilismus ist.

Nein, es war gar kein Kompromiß. Die Schule Schammais siegte.

Das Ideal eines guten Lebens basierte auf dem Bild eines düsteren Lebens. Eine freudlose Ethik.

Es ist eine untugendhafte Welt, die der Tugend bedarf. Betrachten Sie die Welt. Sehen Sie Leid? Dann werden Sie nicht wünschen, es zu vermehren. In diesem Sinne ist Klarsichtigkeit eine Bedingung der Moralität.

Nach Güte zu streben heißt nach Klarheit zu streben.

»Sie stimmten ab und kamen zu einem Schluß«! Die Schulen einigten sich darauf, daß die Desillusion nicht geleugnet, sondern daß sie eingrenzt werden sollte. Was die Wahrheit anging, waren diese Weisen nicht sentimental. Sie hatten verstanden, daß sie aufrüttelt und entzweit.

Pessimismus in der Theorie, aber nicht in der Praxis. Ist das möglich? Ein Weltanschauung ist eine Anschauung von der Welt, von der ganzen Welt. Wie ist es möglich, nicht ihr gemäß zu handeln?

Pflicht, mit anderen Worten die Kunst, unglücklich zu sein.

In dieser Trostlosigkeit kommt eine gewisse Befreiung mit der Post. Es ist eine Karte zu Rosch ha-Schana, die Freunde meiner Mutter geschickt haben. »Liebe Stella, wir denken an Dich und wünschen Dir ein glückliches neues Jahr. Wir und viele mit uns werden Jack dieses Jahr in der Synagoge vermissen.« Es ist nett, daß sie Jack vermissen werden. Die Sache hat nur einen Haken. Mein Vater hieß nicht Jack. Ich muß lachen, meine Mutter muß lachen, meine Schwester muß lachen. Der Bann des Kummers ist gebrochen.

◇

Am Nachmittag wende ich mich im Haus meiner Mutter wieder ha-Meiris Text zu. Aufgrund seiner Deutung einer Passage bei Hesekiel begreife ich, warum er auf der Ergebung des Herzens bestand. In dieser Passage sagt Gott dem Propheten, daß seine Frau ihm genommen werden wird, er aber nicht um sie trauern soll, weil seine scheinbare Gleichgültigkeit den Israeliten ihre eigene Gleichgültigkeit bewußtmachen wird. »Und ich redete zu dem Volke am Morgen, und am Abend starb mein Weib. Und ich tat am Morgen, wie mir geboten war.« Als die Leute wissen wollen, warum er sich nicht wie ein Trauernder verhält, sagt Hesekiel ihnen folgendes: »Das Wort des Herrn ist zu mir geschehen also: Sprich zum Hause Israel: So spricht Gott der Herr: Siehe, ich werde mein Heiligtum entweihen, den Stolz eurer Stärke, die Lust eurer Augen und das Verlangen eurer Seele; und eure Söhne und eure Töchter, die ihr zurückgelassen habt, werden durchs Schwert fallen. Dann werdet ihr tun, wie ich getan habe: den Bart werdet ihr nicht [wie bei Trauernden üblich] verhüllen, und Brot der Leute nicht essen, und eure Kopfbunde werden auf euren Häuptern sein, und eure Schuhe an euren Füßen; ihr werdet nicht klagen und nicht weinen, sondern werdet hinschwinden in euren Missetaten, und seufzen einer gegen den anderen.« Aus dieser Bibelpassage leiteten die Rabbinen im Talmud etliche der Trauerbräuche ab. Doch es sind nicht die rechtlichen und rituellen Implikationen des Textes, die ha-Meiri beschäftigen. Was ihn interessiert, ist die spirituelle Obstruktion der Israeliten im Unglück. Ihre Nöte ließen sie widerspenstig werden! »Als der Prophet sie züchtigte, wurden sie halsstarrig um ihrer Nöte willen. Je mehr die Strafe für ihre Sünden sie einholte, desto mehr sündigten sie. Und so zeigte Gott ihm in einer prophetischen Vision, daß seine Geliebte sterben und er darauf nicht mit den Bräuchen der Trauer reagieren würde – ein prophetisches Gleichnis, um ihnen zu zeigen, daß sie sich weigerten, sich in die Nöte und Katastrophen, die ihnen widerfuhren, zu fügen. Denn wenn sie sich in sie fügen würden, würden sie zu Gott zurückkehren und nicht in ihrer Sünde hinweggefegt werden ... Er verkündete in einer Prophezeiung, daß er, obwohl ihm etwas ganz Schreckliches widerfahren war, in seinem Verhalten dennoch kein besiegtes Herz zeigte. Er verhielt sich vielmehr widerspenstig, so als sei er nicht betroffen, genau wie sie sich verhärteten. Daraus leiteten unsere Rabbinen eine allgemeine Regel ab: daß man um die Verwandten, die einem genommen wurden, in einer Weise trauern solle, die das Herz demütig macht und die Seele kasteit, bis das Verhalten des Trauernden ihn aufrüttelt und ein wahres Verständnis in ihm weckt, denn dann wird sein unbeschnittenes Herz sich ergeben und er erkennen wird, daß es seine Sünden waren, die zu seiner Strafe führten.«

Angesichts des Todes wird man verstockt, was das Leben angeht; doch aus ha-Meiris Homilie höre ich eine Warnung heraus, daß solche Verstocktheit ein Fehler sein kann, eine Selbstgefälligkeit, eine Einbildung des Willens. Es gibt Umstände, die dich erschüttern müssen, und wenn du davon nicht erschüttert wirst, dann hast du diese Umstände nicht verstanden. In solchen Umständen ist es ein Fehler, wenn dir das Herz *nicht* bricht. Und es ist sinnlos zu kämpfen, denn der Kampf wird dich blind machen für die Chance, die dir durch dein Unglück geboten wurde. Möchtest du hochmütig dein altes Leben fortsetzen? Selbstverständlich, denn das alte Leben war ein gutes Leben. Aber es ist dir nicht länger zugänglich. Es wurde unwiederbringlich hinweggefegt. Es bleibt also nur eines zu tun: der Veränderung mit Veränderung begegnen. Wo das alte Leben war, soll das neue Leben sein. Mach nicht weiter wie bisher. Würdige den Schock. Laß dich fallen, um aufzustehen.

Der halsstarrige Trauernde, der Kaddisch sagt, um seinen Hals zu beugen.

Gebrochen, gebrochen, gebrochen. Weil du verstanden hast.

Wieder in Washington, in der Schul und außerhalb der Schul, morgens und abends, einen Tag nach dem andern. Die Spiritualität verflacht zu Zeitplänen, die mich bedrücken. Ich bin erschöpft und voller Groll. Wenn diese Zeit der Introspektion vorbei ist, wenn ich über die tiefsten Themen nachgedacht habe, wenn ich meine Seele mit meinen Tränen gewaschen habe, und wenn ich meinen Vater erlöst haben werde und mein Vater mich erlöst haben wird, dann werde ich reif sein für – ein Nickerchen.

»Am Tage der Wohlfahrt sei guter Dinge, aber am Tage des Unglücks bedenke: auch diesen wie jenen hat Gott gemacht.« Ha-Meiris letzte Homilie ist eine Auslegung dieses Verses aus dem Prediger. Er erinnert an die allegorische Deutung der Philosophen, daß der Vers sich beziehe auf »die Angelegenheiten der Welt des Entstehens und Vergehens«, auf die Struktur der Schöpfung: »Der Prediger sagt, bedenke und begreife, daß Er all diese gewöhnliche Materie zum Vergehen bestimmt hat, wie also kannst du große Dinge von der Materie erwarten und dort nach Vollkommenheit und Ewigkeit suchen? Such nicht dort! Denn wer kann die Schöpfungsordnung ändern und gerade machen, was gekrümmt ist? Und so sagte der Prediger: ›Am Tage der Wohlfahrt sei guter Dinge‹, das heißt: Da es nicht in deiner Macht liegt, die Struktur der Welt zu ändern und aus dem Vergänglichen etwas Wertvolles hervorzubringen, ist es dem Menschen allein angemessen, die Wechselfälle der Zeit hinzunehmen, wie sie kommen ... Das Gute und das Böse, das Gerade und das Krumme, das Entstehen und das Vergehen: für all diese hat der Schöpfer eine Zeit und eine Jahreszeit bestimmt ... Die Ursache des Guten ist die Ursache des Bösen, und kümmern wir uns nicht um das, was dem gemeinen Betrachter als ein Mangel an Ordnung und Vorsehung erscheint.« Mit einer solchen metaphysischen Auslegung des Verses ist ha-Meiri jedoch nicht einverstanden. »Mir sagt es mehr zu«, schreibt er, »ihn im Sinne seiner offenkundigen Bedeutung auszulegen.« Für ha-Meiri bietet der Vers eine Deutung nicht der Welt, sondern der menschlichen Welterfahrung, einen Ratschlag, inmitten der diesseitigen Unbeständigkeit spirituelle Beständigkeit zu bewahren. Seine Lehre ist seiner Meinung nach folgende: »Am Tage der Wohlfahrt sei guter Dinge, aber gedenke auch am Tage der Wohlfahrt des Unglücks, das kommen wird, und gib nicht die Hoffnung auf Gerechtigkeit auf; da Gott das eine wie das andere gemacht hat, wird Er manchmal das Gute und manchmal das Böse bringen. Auf seine klarsichtige Weise erklärte der Prediger, daß das Gute und das Böse zwei Punkte auf einer Linie sind, der eine dem anderen entgegengesetzt, und das Böse ebenso möglich ist wie das Gute ... Wenn ein Mensch bemerkt, daß er glücklich ist, in einer der Spielarten des Glücks, so ist es nicht angemessen, daß er sich in seinem Glück einrichtet. Nein, er soll sich der Zeiten der Not erinnern. Aus diesem Grund entschieden die Rabbinen [im Talmud], daß die privaten Trauerbräuche auch an einem Feiertag gepflegt werden sollen, obwohl die öffentlichen ausgesetzt sind ... Angemessen ist vielmehr, daß man zittert und sich nicht dem Glück des Feiertages überläßt, [so daß] man alle Not vergißt und sich auf das versteift, was einem bevorsteht. Weise ist es dagegen, aufrecht zu gehen, das heißt, sich zu mäßigen und den mittleren Weg zu wählen und alles zu seiner Zeit zu akzeptieren, denn das Glück hat seine Zeit und sein Gegenteil hat seine Zeit.«

Ha-Meiri ist besorgt, wie die Wandelbarkeit der Welt sich auf die Seele auswirkt. Man ist nie ein für allemal glücklich und nie ein für allemal unglücklich. Solange man lebt, gibt es nichts Beständiges. Wir kennen keine Zeiten, in denen alles ein für allemal feststeht. Die Melancholie hat allenfalls eine partielle Begründung in der Realität, und dasselbe gilt für die Freude. Die Gesetze der Trauer wurden ha-Meiri zufolge ersonnen, um dieser Wechselhaftigkeit der Erfahrung Rechnung zu tragen.

Ha-Meiri hat mich vor der Versuchung der Totalität gewarnt. Welche Empfindung wäre totalisierender als die Empfindung des Kummers? Sie sieht nichts außer ihrem Objekt und der Welt, die ihr ihr Objekt genommen hat. Sie betrachtet die Welt aus der Sicht ihrer Wunde und vereinfacht sie auf diese Weise. Da meldet sich ha-Meiri mit einer Warnung zu Wort. Trauernder! Halte eine vergängliche Zeit nicht fälschlich für ein Gesetz.

Die Unbeständigkeit der Dinge gefällt, die Unbeständigkeit der Dinge mißfällt.

Ha-Meiri ermahnt den glücklichen Menschen, nicht in seinem Glück zu versinken. Er ermahnt nicht den unglücklichen Menschen, nicht in seinem Unglück zu versinken. Aber das sagt er implizit, und ich nehme es an. Alter Rabbi, bring mir Abwechslung!

Wenn man bedenkt, wie unbeständig der Geist und wie unbeständig die Welt ist, ist es erstaunlich, daß überhaupt etwas Wahres bewiesen worden ist.

Nachdem er die Wechselhaftigkeit der Erfahrung erläutert hat, auf der die Gesetze der Trauer beruhen, äußert ha-Meiri sich zu einigen Details. Eines betrifft die Rechtfertigung des Gerichts. »Was die Rechtfertigung des Gerichts betrifft«, schreibt er, »schrieb unser Lehrer Rabbi Moses, daß es erlaubt ist, sie an einem Feiertag und an Neumond und an Chanukka und an Purim einstimmig zu rezitieren, da sie [nicht] wie ein Trauerlied ist. Einige der Geonim verbaten zwar ihre Rezitation, doch unser Brauch gleicht dem, den Rabbi Moses Gaon vorschrieb, dem zufolge sie [die Rechtfertigung des Gerichts] in nichts anderem besteht als einer Anerkennung Gottes und einer Hinnahme des Gerichts des Himmels und keine Äußerung der Trauer enthält, welche gegen den Festtag verstoßen würde; wir brauchen nicht zu vermeiden, sie zu rezitieren. Unser Brauch ist sogar so beliebt geworden, daß wir sie auch während der Monate Tischri [in den die Feste Rosch ha-Schana und Jom Kippur und Sukkot (Laubhüttenfest) fallen] und Nissan [in den das Pessachfest fällt] rezitieren, ungeachtet der Tatsache, daß es kein Gesetz ist, und trotz der Autorität der Geonim, [die es lieber sahen,] die Festtage, die in diese Monate fallen, zu ehren [dadurch, daß man sie nicht rezitiert].« Wer ist Rabbi Moses Gaon? Ha-Meiri ist dafür bekannt, den Autoritäten, die er zitiert, seine eigenen Epitheta zu verleihen. Könnte es Maimonides sein? Doch die Ansicht, die er diesem Moses unterstellt, ist die von Raschi. Ich stehe vor einem Rätsel. Wie dem auch sei, ha-Meiris Passus ist historisch interessant. Er ist ein weiterer Beleg für Raschis weitreichenden Einfluß. Seine Legitimation dieser Liturgie für ein Begräbnis an einem Tag der Freude wurde auch im Süden Frankreichs anerkannt.

Und dann taucht ein rätselhafter Satz auf. »Es ist ferner unser Brauch, es am Sabbat bis zur Dunkelheit gar nicht zu sagen, und ich bin nicht sicher, ob wir es an den Feiertagen sagen oder nicht.« Offenkundig bezieht ha-Meiri sich nicht auf die Rechtfertigung des Gerichts. Was ist es also für ein Gebet, das nicht gesagt wird, außer an Sabbaten bei Einbruch der Nacht? Es muß das Kaddisch des Trauernden sein! Hier ist es, in den östlichen Pyrenäen im ausgehenden dreizehnten Jahrhundert, für die verwaisten jungen Burschen von Perpignan.

◇

»Ist dir das nicht verhaßt?« fragte mich heute abend in der Schul ein Freund, der über Ermüdung klagte. Es ist mir verhaßt – aber ich sollte mich genau ausdrücken. Verhaßt ist mir nicht die Pflicht. Verhaßt ist mir, was aus der Pflicht wird. Die Bedingungen ihrer Erfüllung schwächen den Willen zu ihrer Erfüllung. Ich komme mir wie ein Roboter vor, und wo steht geschrieben, daß die Gesetze Moses' auch für einen Roboter gelten? Aber ich werde nicht nachlassen. Ich werde nicht im Namen meiner Pflicht meiner Pflicht entsagen. Das ist eine der klassischen Ausreden des modernen Judentums, seiner billigeren Ausgaben, um genauer zu sein.

Meine Abwesenheit von der Schul wäre nicht ehrenhafter als meine Entfremdung von ihr.

Stolz ist nicht die einzige angemessene Reaktion auf das Bewußtsein der Ursprünge. Auch Bescheidenheit ist angebracht. Auf seine Vorfahren stolz zu sein heißt noch nicht, auf sich selbst stolz zu sein.

Stolz ist eine Art Erschlaffung. Sei stolz auf die Väter in der Vergangenheit, um dich nicht der Söhne in der Gegenwart zu schämen. Das ist einer der häßlicheren Aspekte des Gruppengefühls.

Wieder in Brooklyn. Am Morgen des Sabbats, am Tag vor Jom Kippur. Ich bin früh in der Schul. Ich kann mich nicht recht auf die Gebete konzentrieren und rezitiere das Kaddisch mechanisch. Doch die Lesung der Tora reißt mich aus meiner Betäubung. Wir nähern uns dem Ende des fünften Buches Mose, dem Ende des Epos von Moses, und in dem großartigen Abschiedsgedicht im 32. Kapitel erscheint der Vers, der in meinen Recherchen eines Trauernden eine zentrale Rolle gespielt hat: »Sehet nun, daß ich, ich bin, der da ist, und kein Gott neben mir! Ich töte, und ich mache lebendig, ich zerschlage, und ich heile; und niemand ist, der aus meiner Hand errettet!« Ich folge der Lesung heute morgen anhand einer Ausgabe der Heiligen Schrift, die von Baruch Ha'Levi Epstein zusammengestellt wurde, einem russisch-jüdischen Gelehrten, der 1942 starb, Sohn eines der bedeutenden jüdischen Juristen der Neuzeit. (Er war zugleich Kassenbeamter einer Bank.) Epstein vermerkte am Rand der Bibelverse alte rabbinische Kommentare, und er schrieb einen eigenen Kommentar. So erscheint die talmudische Aussage, daß der Vater nicht den Sohn erlöst, in Verbindung mit dem obigen Vers, wie ich es erwartet hatte. Doch Epsteins Glosse zu dem Text und der Belegtext sind besser als erwartet. »Aber der Sohn erlöst den Vater«, schreibt er. »Auf den ersten Blick ist aus dem Vers nicht zu ersehen, warum der Sohn den Vater erlöst. Der Grund ist folgender. In den meisten Fällen hängt die Erziehung des Sohnes vom Vater ab, und wenn der Sohn würdig wird und ein gewisses Verdienst erreicht, war der Vater gewiß die Ursache davon, und daher verdient er, aus dem Verdienst seines Sohnes Nutzen zu ziehen. Einer solchen Darstellung gemäß scheint es überdies, daß die Mutter ebenfalls für das Verdienst des

Sohnes verantwortlich ist, denn es ist auch die Aufgabe der Frau, die Söhne zu lehren, und so hat auch sie Anteil an seinen Vorzügen und an den Fähigkeiten seiner Seele.« Endlich die Mutter! Ich hatte mich schon gefragt, ob ich in all diesen Quellen je auf sie stoßen würde.

Aber damit endet Epsteins Kommentar nicht. Der Rest erweist sich als eine der vernünftigsten Behandlungen des Themas, die mir bisher untergekommen sind. »Nimm allgemein zur Kenntnis, daß die Aussage, daß der Vater nicht den Sohn erlöst, sich nur auf die Rechtfertigung bezieht, die sich aus dem Studium der Tora und der Befolgung der Gebote ergibt, also auf die Rechtfertigung in der künftigen Welt, denn die kostbaren, erhabenen Errungenschaften der künftigen Welt müssen von jedem einzelnen mit dem Erwerb jeder einzelnen von ihnen von ihm selbst erlangt werden. Für die Vorzüge dieser Welt dagegen, die geringer sind als die Vorzüge der künftigen Welt, macht offensichtlich der Vater den Sohn würdig, und den Beweis dafür haben wir in unseren Gebeten, die darum bitten, daß das Verdienst der Väter uns schützen möge. Aus diesem Grunde sagten die Rabbinen, daß ein gottloser Mann, dem es gutgeht, ein böser Mann sein müsse, der der Sohn eines gerechten Mannes ist, denn die Verdienste seines Vaters kommen ihm zugute.« Epsteins Unterscheidung zwischen dieser und der nächsten Welt ist eine Unterscheidung zwischen der Realität unserer Abhängigkeit und der Realität unserer Unabhängigkeit. Und so wie es keinen Widerspruch zwischen dieser Welt und der künftigen Welt gibt, so gibt es auch keinen Unterschied zwischen unserer Abhängigkeit und unserer Unabhängigkeit. Sie gehören zusammen, als die Bedingungen unserer Verantwortung.

Ich hatte damit gerechnet, daß Jom Kippur ohne meinen Vater problematisch sein würde, daß ich in der Umgebung, in der er gelebt hatte, von Sonnenuntergang bis Sonnenuntergang stündlich an ihn denken würde. Der Rabbiner hat eine Idee. Er bittet die Gottesdienstbesucher am Nachmittag, sich Gedanken darüber zu machen, wie ein Denker des elften Jahrhunderts die Unterscheidung zwischen den Bösen, den Gerechten und den durchschnittlichen Seelen verstand, die weder böse noch gerecht sind. Die Männer um mich herum zerbrechen sich darüber den Kopf. Ich nicht. Ich habe mir darüber fast ein halbes Jahr lang den Kopf zerbrochen. Vielleicht ist Jom

Kippur dieses Jahr deshalb für mich ein bißchen enttäuschend. Dieses Jahr hat jeder Tag einen Hauch von diesem Tag.

Unten in der Schul findet ein Jom-Kippur-Gottesdienst für russische Einwanderer statt. Etwa dreihundert von ihnen haben sich in einem großen Saal unter einem protzigen Kronleuchter versammelt. Sie lauschen einer Predigt auf russisch, mit hebräischen und jiddischen Einsprengseln. Ich stehe im rückwärtigen Teil und studiere meine Brüder. Sie machen einen nüchternen und unscheinbaren Eindruck. Gerade ihre Unscheinbarkeit finde ich schön. Abgesehen von ein paar jungen Männern und Frauen, die ihren Wohlstand zur Schau tragen, legen die Menschen in diesem Raum offenbar keinen Wert auf ihr Äußeres; sie sind nicht wegen seines äußeren Scheins nach Amerika gekommen. Die Gesichter sind unbewegt und zufrieden. Trotz allem, was sie durchgemacht haben, wirken sie nicht erschöpft. Ganz im Gegenteil: Sie haben etwas Frisches an sich. In dieser Versammlung der Unbeugsamen denke ich an meine Eltern. Vor fast fünfzig Jahren waren sie an diesen Gestaden die Unbeugsamen. Sie kamen nicht als Einwanderer, sondern als Flüchtlinge, als es für alle zu spät war, sie ausgenommen. Sie wurden nicht freundlich von der Gemeinschaft aufgenommen, und ich habe keinen Zweifel, daß die Freundlichkeit, mit der die russischen Juden jetzt aufgenommen werden, teilweise aus der Reue erwächst, die Amerikas Juden wegen der dreißiger und vierziger Jahre empfinden.

Einwanderer, Flüchtlinge: trotz aller Unterschiede haben sie etwas gemein. Dekadenz ist ihnen fremd.

◇

Ich bin in Los Angeles. Man hat mir eine kleine Schul am Santa Monica Boulevard empfohlen. Es ist ein umgewidmetes Büro, ein langer fensterloser Raum. Die Bescheidenheit des Ortes sagt mir zu. Doch der Gottesdienst ist für meinen Geschmack ein bißchen zu vergnügt. Gehobene Stimmung ist im Bereich des Glaubens fehl am Platz. Mir ist keine unverständlichere Bemerkung über die Religion bekannt als Haydns Äußerung, daß der Gedanke an Gott ihn fröhlich stimme.

In meinem schicken Hotel wende ich mich wieder meinen Texten zu. Früher hat diese Art von Ironie mich aufgekratzt. Jetzt langweilt sie mich. Die Philosophie hat weder eine richtige noch eine falsche Adresse. Gott oder Gottlosigkeit ist überall oder nirgendwo; mit allem oder mit nichts. Deshalb macht die Religion einen zum Weltbürger. Der Monotheismus ist die erste Form des Universalismus.

In meinem schicken Hotel hat Maimonides ein paar kritische Bemerkungen zu Akibas Aussage über die prägende Kraft der Väter: »Diese Dinge gelten in der Mehrheit der Fälle, wie ja die meisten Dinge, die natürlich sind, in der Mehrheit der Fälle gelten.« Was er damit sagen will, ist, daß es Ausnahmen gibt. Es gibt Söhne, die nicht die Vorzüge ihrer Väter erben. Maimonides möchte Akibas Determinismus durchlöchern. Er erinnert daran, daß die Rabbinen sich auf eine Auseinandersetzung mit Akibas Meinung einließen, und er ergreift Partei für die Rabbinen. Der Sohn, schreibt Maimonides, ist das Spiegelbild des Vaters nur bis zur »Zeit der Verantwortung«. Wenn der Sohn die Reife erreicht hat, »ist, falls er gerecht ist, das Verdienst sein eigenes, und falls er nicht gerecht ist, wird das Verdienst seines Vaters ihn nicht erlösen«.

Von Los Angeles in die Wüste, die Gottes großer Text ist. Sie lehrt, daß der Mensch klein ist. Ferner, daß Mangel nicht gleich Tod ist. Die Wüste ist nicht der Ort, wo Lebewesen zugrunde gehen, sondern der, wo Lebewesen mit weniger leben. Mir gefällt die Idee eines Kaddisch in der Wüste. Ich werde vor sechs wach. Über den Bergen im Osten wird es hell. Der Himmel ist gelb, die Gipfel purpurrot. Die Schul liegt mitten in der kleinen Stadt. Sie befindet sich in einem kleinen orangefarbenen Ranchhaus. Ich werde von einem redseligen Chassiden mit hübschem Gesicht und langem Bart begrüßt. »Der Rebbe hat mich vor sechzehn Jahren hierher geschickt«, sagt er. »Zehn meiner elf Kinder wurden hier geboren.« Er weist mich darauf hin, daß er mir nicht mit einem Minjan »gefällig sein« könne, da die winterlichen Horden noch nicht eingefallen seien. Darum sollte er sich keine Gedanken machen, sage ich ihm. Um meinen Vater zu ehren, wird es genügen, daß ich hergekommen bin, und ohnehin empfinde ich die anderen zumeist als Störung.

Eine halbe Stunde später, gegen Ende der Gebete, beweist er mir unwissentlich, daß er das Gegenteil des Temperaments besitzt, das ich ihm zugeschrieben habe. Es ist Sukkot, Laubhüttenfest. Die Liturgie ist bestimmt von einem Umzug, bei dem die Gottesdienstteilnehmer, Hosianna singend, einen Strauß tragen, der aus einem Palmzweig, Myrten, Weidenzweigen und einer Zitrusfrucht besteht, den Symbolen dieses Feiertages. (Der Duft dieser Frucht war eines meiner frühesten ästhetischen Erlebnisse.) Mein Gastgeber ist heute morgen der einzige, der über dieses Zubehör verfügt, und so vollzieht er als einziger den Umzug. Ich schaue ihm zu, wie er einen Umzug aus einem einzigen Teilnehmer bildet. Er ist allein, aber er ist nicht allein. Die anderen sind nur physisch abwesend. Spirituell ist er von Massen umgeben. Ich muß zugeben, daß ich seinen Mangel an Interesse für das Alleinsein großartig finde.

Nach der Wüsten-Schul schlage ich ein Hochglanzmagazin auf und stoße auf eine Meditation über das Leben nach dem Tode. »Am Abend des 17. Juli explodierte eine TWA-Maschine und stürzte ins Meer, 230 Menschen in den Tod reißend. Wo sind diese Menschen jetzt? ... Ich bin immer wieder erstaunt, daß viele Menschen die Folgen ihres Unglaubens an ein Leben nach dem Tode nicht wahrhaben wollen.« Es reicht nicht aus, in der Erinnerung anderer weiterzuleben, verstehen Sie. »Wer nicht an ein Leben nach dem Tode glaubt, muß anerkennen, daß die Erinnerung anderer kein Ersatz für das Leben nach dem Tode ist ... Was ist mit jenen Juden, die im Holocaust ermordet wurden – und mit ihnen alle, die sie geliebt oder gekannt haben? Wenn sich niemand an sie erinnert und sie kein Leben nach dem Tode haben – was ist aus ihnen geworden?« Was ist aus ihnen geworden? Ich werde dir sagen, was aus ihnen geworden ist, du frommer Narr. Nichts ist aus ihnen geworden. Oder genauer: Sie sind zu nichts geworden. Deshalb braucht man Mut für die Konfrontation mit ihrem Tod, mit jeglichem Tod. »Die Folgen ihres Unglaubens«! Was haben die Folgen des Glaubens oder des Unglaubens mit der Wahrheit des Glaubens oder des Unglaubens zu tun? Die Realität gehorcht nicht dem dringenden Bedürfnis. Ich muß glauben, daß mein Vater nicht gestorben ist, aber ich kann es nicht glauben. Und wenn ich es glauben könnte, würde die Dringlichkeit meines Bedürfnisses, es zu glauben, meinen Glauben verdächtig machen, jedenfalls in meinen Augen.

Tröstungen sind häufiger falsch als wahr. Die Welt schuldet mir keine Erbauung.

◇

Im Jerusalemer Talmud gibt es eine Anekdote, die Licht auf Akibas zwanghafte Sorge vor dem Abstieg wirft. Es heißt dort, er sei frustriert gewesen, daß man ihn nicht zum Oberhaupt des rabbinischen Gerichts gewählt habe. Er wurde übergangen zugunsten des blutjungen Eleasar ben Asarja. »Rabbi Akiba war verärgert und sagte: ›Es liegt nicht daran, daß er ein größerer Gelehrter ist, es liegt daran, daß er der Sohn von vornehmeren Männern ist. Glücklich der Mann, dessen Väter ihm Verdienst gegeben haben. Glücklich der Mann, der ein Pfand hat, mit dem er sich absichern kann.‹« Es war ein bitterer Augenblick für Akiba, diese Bevorzugung der Abstammung gegenüber der Gelehrsamkeit. Und das bringt mich auf den Gedanken, daß die Diskussion über Väter und Söhne nicht ausschließlich aus der Sozialgeschichte und der Geschichte der Familie abgeleitet sein kann. Es läuft meinen modernen Vorstellungen zuwider, daß Akiba den Sohn auf den Vater reduziert, aber zu der Zeit und an dem Ort, wo er lebte, war eine solche Reduktion gesellschaftlich üblich. Seine radikale Aussage über die Wirkung des Vaters auf den Sohn traf er in einer Welt, in der Status generell vererbt wurde.

Und dennoch erklärt die gesellschaftliche Erklärung nicht genug. Denn Akiba selbst war der Beweis dafür, daß selbst in einer Welt, in der Status vererbt wurde, Status auch erworben werden konnte. Von bescheidener Herkunft, stieg er an die Spitzen seiner Gesellschaft auf, und aus eigener Kraft. Aus dem Hirtenknaben, der erst mit vierzig lesen lernte, wurde eine der Autoritäten seiner Zeit. So erscheint in dem Talmudkommentar über den Traktat in der Mischna mit dem Titel *Awot* (»Väter«) folgendes: »Künftig wird Rabbi Akiba alle Armen verurteilen, denn wenn die Armen gefragt werden: ›Warum habt ihr nicht studiert?‹, und die Armen antworten: ›Weil wir arm waren‹, dann wird ihnen vorgehalten werden: ›Aber Rabbi Akiba selbst war arm und mittellos!‹« Im Text heißt es weiter, daß Akiba nicht nur zu einem Weisen wurde, sondern auch zu einem reichen Mann. Der große Determinist war selbst ein Tribun der Gelegenheit, des freien und undeterminierten Willens. Wenn Akiba die Weisheit zu den Vorzügen zählt, mit denen der Vater den Sohn ausstattet, dann widerspricht er nicht nur dem Leistungsdenken, sondern auch seiner eigenen Erfahrung.

Akibas Groll bei der Bevorzugung eines Aristokraten ist leicht zu verstehen. Aber es gibt keine Aristokraten des Geistes und keine Aristokraten der Seele. Oder vielmehr, zu einem solchen Aristokraten wird man nicht geboren, dazu wird man gemacht. Wie dieser gelehrte und vermögende Sohn eines ungelehrten und unvermögenden Vaters bewies.

Akibas zwanghafte Sorge vor dem Abstieg: Allmählich begreife ich, warum die mittelalterlichen Autoren der Geschichte über die Anfänge des Kaddisch Akiba zu ihrem Helden wählten.

Bei der Fahrt durch das Ödland der Wüste von Colorado denke ich: Feuer und Wasser schufen diese Gegend, doch Feuer und Wasser hatten nicht das letzte Wort. Der Beweis sind die Krusten.

◇

Wieder in Washington, noch immer in Gesellschaft von Akiba. Auf dem Heimflug fiel mir ein, daß er der Urheber einer der berühmten paradoxen Aussagen der Tradition war. Sie erscheint im dritten Kapitel von *Awot*: »Alles ist vorhergesehen, und Freiheit ist garantiert, und über die Welt wird endgültig Gericht gehalten, und gemäß der Mehrheit von [jemandes] Taten.« Als Kinder lernten wir diesen Satz auswendig. Seine beiden ersten Teile sind die kanonische Aneinanderreihung des Glaubens an Gott und des Glaubens an die Willensfreiheit. Ich weiß noch, wie unsere Lehrer betonten, daß das Paradoxon kein Widerspruch sei. So wurden wir eingeführt in das Problem von Gottes Vorherwissen und die philosophische Verlegenheit, die es hervorrief. Doch unsere Lehrer waren nicht in Verlegenheit: Fröhlich leugneten sie die Existenz von Notwendigkeit im Reich der Moral, und fröhlich akzeptierte ich ihre Leugnung. Viele Jahre später studierte ich die vernichtenden Argumente der mittelalterlichen Philosophen gegen die Notwendigkeit, doch letztlich war die Logik nicht so überzeugend wie die Erfahrung, die mir auf ganz banale Weise zeigte, daß die Natur praktisch nichts erklärt, wenn es um die Moral geht. Überall, an jedem gewöhnlichen Tag eines jeden gewöhnlichen Lebens, findet man den Beweis, daß ethische Merkmale keine erblichen Merkmale sind. Es gibt Menschen, die lügen, und Menschen, die nicht lügen, Menschen, die stehlen, und Menschen, die nicht stehlen, Menschen, die töten, und Menschen, die nicht töten, doch in den wissenschaftlichen Beschreibungen sind diese Menschen alle gleich, gehören sie alle ein und derselben Spezies an, jener Spezies, die lügen oder nicht lügen, stehlen oder nicht stehlen, töten oder nicht töten kann. Die allgemeinen Erklärungen der Wissenschaft reichen also nicht an die besonderen, individuellen Verhaltensweisen heran. Moralische Entscheidungen sind nicht Gegenstand der wissenschaftlichen Erklärung. (Gewiß erbe ich die Fähigkeit zu entscheiden, doch die Fähigkeit zu entscheiden erklärt nicht eine einzige spezielle Entscheidung.)

Es ist offenkundig, daß wir nicht vollkommen unkonditioniert sind, aber es ist ebenfalls offenkundig, daß wir nicht vollkommen konditioniert sind. Wir sind gerade unkonditioniert genug, um die Ethik zu ermöglichen. (Die Evolutionspsychologen meinen, sie hätten die Antwort auf meinen Einwand in Gestalt der Darwinschen Theorie der Variationen. Der Darwinismus, behaupten sie, sage nicht voraus, daß alle Menschen in gleicher Weise handeln werden. Aber warum handeln die Menschen denn dann verschieden? Die Variationen sind nicht die Antwort, sie sind die Frage.)

Die Biologie verhält sich zur Moral wie der Sex zur Liebe. Nein, die Biologie ist weniger als das. Sex kann ein Ausdruck von Geistigem sein. Die Biologie kann kein Ausdruck von Geistigem sein. (Die immer wieder gehörte Behauptung, Sex bringe uns zurück auf unser animalisches Wesen, ist nur ein anderer Weg, uns selbst zu erregen.)

Die Wahrheit ist ebenso ursprünglich wie der Instinkt.

Maimonides über Akibas Diktum in *Awot*: »Dieser Ausspruch enthält sehr große Dinge, und es ist recht, daß man diesen Ausspruch Rabbi Akiba zuschreibt.« Warum? Bezieht sich Maimonides nur auf Akibas Größe? Oder meint er, daß das Thema Freiheit und Determinismus Akibas Thema sei, was es meiner Meinung nach ist?

Alles ist vorhergesehen, und Freiheit ist garantiert. Du bist determiniert durch die, die vor dir waren, und du bist frei, dich ihren Determinationen zu entziehen. Du bist erkannt, und du bist nicht erkannt. Du kommst am Ende, und du kommst am Anfang. – Die Hinterlassenschaften von Akiba.

◇

Heute ist der siebte Tag von Sukkot, dem Laubhüttenfest. Es ist der Tag der großen Hosiannas. Und der Tag des Urteils: Der Tradition entsprechend wird das Urteil, das an Jom Kippur gefällt wurde, an diesem Tag verkündet. Es kommt die Zeit für die große Prozession um die Schul, bei der Hosianna gesungen wird. Dabei trägt man die grünenden Symbole des Festes, doch ich war auf Reisen und habe sie mir nicht besorgen können, und so bittet man mich, inmitten der belaubten Parade die Tora zu halten. Ich halte die Tora, und sie marschieren um mich herum. Die Tora und ich, wir sind umringt. Ich halte sie, dann drücke ich sie an mich, dann schlinge ich meine Arme ganz um sie herum, enger und immer enger. Ich schwanke mit ihr. Freunde fragen mich, ob ich von meiner Last befreit werden und mich der Prozession anschließen möchte, und sie bieten mir ihre Zweige und Früchte zum Tragen an. Zu ihrer Überraschung lehne ich ab. Ich stehe gern im Mittelpunkt des Kreises. Ich wünsche nicht, mein geometrisches Privileg aufzugeben. Ich sage ihnen, daß ich froh bin, die Tora so lange in meinen Armen zu halten. Ich lehne meinen Kopf an sie. Ich höre das Pergament unter seiner weißen Samthülle knistern. Ich liebe sie – das ist alles, was ich denken kann. Sie ist die physische Verkörperung der Heiligkeit der Worte, jener Heiligkeit, die ich auf religiöse und irreligiöse Weise mein Leben lang respektiert habe. Die Gebete gehen zu Ende. Bevor ich die Tora wieder an ihren Platz im Schrein zurücklege, küsse ich sie. Ich bin dankbar für die Zeit, die wir miteinander hatten.

Wieder in der Schul bei Dämmerung. Es sind zwischen dem Nachmittagsgebet und dem Abendgebet noch ein paar Minuten totzuschlagen, und der Rabbiner bittet um Fragen aus der Gemeinde. Jemand erkundigt sich nach dem zusätzlichen Tag, um den die Feiertage im Exil verlängert wurden. Der Rabbiner denkt, durch den zusätzlichen Tag sollte das Leben im Exil lästiger gemacht werden, also ein subtiler rabbinischer Anreiz, nach Zion aufzubrechen. Ein Gemeindeglied empört sich, daß die Vermehrung von Ritualen und Pflichten als etwas Lästiges bezeichnet werden kann. Ich könnte ihn schlagen. Der Rabbiner wechselt das Thema und kommt auf die jüdische Gemeinschaft von Kobe zu sprechen. Kobe liegt anscheinend in einer Gegend Japans, die aus der Sicht des jüdischen Gesetzes im Zusammenhang mit der Datumslinie Fragen aufwirft. Daher mußten die Juden von Kobe sich nach dem genauen Datum von Jom Kippur erkundigen. 1941 schickten sie Anfragen an zwei Autoritäten – »ein fataler Fehler«, bemerkt der Rabbiner lakonisch –, und erhielten zwei verschiedene Antworten, also zwei verschiedene Daten für Jom Kippur. Der eine Rabbiner sagte, das Fasten sei am Mittwoch, der andere, es sei am Donnerstag. Und so fasteten die törichten und gottesfürchtigen Juden von Kobe zwei Tage lang! »Sie blieben nicht lange in Kobe«, bemerkt der Rabbiner abschließend. Daraufhin möchte ein Gemeindeglied wissen, was er an einem Fastentag tun soll, wenn er sich in Alaska oder an einem anderen Ort befindet, wo die Sonne nicht untergeht. Ich könnte mich halb totlachen. Nie ist es mir in den Sinn gekommen, daß es Orte gibt, an denen die rituelle Zeit endlos ist. Von nun an werde ich dankbar sein für alles, was mir beschert wurde. Wo ich lebe, geht die Sonne unter.

Heute lesen wir in der Schul den Prediger. Dieser Gelegenheit sehe ich immer mit einer gewissen boshaften Vorfreude entgegen. Es wundert mich, daß man in dieser Umgebung eine solche desillusionierte Botschaft verkündet, daß der Epikureismus in der Schul Zuflucht findet. Auf Grund meiner Lebensweise habe ich immer das Gefühl, an dieser Infiltration ein bißchen beteiligt zu sein, so als sei ich derjenige, der nachts aufgestanden ist und die Tür aufgemacht und diese Ideen hereingelassen hat. Wie dem auch sei – als die Lesung beendet war, verlangte der Rabbiner das Kaddisch. Zusammen mit den anderen Trauernden erhob ich mich und rezierte es. Dies ist das Kaddisch in seiner ältesten Rolle, »nach Schrift und Studium«. Trotzdem grübelte ich während des restlichen Gottesdienstes über diese Praxis nach. Auf dem Heimweg kam mir der Gedanke, daß der Trauernde der richtige Adressat des Predigers ist. Ich meine den Prediger in dem Buch Der Prediger. Denn seine Forderung, in der Gegenwart zu leben, unterstreicht der Prediger mit der Realität des Todes. Das

Leben, das er empfiehlt – nicht das Leben eines Lüstlings, sondern das eines kontemplativen Menschen, der strenge Folgerungen aus seiner Sinneserfahrung zieht – ist auf die Gewißheit gegründet, daß der Tod das letzte Wort hat. »Denn die Lebenden wissen, daß sie sterben werden; die Toten aber wissen gar nichts, und sie haben keinen Lohn mehr, denn ihr Gedächtnis ist vergessen. Sowohl ihre Liebe als auch ihr Haß und ihr Eifern sind längst verschwunden; und sie haben ewiglich kein Teil mehr an allem was unter der Sonne geschieht.« Wer ist besser geeignet, dies in Frage zu stellen, als der Trauernde? Sein Kaddisch beruht auf der Gegenwärtigkeit der Vergangenheit. Es ist ein Beweis der Nachwelt und ein Ringen mit der Unsterblichkeit. Wenn der Trauernde sich nach der Lesung des Predigers erhebt, um Kaddisch zu sagen, dann gibt er die Antwort. Für den Prediger ist der Tod gleichbedeutend mit Vergessenheit. Für den Trauernden ist der Tod nicht gleichbedeutend mit Vergessenheit. Und der Trauernde bedarf keiner Lektionen vom Prediger über die Realität des Todes. Vielleicht ist das der Grund, warum er in dieser Disputation der Vertreter der Gemeinde ist.

Das Credo des Trauernden: Eitelkeit der Eitelkeiten, alles ist nicht Eitelkeit.

Aber was ist mit dem Trauernden, der heimlich mit dem Prediger sympathisiert, dem Trauernden, für den der Tod gleichbedeutend ist mit Vergessenheit? Ich bin ein solcher Trauernder. Die einzige Folge des Todes, derer ich gewiß sein kann, ist Nichtsein. Unsterblichkeit? Die Unterscheidung zwischen Form und Stoff, zwischen der Seele und dem Leib, ist noch kein Beweis der Unsterblichkeit, und die großspurige Art, in der die Unsterblichkeit in der Tradition gedeutet wird, macht es nicht leichter, an sie zu glauben. Und doch habe ich auf Grund der Eigentümlichkeiten meines Trauerfalls, auf Grund dieses Jahres in der Schul den Beweis, daß Vergessenheit nicht so leicht zu erreichen ist. Ein Mensch stirbt mit dem Tod seines Körpers, doch sein Tod ist fast nie vollständig. Er überlebt sich selbst auf mancherlei Art, er hinterläßt Spuren von sich, in seinen Werken und in den Menschen, die er liebte. Ob sie nun Unsterblichkeit hat oder nicht, die Seele hat jedenfalls eine Nachwelt. Der Prediger irrte, indem er diese Unterscheidung übersah. Ich kann nicht sicher sein, daß mein Kaddisch für meinen Vater ein Beweis seiner Unsterblichkeit ist. Ich kann sicher sein, daß es ein Beweis seiner Nachwelt ist.

Nachwelt ist die Spielart von Unsterblichkeit, die die Vernunft akzeptieren, auf die die Tradition zählen kann.

Da diese Verse im Prediger mir nachgehen, ziehe ich die Kommentare zu Rate. Sie sind sich fast alle einig, daß das Thema der Verse die Vergessenheit ist. Abraham ibn Esra schreibt im zwölften Jahrhundert in Spanien, daß »die Lebenden, auch wenn sie Narren sind, wissen, daß sie sterben werden, und die Toten, auch wenn sie weise sind, wissen absolut nichts, und sie haben nichts zu erhoffen, da sie und die Erinnerung an sie vergessen sind.« Und Josef ibn Jaja bemerkt im sechzehnten Jahrhundert in Italien, daß »es ist, als wären [die Toten] nie geboren«. Josef spricht sogar von »jener jenseitigen Welt der Vergessenheit«. Starke Worte, Worte, die dem offenkundigen Sinn des Textes entsprechen. Und Worte, die sich den ethischen und eschatologischen Traditionen widersetzen. Da tritt Raschi auf, der die Bedrohung, die von diesen Versen für den Glauben ausgeht, geahnt zu haben scheint. Er will von diesem Existentialismus nichts wissen. »*Denn die Lebenden wissen, daß sie sterben werden.* Und so werden sie sich vielleicht den Tod zu Herzen nehmen und sich von ihrer Verstocktheit abkehren, doch wenn sie sterben, haben sie keinen Lohn für irgend etwas, was sie vom Tode an tun. Wer sich am Vortag des Sabbats abgeplagt hat, wird am Sabbat essen ... *Und sie haben ewiglich kein Teil mehr an allem was unter der Sonne geschieht.* Das Verdienst ihres Sohnes oder ihrer Tochter wird ihnen nichts nützen, dieser Bösen, die Götzen anbeteten, und so haben sie keine Sühne nach dem Tode.« Die Verzweiflung des Predigers ist Raschi zufolge keine allgemeine Verzweiflung. Sie ist bloß die Verzweiflung der Bösen. Raschi hat den Tod wieder in die moralische Welt zurückgetrieben, die Welt des Nihilisten zurück in die Welt des Kaddisch. Dieser intellektuelle Zwang hat etwas Schönes. Er ist selbst Ausdruck der Panik vor dem Ende.

Endlich sind die Feiertage vorüber! Ich darf mich wieder den gewöhnlichen Beschwerlichkeiten zuwenden. Als ich heute morgen zur Schul fuhr, mußte ich lächeln – so ungezwungen ist eine nichtsakralisierte Welt. Dann mußte ich mitten auf der Straße anhalten, weil eine Krähe sich an den Überresten einer Ratte gütlich tat.

◇

Heute morgen nahm ich einen Band des Jerusalemer Talmud mit ins Teehaus, in dem ebenfalls Akibas Aussage über die Prägung des Sohnes durch den Vater vorkommt. Doch im Jerusalemer Talmud erscheint sie anonym und ohne Korollarium. »Und so wie der Vater den Sohn in fünf Dingen mit Verdienst ausstattet, so ist der Sohn dem Vater in fünf Dingen verpflichtet: er soll ihm beistehen beim Essen, beim Trinken, beim Ankleiden, beim Anziehen der Schuhe und ihm helfen herumzukommen.« Ein netter Zug, diese Ermahnung zur Gegenseitigkeit. (Allerdings bemerkt ein moderner Kommentator, der die Sohnespflichten nicht gern auf deterministischen Grundlagen beruhen lassen möchte, daß auch dann, wenn der Vater nicht für das Verdienst des Sohnes verantwortlich ist, die Pflichten des Sohnes gegen den Vater bestehen bleiben, da sie sich aus dem Gebot ableiten, Vater und Mutter zu ehren.) Danach verdüstert sich der Text. Er wendet sich dem Fluch zu, den David über Joab verhängte, nachdem dieser Abner ermordet hatte: »Es komme über das Haus Joabs ..., und nie soll im Hause Joabs fehlen der Flüssige und der Aussätzige und der sich am Stabe stützt und der durchs Schwert fällt und dem es an Brot mangelt.« Neben den fünf Segnungen, die von Akiba überliefert sind, sind hier die fünf Flüche, die von David überliefert sind. (Der Text erklärt, daß sie eine Vergeltung Maß für Maß sind.) Im Falle des Hauses Joabs determinierte also der Vater den Charakter der Söhne – zum Bösen.

Die Fehler der Väter – an diesem Punkt wird die Illusion des Determinismus gefährlich.

Bevor er starb, sprach David zu Salomo und hieß ihn, den mörderischen Joab nicht »in Frieden in den Scheol hinabfahren« zu lassen. Der talmudische Text berichtet dann eine seltsame Geschichte von der Hinrichtung Joabs durch Salomo. »Als Salomo kam, um Joab zu töten, sagte Joab zu ihm: ›Dein Vater verhängte fünf böse Fügungen über mich. Nimm du sie auf dich, und ich bin bereit zu sterben.‹ Salomo nahm die Flüche auf sich, und sie wurden alle im Hause Davids erfüllt.« Anschließend wird uns gezeigt, wie jeder der Flüche Davids an seinen Thronfolgern in Erfüllung ging. Und dann wird das ganze Thema abrupt fallengelassen. Das überrascht mich nicht. Diese Deutungen entfernen sich weit von der jüdischen Welt. Sie entsprechen nicht dem biblischen Prinzip, daß die Sünden der Väter nicht an den Söhnen vergolten werden sollen. Die Tragödie, die von diesen Deutungen der biblischen Erzählung angedeutet wird, ist eine Tragödie des Schicksals, nicht eine Tragödie der Moral. Und wenn das Haus Davids dem Hause des Atreus zu ähneln beginnt, ist eine Grenze überschritten. In jüdischer Sicht ist das Schicksal keine kosmische Kraft. Es ist eine Belohnung oder eine Bestrafung.

Heute war ich ein Redakteur, wie ich bisher noch keiner gewesen bin. Ich las die Entwurfszeichnungen für den Grabstein meines Vaters Korrektur. Sie sind einwandfrei. Alle an einem Tag entstanden.

Heute morgen wurde in der Schul der erste Teil der Genesis gelesen, und am Ende der Lesung, im sechsten Kapitel, in der Passage, die Gottes Enttäuschung über den Menschen schildert, kommt der folgende Vers vor: »Und es reute den Herrn, daß er den Menschen gemacht hatte auf der Erde, und es schmerzte ihn in sein Herz hinein.« In Raschis Kommentar fand ich diese alte rabbinische Erläuterung: »Ein Häretiker stellte Rabbi Josua ben Karcha eine Frage. Er sagte: ›Sind die Juden nicht der Meinung, daß Gott vorhersieht, was geschehen wird?‹ Er sagte: ›Ja.‹ Er sagte: ›Aber es steht geschrieben: »es schmerzt ihn in sein Herz hinein.«‹ Er sagte: ›Hast du je einen Sohn gehabt?‹ Er sagte: ›Ja.‹ Er sagte: ›Und was hast du getan, als du einen Sohn hattest?‹ Er sagte: ›Ich freute mich, und ich gab anderen einen Grund, sich zu freuen.‹ Er sagte: ›Aber wußtest du nicht, daß dein Sohn sterblich war und sterben würde?‹ Er sagte: ›In der Stunde der Freude – Freude, in der Stunde der Trauer – Trauer.‹ Er sagte: ›Und genauso ist es mit dem Heiligen, gelobt sei Er.‹«

Der Häretiker mag hinsichtlich der Natur der göttlichen Allwissenheit geirrt haben, aber in seinem Irrtum war er weise. Die Unbeständigkeit beim Erkennenden beruht auf der Unbeständigkeit des Erkannten. Wie anders soll ein zeitliches Wesen, ein Wesen in der Zeit, erkannt werden? Der Häretiker zog es vor, nicht das Ende am Anfang zu kennen. Er zog es vor, den Anfang am Anfang und das Ende am Ende zu kennen. Ein Hoch also auf den Häretiker! In der Stunde der Freude – Freude, in der Stunde der Trauer – Trauer.

Heute begrüßen wir den neuen Monat. Als ich heute morgen in die Schul kam, waren die weißen Vorhänge und Deckchen verschwunden, und die roten Vorhänge und Deckchen waren wieder da. Es war, wie wenn man Schatten findet.

Heute morgen beging ich bei der Leitung des Gottesdienstes einen Fehler. Meine Aufmerksamkeit war abgeschweift. Und alle brauchten ein, zwei Minuten, um mich auf meinen Fehler hinzuweisen. Auch ihre Aufmerksamkeit war abgeschweift! Was die Skepsis nicht schafft, die Zerstreutheit schafft es.

Vor Zerstreutheit muß man sich hüten. Irgend etwas muß von der Wahrnehmung ausgeschlossen werden, sonst bringt man nichts Ernsthaftes zuwege.

Man darf nicht zulassen, daß die Beliebigkeit sich hinter der Komplexität versteckt.

Zerstreutheit, das Verderben der Komplexität.

Doch Zerstreutheit hat auch ihre Vorteile. Da ich nie nur an einem Ort war, habe ich mich nie verirrt.

Ich nehme einen Freund von der Schul mit zum Teehaus. Wir sind munter am Plaudern, als er mich plötzlich fragt: Wie lange kannst du diese Worte sagen, ohne daß du ihre Bedeutung ernst nimmst? Er meint die Worte der Gebete. Ich habe eine Menge fertiger Antworten parat, aber ich unterdrücke sie. Seine Frage ist eine gute Frage. Es ist sinnlos, sich auf die Vielfalt der Bedeutungen herauszureden. Denn unter den vielen Bedeutungen dieser Worte ist ihre buchstäbliche Bedeutung. Was fängt man mit dem offenkundigen Sinn dieser Gebete an? Was immer es sonst noch sein mag, das Gebet um die Wiedererrichtung des Thrones Davids in Jerusalem ist ein Gebet um die Wiedererrichtung des Thrones Davids in Jerusalem. Es gibt viele Gründe fürs Beten, doch einer der Gründe muß ein Interesse an dem sein, wofür du betest. Eine rein mechanische oder eine rein metaphorische Äußerung wird diese Worte und den, der sie äußert, früher oder später erniedrigen. Wenn ich allein bete, sage ich all die Worte tatsächlich nicht so, daß sie vernehmbar wären, auf die Art, wie man Dinge sagt, die man vollkommen zu vertreten bereit ist. Darum leite ich so gern die Gebete: meine Aufgabe verdrängt meine Zweifel. Was den Himmel betrifft, bin ich unklar und zunehmend indifferent, wie der Himmel.

Buchstäbliche Bedeutungen kommen ohne nicht-buchstäbliche Bedeutungen aus. Das Gegenteil kann man sich nicht so leicht vorstellen.

»Wirkt« Beten? Ich kenne die Antwort, da ich gerade ein Experiment abgeschlossen habe. Mein Vater erkrankte. Es wurde für meinen Vater gebetet. Mein Vater starb. Ich habe also ein Resultat. Was immer Beten tun mag, »wirken« tut es nicht.

Als wir heute morgen die Schul verließen, sagte ein Freund zu mir: Ich bin nie im Morgengrauen aufgestanden, um meinen Vater zu sehen, aber jetzt stehe ich im Morgengrauen auf, um Kaddisch für ihn zu sagen. Ich sagte zu ihm: Unsere Väter hatten nicht die Autorität, das von uns zu verlangen, aber unsere Religion hat sie.

Ein Gott ist kein Vater und ein Vater ist kein Gott.

Der Vorabend des Sabbats. Wind und Regen. Das Laub hat die Farbe von Blut, und es weht über die Bürgersteige. Ungewöhnlich, aber heute abend bin ich zum ersten Mal der einzige im Raum, der Kaddisch sagt. Die Schul wirft ein düsteres Echo meiner Worte zurück. Es ist der Geburtstag meines Vaters, und als die Gemeinde auf die Worte meines Kaddisch antwortet, denke ich: dies ist sein Geburtstagsgeschenk.

◇

Menachem Asarja von Fano war ein Rabbiner im Italien des sechzehnten Jahrhunderts, ein fruchtbarer Autor und eine wichtige Gestalt in der Verbreitung der Lurianischen Mystik unter der europäischen Judenheit. Durch eine winzige Notiz auf der Rückseite eines Talmudtraktats erfahre ich, daß Menachem Asarja zu Rabbi Akibas Ausspruch über den Einfluß des Vaters auf den Sohn eine Glosse geschrieben hat, in einem Werk mit dem Titel *Ma'amar Chikur ha-Din* (»Essay über das Gericht«). Ich rufe bei den Gebrüdern Biegeleisen an, meinen gebildeten und findigen Buchhändlern in Brooklyn. Seit Monaten fliegen nun schon Bücher von Borough Park zum Dupont Circle. Manchmal rufe ich bei Biegeleisen an, nicht um ein Buch zu kaufen, sondern um mich nach einem zu erkundigen, und keine meiner bibliographischen Anfragen bleibt unbeantwortet. Früher war der Laden in der Lower East Side in Manhattan, ein paar Häuserblocks von der jüdischen Buchhandlung entfernt, in der ich während des Studiums als Lagergehilfe arbeitete. (Da ich für die Bücher, die ich haben wollte, kein Geld hatte, arbeitete ich für sie. Ich vertraute darauf, daß der Besitzer ein gerechtes Tauschverhältnis zwischen dem Geld, das er mir schuldete, und den Büchern, die ich als Lohn erhielt, finden würde, und als ich den Kernbestand einer jüdischen Bibliothek zusammenhatte, ging ich.) Ich weiß noch, wie ich eines Sonntagnachmittags mit meinem Vater den Laden von Biegeleisen betrat. Erregt stellte ich fest, daß unter den Neueingängen auch die englische Ausgabe von Gershom Scholems Leben des Sabbatai Zewi war. Mein Vater wollte wissen, was mich so erregte. Ich deutete auf das Buch. Es kostete 35 Dollar, und das war eine Menge Geld. »Ist es wirklich ein wichtiges Buch?« Ja, sagte ich. »Möchtest du es wirklich haben?« Ja, sagte ich. »Wirst du es auch wirklich lesen?« Ja, sagte ich. Und gleich darauf war es mein, und wir gingen hinaus zu Gus's Pickles. Es war nicht die Großzügigkeit meines Vaters, die mich beeindruckte; er war mir gegenüber immer großzügig. Was mich beeindruckte, war die Freude auf seinem Gesicht, als er mir den Band überreichte. – Biegeleisen sagt, er werde sehen, was er in Sachen Menachem Asarja für mich tun kann. Er weist vorsorglich darauf hin, daß es hier Probleme geben könnte. Doch einige Tage später trifft ein stattliches Buch ein, vor nicht allzu langer Zeit in Jerusalem gedruckt, ein mächtiges Werk kabbalistischer Exegese, *Sefer Asara Ma'amarot* (»Das Buch der zehn Essays«) von Menachem Asarja von Fano, basierend auf einer 1898 in Frankfurt am Main erschienenen Ausgabe. Abgedruckt sind nur die ersten vier Essays, doch darunter ist der Essay über das Gericht.

»Meine Herren, wir müssen festlegen, wer nächsten Monat für Ben Kaddisch sagt.« Das wurde heute morgen nach dem Gottesdienst verkündet. Ich war ratlos. Wer ist Ben, und warum schickt er sich an zu sterben? Es stellt sich heraus, daß Ben letzten Winter gestorben und seine Frau ihm wenige Wochen später gefolgt ist und daß sie niemanden hinterlassen haben, um Kaddisch für sie zu sagen, und so teilen sich seine Freunde in die Verantwortung. Für das Jahr, während dessen die Seele des armen Ben aufsteigt und sinkt, haben sie eine Regelung getroffen.

Akiba: »Der Vater stattet den Sohn durch sein Verdienst mit Schönheit und Stärke und Reichtum und Weisheit und langem Leben aus.« Menachem Asarja interpretiert Akibas Darstellung der Vaterschaft auf dreierlei Weise. Seine erste Interpretation ist kabbalistisch. Ihm fällt eine numerische Entsprechung auf. Akiba nennt in seiner Beschreibung des Erbes des Vaters fünf Vorzüge, und in der kabbalistischen Psychologie gibt es fünf Namen für die Seele. Jeder der Namen der Seele bezieht sich auf das Verhältnis der Seele zu einem der Attribute oder der Fähigkeiten Gottes, so wie es vom *Sohar* strukturiert wurde. »Die [von Rabbi Akiba angeführten] fünf guten Eigenschaften entsprechen den fünf Namen der Seele des Vaters«, schreibt Menachem Asarja, »so daß der Vater seinem Sohn eine Art Modell dessen hinterläßt, was oben ist.« Was für eine übertrieben hohe Vorstellung von Erbschaft! In einem nicht-mystischen Sinne ist Menachem Asarjas theosophische Spekulation allerdings zutreffend: Das Kind erbt eine Konzeption des Universums. Wir alle sind Erben von philosophischen Annahmen. Es gibt keine Denker, die von nichts ausgehen. (Doch es gibt viele Denker, die bei nichts landen.)

»Kaddisch wird nicht für die Toten gesagt«, sagte mir der Rabbiner heute abend. »Es wird gesagt für die Lebenden.« Die Lebenden mußten jedoch glauben, daß es für die Toten gesagt wird, und so schürzt sich der Knoten. Außerdem bin ich nicht zur Therapie hier.

Als mein Vater gestorben war, erhielt ich einige Bücher über die jüdische Art zu trauern. Die Bücher seien sehr verbreitet, sagte man mir, und hätten vielen geholfen, mit ihrem Kummer zurechtzukommen. Doch mir gefielen die Bücher nicht, denn sie waren nichts anderes als Psychologie, aufgeputzt als Religion. Sie waren in den 1960er Jahren entstanden, als die Psychologie in Amerika auf dem Gipfel ihres Ansehens stand, und nach Meinung der Verfasser dieser Bände konnte man den Rabbinen kein höheres Lob aussprechen, als ihnen zu bescheinigen, daß sie die Kategorien der modernen therapeutischen Kultur vorweggenommen hätten. »Die profunden psychologischen Einsichten«, schreibt einer, »die hinter den hochgradig strukturierten jüdischen Trauerbräuchen stecken, bezeugen beredtsam die Sorge des Judaismus um die psychologische Integrität der menschlichen Persönlichkeit.« »Leid muß in einem psychologischen Bezugsrahmen verstanden werden«, schreibt ein anderer. »Dieses Verständnis gilt es auf die jüdischen Quellen anzuwenden, um zu sehen, ob der Judaismus der psychologischen Bedeutung des Leids Rechnung trägt.« Und wenn er es nicht tut? Was, wenn der Judaismus psychologisch unnütz wäre? Ich bin dennoch durch Liebe und durch Pflicht gehalten, seine Formen zu beachten.

Ein Mann ist in eine Grube gefallen. Sprich ihm nicht vom guten Leben. Wirf ihm ein Seil zu. Wenn er aber aus der Grube geklettert ist und du entdeckst, daß er nicht glücklich ist, dann sprich ihm vom guten Leben.

Dem Realen fehlt es an der Kraft zu heilen. Um wirksam zu sein, muß eine Therapie theoretisch sein. Sie muß auf das Ideal verweisen.

Als ich von der Schul nach Hause fuhr, hatte ich auf der P Street ein unangenehmes Erlebnis. In ein paar Tagen ist Halloween, und der Laden an der Ecke war auf die Idee gekommen, die Schaufensterpuppen in Clownskostüme zu stecken und vor dem Laden mit einem Seil am Hals aufzuhängen. Dort hängen die glücklichen Leichen klagend im Wind über dem Gehsteig, Symbole toter Freude. Ich konnte kaum hinschauen.

◇

Akiba: »Der Vater stattet den Sohn durch sein Verdienst [*soché*] mit Schönheit und Stärke und Reichtum und Weisheit und langem Leben aus.« Menachem Asarjas zweite Interpretaion des Diktums von Akiba versucht die grammatikalische Mehrdeutigkeit aufzulösen, die auch mir zu schaffen machte. Er kommt aufgrund einer nicht recht einsichtigen Überlegung zu dem Schluß, daß das Verb *soché* auf eigenartige Weise konjugiert wurde, um die Verantwortlichkeit des Sohnes zu begründen. Und auch ihm mißfällt Akibas Determinismus. »Der Vater«, schreibt er, »stattet den Sohn nicht mit Verdienst aus, bis der Sohn aus eigener Kraft Vollkommenheit erlangen kann.« Menachem Asarja ist der Ansicht, daß das Tun des Vaters nicht das Tun des Sohnes überflüssig macht. Diese begrüßenswerte Ansicht wird inzwischen weithin geteilt. Seine Interpretation fügt sich in das ein, was nach meinen Erkenntnissen der Standard der Interpretation in dieser Frage ist. Je länger ich der Tradition zum Thema Väter und Söhne nachspüre, desto klarer tritt für mich ihr philosophisches Programm zutage: die Notwendigkeit klein- und die Freiheit großzuschreiben.

Söhne, Söhne, Söhne. Was ist mit den Töchtern? Dieses Problem und diese Lösung existiert ja auch für Töchter. Die Passage im Jerusalemer Talmud, in der Akibas Aussage enthalten ist, kommt in der Diskussion der allgemeinen Regel der Kindespflicht vor: »All die Gebote, die der Sohn für den Vater zu erfüllen hat, gelten gleichermaßen für Männer wie für Frauen.« Diese Aussage macht deutlich, daß »Vater« und »Sohn« »Elter« und »Kind« bedeuten. Und die Analyse im babylonischen Talmud kommt zu demselben Schluß. (Dort ist er nicht so eindeutig. Ein bißchen Dialektik gehört dazu.) Die geschlechtsbezogene Ausdrucksweise der Rabbinen verdunkelt die Allgemeingültigkeit ihrer Entscheidung. Söhne, Söhne, Söhne: Als Mann kann ich mich selbst problemlos in diese Texte hineinlesen, und als Übersetzer muß ich sie genau so festhalten, wie sie aufgezeichnet wurden, doch sie sind nicht so exklusiv, wie sie klingen. Die Töchter sind nicht vom fünften Gebot ausgenommen. Auch sie sollen Vater und Mutter ehren.

Nicht so schnell. Beim Weiterlesen stelle ich fest, daß beide Texte, der Jerusalemer Talmud und der babylonische Talmud, den Egalitarismus des fünften Gebots einschränken. Der Grund der Einschränkung ist, daß die Dienste, die ein Kind einem Elter zu leisten hat, finanzielle Aufwendungen erfordern, und damit sind wir direkt bei den sozialen und ökonomischen Realitäten der alten (und nicht nur der alten) Welt. Der Jerusalemer Talmud: »Dieselbe Regel gilt für Mann und Frau, nur daß der Mann die Mittel hat und die Frau nicht die Mittel hat, da sie der Autorität anderer untersteht.« Der babylonische Talmud: »Der Mann hat die Mittel, die Pflicht zu erfüllen, und die Frau hat nicht die Mittel, die Pflicht zu erfüllen, da sie der Autorität anderer untersteht.« Der Status der Frau als Tochter wird unterboten vom Status der Frau als Ehefrau. Der Egalitarismus dieses Gebots endet mit der Ehe.

Aber schau an, er beginnt wieder mit dem Ende der Ehe. Der Jerusalemer Talmud: »Wenn sie verwitwet oder geschieden ist, gilt sie als jemand, der die Mittel hat, die Pflicht zu erfüllen.« Der babylonische Talmud: »Rabbi Idi bar Awin sagte unter Berufung auf Rawa: Wenn sie geschieden ist, sind sie [Mann und Frau] gleich.« Bezüglich dieses Gesetzes wird also die Gleichheit wiederhergestellt, aber nur als Folge eines Unglücks. Von Josef Karo wird die Sache im sechzehnten Jahrhundert folgendermaßen autoritativ geregelt: »Für Mann und Frau gilt dieselbe Regel, sie sind gleich hinsichtlich der Ehrung und Verehrung von Vater und Mutter, nur daß der Frau die Mittel fehlen, die Pflicht zu erfüllen, da sie dem Ehemann untertan ist, und sie daher von [dem Gebot], Vater und Mutter zu ehren, befreit ist, solange sie verheiratet ist. Wenn sie aber geschieden oder verwitwet ist, ist sie verpflichtet.« Doch damit ist diese umständliche Geschichte von Gleichheit und Ungleichheit noch nicht zu Ende. Sabbatai ben Meir ha-Kohen, der Kommentator (und Kritiker) von Karos Kodex und Verfasser von *Megillat Ajefa* (»Rolle der Finsternis«), einem peinigenden Bericht über die Pogrome in der Ukraine im siebzehnten Jahrhundert, kann nicht ganz akzeptieren, daß eine Tochter von ihren Pflichten gegenüber ihren Eltern freigestellt ist. »Es hat den Anschein«, schreibt er, »daß sie, wenn ihr Ehemann nicht gewissenhaft ist [hinsichtlich der Erfüllung dieser Pflicht], verpflichtet ist, alles Erdenkliche zu tun, genau so wie ein Mann verpflichtet ist.« Eheliche Realitäten sollten seiner Ansicht nach also nicht den Realitäten der Kindespflicht im Wege stehen. Wenn eine verheiratete Frau nicht überzeugt ist, daß ihre Eltern das ihnen Zustehende erhalten, muß sie ungeachtet ihrer Stellung als Ehefrau tätig werden. Unter dem Aspekt der Gleichheit ergibt sich also ein nicht ganz so schreckliches Bild. Das Gesetz läßt offenbar sowohl der Tochter als auch dem Sohn Raum. (Leider halten sich die Menschen nicht immer an das Gesetz. Jüdische Frauen müsen außerdem mit der Macht der Gewohnheit und des Klischees kämpfen.)

Die Tage werden kürzer, die Uhren sind noch nicht umgestellt, und ich wache weit vor Tagesanbruch auf. Die Dunkelheit drinnen ist schon hart genug. Der Tag sollte nicht mit der Nacht kollaborieren.

Im Büro treffe ich in der Eingangshalle zufällig eine alte Freundin. Sie erzählt mir von ihrer Absicht, ein Kind zu adoptieren, und unversehens halte ich eine Lobrede auf die Adoption. Fälschlich, sage ich, hielten wir die Liebe einer Mutter zum Kind für die höchste Form von Liebe. Die höchste Form von Liebe sei doch die Liebe einer Mutter zu einem Kind, das sie nicht geboren hat. Eine unbedingtere Liebe könne ich mir nicht vorstellen. Eine solche Liebe sei nicht auf die Krücke der Biologie angewiesen. Die Heftigkeit, mit der ich diese Meinungen vortrage, überrascht mich. Ein paar Stunden später geht mir auf, daß der Eifer, mit dem ich die Adoption befürwortet habe, Ausdruck eines Bestrebens war, das mich auch in meinem Studium des Kaddisch antreibt, nämlich die hohe Bedeutung, die dem Blut beigemessen wird, zu vermindern, der Erblichkeit eine geringere Rolle bei der Artikulation der Identität zuzuweisen.

Beim Abendessen erzähle ich einer Freundin von meinem heftigen Plädoyer für die Adoption. Sie berichtet, daß ein Schulfreund von ihr kürzlich darauf gestoßen sei, daß er ein Adoptivkind war. Er mochte seine Adoptiveltern nicht, und er hatte vor, nach seinen richtigen Eltern zu suchen. »Tu das nicht«, sagte ihm meine Freundin. »Die, die du nicht magst, das sind die richtigen.«

In der Literatur ist das untergeschobene Kind deshalb eine so furchterregende Erscheinung, weil es die Wahrheit über die Elternschaft aufdeckt, daß nämlich Elternschaft nicht in erster Linie eine animalische Beziehung ist. Im jüdischen Gesetz hat die Pflicht, seinen Lehrer zu ehren, höheren Rang als die Pflicht, Vater und Mutter zu ehren.

Sollte ich morgen entdecken, daß der Mann, für den ich Kaddisch sage, nicht mein Vater war, würde ich weiterhin Kaddisch für ihn sagen. Sein Sohn bin ich aus einem tieferen Grund als dem, daß ich seine Gene in mir trage.

»Ich bin der Sohn meines Vaters.« Wenn diese Aussage biologisch gemeint ist, ist sie wahr, aber auch trivial. Wenn sie intellektuell oder moralisch oder spirituell gemeint ist, kann sie wahr oder falsch sein, aber trivial ist sie nicht. Umgekehrt: »Ich bin nicht der Sohn meines Vaters.« Diese Aussage ist, biologisch gemeint, falsch, aber sie kann intellektuell oder moralisch oder spirituell wahr sein. Einen Beleg für diese Unterscheidung liefern die Kinder der Bösen. Wenn der Sohn oder die Tochter eines bösen Menschen sich von seiner bzw. ihrer Herkunft lossagt, verstehen wir, daß eine solche Lossagung nicht möglich ist, aber wir verstehen auch, was er bzw. sie tut. Und wir bewundern es, wie zum Beispiel im Fall von Stalins Tochter. Der Haken ist natürlich, daß nicht jede Auflehnung gegen die eigene Herkunft in so offenkundiger Weise gerechtfertigt ist. Stalin war, was das Böse betrifft, ein ganz besonderer Fall. Nicht viele Kinder haben eine solche Last zu tragen und besitzen eine solche Klarheit wie Stalins Tochter. Die vollständige Ablehnung der Eltern ist daher fast nie gerechtfertigt.

Es gibt Schärfen und Übertreibungen im Hinblick auf den Vater oder die Mutter, die nur dem Sohn oder der Tochter möglich sind. In Familien gibt es keine Rechtsprechung. Familien verletzen straflos, und diese Straflosigkeit nennen wir Liebe. Das eherne Gesetz von Familien: Gute Eltern verletzen gute Kinder, gute Kinder verletzen gute Eltern.

Heute morgen hat nicht ein einziges Wort der Gebete meine Aufmerksamkeit gefesselt. Nicht ein einziges Wort. Am Ende empfand ich Ekel über mich selbst. Eigentlich hätte ich alles noch einmal wiederholen müssen. Im Teehaus half mir dann der Salbenmischer aus der Not. In der eindringlichen Einführung zu seinem Buch fand ich folgendes: »Wenn du betest, sei ehrfürchtig und denke daran, vor wem du stehst und zu wem du sprichst. Wenn Sorge in deinem Herzen ist, so vertreibe sie in der Stunde des Gebets aus deinen Gedanken, denn wenn du vor einem großen König stehst, schickt es sich nicht, an deine Sorge zu denken, schicklich ist allein, an die Furcht und die Liebe zum König zu denken. Denn es trifft zu, daß viele in ihren Gotteshäusern an ihrer Seele sündigen, wenn sie wie Trauernde dasitzen und ihre Münder sind versiegelt und sie es unterlassen es, den Herrn der Heerscharen zu preisen.« Wenn der Salbenmischer die mißliche Lage dessen beschreiben möchte, dessen Gebet gestört wird von Sorge, fällt ihm der Trauernde ein. Der Trauernde ist der Zerstreute, derjenige, der nicht seine ungeteilte Aufmerksamkeit versprechen kann. Der Gespaltene.

Meine Sorgen drängen sich in meine Gebete hinein. Meine Sorgen sind jedoch der Grund meiner Gebete.

Endlich sind die Uhren umgestellt worden. Morgens ist es hell! Doch weil die Sonne so früh untergeht, können das Nachmittagsgebet und das Abendgebet nicht mehr nacheinander gesprochen werden, da die Leute bei Anbruch der Dunkelheit noch in der Arbeit sind und es schwerfällt, ein Minjan zusammenzubringen. Somit wird das Nachmittagsgebet am Nachmittag und das Abendgebet am Abend gesprochen werden. (Ade, Washingtoner Mittagessen!) Ich werde mich dreimal täglich in der Schul einfinden.

Es ist der Morgen nach Halloween. Im Laub vor der Schul liegen zerbrochene Weingläser, eines davon trägt die roten Spuren weiblicher Lippen. Die Trümmer einer Erregung. Ich bin unzufrieden, als ich die Schul verlasse, ich weiß nicht, warum. Im Teehaus schlage ich mein Buch auf, aber es ist sinnlos. Ich kann mich nicht konzentrieren. Heute morgen mag ich meine Tradition nicht. Ich schlage mein Buch zu und überlasse mich meiner Umgebung. Eine Frau stellt geschickt Teegebäck her. Auf der anderen Straßenseite richten ein paar Männer eine Leiter auf und lehnen sie gegen die Front eines robusten alten Hauses. Von einem Lastwagen unter meinem Fenster wird eine Lieferung Erdbeeren entladen. Die gewohnte Ordnung, die mich umgibt, läßt mich langsam wieder zu mir kommen. Ich bin eine kleine, namenlose, ehrenwerte Figur in einer Genreszene. Man könnte mich fälschlich für einen zufriedenen Menschen halten. Und ich muß meine Rolle spielen, also schlage ich mein Buch auf.

◇

Akiba: »Der Vater stattet den Sohn durch sein Verdienst [*soché*] mit Schönheit und Stärke und Reichtum und Weisheit und langem Leben aus.« Nun zu Menachem Asarjas dritter Interpretation des Diktums des alten Rabbinen. Es ist eine Interpretation, die mich bewegt. Sie beginnt mit einer sprachlichen und rechtlichen Unterscheidung zwischen zwei biblischen Ausdrücken für ein Vermächtnis, und sie endet mit einer Unterscheidung zwischen zwei Arten von Erbschaft. Die beiden Ausdrücke sind *nachala* und *jeruscha*. Sie werden in der Bibel verwendet, um die Vererbung von Land zu beschreiben. Der erste ist abgeleitet von der Wurzel für »strömen«, und Menachem Asarja sagt, daß eine solche Erbschaft »direkt bezogen wird, wie strömendes Wasser, entsprechend den Familien und dem Haus des Vaters, und der erste [der in ihren Besitz kommt] stiftet sie für die Generationen und wird ein *mitnachel* [Vermacher] genannt, denn er macht sich zu einem fließenden Strom zum Nutzen seiner Nachkommen, die [den Besitz] ihren Kindern in gerader Linie vermachen.« Ein solches Erbe ist natürlich und unveräußerlich. Von einem solchen Erbe her gesehen ist es nicht möglich, zwischen den Generationen zu differenzieren. Sie werden alle ein und derselben Kategorie zugeordnet. Sie sind eins. Das ist jedoch nicht der Fall bei *jeruscha*. Es »kommt von anderswoher, wie wenn der Sohn von seiner Mutter erbt und der Ehemann von seiner Frau«. Menachem Asarja weist sogleich darauf hin, daß es dieser letztere Ausdruck ist, den die Schrift in einem ihrer berühmtesten Befehle benutzt: »Der Gerechtigkeit, der Gerechtigkeit sollst du nachjagen, auf daß du lebest und das Land besitzest, welches der Herr, dein Gott, dir gibt.« Menachem Asarja liest aus der Formulierung dieses Verses eine Warnung heraus. Er bemerkt: »Schließlich warnte uns die Schrift, nicht auf das Verdienst der Väter zu vertrauen und es wie etwas Natürliches und uns Zustehendes zu empfangen; vielmehr ›Der Gerechtigkeit, der Gerechtigkeit sollst du nachjagen, auf daß du lebest und das Land besitzest‹, das heißt, daß das Land durch unsere eigenen Verdienste in unsere Verfügung kommt, so als käme es von anderswoher. So als käme es von anderswoher.

Menachem Asarja beläßt es nicht dabei. Er weist darauf hin, daß der Ausdruck für das Erbe »von anderswoher« nicht nur in bezug auf die geographische, sondern auch in bezug auf die geistige Erbschaft verwendet wird. Man findet ihn in einem berühmten Vers des fünften Buches Mose (es war der erste Bibelvers, den ich als kleiner Junge lernte): »Ein Gesetz hat uns Mose geboten, ein Erbe der Versammlung Jakobs.« Für »Erbe« steht hier *morascha*, eine Variation von *jeruscha*. Demnach ist es wie mit dem Land, »so auch mit der Tora, über die geschrieben steht ›ein Erbe der Versammlung Jakobs‹. Denn die Gelehrten vererben ihre Kronen der Gelehrsamkeit nicht an ihre Söhne.« Dies ist eine Warnung: Tradition kann abbrechen.

Mit der Glosse zu Akibas Aussage hat Menachem Asarja also einen Keil der Verantwortung zwischen vier der Vorzüge, mit denen der Vater den Sohn ausstattet, und dem fünften getrieben. Schönheit, Stärke, Reichtum, langes Leben – sie kann man als erblich bezeichnen. Sie kommen auf natürliche Weise. Sie kommen von ein und demselben Ort. Nicht aber die Weisheit. Intellektuelle, moralische und spirituelle Errungenschaften sind nicht erblich. Sie kommen nicht auf natürliche Weise. Sie kommen von anderswoher.

Nicht alles, was man ererbt, ist ein Beispiel für Erblichkeit.

»Von anderswoher«: Die Worte Menachem Asarjas lenken das Verständnis von Tradition in die richtige Richtung, hin zum Unorganischen, Unnostalgischen, Unerwarteten, Heterogenen, Mannigfaltigen, den Teilen, die nicht ein Ganzes sind, der aus unterschiedlichen Teilen zusammengesetzten Gemeinschaft, dem autonomen Individuum, der differenzierten Seele.

»Ich habe keinen Glauben!« Mit diesen Worten sürzt heute abend ein Freund in die Schul. Ich bin verblüfft. Er ist ein religiöser Mensch, zumindest dachte ich das bisher. Dann eilt er ans Telefon und ruft einige unserer Brüder an, um sicher zu sein, daß diejenigen, die versprochen hatten, zu den Gottesdiensten zu kommen, auf dem Wege sind. Ah, jetzt verstehe ich. Der Glaube meines Freundes an Gott ist intakt. Brüchig ist sein Glaube an seine Mitmenschen. Ich bin ein bißchen enttäuscht. Ich hatte mir eine theologische Krise erhofft.

◇

»Von anderswoher«: Menachem Asarjas profunde Intuition erinnert mich an eine noch schlichtere Formulierung desselben Gedankens. Rabbi Josse, ein älterer Zeitgenosse von Rabbi Akiba, erklärt: »Mach dich bereit zum Studium der Tora, denn sie ist nicht dein Erbe.« Seit Jahren denke ich über diese Aussage nach. In der ganzen Tradition finde ich keine Bemerkung über die Tradition, die stärker der Intuition zuwiderliefe. Von was für einer Entfremdung sie spricht: Die Tora nicht mein Erbe! Wie kann das sein? Wenn ich etwas gelehrt wurde, dann dies, daß die Tora mein Erbe ist. Doch ganz so verdreht ist die Ausdrucksweise von Rabbi Josse nicht. Er warnt vor Oberflächlichkeit. Denn Oberflächlichkeit ist die wahrscheinlichste Gefahr in einer Welt des Rituals und des Dogmas, einer Welt, in der man dem Höchsten und Schwierigsten auf leichte, regelmäßige und vertraute Weise begegnet, als einer soziale Praxis, als seiner zweiten Natur. Eine Welt der Tora ist in Gefahr, oberflächlich mit der Tora umzugehen, wenn sie nicht achtsam ist. Rabbi Josse verlangt, daß sie achtsam ist, er verlangt die Verbannung der Lässigkeit aus dem religiösen Leben.

Rabbi Josse ist ein Realist in Sachen Kontinuität. Er macht darauf aufmerksam, daß es in der Weitergabe der Tradition einen Moment gibt zwischen Geben und Empfangen, einen Moment, in dem sie nicht mehr Besitz des Vaters und noch nicht Besitz des Sohnes ist, einen Moment der Gefahr, vergleichbar der Pause eines schlagenden Herzens, einen Moment der Diskontinuität, einen ausgelassenen Herzschlag, da das, was aufgehört hat, noch anfangen muß, und das, was der eine weitergegeben hat, noch entgleiten oder zu Ende gehen kann. Dies ist der Moment, für den du dich »bereitmachen« mußt. Rabbi Josse gibt der Geschichte der Tradition wieder ihre Spannung zurück.

Ich war heute abend so beschäftigt, daß ich fast die Schul versäumt hätte. Wie sich herausstellte, war ich der zehnte Mann. Das Privileg desjenigen, der zuletzt kommt.

Tradition ist niemals erworben, sie wird ständig erworben. (Oder auch ständig nicht erworben; die Welt ist voll von Juden, die nicht jüdisch, Christen, die nicht christlich, Moslems, die nicht moslemisch sind.)

Was Rabbi Josse vorträgt, ist eine Theorie der Tradition. Er sagt, sie werde nicht ererbt, wie andere Dinge ererbt werden. Andere Dinge kann man äußerlich erwerben, doch die Tradition muß man innerlich erwerben. Ich sehe jedoch im Lichte meiner Obsessionen eines Trauernden eine andere Grundlage für Rabbi Josses Aussage – nicht in den speziellen Eigenschaften des Erbes, sondern in den speziellen Eigenschaften des Erben. Daß Kontinuität nicht für selbstverständlich genommen werden darf, hat seinen Grund auch darin, daß die Generationen sich nicht exakt reproduzieren, daß die Väter und die Söhne einander dafür nicht hinreichend gleich sind. Und in den Unterschieden zwischen Vater und Sohn liegt eine Gefahr für die Tradition. Der Sohn kann zurückweisen, was der Vater gegeben hat. Der Sohn kann sich zum Ende der Kette machen. (Spirituell, wenn nicht historisch, hat es ein jeder Jude in der Hand, der letzte Jude zu sein.) Die Gleichheit von Vätern und Söhnen ist die notwendige Fiktion einer Tradition, aber sie ist eine Fiktion. Und gegen diese Fiktion zieht Rabbi Josse offenbar zu Felde.

Und so wurde er von einigen Kommentatoren verstanden. Raschi: »*Sie ist nicht dein Erbe*. Sage nicht: Da mein Vater ein großer Weiser war, werde ich genau wie er sein, ohne jegliche Anstrengung.« Und Jona ben Abraham Gerondi, der als einer der großen Moralisten des Judentums im dreizehnten Jahrhundert in Spanien lebte: »*Sie ist nicht dein Erbe*. Du wirst nicht zu ihr gelangen, wenn du dich nicht um sie bemühst, denn sie ist nicht wie ein Erbe vom Vater, das der Sohn ohne Anstrengung erlangt; und wenn deine Väter seit Generationen Weise und Gelehrte waren, komme nicht auf Ideen und sage nicht, die Tora wird immer wieder zu ihrer Quelle zurückkehren, ohne Arbeit ... Weisheit war nur deinen Vätern gegeben, und du wirst sie nicht ererben. Wenn dich nach Weisheit verlangt, erwirb sie dir mit deiner eigenen Hände Arbeit, und wenn du das tust, wird dir Segen und Glück beschieden sein.« Für die Söhne keine Gratulationen. Nur anstrengende Liebe.

»Wenn dich nach Weisheit verlangt«: das ist keine geringe Voraussetzung. Jona begreift, daß es auch solche gibt, die es nicht nach Weisheit verlangt. Das heißt, er erkennt an, daß der Wille unabhängig vom Geist existiert, daß der Wille nicht dem Geist unterliegt. Die Vernunft kann an diesem Punkt nur stammeln.

»Die Tora wird immer wieder zu ihrer Quelle zurückkehren«: Jona zitiert eine Aussage von Rabbi Jeremia im Talmud und stellt sie in Frage. Desgleichen heißt es im Talmud, Rabbi Jochanan habe erklärt, daß »der, der ein Gelehrter ist und dessen Sohn ein Gelehrter ist und dessen Sohnes Sohn ein Gelehrter ist – die Tora wird nie seinen Samen verlassen«. Dies ist die andere Auffassung von Tradition, die biologische Auffassung, die deterministische Auffassung. Die Auffassung, die ich verschmähe.

»Die Tora ist nicht dein Erbe.« Das ist eine andere Formulierung des Gedankens, daß die Errungenschaften des Geistes keine Zufälle sind. Schönheit, Stärke, Reichtum und langes Leben: diese Attribute sind, wie alle erblichen Attribute, Zufälle. Doch Weisheit kann kein Zufall sein. Sie muß eine Notwendigkeit sein.

Tradition ist das Gegenteil von Identität. Identität ist ein zufälliges Attribut. Für deine Identität brauchst du dich nicht selbst zu lesen, weil sie dein Erbe ist. Und das ist ein Skandal.

Ein eisiger Sonntagmorgen. Das Gemurmel der Betenden um mich herum war wie eine schwache Flamme, die mich erwärmte.

Die Tora ist nicht dein Erbe. Doch aufgepaßt, denn die Tora könnte deine Enterbung sein. Wenn in deiner Zeit, während deiner Wache, etwas mit der Tradition passiert, wenn die Tradition verdorben wird oder untergeht, ist es noch immer deine Schuld. Die Bedingungen dieses Handels sind streng.

Du hast sie nicht geerbt, aber du hast sie enterbt.

Wenn du die Erbschaft nicht annimmst, können diejenigen, die nach dir kommen, sich nicht über sie ärgern, nicht an ihr herumpfuschen, sie nicht ablehnen. Mit welchem Recht beraubst du sie der Freuden, die du genossen hast?

Identität träumt vom Identischen. Es ist einer der gewöhnlichen Reize des traditionellen Lebens, daß man sagen kann: Ich bin wie mein Vater.

Ich lag auf dem Fußboden meines großen weißen Zimmers und lauschte dem Kampf mit der Melancholie in dem Streichquartett, das Fauré wenige Monate vor seinem Tode schrieb. Ich schloß die Augen. Plötzlich hatte ich das Gefühl, daß ein Schatten über mich hinwegwandert. Ich schlug die Augen auf. Nichts hatte sich bewegt. Ich schloß die Augen. Wieder hatte ich das Gefühl, daß ein Schatten über mich hinwegwandert.

VIII

»Die Tora ist nicht dein Erbe.« Maimonides' Glosse zu Rabbi Josses Aussage verweist den Leser auf das achte Kapitel der *Schemona Perakim* (»Acht Kapitel«), seine philosophische Einführung in die Anthologie alter Weisheit, die den Titel *Awot* (»Väter«) trägt. Thema von Maimonides' achtem Kapitel ist das Wesen der Freiheit. Ich liebe dieses Kapitel. Es ist einer der großartigen Proteste gegen den Determinismus, gegen die Reduktion des Moralischen auf das Natürliche. Was ihn zu seiner Verteidigung der Freiheit veranlasse, schreibt Maimonides, sei der Wunsch, »daß man nicht den Absurditäten der verlogenen Astrologen Glauben schenke, die fälschlich behaupten, es hänge von den Umständen der Geburt ab, ob jemand zu einem Menschen von sittlichem Rang wird oder zu einem, dem dieser ermangelt, und der einzelne sei durch diese Notwendigkeit zu den Taten, die er tut, gezwungen. Ich weiß hingegen – und darin stimmen unsere Tora und die griechischen Philosophen überein, und es ist mit wahren Argumenten erwiesen –, daß die Handlungen eines Menschen in seinen eigenen Händen liegen, daß nichts ihn zwingen kann, das außerhalb von ihm ist.«

Maimonides' Einwand gegen die Erklärungskraft der Astrologie gilt auch für die Erklärungskraft der Wissenschaft. Denn was Maimonides zurückweist, ist der Szientismus, eine spezifische Art der Erklärung des sittlichen Verhaltens. Bei astrologischen oder phrenologischen Erklärungen handelt es sich nicht nur um schlechte Wissenschaft, sondern auch um schlechte Erklärungen. Die Erklärung ist auch dann schlecht, wenn die Wissenschaft gut ist. Eine biologische Erklärung ist eine ebenso ungerechtfertigte Ausweitung der Notwendigkeit wie eine astrologische Erklärung. In beiden Fällen entsprechen die Ursachen nicht den Wirkungen, die sie erklären sollen.

Maimonides dachte weit voraus. Zu seinen Lebzeiten war der Szientismus jung. Heute ist der Szientismus alt, doch nichts deutet auf ein

Nachlassen hin. Spätere Historiker werden sogar einmal feststellen, daß der Szientismus in Amerika am Ende dieses Jahrhunderts einen erneuten Aufschwung erfuhr, denn die Amerikaner wurden sich ihrer selbst so unsicher, daß sie, um ihre Identität zu formulieren, nichts Geringeren bedurften als der Gewißheit der Wissenschaft oder der Gewißheit der Religion. Sie möchten unter Berufung auf das Unvermeidliche von ihrer Verantwortung losgesprochen werden. Gegenwärtig besteht die szientistische Mode darin, den Lauf der Geschichte mit der Geburtenfolge unter Geschwistern zu erklären – ja, der Geburtenfolge! So schreibt ein Harvard-Professor: »Die Frage, warum manche Menschen zu Rebellen werden – einschließlich der Frage, warum einige besonders weitblickende Menschen radikale Revolutionen auslösen –, ist synonym mit der Frage, warum Geschwister so verschieden sind.« Synonym! Der Szientismus begnügt sich nicht damit, daß die Wissenschaft eines der Dinge ist, die man kennen muß. Er will, daß die Wissenschaft das einzige ist, was man kennen muß. Sieht man denn nicht, daß nur Spinner an eine solche Reduktion glauben können? – Ich muß eiligst zur Schul.

Die Bedeutung der Wissenschaft im Leben läßt sich nicht wissenschaftlich begründen.

Zurück zu Maimonides. Sein Idealismus war alles andere als naiv. Er wußte sehr wohl, daß der Mensch in Wirklichkeit vielen natürlichen Zwängen unterliegt. Maimonides war schließlich Arzt. So beginnt er sein Kapitel: »Es ist unmöglich, daß die Natur den Menschen von Geburt an mit Tugend oder Lasterhaftigkeit versieht, so wie es unmöglich ist, daß die Natur ihn von Geburt an mit einer bestimmten Fähigkeit versieht.« Und dann, gleich darauf, die Komplikation: »Es ist jedoch möglich, daß ihm in seinem Wesen von Geburt an eine Neigung zu einer Tugend oder zu einem Laster anhaftet, so daß ihm eine bestimmte Handlungsweise näher liegen mag als eine andere.« Maimonides nennt Beispiele, ausgehend von der mittelalterlichen Theorie der Temperamente beziehungsweise der Körpersäfte. Von einem Menschen, »dessen natürliche Konstitution zur Trockenheit neigt«, sind eher vorzügliche geistige Leistungen zu erwarten als von einem phlegmatischen Menschen. Dennoch: »Wenn einer, der in seiner Konstitution zu einer gewissen Vorzüglichkeit neigt, keinen Unterricht erhält und seine Begabungen nicht angeregt werden, wird er wahrscheinlich dumm bleiben.« Und so, wie man aus dem Dummen einen Klugen machen kann, kann man auch aus dem Feigling einen Tapferen machen. Es ist also nicht die »natürliche Konstitution«, die den Lebenslauf eines Menschen bestimmt. Was ihn bestimmt, ist »große Anstrengung«. (Mache ich aus dem mittelalterlichen Theologen einen modernen Liberalen? Ich glaube nicht. Die Zurückweisung des Determinismus steht dort zu lesen.)

Der Glaube an die Freiheit ist nicht dasselbe wie Optimismus. Denn von der Freiheit kann man diesen oder jenen Gebrauch machen. Maimonides besteht nicht zuletzt darauf, daß wir wirklich frei sind, um die Möglichkeit der Schuld zu begründen. Dabei macht er sich über die Reichweite unserer Wirkungsmöglichkeiten keine Illusionen. Es gibt »Dinge in der Natur, die nicht vom Willen des Menschen zu beeinflussen sind«, fährt er fort, zum Beispiel, »ob jemand groß oder kleinwüchsig ist, ob es regnet oder trocken ist oder ob die Luft rein oder unrein ist, und all die anderen Dinge, die in der Welt geschehen, ausgenommen die Bewegung des Menschen und seine Ruhe«. Selbstverständlich gibt es ein Reich der Notwendigkeit. Wer würde die Wahrheiten der Wissenschaft leugnen? Aber das ist nicht alles. Wie weit reicht das Reich der Notwendigkeit? Wie weit reichen die Wahrheiten der Wissenschaft? Diese Reichweiten sind Maimonides zufolge begrenzt. Am Ende entzieht sich das »moralische Tier« dem Tier zugunsten der Moral. Wir besitzen keine vollständige Gewalt über die Natur, und die Natur besitzt keine vollständige Gewalt über uns. In der Kette von Ursachen und Wirkungen ist eine Lücke, die Schöpfung weist zum Glück einen Riß auf, und durch ihn dringen wir ein und bringen Böses und Gutes.

Den ganzen Tag lief ich mit einem starken Gefühl der Süße des Lebens herum. Das wirft mich zurück.

Meine Schwester ruft an. Es wird Zeit, ein Datum für die »Enthüllung« seines Grabsteins festzulegen. Sie hatte lieber ein spätes Datum. Sie ist noch nicht bereit, den Abschluß zu ertragen. Ein spätes Datum paßt mir ausgezeichnet. Wir werden es im Frühling machen. Allerdings ist mir bei der Vorstellung, daß wir uns bei den vorgeschriebenen Zeremonien unseres Trauerfalls nach unseren Gefühlen richten könnten, ein bißchen unbehaglich. Sie entspricht nicht der soldatischen Haltung, die mir letzthin von Nutzen war.

Ein kleines Stück weiter in seinem Text streift Maimonides das Problem des göttlichen Vorherwissens; in manchen Bibelversen bestimmt Gott offenbar, wie sich ein Mensch künftig verhalten wird, und beraubt ihn damit seiner Freiheit. Maimonides nimmt hier die Theorie der Variationen vorweg, auf die sich die Soziobiolgen und Evolutionspsychologen immer dann zurückziehen, wenn sie philosophisch in Bedrängnis kommen. »Die Antwort lautet«, schreibt er, »daß [die von diesen Versen postulierte Notwendigkeit] so ist, als habe Gott bestimmt, daß unter den künftig Geborenen ein Rebell und ein Sklave und ein Heiliger und ein Schurke sein werden. Nun mag dies der Fall sein, doch nicht aus diesem Grund wird der eine ein Schurke und ein anderer ein gerechter Mensch. Wenn jemand ein Schurke werden möchte, so wird er es vielmehr aus eigener Entscheidung, und hätte er gerecht werden wollen, hätte nichts ihn daran gehindert; ebenso wenig hätte etwas einen gerechten Menschen daran gehindert, böse zu sein, denn das, was Gott gesagt hat, wurde nicht über einen bestimmten [namentlich bekannten] Menschen gesagt.« Anders gesagt: Aus der Tatsache, daß wir eine Spezies mit Variationen sind, ist nicht zu entnehmen, wie sich die Variationen verteilen. Die Möglichkeiten, die in uns allen stecken, vermögen nicht zu erklären, wie wir tatsächlich sind. Natürlich gibt es immer Lügner unter uns. Warum bin ich einer von ihnen? Weil wir aufgrund der Variationen verschieden sind, oder weil ich sündig bin? (Im ersteren Fall bin ich freigesprochen.)

Die Wissenschaft erteilt leichter die Absolution als die Religion.

Die Frage ist nicht, ob die Biologie wahr ist. Ein Alibi mag wahr sein, es bleibt dennoch ein Alibi.

Die biologische Analyse einer Tat gleicht der chemischen Analyse eines Gemäldes. Die letztere ist nicht falsch, aber sie erklärt nicht, was die auf dem Bild verwendeten Farben zu einem Gemälde macht. Sie endet, bevor es zum Wesentlichen kommt.

Die wissenschaftliche Erklärung ist stets eine äußerliche Erklärung. Ein Großteil der Welt läßt sich äußerlich erklären, nicht aber das intellektuelle, das moralische oder das spirituelle Leben. Sie werden innerlich erlebt. Die Wissenschaft kann ihnen nicht über die Grenze folgen. Die Wissenschaft kann sie allenfalls in der Ferne verschwinden sehen, und nachdem sie verschwunden sind, kann sie leugnen, daß sie je existiert haben.

Zwei Leute betrachten ein Objekt und können es nicht sehen. Der eine sagt: Ich kann es nicht sehen, also kann es nicht da sein. Der andere sagt: Ich kann es nicht sehen, also muß ich blind sein.

Denjenigen, der alles erklären kann, muß man bedauern. Der Materialist lacht über die Schwierigkeiten, die den anderen zu schaffen machen, doch wirklich zum Lachen ist, daß er selbst keine Schwierigkeiten hat.

Ich bin weiter bei Maimonides. Er trifft in seinem achten Kapitel auch eine pragmatische Feststellung: daß Moral und persönliche Verantwortung und soziale Gerechtigkeit und religiöse Pflicht und Belohnung und Bestrafung in einer von Notwendigkeit regierten Welt sinnlos wären. »Wären die Handlungen eines Menschen erzwungen, so wären die Gebote und Verbote des Gesetzes nichtig, und alles wäre eine große Lüge, da der Mensch in seinem Tun keine Wahlfreiheit hätte ... Angenommen, unter solchen Bedingungen hätte Simeon Ruben ermordet. Weshalb sollte man Simeon bestrafen, wo er doch zu der Mordtat gezwungen und Ruben dazu bestimmt war, ermordet zu werden? Wie könnte Gott, der gerecht ist, Simeon für eine Tat bestrafen, die er unmöglich nicht begehen konnte und die zu vermeiden er nicht in der Lage war, selbst wenn er es mit aller Macht versucht hätte?« Maimonides' Frage ist auch für die Gottlosen eine gute Frage.

Es ist, wenn Sie mir den Ausdruck verzeihen mögen, notwendig, daß wir frei sind. Sonst sind unsere ethischen Abmachungen mit uns selbst und mit anderen unmöglich. Dies ist es, was niemand am Idealismus bemerkt: er ist praktisch.

◇

Heute morgen machte ich beim Beten seltsame Fehler. Bei Worten, die mir seit Jahren vertraut sind, geriet ich ins Stottern. Und das nicht nur einmal. Ich muß geklungen haben wie ein Sprachbehinderter. In einem gewissen Sinne war ich das.

Die Reproduktion der Tradition ist etwas anderes als die Reproduktion der Gene. Strenggenommen wird die Tradition nicht repliziert, da sie nie genau so weitergegeben wird, wie sie empfangen wurde. Wichtiger noch: Das spirituelle Erbe und das biologische Erbe haben unterschiedliche Gründe ihres Überlebens. Das erstere verspricht mehr als sich selbst: das Wahre, das Gute, das Schöne. Das letztere verspricht nur sich selbst. Gene überleben, damit Gene überleben. Insofern sind sie zutiefst inhuman, mögen sie auch die physische Geschichte der Menschheit darstellen.

In einer Materialsammlung zu den *Awot* aus dem neunzehnten Jahrhundert läßt mich in den Erläuterungen zu Rabbi Josses Aussage, die Tora sei »nicht unser Erbe«, die folgende Passage aus dem Altertum stutzen: »Warum ist es ungewöhnlich, daß Gelehrte unter ihren Abkömmlingen Gelehrte haben? Rabbi Josef sagte: Damit sie nicht sagen, die Tora sei ihr Erbe.« (Rabbi Josef? Bestimmt handelt es sich um Rabbi Josse: die Sprache ist dieselbe, die Idee ist dieselbe.) Hier ist das Verhältnis von Tradition und Freiheit keine Frage der Theorie. Es ist eine aus der Realität gezogene Schlußfolgerung. Sozial, empirisch beobachten wir, daß Gelehrsamkeit nicht in derselben Weise weitergegeben wird wie andere Merkmale. Dieselbe Passage kommt im babylonischen Talmud in einem anderen Traktat vor, und dort finde ich eine Glosse von Ascher ben Jechiel, dem überragenden Talmudgelehrten des ausgehenden dreizehnten und beginnenden vierzehnten Jahrhunderts. Ascher schlägt zwei Auslegungen von Rabbi Josefs Bemerkung vor. Sie wurde getan, schreibt er, »damit andere nicht sagen: sie [die Tora] ist ein Erbe der Kinder von Gelehrten, was uns gewiß in die Irre leiten würde, wenn wir uns ihr nähern, um sie zu studieren. Oder, in der anderen Auslegung, damit die Kinder von Gelehrten nicht sagen: wir brauchen die Tora nicht zu studieren, da sie unser Erbe ist.« Ascher möchte der Selbstgefälligkeit derer, die von Männern der Gelehrsamkeit abstammen, und der Verzweiflung derer, die nicht von Männern der Gelehrsamkeit abstammen, vorbeugen. Intellektuell verschafft die Abstammung weder einen Vorteil noch einen Nachteil. Es spielt keine Rolle, wer oder was dein Vater war. Das Leben des Geistes ist diesen Traditionen zufolge meritokratisch.

Heute leitete ich alle drei Gottesdienste. Am Ende des Tages kamen ein oder zwei Leute und gratulierten mir dazu, so als hätte ich einen Volltreffer erzielt. Doch es war heute sonst niemand in der Schul, der Kaddisch sagte, und so habe ich die Sache natürlich übernommen. Nicht der Rede wert. Aber wie in aller Welt ist es dazu gekommen, daß diese feine kleine Gemeinde auf mich angewiesen war?

Im Teehaus befasse ich mich weiterhin mit der Talmudpassage über Gelehrte und die Kinder von Gelehrten. Es wird besser. »Warum ist es ungewöhnlich, daß Gelehrte unter ihren Abkömmlingen Gelehrte haben?« Auf Rabbi Josefs Antwort folgen andere Antworten. Rabbi Schescha, der Sohn von Rabbi Idi, sagte: »Damit sie nicht hochmütig werden gegenüber der Gemeinde.« Mar Sutra sagte: »Weil sie sich gegenüber der Gemeinde als Herren aufspielten.« Raw Aschi sagte: »Weil sie die Leute als Esel bezeichneten.« Diese späten Weisen des fünften und beginnenden sechsten Jahrhunderts (Raw Aschi begann mit der Niederschrift des babylonischen Talmuds) deuten alle auf die gleiche Gefahr hin, die Gefahr der Elitebildung: Die jüdische Gesellschaft verlieh der Gelehrsamkeit einen hohen Status, und die Vererbung dieses Status wäre auf die Entstehung einer Aristokratie hinausgelaufen. In einer Gesellschaft, in der Gelehrsamkeit einen Wert von höchstem Rang darstellte, konnte es passieren (und passierte es auch), daß Gelehrte eine anmaßende Haltung einnahmen. Sie mußten gedemütigt werden, und nach Meinung dieser Autoritäten würde es sie demütigen, wenn sie daran erinnert wurden, daß ihr Status nicht ererbt, sondern erworben war, daß Weisheit jedem zuteil wird, der sich bemüht, ihrer würdig zu sein.

Nach dem Abendgebet trödele ich noch ein bißchen in der Schul herum und schmökere in den Glossen zum Talmud von Besalel Aschkenasi, einem schillernden Talmudisten, der im sechzehnten Jahrhundert in Ägypten lebte und dessen enzyklopädisches Werk die Meinungen vieler mittelalterlicher Autoritäten bewahrt hat. Er sieht einen feinen Unterschied zwischen der Äußerung von Raw Schescha auf der einen und den Äußerungen von Mar Sutra und Raw Aschi auf der anderen Seite. Warum ist es ungewöhnlich, daß Gelehrte unter ihren Abkömmlingen Gelehrte haben? Aschkenasi fällt auf, daß die für diese Frustration genannten Gründe in unterschiedlichen Tempi formuliert sind. »Damit sie nicht hochmütig werden gegenüber der Gemeinde«: Raw Scheschas Grund bezieht sich auf die Zukunft, auf die Elitenbildung, der die Gemeinde vorbeugen muß; bisher aber haben sich die Intellektuellen dieser Meinung zufolge einwandfrei aufgeführt. Die Gründe, die von Mar Sutra und Raw Aschi genannt werden – »weil sie sich gegenüber der Gemeinde als Herren aufspielten«, »weil sie die Leute als Esel bezeichneten« –, sind im Präteritum formuliert und kommen daher einer Anklage der Intellektuellen gleich. Nach Meinung dieser beiden letzteren Weisen, schreibt Aschkenasi, ist das Unvermögen der Gelehrten, ihre Gelehrsamkeit an ihre Söhne weiterzugeben, »eine Strafe für ihr selbstherrliches Gebaren gegenüber der Gemeinde«. Raw Schescha ist ein Moralist, Mar Sutra und Raw Aschi sind dagegen Sozialkritiker. Der eine fürchtet die verderblichen Folgen eines ererbten Status, die anderen bezeugen sie.

Die Rabbinen waren entschlossen, das geistige Leben dem Wirrwarr der sozialen Schichtung zu entziehen. Ihrer Bemerkung, daß intellektueller Rang nicht per Geburt übertragen wird, geht eine andere voraus: »Hüte dich vor den Kindern der Armen, denn von ihnen wird die Tora kommen.« Klarer läßt sich die meritokratische Einstellung nicht formulieren. Eine Klassenanalyse der Weisheit wird es nicht geben. Köpfchen kann die Herkunft vergessen machen.

Raschi deutet diese Warnung praktisch: Hüte dich vor den Kindern der Armen, das heißt: »Halte sie nicht für zu gering, in der Tora unterwiesen zu werden.« Nissim ben Ruben Gerondi aus Spanien verweist im vierzehnten Jahrhundert auf zwei Attribute der Armen, die sie für das Studium der Tora qualifizieren: »Sie haben sonst nichts zu tun, und sie haben eine geringe Meinung von sich selbst.« Armut ist also auch zu etwas gut: Bescheidene Umstände bewirken bescheidene Menschen. Die Armen werden hier durchaus unsentimental beschrieben. Nicht bewundern soll man sie, sondern man soll ihnen eine Chance geben. Das Ziel dieser Texte ist Gerechtigkeit.

Heute morgen betet in der Ecke ein langer, bärtiger Mann. Nach dem Gottesdienst gibt er sich zu erkennen als ein Jude aus Lemberg (polnisch Lwów), der sich in jenem Landstrich, der heute zur Ukraine gehört, der Erhaltung und Instandsetzung jüdischer Gräber widmet. Ich werde aufmerksam. Die Familie meiner Mutter ist aus der Lemberger Gegend, aus der kleinen Stadt Drohobycz. Ich erzähle dem Mann, ich sei aus Drohobycz, vor Zeiten (und für immer) von dort fortgeschafft. Er sagt, er sei kürzlich in Drohobycz gewesen, weil dort einige rechtschaffene Juden begraben seien. Ich werde noch aufmerksamer. Dort begraben? Meines Wissens hatten sich in Drohobycz keine jüdischen Gräber erhalten. (Es gibt Umstände, unter denen man sich mit Gräbern begnügen muß, dem einzigen, was sich erhalten hat.) Er versichert mir sogleich, daß mein Eindruck richtig sei, daß er nicht die Hoffnung auf greifbare Überreste erwecken wollte. Fast hätte ich ausgerufen: Aber es gibt ein Grab in Elmont ...

◇

Ich vergoß meinen Tee über das Buch, als ich bei den Kommentatoren eine weitere glückliche Entdeckung machte, diesmal in Salomo Edels' Interpretation von Raw Aschis Äußerung, die Gelehrten hätten die Ungelehrten herablassend als »Esel« bezeichnet. Warum gerade Esel? Edels ist nicht überzeugt, daß es sich hier nur um eine beliebige Grobheit handelt. Die Gelehrten, schreibt er, verglichen die Ungelehrten mit Eseln, weil sie ihre Ansicht auszudrücken wünschten, daß »es in der Natur der Schöpfung liegt, daß sie nicht zum Lernen taugen, so wie es in der Natur des Esels liegt, daß er nicht [zur Fortpflanzung] taugt, und daher gebe es unter ihren Kindern keine Gelehrten; denn das ist die Ansicht [der Rabbinen, die bemerkten, daß Gelehrte unter ihren Abkömmlingen keine Gelehrten haben], und es liegt in der Ordnung der Natur, daß Gleiches Gleiches gebiert.« »Esel« war Raw Aschis Metapher für einen Unterschied, der so tiefgreifend ist, daß er einem Unterschied der Spezies, einem biologischen Unterschied gleichkommt. Nach Edels' Deutung bestand der von Raw Aschi berichtete Snobismus tatsächlich in einer Berufung auf die Natur, auf die Vererbung. Es war eine frühe, ausschließende Äußerung des Szientismus. (Szientismus ist immer ausschließend.) Und Raw Aschis Ziel war, einem solchen Szientismus entgegenzutreten, darauf zu bestehen, daß die intellektuelle und spirituelle Reproduktion nicht mit der natürlichen oder biologischen Reproduktion zu vergleichen ist.

Nach den Gebeten heute morgen wie jeden Morgen ein paar Minuten freundlichen Geplänkels. Ich bin gänzlich in den Kreis dieser ausgezeichneten Leute aufgenommen worden. Ich bin in meiner Gemeinde kein Fremder mehr. (Es gibt auch einen unter ihnen, den ich nicht ausstehen kann.) Das bereitet mir ein leichtes Unbehagen. Meinen Beobachtungen wird diese Vertrautheit ohne Zweifel abträglich sein. Es steigert die Bewußtheit, wenn man gegenüber dem Eigenen ein Fremder ist.

Die Lektüre im Teehaus erinnert mich an etwas, und ich durchstöbere eine alte Kiste mit gelehrten Abhandlungen und finde endlich, wonach ich suche. Es ist ein Aufsatz von Avraham Grossmann mit dem Titel »From Father to Son: The Inheritance of the Spiritual Leadership of the Jewish Communities in the Early Middle Ages«, und er wirft viel Licht auf die Geschichte der Spannung zwischen Intellektualismus und Elitismus, zwischen Spiritualität und Erblichkeit in den prägenden Jahrhunderten des Judentums im Exil. In der talmudischen Zeit, schreibt Grossmann, wurden die Söhne von Gelehrten geachtet, doch »sie besaßen keinerlei Anspruch, Ämter von ihren Vätern zu erben. Wir besitzen vielmehr Berichte von Gelehrten, die ganz aus eigenem Verdienst geistige Autorität erwarben und sogar in die Führung der Akademien aufstiegen, obwohl sie aus den ärmsten Klassen des Volkes stammten.« Akiba hat demnach übertrieben, als er die Wahl von Eleasar ben Asarja seiner Abstammung zuschrieb. Akiba war selbst eines dieser Beispiele der Meritokratie [des Leistungsprinzips]. Allerdings, heißt es weiter bei Grossmann, »vollzog sich in der spirituellen und sozialen Welt der Judenheit im frühen Mittelalter ein tiefgreifender Wandel: Theoretisch und praktisch wurde den Söhnen das Recht zuerkannt, die Positionen der Väter in der spirituellen Führung der Gemeinschaft zu erben. Das war sogar dann der Fall, wenn es andere Gelehrte gab, die es aufgrund ihrer Talente verdient hätten, diese Positionen einzunehmen.« Zur Herausbildung einer solchen Aristokratie kam es zuerst in den Akademien von Palästina, irgendwann im sechsten Jahrhundert, und später, irgendwann im achten Jahrhundert, in den Akademien Babyloniens. Grossmann schildert diese Entwicklung in all ihren Komplikationen – der Besitz geistlicher Ämter war vermengt mit dem Besitz politischer Ämter und der Herausbildung der Akademien als Institutionen mit sozialer und politischer Autorität – und bringt zahlreiche Belege für diese Sicht bei. Er zeigt, daß die Struktur der Führung im frühen Mittelalter in Italien, Frankreich und Deutschland davon geprägt wurde, daß man die Erblichkeit in intellektuellen und spirituellen Dingen anerkannte. Er verweist jedoch darauf, daß die Gemeinschaften in Spanien und Nordafrika immun gegen diese Entwicklung blieben und »die Talente des einzelnen ausschlaggebend [für die Zuerkennung von Autorität] waren«.

Was mich bei Grossmann besonders bewegt, ist die Darstellung der Folgen des dynastischen Stils für das geistige Leben der Juden. So wie er sie beschreibt, waren diese Folgen »äußerst negativ«. Die Akademien »verwandelten sich in professionalisierte Strukturen, die ihren Mitgliedern Vorteile verschafften, und das führte zur Schwächung der Akademien in Babylonien, zur Schmälerung ihres Einflusses und schließlich zu ihrem Niedergang«. Und das geschah auch andernorts. Die gelehrten Institutionen wurden konventionell, politisch, konservativ, gesellschaftlich und geistig abgekapselt. Erst im ausgehenden elften Jahrhundert, im Gefolge des Ersten Kreuzzugs, wurde Kritik an diesen dynastischen Praktiken laut, wurden sie geändert. In Grossmanns Darstellung finde ich also meine Vorurteile bestätigt. In spiritueller, intellektueller und kultureller Hinsicht gibt es keine Dynastien. Genauer gesagt, es gibt sie, aber sie sind ein Zeichen des Verfalls. Autorität gebührt nicht dem vornehmsten Sohn, sondern dem vornehmsten Kopf.

In den letzten Tagen war ich durcheinander. Meine Begierden sind verkümmert. Meine Konzentration ist futsch. Große Dinge nehme ich nicht wahr, kleine Dinge erscheinen mir riesengroß. Ich haste hierhin, ich haste dorthin, und doch habe ich das Gefühl, nirgendwo anzukommen. Auf dem Weg zur Schul fahre ich auf den Wagen vor mir auf. In der Schul bin ich ausgesprochen gereizt. Wir sollen dem Herrn dienen mit unserem ganzen Herzen und unserer ganzen Seele und mit all unserer Kraft, mit allem, was wir haben. Ich diene dem Herrn mit all meinen Nerven.

Die Abwärtsbewegung der Seele. »Du hast Glück«, sagte mir jemand vor einigen Monaten mit einem gewissen Neid in der Stimme. »Du hast einen Anker.« Aber ein Anker ist auch ein Gewicht, und wenn er dich nicht verankert, zieht er dich herab; und sein Ziel ist stets der tiefste Grund.

◇

Rabbi Juda Löw ben Besalel, der Weise von Prag im sechzehnten Jahrhundert, eine der originellsten und wirkungsmächtigsten und tiefgründigsten Gestalten der Tradition, erklärt in einer seiner Novellen zu den Legenden des Talmud, warum die Tora kein Erbe ist. Er führt die Grenze der Vererblichkeit auf die grundlegendste Dichotomie der mittelalterlichen Philosophie zurück. »Der Begriff des Erbes gilt nicht für die Weisheit des Geistes, der vom Menschen verschieden ist, denn ein Mann kann seinen Söhnen nur etwas Materielles vermachen. Insofern er aus Materie gemacht ist, hat er unter dem materiellen Aspekt eine Beziehung und Verwandtschaft zu seinem Sohn ... Doch die Tora ist geistiger Natur, und sie ist nicht aus Stofflichem gemacht, das an seine Nachkommen weitergegeben werden kann. Daher kann ein Mann seinem Sohn Eigenschaften wie Körpergröße und Schönheit und andere Dinge vererben, die stofflicher Natur oder dem Stofflichen verwandt sind, aber etwas, das vom Stofflichen absolut verschieden ist wie die Tora, kann man nicht von seinem Vater erben. Es gibt daher keinen Grund, daß der Sohn eines Gelehrten ein Gelehrter sein sollte.« Geist und Materie sind verschiedene Seinsordnungen, und der Mensch lebt im Schnittpunkt von Geist und Materie, und er darf den Geist nicht in derselben Weise betrachten wie die Materie. Der Geist des Vaters wird nicht den Geist des Sohnes bestimmen, weil der Geist nicht auf diese Weise bestimmt wird.

Doch aufgepaßt. Anscheinend finde ich nur das, wonach ich suche. Überall stoße ich auf Verfechter der Freiheit! Im weiteren Verlauf von Löws Novelle wird mir klar, daß ich meinen Abscheu vor dem Determinismus in ihn hineinlese. In seinen Schriften gibt es Passagen, in denen er die geistige Freiheit mit einer Leidenschaft verteidigt, die ihn zu einem frühen Zeitgenossen Miltons unter den Juden macht, doch diese gehört, fürchte ich, nicht dazu. Der Text ergeht sich vielmehr in einer extremen Elitengläubigkeit. »Und [Rabbi Scheschas] Äußerung ›damit sie nicht hochmütig werden gegenüber der Gemeinde‹ muß folgendermaßen verstanden werden: daß die Auszeichnung eines Gelehrten, der der Sohn eines Gelehrten ist, derart erhaben ist, daß sie nicht zu dieser Welt paßt ... Es ist nicht recht, daß der Träger einer solchen Auszeichnung von der Gemeinschaft getrennt ist, er sollte ein Teil der Gemeinde sein, doch wenn seine Gelehrsamkeit ererbt sein sollte, wäre er durch die Erhabenheit seiner Auszeichnung von der Gemeinde getrennt.« Löw ist fasziniert von der Idee, daß die Gelehrten sich selbst reproduzieren: es ist die vollkommene Verewigung des Geistes.

Er macht sich allerdings Sorgen über die Folgen einer solchen Vollkommenheit – für den Geist und für die Gemeinde. Er erklärt: »Wisse, wie ich schon erklärt habe, daß der Gelehrte unter den Leuten ist wie der Geist im menschlichen Körper. Der Geist ist zwar göttlich, aber dennoch nicht gänzlich vom Körper getrennt, sondern mit ihm verbunden. Sollte aber ein Gelehrter [biologisch, auf dem Wege der Vererbung] aus einem Gelehrten hervorgehen, so wäre das wie Geist, der aus Geist hervorgeht, und er wäre völlig von der Gemeinde isoliert, insofern er Geist wäre, der aus Geist entsprungen ist. Doch zweifellos ist der Geist nicht vom Menschen isoliert, er ist an den Menschen gebunden, und folglich kann ein Gelehrter nicht aus einem Gelehrten hervorgehen.« Es steckt eine utopische Sehnsucht in diesen Sätzen. Löw sinnt über die Möglichkeit der Reinheit nach – einen Geist, der Geist gebiert, einen Geist, der allein dem Geist etwas verdankt und nichts anderem sonst –, und dann reißt er sich von diesen Gedanken los. Aus einem Gefühl der Verantwortung gegenüber dem Gelehrten und der Gemeinde wendet sich der Elitengläubige vom Elitismus ab. Löw betont immer wieder, daß die Isolation des Intellektuellen nicht erstrebenswert sei. Geist und Materie müssen Hand in Hand gehen. Eine Kultivierung des Wissens ohne jegliche Relevanz für das Leben ist abzulehnen. – Es ist spät geworden, und ich habe noch eine Verabredung. Lieber würde ich meine Arbeit jetzt nicht unterbrechen. In solchen Momenten bin ich versucht, alle Verpflichtungen sausen zu lassen und mich mit meinen Büchern einzusperren. Aber wurde ich nicht soeben vor der Isolation des Intellektuellen gewarnt? Dann also, im Namen von Rabbi Löw, auf zum Dupont Circle!

Ich langweilte meinen Freund im Dupont Circle, weil ich endlos über Rabbi Löw sprach. (Er hatte gefragt.) Es gibt Zeiten, da die Isolation des Intellektuellen eine freundliche Geste gegenüber anderen wäre.

Zurück zum Buch. Über die Bemerkung von Raw Aschi, daß die Gelehrten die Leute als »Esel« bezeichneten, macht Löw ein philosophisches Wortspiel, denn im Aramäischen lautet das Wort für »Esel« genauso wie das Wort für »materiell« oder »aus Materie bestehend«. Da »das Getrennte die Antithese des Materiellen ist«, hätten die Gelehrten das gewöhnliche Volk grausam gebrandmarkt. (In der Sprache der mittelalterlichen jüdischen Philosophie hat »getrennt« die Bedeutung »immateriell«, »unkörperlich«, »spirituell«.) Hier ringt wieder der Elitegläubige mit sich selbst. Das Überlegenheitsgefühl des Intellektuellen ist Löw zufolge berechtigt und zugleich falsch. Es hat eine ausgezeichnete metaphysische Grundlage, und doch wird der Intellektuelle dafür bestraft. Dieselbe Komplikation finden wir in Löws Kommentar zu Mar Sutras Äußerung, daß die Gelehrten sich gegenüber der Gemeinde nicht als Herren aufspielen sollten. »Es ist unvermeidlich, daß der Gelehrte sich gegenüber der Gemeinde bis zu einem gewissen Grad als Herr aufspielt, und insofern ist er von der Gemeinde getrennt.« Doch auf die realistische Einschätzung des Abstandes des Gelehrten folgt dieses: »Und daher verdienen sie nicht, daß aus ihrem Samen ein Gelehrter hervorgeht, der in sich den Umfassenden [oder Allgemeinen] Geist enthält, der von der höchsten umfassenden Stufe ausgeht, und wenn sie sich gegenüber der Gemeinde als Herren aufspielen, stammen ihre Abkömmlinge nicht von jener Stufe. Verstehe dies.« Verstehe dies? Ich versuch's, ich versuch's.

Was ist das, der Umfassende Geist? Offenbar handelt es sich um einen kosmologischen Begriff, der sich auf die mittelalterliche Vorstellung bezieht, daß die Welt aus Sphären besteht, die in Bewegung versetzt werden von Intelligenzen oder Geistern, mit denen der menschliche Geist auf irgendeine Weise kommuniziert. Ich weiß noch, wie ich während des Studiums vesuchte, mir die Einzelheiten dieser Kosmologie einzuprägen, aber an einen Umfassenden oder Allgemeinen Geist kann ich mich nicht erinnern. Ich gehe an das Regal, auf dem die kostbaren Bände von Klatzkin und Wolfson stehen, und erfahre, daß der Umfassende Geist keine aristotelische Entität ist.

Er tritt vielmehr in der anti-aristotelischen Kosmologie von Juda ha-Levi auf, dem romantischen Philosophen und Dichter, der im zwölften Jahrhundert in Spanien lebte. Der Umfassende Geist ist eine Emanation des Göttlichen, eine spirituelle Substanz, aus der der menschliche Geist in seiner höchsten Vollendung Wahrheiten, die empirisch nicht zu erlangen sind, direkt aufnimmt. Somit ist der Gelehrte, der der Sohn eines Gelehrten ist, Geist, bestimmt von Geist, eine Gestalt von übernatürlicher Erhabenheit, eine überirdische Gestalt. Und von einer solchen Höhe läßt er sich herab, um sein Volk zu schmähen! – Das ist es, glaube ich, was Löw meint, aber ich bin mir nicht sicher. Wenn ich eines von Löws Büchern zuschlage, habe ich nie das Gefühl, es hinreichend verstanden zu haben.

Doch ich entnehme Löws Text das allgemeine Prinzip, daß intellektuelle Aktivität eine Spielart von spiritueller Aktivität ist. Sie ist ein Verfahren der Individuation. Man denkt innerhalb der Grenzen eines einzigen Geistes, man vibriert innerhalb der Grenzen einer einzigen Seele. Innerhalb einer solchen Begrenzung – Freiheit.

Ich kann nicht für dich denken, ich kann dich nicht retten, auch wenn du mein Kind bist. Ich kann nicht für dich denken, ich kann dich nicht retten, auch wenn du mein Vater bist.

Ich kann dich nicht retten, auch wenn du mein Vater bist. Aber behauptet das Kaddisch nicht, daß ich dich retten kann, weil du mein Vater bist? Als du noch lebtest, konnte ich dich nicht retten, doch jetzt kann ich dich retten. Das behauptet jedenfalls das Kaddisch. Ich glaube nicht, daß ich dich retten kann. Aber ich bin dein Sohn und werde weitermachen.

Meine Schwester ruft an. Sie sagt, ihr fielen die Dinge aus der Hand. Am Morgen ließ sie ein Ei fallen. Am Abend griff sie nach einer Pfanne im Ofen und verbrannte sich die Hand. Ich sage ihr, daß auch mir kleine Mißgeschicke passieren, daß mir Dinge entgleiten. Was ist das für eine seltsame Entwicklung der Trauer, die bei ihr und bei mir gleichzeitig auftritt?

◇

Die Unabhängigkeit des Sohnes vom Vater wird in einem der erregendsten Texte der jüdischen Geschichte im Mittelalter verkündet. Ich spreche von *Milhamot Ha'Schem* (»Die Kriege des Herrn«), Nachmanides' Bericht von der Disputation in Barcelona. Am 20. Juli 1263 fand im Königspalast von Barcelona in Anwesenheit von Jakob dem Eroberer, König von Aragón, und zahlreicher kirchlicher und politischer Würdenträger eine Disputation statt, in der Nachmanides den Judaismus gegen einen Dominikanerpater namens Pablo Christiani verteidigte. (Er war ein Jude namens Saul, der bei bedeutenden Rabbinern studiert hatte und dann zum Christentum übergetreten war. Aus einem Saulus wurde ein Paulus. Schwieriger.) Die Debatte erstreckte sich über vier Tage, und die letzte Begegnung fand im Gotteshaus statt, wo der König eine Ansprache hielt. Gegenstand der Debatte war die Behauptung des Dominikaners, es sei durch jüdische Quellen bewiesen, daß Jesus ein Messias war, doch Nachmanides wechselt unverfroren das Thema und spricht über erste Prinzipien. (So ergibt es sich jedenfalls aus seinem Bericht. Es existiert ein lateinischer Bericht, den ich aber nicht kenne.) Am zweiten Tag richtet Nachmanides an seinen Debattengegner die folgende Frage: »Stimmst du meiner Behauptung zu, daß die Sünde Adams in der Zeit des Messias aufgehoben werden wird?« Der Jude hat das Thema der Erbsünde angeschnitten. Und Pater Paul erwidert ebenso wie König Jakob: »Ja. Aber nicht in dem Sinne, wie du denkst. Tatsächlich fahren alle als Folge jener Bestrafung [für die Sünde im Garten Eden] in die Hölle, und wenn der Messias kommt, wird die Strafe aufgehoben, weil er uns von dort errettet hat.« Er ist, anders gesagt, für unsere Sünden gestorben. Nachmanides hat eine treffende Entgegnung parat: »Bei euch zulande sagt man: Wenn du lügen willst, entledige dich der Zeugen. Tatsächlich sind etliche Strafen von Adam und Eva bezeugt. Über Adam steht geschrieben: ›der Erdboden sei verflucht um deinetwillen‹ und ›Dornen und Disteln wird er dir sprießen lassen‹ und ›im Schweiße deines Angesichts wirst du dein Brot essen‹ und ›Staub bist du, und zum Staube wirst du zurückkehren‹. Und über Eva außerdem dies: ›mit Schmerzen sollst du Kinder gebären‹. Doch das alles gilt noch heute! Nach allem, was wir sehen und fühlen können, wurden diese Strafen durch die Ankunft eures Messias also nicht aufgehoben. Statt dessen sprecht ihr von der Aufhebung einer Hölle, die nirgendwo bezeugt ist, so daß euch niemand widersprechen kann.

Schickt einen von euch, diese Hölle zu erkunden. Möge er uns berichten!« Feige war der Rabbi nicht. (Er war fast siebzig Jahre alt, als er den Mächtigen die Stirn bot.) Dann kommt Nachmanides zu dem Teil seines Arguments, der mich stark beschäftigt: »Überdies werden die Gerechten nicht als Folge der Sünde ihres Urvaters mit der Hölle bestraft, Gott bewahre. Denn meine Seele ist mit der Seele meines Vaters ebenso eng verwandt wie mit der Seele des Pharao. Bestimmt wird meine Seele nicht wegen der Sünde des Pharao zur Hölle fahren! Die Sünden [die in der Schrift für die Sünde von Adam und Eva genannt werden] waren körperlich, Bestrafungen des Körpers, weil mein Körper in der Tat von meinem Vater und meiner Mutter stammt; und als verfügt wurde, daß sie sterblich sein sollen, wurden folglich auch ihre Nachkommen für alle Zeiten sterblich in ihrem Wesen.« Der Körper ist ererbt. Die Seele ist nicht ererbt. Deutlicher hätte Nachmanides es nicht sagen können.

»Denn meine Seele ist mit der Seele meines Vaters ebenso eng verwandt wie mit der Seele des Pharao«: eine erstaunliche Aussage. Nachmanides wollte nicht mißverstanden werden. Die christliche Vorstellung von der Erbsünde war ein genealogischer Determinismus, und er verfocht gegen den Determinismus die Freiheit. Aber seinen Vater mit Pharao zu vergleichen! Das sind starke Worte für einen jüdischen Sohn. (Der vollständige hebräische Name von Nachmanides lautet Mose ben Nachman, und Moses Bemerkung in Barcelona bringt mich auf die Frage, wie Nachman [der Vater] war. Wenn Nachman wie Pharao war, dann war Mose wie Moses!)

Nachmanides war zugesichert worden, daß er in Barcelona frei sprechen könne, doch zwei Jahre nach der Disputation wurde er wegen Verleumdung des Christentums angeklagt. Der König verbannte den Rabbi für zwei Jahre aus seinem Reich und verdammte seinen Bericht von der Disputation (den Nachmanides auf Veranlassung des Bischofs von Gerona veröffentlicht hatte) zum Scheiterhaufen. Unmittelbar nach der Konfrontation in Barcelona erließ der König überdies eine Reihe von judenfeindlichen Bestimmungen. In Aragón setzte eine bösartige Zensur jüdischer Bücher ein. Juden mußten sich Predigten christlicher Missionare anhören. Ein Teil von Maimonides' Gesetzeskodex wurde verbrannt. Und das alles genügte den Feinden

Nachmanides' unter den Dominikanern nicht. Sie appellierten an den Papst, der daraufhin dem König schrieb, der Rabbi, der »jenes Buch voller Lügen« geschrieben habe, solle strenger bestraft werden. (Er erließ außerdem die päpstliche Bulle, die zur Grundlage für den Auftrag der Inquisition in Spanien, Italien und Südfrankreich wurde.) Vorsichtshalber setzte Nachmanides sich daher nach Spanien ab. Schließlich ging er nach Jerusalem. Der Sieger auf der Flucht! Doch die einzigen Siege, die die Juden im Exil erringen konnten, waren moralische Siege.

Ich habe das Ächzen von Holz gehört. Es ist nicht wie menschliches Ächzen. Es ist kein Ächzen vor Schmerz, es ist ein Ächzen der Anpassung – das Wispern, das entsteht, wenn der Druck sich ändert, wenn eine Belastung nachläßt, durch eine Anpassung an die hin und her zerrenden Kräfte. Eines Tages würde ich gern ächzen wie das Holz.

◇

Wer in aller Welt war Abraham von Minsk? Ich kriege es einfach nicht heraus. Aber hier ist sein Kommentar, unter den »späteren« im hinteren Teil des Talmudtraktats, und hier, in seiner Glosse zu der Passage über die Nichtübertragbarkeit der Tradition vom Vater auf den Sohn, verweist er mich auf einen Giganten des achtzehnten Jahrhunderts, genauer, auf dessen Sohn. Der Gigant war Ezechiel Landau von Prag, einer der einflußreichsten Juristen in der Geschichte des jüdischen Rechts und ein charismatischer (und ziemlich schwieriger) Gegner der neuen Kräfte der Aufklärung. Er starb 1793. Der Sohn war Samuel Landau, ebenfalls eine interessante Gestalt in den Modernisierungskämpfen; er veröffentlichte den zweiten Teil der gesammelten Response seines Vaters, *Noda bi-Jehuda* (»Namhaft in Juda«). Es ist des Sohnes Einführung in die Response seines Vaters, auf die Abraham von Minsk mich nachdrücklich verweist. Aber etwas stimmt da nicht. In der Ausgabe von Ezechiel Landaus Responsen, die in meinem Regal steht, fehlt die Einführung des Sohnes. Ich rufe um Hilfe in Brooklyn an. Keine Sorge, sagt mein Buchhändler. Eine neue Ausgabe ist in Arbeit, und die ersten Bände sind schon im Laden, und die Einführung des Sohnes ist auch dabei. In ein paar Tagen werde ich sie haben. (Aber wer war Abraham von Minsk? Samuel Landaus Ausgabe der Response seines Vaters erschien 1811. Die große Wilnaer Ausgabe des Talmud, in der ich die Bekanntschaft von Abraham von Minsk mache, erschien zwischen 1880 und 1886. Abraham von Minsk muß demnach um die Mitte des neunzehnten Jahrhunderts in Rußland eine Autorität gewesen sein. Oberhalb seines Kommentars wird der Titel eines seiner Bücher genannt, aber er sagt mir nichts.)

Heute morgen leitete ich den Gottesdienst, und wie üblich schwirrte mein Kopf von Gedanken, die sich zwischen mich und die Gebete schoben. Doch dann hörte das Geplapper plötzlich auf, mein Kopf leerte sich, bis nur noch die Worte übrig waren, und ich sah sie, und ich hörte sie, und ich vereinigte mich mit ihnen, und zu meiner Überraschung bot ich der Gemeinde ein paar Minuten echten Gebets. Ich weiß nicht, wie es geschah. Aber ich werde es der spirituellen Nützlichkeit der Leere zuschreiben. Es ist nicht einfach, leer zu werden, doch versuchen muß man es. Das Sichleeren ist eine Form der Verfeinerung. Es gibt Süßigkeiten, zu denen man erst kommen sollte, wenn man fast verhungert ist.

Im Teehaus mit den Landaus. Die neue Ausgabe ist eingetroffen. Sie ist schön und voller interessanter historischer Materialien. Ich folge der lebendigen Schilderung des Sohnes von seiner Tätigkeit als Herausgeber der Schriften seines Vaters, und dann finde ich, was Abraham von Minsk mich finden lassen wollte. Samuel ist genau der Widerspruch aufgefallen, über den ich die letzten Wochen nachgegrübelt habe. Er wünscht, daß »das Verdienst meines Vaters – meines Vaters, des Streitwagens Israels – mir zustatten komme«, und er führt das Diktum von Rabbi Akiba an: »Der Vater stattet den Sohn durch sein Verdienst [*soché*] mit Schönheit und Stärke und Reichtum und Weisheit und langem Leben aus.« Und sogleich ist auch er beunruhigt von der Vorstellung, daß Weisheit auf biologischem Weg erlangt werden kann. »Das erscheint verwirrend. Gewiß ist es vernünftig, eine solche Behauptung über die Schönheit und die Stärke zu machen, die natürliche Ursachen haben und Merkmale des Körpers sind, denn (wie die Kommentatoren über Rabbi Akibas Aussage bemerkten) die Natur des Sohnes neigt dazu, der Natur des Vaters zu gleichen. Was jedoch die Weisheit betrifft – auf welche Weise kann der Sohn die Weisheit seines Vaters erben? Die Rabbinen haben ja gesagt: ›Warum ist es ungewöhnlich, daß Gelehrte unter ihren Abkömmlingen Gelehrte haben? Damit sie nicht sagen, die Tora sei ihr Erbe.‹ … Die Aussage, daß der Vater durch sein Verdienst den Sohn mit Weisheit ausstattet, widerspricht eindeutig der Aussage, daß die Tora kein Erbe sei.« Der Widerspruch ist nicht zu übersehen. Und dieser Widerspruch schmerzt, denn Weisheit ist offenkundig kein Werk der Natur. Bringt dem jungen Landau eine Kanne Tee!

Als ich am Sonntagmorgen zur Schul komme, sind die Fenstersimse vollgestellt mit Bierflaschen. Auf einmal fühle ich mich wie der Eigentümer des Anwesens. Ich verbringe einige Minuten mit Aufräumen.

Wie gedenkt Samuel Landau den Widerspruch zwischen den beiden rabbinischen Texten zu schlichten, zwischen dem Glauben an die Vererbung und dem Glauben an die Freiheit? Er nimmt Akibas Ausdrucksweise unter die Lupe und erkennt, daß seine Äußerung von Weisheit überhaupt handelt. Er hat eine Eingebung. »Der Weise wollte nicht von der Weisheit der Tora sprechen [sondern von Weisheit überhaupt]. Es gibt schließlich noch andere Dinge, in denen man Wissen und Urteilskraft haben muß bei allem, was man tut.« Und eines dieser »anderen Dinge« ist die Wissenschaft, in diesem Fall die Chemie. »Weisheit ist das höchste Vermögen des Körpers, wie den Naturkundigen bekannt ist, die auf diesem Standpunkt standen, als sie den Körper in seine Bestandteile auflösten, der Wissenschaft der Chemie folgend, die lehrt, daß der menschliche Körper eine Verbindung von Wasser, Öl, Kalk und Salz ist. Sie fanden bei ihrer Demonstration, daß ein Mensch, der zu Lebzeiten scharfsinnig und intellektuell war, sich durch ein Übergewicht von Salz auszeichnet.« Einer solchen Analyse entsprechend, schreibt Samuel, »werden Geist und Weisheit verursacht durch die Zusammensetzung des Körpers und seiner Teile, und daher kann man über ihn sagen, daß die Natur des Vaters wahrscheinlich auch die Natur des Sohnes sein wird.« Einer wissenschaftlichen Interpretation des Geistes zufolge ist geistige Vererbung möglich, und der Sohn kann zutiefst, wesentlich, vollständig wie der Vater sein. Die Schlinge des Determinismus zieht sich zu. Doch Samuel möchte sich ihr entziehen. Kaum hat er die physikalistische Deutung des Geistes erörtert, verwirft er sie auch schon. »Doch dies ist eine forcierte Auslegung des Weisen [Rabbi Akiba], denn das Wort ›Weisheit‹ wurde nicht für Weisheit überhaupt gebraucht, sondern nur für die Weisheit der Tora, und sie ist kein Erbe. Mehr noch, die Weisen sagten außerdem: ›Hüte dich vor den Kindern der Armen, denn von ihnen wird die Tora kommen.‹« Der Geist ist nicht das Gehirn.

Weist Samuel auch die materialistische Erklärung der Tora zurück, so scheint er doch bereit zu sein, alle anderen intellektuellen Aktivitäten materiell erklären zu lassen. Und die Zurückweisung des Szientismus scheint bei ihm keinerlei philosophische Grundlage zu haben, sondern sich allein auf Texte zu stützen. Wieder muß ich mich davor hüten, die Tradition im Lichte meiner anti-szientistischen Haltung darzustellen. Doch was kann es anderes bedeuten, wenn jemand wie Samuel Landau eine wissenschaftliche Erklärung der Tora ausschließt, wenn nicht dies, daß die höchste Errungenschaft des Geistes nicht wissenschaftlich zu erklären ist? Nicht das Niedrige definiert das, was den Menschen ausmacht, sondern das Hohe. Und es ist das Hohe, was die Wissenschaft nicht erklären kann.

Die Jagd nach der Wahrheit ist gewiß nicht das einzige, was unseren Geist beschäftigt. Es gibt mentale Operationen, die ohne Denken ablaufen, und ich bezweifle nicht, daß wir bei vielen dieser mentalen Operationen von Dingen beeinflußt werden, die außerhalb unseres Geistes und innerhalb unseres Körpers sind. Das heißt aber nicht, daß Denken nur eine ausgefallene physikalische Aktivität ist.

Unsere Gemeinsamkeit mit der natürlichen Welt ist weitreichend und wunderbar, doch sie ist es nicht, die uns am stärksten auszeichnet und am stärksten stimuliert. Nicht deshalb sind wir ontologisch so aufregend.

Wie also löst Samuel Landau den Widerspruch zwischen den Rabbinen? Leider auf triviale Weise. »Der Sohn eines gelehrten Mannes, der sich in der Tora vorwärtsarbeitet und ein Gelehrter wird, genießt das Verdienst von seines Vaters Ruf, um seine eigene Lehre weithin bekannt zu machen, so daß man ihm eher zuhören wird, wenn er sich zu Angelegenheiten der Tora äußert. Dies ist der Sinn des Ausspruchs, daß ›der Vater durch sein Verdienst den Sohn mit Weisheit ausstattet‹: nicht, daß der Vater auf den Sohn in der Weise einwirkt, daß er ihn mit Weisheit begabt, sondern daß der Sohn, wenn er Weisheit erwirbt, von seinem Vater so mit Verdienst ausgestattet wird, daß er seine eigene Weisheit weit und breit verkünden kann und seine Worte dank seines Vaters beachtet werden. Denn es gibt viele, die sich fleißig dem Studium der Tora widmen, die zwar das Privileg des Lernens, aber nicht das Privileg des Lehrens haben, und auch dann, wenn sie ihre Lehre in Traktaten und Büchern unter die Leute bringen, beachtet sie niemand, und sie haben Pech. Dies ist aber nicht der Fall, wenn sein Vater ein bekannter Gelehrter war.« Mit diesem nichtssagenden Argument beraubt Samuel sein Thema jeglichen philosophischen Interesses. Ihm geht es gar nicht um den Determinismus. Es geht ihm um den Nepotismus. Man kann einfach Glück oder Pech haben, was die Abstammung betrifft. In einer von Konkurrenz bestimmten Welt ist es hilfreich, das Kind einer Leuchte zu sein, und Samuel schreibt wie das ahnungslose Kind einer Leuchte. »Auch ich vertraue heute darauf, daß mir das Verdienst meines Vaters zustatten kommen wird.« Das tat es: Als Herausgeber der Response von Ezechiel Landau nahm Samuel Landau sich die Freiheit, einige seiner eigenen Response aufzunehmen! Er profitierte von seiner Abstammung, und in seiner Einführung zu der von ihm veranstalteten Edition suchte er sich zu rechtfertigen.

Vielleicht bin ich zu hart. Vielleicht ist Samuel Landau nur in die Fußstapfen von Ezechiel Landau getreten. Denn Ezechiel Landau hatte in der ersten Ausgabe seines Buches seinerseits die Schuld gegenüber seinem eigenen Vater bezeugt. Auf seine Überzeugung, daß das Verdienst seines Vaters sich in seinem Werk spiegele, geht denn auch der Titel seines Buches zurück. *Namhaft in Juda*, erklärt er in einem kurzen gereimten Vorwort, bedeute eigentlich *Namhaft wegen Judas*, und Juda sei der Name seines Vaters. »Nicht dank Weisheit und Wissen ist mein Name bekannt, sondern dank Juda, dessen Verdienst mir zustatten kommt.« So wie der Sohn Ezechiel wegen des Vaters Juda geehrt zu werden wünschte, so wünschte der Sohn Samuel, wegen des Vaters Ezechiel geehrt zu werden. Es besteht allerdings ein Unterschied. Der Name Ezechiel Landaus ist nicht seines Vaters wegen in Erinnerung, sondern seiner Weisheit und seines Wissens wegen.

Der Name Samuel Landaus ist nicht seiner Weisheit und seines Wissens wegen in Erinnerung, sondern seines Vaters wegen. Entscheidend ist nicht, wer du bist, sondern was du tust. Die Geneologie ist ein Störfaktor in der natürlichen Demokratie des Denkens.

Abraham von Minsk, der mich zu der Familienaffäre der Landaus von Prag führte, besitzt seine eigene Lösung für Samuel Landaus Dilemma. Es ist eine wunderbare Lösung. In seiner Glosse zu der Aussage des Talmud, es sei ungewöhnlich, daß Gelehrte unter ihren Abkömmlingen Gelehrte haben, schreibt Abraham: »In der Einführung zur zweiten Auflage von *Namhaft in Juda* war der Sohn verwirrt darüber, daß diese Passage der Aussage widerspricht, daß ›der Vater den Sohn mit Verdienst ausstattet‹ und so weiter. Doch er hatte keine Kenntnis von dem, was im Jerusalemer Talmud zu finden ist, wo die Aussage, daß der Vater durch sein Verdienst den Sohn mit Weisheit ausstattet, gedeutet wird als Erläuterung des Verses [im fünften Buch Mose] ›Und lehrt sie eure Kinder‹, der nichts anderes bedeutet, als daß es Weisheit ist, was der Vater seinen Sohn zu lehren verpflichtet ist. Und somit hat dies überhaupt keine Bedeutung für diese Aussage [daß Gelehrte unter ihren Abkömmlingen keine Gelehrten haben].« Abraham hat einen Widerspruch zwischen zwei Passagen mit Hilfe einer dritten Passage ausgeräumt. Das ist ein klassisches talmudisches Verfahren. Ich bin dieser dritten Passage – »Und lehrt sie eure Kinder« – vor einigen Monaten begegnet, aber ich habe in ihr nur einen Belegtext gesehen. Abraham sah mehr darin. Er erkannte, daß der Belegtext die intellektuelle Situation verändert. Die als Argument für die Vererbung herangezogenen Worte der Schrift bewirken das Gegenteil. Sie sprechen gegen die Vererbung. Der Vers besagt, wie Abraham richtig bemerkt, daß der Vater durch sein Verdienst den Sohn mit Weisheit ausstattet, aber nicht auf genetischem, sondern auf pädagogischem Wege. Er hat eine Pflicht, seinen Sohn zu lehren. Damit wird die Weisheit dem Bereich des biologisch Normativen entzogen und in den Bereich des ethisch Normativen eingeordnet.

Nicht im Namen der Freiheit des Sohnes, sondern im Namen der Freiheit des Vaters stellt Abraham den Determinismus in Frage. Während sonst immer das Tun des Sohnes im Vordergrund steht, stellt Abraham lieber das Tun des Vaters in den Vordergrund. Er verteilt die Verantwortung für die Tradition gleichmäßig auf die Generationen. Der Sohn kann entscheiden, ob er die Tradition annehmen will oder nicht. Der Vater kann entscheiden, ob er die Tradition weitergeben will oder nicht. Doch auch dem Vater ist etwas aufgegeben worden. Auch solche Dinge, die nicht vererbt werden können, müssen weitergegeben werden.

Heute morgen brach ein Unwetter über das sonst so gelassene Georgetown herein. Ein heftiger Wind plünderte die Bäume und trieb das Laub zu schmutzigen Haufen zusammen. Als es vorüber war, standen die Bäume wie Gerippe da.

Wer also war Abraham von Minsk? Ich frage herum. In Brooklyn gibt mir der Rabbiner meiner Familie einen Hinweis. Er erinnert sich, daß er vor langen Jahrzehnten bei einem Gelehrten studierte, der behauptete, ein Nachkomme dieses Gelehrten zu sein. Nachdem ich noch ein bißchen mehr herumgestochert habe, bin ich endlich am Ziel. Der vollständige Name unseres Helden war Abraham ben Juda Leib Maskileison. Das Bemerkenswerte an diesem Familiennamen ist, daß er der Titel seines ersten Werkes ist, seiner ersten Sammlung von Glossen zum Talmud. »Eison« oder »Eithan«, woher wir den englischen Namen »Ethan« haben, kommt in den Titeln aller Werke Abrahams vor, als Hinweis auf den Namen des Autors; denn das Wort, in dem eine Mischung aus Standhaftigkeit und ehrwürdigem Alter mitschwingt, ist der Ehrentitel der Tradition für Abraham, den Patriarchen Abraham. Unser Abraham wurde 1788 geboren und starb 1848. (Ich habe gut geraten.) Er scheint unermüdlich Kommentare geschrieben zu haben, die zum großen Teil (einschließlich desjenigen, der mir von Nutzen war) posthum veröffentlicht wurden. Er kam erst im vorgerückten Alter nach Minsk. Er war sein Leben lang arm.

◇

In Brooklyn stöbere ich in Biegeleisens Buchhandlung herum und stoße auf eine neue, in grelles Grün gebundene Ausgabe des Kommentars zu *Awot* von Menachem ha-Meiri, dem mittelalterlichen Wunderkind aus Perpignan. Diese Ausgabe beruht auf einer Handschrift, die sich in St. Petersburg befindet (»ehemals Leningrad«, wie die Titelseite trimphierend verkündet) und vor einigen Jahren transkribiert wurde. Mir fällt sogleich die Aussage von Rabbi Josse ein, die Tora sei kein Erbe, und ich schaue nach, welche Gedanken sie bei ha-Meiri auslöst. Hier seine Glosse: »Auch wenn deine Väter Gelehrte waren, sage nicht, es ist mir natürlich angeboren, und ich komme wohl mit wenig Studium aus, denn es ist nicht dein Erbe. Wie viele Flüsse sind versiegt, wie viele Steine haben Wasser hervorgebracht!« Ha-Meiri enttäuscht nie. Unter den Talmudisten seiner Zeit zeichnete er sich durch sein Interesse an den Wissenschaften aus, und für mich ist unzweifelhaft, daß dieser Ausdruck »angeboren« oder »von Natur einbeschrieben« eine Anspielung auf die biologische Verursachung ist, die er ablehnt. »Wie viele Flüsse sind versiegt, wie viele Steine haben Wasser hervorgebracht«: Mit Freude sehe ich, wie die Poesie die Biologie in die Flucht schlägt.

Gib mir kein Gold. Gib mir kein Silber. Gib mir Papier. (Ein Gebet.)

Salomo ben Abraham Adret, der in Spanien um die Wende zum vierzehnten Jahrhundert die höchste Autorität in Rechtsfragen war, berichtet in einem Respons von einer Zweifelsfrage. »Ihr fragtet nach der Bedeutung der Aussage der Rabbinen, daß der Sohn den Vater erlöst, nicht aber der Vater den Sohn, was ihrer Aussage zu widersprechen scheint, daß derjenige, der sich am Vorabend des Sabbats vorbereitet, am Sabbat essen wird, wohingegen derjenige, der sich am Vorabend des Sabbats nicht vorbereitet, am Sabbat nicht essen wird. Überdies, wenn der Vater nicht den Sohn erlöst, warum berufen wir uns dann ständig auf das Verdienst der Väter?« Adret war ein Schüler von Nachmanides. Wie sein Lehrer verteidigte er in Disputationen mit Vertretern anderer Konfessionen das Judentum, und wie sein Lehrer war er mit einem ungemein beweglichen und komplizierten Geist ausgestattet. In seinen Responsen behandelte er sowohl philosophische als auch rechtliche Fragen. Das mir vorliegende Respons Adrets gehört zu den philosophischen. Warum sollten die Söhne einen Einfluß auf das Schicksal der Väter und die Väter einen Einfluß auf das Schicksal der Söhne haben? Zweifellos muß jeder einzelne – und auch jede Generation – für das eigene Schicksal sorgen. Wenn die Väter sich nicht auf den Sabbat vorbereitet haben, warum sollten sie dann am Sabbat essen?

Adret antwortet mit einer kurzen Abhandlung über das Wesen und die Grenzen des Einflusses von Eltern auf Kinder. »Wisse, daß, was die Belohnungen und Bestrafungen von Menschen betrifft, die Belohnungen der materiellen Welt materieller und die Belohnungen der geistigen Welt geistiger Natur sind. Nun zeugt der Vater den Sohn, und der Sohn ist ein Teil des Vaters im Fleisch seines Körpers und seinen Sehnen und Knochen. Die Mutter versieht den Sohn mit dem Roten in ihm. Doch die Seele des Sohnes ist Teil seines Anteils vom Vater [Gottvater], und sie wird nicht von Eltern an Kinder weitergegeben. Wie die Rabbinen im Talmud erklärten, steuert der Vater den Samen der weißen Substanz bei, welche die Knochen, die Sehnen, die Nägel, das Gehirn und das Weiße im Auge bildet; und die Mutter steuert den Samen der roten Substanz bei, welche die Haut, das Fleisch, das Haar, das Blut und das Schwarze des Auges bildet; und der Heilige, gelobt sei Er, steuert die Seele bei. Wenn ein Mensch stirbt, nimmt der Heilige Seinen Anteil zurück und läßt ihm den Anteil seines Vaters und den Anteil seiner Mutter. Wie [in Prediger] geschrieben steht: ›denn der Staub muß wieder zur Erde kommen, wie er gewesen ist, und der Geist wieder zu Gott, der ihn gegeben hat‹. So sind die Belohnungen dieser Welt körperlicher Art, und sie können vom Vater auf den Sohn übergehen. Das ist es, was wir meinen, wenn wir [im täglichen Gebet] sagen: ›Er gedenkt der guten Taten der Väter.‹ Daß das Verdienst der Väter den Söhnen in der materiellen Welt zum Vorteil gereichen möge – daran ist nichts Ärgerliches.« Doch die geistige Welt ist etwas anderes. In der geistigen Welt ist der einzelne grundsätzlich autonom. Die Seele »wird nicht von Eltern an Kinder weitergegeben«. – Es ist fast dunkel. Ich muß autonom zur Schul eilen.

Erhoben und geheiligt … Erhoben und geheiligt … Erhoben und geheiligt …

Zurück zu Adret. Es macht mir Freude, wie er die Bereiche voneinander trennt, wie er Physikalismus und Determinismus aus der Analyse des Geistes verbannt. Doch ein Problem bleibt offen. Wenn Seelen frei sind und daher für ihr Handeln verantwortlich sind, so daß sie nach Verdienst belohnt und bestraft werden, wieso kann der Sohn dann das Schicksal der Seele des Vaters beeinflussen? Die Annahmen der Mythologie stimmen offenbar nicht mit den Annahmen der Moral überein. Adret hat eine Erklärung. »Die Behauptung, daß der Sohn den Vater erlöse, der Vater aber nicht den Sohn, bezieht sich [nicht auf auf die materielle, sondern] auf die geistige Welt. Es verhält sich damit folgendermaßen. Obwohl der Sohn in seinem Körper und nicht in seiner Seele ein Teil seines Vaters ist, ist er dennoch von seinem Vater verursacht. Deshalb ist dem Sohn geboten, seinen Vater zu ehren und zu achten, wohingegen dem Vater bezüglich seines Sohnes nichts dergleichen geboten ist. Denn das Verursachte muß stets seine Ursache ehren, auch wenn die Verursachung ihrerseits verursacht war und nicht freiem Antrieb entsprang.« – Hier halte ich inne, mitten in Adrets Erklärung. Ich erkenne hinter dem aristotelischen Jargon eine große Idee. Die Freiheit der Seele schirmt sie nicht von der Kontingenz ihrer Umstände ab. Der Geist ist nie gänzlich frei von einer Beziehung zur Materie. Wir sind Inseln der Freiheit in Meeren der Notwendigkeit.

Ein freier Mensch ist dennoch ein erschaffener Mensch. An der Freiheit ist nichts Göttliches.

Ehre deinen Vater und deine Mutter. In Adrets Auslegung bedeutet das: Ehre deinen Ursprung, auch wenn er nicht deine Quelle ist.

Mein Ursprung ist nicht meine Quelle. Mein Ursprung ist nur eine empirische Tatsache. Doch eine empirische Tatsache kann spirituelle Bedeutung haben.

»Obwohl der Sohn in seinem Körper und nicht in seiner Seele ein Teil seines Vaters ist, ist er dennoch von seinem Vater verursacht.« Und Adret fährt fort: »Wenn daher ein Mann einen gerechten Sohn zeugt, der dem Herrn dient, so scheint es, als ob er dem Herrn als Wirkung seiner Ursache diente. Und dies ist das Geheimnis der Schicksalsauffassung der Tora, die das Gegenteil der astrologischen Auffassung ist.« Nicht die Sterne bestimmen unser Leben. Unsere Ursprünge bestimmen unser Leben – im übrigen sind wir gegen jegliche Einflüsse immun. Und nun schreitet Adret zu der Erläuterung, warum man mit Recht davon sprechen kann, daß ich in das Schicksal der Seele meines Vaters eingreife. »Der höchste Lohn, den ein Mann erstreben kann, ist, daß er etwas von sich in der körperlichen Welt zurückläßt, das dem Herrn dient. Tut er das, so hat er das Gefühl, als diene er selbst noch immer dem Herrn, als sei er nicht tot, sondern noch am Leben, da er einen Diener des Herrn zeugte. Und daher ist es richtig, daß das Verdienst dem Vater zugute kommt. Doch inwiefern sollte der Vater die Seele des Sohnes rechtfertigen? Denn der Vater ist kein Teil des Sohnes. Sein Sohn ist nicht die Ursache seines Körpers oder seiner Seele. Wie also kann das Verdienst des Vaters dem Sohn nützen? (Dennoch kommt es den Toten zugute, wenn Menschen gute Werke tun oder für sie beten, wie in Davids Gebet für Absalom. Darum wurde es Brauch in Israel, Almosen zu geben für die Ruhe der Seele.)«

Im Sinne Adrets kann ich das Kaddisch also folgendermaßen verstehen: Die Seele des Sohnes ist nicht die Seele des Vaters. Seine Seele ist seine Seele, meine Seele ist meine Seele. Die Wirkung ist nicht die Ursache (»scheint es, *als ob* er dem Herrn als Wirkung seiner Ursache diente«). Doch die Wirkung enthüllt die Ursache. Die Ursache kann in der Wirkung anerkannt und bewundert werden. Ich kann das Schicksal der Seele meines Vaters ändern, weil die Seele meines Vaters in mir lebt, so wie die Ursache in der Wirkung lebt. Nicht mehr, nicht weniger.

Die Wirkung einer Ursache oder: Leben nach dem Tode.

Ursachen sterben erst, wenn ihre Wirkungen sterben. Eltern sterben erst, wenn ihre Kinder sterben. Doch Kinder werden Eltern, und Wirkungen werden Ursachen ...

Die Zukunft ist eine Abfolge von vorausgegangenen Ereignissen.

Adret ist nicht erledigt. Da ist noch die Aussage des Talmud, daß derjenige, der sich am Vorabend des Sabbats geplagt hat, am Sabbat essen wird. Adret heißt ihre strenge Lehre der persönlichen Verantwortung gut. »Dies bezieht sich auf das, was jeder für sich tun muß«, folgert er. »Diese Welt ist jedem gegeben, um in ihr zu handeln, und die nächste Welt ist zu seinem Lohn, und es gibt nichts, was die Seele in der nächsten Welt tun kann, um ihren Lohn zu beeinflussen, ihn zu mehren oder zu verringern.« Was die Verantwortlichkeit des einzelnen angeht, ist der Rabbi unnachsichtig. Er läßt nicht zu, daß die Familie die Moral zunichte macht. Es gibt keine mildernden Umstände aufgrund von Verwandtschaft.

Wo Liebe ist, da muß auch Gerechtigkeit sein.

Glaubst du an die Seele? Dann bist du ein Individualist.

Wenn du aufgefordert wirst, für dich selbst verantwortlich zu sein, fang nicht an mit der Geschichte von deinem Vater und deiner Mutter.

– Wer bist du?
– Ich bin das Kind von …
– Danach habe ich nicht gefragt.

»Derjenige, der sich am Vorabend des Sabbats geplagt hat, wird am Sabbat essen.« Ich werde mich bereit machen für den Sabbat. Doch mache du, Herr, mich bereit für den Vorabend des Sabbats.

Heute abend waren zur festgesetzten Stunde nur fünf von uns in der Schul, und ein junger Mann mit Initiative hängte sich ans Telefon. Er rief fünf Leute an und erzählte jedem, er müsse zur Schul kommen, denn er werde der zehnte sein. Er klang wie ein Anwalt, der jemanden zu überreden versucht, doch in einem gewissen Sinne sagte er die Wahrheit. Jeder Mann unter uns ist der zehnte Mann. Als ich dies dem Mann neben mir sagte, erwiderte er: »Du hast recht. Aber ich war als erster da.«

Der Sitz der Tradition ist die Seele. Ein radikaler Gedanke, denn er fegt alle Äußerlichkeiten hinweg. (Die Tradition muß weitergegeben werden an die Seele, die nicht weitergegeben werden kann.)

Tradition wird nicht reproduziert. Sie wird geworfen und aufgefangen. Sie lebt lange in der Luft.

IX

Das umfangsreichste Werk über den Tod, das sich in der rabbinischen Literatur findet, ist wohl *Ma'avar Jabbok* (»Über den Jabbok«) von Aaron Berachia ben Moses von Modena, einem italienischen Kabbalisten von Ende des sechzehnten, Anfang des siebzehnten Jahrhunderts. Aaron war ein Schüler von Menachem Asarja von Fano, und er war verwickelt in die große Auseinandersetzung der italienischen Judenheit über die Mystik, in der die systematische Theosophie des Moses Cordovero von der hinreißenden Theurgie des Isaak Luria in Frage gestellt und schließlich (wenn auch nicht im Sinne Aarons) vereinnahmt wurde. Aaron war zugleich ein Erneuerer des Rituals, nicht zuletzt in seinem Meisterwerk über das Ende des Lebens. *Über den Jabbok* wurde 1626 in Venedig veröffentlicht und erlebte viele Auflagen; als Handbuch für Rabbiner, Beerdigungsbruderschaften und Trauernde entstanden etliche gekürzte Versionen. Es ist ein wahrhaft barockes Buch, voll von Bräuchen und Gebeten und Mysterien und Homilien, geschrieben in einem schwülstigen Stil, in den gelegentlich Äußerungen von großer Schlichtheit und Schönheit eingestreut sind (»Ich bin nicht abgewichen zur Linken noch zur Rechten nach den Meinungen der Philosophen, von deren Wegen meine Seele sich ferngehalten hat«). Ich muß gestehen, daß die hohe Kabbala des sechzehnten und siebzehnten Jahrhunderts mich kaltläßt. In ihrem verstiegenen Gebäude habe ich nie einen Platz für mich finden können. Es ist nach meiner Meinung unnatürlich und stickig, eine geradezu tantrische Entartung von Symbolen und Allegorien, die okkulte Entitäten willkürlich hypostasiert und dann ungeheure Mühen darauf verwendet, Beziehungen zwischen ihnen aufzuspüren, in der gänzlich haltlosen Überzeugung, darin offenbare sich die Stuktur Gottes. Das ganze System kam mir immer vor wie ein heiliges Spiel. Die Symbolbesessenheit ist bisweilen geradezu amüsant, so zum Beispiel in Aarons theosophischer Analyse des Weins. Wein, schreibt er, »wurde erschaffen, um den Trauernden zu trösten«. Dagegen habe ich nichts einzuwenden. Dann erklärt Aaron, »das Geheimnis des Weins (sei) [die göttliche Emanation, *sefira*, der] Macht«. Wenn er es sagt. Und daraufhin erklärt er, daß »der Wein weiß sein wird, wenn [die Emanation] zur Liebe neigt, und er wird rot sein, wenn sie zur Gerechtigkeit neigt«. Ich kann Aaron nicht in diese Albernheit folgen. Und dann verdirbt Aaron den Wein! »Man wird den Wein gut nennen, wenn er gemischt ist mit Wasser von der Seite der Liebe, wo die Güte ist.«

Symbole werden zuweilen verdorben durch ihre Details. Es gibt Dinge, die zu klein sind, um für irgend etwas anderes zu stehen als sie selbst. Sie verdienen es, dem Wahn der Interpretation zu entgehen.

Die eigentümliche Integrität der kleinen Dinge.

Der Jabbok war der Bach, den Jakobs Familie mitten in der Nacht durchwatete, auf der Flucht vor Esau, der Bach, an dem Jakob sich bei Tagesanbruch wiederfand, als er mit dem Engel gerungen und obsiegt hatte. »Ich habe diese vielfältigen Interpretationen und Homilien gesammelt, die allesamt Ratschläge der Reinheit und Heiligkeit erteilen«, schreibt Aaron, »und ich habe sie mit Demut und Schamgefühl befestigt, und ich habe sie *Über den Jabbok* genannt, und mit Liebe und Ehrfurcht biete ich sie wie ein Brandopfer und seinen Duft der heiligen Gemeinde dar, auf daß sie mit Musik und Trommeln die wacklige Brücke aus dieser Welt der Strafe und Vernichtung, welche die Himmel verbogen hat, überqueren und sich mit den Freuden des Einsseins und der Güte und der Heiligkeit vereinigen mögen … Und so werden wir alle den Jabbok überqueren, um mit Gott zu ringen bis zum Anbruch des Tages, welcher die Wiederauferstehung ist.« Den Jabbok zu überqueren ist nicht dasselbe wie den Styx zu überqueren. Es ist eine Reise aufwärts, nicht eine Reise abwärts.

Der Adept des Mysteriums gibt von sich eine Darstellung, die ebenfalls mysteriös ist. Aaron, der an anderer Stelle erklärt hat, daß die Nöte des Menschen es ihm schwermachen, sich dem stillen Studium der göttlichen Weisheit zu widmen, schreibt, daß »mein Vater und meine Mutter mich verließen, und ich wurde ihnen ohne eigenes Verschulden entfremdet. Nie habe ich ein Mahl an meines Vaters Tisch genossen.« Aufgezogen wurde er von seiner Großmutter, die er als eine fromme Frau schildert; sie studierte die Schrift und das Gesetz »und besonders Maimonides, und sie war sogar mit dem Sohar vertraut, nach besten Kräften … An erster Stelle ihrer guten Werke steht die Großzügigkeit, mit der sie geachtete Menschen in Dienst nahm, um mich in der Tora und in der Furcht Gottes zu unterweisen … Ich lebte bei ihr und war auf ihre Unterstützung angewiesen vom Tage meiner Geburt an, und die Last meiner Bedürfnisse fiel auf sie und niemanden sonst.« Als sie fünfundsiebzig war, reiste Aarons Großmutter von Italien ins Heilige Land, und sie starb in Safed, dem Weltzentrum der jüdischen Mystik. »Ich blieb hier zurück, allein in den Jahren meiner Kindheit«, erinnert er sich, »ein unwissender Knabe ohne Erziehung und Wissen, da ich nicht die Gelegenheit hatte, einen Gelehrten zu besuchen, außer für kurze Zeit, und ich war noch nicht einmal vertraut mit der Sprache der Rabbinen. Und so wich die Seelenruhe der Sorge, weil ich niemanden hatte, der mich unterhielt, niemanden, der mich erhielt. Meine Familie war verstorben. Meine Freunde hatten mich vergessen. All dies zusätzlich zu den Ängsten, mit denen mich ein trügerisches Schicksal überhäufte. In diesem Zustand trifft man mich also an, brütend über meine Schuld und zornig über das, was ich getan haben mag, um dies auf mich zu ziehen, das Gericht des Himmels rechtfertigend, der mich mit dieser unausgesetzten Aufregung heimsucht, diesem Verderb, der unerklärlicherweise von meinem eigenen Fleisch und Blut und von den Anschuldigungen eines anderen kam.« Den Anschuldigungen eines anderen? Weiter sagt Aaron nichts über das, was ihm angetan wurde. Wie es scheint, wurde er nach der Geburt von seinen Eltern im Stich gelassen, und nachdem seine fromme Großmutter abgereist war, wurde er abermals von seiner Familie und seinen Freunden verleugnet und später verleumdet. Dies ist alles, war er über seine Nöte zu offenbaren bereit ist. Dennoch ist seine Verbitterung unverkennbar. – Eine unbeschönigte Schilderung einer jüdischen Kindheit. Das ist erfrischend.

In der Einführung zu *Über den Jabbok* bezeichnet Aaron sich als »Enkel der Zierde unseres Hauses, meiner geachteten und weisen Großmutter Favorita, die auch Bathseba genannt wurde … Es war sie und sonst niemand, die mich vom Tage meiner Geburt an aufzog, und ihr schulde ich all die Ehre und Achtung, die Eltern geschuldet sind.« Die geliebte Favorita war die Witwe des Rabbiners Salomo Jakob Raphael, der der Sohn des Rabbiners und Arztes Mordechai von Modena war, der seinerseits abstammte »von den ersten Familien, die aus Frankreich vertrieben wurden«. Aaron will zu verstehen geben, daß er in die Aristokratie des Unglücks hineingeboren wurde. Nicht, daß er eine besonders hohe Meinung von sich hätte. »Meine Sünden haben mich zu Abschaum werden lassen«, gesteht er. Und die Ängstlichkeit, die ihn als Autor beschleicht, ist ungewöhnlich, selbst gemessen an den Konventionen dieser Literatur, in der jeder beteuert, ein Nichts zu sein. »Weh mir, wenn ich schreibe, und weh mir, wenn ich nicht schreibe.« Doch schließlich wagt er den Sprung, »weil alles, was um des Himmels willen getan wird, erlaubt und richtig ist«. Bei einem kurzen Besuch in Mantua, »einer der großen Gemeinden in Italien«, ist er beeindruckt von den philanthropischen Einrichtungen der Gemeinde. »Zwar gab es etliche unter ihnen, die nicht die Tora und das Gesetz studierten, doch mit eifrigem Herzen befleißigten sie sich guter Taten.« In Mantua vernimmt er den Ruf. »Während meines dortigen Aufenthalts erfuhr ich zufällig, daß sie seit langem den glühenden Wunsch hatten, jemand aus der Gemeinschaft werde kommen und für sie die Protokolle für das Beten in der Zeit des Sterbens in Ordnung bringen.« Dies tat Aaron, damit »alle Mitglieder all der wohltätigen Bruderschaften in jedem Städtchen und jeder Stadt diese Lesungen und Homilien kennenlernen ... damit sie auf diese Weise den Seelen der Sterbenden und der Toten ein geziemendes Ende und eine gute Hoffnung verschaffen.«

»So wie der Sohn seinen Vater zu Lebzeiten ehren soll«, behauptet Aaron, »so soll er in seinem Tode das Urteil seines Vaters auf sich nehmen.« Die Pflicht des Sohnes reicht über den Tod des Vaters hinaus. »Und der Sohn soll dies tun, weil er imstande ist, seinen Vater davon zu entlasten, mit der Macht der Gebote, die er erfüllt, und der guten Taten, die er tut, um dieses Urteil zu blockieren.« Dem Sohn, der vor dem himmlischen Gericht als Fürsprecher aufzutreten wünscht, stehen verschiedene Mittel zu Gebote. Aaron nennt einige der Trauerpraktiken und versieht sie mit kabbalistischen Erklärungen. (Der Grund, warum ein Trauernder in den ersten dreißig Trauertagen keine gebügelten Kleider tragen soll, ist der, daß »die Seele des Verstorbenen bis zum Ablauf von dreißig Tagen keine schönen Gewänder trägt, um in ihnen vor den Heiligen des Himmels zu erscheinen«. Und so weiter.) Der Trauernde kann außerdem zum Gedenken an seinen Vater oder seine Mutter Almosen geben. Und der Trauernde kann Kaddisch sagen. »Trauernde sollten, um der Bedeutung der Seelen ihrer Väter willen, streng mit sich sein und früh aufstehen, um das Kaddisch zu sagen.« Auf diese Weise werden sie »den Vorzug der Nacht mit dem Vorzug des Tages vereinen«. Was für eine herrliche Vorstellung! Hier weicht das Zwanghafte des symbolistischen Denkens der Einfühlsamkeit des symbolistischen Denkens.

Und es gibt noch andere Mittel. »Abgesehen vom Kaddisch des Trauernden ist es gut, wenn der Trauernde regelmäßig, das ganze Jahr hindurch, öffentlich heilige Worte rezitiert, etwa die Lesungen der Propheten [an Sabbaten] und Psalmen und dergleichen, denn sie alle verschaffen der Seele seines Vaters einen Aufschub. Und jemand hat geschrieben, es sei gut, das Kaddisch auch an Sabbaten und Feiertagen und Neumondstagen zu rezitieren, weil der Grund [für das Kaddisch des Trauernden] nicht nur der ist, den Toten vor der Gehenna zu bewahren, sondern auch der, ihn von der unteren Stufe des Gartens Eden auf die höhere Stufe zu heben, Stufe für Stufe; auch am Sabbat kann man ihm also helfen.« Die Toten mögen am Sabbat nicht in der Hölle sein, aber im Himmel sind sie auch nicht. Und warum sollte man nicht wünschen, daß sie im Himmel sind? In dieser Deutung würde das Kaddisch des Trauernden ehrgeiziger. Es ist bemerkenswert, daß das Kaddisch des Trauernden so viele Jahrhunderte nach seiner Erfindung an Sabbaten und Feiertagen nicht gesagt wurde, zumindest nicht in Aarons Welt, und daher mußte »jemand« die Erlaubnis dazu geben. Bemerkenswert ist auch, daß die Identität dieses »jemand« dem Safed-Beobachter von Modena nicht bekannt ist. Vor einigen Monaten las ich exakt dieselbe Passage, und Chajim Vital schrieb sie Isaak Luria zu, dem charismatischen Gottesgelehrten, von dem er sie gehört hatte.

Heute morgen trieben Nebelschwaden durch die Straßen. Georgetown machte den frischen, robusten Eindruck eines am Meer gelegenen Dorfes. Die vertrauten Häuser und Rasenflächen boten keinen vertrauten Anblick, so als würde der Nebel die Szene erhellen. Der Nebel war eine Art Licht.

Wenn es möglich ist, daß ein Nebel wie Licht wirkt, bin ich bereit, mich wieder meinem Kabbalisten zuzuwenden. Im Teehaus lese ich, was Aaron über die Begräbnisriten zu sagen hat, insbesondere die Rechtfertigung des Gerichts. Hier ist er wieder: »Was die Rechtfertigung des Gerichts angeht, erscheint es diesem unbedeutenden Verfasser, daß die Rabbinen von uns verlangten, das Gericht des Himmels zwanzigmal zu rechtfertigen, als Symbol der zwei Tränen, die das Maß des harten Urteils und das Maß des milden Urteils sind.« Ich weiß nicht, wovon er spricht. Er lobt das Stillschweigen des Trauernden, »denn wenn ein Mann sich selbst den Mund stopft und wie ein Mann ohne Mund wird, bewirkt er, daß die Äußerlichkeit [d. i. das böse Element] ebenfalls ohne Mund ist und dadurch außerstande, aus der Kraft des Urteils Nahrung zu ziehen«. Und für die Worte der Hinnahme des Gerichts trägt er eine typisch lurianische Erklärung vor: »Es ist sicher, daß er für sein Schweigen einen Lohn erhalten wird, und um so mehr dafür, daß er das Schlechte ebenso wie das Gute von ganzem Herzen preist und frohlockt über sein Leid, um die Gegenwart Gottes [*Schechina*] zu bessern. Und es ist sicher, daß derjenige, der den Erhabenen heiligt, durch das Gericht freigesprochen wird von dem Urteil, das von oben ergeht, und sich zu einem Altar der Sühne für die Besserung des Himmels macht … Dies ist auch der Fall, wenn jemand den göttlichen Urteilsspruch als Ganzen annimmt, insbesondere, wenn die Verwandten des Verstorbenen den Fehler hoch oben ausbessern … [wenn sie in der Rechtfertigung des Gerichts beten:] ›Du hast in Treue gehandelt und in Treue gebessert, und nichts Böses geht von oben aus – nein, wir sind es, die böse gehandelt und an den Äußerlichkeiten gehangen haben‹ … Indem er die Rechtfertigung des Gerichts rezitiert, sollte der Trauernde sich darum bemühen, das heilige Urteil zu mildern und es ganz in seinem Ursprung aufgehen zu lassen, wo es parfümiert und versüßt werden wird.« Die Worte des Trauernden besitzen nach dieser Auffassung kosmische Macht. Nicht das Schicksal seines Vaters bedarf der Besserung, sondern das Schicksal Gottes. Die Liturgie des Trauernden geht auf in dem großen lurianischen Mythos, dem zufolge Gott selbst zerstört wurde und wiederhergestellt werden muß.

◇

Aber was ist mit dem toten Mann, dessentwegen ich zu dieser Schul gekommen bin? Der Mystiker hat das Irdische nicht ganz vergessen. Allmählich kommt er darauf zu sprechen. »Dann wird der Trauernde ermutigt, mit seinen eigenen Taten abzurechnen«, schreibt Aaron, »denn auch ihm ist es bestimmt, vor Gericht zu erscheinen.« Und dann führt Aaron ein recht bemerkenswertes Element in den Begräbnisgottesdienst ein. »An diesem Punkt erinnern sie an das vergossene Blut der Diener Gottes in den Jahren 4856 [1096] und 5136 [1376], denn es gibt keinen stärkeren Beweis des Gerichts als dies.« Im Jahre 1096 wurden die Juden Frankreichs und Deutschlands vom Ersten Kreuzzug niedergemetztelt und aufgerüttelt. Und 1376? Vielleicht bezieht Aaron sich auf eines der zahlreichen Mißgeschicke, die seinen Vorfahren in Frankreich während des schrecklichen vierzehnten Jahrhunderts widerfuhren. Er ist rührend, dieser Brauch, das Leid der Familie mit dem Leid der Gemeinschaft in Verbindung zu bringen und die historischen Einzelheiten anzuführen. Nirgendwo sonst habe ich gefunden, daß dieser Brauch für jüdische Begräbnisse vorgeschrieben wird. Doch genau das haben wir für das Begräbnis meines Vaters vorgeschrieben. Wir erinnerten, wie Aaron sich wohl ausgedrückt hätte, an das vergossene Blut der Diener Gottes zwischen 1939 und 1945, denn es gibt keinen stärkeren Beweis des Gerichts als dies.

Nachdem er die Wunden Gottes und die Wunden der Geschichte besprochen hat, wendet Aaron sich den Wunden der Trauernden zu. Nach dem kollektiven Gedenken das individuelle Gedenken. »Sodann beten sie um Barmherzigkeit für den Verstorbenen«, auf eine verwickelte, kabbalistische Art. Und dann, »nach der Rechtfertigung des Gerichts, rezitieren sie das Kaddisch, das in jedem Fall den besonderen Vorzug hat, am Beginn [eines Gebets] die eisernen Schlösser zu sprengen und am Ende [eines Gebets] die Himmel und ihre Tore offenzuhalten und das Gebet und die Lesung aus der Schrift und alle ähnlichen Dinge vor den Denunzianten und Leugnern zu schützen, so daß sie keine Kraft zum Denunzieren und Leugnen haben«. Der Sinn des Kaddisch ist, die himmlische Opposition wehrlos zu machen. Anschließend bemerkt Aaron, das Kaddisch sei »wie der Tau, der von Gott herabfällt, um all Seinen Emanationen und den unzähligen Toten, die in der Erde liegen, Leben und Förderung zu geben, und wie die Zunahme des Lichts in der Richtung der Erlösung durch den Allmächtigen und das Fließen unseres Messias aus dieser himmlischen Quelle«. Die Toten sind gleichsam die Scherben Gottes: sie warten auf das Heil, das durch das Kaddisch beschleunigt wird. Und schließlich zitiert Aaron die traditionelle Deutung des Kaddisch: »Es ist mittlerweile weithin bekannt, daß das Kaddisch die Macht hat, das Feuer der Gehenna zu löschen und die fremden und feindseligen Kräfte niederzuwerfen. Mit der Macht des Kaddisch erretet der Sohn seinen Vater aus der Gewalt der Äußerlichkeiten und bringt ihn nach Eden.« Und dann macht Aaron eine verblüffende Bemerkung: »Und mit jedem Kaddisch kühlt er die Hölle für anderthalb Stunden.«

Jedes Kaddisch kühlt die Hölle für anderthalb Stunden! Das ist bestimmt die köstlichste Bemerkung, die je zu diesem Thema geäußert wurde. Warum anderthalb Stunden? Und woher weiß Aaron das? Fünfzig Seiten weiter nennt er die Quelle seiner Information. »Das Kaddisch kühlt die Hölle für anderthalb Stunden, wie der *Sohar* an verschiedenen Stellen erklärt, und mein Lehrer, der Weise von Fano, möge das Gedenken eines gerechten Mannes gesegnet sein, führt in seinem Aufsatz über das Geheimnis des Kaddisch einige alte Kommentare dazu an, wie jeder weiß, der ihn konsultiert.« Ich kann diesen Unsinn also gar nicht Aaron anlasten! (Er spricht von Menachem Asarja von Fano, aber ich bin gar nicht erpicht auf Menachem Asarjas Aufsatz über das Geheimnis des Kaddisch, ungeachtet Aarons Empfehlung. Das muß ich mir nicht auch noch aufladen.)

Das Erlösungsversprechen ist immer ein spezifisches Versprechen. Ein allgemeines Versprechen reicht nicht aus. Das eschatologische Denken besteht auf Genauigkeit.

Die Genauigkeit des eschatologischen Denkens ist ein Maß seines Elends. Je mehr man leidet, desto lebhafter malt man sich das Ende seines Leidens aus. Es gibt aber noch einen Grund für all diese pingeligen Details. Es gibt für ein allgemeines Versprechen ebensowenig Beweise wie für ein individuelles Versprechen. Die Vorstellung, das Kaddisch kühle die Hölle für anderthalb Stunden, ist nicht lächerlicher als die Vorstellung, das Kaddisch kühle die Hölle für eine Stunde, oder als die Vorstellung, daß es eine Hölle gibt und das Kaddisch sie beeinflussen kann. Das alles sind wilde Ideen. Warum also nicht das Glück in seinen Einzelheiten ausmalen?

Wenn die Genauigkeit des eschatologischen Denkens nicht komisch ist, ist sie gefährlich.

Aaron kommt auf das Kaddisch des Trauernden zurück, als er den ersten Teil des Morgengottesdienstes bespricht, der in einer Rekapitulation der Reihenfolge der täglichen Opfer im Tempel besteht, einer langwierigen Folge von Lesungen aus dem Talmud, die die umständliche Vorbereitung der Opferhandlungen und dann das Ausblutenlassen beschreiben. Besonders schön ist die Darstellung des Räucherwerks. Ich habe diese Passage immer bewundert: »Rabbi Nathan sagte: Wenn er [der Priester] das Räucherwerk zerstieß, sagte er immer: ›Stampf ihn gut, stampf ihn gut‹, weil der Klang gut ist für die Gewürze.« Aaron weist darauf hin, daß das Kaddisch des Trauernden nach der Darstellung des Räucherwerks zweimal vorkommt. »Der Zweck des Räucherwerks ist, das Attribut der Gerechtigkeit zu besänftigen. ... Nicht von ungefähr haben jene, die die Reihenfolge der Gebete festlegten, die Darstellung des Räucherwerks [an der bestimmten Stelle] angeordnet, weil von diesem Punkt an das Kaddisch zweimal vorkommt. Das erste wird für alle Toten der Welt rezitiert, um die Hölle allgemein zu kühlen. Das zweite, nach dem Gebet Alenu, nennt man das Kaddisch des Trauernden, und es wird von dem Sohn für seinen Vater oder seine Mutter rezitiert. Demnach war es ihre Absicht, das Kaddisch für alle Toten der Welt nach der Rezitation des Räuchergebots anzuordnen, denn das Räucherwerk mit seiner wundermächtigen Kraft parfümiert die Höllenstrafen, und dann wollten sie, daß die Macht des Kaddisch [des Trauernden] danach folgt, denn es kühlt die Hölle für anderthalb Stunden.« (Das Alenu ist eines der ältesten Gebete der jüdischen Liturgie. Es verkündet die Allgewalt des einen Gottes, und seit dem vierzehnten Jahrhundert dient es in allen Gottesdiensten als Schlußgebet.)

Worte als Gewürze, Worte als Parfüme.

Das Kaddisch des Trauernden, wie Aaron es deutet, ist ein Mittel, um die Lage des jüdischen Gottes, die Lage des jüdischen Vergangenheitsbewußtseins, die Lage der jüdischen Toten und die Lage der jüdischen Lebenden zu verbessern. Es ist eine dringliche Angelegenheit. Doch fürchte ich, daß Aaron sich von seinem Dringlichkeitsgefühl in die Irre führen läßt. Er gibt eine Warnung aus: »Wenn nach dem Tode des Vaters die Söhne nicht auf dem rechten Pfad wandeln, schlagen die Engel des Gerichts den Vater und sagen: ›Schau, was er gezeugt hat! Schau, was er aufgezogen hat!‹« Frömmigkeit und Schuldgefühl gehören zusammen.

»Schau, was er gezeugt hat! Schau, was er aufgezogen hat!« Historiker, wenn ihr die Geschichte des erschwerenden Umstandes schreiben solltet, vergeßt nicht Aaron von Modena.

Das gibt Aaron zu denken. Nach der Erörterung des Kaddisch des Trauernden und des Prinzips, daß der Sohn den Vater erlöst, macht er sich plötzlich Gedanken über den eigenen Tod, die eigene Erlösung. Und so schiebt er seine homiletische Arbeit beiseite und verfaßt ein ethisches Testament an seine Kinder, das er hier als Kapitel in sein Buch einfügt. Es ist ein schönes Dokument religiösen Ernstes und bürgerlicher Wohlanständigkeit. Es beginnt folgendermaßen: »Laßt euch, meine Söhne, all dies ein großes Erwachen sein, auf daß ihr wohlwollend gegen mich handelt und weise und mit all eurer Kraft danach trachtet, euren armen und elenden Vater zu rechtfertigen, der gewiß der Gnade bedarf, das heißt, der vielen Gnaden des Himmels.« Möglicherweise im wehmütigen Gedenken an die eigene Kindheit erinnert Aaron seine Söhne daran, wie gut sie es gehabt haben: »Von Kindheit an hat Gott euch Güte erwiesen. Er hat euch in die Schule geschickt, wo ihr regelmäßig die Tora studiertet. Und von Kindheit an bis zum heutigen Tag habe ich nie etwas von euch verlangt …« Diese Rede ist mir sehr vertraut. *Alles fur di kinder*, wie mein Vater zu sagen pflegte [jiddisch im Original; Anm. d. Ü.]. Alles für die Kinder. Natürlich hat Aaron, nachdem er nie etwas von seinen Kindern verlangt hat, jetzt etwas von ihnen zu verlangen. Aber es ist ein selbstloser Wunsch: »Da ist jedoch eines, das ich von euch verlange, wonach ich begehre, und das ist, daß ihr die Wege des Herrn einhaltet und gerecht und billig handelt und all eure Taten um des Himmels willen tut ... Verwandelt euch jeden Morgen in Tagelöhner und sagt: Heute will ich ein getreuer Knecht des Herrn der Welt sein. Hütet euch den ganzen Tag lang vor Zorn und Falschheit und Haß und Zank und Neid. Schaut nicht nach den Frauen. Verzeiht alles, was euch Pein bereitet. Betet im Bethaus etwa eine halbe Stunde lang um Gnade und um Gottes Hilfe in Reue, und tut dies wieder am nächsten Tag oder richtet es wenigstens so ein, dies einmal in der Woche zu tun. Und wenn ihr an diesem Tag fastet, um so mehr Kraft wird euch erwachsen. Und laßt euch nicht die Tora oder den Talmud entgehen, nein, studiert Tag und Nacht, so gut ihr es vermögt.« Daraufhin ergeht sich Aaron in einer Ermahnung zur Ethik im Geschäftsleben: »Euer Geschäftsgebaren sei stets freundlich. Achtet besonders darauf, eure Geschäfte in gutem Glauben zu tätigen ... damit alles sich im Bereich des Heiligen vollzieht und nicht von ihm abweicht in den Bereich der Verlogenheit und Äußerlichkeit. Denn der Gewinn, den ihr gutgläubig erntet, ist der Lohn der Frömmigkeit, doch der Gewinn, den ihr arglistig erntet, ist der Lohn eines fremden Gottes, was der Himmel verhüten möge ... Bedrückt niemanden, denn das Geld, das einem auf unehrliche Weise zufließt, stammt von den Einflüssen Satans.« Dann belehrt er seine Söhne über den Nutzen des Fastens: »Ich möchte euch nicht belasten mit Kasteiungen. Heutzutage tut alle Welt eifrig Buße und kasteit sich und bessert sich und dergleichen, doch ich rate euch, daß es gut wäre für eure Seelen und auch für eure Gesundheit, wenn ihr es euch zur Gewohnheit machtet, jeden Montag und Donnerstag zum Frühstück nur einen Bissen Brot zu essen und eine kleine Menge Wasser zu trinken und euch darauf zu konzentrieren, die Gegenwart Gottes zu bessern und für eure Seelen und alle Seelen Israels zu sühnen.« Kasteiung in Maßen: die Anweisung eines Mystikers, der seine Kinder liebt.

Und schließlich kommt Aaron zu seiner nicht zu überbietenden Schlußfolgerung: »Und wenn ihr, was der Himmel verhüten möge, das Joch der Tora abwerft, könnt ihr gewiß sein, daß ich zornig sein werde, in dieser Welt und in der künftigen Welt! Wenn ihr aber auf all dieses horcht und alles tut, was ich euch zu tun geboten habe, so werde ich stolz auf euch sein, und ihr werdet bewirken, daß Gott gepriesen wird in dieser Welt und in der künftigen Welt, zusammen mit ganz Israel, amen!« Der jüdische Vater unter dem Aspekt der Ewigkeit.

Mein Vater – zornig im Himmel? Zorn – das *war* für meinen Vater der Himmel.

Heute morgen der erste Reif auf den goldenen Blättern. Feuer und Eis. Kleine Hunde spielten in Feuer und Eis. Die Schul war öde.

◇

Das Wissen von der Sterblichkeit lenkt das Denken in gegensätzliche Richtungen, zur Gewißheit und zum Zweifel. Es stellt klar, daß es eine Gewißheit gibt. (Eine Gewißheit von der nicht-mathematischen, subjektiv erlebten Art.) Und die Gewißheit des Todes läßt den menschlichen Geist nach noch mehr Gewißheit verlangen, und diese versuchen die überspannten Hervorbringungen der eschatologischen Phantasie ihm zu verschaffen. Doch an wem zehrt beim Gedanken an den Tod nicht zugleich der Zweifel? Die Unsterblichkeit der Seele und die Unvergänglichkeit der Idee, an die wir gern glauben möchten, geraten durch die Gewißheit des Todes schwer in Bedrängnis. Das Wissen von der Sterblichkeit ist also im Hinblick auf den Glauben kein schlüssiges Argument. Ich glaube, weil ich weiß, daß ich sterben werde, ich glaube nicht, weil ich weiß, daß ich sterben werde – beide Auffassungen haben Sinn, haben Würde. – Gedanken bei einem Platzregen am Sonntagabend, auf dem Weg zur Schul.

Am Montagmorgen ein unheimliches Echo der Gedanken vom Sonntagabend. In der Schul lesen wir den ersten Teil des für diese Woche vorgesehenen Abschnitts der Genesis, in dem Esau dem Jakob sein Erstgeburtsrecht für ein Linsengericht verkauft. Esau kommt vom Feld zurück. Er ist erschöpft. Er sieht, daß Jakob Linsen gekocht hat, und bittet, ihm etwas davon zu essen zu geben. Jakob sieht eine Chance. »Verkaufe mir heute dein Erstgeburtsrecht«, sagt er zu Esau. Und Esau geht darauf ein, denn er überlegt: »Ich gehe hin zu sterben, und wozu mir da das Erstgeburtsrecht?« Für Esau als Jäger war der Tod ein vertrautes Risiko. Als er die Äußerung über seine Sterblichkeit tat und dem Erstgeburtsrecht das Essen vorzog, war er vielleicht nur ein Dummkopf, der sich von der erstbesten Gelegenheit verleiten läßt. Für mich war Esaus Frage immer ein Ausdruck seiner Dummheit. Die Tradition urteilt sehr scharf über ihn. Wenn der Bibelvers Esau als »ermattet« bezeichnet, erläutert Raschi: »vom Morden«. Und wenn Esau überlegt, daß er sterben wird, erläutert Raschi, daß sein Tod die Strafe für all seine Verstöße gegen sein Erstgeburtsrecht sein wird und daß er sich seiner aus diesem Grund entledigen will. Heute sehe ich in Esaus Frage dagegen eine legitime Frage, eine philosophische Frage, eine nüchterne Beobachtung, daß die Sterblichkeit das Leben tatsächlich seines Sinnes zu berauben vermag. Heute erscheint Esau mir nicht als ein Mörder, sondern als ein Skeptiker. Und der schlaue Jakob erscheint mir als das Gegenteil eines Skeptikers. Er möchte das Erstgeburtsrecht aus demselben Grund haben, aus dem Esau es nicht haben möchte: weil er weiß, daß er sterben wird; und das Erstgeburtsrecht – das Judentum – muß nicht mit ihm sterben. »Und Esau verachtete das Erstgeburtsrecht«: mit dieser Bemerkung endet die Schilderung. So erklärt die Schrift das Ereignis. Hätte Jakob Esau das Erstgeburtsrecht behalten lassen, wäre die Linie der Patriarchen mit seinem Vater Isaak zu Ende gegangen, und der von seinem Großvater Abraham begründete Glaube wäre untergegangen. Jakob intrigierte im Interesse der Tradition, und für die Tradition war es eine Entscheidung zwischen Erstgeburtsrecht und Fortdauer. Damit stehen die Brüder für eine philosophische Streitfrage. Sie verkörpern als Zwillinge die doppelte Folgerung, die aus der Realität des Todes gezogen werden kann: Ich glaube, weil ich weiß, daß ich sterben werde, ich glaube nicht, weil ich weiß, daß ich sterben werde.

Letzthin sind meine Tage von einer krankhaften Geschäftigkeit erfüllt. Aufgaben und Sorgen zehren an mir. Deshalb habe ich es mir zur Gewohnheit gemacht, nachmittags und abends vorzeitig in der Schul zu erscheinen. Ich schließe die Tür auf, setze mich hin, ganz allein, atme durch. Die anderen werden erst in rund zwanzig Minuten kommen. Ich bin der glitzernden Welt entronnen.

In der Zeit, bis die anderen eintreffen, gehe ich einigen Hinweisen auf Esau in der talmudischen Literatur nach, und ich finde Bestätigung für meine kleine Allegorie der Brüder. Zu Esaus Worten »Ich gehe hin zu sterben« bemerkt Resch Lakisch, ein Weiser des dritten Jahrhunderts: »Esau begann zu schmähen und zu lästern«, und dann versucht er mit Hilfe einer sprachlichen Analogie zu zeigen, daß Esau Gott verleugnete. Für Rabbi Levi, ebenfalls aus dem dritten Jahrhundert, war schon Esaus an Jakob gerichtete Frage eine Häresie, eine Leugnung der Wiederauferstehung der Toten. Esau verstand unter »Ich gehe hin zu sterben«, daß er für alle Ewigkeit tot sein werde. (Dann darf man auch mich zu den Häretikern rechnen.) Und Rabbi Jochanan, ebenfalls aus dem dritten Jahrhundert, liest aus verschiedenen Exegesen der einschlägigen Verse heraus, daß »von diesem gottlosen Menschen an diesem Tag fünf Sünden begangen wurden: er vergewaltigte eine verlobte Frau, er ermordete jemanden, er leugnete Gott, er leugnete die Wiederauferstehung der Toten, und er verschmähte das Erstgeburtsrecht«. Für diese Rabbinen war Jakobs Bruder also nicht nur ein Barbar. Er war außerdem ein Ungläubiger. Er war voll von Gedanken.

Mein Blick erhascht das Wort »Trauer« ein paar Zeilen oberhalb von Rabbi Jochanans Urteil über Esau. Ich schaue genauer hin und bin im Talmud-Himmel. Über den Tag, an dem Esau für ein Linsengericht das Erstgeburtsrecht hingab, haben die Rabbinen folgendes zu sagen: »Das war der Tag, an dem Abraham starb und Jakob Linsen kochte, um seinen Vater Isaak zu trösten.« Dies steht im Einklang mit der rabbinischen Legende, daß es Abraham erspart blieb, noch zu erleben, wie Esau die Tradition verschmähte. Jakob bereitete also das »stärkende Mahl«, das man für einen Trauernden bereiten soll. Und nun fangen die Rabbinen vom Kochen an – ja, vom Kochen. »Warum Linsen?« fragen sie. Die Linse muß etwas Besonderes an sich haben, daß sie zu trösten vermag. Hier ist eine Antwort. »Im Westen sagt man unter Berufung auf Rabba bar Mari, daß die Linse wie der Morgen ist; so wie die Linse keinen Mund, so hat auch der Morgen keinen Mund.« Mir ist nicht unmittelbar ersichtlich, was diese Bemerkung bedeuten soll, doch Raschis Kommentar hilft mir weiter. Im Unterschied zu anderen Gemüsen, die einen Ritz oder Spalt haben, hat die Linse keinen Ritz oder Spalt, und auch der Trauernde hat keinen Ritz oder Spalt, denn seine Lippen bleiben verschlossen, und er sitzt da in betäubtem Schweigen und sagt nichts. Sieben Monate ist es her, daß mein Vater starb, und erst jetzt entdecke ich, daß ich wie eine Linse bin! Und hier ist eine andere Antwort. »So wie die Linse rund ist, so macht auch die Trauer die Runde und kommt zu allen Bewohnern der Welt.« Nie wieder werde ich eine Bohne anstarren, und nie wieder werde ich nachsinnen über den Weg allen Fleisches.

Aber Moment, es scheint, als würde der Text ungeduldig mit sich selbst. »Ist das nicht nebensächlich?« Eine ausgezeichnete Frage! Und es ist keine rhetorische Frage. Es ist eine praktische Frage. Aus den Analogien zwischen Linsen und Kümmernissen sucht sie eine Lehre für das Verhalten der Menschen zu ziehen. Und sie findet eine: »Es ist nicht nebensächlich, denn die Frage ist, ob man auch mit Eiern zu trösten vermag.« Eine ausgezeichnete Frage! Denn das Ei hat ja eine glatte, durchgehende Oberfläche, aber es ist nicht vollkommen rund. Das Ei ist also philosophisch für untauglich erklärt. Es taugt nicht zum Emblem der Endlichkeit.

Man sollte nicht vom Glücksrad reden. Kreisrund, ist es das Rad der Endlichkeit.

»Ich wandte mich um und sah unter der Sonne, daß nicht dem Schnellen der Lauf gehört, und nicht dem Helden [dem Starken] der Krieg, und auch nicht dem Weisen das Brot, und auch nicht dem Verständigen der Reichtum, und auch nicht dem Kenntnisreichen die Gunst, denn Zeit und Schicksal trifft sie alle.« In *Kad ha-Kemach* (»Der Mehlkrug«), einer kurzen, aber bemerkenswerten Enzyklopädie der zentralen Begriffe des Judaismus, die Bachja ben Ascher von Saragossa gegen Ende des dreizehnten Jahrhunderts verfaßte, wird unter dem Stichwort »Trauer« das Problem des Predigers gestreift. Läßt sich der Weltüberdruß des Predigers mit den Forderungen des Glaubens in Einklang bringen? »Auf Grund der Tiefgründigkeit seiner [des Buches Prediger] Sprache«, schreibt Bachja, »werden diejenigen, die es studieren, es für das Gegenteil von Glauben halten, doch in Wahrheit ist es der Glaube selbst.« Bachja machte sich zu Recht Sorgen wegen der Wirkung des Predigers auf einen Trauernden. Und so interpretiert er den berühmten Vers über die Enttäuschungen, die auf die Schnellen und Starken und Weisen warten, oder allgemeiner auf all jene, die sich auf ihre eigene Tüchtigkeit verlassen: »Dies ist eine Lehre über die Minderwertigkeit der Welt, die nicht in einem bestimmten Zustand verharrt, sondern Wandlungen unterliegt. Deshalb entgehen auch die Großen der Welt nicht dem Netz, das ausgebreitet ist, sie einzufangen, dem Netz, das ein Kreis ist, der sich in der Welt schließt. Aus diesem Grund war es Brauch, im Hause des Trauernden Linsen zu essen. Über die Trauer um Abraham steht geschrieben [Jakob bereitete] ›ein Linsengericht‹: So wie die Linse rund ist, so ist auch die Welt rund [und alles kehrt in ihr wieder]. Manche singen und manche weinen, manche sind glücklich und manche sind traurig. Und daher ist es für jeden, der in Gottesfurcht wandelt, nicht schicklich, nach etwas anderem zu trachten als dem Dienst des Herrn.«

Doch es erhoben sich Verteidiger des Eis! Und auch anderer Nahrungsmittel. Schon im Talmud war die Speisekarte des Trauernden vielfältiger: »Alle mögen Kuchen, Fleisch und Fisch zum Haus des Trauernden bringen, und wenn ein örtlicher Würdenträger zugegen ist, Bohnen und Fisch. Rabbi Simeon ben Gamaliel sagte: Wo es Brauch ist, ein kräftiges gekochtes Mahl.« Isaak ben Dorbelo, der in der Mitte des zwölften Jahrhunderts in Frankreich lebte und den Text des *Machsor Vitry* bearbeitete und erweiterte, berichtet, daß »es Brauch ist, dem Trauernden zuerst Eier anzubieten, weil es ein Ding ohne Mund ist, um zu zeigen, daß wir allein Zuflucht nehmen zum Schweigen, mit dem das Urteil des Himmels anzunehmen ist; und weil es rund ist, wie das kreisende Rad der Welt. Anschließend mag er Fleisch essen und was immer die Anwesenden zu essen wünschen.« In Deutschland gibt Elieser ben Joel am Beginn des dreizehnten Jahrhunderts die Geschichte von Jakobs Linsen wieder und bemerkt dazu: »In unserer Zeit ist es Brauch, daß Kuchen und Eier die erste Mahlzeit [des Trauernden] bilden.« Und im dreizehnten Jahrhundert findet sich in Frankreich ein trauriges Beweisstück in dem Dossier, das die Kirchenleitung in Paris gegen den Talmud zusammentrug und das 1242 zur »Verurteilung« und Verbrennung des Talmud führte; dort führt ein anonymer katholischer Verfolger die Talmudstelle über das Linsengericht an, das Jakob für seinen trauernden Vater bereitete, und bemerkt dazu: »Genau so halten es die Juden bis heute mit Eiern nach einem Begräbnis.« In Spanien zitiert Nachmanides im dreizehnten Jahrhundert seinen Vorgänger Isaak ibn Ghijat, der seinerseits die talmudische Erlaubnis für Kuchen, Fleisch und Fisch zitiert (»ein kräftiges gekochtes Mahl« besteht ibn Ghijat zufolge aus »Fleisch und Wein«), und er kommt zu dem Schluß: »Das alles entspricht dem Brauch.« Nachmanides selbst beruft sich auf einen Text im Jerusalemer Talmud, der den Präzedenzfall von Fleisch und Wein und die Legitimität örtlicher Bräuche belegt, und er folgert: »Ist es in einer Gemeinschaft Brauch, dem Trauernden nichts außer einem

Linsengericht und den dafür vorgeschriebenen Gefäßen zu bringen, so bringt man ihm nichts anderes zu essen. Ist es in einer Gemeinschaft Brauch, größere Mahlzeiten, Fleischgerichte und andere Köstlichkeiten zu essen, so geschieht es entsprechend.« Der Trauernde benötigt Stärkung. Und in der Provence fand ich im frühen vierzehnten Jahrhundert eine symbolistische Verteidigung der Eier, eine grausige Meinung über ihre geometrische (und folglich auch ihre homiletische) Vollkommenheit. Aaron von Lunel notiert, daß es bei der Vorbereitung der Leiche für das Begräbnis üblich ist, »Eier mit gefleckter Schale an ihrem Kopf zu zerschlagen«. Das sei, schreibt er, »ein alter Brauch«. Als Grund nennt er, daß »man die Leiche zum Begräbnis aus der Stadt hinauszutragen pflegte und sie auf diese Weise kenntlich machte, damit die Totengräber erkannten, daß dies ein Jude war«. Auf mittelalterlichen Friedhöfen muß es schrecklich zugegangen sein. Aber warum Eier? »Weil sie rund sind, und dies macht die Runde.«

Isaak ben Dorbelo: was ist das für ein Name, Dorbelo? Er klingt nicht jüdisch, und er klingt nicht französisch. Ich weiß, wen ich anrufen muß, und ein paar Tage später bin ich der dankbare Empfänger einer Abhandlung von Dorbelos Sohn, die kürzlich von der Akademie der Wissenschaften der Tschechischen Republik veröffentlicht wurde. Dorbelo, entnehme ich daraus, könnte sich auf einen Herkunftsort wie d'Orville oder d'Orval beziehen – aber dann kommt sie mit einer wirklich bezaubernden Erklärung. Dorbelo klingt nicht jüdisch, weil es nicht jüdisch ist, und es ist auch nicht französisch. Dorbelo ist eine schlechte hebräische Transliteration der lateinischen Bezeichnung *Durabilis*. Wie sich herausstellt, gibt es zwei beurkundete Fälle von Juden, die im zehnten und elften Jahrhundert in Frankreich diesen Namen trugen. Und hier ist ein dritter. Isaak ben Dorbelo war Isaak ben Durabilis, anders gesagt, Isaak der Sohn von Durable. Ein Jude namens Durable [Unvergänglich]!

Es gab in der Geschichte der Juden eine Zeit, da das Ei der Linse ebenbürtig wurde. Das entnehme ich jedenfalls aus Aaron von Lunel. Er schreibt über das stärkende Mahl geradeheraus, daß »es Brauch ist, ihm Eier oder Linsen vorzusetzen, weil sie beide rund sind, was besagen soll, daß dies in dieser Welt immer wieder die Runde macht«.

Er verzeichnet die Bemerkung von Isaak ibn Ghijat im elften Jahrhundert, daß dem Trauernden Eier und Linsen als Hauptgang oder als erster Gang angeboten wurden. Aaron erteilt zudem eine Warnung: »Der Trauernde darf das Ei auf keinen Fall selber pellen, denn das würde ihn wie einen Vielfraß erscheinen lassen, und die anderen würden über ihn lachen. Nein, die Tröster pellen das Ei für ihn, und er ißt.« Aaron äußert obendrein Bedenken gegen übertriebenen Aufwand bei diesem Mahl: »Wenn das stärkende Mahl im Haus des Trauernden serviert wird, soll es nicht auf Tabletts aus Silber oder Bambus oder dergleichen serviert werden, sondern vielmehr auf grob geglätteten Tabletts aus Weidenrinde und dergleichen, um nicht die Armen in Verlegenheit zu bringen.« Ein Gedanke an die Gerechtigkeit ist zu keiner Zeit fehl am Platz.

Aarons Anständigkeit bei den Bestattungsbräuchen ist der folgenden wunderbaren Passage im Talmud zu verdanken: »Die Reichen pflegten Speisen in Körben aus Silber und Gold ins Haus des Trauernden zu bringen und die Armen in Körben aus geschälten Weidenzweigen, doch die Armen waren beschämt, und so bestimmten die Rabbinen, daß alle ihre Speisen in Körben aus geschälten Weidenzweigen bringen sollten, aus Rücksicht auf die Armen. Die Reichen pflegten im Haus des Trauernden Getränke in Gefäßen aus weißem Glas zu servieren und die Armen in Gefäßen aus buntem Glas, doch die Armen waren beschämt, und so bestimmten die Rabbinen, daß alle Getränke in Gefäßen aus buntem Glas servieren sollten, aus Rücksicht auf die Armen. Die Reichen [in Trauer] pflegten ihre Gesichter unbedeckt zu lassen, und die Armen [in Trauer] pflegten ihre Gesichter zu verhüllen, da ihre Gesichter von den Jahren des Dienens geschwärzt waren, doch die Armen waren beschämt, und so bestimmten die Rabbinen, daß alle ihre Gesichter verhüllen sollten, aus Rücksicht auf die Armen. Die Reichen pflegte man auf einem prächtigen Bett zum Begräbnis zu tragen und die Armen in einem Sarg, doch die Armen waren beschämt, und so bestimmten die Rabbinen, daß alle in einem Sarg zum Begräbnis getragen werden sollten.«

Aaron von Lunel zitiert sodann seinen Vorgänger Ascher ben Saul, einen Rabbiner von Lunel um die Wende vom zwölften zum dreizehnten Jahrhundert, der einer der Pioniere der Brauchtumsliteratur war. Ascher erklärt in dem erhalten gebliebenen Teil seines Buches über Bräuche (das ich im Teehaus bei mir habe), dem Trauernden solle auch Brot gegeben werden. Ascher folgert dies aus einem Bibelvers und schreibt erläuternd: »Niemand hat das Recht, diesen Brauch abzuschaffen, denn es ist ein guter und würdiger Brauch. Der Trauernde ist ja in Sorge und Seufzer um seinen Toten versunken und kann nicht darauf achten, zu essen und zu kochen, weil er wünscht, auch er würde sterben.« Auf einen Schlag ist der Reiz dieser kulinarischen Überlegungen verflogen. Damit, daß das Thema der Eier und Linsen an den Fundamenten rüttelt, hatte ich nicht gerechnet.

◇

Möchte der Trauernde sterben? Ich wollte nicht sterben, als mein Vater starb. Der Tod bewirkt nicht, daß man sterben möchte, es sei denn, man hatte diesen Wunsch schon vorher. Bewirkt dann also das Leben, daß man sterben möchte? Gewisse Arten von Leben vielleicht. Ich habe jedoch oft über die Tatsache nachgedacht, daß meine Eltern – ungeachtet des Lebens, das sie durchgemacht haben – nie den Wunsch hatten, zu sterben. Nein, das Verlangen nach dem Tod ist eine geistige Disposition eigener Art. Es kann durch Erfahrung weder bewiesen noch widerlegt werden. Es gibt Menschen, die wünschen, sie wären nie geboren, die die Umstände nicht ertragen können. Ich habe solche Menschen gekannt. Sie sind nicht zornig. Sie wünschen nichts zu beseitigen außer sich selbst. Nicht einmal nach dem Stoizismus steht ihnen der Sinn. Sie möchten nur nicht mehr sein. Letzten Winter, als ich meinen Vater im Krankenhaus besuchte, erfuhr ich, daß eine Freundin von mir sich in den Kopf geschossen hatte. Ich war nicht überrascht. Sie hatte es schon einmal versucht, und es tat ihr aufrichtig leid, daß sie es nicht geschafft hatte. Die Welt machte ihr keinen Spaß, verschaffte ihr keinen Standpunkt, von dem aus sie dem Leid hätte widerstehen können. Schließlich entkam sie ihr. Ich kann nicht vorschützen, ich hätte sie nicht verstanden. Ich hege eine schuldbeladene Bewunderung für den Wunsch, von der Welt losgehakt zu werden. Philosophisch leuchtet mir die Attraktivität des Nichts ein. (Unphilosophisch gesehen sind die Welt und ich jedoch miteinander verhakt.)

Sie hat Frieden gefunden, sagte mir eine ihrer Freundinnen. Nein, sagte ich, sie hat den Tod gefunden. Der Friede des Grabes ist kein Friede.

Ist Frieden ein angemessenes Ziel für die Seele? Frieden kann ein Mittel oder ein Zweck sein, ein Zustand der Geschäftigkeit oder ein Zustand des Stillstands. Wenn Frieden ein Mittel ist, dann ist er erstrebenswert, damit die Seele ungehindert, ohne äußere Störung, wirken und ihre Energien nur für das verausgaben kann, was ihr selbst wichtig ist; doch dann ist die Seele nicht friedvoll, sie ist geschäftig und angespannt. Ein solcher Friede ist ein äußerlicher Friede. Aber darf man auch nach innerem Frieden streben, nach Frieden als Zweck, nach einer friedvollen Seele? Oder ist das Ende der Geschäftigkeit auch das Ende des Sinns?

Das Paradies der Innerlichkeit.

Als die Philosophen verlangten, den Geist zu vervollkommnen, meinten sie, was sie sagten.

Die Seele kann all ihre Fehlschläge nicht ihrem Anhängen an der Welt zuschreiben. Sie trägt ihre Fehler und ihre Feinde schon in sich. Das ist es, was die Spiritualität des Rückzugs nicht begreift.

Nicht das Heidentum stellt die größte Herausforderung für das Judentum dar, sondern der Buddhismus. Hätte die Geschichte sie doch nur aufeinandertreffen lassen. Ach, was für Disputationen!

Nur zu, leugne die Realität der Welt. Trotzdem wirst du nachts wach liegen.

Ich kann nicht länger dreimal täglich nach Georgetown fahren. Es macht mich verrückt. Den Nachmittagsgottesdienst kann ich in den Räumlichkeiten des Interessenverbandes der Ultraorthodoxen in der Stadt absolvieren, nur ein paar Häuserblocks weiter. Heute beschloß ich, mein Mittags-Kaddisch dort zu sagen. »Was kann ich für Sie tun?« sagte die Empfangsdame, als ich eintrat. »Ich bin ein Trauernder«, sagte ich. »Nehmen Sie Platz«, sagte sie.

Das Nachmittagsgebet in den Räumlichkeiten des Verbands. Wir beten in einem kleinen Besprechungszimmer im vierten Stock eines gesichtslosen Gebäudes. Die Bücherregale sind vollgestopft mit Heftern und Wälzern, der *United States Code, Annotated* in der einen Ecke und die Kodizes des jüdischen Rechts in der anderen. Das Ungewohnte der Umgebung gibt der Erfüllung meiner Pflicht neuen Schwung. Ich bete lieber an Orten, die nicht zum Beten bestimmt sind. Der abweichende Rahmen wirkt belebend. Dennoch bin ich froh, daß es Orte gibt, die zum Beten bestimmt sind, und nicht nur aus Bequemlichkeit. Wenn es eine Schul gibt, gibt es auch eine Welt außerhalb der Schul, eine Welt, die nicht die Schul ist, und ich kann nach der Konzentration hinaustreten in die Weite.

Ein faszinierendes und bewegendes Buch ist erschienen, eine Studie über die Bräuche der Kryptojuden in Spanien und im Spanischen Reich vom fünfzehnten bis zum siebzehnten Jahrhundert. Nach den Zwangstaufen im Jahre 1391 und dann nach der Vertreibung im Jahre 1492 pflegten die *conversos* die Religion ihrer Vorfahren im Untergrund, und als »Neuchristen« praktizierten sie weiterhin »judaisierende« Rituale. Und das galt auch für ihre Trauerbräuche. So lese ich, daß »Linsen unter den iberischen Juden und *conversos* rar waren, während Eier zu den meisten bezeugten Mahlzeiten nach einem Begräbnis gehörten. Manchmal wurden sie auf eine Weise zubereitet, die ihre symbolträchtige Rundheit herunterspielte. In Toledo war es zum Beispiel im ausgehenden fünfzehnten Jahrhundert üblich, daß Verwandte einer trauernden Familie ›in einem mit weißen Tüchern bedeckten Korb ein Omelett und zwei Pfirsiche und zwei Laibe Brot und Weintrauben und einen Krug Wasser‹ schickten. Doch zumeist waren die Eier wahrscheinlich hart gekocht. Es gehörte zu den mutmaßlichen judaisierenden Bräuchen, daß Marina Gonzalez [Ciudad Real, 1484] beim *cogeurc* [Begräbnismahl] ihrer Schwiegermutter Eier aß. In Yepes aßen die Trauernden im Jahr 1643 Eier und Salat ... Rafael Enriquez bezeugte, daß diese Eier *aveluz* genannt wurden. Desgleichen sagte Blanca Enriquez [Mexiko, 1648], daß nach dem Begräbnis ›Blutsverwandte des Verstorbenen ein kaltes hartgekochtes Ei ohne Salz (*aveluz* genannt) verzehren mußten, zum Zeichen des Kummers, den sie empfanden, und jeder, der ein solches zu dem Haus brachte, wurde vom Gott Israels hochgeschätzt‹. Als ihr Vater gestorben war, verzehrte sie ein *aveluz* und ging mit ihrer Schwester und einer anderen judaisierenden Frau ›in ein leeres Zimmer, in dem sie einige Male eilig umherging und dann das *aveluz* dort zurückließ, für den ersten katholischen Mann oder die erste katholische Frau, die hereinkommen würden, damit das Unglück und Mißgeschick über sie käme, denn sie glaubten, sich selbst durch diese Zeremonie davon befreit zu haben.‹« Diese Information stammt aus den Akten der spanischen Inquisition. Es erforderte Mut von diesen Trauernden, ihre Eier zu essen. In ihrer Speise lag ihr Glaube. Wenn sie ihre Eier kosteten, kosteten sie ihre Metaphysik.

Eier, Linsen, der philosophische Stimulus unphilosophischer Dinge.

In demselben Buch lese ich ferner, daß »die Dokumente zahlreiche Hinweise auf das Begräbnis-*Kaddisch* und sporadische Hinweise auf andere Gebete enthalten, die bei oder nach Begräbnissen von Kryptojuden rezitiert wurden ... Vor der Vertreibung konnten Kryptojuden sogar mit offen praktizierenden Juden vertraglich vereinbaren, an ihrer Statt für ihre Verwandten oder für sie selbst das *Kaddisch* zu rezitieren. So schickte Blanca Fernandez, kurz bevor sie 1475 starb, ›dem jüdischen Rabbiner von Huete zwei Scheffel Weizen, damit er einige Gebete für ihre Seele sage‹. Desgleichen gab der *converso* Joan Lopez Coscolla [Catalayud, 1489] dem Juden Asser Advendavit Geld, damit dieser zum Grab seiner Mutter ginge, um ›ein Gebet auf hebräisch zu sagen‹. Oft ist nicht leicht zu entscheiden, ob diese *conversos* einen Weg wählten, um mit geringstem Risiko ihrer Pflicht nachzukommen, oder ob sie zu dem Schluß gekommen waren, daß es einem Juden besser anstünde als einem Konvertiten, für Verwandte, die als Juden gestorben waren, *Kaddisch* zu sagen. Doch gelegentlich wurde das Problem direkt angeschnitten. Der *converso* Pedro de Guadalajara akzeptierte die Pflicht, für seine Eltern, die als Juden gestorben waren, *Kaddisch* zu rezitieren und weiterhin zu beten, und als die Inquisitoren 1505 Einwände gegen diese Praxis erhoben, entgegnete er: ›Was wohlgetan ist, geht nicht verloren und bewirkt vielleicht etwas Gutes.‹« Ich bin bewegt von Pedros kühner Rede. Sie ist ein großartiges Fundament für das Kaddisch. Auch für das Kaddisch eines freien Menschen.

◇

Abends kommt ein Mann zum Beten in die Schul, nachmittags kommt er zum Beten in die Räume des Verbandes. Er arbeitet bei einer Regierungsbehörde. Er spricht leise, lächelt freundlich und hat schüchtern funkelnde Augen. Er schließt beim Beten die Augen und steht vollkommen reglos, außer wenn er plötzlich seine Hände emporreckt, bis zum Himmel hinauf, um die Macht, vor der er steht, anzuflehen. Danach sinken seine Hände zurück, fast leblos, und er ist wieder still. Manchmal zuckt ein kurzer Schmerz über sein Gesicht, und er läßt den Kopf in die Hände sinken. Er betet in seinem eigenen Tempo, flüstert bedachtsam jedes einzelne Wort, und oft ist er noch mitten in seiner Andacht, während wir anderen schon gehen. Ich weiß, daß er mit Beten fertig ist, wenn er die Augen aufschlägt. Hier ist ein Mann von wahrer Frömmigkeit. Ich fühle mich von seiner Sanftheit und seiner Leidenschaft erhoben. Als wir heute abend den Gottesdienst beendeten, wandte ich mich an einen Freund und sagte: »Siehst du den Mann dort? Er hat Glauben.« »Lediglich uns fehlt es daran«, sagte mein Freund. Und dann, ohne Ironie: »Bis morgen früh.«

Bei Tagesanbruch auf. Ohne Glauben zum Haus des Glaubens. Mein Freund hat recht. Wir kehren nicht zur Schul zurück, wie dieser Mann zur Schul zurückkehrt, und doch kehren wir zurück. Ich muß ständig daran denken, wie Pedro sein Kaddisch vor der Inquisition verteidigte. »Was wohlgetan ist, geht nicht verloren und bewirkt vielleicht etwas Gutes.«

Ohne Glauben? Nein, mit meinem Glauben.

Es gibt den berühmten Ausspruch der Rabbinen, daß diejenigen, die nicht mit innerer Beteiligung beten können, beten sollen, so gut es geht, denn das werde sie dazu bringen, mit innerer Beteiligung zu beten. Ich habe diesen Spruch nie gemocht. Das ist entweder Behaviorismus, oder es ist Opportunismus, denn es findet auch noch in der Ungläubigkeit einen religiösen Nutzen und raubt dadurch dem Glauben wie dem Unglauben die Spannung. Es ist jedenfalls nicht zu übersehen, daß viele nicht mit innerer Beteiligung beten und nicht mit der erforderlichen philosophischen Einstellung beten gehen. Kommt es denn vor, daß die Philosophie keine Rolle spielt? Selbstverständlich. Das Leben würde nicht funktionieren, wenn es immer erst philosophisch verstanden werden müßte. Es ist gut, daß die Menschen ohne oder doch ohne klare Gründe handeln. Gedankenlosigkeit ist ein Schmiermittel des Lebens. Es reicht nicht zu sagen, daß wir uns schon irgendwie durchwursteln, und damit hat es sich. Es ist immer möglich, sich weniger selbstgefällig durchzuwursteln. Wenngleich es möglich ist, ohne Gründe zu handeln, so sollte man doch nach Gründen suchen. Wenngleich es möglich ist, zu beten, ohne es zu wollen, sollte man es doch wollen.

Welches ist das schönste Wort, das die Sprache hat? Das fragte mich ein Freund vor vielen Jahren. Ich antwortete ohne zu zögern. Das schönste Wort, das die Sprache hat, ist »Philosophie«.

Verwechsle ich Philosophie mit Religion? Nein, ich verbinde Philosophie mit Religion. Wenn dir geistige Fragen etwas bedeuten, sind beide deine Verbündeten. Viele Antworten der Religion sind Antworten auf Fragen der Philosophie. Eine Schul ist nicht nur ein Haus der Religion, sie ist auch ein Haus der Philosophie, weil in ihren Mauern erste Prinzipien und ein Interesse an ersten Prinzipien gefragt sind. Solange es »Schulen« und Kirchen und Moscheen gibt, wird der Sinn für Philosophie nicht aussterben. Von Universitäten kann man das nicht sagen.

Die Kunst der Frage.

Als ich heute abend in die Schul komme, sind nur fünf von uns da. »Wir sind halb voll«, sagt einer aufgekratzt. »Nein«, erwidert ein anderer, »wir sind halb leer.« Zehn ist zehn. Auch neun ist nicht zehn. Zehn ist zehn. Und so fängt der Nüchterne an herumzutelefonieren. Er möchte noch einmal fünf zusammentrommeln, aber ich merke, daß er noch etwas anderes im Sinn hat. Er ruft Leute an, von denen fast sicher ist, daß sie nicht kommen werden, um sie in Verlegenheit zu bringen. Er legt den Hörer mit einem boshaften Grinsen auf.

Erhoben und geheiligt … Erhoben und geheiligt … Erhoben und geheiligt …

In einem neuen Buch über Leibniz finde ich eine Bemerkung aus einem seiner Briefe: »Der gerechte Mensch, der Mensch, der jeden liebt, ist bestrebt, allen Menschen zu helfen, auch wenn er dazu nicht in der Lage ist, mit derselben Notwendigkeit, mit der der Stein dazu neigt zu fallen, auch wenn er hängt … Jegliche Pflicht ist gerechtfertigt im höchsten Streben.« Man muß also nicht fallen, um zu fallen. Und man muß nicht aufsteigen, um aufzusteigen. Es muß einem nur ernst sein mit der Richtung, man muß sich nur mit Kraft einem Ziel zuneigen, auf etwas gerichtet sein. (Ich habe eine Schwäche für Leibniz. Er war der letzte unschuldige Philosoph. Er erhaschte als letzter einen Blick auf die Vernunft, bevor Epistemologie und Psychologie und Historie und Ökonomie sie zu plündern begannen.)

Ist die Pflicht wirklich durch das Streben gerechtfertigt? Es wäre gut, wenn es so wäre. Mir entgeht natürlich nicht, daß »gerechtfertigt« genau das Wort ist, mit dem die Rabbinen bezeichneten, was der Sohn mit dem Kaddisch für den Vater vollbringt. Wenn die Pflicht durch das Streben gerechtfertigt ist, dann werden dieses Jahr meiner Pflicht und mein Vater und ich selbst gerechtfertigt sein.

Ein Mann, der vor einigen Monaten aufhörte, Kaddisch für seine Mutter zu sagen, kam heute morgen in die Schul. Als wir uns zum Kaddisch erhoben, stand er mit uns auf. Er rezitierte es nicht, sondern stand nur reglos da und schloß seine Augen, und das Gebetbuch glitt ihm aus den Händen. Fehlte ihm seine Mutter oder sein Kaddisch?

Wenn ich sicher sein könnte, auch nur die Realität eines Winkels eines Raums begriffen zu haben …

◇

Vor einigen Tagen fiel mir ein, wie man das Verhältnis von Biologie und Moral in der jüdischen Tradition auf andere Weise untersuchen könnte. Welche Pflichten hat ein Kind gegen einen bösen Vater (eine böse Mutter)? Wenn die Biologie die Moral übertrumpft, ändert der Charakter des Vaters oder der Mutter nichts an den Pflichten des Kindes. Und so habe ich mich darangemacht, die Kodizes des jüdischen Rechts nach den Gesetzen der Kindespflicht zu durchforschen. Ich stoße auf eine interessante Uneinigkeit unter den Autoritäten. Ich beginne mit Maimonides (er bestätigt die Meinung von Isaak Alfasi aus Fez im elften Jahrhundert): »Ein unehelicher Sohn ist verpflichtet, seinen Vater zu ehren und zu fürchten, doch ist er solange ausgenommen von dem Verbot, seinen Vater zu schlagen und zu verfluchen, wie sein Vater nicht bereut.« »Ehren« und »fürchten« sind hier die Ausdrücke, die im Gesetz stehen, basierend auf den beiden Verben, mit denen die Schrift die Kindespflicht einschärft, und sie umfassen den Bereich der Dienste und Haltungen, die ein Kind dem Vater und der Mutter schuldig ist. Sich selbst auf eine Passage im Talmud stütztend, pocht Maimonides darauf, daß die Verkommenheit eines Vaters, der uneheliche Kinder zeugt, nichts an seiner väterlichen Beziehung zu diesen Kindern ändert. Die Kinder sollen ihr Urteil über ihren Vater überwinden und ihm die vorgeschriebenen Dienste und Haltungen erweisen, doch unterscheiden sie sich von ehelichen Kindern dadurch, daß das Todesurteil, das die Bibel über diejenigen verhängt, die Vater oder Mutter schlagen oder verfluchen, sich nicht auf sie bezieht. (Sie dürften, vermute ich, ihren Zorn äußern.) Anschließend formuliert Maimonides seine Ansicht allgemein: »Auch wenn der eigene Vater böse und ein sündiger Mensch ist, muß man ihn ehren und fürchten.«

Es ist nicht schwer, Maimonides' Ansicht zu verstehen. Man sucht sich seinen Vater und seine Mutter nicht aus. Eines der Wesensmerkmale der Familie ist ihre Faktizität. (Sie ist für die tragischen Aspekte des Familienlebens verantwortlich.) Welche Familie, welche Gesellschaft könnte lange Bestand haben, wenn die Generationen ihre Beziehungen zueinander auf gegenseitige Bewunderung gründeten? Maimonides' Ansicht ist realistisch. Er hofft auf die Zerknirschung des Vaters, doch macht er seine Entscheidung nicht von der Zerknirschung des Vaters abhängig. Er trifft seine Entscheidung für eine Welt von Sündern. Und doch ist da etwas an Maimonides' Ansicht, das mich ein wenig abstößt. Er läßt zu, daß der böse Vater den Folgen seiner Bösartigkeit innerhalb seiner eigenen Familie entgeht. Dem Vater wird die Verantwortung gegenüber seinen Kindern erlassen. Fakten triumphieren über Ideale. Die Biologie übertrumpft die Moral.

Ich stehe mit meiner Abneigung gegen Maimonides' Nachsicht gegenüber dem quälenden Vater nicht allein. In Spanien verfaßte Jakob ben Ascher im vierzehnten Jahrhundert die *Arba Turim* (»Vier Reihen«), jenen Kodex, dessen Einteilung der Gesetze kanonisch wurde. Jakobs Kühnheit als Jurist äußerte sich nicht zuletzt in seiner Bereitschaft, Maimonides herauszufordern, und seine Entscheidung über die Pflicht gegenüber einem bösen Vater ist ein Beispiel dafür. Er zitiert Maimonides und bemerkt knapp: »Da er [der Vater] böse ist, ist er [der Sohn] nach meiner Meinung nicht verpflichtet, ihn zu ehren.« Jakob führt eine Diskussion im Talmud an, die nahezulegen scheint, daß die Kinder eines Diebes oder Wucherers die gesetzwidrigen Gewinne, die sie aus Achtung vor ihrem Vater geerbt haben, den Opfern zurückgeben müssen, die aber tatsächlich zu dem Schluß kommt, daß dies nicht der Fall ist, da ein solcher Vater keine Achtung verdient; und dann fügt Jakob wiederum knapp hinzu: »Solange er nicht bereut, sind sie nicht verpflichtet, ihn zu ehren.« Die Moral übertrumpft die Biologie.

Ich bemühe mich, einen Talmudtext über die Leviratsehe zu verstehen, jenen Text, auf den Maimonides seine Entscheidung stützte, aber er ist mir zu schwierig. Es gibt im Talmud zahlreiche Passagen mit rechtlichen Überlegungen, die mir zu hoch sind, und dies ist eine davon. Dem ist leicht mit einer Anfrage beim Rabbiner abzuhelfen, und ich werde ihn fragen. Ich schäme mich meiner Inkompetenz. Ich habe mich dem Studium des Talmud nie in dem Umfang gewidmet, der meinem Verständnis seiner Bedeutung für das Judentum entspricht. Das, was man wirklich kennt, verrät, was zu kennen einem wirklich wichtig ist.

Die Meinungsverschiedenheit zwischen Maimonides und Jakob ben Ascher wiederholt sich im sechzehnten Jahrhundert. Josef Karo übernimmt die Ansicht des Maimonides, Moses Isserles übernimmt die Ansicht Jakobs. Die Sprache ist dieselbe. Und es beginnt sich ein historisches Muster abzuzeichnen. Maimonides florierte in Ägypten, und Karo florierte in Palästina. Jakob florierte in Spanien, aber als Sproß des Rheinlandes, aus dem er mit seinem Vater ausgewandert war, und Isserles florierte in Polen. Es hat den Anschein, als sei ich einer Differenz zwischen der Kultur der Sephardim und der Kultur der Aschkenasim auf der Spur. Für die Autoritäten der Sephardim hat die Biologie Vorrang vor der Moral, und ein ethisches Urteil darf nicht die Familie auseinanderreißen. Für die Autoritäten der Aschkenasim hat die Moral Vorrang vor der Biologie, und ein ethisches Urteil darf die Familie auseinanderreißen. Wie unterschied sich die Familie im Safed des sechzehnten Jahrhunderts von der Familie im Krakau des sechzehnten Jahrhunderts? Die Erforschung der Familiengeschichte könnte, denke ich, einen gewissen Aufschluß darüber geben.

Karo wiederholt die Ansicht des Maimonides mit Entschiedenheit: »Wenn sein Vater und seine Mutter absolut böse und gewohnheitsmäßige Verbrecher sind, ja sogar wenn sie zum Tode verurteilt wurden und zur Hinrichtung geführt werden, ist es ihm verboten, sie zu schlagen und zu verfluchen.« Vollkommen unzweideutig. Doch dann heißt es: »Und wenn er sie schlägt und verflucht, ist er nicht verantwortlich; wenn sie aber bereut haben, ist er verantwortlich und verdient, dafür hingerichtet zu werden.« Karo ist bemüht, seine Strenge gegenüber den Kindern einzuschränken. Eltern sind Eltern – aber wer könnte sein Verständnis versagen, wenn ein Kind solche Eltern schlägt oder verflucht? Und dann ist da die Einschränkung, daß der Vater bereut, wodurch die Familie wieder in einen moralisch gebotenen Zustand zurückversetzt würde. Diese Hoffnung auf die Besserung des Vaters ist bei beiden Denkrichtungen gegeben. Stark ist sie in den Meinungen von Jakob ben Ascher und Moses Isserles, die dem bösen Vater das freundliche Erbarmen des Kindes verwehren. Entsprechend bemerkt Sabbatai ha-Kohen in seiner Glosse zu Isserles' Feststellung, daß »er nicht verpflichtet ist, seinen bösen Vater zu ehren«, daß »er zwar nicht verpflichtet ist, ihn zu ehren, es ihm aber verboten ist, ihm Schmerz zu bereiten«. Dies ist wiederum ein Versuch, die Strenge gegenüber den Eltern einzuschränken.

Beide Richtungen machen sich also Gedanken über die Folgen ihrer Meinungen. Jene Rabbinen, die der Vaterschaft den Vorrang vor der Moral geben, möchten nicht die Moral mißbraucht wissen. Jene Rabbinen, die der Moral den Vorrang vor der Vaterschaft geben, möchten nicht die Vaterschaft mißbraucht wissen. Alle Rabbinen möchten, daß so viele Eltern wie möglich von so vielen Kindern wie möglich geehrt und gefürchtet werden.

Die Pflicht gegenüber den eigenen Eltern hat nichts mit der Bewunderung der eigenen Eltern zu tun. Doch wer hat Eltern, an denen es nichts zu bewundern gibt?

◇

Ich ging im Park spazieren, am Bach entlang. Das Licht war silbrig. Ein paar Meter weiter schwebte ein Stieglitz über meinem Weg. Auf dem Wasser trieben die Seiten eines zerrissenen Buches. Etwas durchdrang mich – was, kann ich nicht sagen. Ich würde es gern sagen, aber ich kann es nicht. Und es macht mir nichts aus, daß mir die Worte fehlen. Das Unsagbare ist für mich kostbar. Ich möchte nicht nur ein sprachliches Wesen sein, einer von diesen »artikulierten« Menschen, für die die Welt immer transparent ist, die einem immer sagen können, was wirklich los ist. Manchmal weiß ich nicht, was wirklich los ist, und die Unbeholfenheit meines Ausdrucks muß für die Anstrengung meines Geistes bürgen. Ich vermag die Transparenz der Welt jedenfalls nicht zu denken.

Heute morgen begab ich mich nach Weißrußland am Beginn des zwanzigsten Jahrhunderts, zu Jechiel Michel Epstein und seinem Kodex des jüdischen Rechts. Nach einem kurzen Überblick über die Literatur zur Frage der Pflichten gegenüber bösen Eltern erkennt Epstein nicht nur eine Meinungsverschiedenheit, sondern eine Mehrheits- und eine Minderheitsmeinung. Die Mehrheitsmeinung ist die von Jakob ben Ascher, daß die Moral die Biologie übertrumpft. (Das ist auch Epsteins Meinung.) Die Minderheitsmeinung ist die von Maimonides, daß die Biologie die Moral übertrumpft. Es freut mich, daß die Biologie die Verliererin ist. Doch macht es Epstein, der in seiner Kodifikationspraxis Maimonides folgt, zu schaffen, daß dieser von der vorherrschenden Rechtsmeinung ausgeschlossen ist. Wie soll man die Maimonides'sche Haltung erklären? Wollte er vielleicht nur sagen, daß man einen bösen Vater nicht verächtlich behandeln darf? Nein, die Worte des Meisters sind unmißverständlich. Er ist überzeugt, daß man einen bösen Vater ehren und fürchten muß, und basta. So kommt Epstein auf eine andere Idee. Es gibt Abstufungen des Bösen, und jenes Böse, von dem, wie Maimonides lehrte, die Kinder ihre Blicke abwenden sollten, ist nicht das gräßlichste Böse. Im Fall des gräßlichsten Bösen würde auch Maimonides gegen die Ansprüche der Biologie entscheiden. »Auch nach Meinung des Maimonides«, schreibt er, »ist es offenbar nur im Fall eines Schurken aus Begierde geboten, [den Vater zu ehren und zu fürchten], doch im Falle von einem, der absichtlich frevelt, wie einem Häretiker oder Abtrünnigen, ist es offensichtlich, daß es verboten ist, ihn zu ehren, so wie es offensichtlich ist, daß niemand böse genannt wird, solange er nicht gewohnheitsmäßig sündigt; wenn einer aber nur gelegentlich eine Sünde begeht, nennt man ihn nicht böse, und allen Autoritäten zufolge muß man ihn ehren und fürchten.«

Epstein tritt für eine andere Art von Realismus ein. Es gibt das gewöhnliche Böse und das außergewöhnliche Böse. Was das letztere angeht, ist unstreitig, daß es abzulehnen ist, auch bei den eigenen Eltern. Epstein fragt: »Wie kann man die Feinde Gottes ehren?« Was das erstere angeht, werden vernünftige Menschen differenzieren können. Es wäre doch unanständig, das gewöhnliche Böse genauso zu behandeln wie das außergewöhnliche Böse. Eine Sünde zum Vergnügen ist etwas anderes als eine Sünde aus Prinzip.

»Ein Schurke aus Begierde«: Das kann man auch übersetzen als »ein Schurke um des eigenen Vorteils willen«. Die fragliche Schurkerei ist eine Mischung aus Bequemlichkeit und Lüsternheit, aus Profit und Sinnenlust.

»Ein Schurke aus Begierde«: Mir gefällt diese Kategorie von Schurkerei, die talmudischen Ursprungs ist, weil sie einen Unterschied macht zwischen Blasphemie und Lust, zwischen dem Radikalen und demjenigen, der in der Welt allzusehr zu Hause ist. Die Freude an der Welt ist nicht immer eine gesetzesbrecherische Angelegenheit.

»Wer im Moment des Todes eines Juden oder einer Jüdin anwesend ist, soll [sein Gewand – Anm. d. Ü.] zerreißen, auch wenn der Verstorbene gelegentlich eine Sünde aus Begierde begangen oder ein Gebot zu erfüllen versäumt hat, weil es zu schwierig war.« So Josef Karo mitfühlend in seinem Gesetzeskodex. Ein schwaches oder nachlässiges Leben darf nicht in einen Topf geworfen werden mit einem bösen Leben. Doch wie oft darf man sündigen und kann dennoch ein nur »gelegentlicher« Sünder bleiben? Hier ist Moses Isserles' Kommentar zu dieser Vorschrift: »Wenn er jedoch regelmäßig sündigt, gibt es keine Trauer um ihn, und um so mehr, wenn er ein Renegat ist, der ein Götzenanbeter ist.« Isserles hat Bedenken, daß Karos Mitleid ausgenützt werden könnte. Er will nicht zulassen, daß eine philosophische Schwäche sich als eine menschliche Schwäche verschleiert.

Man unterschätzt die Lust, wenn man sie als Heterodoxie betrachtet. Dies ist es, was die Verklärung des »heiligen Sünders« – die sabbatianischen und frankistischen Traditionen des »Gebots, das durch seine Übertretung erfüllt wird«, oder allgemeiner, was Auden in seinem Vorwort zu Baudelaires Tagebüchern beschrieb als »Luzifer, der Rebell, der Herausfordernde, der seine Freiheit behauptet, indem er alle Gebote mißachtet, seien sie von Gott, der Gesellschaft oder seiner eigenen Natur gegeben« – nicht begreift. Es gibt einen Hedonismus, der ein Nihilismus ist, und es gibt einen Hedonismus, der kein Nihilismus ist. Der erste scheint größer und gefährlicher zu sein, doch in Wirklichkeit ist er kleiner, weil er sich nie richtig freigemacht hat von der Rahmenbedingung. Er nimmt die Moralisierung der Sinne hin und kehrt sie lediglich um. Doch es gibt eine andere Art von Lust, die ihr eigener Rahmen ist. Sie ist positiv und genügt sich selbst. Sie sucht nicht zu schaden. Sie fordert nicht heraus. Sie genießt. Und sie äußert sich nicht im Exzeß. Ganz im Gegenteil. Ihre Neigung zur Form in der Natur wie in der Kunst verleiht ihr eine gewisse Schicklichkeit, eine gewisse Klugheit. Sie kann sich eine Sünde nicht vorstellen.

Wenn du die Autorität des Himmels leugnest, warum schüttelst du dann deine Faust gegen ihn?

Der wollüstige Kontemplative. Eine spirituelle Persönlichkeit.

– Ich genieße es, weil es verboten ist.
– Dann genießt du nicht.

Die Sünde ist der Ruin der Lust.

Du möchtest ein Kind bleiben? Dann verbringe dein Leben im Kampf mit den Eltern. (Der Schoß der Negation.)

◇

»Derjenige, der sich von den Wegen der Gemeinschaft absondert – bei seinem Tod wird nichts für ihn getan. Die Geschwister und Verwandten sollten Weiß tragen und sich in Weiß hüllen und glücklich sein, weil die Feinde des Herrn umgekommen sind, wie es [in den Psalmen] heißt: ›Hasse ich nicht, o Herr, die dich hassen, und verabscheue ich nicht die wider dich aufstehen? Mit vollkommenem Hasse hasse ich sie; sie sind Feinde für mich.‹ So die Lehre des Talmud zum Tod des Gesetzlosen. Es ist eine drastische Lehre, in der die Liebe zu Gott über die Liebe zur eigenen Familie siegt. Doch wer genau ist jenes Individuum, das sich von den Wegen der Gemeinschaft absondert? Der Nonkonformist oder der Häretiker? Der Sünder oder der Verräter? Eine Sprache, die so erbarmungslos ist, sollte nicht so ungenau sein.

Und ich bin nicht der einzige, der so denkt. Mordechai ben Hillel, der in der zweiten Hälfte des dreizehnten Jahrhunderts in Nürnberg lebte, verfaßte ein umfangreiches Kompendium von Gesetzen und Kommentaren, das das Werk zahlreicher mittelalterlicher Rabbinen bewahrte und einen erheblichen Einfluß auf die Rechtsentwicklung der deutschen Judenheit ausübte. (Zusammen mit seiner Frau und seinen Kindern und siebenhundert Juden, die sich in die Nürnberger Burg geflüchtet hatten, wurde der wunderbare Mordechai 1298 Opfer einer der Mordbanden, die der berüchtigte Rindfleisch, von Stadt zu Stadt ziehend, mit der absurden Beschuldigung der Hostienschändung aufgehetzt hatte.) Am Ende von Mordechais Erörterung der Trauergesetze findet sich ein Respons »in der Angelegenheit von Rubens Ehefrau, die kinderlos war und einen Eid gemäß der Tora leistete, indem sie ihre Hand auf die Zehn Gebote [in einer offenen Torarolle] legte und mit Gottes und der Weisen Genehmigung bei Strafe der Verdammung und des Bannes und der Exkommunikation schwor, sie werde ihre weltlichen Besitzungen allein ihrem Ehemann hinterlassen. Dann vergaß sie jedoch ihren Bund mit ihrem Gott und verließ den Prinzen ihrer Jugend, und als sie im Sterben lag, vermachte sie ihre Besitzungen dem Sohn ihrer Schwester. Und dann starb sie, unter einem Bann stehend.« Die Frage ist: »Sollen die Trauerriten für sie vollzogen werden oder nicht?« Die Antwort ist nein. Mordechai zitiert eine Reihe von Quellen und Autoritäten aus Altertum und Mittelalter. Von den Rabbinen des Talmud führt er die Aussage an, daß »jemand, der unter einem Bann stehend stirbt, mit Steinen belegt werden sollte – nicht, daß ein Haufen über ihm aufgeschichtet werden sollte ... sondern ein Bote des Gerichts nimmt einen Stein und legt ihn auf seinen Sarg, damit das Gesetz der Steinigung ausgeführt ist«; dazu die Aussage, daß »es für diejenigen, die durch das Gericht hingerichtet wurden, keine Trauerriten gibt«; schließlich die Aussage, daß »derjenige, welcher sich von den Wegen der Gemeinschaft absondert – bei seinem Tode wird nichts für ihn getan«. Mordechai bemerkt außerdem, daß man »jeden, der einen Eid bricht, (in der Regel) einen gottlosen Menschen nennt, auch wenn er nicht unter einem Bann steht«. Und so wird das Urteil verkündet: »Diese verfluchte Frau kannte das Gesetz und wußte, daß die Tora bestimmt, daß der Ehemann der Erbe seiner Frau ist, und sie nahm aus freien Stücken den Ernst eines Eides und die Gefahr eines Bannes auf sich – sie wurde sogar auf die Gefahr des Bannes hingewiesen von Weisen Israels, darunter Rabbi Mattathias und Rabbi Baruch, die Pfeiler der Welt, und auch der alte und berühmte Rabbi Abraham und Rabbi Josef der Fromme von Aschkenas ... Wie schwer schadete sie ihrer Seele mit einer solchen Sünde, indem sie gegen das Gesetz Moses' und den Bann der Rabbinen und ihren eigenen Eid verstieß! ... Und daß sich alle Weiber dadurch warnen lassen. So etwas darf in Israel nicht geschehen ... Sie war böse gegen den Himmel und böse gegen ihre Mitgeschöpfe, insofern sie sich von den Ordnungen der Gemeinschaft absonderte ... Sie hätte ein solches Urteil sogar auch dann verdient, wenn sie nicht geschworen oder einen Eid abgelegt hätte, denn wenn die Weisen das Erbrecht des Ehemanns festgelegt und bekräftigt haben, ist es unsere Pflicht, diese Praxis nach Kräften zu sichern, und daß sich alle Weiber dadurch warnen lassen. Und möge die Versagung der Trauer für sie sühnen ... Gezeichnet, Elieser der Gesetzgeber.«

Dies ist also nicht Mordechais eigene Entscheidung. Doch wer in aller Welt war Elieser der Gesetzgeber? Vielleicht war es Elieser von Toques, Meirs hochgeachteter Zeitgenosse in Frankreich, der mit ihm bei Isaak von Wien studierte. Wenn ich wenigstens Rabbi Mattathias und Rabbi Baruch oder den »alten und berühmten« Rabbi Abraham identifizieren könnte. – Das Büro meldet sich. Ich werde gebraucht. Elieser, wer immer er war, muß mich entschuldigen.

»Und daß sich alle Weiber dadurch warnen lassen.« Dies ist ein Zitat aus Hesekiel. Wieso war es nötig, es zweimal zu verwenden? Ließen sich nicht auch Männer die Missetaten zuschulden kommen, die einen von den Trauerriten ausschlossen?

Das in Mordechais Text vorkommende Respons enthält eine wichtige Abhandlung von Meir von Rothenburg über die Definition des Abweichlers, desjenigen, »der sich von den Wegen der Gemeinschaft absondert«, und die möchte ich gern kennen. Im Talmud heißt es, daß »jeder, der zugegen ist, wenn jemand stirbt, sein Gewand zerreißen muß«. Meir von Rothenburg schlägt unter Berufung auf Rabbi Moses und Rabbi Nachman, unter Berufung auf Rabbi Jona (Pedanterie ist mein Erbteil!) eine Einschränkung vor. »Dies ist der Fall, wenn der Tote kein böses Individuum ist. Stirbt dagegen ein böses und verdächtiges Individuum, so soll man nicht zerreißen. Man soll vielmehr frohlocken.« Ein paar Zeilen weiter ist festgehalten, daß Meir sich gegen Jonas recht allgemeine Charakterisierung des »bösen Individuums« wandte. Meir »fügte hinzu, daß ein böses Individuum jemand ist, der eine Sünde in frevlerischer Absicht begeht und bezeichnet wird als ›einer, der sich von den Wegen der Gemeinschaft absondert‹, zum Beispiel ein Götzenanbeter oder einer, der ungeschlachtetes Fleisch ißt in der Absicht, zu freveln«. Der Abweichler ist also nicht der gewöhnliche Sünder. Der- oder diejenige, der (oder die) sich von den Wegen der Gemeinschaft absondert, ist ein Rebell, seiner Gesinnung oder Absicht nach. Und für einen solchen Teufel gibt es keine Trauer. Mit dem gewöhnlichen Missetäter hat Meir dagegen Mitleid. »Begeht ein Mann aber gelegentlich eine Sünde aus Begierde oder versäumt er gelegentlich, ein Gebot zu erfüllen, weil es zu anstrengend ist, so soll man seine Gewänder für ihn zerreißen, weil er nicht in frevlerischer Absicht handelte. In diesem Sinne haben wir gedeutet, daß David um Absalom trauerte, weil Absaloms Absicht war, zu herrschen, nicht zu freveln.« (Darum auch wird die Frau, die ihren Eid brach und ihr Testament änderte, nach ihrem Tod als böses Individuum behandelt, denn »diese Frau tat dies nicht nur um des Vorteils willen [wie Absalom], denn sie lag im Sterben«.) Meir macht einen Unterschied zwischen Sünden, die Grundsatzerklärungen sind, und Sünden, die keine Grundsatzerklärungen sind. Der Hedonist, der Bummelant, der Gewinnsüchtige – sie sind nicht böse, sie sind schwach, und sie sollen human behandelt werden. Der Rebell, der Gotteslästerer dagegen – sie sind nicht schwach, sie sind böse. Das Ziel ihrer Sünde ist Subversion.

»Rabbi Jona« ist vermutlich Jona ben Abraham Gerondi, der Jurist und Moralist aus dem Katalonien des dreizehnten Jahrhunderts. Er studierte in Frankreich und war mit den Bräuchen der französischen Gemeinschaft vertraut. Doch wer sind Rabbi Moses und Rabbi Nachman? Ich schaue mir Meirs Abhandlung über die Trauer an und sehe sofort, daß sie Mordechai als Quelle diente. Meir schreibt: »Ich hörte [dies] von Rabbi Moses dem Sohn von Rabbi Meir, der es von dem heiligen Rabbi Jona von der Provence hörte.« Kein Wort von Rabbi Nachman. Ich finde einen Anhaltspunkt im unmittelbar voraufgehenden Abschnitt, wo Meir von »Rabbi Meir von England (spricht), der in seinem Kompendium über die Trauer schrieb ...« Ich konsultiere ein paar Bücher und gelange zu einer Hypothese. »Rabbi Moses der Sohn von Rabbi Meir« wird erwähnt in einer englischen Sammlung mittelalterlicher Kommentare zum Talmud, und aller Wahrscheinlichkeit nach war er der Sohn des englischen Glossators, der als Rabbi Meir von England oder auch als Rabbi Meir von London bekannt war und bei dem großen Rabbi Samson von Sens studierte. Bei einem Gelehrten heißt es, daß »Meir bis vor kurzem nur als Verfasser eines Kompendiums der Gesetze der Trauer bekannt war ... Er könnte diese Entscheidungen verfaßt haben, als er noch in Frankreich war, und alles, was in seinem Namen in den Werken der Weisen von Aschkenas zitiert wird, stammt aus diesem Werk, und man zitiert auch sein eigenes Verhalten, als er selbst ein Trauernder war.« Sein Sohn Moses war dann ein älterer Zeitgenosse von Meir von Rothenburg, dessen Beitrag zu diesem Genre ich gerade studiere. Es paßt alles zusammen, es paßt alles zusammen.

Mordechai fährt fort: »Rabbi Meir unterschied sorgfältig den gelegentlichen Sünder aus Begierde, weil ein Sünder, der gewohnheitsmäßig sündigt, zur Kategorie dessen gehört, ›der sich von den Wegen der Gemeinschaft absondert‹.« Meir mißt die Schwere der Sünde zweifach, an der Häufigkeit und am Motiv. Sündigt man nicht ständig, und sündigt man nicht in einem Geiste des Verrats, so hat man nicht die Gemeinschaft verraten. Doch was ist mit demjenigen, der nicht absichtlich frevelt, aber dauernd sündigt? In einem solchen Fall hält Mordechai die Unterscheidung zwischen Motiv und Häufigkeit, zwischen demjenigen, der das Gesetz ablehnt, und demjenigen, der nie das Gesetz einhält, zwischen demjenigen, der Böses tut, und demjenigen, der nicht Gutes tut, für bedeutungslos. Daß jemand nicht an Rebellion denkt, spielt keine Rolle. Objektiv hat er rebelliert. Ein Rebell ohne diabolische Gedanken bleibt dennoch ein Rebell. Daß es ihm an Großartigkeit mangelt, ändert nichts an seiner Verworfenheit.

Die Wahrheit wird nicht verletzt durch Falschheit. Sie wird verletzt durch Lässigkeit.

◇

Mordechai macht sich an einen der wichtigsten eschatologischen Mythen im Talmud. »Die Sünder, die mit ihrem Leib unter den Juden sündigen, und die Sünder, die mit ihrem Leib unter den Nationen der Welt sündigen, fahren [nach dem Tod] in die Gehenna und werden dort zwölf Monate lang bestraft. Nach zwölf Monaten werden ihre Leiber zerstört, und ihre Seelen werden vom Feuer verschlungen, und der Wind zerstreut ihren Staub unter die Füße der Gerechten.« Dies ist das Schicksal der gewöhnlichen Sünder: Bestrafung und Freilassung. Das Schicksal der außergewöhnlichen Sünder ist dagegen Bestrafung und keine Freilassung, eine Ewigkeit in der Hölle. Und wer sind die unrettbar Verdammten? »Verleumder und Verräter und Sektierer und Abtrünnige und Epikureer und diejenigen, die die Tora und die Wiederauferstehung der Toten leugnen, und diejenigen, die sich von den Wegen der Gemeinschaft abgesondert haben.« Dies sind folglich die Schurken, denen nicht die Trauerriten gebühren. Mordechai verweist auf eine Unklarheit der Texte: Raschi war der Ansicht, daß der Abweichler, also »derjenige, der sich von den Wegen der Gemeinschaft absondert«, nicht als eine eigene Kategorie auf die Liste der Verdammten gehört, daß dies im Grunde eine Charakterisierung aller anderen Kategorien ist, eine allgemeine Beschreibung des Verrats, und er berichtet, daß er eine Version des Textes gesehen habe, in der sie nicht vorkommt; Mordechai zögert jedoch, Raschis Verbesserung zu übernehmen. »Ich habe alle Bücher durchgesehen«, schreibt er, und das Individuum, das sich von den Wegen der Gemeinschaft absondert, kommt in allen Versionen der Liste vor, die er gesehen hat, »und es erscheint willkürlich, etwas zu tilgen, was in all den Büchern ist«. Jedenfalls, so sein ungeduldiger Schluß, »ist die richtige Erklärung die, die ich gegeben habe: einer, der sich von den Wegen der Gemeinschaft absondert, ist einer, der sich von den Gesetzen Israels absondert. Das ist die korrekte Interpretation.«

»Die Wege der Gemeinschaft«, »die Wege Israels« – sie sind identisch. Jüdische Gemeinschaften sind niemals lediglich lokale Gemeinschaften. Sie sind Verkörperungen eines Volkes.

In der Welt des Mittelalters waren diabolische Revolutionäre unter den Juden ebenso selten wie Menschen, denen das Gesetz vollkommen gleichgültig war. So wie Mordechai die Ausnahmen von den Wohltaten der jüdischen Trauer versteht, wären nicht viele davon ausgeschlossen worden. Ich zucke jedoch zusammen, wenn ich diese Maßstäbe an die Juden der Neuzeit anlege, genauer gesagt, mir wird klar, warum sie nicht an sie angelegt werden können. Das Judentum ist auf die Juden ebenso angewiesen wie die Juden auf das Judentum.

Die Macht der Juden über das Judentum ist ebenso gewaltig wie die Macht des Judentums über die Juden. Doch die Juden haben von ihrer Macht über das Judentum keinen weisen Gebrauch gemacht.

»Die Sünder, die mit ihrem Leib sündigen.« Was ist das für eine Übertretung? Ein ausschweifendes Leben? Nein, nichts derart Gräßliches. Der Talmud erklärt unter Berufung auf Rawa, dies beziehe sich auf »den Schädel, der nicht die Gebetsriemen trägt«. Ausgerechnet dafür, Teufel, Teufel! Tausend Jahre nach Rawa wurde dieser rabbinische Terror verstärkt von Jakob Tam, dem Enkel von Raschi: »Dies gilt nur, wenn er das Gebot verachtet und sich straubt, die um seinen Kopf geschlungenen Gebetsriemen zu tragen. Wenn er jedoch Bedenken hat, seine Gebetsriemen zu tragen, weil er fürchtet, sein Leib sei nicht so vollkommen rein wie Elisa, der Mann mit den Flügeln, und sich ständig sorgt, er werde seinen Leib nicht in einem Zustand der Reinheit und Heiligkeit halten können, wird er gewiß nicht so bestraft wie die jüdischen Sünder, die mit ihrem Leib sündigen.« Großartig! Da gibt es den, der sich für zu gut für seine Gebetsriemen erachtet, und da gibt es den, der sich für nicht gut genug für seine Gebetsriemen erachtet – und dann gibt es da noch uns, die wir nicht in Reinheit wachen, uns aber dennoch in diese grimmigen schwarzen Riemen binden, damit wir uns erlauben können, uns zumindest so lange, wie wir gebunden sind, für gut zu halten.

Mein Schädel ist gebunden, wie mein Denken.

Elisa, der Mann mit den Flügeln? Er war ein frommer Mann, der im zweiten Jahrhundert einer römischen Anordnung trotzte, der zufolge jeder, der seine Gebetsriemen trug, auf der Stelle durch einen Stich in den Kopf hingerichtet werden sollte. Ein römischer Offizier erblickte Elisa auf dem Marktplatz mit seinen Gebetsriemen und setzte ihm nach. Als er ihn erwischte, hatte Elisa seine Gebetsriemen schon in seiner Hand verborgen. »Was hast du in deiner Hand?« fragte der Römer. »Die Flügel einer Taube«, erwiderte Elisa. Die talmudische Legende schließt mit dem Satz: »Er öffnete seine Hand, und da waren die Flügel einer Taube.«

Aha. Und was ist die Sünde »der Sünder, die mit ihrem Leib sündigen unter den Nationen der Welt«, die keine Gebetsriemen tragen? Rawa beschreibt es mit einem Wort: »Sex.«

Am Fuß der Seite, auf der Mordechais Kommentar erscheint, befindet sich eine Glosse in so kleinen Buchstaben, daß ich sie kaum zu entziffern vermag. Diese Glosse gibt eine andere Definition des Abweichlers, dem die Trauerriten versagt werden dürfen. Sie berichtet, daß Nissim ben Ruben Gerondi, der große Talmudist, der im vierzehnten Jahrhundert in Barcelona lebte, entschied, daß »dies Individuen sind, die sich nicht mit der Gemeinschaft in die Last der Steuern und Abgaben teilen und die nicht am Leid der Gemeinschaft teilnehmen«. Unter »Steuern« versteht Nissim Zahlungen, die von den Mitgliedern an die Gemeinschaft geleistet wurden, unter »Abgaben« Zahlungen, die von der Gemeinschaft an die Obrigkeit geleistet wurden, die die Juden duldete. Der Unterschied zwischen den Definitionen ist interessant. Im aschkenasischen Kulturkreis wird die theologische Abweichung mit posthumer Strafe belegt. Im sephardischen Kulturkreis wird die politische Abweichung mit posthumer Strafe belegt. Der erstere sorgt sich um philosophischen Verrat, der letztere um sozialen Verrat. War bei den Juden von Aschkenas demnach die politische Unsicherheit geringer und die theologische Unsicherheit größer? Mitnichten. Dies ist nur ein weiterer Beweis für die großartige Geringschätzung ihres Schicksals, mit der die Juden ihre Religion entwickelten. Man kann die jüdische Geschichte nicht gründlicher mißverstehen, als wenn man sie auf das jüdische Leid reduziert.

◇

Hier Maimonides' Charakterisierung »derer, die sich von den Wegen der Gemeinschaft abgesondert haben«, in seiner Kodifikation der Gesetze der Trauer: »Das sind solche, die das Joch der Gebote von sich abgeworfen haben und nicht länger zur Gesamtheit Israels gehören bezüglich der Einhaltung der Gebote und der Beachtung der Feiertage und des Besuchs der Häuser des Gebets und der Häuser des Studiums, so als wären sie frei für sich selbst.« Dies sind die Abweichler, für die es keine Trauer gibt. Auffallend ist der letzte Satz: »so als wären sie frei für sich selbst«. Maimonides verurteilt nicht die Freiheit. Was er verurteilt, ist der Gebrauch, der manchmal von ihr gemacht wird. Er will damit sagen, daß wir nicht frei für uns selbst sein sollen, sondern für unsere Pflichten und für unseren Gott. Damit ist die Freiheit des Rebellen eine minderwertige Freiheit, genaugenommen eine Form von Zwang. Damit kann ich mich nicht ganz anfreunden, da ich das dankbare Kind zahlreicher Rebellionen bin. Aber wer würde bestreiten, daß der Rebell in gewisser Hinsicht ein unfreier Mensch ist, beherrscht von Wutanfällen und Bestrebungen, über die er keine Gewalt hat?

Und hier Maimonides' Charakterisierung »derer, die sich von den Wegen der Gemeinschaft abgesondert haben«, in seiner Kodifikation der Gesetze der Reue: »Wer sich von den Wegen der Gemeinschaft absondert, auch wenn er gegen keines der Gebote verstoßen hat, sondern sich lediglich von der Gemeinde Israels fernhält – wer nicht zusammen mit ihnen die Gebote erfüllt und nicht in ihren Nöten mit ihnen ist und nicht mit ihnen fastet an ihren Fastentagen, sondern seinen eigenen Weg geht, so als wäre er einer der Nichtjuden [Gojim] der Erde und nicht einer von ihnen –, der hat keinen Anteil an der künftigen Welt.« In dieser Passage ist Maimonides strenger. Und der abgefallene Jude, der hier beschrieben wird, ist eine seltsam vertraute Gestalt. Er ist kein Rebell, kein Häretiker, kein Verräter. Er ist einer, der sich fortstehlen möchte, der nie verlangt hat, ein Jude zu sein, der vom Rest der Welt gefesselt ist. Er wünscht nicht, gegen die Gebote zu verstoßen. Er wünscht lediglich, sie nicht zu erfüllen.

Im Dupont Circle glitten Fensterputzer an Seilen auf und ab oder baumelten in der Luft. Steigen oder fallen oder in prekärer Lage hängen. Eschatologie!

Isaak von Wien schreibt über »einen Mann, von dem bekannt ist, daß er ein Sünder ist«. Er sagt: »Nicht nur besteht unzweifelhaft keine Verpflichtung, ihm ein ordentliches Begräbnis zu verschaffen, sondern es besteht vielmehr ein Verbot, ihm ein ordentliches Begräbnis zu verschaffen.« Isaak zitiert eine Geschichte aus dem Jerusalemer Talmud. »Es war ein Metzger in Sepphoris, der den Juden Fleisch lieferte, das entweder nicht [dem Ritual entsprechend] geschlachtet oder auf ungeeignete Weise geschlachtet war. Es traf sich, daß er am Vorabend des Sabbats Wein trank und auf sein Dach hinaufging und herunterfiel und starb. Die Hunde leckten sein Blut auf. Die Leute kamen zu Rabbi Hanina und fragten, ob die Leiche mit den vorgeschriebenen Riten bestattet werden sollte. Er erwiderte: ›Es steht geschrieben: »Und Fleisch, das auf dem Felde von Tieren zerrissen worden ist, sollt ihr nicht essen; ihr sollt es den Hunden vorwerfen« – und dieser Mann entwendete [das unreine Fleisch] den Hunden und gab es Israel zu essen! Laßt die Hunde in Ruhe, denn sie fressen, was ihnen zusteht.‹« Widerlich. Und dann zitiert Isaak das Urteil aus dem Jerusalemer Talmud, wonach »derjenige, der sich von den Wegen der Gemeinschaft absondert – bei seinem Tod wird nichts für ihn getan«. Er kommt zu dem Schluß: »Daher weiß ich, Isaak der Verfasser, im Grunde meines Herzens, daß es verboten ist, am Begräbnis eines Mannes teilzunehmen, von dem bekannt ist, daß er böse war und nicht bereut hat. Bei einem ordentlichen Mann, von dem bekannt ist, daß er nicht böse, ist es dagegen Pflicht, an seinem Begräbnis teilzunehmen.« Nach Isaaks Auslegung ist derjenige, der sich von den Wegen der Gemeinschaft absondert, derjenige, von dem »bekannt« ist, daß er sich von den Wegen der Gemeinschaft absondert. Die Verweigerung der Trauerriten ist ein Ausdruck sozialer Schmähung. – Gut, aber die Gemeinschaft sollte sich ihrer Sache sicher sein. Der Metzger von Sepphoris mag es ja verdient haben, aber die öffentliche Meinung ist unzuverlässig, und die Toten können sich nicht verteidigen.

In der Schul in Manhattan an einem frostigen Morgen. Ich bin vorzeitig da. Geduldig warte ich in meinen Gebetsriemen und meinem Gebetsmantel in Gesellschaft dreier alter Männer. Plötzlich hebt das Seufzen an, erst aus einer Ecke, dann aus einer anderen, individuell und dann im Wechsel, bis ich mich inmitten einer Symphonie von Seufzern befinde, von artikulierten und unartikulierten Wehklagen. »Oj.« »Oj wej.« »Oj.« »Gewalt, Gewalt.« »Oj wej.« »Oj oj oj.« »Wej wej wej.« »Oj Gewalt.« »Oj oj oj.« Und dann »Gotinju«, der Deminutiv von Gott. »Gotinju, Gotinju.« Ich beginne, die Art der Wiedergabe musikalisch zu klassifizieren. Der rüstige weißhaarige Mann – *molto sostenuto*. Der dickbäuchige Mann mit der krächzenden Stimme – *adagio lamentoso*. Der kleine Mann mit den sanften Augen im abgerissenen Mantel – *andante tranquillo*. Die Klagen sind echt, aber sie sind verallgemeinert. Sie scheinen sich auf keinen bestimmten Kummer zu beziehen. Das ist Klagepraxis. Ich bin versucht, mich in den Wettbewerb zu stürzen, mit meinem eigenen Seufzer anzugeben. Ich hatte einen guten Lehrer: mein Vater war ein Meisterseufzerer. Aber ich halte den Mund. Für mich haben die Seufzer dieses Jahres nichts Allgemeines.

Nach den Gebeten hält der Rabbiner einen kurzen Talmudunterricht. Da ich es nicht eilig habe, nehme ich teil. »Rabbi Juda sagte: Drei Arten von Leuten brauchen Schutz, und das sind die Kranken, der Bräutigam und die Braut. Und es wird gelehrt: die Kranken, die Frau, die entbunden hat, der Bräutigam und die Braut. Und manche sagen: auch der Trauernde.« Warum der Trauernde? Ich weiß warum: er ist derjenige ohne Haut. Doch Raschi nennt einen Grund, der düsterer, unheilvoller ist: »Er ist unter ein schlechtes Zeichen geraten, und deshalb verhöhnt ihn der Dämon.« In dieser Beziehung, sagt Raschi, ist der Trauernde wie der Kranke. Der Dämon des Trauernden – ich finde den Aberglauben hilfreich. Der Rabbiner fährt derweil mit Lesen und Erläutern fort. Er kommt zu dem folgenden: »Rabbi Jochanan sagte: Wer sein Gebet in die Länge zieht und genau studiert, wird am Ende tief betrübt sein.« Wir werden auf Raschi verwiesen, der diesem Bittsteller die sichere Enttäuschung vorhersagt: »Das ist der, der sich insgeheim sagt, daß seine Bitte erfüllt werden wird, weil er mit der richtigen Intention gebetet hat.« Sein Eifer beim Beten erfüllt ihn mit einer prahlerischen Selbstsicherheit. Raschi hat recht: Frömmigkeit erzeugt ihre eigenen Formen von Eitelkeit. Dennoch widerspricht Raschis Deutung der wörtlichen Bedeutung der Passage. Eigentlich geht es Rabbi Jochanan darum, daß das Gebet einer allzu genauen Untersuchung, einer allzu hochgespannten Erwartung nicht standhalten wird. Sein Thema ist offenkundig die Wirksamkeit des Gebets. Er meint, daß sich durch ein wenig Abstand viel Verzweiflung vermeiden läßt. Ich stimme mit ihm überein.

◇

In einer jüdischen Buchhandlung auf dem Broadway ist »der achte Band« erschienen. Das ist der seit langem erwartete achte Band der Response von Rabbi Moses Feinstein. Als ich klein war, hörte ich keinen Namen, der mit größerer Ehrfurcht ausgesprochen worden wäre. Ich erinnere mich an eine Hochzeit in unserer Familie, bei der er die Trauung vornahm. Die Wasser teilten sich, wenn er in den Raum trat. Und ich erinnere mich, daß ich gelegentlich einen Blick auf ihn erhaschte, einen kleinen gekrümmten Mann mit einem schütteren weißen Bart in einem übergroßen Mantel, auf einer kleinen Straße in der Lower East Side, der Rivington Street, glaube ich. Er war der größte jüdische Jurist seiner Zeit. (Er starb 1986 mit einundneunzig Jahren.) Seine Response sind Legende. Sie sind viel zu hoch für mich, aber dennoch erwarb ich sie vor einigen Jahren für meine Bibliothek. Ich brauche nur ein paar Seiten von Feinstein zu lesen, um ein erregendes Gefühl der Kontinuität zu bekommen, das mir keine andere Quelle vermittelt. In seinen Schriften ist die Traditionslinie wirklich ungebrochen. Diese von Gelehrsamkeit zeugenden Entscheidungen dokumentieren Jahrzehnte, während derer gläubige Juden erst in Rußland und dann in Amerika sich mit ihren Problemen an diesen weltklugen und mitfühlenden und unermüdlichen Rabbiner wandten und er sie löste. Sie sind, wie alle Response, Dokumente ihrer Zeit, und doch ist die Zeit ausgelöscht, wenn ich Feinsteins Entscheidungen lese: Das Melodrama der Moderne ist unauffindbar, und man bekommt einen flüchtigen Eindruck von einem lebendigen und funktionierenden Judentum, wie es ununterbrochen gelebt und funktioniert hat. (Nostalgie kann ein Zeichen historischen Verstehens sein.) Ich lese Feinstein und denke: Ob ich untergehe oder nicht, alles geht nicht unter. So greife ich in der Buchhandlung nach dem Band, um einen Blick hineinzuwerfen, und entdecke ein langes Respons in einundzwanzig Teilen über die Trauer und das Kaddisch des Trauernden. Und einer der Abschnitte dieses Respons beantwortet die Frage, »ob man ein Jahr lang Kaddisch für einen Vater sagen soll, der den Sabbat entweiht hat, und ob man überhaupt Kaddisch für einen Vater sagen soll, der ein Häretiker war«. Der Engel der Bibliographie lenkt meine Wege! Ungeduldig erwerbe ich das Buch. Ich kann es gar nicht erwarten, im Teehaus sein Rückgrat zu brechen.

Wieder in Washington. Ich habe noch spät im Büro zu tun und rufe meine Schwester an. Sie bringt gerade die Kinder ins Bett, und sie möchte, daß ich höre, was ihr Kleiner in der Schule gelernt hat. Sie reicht ihm den Hörer, und ich höre eine winzige, eifrige Stimme Silbe für Silbe das Gebet vor dem Schlafengehen rezitieren. Das sind die ersten hebräischen Worte meines Neffen. »Was denkst du?« fragt meine Schwester. »Ich denke, daß Hitler verloren hat«, antworte ich.

Im Teehaus mit Feinstein. »Gewiß«, schreibt er, »ist es wünschenswert, daß die ganzen zwölf Monate lang Kaddisch gesagt wird«, doch die Autoritäten haben die Pflicht weise auf elf Monate beschränkt, damit dem eigenen Vater oder der eigenen Mutter nicht Gottlosigkeit unterstellt wird. (Die Gottlosen werden, wie man sich erinnern wird, zwölf Monate lang in der Hölle bestraft.) »Dies bezieht sich jedoch eindeutig auf normale Menschen, von denen bekannt ist, daß sie die Gebote befolgen«, fährt er fort. »Wenn der Sohn weiß, daß sie nicht die Gebote befolgt haben, daß sie den Sabbat entweiht haben – und sei es nur, um ihren Lebensunterhalt zu erwerben, und zu keinem anderen Zweck –, soll er die vollen zwölf Monate lang Kaddisch sagen. Und um so mehr soll er die vollen zwölf Monate lang Kaddisch sagen, wenn sie den Sabbat aus anderen Gründen entweiht haben, und sei es auch nur aus Begierde.« Nach dem strengen Maßstab Feinsteins sollten viele Trauernde, ich eingeschlossen, ein Jahr durchhalten. Ich möchte meinem Vater nicht Gottlosigkeit unterstellen, aber ich verstehe Feinsteins Auffassung.

Es gibt jedoch Sünder, denen selbst ein ganzes Jahr Kaddisch nichts helfen wird. »Bei einem, der den Sabbat aus Prinzip entweiht hat, einem Häretiker, für den Trauer nicht vorgeschrieben ist, ist es unangebracht, vom Sohn zu verlangen, daß er für ihn Kaddisch sagt, wenn er eines natürlichen Todes gestorben ist.« (Wenn er jedoch getötet wurde, wird Kaddisch gesagt.) In dieser Entscheidung hat die Philosophie Vorrang vor der Vaterschaft. Doch einen Moment, ganz so hart ist Feinstein nicht. Anschließend heißt es: »Wünscht der Sohn jedoch, für seinen Vater Kaddisch zu sagen, so ist es zulässig, denn ein Sohn, der rechtschaffen ist, kann selbst einem Vater, der absolut böse ist, Gutes tun.« Feinstein führt den Talmudtext an, den ich vor einigen Monaten studiert habe, dem zufolge die bösen Könige Ahas und Amon durch die rechtschaffenen Könige Hiskia und Josia vor dem Verderben gerettet wurden. »Nun ist es zwar unschicklich, sich mit ihnen zu vergleichen, aber es ist dennoch offenkundig, daß, da wir gelehrt wurden, daß die Frömmigkeit von Söhnen selbst Vätern zugute kommt, die abtrünnig waren und gegen das Verbot des Götzendienstes und all die anderen Verbote verstoßen haben, die guten Taten von Söhnen, die Gott fürchten und die Gebote halten, auch in unserer Zeit Nutzen bringen, wenn sie Kaddisch sagen. Und natürlich sollte der Sohn wünschen, seinen Vater aus der Gehenna zu holen, damit er an der künftigen Welt Anteil haben möge, auch wenn die Situation nur im Laufe der Zeit gebessert werden kann.« In Feinsteins Entscheidung übertrumpft die Moral also die Biologie und weicht dann der Liebe.

All diese kasuistischen Tricks, all diese Produkte der eschatologischen Phantasie sind bloß Hilfsmittel der Liebe.

Im Teehaus unterbreche ich das Studium. Ich starre über die Straße, wo hinter einem Fenster im ersten Stock auf einem Holztisch eine Lampe brennt. Mein Kopf leert sich. Übrig bleibt ein Empfinden des

Wesentlichen. Wie entscheidend ist diese jüdische Sprache, in der ich lebe! In diesem Moment begreife ich das klarer, als ich es je begriffen habe. In dieser Sprache wurde ich geboren, in dieser Sprache werde ich sterben. In mir wurde diese Sprache nicht geboren, in mir wird diese Sprache nicht sterben. Ich bin ein Gefäß. Ich bin *dieses* Gefäß. Ich bin dieses Gefäß für *dies*. Ich gerate in Verzückung vor meinen Tatsachen. Für eine Weile werde ich die Macht meiner Tatsachen über mich nicht in Frage stellen.

◇

Mich beschäftigt Feinsteins Bemerkung, daß man für einen Häretiker, der eines natürlichen Todes gestorben ist, nicht Kaddisch sagen muß. Er verweist mich auf Moses Isserles, den Meister des Rechts, der im sechzehnten Jahrhundert in Polen lebte. Am Ende seiner Erörterung des Kaddisch erklärt Isserles, daß »manche der Ansicht sind, für einen Häretiker, der von Götzenanbetern getötet wurde, müßten die Söhne Kaddisch sagen«. Warum? Die Götzenanbeter haben doch nur einen anderen Götzenanbeter getötet. Der Zweck dieser Entscheidung ist jedoch, klarzustellen, daß genau dies nicht der Fall ist. Die Götzenanbeter töteten den Häretiker, weil er einmal (oder, ihrer Meinung nach, noch immer) ein Jude war. Ein Häretiker kann gleichwohl den Märtyrertod sterben. Als Häretiker braucht er nicht betrauert zu werden. Als Märtyrer darf er betrauert werden. Seine Kinder müssen sich über seine Häresie hinwegsetzen, um zu seinem Martyrium zu gelangen, und sie müssen es ehren. Der arme, schwierige Mann mag als Christ gelebt haben, doch gestorben ist er als Jude. Die Welt blieb ungerührt von seinem Glaubenswechsel. Es ist eine der Lehren aus der jüdischen Geschichte, daß die jüdische Schicksalsgemeinschaft größer ist als die jüdische Glaubensgemeinschaft. Und deshalb muß Kaddisch auch für den Rebellen rezitiert werden, der in seiner Rebellion besiegt wurde.

Wie Feinstein sie darstellt, ist die Trauer eine Mobilisierung. Das Schicksal deiner Eltern steht auf Messers Schneide. Leg los und tu, was in deiner Macht steht. »Jeder Trauernde soll an jedem Tag alles, was ihm nur möglich ist, für das Wohl seiner Eltern tun, und es darf kein Tag vergehen, an dem er nicht etwas für das Wohl seines Vaters und seiner Mutter tut. Und auch wenn er Kaddisch sagt, ist es das

Beste, wenn er jeden Tag noch mehr tut, was immer ihm möglich ist.« Aus diesem Grund sollte der Gottesdienst in mehreren Abschnitten gehalten werden, damit viele Trauernde die Gelegenheit haben, ihn zu leiten. Daß Feinstein das Kaddisch als eine geistige Handlung in einem geistigen Notstand betrachtet, wird auch dort deutlich, wo er von jenen spricht, die Kaddisch für Leute sagen, die nicht ihre Eltern waren. »Wenn man Kaddisch aus Freundschaft zu dem Toten sagt, sollte zwölf Monate lang Kaddisch gesagt werden.« Ein Kind darf seinem toten Vater oder seiner toten Mutter nicht Gottlosigkeit unterstellen, und deshalb darf es nicht länger als elf Monate lang Kaddisch sagen, doch ein Freund unterliegt nicht einer solchen Einschränkung. Ein Freund darf sich erlauben, das Schlimmste zu denken.

Nach dem Abendgebet bringe ich einen aus unserer Runde mit dem Wagen nach Hause. Er wohnt in der Nähe, ein paar Häuserblocks vom Watergate entfernt, und ich fahre ihn seit Monaten heim. Heute abend hatte er beim Einsteigen eine Frage. »Wieso findest du immer einen so guten Parkplatz?« Und er hatte eine Antwort: »Vielleicht tust du gute Taten, von denen niemand etwas weiß.« Ach, ich verstehe. Die guten Taten, von denen andere wissen, reichen als Erklärung für mein Glück bei der Parkplatzsuche nicht aus. Das war ein heftiger Tadel!

Zurück zu Feinstein. »Bei einem, der Kaddisch sagt, weil er vom Sohn dafür engagiert wurde, aus dem Grunde, daß der Sohn an manchen Tagen verhindert sein wird, Kaddisch zu sagen, hängt die Dauer seiner Verpflichtung davon ab, mit welchen Worten der Sohn ihn engagierte. Wenn er ihn gebeten hat, Kaddisch an seiner Statt zu sagen, wird das Kaddisch nur elf Monate lang gesagt. Und wenn er ihm gesagt hat, daß er ihn engagiert, Kaddisch zu sagen, weil es seinem toten Vater nützt, dann muß zwölf Monate lang Kaddisch gesagt werden. Denn im letzteren Fall ist zwischen dem elften und dem zwölften Monat kein Unterschied, und er weiß, daß der zwölfte Monat dem Vater möglicherweise nicht soviel nützt wie der elfte, wenn der Vater ein böser Mensch war, doch er hat sich zum Nutzen des Vaters bereit erklärt, es zu sagen.« Mir gefällt diese Unterscheidung zwischen dem, was die Söhne, und dem, was die Väter müssen oder brauchen.

Die Söhne müssen die Väter ehren. Die Väter müssen von der Hölle errettet werden. Die Söhne dürfen, auch wenn es um die Errettung der Väter geht, die Konventionen der kindlichen Höflichkeit nicht überschreiten; doch sollten die Söhne sich keinen Täuschungen hingeben. Die Väter waren Sünder. Ich habe den Eindruck, daß Feinstein, der berühmte Realist, möchte, daß praktisch jeder zwölf Monate lang Kaddisch sagt. – Und Feinsteins Unterscheidung provoziert eine Frage. Wenn zwölf Monate Kaddisch dem Vater mehr nützen als elf Monate Kaddisch, warum dann nicht die Pflicht jemandem übertragen, der zwölf Monate lang Kaddisch sagen kann? Warum nicht das Gebet eines Fremden dem Gebet eines Sohnes vorziehen? Doch die Frage beantwortet sich von selbst. Denn was ist das Gebet eines Fremden, verglichen mit dem Gebet eines Sohnes? Kaddisch wurde nicht der ganzen Gemeinschaft für die ganze Gemeinschaft aufgetragen. Es wurde den Kindern für die Eltern usw. aufgetragen. Lohn und Strafe sind universal, doch wir können uns nicht gleichermaßen für jeden einsetzen. Die Abstufung unserer Pflichten muß die Abstufung unserer Gefühle berücksichtigen.

Feinstein wendet sich in seinem Respons dem Thema zu, daß der Sohn jemanden engagiert, während der gesamten Dauer seiner Trauer das Kaddisch für ihn zu sagen. Und er vergleicht einen solchen Sohn mit der metzenhaften Tochter eines Priesters! Genauer gesagt, leitet er die Folgen, die daraus erwachsen, daß der Sohn sich vor seiner Pflicht drückt, aus einer talmudischen Diskussion über die hurenhafte Tochter eines Priesters ab. Im 3. Buch Mose heißt es über eine solche Tochter, daß sie »ihren Vater entweiht«, und Rabbi Meir verbreitet sich über diese Aussage folgendermaßen: »Wurde er [der Vater] bisher als heilig betrachtet, so wird er nun als profan betrachtet. Wurde er bisher mit Respekt behandelt, so wird er nun mit Verachtung behandelt. Von ihm sagt man: ›Verflucht sei der, der sie gezeugt hat, verflucht sei der, der sie aufgezogen hat, verflucht sei der, dessen Lenden sie entsprungen ist.‹« Raw Aschi fügt hinzu, daß es Fälle gibt, in denen »ein Mann als Sohn eines gottlosen Mannes bezeichnet wird, obwohl er der Sohn eines rechtschaffenen Mannes ist«, und daß die lüsterne Tochter des Priesters einer dieser Fälle ist. Feinstein zufolge ist derjenige, der sich vor dem Kaddisch drückt, ebenfalls einer dieser Fälle. Die Weigerung des Sohnes, seine Pflicht auszuführen, bringt Schande über seinen Vater. Ein solcher Sohn ist nichts anderes als »ein gottloser Mann«. Und welcher Art ist der Vater, der diese Art von Sohn hervorbringt? Wie üblich, wird der Charakter des Toten aus dem Charakter des Lebenden abgeleitet: »Wir müssen ihn [den Vater] als einen gottlosen Mann betrachten.« »Und das ist zu seinem Vorteil«, fügt Feinstein etwas verblüffend hinzu, da das Kaddisch dann zwölf Monate lang für ihn gesagt werden darf – von dem Sohn, falls andere ihn wieder zur Vernunft bringen (natürlich andere, weil »seine Reue nicht dem Einfluß des Vaters zuzuschreiben ist«), oder von denen, die der Sohn engagiert hat. Feinstein war in diesem Punkt so streng, weil er gegen eine verbreitete Praxis ankämpfte. (Sie ist noch immer verbreitet.) Doch seine kritischen Bemerkungen über den faulen Sohn entspringen auch einer praktischen Überlegung. Eine Zeit der Buße ist nicht eine Zeit des Optimismus. Je mehr Kaddisch, desto besser.

Je mehr, desto besser: Feinstein schreibt auch, daß es im zwölften Monat, wenn das Kaddischsagen beendet ist, die Trauer aber noch nicht, »gut [für den Trauernden] ist, die Gebete zu leiten, weil es für den Vater zählt, daß der Sohn an der Spitze der Gemeinde steht, wie all die guten Taten, die der Sohn im Laufe seines Lebens tut«. Man hört nie auf zu zeigen, woher man kommt. (»Doch wenn das Jahr vorüber ist, ist es nicht angebracht, sich darum zu bemühen [zu Ehren seiner toten Eltern die Gebete zu leiten], denn da sind viele [im Gotteshaus], deren Eltern gestorben sind, und es würde zu Konflikten kommen.«)

An der Trauer ihrer Kinder sollst du sie erkennen. An ihrer Trauer, allerwenigstens.

Aus Feinsteins nicht gerade erbaulichen Entscheidungen entnehme ich, daß die Zeit der Trauer eine Zeit der Ernüchterung ist. Das Schicksal der Seele deines Vaters hängt von deiner Fähigkeit ab, unsentimental über ihn zu denken. Wenn du die Wahrheit über ihn nicht erkennen konntest, bevor er starb, mußt du die Wahrheit über ihn erkennen, nachdem er gestorben ist. – Im Inneren des Aberglaubens ein Verlangen nach Klarheit.

◇

Fröhliche Begräbnisse habe ich immer gehaßt: Wir sind hier, um ein Leben zu feiern usw. Nein, wir sind nicht hier, um irgend etwas zu feiern. Wir sind hier, um einen unvollkommenen Mann oder eine unvollkommene Frau zu begraben, um seine oder ihre Schwachheit zu betrachten und darum schwach zu sein.

Ein Motto: *Tristesse oblige*.

Als ich dem Rabbiner erzähle, ich hätte diesen Band von Feinsteins Entscheidungen studiert, fragt er mich, ob mir Feinsteins bemerkenswerter Kommentar zum Thema Frauen und Kaddisch untergekommen sei. Ich verneine, und er schlägt das Buch genau bei der Seite auf. 1982 erhielt Feinstein eine Anfrage nach solchen »Angelegenheiten, die eine Trennung von Männern und Frauen erfordern, und solchen, die sie nicht erfordern«. Im zweiten Abschnitt seines Respons behandelt er die Frage, ob im Bethaus eine Trennung gemacht werden muß, wenn nur eine oder zwei Frauen anwesend sind, und seine Erörterung enthält die folgende historische Bemerkung: »Schließlich war es in allen Generationen üblich, daß hin und wieder eine arme Frau ins Lehrhaus kam, um Almosen zu empfangen, oder es kam eine trauernde Frau, um das Kaddisch zu rezitieren.« Die Beiläufigkeit, mit der Feinstein das Kaddisch der Frau erwähnt, sagt mir, was ich wissen muß (und wissen möchte). So wie er die jüdische Praxis darstellt, ist das Kaddisch der Frau eine unstreitige Sache. Was das Kaddisch betrifft, sind Frauen getrennt, aber gleich. Mir ist klar, daß dies ein unvollkommener Egalitarismus ist, aber dennoch bin ich angenehm überrascht. Ich hatte erwartet, nur »getrennt« zu finden. Ich bin erfreut, auch »gleich« zu finden.

Wenn es am Freitag dämmert, unmittelbar vor den Gebeten, die den Sabat willkommen heißen, singen wir ein Lied, ein mystisches Gedicht voll von eifrigem Verlangen aus dem sechzehnten Jahrhundert. »Eile und liebe, die Zeit ist gekommen!« Das Singen dieses Liedes ist zum Ruhepunkt meiner Woche geworden. Und die reine Melodie, mit der das Lied ausklingt, ist etwas Wunderbares. Die jüdische Liturgie ist so voller Lehren und Erinnerungen und Argumente und Träume, sie bietet so viele Einzelheiten über die Vergangenheit und die Gegenwart und die Zukunft, ihre Möglichkeiten des Beschreibens und Vorschreibens sind so unerschöpflich, daß fast gar kein Raum bleibt, in dem die Seele einfach nur schwingen kann. Aber hier, in dieser Melodie, ist ein solcher Raum. Innerhalb der Tradition eine Zuflucht vor der Tradition.

Von meinem Buchhändler kam ein kleines Handbuch des sephardischen Brauchtums, speziell der Bräuche der alten Gemeinschaft in Jerusalem bezüglich Tod und Trauer. Verfaßt wurde es vor einigen Jahren von einem Rabbiner in Jerusalem, der enttäuscht war, daß es ein solches Handbuch nicht gab, als er selbst ein Trauernder war. Unter dem Stichwort »Kaddisch des Trauernden« entdecke ich einen erheblichen Unterschied zwischen dem sephardischen und dem aschkenasischen Brauch: »Kaddisch wird ein Jahr lang für den Vater oder die Mutter rezitiert. Es wird auch im zwölften Monat rezitiert, bis zur letzten Woche. Heute ist es Brauch, in der ersten Woche des zwölften Monats mit dem Kaddischsagen aufzuhören und dann von der zweiten Woche des zwölften Monats an wieder damit zu beginnen, bis das Jahr vollendet ist.« Auch so kann man seinen Eltern die Schmähung ihres Charakters ersparen, die zwölf Monate Kaddisch bedeuten würden: Das Kaddisch wird bei diesem sephardischen Brauch im Beginn des zwölften Monats unterbrochen, aber es wird erst beendet, wenn das Jahr herum ist. Nicht elf Monate, wie bei uns, sondern zwölf Monate abzüglich einer Woche. Die sephardische Übung, denke ich, entspricht mehr dem Geist dieses Dienstes als die aschkenasische. (Und die Vorschrift dieses Rabbiners ruft mir Feinsteins Interesse an einem vollen Jahr Kaddisch in Erinnerung.)

Ein unwirtlicher Wintermorgen. Es ist der Monat Tewet, ein Monat geringerer Fastentage, die allesamt Gedenktage an Katastrophen sind. Mein liebster Tag war immer der achte Tag des Monats, der zum Fastentag erklärt wurde, weil an diesem Tag im dritten Jahrhundert v. Chr. die älteste Übersetzung der Bibel ins Griechische vollendet wurde. (Dieser Fastentag ist viele Jahrhunderte lang nicht eingehalten worden, was sehr bedauerlich ist, weil die amerikanischen Juden es verdient hätten, sich wegen ihres Sprachverrats zu kasteien.) Heute ist der zehnte Tag des Monats, an dem Nebukadnezar mit der Belagerung Jerusalems begann. Die Schul beginnt früh, und mir fällt es zu, den Gottesdienst zu leiten. Mit den Bußübungen für diesen Tag bin ich nicht recht vertraut. Ich möchte nichts falsch machen oder schuld daran sein, daß andere etwas falsch machen, aber alles klappt, nicht zuletzt, weil das Klagegedicht, das im Mittelpunkt des Gottesdienstes steht, ein Werk meines alten Freundes Ephraim ben Isaak von Regensburg ist, des Dichters aus dem zwölften Jahrhundert, dessen starke Verse über den Zweiten Kreuzzug in der Dissertation, die ich nie geschrieben habe, einen bedeutenden Platz eingenommen hätten. »Meine Tage der Trauer sind dahingegangen, und mein Herz seufzt noch immer«, schreibt Ephraim. »Vergelte mir meine Tage der Trauer, bring mir meinen Lohn!« Während ich diese Worte sage, bemerke ich erleichtert, daß sie ihre ursprüngliche Bedeutung für mich mehr oder weniger behalten haben und ich nicht meinen Kummer in Ephraims Kummer hineinprojiziere. Es ist jetzt fast neun Monate her, und die Zeit korrigiert die Perspektive des Leids. Mein Leid ist nicht mehr das einzige Leid, das ich erkennen kann.

Während ich an einer Kreuzung halte, bemerke ich eine Frau im Wagen neben meinem. Ruhig starrt sie auf das rote Licht. Als es grün wird, vergräbt sie ihr Gesicht in den Händen und weint.

Der Nachmittagsgottesdienst am Fastentag. »Machen Sie's«, sagt der Rabbiner und fordert mich durch einen Wink auf, den Gottesdienst zu leiten, so wie er auch jeden der übrigen Trauernden im Raum hätte auffordern können. Und dann setzt er hinzu: »Heute sind wir alle Trauernde.« Mein Vater starb in New York im Jahre 1996, und der Tempel wurde in Jerusalem im Jahre 586 v. Chr. zerstört, doch wir sind alle in gleicher Weise beraubt. Dies ist eine der großen Paradoxien der jüdischen Existenz. Das Geschichtsbewußtsein wird so stark, daß es das Zeitbewußtsein aufhebt.

◇

Am Sabbat lasen wir in der Schul die Geschichte von Joseph und seinen Brüdern. Ich geriet in eine selige Selbstversunkenheit. Ringsum ertönten fromme Worte und Geplauder, doch diese Geräusche wirkten wie ein Schutzschild meiner Einsamkeit, während ich immer tiefer einsank in die Kommentatoren, bis ich die Stimmen, die sich aus dem Raum erhoben, nicht mehr wahrnahm und nur noch die Stimmen hörte, die aus dem Buch aufstiegen. Während der Toraleser weiter eilte, blieb ich zurück, blieb an einer bestimmten Wendung hängen. Als Jakob erfährt, daß Joseph noch lebt, da »lebte Jakobs Geist auf«, wie es in dem Vers heißt. Mein Buch verwies mich auf einen alten Kommentar zu *Awot*, wo es heißt, daß Jakobs Geist auflebte, weil »der heilige Geist, der ihn verlassen hatte, in diesem Moment zu ihm zurückkehrte«, und dann werde ich verwiesen auf Maimonides' »Acht Kapitel«, in denen Maimonides schreibt, eines der Hindernisse der Prophetie sei Traurigkeit. Mit anderen Worten: Solange Jakob trauerte, war er ohne Inspiration. Voraussetzung der Inspiration ist Glücklichsein. Was für eine unromantische Vorstellung! Ist es wirklich so? Sieht ein trauriger Mensch nicht mehr? Gewiß waren die Propheten selbst die Verkörperung des Bündnisses zwischen Inspiration und Unglücklichsein. Wie ist dann aber der optimistische Maimonides zu verstehen? Ich habe eine Idee. Der Zusammenhang zwischen Inspiration und Glück ist tautologisch. Inspiration geht deshalb mit Glück einher, weil Inspiration Glück *ist*.

Die Predigt des Rabbiners besteht in einer Auslegung der Versprechen Gottes gegenüber Jakob ein paar Verse weiter. »Ich will mit dir nach Ägypten hinabziehen, und ich will dich auch gewißlich heraufführen; und Joseph soll seine Hände auf deine Augen legen.« Warum dieses letztere Versprechen? Der Rabbiner schlägt eine Antwort vor. Jakob hatte sich wohl gesorgt, er habe seinen Sohn an Ägypten verloren, sein Sohn sei in die ungläubige Kultur, über die er regierte, integriert worden – »er war besorgt«, sagte der Rabbiner, »daß er in seinem Lieblingssohn kein Kaddisch haben werde«. Und deshalb beruhigt Gott Jakob, daß Joseph, wenn die Zeit gekommen ist, seine Pflichten als jüdischer Sohn erfüllen werde. Das erinnert mich an Menasse ben Israels Liste der zehn Dinge, durch die der Sohn den Vater erlöst; das erste auf Menasses Liste ist, dem Vater die Augen zu schließen. Und es erinnert mich an die Augen meines Vaters, und wie ich sofort meine Hand ausstreckte, um sie zu berühren, gedankenlos, ein geistloser Moment des Todes, in dem mein Körper meine Pflicht eher kannte als mein Geist …

Jakob macht sich nicht nur Sorgen wegen der Jüdischkeit seines Sohnes. Der Rabbiner stellt in seiner Predigt die Vermutung an, daß er sich auch wegen des Charakters seines Sohnes Sorgen machte. Denn

Jakob erinnerte sich gewiß, daß Joseph eitel, arrogant, ränkevoll, weltlich gesinnt war. Und deshalb beruhigt Gott Jakob, daß Joseph sich aus den Tiefen seiner Weltlichkeit erheben werde zu der Liebe und Loyalität, die ein Sohn seinem Vater schuldet. Gerade aus der Komplexität Josephs kann Jakob Trost schöpfen. Da Joseph vieles ist, wird er auch dies sein. Er wird nicht besonders erfreuen, aber er wird auch nicht enttäuschen. Er trägt alle seine Welten in alle seine Welten hinein.

Der Held der geistigen Wendigkeit, mein Vorvater Joseph.

Als ich heimkomme, schaue ich in Menasses Buch nach, ob ich die Passage richtig erinnert habe. So ist es. Nicht erinnert hatte ich mich an die Belegstelle für die Pflicht des Sohnes, seinem Vater die Augen zu schließen. Sie lautet: »Und Joseph soll seine Hände auf deine Augen legen.« »Und das tat Joseph«, schreibt Menasse, »wie der Vers [in einem späteren Kapitel] bezeugt: ›Da fiel Joseph auf seines Vaters Angesicht‹, was er tat, um seine Hand auf seine Augen zu legen.« All die Jahre war in meinem Leben so viel los, daß ich nicht den Wunsch hatte, meinen Vater zu sehen. Ich tat alles, um ihm die Augen zu verschließen, doch er sah mehr, als ich glaubte, daß er sah. (Manchmal zog er es vor, seinen Blick abzuwenden, aber man blickt nur weg von dem, was man schon gesehen hat.)

Meine Bibliothek wirkte heute abend wie ein Friedhof, und jedes Buch wirkte wie ein Grab. Doch man muß diese Gräber öffnen und in sie eindringen. In diesen Gräbern ist Leben.

Papier ist stärker als Stein. Die Juden wissen das.

◇

Im *Sohar*, dem zentralen Text der jüdischen mystischen Tradition, der Ende des dreizehnten Jahrhunderts in Spanien verfaßt, aber Simon ben Jochai, dem charismatischen Rabbi des zweiten Jahrhunderts, zugeschrieben wurde, finde ich eine außergewöhnliche Exegese des Jakob gegebenen Versprechens, daß »Joseph seine Hand auf deine Augen legen soll«. Die Exegese hat die Form einer Unterredung zwischen Zeitgenossen Simons. Sie beginnt mit einer schlichten Bemerkung:

»Was war der Sinn des Versprechens, er werde seine Hände auf seine Augen legen? Rabbi Josse sagte: Zur Ehre Jakob, damit ihm kund werde, daß Josef in seiner Sternstunde sich eingefunden.« Doch der Kommentar ist mit einer so einfachen Auslegung nicht einverstanden. Er möchte höher hinaus. »Rabbi Hesekia aber sprach: ›Ich habe ein Wort [über diese Passage] gelernt und fürchte es zu offenbaren: wie im Gange der Welt sich Weisheit findet.‹ Da ging Rabbi Abba hin, schlug ihm auf die Schulter und sprach: ›Sage nur dein Wort und führe deine Waffe! Denn in den Tagen Rabbi Simons werden manche Dinge offenbart.‹« Rabbi Hesekia ist ermutigt, sein esoterisches Wissen mitzuteilen, und beginnt, die Schließung der Augen seines Vaters durch Joseph auf seine Weise zu deuten. »Aus den Worten Rabbi Jesses des Alten habe ich die Gebräuche der Welt betreffend folgendes gelernt: Wenn ein Mann eines Sohnes gewürdigt wurde in dieser Welt, möge dieser Erdenstaub auf sein Auge streuen, wenn er begraben wird. Und dies zu seiner Ehrung, um damit anzudeuten, daß die Welt sich ihm verschlossen hat und daß jetzt der Sohn das Erbe der Welt nach ihm antritt. Denn es ist das Auge des Menschen ein Abbild der Welt und alle Farben darin in Kreisen angeordnet. Das Augenweiß entspricht dem Ozean, der die ganze Welt von allen Seiten umschließt; eine zweite Farbe dem Festland, das der Ozean umschließt oder das zwischen den Wassern steht; eine dritte Farbe in der mittleren Region: das ist Jerusalem, die Mitte der Welt. Eine vierte Farbe aber: die Schau des ganzen Auges selber und darum ›Tochter des Auges‹ genannt, Antlitz oder Erscheinung [der Dinge]; das Allerkostbarste – das ist Zion, der Mittelpunkt von allem, darinnen sichtbar wird die Erscheinung der ganzen Welt. Hier waltet Schechina, der Allheit Herrlichkeit, der Allheit Erscheinung. Und dieses Auge ist das Erbe der Welt, das der eine verläßt, während der andere es empfängt.« Was Rabbi Hesekia beschrieben hat, ist etwas Fundamentaleres als die Übertragung einer Perspektive. Es ist die Übertragung der Fähigkeit zu einer Perspektive. Indem er die Augen des Vaters schließt, macht sich der Sohn die Augen des Vaters zu eigen. Er empfängt die kognitiven Voraussetzungen der Tradition.

Rabbi Abba gefällt die Auslegung Rabbi Hesekias, aber er hat etwas noch Geheimnisvolleres vorzutragen. »Da sagte Rabbi Abba: ›Schön hast du gesprochen, aber es liegt hier noch ein Geheimnis vor. Denn die Menschenkinder erkennen und gewahren es nicht.‹« Das Gespräch dieser Gottesgelehrten ist ein Turnier der Esoterik. Rabbi Abba trägt vor, wie er Josephs Abschiedsgeste gegenüber Jakob deutet: »Die Menschenkinder erkennen und gewahren es nicht, wie in der Stunde, da der Mensch vom Leben scheidet, seine Seele in der Verborgenheit noch bei ihm bleibt und, solange sie ihn nicht verlassen hat, seine Augen sehen, was sie sehen. Weshalb es heißt: ›Denn nicht kann Mich der Mensch schauen und leben‹ (2. Moses 32,20). Nicht in ihrem Leben, sondern in ihrem Tode kommen sie zum Schauen. Und nun ihr Auge noch geöffnet ist vom [gewöhnlichen] Schauen, wollen, die um den Sterbenden stehen, ihm die Hände zum Auge heben, um es zu schließen, wie es heißt: ›Und Joseph wird seine Hand auf seine Augen legen.‹ Denn es stellt sich dem Sterbenden sonst ein anderer, unheiliger Anblick gegenüber, und das Auge, das des heilig erhabenen Anblicks teilhaftig werden soll, darf des anderen Anblicks nicht gewahr werden. Und ferner: Jene Seele überträgt einen Einfluß auf das Haus, und wenn das Auge noch geöffnet bleibt und von jener ›anderen‹ Schau in Bann gehalten wird, dann wirkt sie als Verdunkelung auf alles, was es schaut. Und dies ist kein Vorzug für das Auge, noch weniger für die Verwandten noch gar für den Toten selbst: daß er schaut, was er nicht schauen sollte, und jenes ›Andere‹ über seinem Auge waltet, ehe er vom Erdenstaub bedeckt wird. Das Schicksal des Toten im Grabe haben unsere Kollegen bereits erklärt. Die Achtung verlangt, daß seine Augen geschlossen werden für alles von dem Sohn, den er in der Welt zurückläßt.«

Wer würde nicht gern glauben, daß der letzte Moment der privilegierteste Moment sein wird, daß man endlich sehen wird, was zu sehen man ersehnt hat, daß man am Ende den Beweis erhält? Der Tod als epistemologischer Durchbruch: Die Literatur über Sterbeerlebnisse – vor einigen Jahren, als ich völlig down war, habe ich sie verschlungen – bestätigt diese Vorstellung. Man braucht den Tod nur als ein Glückserlebnis hinzustellen. Aber ich sträube mich, das zu glauben. Ich fürchte, daß ich enttäuscht sein werde, dann wie auch jetzt.

Alle Sterbenden sind Mystiker. (Unsinn.) Alle Mystiker sind Sterbende. (Unsinn.)

Rabbi Abbas Ausführungen über die Vision des Sterbenden erinnern mich an einen obskuren mittelalterlichen Text, den ich ein paar Monate nach dem Tod meines Vaters gelesen habe. Es war später Vormittag. Ich war in einem mutlosen Zustand aus dem Teehaus heimgekehrt. Ich schlug eine von Adolf Jellineks Sammlungen früher mystischer Texte auf – ich suchte nach einer Version der Geschichte von Rabbi Akiba und dem Verdammten – und fand etwas mit dem Titel *Masechet Chibut ha-Kever* (»Der Traktat von den Qualen des Grabes«). Ich begann zu lesen: »Wie stirbt ein Mensch? Engel erscheinen vor ihm – einer der Engel, die dem Herrn dienen, und einer der Engel des Todes, und ein Schreiber, und ein dem Schreiber zugeteilter Engel. Sie sagen zu ihm: ›Steh auf, dein Ende ist gekommen!‹ Der Schreiber setzt sich hin und rechnet die Zahl der Tage und Jahre des Menschen zusammen. Er sagt zu ihnen: ›Nein, mein Ende ist noch nicht gekommen!‹ Plötzlich öffnet er seine Augen und erblickt einen Engel, so riesig wie die Welt von ihrem Anfang bis zu ihrem Ende. Von seinem Haupt bis zu seinen Zehen besteht der Engel aus Augen. Er ist gewandet in Feuer, gehüllt in Feuer, ganz in Feuer, und in seinen Händen ist ein Messer. Davon hängt ein Tropfen Bitterkeit herab, und daran stirbt der Mensch, davon verrottet er, davon wird sein Gesicht geleert. Und er stirbt nicht, bevor er nicht Gott Selbst gesehen hat, wie geschrieben steht: ›kein Mensch wird leben, der mich sieht.‹ Im Leben sehen sie nicht. Im Tode sehen sie.«

– Im Leben sehen sie nicht. Im Tode sehen sie.
– Nein, das stimmt nicht.
– Im Leben sehen sie. Im Tode sehen sie nicht.
– Nein, das stimmt nicht.
– Im Leben sehen sie nicht. Im Tode sehen sie nicht.
– Das stimmt.

Was hat mein Vater gesehen?

Wenn die Seele den Körper beim Tode verläßt und wenn die Seele den Körper beim Begreifen der Wahrheit verläßt, dann haben der Tod und das Begreifen der Wahrheit dieselbe Form. Der Tod ist nur die vollkommenste Beseitigung des materiellen Hindernisses für die immaterielle Erkenntnis.

Für den Materialisten ist das natürlich Unsinn. Für den Materialisten ist die Wahrheit nichts Geistiges. Der Materialist denkt mit seinem Körper. Das zeigt sich an der Qualität seines Denkens.

Dennoch, eine solche Schlußfolgerung hat etwas Widerstrebendes an sich. Das Verlangen nach Erkenntnis muß nicht unbedingt zum Verlangen nach dem Tode führen. Warum muß der Körper zerstört werden? Es sollte genügen, den Körper zu meistern. (Die Ansicht, wir seien nur Geist, kann genauso inhuman sein wie die Ansicht, wir seien nur Materie.)

Der Geist hat mehr mit der Seele gemein als mit dem Körper.

Rationalisten haben mehr mit Mystikern gemein als mit Materialisten.

Eine Freundin, die die Diabelli-Variationen studiert, bemerkt, daß sie abrupt enden, ohne sich mit einem Tusch zu verabschieden. »Weißt du, was fehlt?« sagt sie. »Ein Kaddisch. Ein Abschiedsgruß.« Ich gebe ihr zu bedenken, daß ein Abschiedsgruß nichts zu suchen hat in einer Sammlung von Variationen, die musikalische Repräsentationen einer Welt ohne Endgültigkeit sind. Variationen sind Reinkarnationen. In Variationen stirbt ein Thema nie. Es führt zahlreiche Leben. Doch ich sage nicht Kaddisch für eines der Leben meines Vaters. Ich sage Kaddisch für das eine Leben meines Vaters. Man trauert nicht um das Ende einer Version. Man trauert um das Ende eines Wesens.

Ist es von Belang, daß der Abschiedsgruß gesagt wird, nachdem er gegangen ist? Vielleicht ist es wichtiger, daß ein Lebewohl ausgesprochen, als daß es gehört wird. Etwas, das gesprochen, aber möglicherweise nicht gehört wird – ist das nicht auch eine Beschreibung des Gebets?

Der Himmel über dem Fluß war heute morgen trübe. Das Licht wurde verschluckt von mächtigen silbernen Wolken mit schwarzen Streifen. Auf dem Weg zur Schul spürte ich den Stachel der Regelmäßigkeit der Natur. Wieder ein Morgen, wieder ein Morgen, wieder ein Morgen, wieder ein Morgen. Wie war es möglich, daß die alten Philosophen die Natur als geistig aufgefaßt haben? Der Geist ist gesetzlos, partiell, wechselhaft, und er kämpft um seine konstanten Elemente. Wäre die Natur Geist, gäbe es Tage, an denen die Sonne nicht auf- oder nicht unterginge, weil die Natur gerührt oder zerstreut oder verspielt oder gekränkt wäre. Doch die Natur ist konstant, weil ihr alles gleichgültig ist.

Der Prediger sah es umgekehrt. Es gibt viel Neues unter der Sonne. Was nicht neu ist, ist die Sonne.

X

Als ich heute morgen in den Sheridan Circle einbog, war der Himmel im Osten von einem hellglühenden, sich kräuselnden Rot. Der Bronzegeneral auf seinem Bronzepferd schien geradeweges in den strahlenden Glanz hineinzugaloppieren. Ich galoppierte weiter zur Schul. Mein Gebetsjahr hat aus mir einen Studenten des Lichts, einen Kenner der Himmel gemacht.

Ein älterer Herr mit dünnem Schnurrbart wurde zur Tora gerufen. Er brachte die Segenssprüche mit einem starken galizischen Akzent vor. Genau diesen Akzent hatte mein Vater. Diese Akzente haben auf mich so etwas wie eine magische Wirkung: sie versetzen mich schlagartig in eine andere Zeit, an einen anderen Ort, sie markieren meine Distanz. Diese Akzente sind ein Kürzel für Vertreibung und Vernichtung, für Unverwüstlichkeit und Findigkeit, für die ganze Bandbreite des jüdischen Weges. Ich kann mir ein jüdisches Leben ohne die Musik dieser Akzente nicht vorstellen. Doch bald werden sie verschwunden sein. Bald werden wir ganz unter uns sein. Dann werden wir sehen.

Was sind dies für Tage? Jeden Nachmittag unterbreche ich meine Arbeit und gehe ein paar Straßen weiter, um meinen Kopf in die Hände zu legen und zu flüstern: »Müde bin ich durch mein Seufzen; jede Nacht schwemme ich mein Bett, mache mit meinen Tränen mein Lager zerfließen. Verfallen ist mein Auge vor Gram.« Und ein paar Minuten später sitze ich wieder an meinem Schreibtisch. Von meinem Lager kann ich vielleicht nicht sagen, daß es zerfließt, wohl aber von meinem Gehirn.

»Eine Anfrage von einem Konvertiten«: So leitet Ovadiah Yosef, der ehemalige sephardische Oberrabbiner von Israel und ein Mann von enzyklopädischer Bildung, ein Respons ein. Die Anfrage des Konvertiten ist folgende: »Ist es ihm erlaubt, für seinen nichtjüdischen

Vater, der auf seinem Krankenlager danach schmachtet, daß Gott ihm Sein Wort senden und ihn heilen möge, zu beten, und darf er nach dessen Tod für die Erhebung seiner Seele Kaddisch sagen?« Dies veranlaßt Yosef zu einem Rechtsgutachten, das als eines der großen Dokumente der Toleranz im modernen Judentum gelten muß. Es beginnt säuerlich mit einem Zitat von Josef Karo, wonach »es verboten ist, Götzenanbeter vom Tod zu erretten und sie ärztlich zu behandeln, und sei es gegen ein Honorar, außer dort, wo Feindseligkeit herrscht [und Untätigkeit als Vorwand genommen werden könnte, um der jüdischen Gemeinschaft zu schaden]«. Doch sogleich führt Yosef eine andere Autorität gegen die scheinbare Herzlosigkeit Karos an. War nicht Maimonides selbst Arzt, und hat er in Ägypten nicht selbst Moslems behandelt? Wenn Maimonides seine ärztliche Kunst an nichtjüdischen Patienten ausüben konnte, dann können sie keine Götzenanbeter gewesen sein. Dementsprechend schreibt Yosef: »Es ist daher klar, daß es, wenn die Eltern des Konvertiten Moslems sind, und sie sind krank, erlaubt ist, für ihre vollständige Genesung zu beten, da sie keine Götzenanbeter sind.« Yosef war in den späten 1940er Jahren Oberhaupt des rabbinischen Gerichts in Kairo (und bewies an einem Ort, wo Feindseligkeit herrschte, großen Mut). Vielleicht wurde diese Meinung in jenen Jahren verfaßt. Doch seine Erörterung geht von den Moslems unmittelbar zu den Christen über, um klarzustellen, daß auch sie keine Götzenanbeter sind und das Mitleid der Juden ihnen nicht versagt werden darf. Er kommt zu einer Aussage Raschis, wonach »Nichtjuden in dieser Zeit keine Götzenanbeter sind«, eine Periodisierung der Geschichte, die den erfrischenden Effekt hat, die jüdische Intoleranz in die Vergangenheit zu verbannen. Und er zitiert Karos Auffassung, daß die Nichtjuden, unter denen wir leben, »keine Götzenanbeter sind, sondern nur am Brauch ihrer Väter festhalten«. Oder genauer, »dem Brauch ihrer Väter in ihren Händen«. Sie lästern nicht Gott, sie ehren nur ihre eigenen Traditionen. Das jüdische Recht hat großen Respekt vor Traditionalisten in der jüdischen Welt, und in Karos Kommentar wird dieser Respekt im Osmanischen Reich des sechzehnten Jahrhunderts auf Traditionalisten in der nichtjüdischen Welt ausgedehnt. Yosef führt auch die Meinung von Isaak Attia an, einem Gelehrten, der im frühen neunzehnten Jahrhundert in Aleppo lebte, wonach es uns nicht nur gestattet ist, für Nichtjuden zu beten; »es kann auch eine positive

Pflicht sein, für sie zu beten, um Versöhnlichkeit zu üben. Und sollte es eine Stunde der Gnade geben und [der Nichtjude] wird geheilt, so ist Gottes Name geheiligt worden.« (Yosef zitiert den Grund, den eine andere sephardische Autorität für ein solches ökumenisches Gebet nennt: »Wir sind jetzt im Exil und auf die Nichtjuden angewiesen.«)

Wie steht es nun mit dem Kaddisch des Konvertiten: »Nachdem Gott uns von all dem obigen in Kenntnis gesetzt hat«, schreibt Yosef, »hat es den Anschein, daß es nach dem Tod des Vaters eines Konvertiten und gleichermaßen nach dem Tod seiner Mutter richtig ist, daß er Kaddisch sagt für die Erhebung ihrer Seelen ... Der Konvertit ist zwar nicht mehr mit seinem Vater verwandt, denn jemand, der konvertiert ist, ist wie ein Kind, das neu geboren wurde, aber dennoch ist es richtig, da sein Vater ihn gezeugt und in diese Welt gebracht und dadurch bewirkt hat, daß er zur Erkenntnis der Wahrheit gelangte und dahin kam, im Erbe des Herrn zu wohnen, daß er für ihn betet und ihn aus der Unterwelt errettet und ihm Eintritt in die künftige Welt erwirbt.« Der Konvertit mag wiedergeboren sein, doch annulliert seine zweite Geburt nicht seine erste Geburt. Ein Mann, der sich auf Reisen weit von seinem Vater entfernt, liebt ihn dennoch. Und Yosef weist darauf hin, daß die Tradition »dem Fremden, der nicht mit dem Verstorbenen verwandt ist, nicht verwehrte, den Nutzen für die Seele des Verstorbenen zu bewirken, der aus dem Kaddisch erwächst«. Somit darf der Konvertit, insofern er kein Fremder für seine Eltern ist, Kaddisch für sie sagen, und insofern er ein Fremder für seine Eltern ist, darf er Kaddisch für sie sagen. Wie auch immer er definiert wird, der Sohn darf für den Vater beten. (Die Moral ehrt die Biologie.)

Das Problem der Kinder von bösen Eltern ist nicht dasselbe wie das Problem der Kinder von nichtjüdischen Eltern. Das ist bedeutsam. Von Moses Feinstein lerne ich, daß der Sohn eines Mannes, der ein Häretiker war, gleichwohl Kaddisch für ihn sagen darf. Von Ovadiah Yosef lerne ich, daß der Sohn eines Mannes, der kein Jude war, gleichwohl Kaddisch für ihn sagen darf. Das Ethos des jüdischen Rechts ist kein Stammesethos.

An diesem Sabbat kommen wir zum Ende der Genesis. Als Jakob im Sterben lag, bat er Joseph um »eine Freundlichkeit und eine Wahrheit«. Dies ist die Freundlichkeit, die man dem Toten gewährt – »die wahre Freundlichkeit«, wie die Rabbinen sie nannten, da mit einem Lohn nicht zu rechnen ist. Als Kinder lernten wir, daß dies die höchste Form der Freundlichkeit ist. Die Toten können einem ja nicht danken. (Das heißt, wenn sie wirklich dankbar wären, würden sie einen in Ruhe lassen.).

Nachdem Jakob gestorben ist, trauert Joseph um seinen Vater. »Und er stellte um seinen Vater eine Trauer von sieben Tagen an.« Ein Text im Jerusalemer Talmud deutet darauf hin, daß dies die biblische Grundlage der *Schiwa* ist, der sieben Tage nach dem Tod eines Angehörigen, während derer die Familie nicht aus dem Haus geht und sich ganz ihrer Trauer überläßt. Ein Text im babylonischen Talmud stellt dem Vers aus der Genesis einen Vers aus Hiob gegenüber und zieht den rätselhaften Schluß, daß »die Seele eines Menschen während all der sieben Tage um ihn trauert«. Dies veranlaßt Baruch Ha'Levi Epstein, dessen Ausgabe der Heiligen Schrift ich in der Schul verwende, zu einer recht eigenartigen Bemerkung über die sieben Tage nach dem Tod. Epstein zeigt, daß der Talmud zwischen den ersten drei und den letzten vier Tagen einen Unterschied macht. In den ersten drei Tagen ist der Körper des Verstorbenen noch erkennbar, und daher kann die Leiche zuverlässig identifiziert werden. Doch am vierten Tag beginnt das Blut einzutrocknen, und die Verunstaltung setzt ein. Und plötzlich hat Epstein einen verrückten Einfall. Er erinnert sich an ein Gesetz, von dem »die Juristen schrieben, es habe weder eine Grundlage noch eine Quelle«. Das Gesetz besagt, daß »nach drei Tagen ohne Salzen das Blut im Fleisch eintrocknet und durch Salzen nicht mehr herausgezogen werden kann, und daher darf solches Fleisch nicht gekocht, sondern muß gebraten verzehrt werden«. Doch hier, in der Unterscheidung zwischen den ersten und den späteren Trauertagen, hat Epstein die Grundlage gefunden und die Quelle für die Entscheidung bezüglich Fleisch entdeckt. Verdorbenes Fleisch ist verdorbenes Fleisch, denke ich. Bisweilen ist die rabbinische Sensibilität nicht besonders ausgeprägt.

◇

Welchen geistigen Status hat ein gebrochenes Herz? Diese Frage wird von einem anderen Respons von Moses Feinstein aufgeworfen, auch aus dem Jahr 1981. Gegenstand der Entscheidung ist die Eignung eines Trauernden zur Leitung des Gottesdienstes. Feinstein unterbreitet uns einen Disput zwischen den großen Autoritäten des sechzehnten Jahrhunderts. Josef Karo schreibt: »Wenn niemand da ist, [der geeignet ist,] die Pflicht der Gemeinde zu erfüllen, kann der Trauernde das Gebet leiten.« Kurz, der Trauernde ist für diese Aufgabe eigentlich nicht geeignet; er ist der letzte Strohhalm der Gemeinde. Anders Moses Isserles: »Jeder, der das Gebet zu leiten versteht, soll das Gebet leiten, und dies ist wirksamer [im Sinne des Trauernden] als das Kaddisch des Trauernden, das für Minderjährige geschaffen wurde.« Karos Zweifel an der Eignung des Trauernden teilt Isserles nicht. Er drängt den Trauernden, die Gelegenheit zu ergreifen und dem Verstorbenen Verdienst zu erwerben. Sodann führt Feinstein einen Text von Joel Sirkes an, einer Autorität im Polen des siebzehnten Jahrhunderts, der sich vor allem durch seinen Kommentar zu Jakob ben Aschers Gesetzeskodex einen Namen gemacht hat. In der von Feinstein zitierten Passage gibt Sirkes die Ansicht Jakobs wieder, daß der Trauernde nicht geeignet sei, die Liturgie zu leiten. Dagegen zitiert er die Ansicht von Salomon Luria, ein Jahrhundert zuvor einer der großen Talmudisten Polens. Lurias Formulierung ist unvergeßlich. Der Trauernde, erklärt er, muß den Gottesdienst leiten, »weil der König der Könige zerbrochene Gefäßte bevorzugt«.

Woher weiß Luria, daß der König der Könige zerbrochene Gefäßte bevorzugt? Er hat einen Beleg aus den Psalmen: »Ein zerbrochenes und zerschlagenes Herz wirst du, Gott, nicht verachten.«

Im jüdischen Recht wird derjenige, der das Gebet leitet, als »Abgesandter der Gemeinde« bezeichnet. Er wird für die Gemeinde bei Gott vorstellig. Kann ein zerbrochener Mensch diesen Dienst versehen? Nein, sagen diejenigen, nach deren Ansicht der Trauernde allzu sehr in Gram versunken ist, um ein geeigneter Repräsentant zu sein. (In Feinsteins Umschreibung »muß die Gemeinde entsenden, was die meiste Ehre einlegt«.) Ja, sagen diejenigen, nach deren Ansicht gerade der Gram des Trauernden ihn dazu qualifiziert, sich an Gott zu wenden. Die ersteren sind der Ansicht, daß Gram einen Menschen erschöpft. Die letzteren sind der Ansicht, daß Gram einen Menschen tiefer werden läßt. Hier haben wir also eine große Disputation zwischen der Partei der gehobenen und der Partei der gedrückten Stimmung.

Die Frage ist nicht, ob Glücklichsein dem Unglücklichsein vorzuziehen sei. Wer grämt sich schon gern? Doch früher oder später grämen wir uns alle, und die interessante Frage ist, ob Gram zur geistlichen und geistigen Klarheit beiträgt oder nicht. Bringt Leid Licht oder Dunkelheit? Weiß ein unglücklicher Mensch mehr als ein glücklicher Mensch? Ist ein zerbrochenes Gefäß wahrer als ein ganzes Gefäß? Eine großartige Kontroverse. Doch Rabbiner sind keine Poeten. Sie müssen hinsichtlich der praktischen Folgen der Melancholie zu einer Entscheidung kommen. Und sie entscheiden zugunsten der Partei der gedrückten Stimmung. »Trauernde leiten die Gebete«, entscheidet Feinstein, »wegen ihrer gebrochenen Herzen.«

Glückseligkeit ist dumm.

Die analytischen Vorteile der Melancholie.

Ich habe Sirkes' bewegenden Text mit ins Teehaus genommen. Auch er hält zur Partei der gedrückten Stimmung, und er notiert viele treffende Formulierungen aus für ihn zurückliegenden Jahrhunderten. Diese gefällt mir besonders: »Ich sah unter Berufung auf Rabbi Meir [von Rothenburg] geschrieben, daß er in den zwölf Monaten der Trauer um seinen Vater und seine Mutter der Abgesandte der Gemeinde sein [und das Gebet leiten] darf. Denn welche Freude ist im Gebet?« In der Tat: welche Freude? Diesen Satz werde ich immer hochhalten. (Er ist gewiß einer der großen antichassidischen Aussprüche der Tradition.)

Dennoch gibt es, wie Sirkes zeigt, Grenzen. Es gibt Gelegenheiten, wo ein Trauernder nicht die Gebete leiten darf (und bei diesen Gelegenheiten leite ich nicht die Gebete). Ein Trauernder darf die Gemeinde nicht an Tagen der Freude, am Sabbat und an Feiertagen repräsentieren. Für den Zweck des Feierns ist der Trauernde sicherlich unbrauchbar. »An Feiertagen«, schreibt Sirkes, »wenn der Leiter [der Gebete] fröhlich singt und andere fröhlich macht, ist es dem Trauernden nach einhelliger Meinung nicht gestattet, Abgesandter der Gemeinde zu sein.« Und dennoch: »An den Furchtbaren Tagen [Rosch ha-Schana und Jom Kippur] hat er den Vorzug [und leitet die Gebete], sofern er würdiger ist als andere in der Gemeinde und einer, der ebenso gut ist wie er, nicht gefunden werden kann.« An Tagen der Kasteiung ist ein zerbrochenes Gefäß durch nichts zu übertreffen. In der Gesellschaft der Freudlosen ist der Trauernde der Erste unter Gleichen.

Doch diese Zeiten sind selten. Im Alltag spielt der Kummer eine untergeordnete Rolle. Man sagt nicht Kaddisch in einer Welt des Kaddisch. Man erfüllt vielmehr eine Pflicht, indem man sich vom Alltäglichen befreit, indem man dem Wohlsein, das einen umgibt, widersteht. Sirkes hält einen schönen Ausspruch des Salbenmischers fest. Der Salbenmischer verzeichnete als einen der »Bräuche von Rabbi Kalonymos«, das die Lobespsalmen, die am ersten Tag des neuen Monats rezitiert werden, die speziellen Hallelujas, im Trauerhaus nicht rezitiert werden sollen, »da sich die Seelen dort grämen. Daher ist es nicht gestattet, ›die Toten werden dich, Herr, nicht loben‹ zu singen, denn damit würde man die Armen gleichsam verhöhnen.« Wenn man Kummer hat, fühlt man sich immer ein bißchen von den Unbekümmerten verhöhnt. Macht nichts. Bald werde ich meinen Platz unter den Höhnenden einnehmen.

Ich weiß nicht, was der Auslöser war. Ich lief im Dupont Circle herum und dachte: Ich bin ein Mensch ohne Vater. Und dann dachte ich: Ich bin nicht ein Mensch ohne Vater. Ich werde nie ein Mensch ohne Vater sein. Er wird erst sterben, wenn ich sterbe. Und dann setzte ich mich auf eine Bank und weinte.

In Brooklyn, in der Schul. Wir sind genau zehn: ich, der Rabbiner, acht alte Männer. In der Zeit zwischen Nachmittagsgebet und Abendgebet hält der Rabbiner einen kurzen Lehrvortrag. Sein Thema für diesen Sonnenuntergang ist die Geschichte einer bestimmten Eigentümlichkeit der Sabbatliturgie, doch seine pädagogischen Bemühungen werden von seinen Schülern zunichte gemacht. Sie sind nicht fähig oder nicht gewillt, ihm zu folgen. Sie sind gläubige Männer, aber die meisten wissen kaum etwas über die Gebete, die sie seit Jahrzehnten sprechen. Der Rabbiner entdeckt, daß er mit dem Einfachsten beginnen muß, und so fängt er noch einmal ganz von vorn an, doch die Lehrtätigkeit entbehrt der intellektuellen Befriedigung, die sie ihm unter anderen Umständen verschafft haben könnte. An seinem freundlichen, aber frustrierten Gesichtsausdruck lese ich die Qual des Hirtendaseins ab. Es muß schwer sein, vor dem Gewöhnlichen das Außergewöhnliche zu repräsentieren. Die Tradition muß diesen Leuten auf verständliche Weise vermittelt werden (für diese Leute wurde sie geschaffen und entwickelt und bewahrt, und ohne sie wird sie untergehen), damit auch sie sie vermitteln können. Der Rabbiner hat Ideen, die er gern entwickeln würde, aber er muß sich einfach, konkret, verständlich ausdrücken. Schließlich bricht die Nacht an. Wir können mit dem Gottesdienst weitermachen, und er kann sich wieder den einsamen Freuden seines Geistes zuwenden.

Auf dem Fußboden eines Tanzstudios ein Zettel, auf dem die folgenden Worten geschrieben stehen: »Leben nach dem Tod. Tanz nach der Technik.« Und dann: »Verdammung der Gravitation.« Sagt hier jemand Kaddisch? Ich schaue den Tanzenden beim Unterricht zu, und mir fällt auf, daß ich von dem Studio etwas über die Schul lernen kann. Was diese Männer und Frauen machen, ist nicht mechanisches Wiederholen, es ist Einüben, und am Einüben ist nichts Verdummendes. Der Sinn des Einübens ist, die Bewegungselemente so lange zu wiederholen, bis sie in Fleisch und Blut übergegangen sind, bis sie ohne zu überlegen ausgeführt werden können, bis sie aufgrund der Überlegung in den unterschiedlichsten Kombinationen zu dem Tanz zusammengefügt werden können. Die formalen und geistigen Durchbrüche des Tanzens sind diese immer neuen Kombinationen. Verhält es sich mit Studium und Gebet vielleicht genauso? Tag für Tag, Woche für Woche, Monat für Monat, Jahr für Jahr dieselben Worte, dieselben Symbole, dieselben Themen. Gegen die Ansicht, daß ohne Tradition nichts Neues geschaffen werden könne, wird oft eingewandt, daß die Tradition sich häufig des Neuen bemächtige und so die fleißig übende Seele am Fliegen hindere. Im Studio beobachte ich jedoch, wie diese sich drehenden Tänzer fleißig ihre Bewegungen einüben, und doch fliegen sie. Ich erkenne, daß die Tradition in Fleisch und Blut übergegangen, zur zweiten Natur geworden sein muß, damit etwas Neues entstehen kann. Das ist es, was die Traditionalisten nicht verstehen. Sie halten die Tradition im Vordergrund des Bewußtseins, wodurch sie nicht zu ihrer zweiten Natur wird, sondern zu ihrer ersten Natur, so daß man fast an nichts anderes denken kann. Es ist jedoch nicht dasselbe, ob man an die Tradition denkt oder ob man etwas mit Tradition macht. Der höchste Gegenstand des Studiums ist nicht das Studium. Der höchste Gegenstand der Bewegung ist nicht die Bewegung. Der höchste Gegenstand des Judentums ist nicht das Judentum.

◇

Sirkes verweist mich auf Benjamin Sew ben Mattathias, den umstrittenen Rabbiner von Arta in Epirus, im Nordwesten Griechenlands. Ich habe nie eines seiner Responsen gelesen, die 1539 in Venedig veröffentlicht wurden. Es dauert einige Tage, bis sie aus Brooklyn eingetroffen sind. Ich finde nicht weniger als fünf Response, die sich mit dem Kaddisch des Trauernden befassen, und sie sind alle sehr reichhaltig. Aber eines ist ausgesprochen fesselnd. In diesem Text verwandelt sich das Kaddisch in die Szene eines der großen Dramen aus den Annalen der Juden. Hier ist die Frage, die Benjamin Sew vorgelegt wurde. »Ruben und Simeon lebten in Apulien [im Süden Italiens] und waren von ihrem Glauben zum Christentum übergetreten. Sie hatten Söhne und Töchter. Schließlich geriet Ruben, der von Stadt zu Stadt reiste, in einen Hinterhalt und wurde von Räubern ermordet, während Simeon eines natürlichen Todes starb und die Nichtjuden ihn gemäß all ihren Bräuchen begruben. Nach Simeons Tod verließen seine Söhne mitsamt ihren Ehefrauen ihren Wohnort und kehrten zurück zum Herrn, ihrem Gott, um ihn gemeinsam anzubeten. Nun erhob sich Rubens Sohn und trat ans Pult, um Kaddisch zu sagen für seinen ermordeten Vater, für seine Aussöhnung, wobei er vorbrachte, es sei immer die Absicht seines Vaters gewesen, zu bereuen und zurückzukehren; und als der Sohn von Simeon, der eines natürlichen Todes gestorben war, dies sah, erhob er sich ebenfalls und trat ans Pult, um Kaddisch zu sagen für seinen Vater, für die Aussöhnung seiner Seele. Doch Rubens Sohn behauptete vor dem Richter, im Gesetz finde sich keine Grundlage dafür, daß Simeons Sohn ihn [der öffentlichen Rezitation des Kaddisch] beraubte; der Vater des letzteren, sagte er, habe, als er im Sterben lag, Gelegenheit gehabt, in Gegenwart der jüdischen *anusim* [Marranos], die ihn besuchten, zu bereuen und ihnen seine Sünden zu beichten, aber das tat er nicht, und so darf man von seinem Ende auf seinen Anfang schließen und folgern, daß er sich entschlossen hatte, nicht zu bereuen; sein eigener Vater habe dagegen die Absicht gehabt, zu bereuen. Daher, sagte Rubens Sohn, ist es angemessen, daß er das Kaddisch sagt, um den Namen des Himmels zu heiligen und mit Hilfe des Kaddisch Aussöhnung [für seinen Vater] zu erreichen.« Dies sind die Einzelheiten des Falles. »Ich wurde gefragt«, schreibt Benjamin Sew, »ob Simeons Sohn Kaddisch sagen darf und ob es dem einen Sohn ebenso helfen wird wie dem anderen Sohn oder nicht.«

Rubens Sohn machte Simeons Sohn den Anspruch auf das Privileg streitig, das Kaddisch öffentlich vor der Gemeinde zu rezitieren. Aber er stellte mehr als nur einen liturgischen Brauch in Frage. Er stellte Benjamin Sew die große Frage seiner Zeit: In welchem Sinn können Juden, die gezwungen wurden, zum Christentum zu konvertieren, weiterhin als Juden betrachtet werden?

Die Vertreibungen aus Spanien und Portugal vollzogen sich zu Benjamin Sews Zeit. Viele von der iberischen Halbinsel verbannte Juden gelangten nach Apulien, und unter ihnen werden auch Ruben und Simeon gewesen sein. (Die Juden Apuliens waren Ende des dreizehnten Jahrhunderts einer brutalen Konversion unterworfen worden. Die Kryptojuden Süditaliens bezeichnete man als *neofiti.*) Doch in Apulien fanden die Flüchtlinge nicht viel Ruhe. Auf eine kurze Phase der Sicherheit folgte Verfolgung und Vertreibung, erst durch die eindringenden Franzosen, dann durch die eindringenden Spanier, die im Jahre 1540 sämtliche Juden und Kryptojuden ein für allemal aus der Region verbannten. Den Mord an Ruben, dem jüdischen Reisenden auf den Straßen Apuliens, und Simeons Zögern, offen zum Judentum zurückzukehren, muß vor diesem Hintergrund der Judenfeindschaft und der an Juden verübten Gewalt gesehen werden. In der Frage, die Benjamin Sew vorgelegt wurde, kamen also private und öffentliche Not zusammen. Die Söhne trauerten, die Leute trauerten. Die Söhne hatten ihre Väter verloren, die Leute hatten ihre Väter verloren. Die Söhne wünschten, daß ihre Väter zurückkehren und Ruhe finden, die Leute wünschten, daß ihre Väter zurückkehren und Ruhe finden.

Wie hat Benjamin Sew nun entschieden? Er schickt seiner Entscheidung die talmudische Diskussion über denjenigen voraus, der »ein [Tier zum] Opfer weihte, dann zum Abtrünnigen wurde und dann zurückkehrte« und sein Opfer darzubringen wünschte. Ein solches Opfer, sagten die Rabbinen, wird nicht angenommen: »Da es verschmäht war, wird es verschmäht sein.« Dies läßt für Simeons Sohn nichts Gutes ahnen. Und tatsächlich entscheidet Benjamin Sew zu seinen Ungunsten. Seine Meinung ist, daß Rubens Sohn das Kaddisch rezitieren darf, Simeons Sohn aber nicht das Kaddisch rezitieren darf. Denn in mancherlei Hinsicht »unterscheidet sich Ruben, der ermordet wurde, von Simeon, der eines natürlichen Todes starb«. »Ruben mag über den Himmel nachgedacht [das heißt, Reue beabsichtigt] haben, doch in dem Augenblick, da er ermordet wurde, war niemand da, vor dem er hätte bereuen können, selbst wenn er vorher nicht an Reue gedacht haben sollte.« Und »da er von Nichtjuden ermordet wurde, betrachten wir den Fall so, als wäre er vom König zum Märtyrer gemacht worden, und daher findet er Vergebung.« Benjamin Sew führt talmudische Bestätigung für seine Nachsicht gegenüber politischen Opfern an. Folglich lautet seine Entscheidung: »Da Rubens Sohn die Attribute seines Vaters verkörpert, ist es angemessen, daß ihm bei Kaddisch und Gebet Vorrang gegenüber dem Sohn des Simeon gegeben werde, der kein Reueverlangen hatte, da er sich an seinem Sterbetag nicht eines Besseren besann, und wäre es auch nur vor den Mitgliedern seines Haushalts gewesen. Über einen solchen Mann wurde entschieden, daß er nicht betrauert und nicht [unter Juden] begraben werden soll, sondern er wird als Auswurf auf der Erde bleiben.« Schließlich »hat er selbst an der Pforte des Todes nicht bereut«. Auch kann er sich nicht auf die alte Tradition berufen, daß der Begräbnisakt als solcher ein Weg zur Aussöhnung für den Toten ist. Dies gilt nur, »wenn er in einem Zustand der Zerknirschung von Juden begraben wird, doch wenn er von Nichtjuden und ohne Zerknirschung begraben wurde, gilt es nicht.«

Im übrigen wird das Kaddisch von Simeons Sohn Simeon nichts nützen. Benjamin Sew zitiert die Legende von Rabbi Akiba und dem Verdammten und verweist darauf, daß das Kaddisch dieser armen Seele nur deshalb Erleichterung brachte, weil seine Verworfenheit nicht die äußerste Verworfenheit war. »Er leugnete nicht die gesamte Tora, er war nur von einer einzigen Sünde niedergeworfen worden, und auf jeden Fall starb er in seiner Jüdischkeit, und er bekannte seine Sünden, und er wurde von unseren Brüdern begraben.« Benjamin Sew ist unversöhnlich. Er hat eine glühende Vorstellung von jüdischer Ehre. Das ist nicht schwer zu verstehen. Für einen Juden seiner Zeit war die Pflicht von Kindern gegenüber abtrünnigen Eltern, gegenüber bösen Eltern nicht nur ein theologisches Problem. Sie war auch ein existentielles Problem. Der Schaden war allgegenwärtig.

Heute morgen habe ich mich, von Winden gepeitscht, durch Schnee und Eis zur Schul durchgekämpft. So sollte es sein. Und als die Gebete beendet waren und ich aus der Schul trat, schien die Sonne. Auch das ist, wie es sein sollte. Nicht der Gottesdienst hat die Sonne hervorgelockt, aber dies war einer der Tage, wo man so tun kann, als habe es nichts mit Glück zu tun, einer dieser glücklichen Tage.

◇

Zurück zu Benjamin Sew, dessen Zorn nicht so leicht zu beschwichtigen ist. Er ist mit dem abtrünnigen Juden in Apulien und dessen Sohn noch nicht fertig. Es genügt nicht, daß ein solcher Sohn einen solchen Vater nicht ehren darf. Ein solcher Sohn muß einen solchen Vater vielmehr entehren. »Er soll ihn nicht betrauern«, schreibt Benjamin Sew. »Ganz im Gegenteil, es ist angemessen, daß er ihn verachtet.« Wir entnehmen diese Strenge, sagt er, aus dem Beispiel Hesekias. Der gute König Hesekia war der Sohn des bösen Königs Menasse. Der Talmud berichtet, daß der gute Sohn den bösen Vater auf gräßliche Weise begrub: »Er schleifte die Gebeine seines Vaters auf einer Unterlage aus Seilen«. Raschi erklärt die Bedeutung dieser Schmähung durch den Sohn: Hesekia schleifte die Gebeine seines Vaters, um seinem Vater ein anständiges Begräbnis »auf einem Bett von Silber und Gold« zu verweigern, und begrub ihn statt dessen »auf demütigende Weise, weil sein Vater ein böser Mensch war; und er demütigte ihn öffentlich, damit es anderen eine Warnung sei; und seine eigene Ehre war ihm gleichgültig; und [seine Pflicht,] die Eltern zu ehren war ihm gleichgültig.« Wichtiger als das Gebot, Vater und Mutter zu ehren, war das Gebot, die Rechtschaffenheit hochzuhalten.

Dies ist auch die Lehre von Benjamin Sews nächstem Respons, in der er anordnet, daß die Söhne von Abtrünnigen im Bethaus nicht die Namen ihrer Väter verwenden dürfen. »Einige unter unseren Brüdern möchten Ehre finden und die Schande ihrer bösen Väter verbergen, die in ihrer Abtrünnigkeit in jenem Reich beharren und nicht die Gelegenheit ergreifen, zu bereuen, oder die in ihrer Nichtjüdischkeit gestorben sind. Die Söhne dieser Leute wünschen, im Gotteshaus wie alle anderen Juden zur Tora gerufen zu werden, so wie man ›Schemarja der Sohn Abrahams möge nach vorn kommen‹ oder ›David der Sohn Salomos möge nach vorn kommen‹ ruft.« Die Söhne sollten sich jedoch nicht nach den Namen ihrer bösen Väter benennen. Ihre Abstammung ist nach Meinung Benjamin Sews moralisch nichtig. »Wie kann ein Sohn die Abstammung von einem Vater geltend machen, der ein Leugner der Tora in ihrer Gänze war? Geh und lerne von Hesekia, dem König Israels, der seinen Vater verhöhnte, als dieser gestorben war, und sich um seine eigene Ehre nicht kümmerte. Wird man einem solchen Individuum etwa gestatten, die Schande seines Vaters zu verbergen, indem er sich beim jüdischen Namen seines Vaters nennt, wenn er gar kein Jude ist? Aus diesem Grund dürfen solche Personen nicht beim Namen ihrer Väter zur Tora gerufen werden, und sie dürfen nicht mit dem Namen ihrer Väter unterschreiben ... Es ist nicht schicklich, solche Söhne nach ihren Vätern zu benennen.«

Hier, im Zorn dieses Rabbiners, schreibt sich die Geschichte in die Familie ein.

Es ist schon merkwürdig, daß die Rabbinen Hesekia dafür bewundern, daß er seinen toten Vater verhöhnt! War es nicht Hesekia, den sie aus dem entgegengesetzten Grund bewunderten, daß er nämlich seinen toten Vater aus der Gesellschaft derer errettete, die keinen Anteil an der künftigen Welt haben? Gerade wegen dieser großartigen Sohnestat Hesekias formulierten die Rabbinen das Prinzip, daß »der Sohn den Vater erlöst«. Was gilt denn nun? Hat der gute Sohn den bösen Vater gerettet, oder hat er ihn verhöhnt? (Ich lerne allmählich, rabbinisch zu denken.) Die Legende von Hesekia und den Gebeinen seines Vaters habe ich im Talmud an vier Stellen ausfindig gemacht, und ich verbringe den Vormittag im Teehaus damit, über diese Texte nachzudenken. In einer der Passagen erklärt Raschi, daß der Sohn die

Gebeine seines Vaters zu einem schmachvollen Grab schleifte, »um (nicht nur) den Namen Gottes dadurch zu heiligen, daß er dessen Bosheit verwarf und die Bösen warnte«, sondern auch »als eine Art von Aussöhnung«. Er rettete ihn also, indem er ihn verhöhnte! Es warf vermutlich ein positives Licht auf einen bösen Vater, daß er einen Sohn hervorgebracht hatte, der ihn ablehnte. Der Vater war böse, also schleifte der Sohn seine Gebeine. Doch wie böse konnte der Vater gewesen sein, wenn sein Sohn seine Gebeine schleifte? Ach, diese Kasuistik der Liebe.

Am Schluß seines Respons über Kaddisch und Abtrünnigkeit äußert Benjamin Sew sich allgemein über die *conversos* seiner Zeit. Unter Berufung auf die Autorität eines ungenannten Schülers von Nissim ben Ruben Gerondi, dem großen Gelehrten und Juristen Barcelonas im vierzehnten Jahrhundert, schreibt er unerbittlich: »Wir müssen uns Gedanken über jene machen, die unter den Urhebern unserer Vernichtung weilen und nicht deren Reihen verlassen, um ihre Seelen zu retten. Gewiß sind sie anfangs unter Zwang konvertiert, doch seit sie das Joch des Himmels abgeworfen haben und die Bande der Tora zerrissen wurden, haben sie aus freien Stücken die Gesetze der Nichtjuden befolgt und alle Gebote der Tora übertreten. Mehr noch, sie selbst verfolgen die unglücklichen Juden in ihrer Mitte und zeigen sie an und locken sie in die Falle, damit der Name Israels vergessen werde. Mehr noch, sie verraten dem Staat jene *anusim* [Marranos], deren Herzen zum Himmel aufblicken und die insgeheim versuchen, Gott zu dienen. Diese Menschen sind absolut böse. Sie dürfen nicht [vor einem jüdischen Gericht] Zeugnis ablegen. Sie sind niedriger als die Nichtjuden, und man muß sie zu Fall bringen, daß sie nie wieder aufstehen. Auch wenn sie anfangs Opfer des Zwangs waren, haben sie doch keinen Anteil am Gott Israels, weil sie [unter den Nichtjuden] verweilen und [sie] nicht verlassen; und dies gilt um so mehr, wenn sie in ihrer Nichtjüdischkeit gestorben sind und nicht bereut haben.« Dies ist die richterliche Entsprechung eines epischen Fluchs.

Kaddisch sagen und darüber nachdenken, Kaddisch zu sagen, und darüber nachdenken, nicht Kaddisch zu sagen – heute fiel mir das Ganze schwer.

◇

Benjamin Sews Entscheidung gefällt mir nicht. Sie steht im Widerspruch zur allgemeinen Tendenz der Autoritäten des sechzehnten Jahrhunderts (die den Entscheidungen der Autoritäten des zwölften und dreizehnten Jahrhunderts im Gefolge der Zwangsbekehrungen während der Kreuzzüge folgten), das Gesetz milde auszulegen, um es Juden, die der christlichen Gewalt entgangen waren, indem sie Christen wurden, zu ermöglichen, wieder Juden zu werden. Denn nicht alle Rabbiner reagierten auf die Härte der Geschichte mit Härte. Es überwog im Gegenteil die Nachsicht. Das Gesetz war auch ein Mittel, die Folgen der Verzweiflung zu mildern und wieder Mut zu fassen. Ich suchte in meinen Bücherregalen nach einer Alternative zu dem erbarmungslosen Benjamin Sew und fand sie bei seinem Zeitgenossen Meir ben Isaak Katzenellenbogen von Padua. Auf das Kaddisch ging sein Respons nicht ein, aber dafür enthält es folgendes: »Bei mir ging eine Anfrage ein, und man erkundigte sich bei mir förmlich nach dem Fall zweier Brüder, Abraham und Ephraim, aus der Gemeinschaft von Ofen [Budapest], der Söhne eines Mannes, der zuvor unter den Juden den Namen Ettel Schnejur getragen hatte. Er wurde ein Abtrünniger, und vom Tage seiner Abtrünnigkeit an schämten sich seine Söhne, im Bethaus zur Tora gerufen zu werden, denn jedesmal, wenn sie aufgerufen würden, würde ihre Schande sichtbar werden, da es üblich war, sie beim Namen ihres Vaters zu rufen, und nun hatten sich die Dinge zum Schlimmeren gewendet. Man fragte mich, auf welcher Grundlage man ihnen erlauben könnte, wie zuvor beim Namen ihres Vaters aufgerufen zu werden.« Aus dieser Beschreibung der Umstände wird deutlich, daß die Gemeinschaft von Ofen das Schamgefühl der Brüder teilte und nicht darauf bestand, daß sie sich öffentlich zu ihrer Abstammung bekannten. Doch Katzenellenbogen eröffnet seine Entscheidung mit einer durchschlagenden Erklärung: »Hiermit erteile ich uneingeschränkte Erlaubnis.« Bravo!

Katzenellenbogen nennt vier Gründe für seine anständige Entscheidung. Da ist zunächst das talmudische Prinzip »der Ehre der Geschöpfe Gottes«. Die Söhne des Abtrünnigen haben es nicht verdient, in der Gemeinschaft entehrt zu werden. Wie die Rabbinen lehrten, »ist es besser, daß ein Mann sich in einen glühenden Ofen stürzt, als daß ein anderer Mann öffentlich gedemütigt wird«. Zweitens gibt es einen biblischen Präzendenzfall. Katzenellenbogen zitiert

Beispiele von einem bösen Sohn, der mit dem Namen seines bösen Vaters gerufen wurde (Jerobeam, Ahab), und von einem rechtschaffenen Sohn, der mit dem Namen seines bösen Vaters gerufen wurde (Hesekia). Drittens gibt es eine pragmatische Überlegung: »die Versöhnlichkeit«. Es fügte sich, daß der abtrünnige Jude ein bedeutender Christ war, »ein einflußreicher Mann« und »ein Amtsträger«. Es wäre unklug gewesen, die Nennung seines Namens zu unterdrükken. Katzenellenbogen schreibt, daß es schließlich »in diesen Ländern Brauch ist, daß der Kantor, während er die Torarolle hält, einen Segensspruch für den König oder den Minister des Staates tut, für ihn und all seine Beamten, und obwohl die Torarolle in [des Kantors] Händen ist, zögern wir nicht, ihn im Bethaus zu erwähnen«. Entsprechend heißt es im Talmud, daß Gleiches für Alexander den Großen geschah. »Und bedeutendere Dinge als dies wurden gestattet, um Feindseligkeit zu vermeiden.« Viertens gilt der schlichte Grundsatz: »im Zweifel für den Angeklagten«.

Und obendrein sprachen die Tatsachen des Katzenellenbogen vorgelegten Falles für Nachsichtigkeit. Denn wie es sich fügte, war der abtrünnige Jude, der Vater von Abraham und Ephraim, der einflußreiche Christ, der zuvor Ettel Schnejur geheißen hatte, ein nicht nur politisch, sondern auch moralisch bemerkenswerter Mensch. »Nach dem, was wir gehört haben, ist der Vater dieser Brüder, obwohl er sich mit den Nichtjuden eingelassen hat, dennoch bestrebt, die Lage seines Volkes zu bessern, und er tut Gutes für Verwandte und Nichtverwandte, für jene, die dessen würdig sind, mit seiner Person und seinen Besitzungen.« Dieser Abtrünnige war keine Geißel der jüdischen Gemeinschaft. Katzenellenbogen scheint überzeugt zu sein, daß das jüdische Gewissen dieses Mannes intakt war. Er war auf seine illoyale Weise loyal. Katzenellenbogen benutzt sogar Worte aus dem Buch Esther, um diesen früheren Juden zu charakterisieren, der als Christ Juden zu Hilfe kam; wir haben hier ein Renaissance-Gegenstück zur kryptojüdischen Königin von Persien, die die Juden rettete. Weiter heißt es bei Katzenellenbogen: »Und wenn dies alles so ist, dann kann man an seinen Taten wohl seine Gedanken erkennen, daß er reuevoll ist und Gott fürchtet. Dies habe ich zuverlässige Zeugen über ihn sagen hören. Und daher ist es richtig, daß wir ihn im Bethaus zu uns hinziehen und nicht befremden, denn es ist klar, daß er kein Götzenanbeter ist.« Aus all diesen Gründen also soll den Söhnen der Name ihres Vaters nicht verwehrt werden, und sie sollen Abraham ben Ettel Schnejur und Ephraim ben Ettel Schnejur heißen; und ich vermute, daß ihnen ebenfalls nicht das Recht verwehrt wurde, nach dessen Tod für ihren Vater Kaddisch zu sagen. Toleranz war nicht schwer im Falle eines guten Abtrünnigen, der vielleicht sogar ein heimlicher Jude war. Die Nachsicht Katzenellenbogens beruht auf mehr als nur den Tatsachen des Falles. Er wünscht generell Barmherzigkeit für die Söhne und Barmherzigkeit für die Väter. Er wünscht sie alle vereint zu sehen.

Doch Katzenellenbogen hat ein Problem. Es gibt einen Präzedenzfall, der seiner Entscheidung widerspricht. Israel Isserlein, die große Autorität im Deutschland des fünfzehnten Jahrhunderts, hatte eine andere Meinung geäußert. Doch die spätere Autorität läßt sich nicht einschüchtern. »Die Ehrfucht vor dem großen Weisen Rabbi Isserlein, der lehrte, daß der Sohn eines Abtrünnigen mit dem Namen des Vaters seines Vaters [und nicht mit dem Namen seines Vaters] gerufen werden soll, und einen Präzedenzfall im *Buch der Frommen* zitierte, hält mich nicht [von meiner Meinung] ab. Denn in Wahrheit hatte er es eigentlich nicht mit derselben Situation zu tun. Und so werde ich nicht von ihm abweichen, ja, in Situationen ähnlich derjenigen, über die er entschieden hat, werde ich seiner Meinung beitreten.« So funktioniert dieses unauslöschliche System: Man vermehrt die Unterscheidungen, um Autoritäten zu bewahren. Die Schärfe des früheren Rabbiners wird anerkannt von dem späteren Rabbiner, der sich bemühen wird, die Integrität ihrer beider Meinungen zu erhalten.

Was war nun Isserleins Meinung? Ich habe seine Response, und mich beeindruckt ihre bündige Formulierung. »Frage: Wie soll der Sohn eines Abtrünnigen zur Tora gerufen werden, wenn der Abtrünnige in seiner Gottlosigkeit verharrt oder in seiner Gottlosigkeit gestorben ist? Antwort: Es scheint, daß er mit dem Namen des Vaters seines Vaters gerufen werden sollte, wie in ›Abiasaph der Sohn Jizhars‹ [Abiasaph war nicht der Sohn Jizhars, er war der Enkel Jizhars, aber er war der Sohn Korahs, dessen Name gemieden wird, weil er sich gegen Moses auflehnte]. Später fand ich dies im *Buch der Frommen* geschrieben. Ferner berichtete mir ein großer Rabbi, sein Rabbi, der eine der großen Autoritäten war, habe entschieden, daß ein solcher Mann allein mit seinem eigenen Namen gerufen werden sollte. Aber das ist nicht annehmbar, denn würde man ihn so abweichend von den anderen aufrufen, würde er es als Schande empfinden. Es ist jedenfalls besser, ›Abiasaph ben Jizhar‹ zu sagen, da [es einen biblischen Präzedenzfall dafür gibt, sich auf den Großvater statt auf den Vater zu beziehen, wie] geschrieben steht: ›Kennet ihr Laban, den Sohn Nahors?‹ und ›Und Mephiboseth, der Sohn Sauls, kam herab‹.« Isserlein beschließt seine Entscheidung mit der üblichen Formel falscher Bescheidenheit: »Ich habe geschrieben, was meinem kümmerlichen Geist richtig erscheint.«

Isserlein nimmt eine unversöhnliche Haltung gegenüber dem Vater ein und wünscht, daß der Sohn nach seinem Großvater benannt wird. Er möche eine Generation auslöschen, um einem Menschen Schande zu ersparen. Und Katzenellenbogen läßt sich nicht auf eine Auseinandersetzung mit Isserleins Auffassung ein. Er zitiert sogar Talmudpassagen, in denen es heißt, daß man sich größte Mühe geben solle, um einem Menschen Schande zu ersparen. Er weist aber auch darauf hin, daß es biblische Beispiele gibt, die für beide Meinungen sprechen, darunter auch solche Fälle, in denen rechtschaffene Söhne mit den Namen ihrer bösen Väter genannt werden, »im Sinne einer allgemeinen Bezeichnung«. Isserleins Strenge sei nicht falsch, sondern nur »ein ehemaliger Brauch und Ausdruck einer größeren Frömmigkeit«. Und schließlich wird er haarspalterisch: Sein Vorgänger, schreibt er, »sprach von dem Sohn eines Abtrünnigen, der noch im Kindes- und Knabenalter war, als sein Vater den Gott seiner Väter verließ. Da er nie mit dem Namen seines Vaters gerufen worden und sein vollständiger Name nicht öffentlich bekannt war, [hätte es ihm keine Schande bereitet,] mit dem Namen seines Großvaters gerufen zu werden. Doch im Fall eines erwachsenen Mannes, der es gewohnt ist, der Sohn seines Vaters genannt zu werden, würden, wenn sein Name geändert würde, die Worte ihn demütigen, und das wäre [wie es im Talmud heißt], als würde das Blut eines unschuldigen Menschen vergossen.« Und deshalb muß die Wahrheit über seine Abstammung anerkannt werden. Anders ausgedrückt, haben Isserlein und Katzenellenbogen beide recht. Der eine bezieht sich auf einen Knaben, der andere auf einen Mann.

»Ein großer Rabbi berichtete mir, sein Rabbi, der eine der großen Autoritäten war, habe entschieden, daß ein solcher Mann allein mit seinem eigenen Namen gerufen werden sollte. Aber das ist nicht annehmbar.« Natürlich ist das nicht annehmbar, und nicht nur aus dem Grund, den Isserlein nennt. Kein Mensch kommt aus dem Nichts. Kein Mensch beginnt mit sich selbst. Niemand ist der erste, und niemand ist der letzte. Es gibt etwas, das noch anstößiger ist als eine kompromittierende Abstammung, und das ist die Illusion, gar keine Abstammung zu haben.

Diejenigen, die glauben, sich selbst erschaffen zu haben, sind gefährlich, weil sie eine übertriebene Vorstellung von der Formbarkeit der Dinge haben. Sie denken, die Welt könne noch einmal von vorn beginnen. (Zuerst muß sie natürlich beendet werden ...)

Ein Revolutionär ist ein Mensch, der es nicht ertragen kann, ein Sohn zu sein. Er wünscht »allein mit seinem eigenen Namen« zu reisen.

Aber schmeichle nicht den Vätern. Sie können dich nicht von dir selbst befreien. Alle Ursprünge der Welt werden dich nicht vor der Realität der Individuation schützen.

Aus deiner Herkunft dein Aufstieg.

Es ist sinnlos, sich gegen die Welt zu wehren, und es ist sinnlos, für sie Partei zu ergreifen.

Du kommst nicht aus dem Nichts, du gehst ins Nichts. Und du kannst dort ankommen, bevor du stirbst.

◇

Meir Katzenellenbogens Entscheidung wurde von seinem jüngeren und berühmteren Zeitgenossen Moses Isserles zum kodifizierten Recht erhoben: »Ein Mann, dessen Vater ein Abtrünniger war, wird mit dem Namen des Vaters seines Vaters zur Tora gerufen. Er soll nicht allein mit seinem eigenen Namen gerufen werden, um ihn nicht zu demütigen. Dies ist nur dann der Fall, wenn er nie in seinem Leben mit dem Namen seines Vaters zur Tora gerufen wurde [das heißt, wenn er ein Junge von dreizehn oder mehr Jahren ist, der erst seit kurzem zur Tora gerufen wird]; ist er aber ein erwachsener Mann, und ist er es gewohnt, daß man ihn in dieser Stadt mit dem Namen seines Vaters ruft, und danach hat sein Vater seine Religion verraten, so kann er mit dem Namen seines Vaters aufgerufen werden, um ihn nicht zu demütigen. Und auch, um nicht den Abtrünnigen zu erzürnen.« Die Würde des jüdischen Individuums und die Sicherheit der jüdischen Gemeinschaft – das sind die Gründe von Isserles' Gesetz.

Meine Schwester hatte einen Traum. Unser Vater stand in ihrem Eßzimmer. Er trug ein blaues Hemd und eine braune Hose, und er tadelte mich scharf. Sie zeigte zornig mit dem Finger auf ihn und sagte: »Untersteh dich bloß nicht, meinen Bruder anzugreifen. Du hast keine Ahnung, was er für dich tut.«

Heute morgen in der Schul las ich die Bibel, als jemand auf der Galerie ein Fenster aufmachte. Sogleich schoß ein Lichtstrahl auf mein Buch zu und fiel darauf. Staub tanzte in dem Strahl, winzige Materieteilchen ohne Verlangen oder Richtung; Bewegung ohne Willen. Die Entropie über meinem Buch sah schön aus. Sie widersprach der Teleologie auf meinem Schoß. Für kurze Zeit war die Bibel zu hell, als daß man sie hätte lesen können. Ich sah nur Weiße und die ungeheiligte Bewegung in ihr.

Als man mich heute morgen bat, die Gebete zu leiten, tat ich es. Als man mich heute nachmittag bat, die Gebete zu leiten, tat ich es. Als man mich heute abend bat, die Gebete zu leiten, tat ich es nicht. Ich lehnte ab. Es ist zuviel. Zuviel für mich, und zuviel für sie. Ich sollte nicht ihr Abgesandter sein, wirklich nicht. Ich wünsche, daß dies vorbei ist. Ich wünsche, daß dies vorbei ist. Ist dies ein Zeichen des Trostes? Es gab Monate, da wünschte ich, es würde nie enden.

Heute abend konnte ich wieder nicht die Aussicht ertragen, die Gebete zu leiten. Statt vom Büro zur Schul zu eilen, setzte ich mich an eine Theke und trank ein Glas Wein. Ich hatte daran fast keinen Genuß, und auch das machte mich böse.

Die Qualen, welche die Überlebenden von Spanien und Portugal in den ersten Jahrzehnten des sechzehnten Jahrhunderts durchzumachen hatten, fanden heftigen Ausdruck in den Predigten des Predigers Joseph Garçon, der Zwangsbekehrung und Vertreibung durchlitt und im Osmanischen Reich umherzog, bis er sich in Damaskus niederließ, wo er 1523 starb. Die Leidenschaftlichkeit seiner Homilien ist bemerkenswert. In Saloniki predigte der geflüchtete Rabbi im Jahre 1500 über das Opfer Noahs nach der Sintflut: »Noah brachte, wie mir scheint, Brandopfer dar, weil das Brandopfer Sühne für eine widerspenstige Regung ist. Denn es ist wohlbekannt, daß in Zeiten des Unglücks jeder, selbst diejenigen, die aller Welt als die rechtschaffensten Menschen erscheinen, sich innerlich gegen Gott auflehnt. Wie kann Er diese arge Verfolgung bewirkt haben? Da Noah Zeuge der großen Katastrophe war, mag sich in ihm etwas gegen Gott geregt haben. Um dies zu korrigieren und seine Seele wieder ganz zu machen, brachte er sein Opfer dar.« Im Jahre 1517 sprach der Prediger in Damaskus zur Gemeinde: »Den gewöhnlichen Menschen fehlt es an der Größe, um gegen Gott zu sprechen. Sie ziehen nicht mit harten Worten über den Himmel her, sie schimpfen maßvoller ... Doch die Vornehmen der Gemeinschaft sprechen mit harten Worten gegen Gott ... Sie wettern wütender gegen die Gottheit und sagen: Wir sehen, daß Gott nicht gerecht ist, denn er rächt uns nicht an den Nationen.« Garçon war besonders zornig darüber, daß durch die Bekehrungen und Vertreibungen die Familien zerstört wurden. Nach einer Pest, die eine fast gänzlich verheerte Gemeinschaft abermals verheerte, wetterte er in einer Predigt, die er 1514 in Damaskus hielt: »Ist da einer in diesem Reich, der einen Sohn hat, der überlebt hat? Und wenn da einer ist, dessen Sohn noch lebt, ist es ein noch größeres Wunder, wenn er zu einem rechtschaffenen und gelehrten Mann heranwächst, damit der Sohn den Vater erlösen kann ...« Viele Juden starben ohne die Hoffnung auf ein Kaddisch. Die Panik der Eltern – ein weiteres Zeichen für das Elend der Menschen.

»Ich weiß nicht, wie es bei euch ist«, sagte ein Typ gutgelaunt in der Schul, »aber meine Gebete werden erhort. Wenn ihr nett zu mir seid, sorge ich dafür, daß ein gerechter Gott euch hilft.« Wir gluckten. Einer erwiderte: »Dann ist also alles, was passiert, deine Schuld!« Wieder gluckten wir. Das Geplänkel schlug heute morgen hohe Wellen. Dieser Kerl macht Witze über die Wirkung des Gebets, doch wenn man der Tradition glaubt, funktioniert die Welt genau so, wie es sein Witz beschreibt. Das System ist nur dann sinnvoll, wenn Beten etwas bewirkt, wenn eine Intervention möglich ist. Aber dann fällt mir etwas ein, daß noch beunruhigender ist als die Unwirksamkeit des Betens, und das ist die Wirksamkeit des Betens. Wer möchte denn wirklich die Verantwortung tragen? Bedauerlich ist nicht unser Mangel an kosmischem Einfluß. Bedauerlich ist unser Interesse an kosmischem Einfluß.

In einer neuen Biographie Houdinis lese ich, daß er alljährlich am Todestag seines Vaters ein Bethaus aufsuchte und Kaddisch sagte. In seinem Tagebuch finden sich viele jährlich wiederkehrende Einträge wie der folgende: »Um sechs Uhr ging ich in Manchester zu einem Tempel und sagte Kaddisch. Ein Mann gab mir einen Tallit und legte ihn mir um die Schultern.« Ein toller Entfesselungskünstler!

◇

»Ich will die Gesetze des Kaddisch der Trauernden mit der Hilfe des Vaters der Trauernden beginnen.« So leitet Benjamin Sew seine entsprechenden Entscheidungen ein. Als erstes behandelt er die folgende Frage: »In Sachen Kaddisch, bezüglich dessen auf der Grundlage jener Legende über Rabbi Akiba bestimmt wurde, daß es von denen gesagt werden soll, die um ihren Vater und ihre Mutter trauern, wurde ich von einem Freund gefragt, [was zu tun ist,] wenn andere Trauernde im Bethaus sind, die um ihre Brüder und Schwestern und Söhne und Töchter trauern und verlangen, daß auch sie einen Anteil haben sollten, während die anderen, die um Väter und Mütter trauern, ihnen das bestreiten und behaupten, daß, wenn ihnen ein Anteil am Kaddisch gewährt würde, sie selbst ihres Anteils beraubt würden. Mein Freund fragte, ob ihnen ein Anteil in der Weise gewährt werden sollte, daß an einem Tag diese Trauernden es rezitieren und am nächsten Tag die anderen, oder nicht.«

So war das in den alten Zeiten. Nicht alle Trauernden im Bethaus rezitierten das Kaddisch gemeinsam, wie sie es heute tun. Vielmehr wurde ein Trauernder bestimmt, den Gottesdienst zu leiten und das

Kaddisch zu sagen, als Repräsentant der Leidtragenden. Benjamin Sew wurde aufgefordert, über die Ansprüche von Trauernden zu entscheiden, die um die Ernennung wetteiferten, um die Gelegenheiten, ihren Toten zu rechtfertigen. Er entscheidet zugunsten der Waisen gegen die anderen Trauernden. Die Waisen haben Vorrang. Er führt eine Reihe von Belegstellen an. Die erste ist die Gründungslegende selbst: »Aus der Legende von Rabbi Akiba geht offenbar hervor, daß die anderen Trauernden keinen Anteil am Kaddisch haben, nur diejenigen, die um ihre Eltern trauern ... [Wäre es anders,] warum hat Rabbi Akiba es nicht so eingerichtet, daß die Verwandten dieses Mannes Kaddisch für ihn sagen, während sein Sohn studierte [und sich darauf vorbereitete, selbst Kaddisch für ihn zu sagen], so daß es ihm genützt hätte? Aus der Tatsache, daß Rabbi Akiba es nicht so eingerichtet hat, müssen wir schließen, daß es ihm [dem Toten] nicht genützt hätte.« Und, noch entschiedener: »Die Grundlage dieses Kaddisch, das geschaffen wurde, bestand in der Trauer um die Eltern und nicht in anderen Arten der Trauer, denn dieses Kaddisch ist durch keine andere Verwandtschaftsbeziehung legitimiert als die Beziehung des Sohnes zum Vater und zur Mutter.«

Es ist möglicherweise unklug, ein Gesetz auf eine Legende zu stützen. In den Rechtsmeinungen über das Kaddisch des Trauernden wird die Geschichte von Rabbi Akiba und dem Verdammten häufig angeführt. Ich frage mich, ob diese Autoren des Mittelalters und der frühen Neuzeit gewußt haben, daß dieses Stück Folklore nicht aus dem Altertum stammte. Hätte die Geschichte dieser Legende, wenn sie ihnen bekannt gewesen wäre, deren Autorität in ihren Augen gemindert?

»Die Grundlage dieses Kaddisch ist nicht die Verwandtschaft«, fährt Benjamin Sew fort. »Seine Grundlage ist die Rechtschaffenheit des Sohnes, die so groß ist, daß der Name des Himmels von ihm geheiligt werden kann, und der Sohn erlöst den Vater dadurch, daß er das Verdienst desjenigen aufzeigt, der jemanden zeugte, der den Namen des Himmels heiligt.« Wenn der Trauernde für die Seele des Verstorbenen um Barmherzigkeit bittet, dann tut er es nicht im Namen des Blutes, sondern im Namen des Charakters. Der Trauernde sagt nicht: Habe Erbarmen mit der Seele meines Vaters, weil er mein Vater war.

Der Trauernde sagt: Habe Erbarmen mit der Seele meines Vaters, weil er einen Mann aufgezogen hat, der vor dir steht und sich deiner Autorität unterwirft. Das Kaddisch hat nichts Sentimentales. (Vielen Juden, für die die Sentimentalität des Kaddisch geradezu die Grundlage ihres Glaubens ist, wird das neu sein.)

Das Kaddisch ist kein verfahrensfremdes Argumentieren. Es ist ein den Regeln entsprechendes Argumentieren. Der Richter wird nicht von der Tatsache bewegt, daß der Angeklagte dein Vater war. Was hat das Blut mit dem Charakter zu tun? Nein, der Richter muß mehr wissen. Was für ein Vater war dein Vater? Indem du dich erhebst, um das Kaddisch zu sagen, hast du eine Antwort gegeben: Er war ein Vater, der seinen Sohn gelehrt hat, *dies* zu tun. Und ein Mann, der seinen Sohn zur Wahrheit leitet, verdient Barmherzigkeit. – Ich komme zu spät zur Arbeit. In der Arbeit werde ich heute zu nichts zu gebrauchen sein. Meine Gedanken weilen bei den Rabbinen.

Ein Mann, der seinen Sohn zur Wahrheit leitet, verdient Barmherzigkeit. Doch die Theologie und die Kosmologie und die Eschatologie, die im Kaddisch impliziert sind – ist das alles Wahrheit? Das glaube ich nicht. Dennoch habe ich keine Nachsicht mit Leuten, die es als Unsinn abtun. Und ich bedaure nicht im mindesten, daß ich gelehrt wurde, es zu glauben. Als sie mich lehrten, was sie für die Wahrheit hielten, lehrten sie mich zu glauben, daß es Wahrheit gibt. Sie ersparten mir das Schwindelgefühl meiner Zeitgenossen.

Ein weiser alter Freidenker sagte mir einmal, während er sich mächtig einen hinter die Binde kippte, daß nur diejenigen in Religionsfragen die freie Wahl hätten, die als Kinder von einer Religion indoktriniert wurden.

Heute morgen passierte etwas Seltsames: Als ich mich erhob, um das Kaddisch zu sagen, überkam mich die Furcht, ich hätte es vergessen.

Benjamin Sew bekräftigt seine Ansicht, daß das Kaddisch im Grund nichts mit der Verwandtschaft zu tun hat. »Es gibt keine engere Verwandtschaft als die des Vaters mit dem Sohn, und die Sorge des Vaters um den Sohn ist größer als die Sorge des Sohnes um den Vater« – und doch wird vom Vater nicht verlangt, Kaddisch für den Sohn zu sagen. Denn »der Vater kann den Sohn nicht im selben Ausmaß erlösen, wie der Sohn den Vater erlösen kann ... Wir haben nie davon gehört, daß ein Vater im Bethaus für seinen Sohn Kaddisch sagt, wenn andere zugegen sind, die um ihre Eltern trauern. Wenn ein Vater wegen seines großen Kummers das Kaddisch für seinen Sohn zu rezitieren wünscht, so kann dies nur geschehen, wenn nicht andere zugegen sind, die um ihre Eltern trauern.« Natürlich darf der Vater für seinen Sohn beten, so wie David für Absalom betete, und auf diese Weise mag er »ihn ein wenig erlösen«, doch das Gebet des Vaters für den Sohn hat nicht dieselbe Kraft wie das Gebet des Sohnes für den Vater. Denn das Kind ist für den Vater nicht in der Weise verantwortlich, in der der Vater für das Kind verantwortlich ist. Ein Vater, der Kaddisch sagt, zeigt, was er empfindet. Ein Sohn, der Kaddisch sagt, zeigt, was ihn gelehrt wurde. Der erstere verkörpert die Liebe. Der letztere verkörpert das Verdienst.

Während er nachweist, daß das Kaddisch die unveräußerliche Pflicht des Sohnes ist, betrachtet Benjamin Sew auch den Fall »einer Gemeinschaft, in der es Brauch war, den Kantor oder jemand anderen zu beauftragen, an Stelle des Sohnes das Kaddisch zu sagen«. Hier haben wir einen frühen Beleg für diese geschmacklose Praxis. Benjamin Sew äußert sich dazu unzweideutig: »Ich billige dies überhaupt nicht, außer wenn der Verstorbene keinen Sohn hat oder wenn der Verstorbene einen Sohn hat, der nicht seinen ständigen Wohnsitz in der Gemeinschaft hat, da wir, um unseren Lebensunterhalt zu verdienen, in dieser Welt zerstreut sind.« Erneut führt er die Legende von Akiba als den Grund an, aus dem er diesen Brauch verwirft: »Warum hat Rabbi Akiba nicht jemanden beauftragt, für jenen Mann Kaddisch zu sagen und ihn dadurch von seinem Leid zu erlösen? Rabbi Akiba ließ ihn statt dessen lieber in seinem Leid, bis sein junger Sohn herangewachsen war.«

Heute morgen kam ich von der Schul zurück und schlief prompt ein. Doch ich schlief unruhig. Ich erwachte, genauer gesagt, ich rettete mich aus einem seltsamen Traum. In dem Traum wurde ich gefoltert, weil ich Zeit vergeudete. Ich kann mich nicht erinnern, jemals Schuldgefühle wegen der Zeit gehabt zu haben.

Der Schlaf ist der Feind. Schau auf die Toten.

◇

Heute morgen zündete ich auf dem alten Holztisch einen kleinen Ziegel Räucherwerk an, und einige Stunden lang hing der Lärchenduft in der Luft. Später bemerkte ich, daß der Ziegel noch immer dort stand, wo ich ihn angezündet hatte, nur war er zu Asche geworden. Seine Form hatte er bewahrt, nicht aber seinen Duft. Er stand aufrecht, aber aus Asche.

Aus Benjamin Sews Respons geht hervor, daß die Trauernden heftig um die Rezitation des Kaddisch konkurrierten. Und es gab offenbar Gemeinschaften, in denen die Rangfolge des Leids nicht beachtet wurde. »Wenn in einer Gemeinschaft diejenigen, die um andere Verwandte trauern, teilnehmen, während solche zugegen sind, die um Vater oder Mutter trauern, könnte man sagen [wie die Rabbinen im Talmud zur Verteidigung lokaler Bräuche sagen, daß] jeder Fluß seinem eigenen Lauf folgt [und damit diese Praxis als den besonderen Brauch dieser Gemeinschaft rechtfertigen]. Nun tritt ein Brauch an die Stelle eines Gesetzes, wenn es ein alter Brauch ist, aber wenn es kein alter Brauch ist, ist es ein schlechter Brauch, und wenn ein solcher Brauch kein Gesetz ist, ist es nicht richtig, ihn zu befolgen ... Wie können auf der Grundlage eines zweifelhaften Brauches diejenigen, die um andere Verwandte trauern, die um ihre Eltern Trauernden [ihrer Rezitation des Kaddisch] berauben, wo doch das Gebet der letzteren ihren Toten nützt und das Gebet der ersteren ihnen nicht nützt?«

Die alte Form, das Kaddisch zu rezitieren, bei der ein dafür ausersehener Trauernder für alle Trauernden sprach, scheint geordneter zu sein als die neue Form, bei der alle Trauernden sich erheben und ihre Pflicht erfüllen, laut und leise, schnell und langsam, in allen Teilen des Raumes, so daß ihre voneinander abweichenden Stimmen zu einer Kakophonie von unterschiedlichen Emotionen und Bildungswegen geraten. Die alte Form scheint geordneter zu sein – und weniger authentisch. Wer wünscht sich einen Stellvertreter für seinen Kummer? Laßt jede Trauer sprechen!

Benjamin Sew beendet sein Respons mit einem Bericht: »Und ich, Benjamin, schreibe dies unter den Aschkenasim in der heiligen Gemeinschaft von Venedig, wo ich Zeuge eines würdigen und schönen Brauches wurde. Wenn um ihre Eltern Trauernde im Bethaus anwesend sind, leiten sie den Gottesdienst ... zumindest aber nimmt der Kantor, wenn des Ende des Gottesdienst naht, Platz, und der Trauernde führt den Gottesdienst zu Ende. An den Tagen, wo solche Trauernde nicht zugegen sind, rezitiert der Kantor das Kaddisch in abweichender Fassung und in einem leichten Flüsterton für alle Toten Israels. Und wenn die anderen Trauernden [die nicht um ihre Eltern trauern] ein Recht auf das Kaddisch hätten, warum hätten sie es dann nicht an Stelle des Kantors rezitiert? Doch sie haben es hier nicht, und so haben sie es auch dort nicht [in dem Benjamin Sew vorliegenden Fall]. Die peinlich offenkundige Schlußfolgerung ist, daß Waisen Vorrang vor anderen Trauernden haben.«

Ein gerade aus Europa zurückgekehrter Vetter berichtet mir, der alte Brauch sei mancherorts noch immer Brauch. Er hatte erwartet, daß alle Trauernden sich gemeinsam erheben und das Kaddisch rezitieren, doch als er in den hinteren Reihen seinen Mund auftat, wurde er zum Schweigen gebracht. Ein dafür ausersehener Trauernder sprach das Kaddisch, und die anderen Trauernden hörten zu. Ich wüßte gern, wann das System des ausersehenen Trauernden endete.

Nach dem Abendessen suche ich in meinen Büchern eine Stunde lang nach Hinweisen, und ich werde fündig. Zunächst stoße ich auf eine klare, detaillierte Darstellung des alten Systems. Es war, wie sich zeigt, reichlich umständlich. Unter den Responsen von Moses Mintz, einem deutschen Talmudisten des fünfzehnten Jahrhunderts, ist eine Epistel über das Kaddisch des Trauernden. »Ich habe«, beginnt Mintz, »beobachtet, daß Einheimische und Besucher an bestimmten Orten unterschiedlich behandelt werden, wenn es darum geht, in den zwölf Monaten nach dem Tod eines Elternteils das Kaddisch des Trauernden zu rezitiern und die Gebete zu leiten. An manchen Orten ist es Brauch, daß der Einheimische beim Kaddischsagen und den Gebeten Vorrang vor dem Besucher hat, außer beim ersten Kaddisch; an anderen Orten ist es Brauch, daß für dich und den Fremden, der bei dir weilt, ein und dasselbe Gesetz gilt. Unterschiede werden auch gemacht zwischen dem Trauernden in den sieben Tagen und dem Trauernden in den dreißig Tagen und dem Trauernden in den zwölf Monaten und obendrein dem Trauernden am Jahrestag des Todes seines Vaters oder seiner Mutter. Darüber, wer zuerst kommt und wer Vorrang vor wem hat, gibt es geteilte Meinungen. Aus diesem Grund bin ich von der Gemeinde hier in Bamberg gebeten worden, eine gewisse Ordnung in die Sache zu bringen, damit es keinen Streit gibt. Es ist angebracht und recht, daß ich das tue, weil diese Meinungsverschiedenheiten sich ständig in den Vordergrund drängen: der eine sagt dies, der andere sagt jenes, die Ansicht des einen entspricht nicht der Ansicht des anderen, der eine behauptet, dieses sei Brauch, der andere behauptet, jenes sei Brauch, und das macht manchmal das ganze Opfer null und nichtig.« Mintz war von 1469 bis 1473 Rabbiner von Bamberg. Er macht sich daran, alle erdenklichen Kombinationen von Kategorien von Trauernden mit ihren konfligierenden Ansprüchen auf das Kaddisch umfassend zu erörtern.

Was den Konflikt zwischen Einheimischen und Besuchern angeht, kommt Mintz zu dem Schluß, daß »alles vom örtlichen Brauch abhängt«, und er nennt die Gründe und Quellen für beide Bräuche, wobei er seinen großen Vorgänger Jakob Möllin zitiert, der als einer der ersten die neuzeitlichen aschkenasischen Riten und Rituale kodifizierte und an der Wende vom vierzehnten zum fünfzehnten Jahrhundert in Deutschland hohes Ansehen genoß. Doch Möllin, bemerkt Mintz, »schrieb sehr ausführlich, und es ist an der Zeit, es kurz zu machen«, sich sachlich zu äußern. Er hält fest, daß »es allgemein bekannt ist, daß es hier, in der heiligen Gemeinde von Bamberg, und in den übrigen Gemeinden dieses Landstrichs Brauch ist, daß der Einheimische Vorrang vor dem Fremden hat, obwohl der Fremde das Recht hat, einmal die Gebete zu leiten und das Kaddisch des Trauernden zu rezitieren«. Er sagt indes nicht, daß der Bamberger Brauch der allgemeingültige Brauch sein müsse. Dies ist aber kaum alles, was dazu gesagt werden muß. Was, wenn unterschiedliche Arten von Trauernden in der Schul sind, und jeder verlangt für sich das Privileg? Mintz formuliert eine allgemeine Regel: »Ich glaube, wir sollten nicht nach dem Prinzip verfahren, daß der Stärkste gewinnt oder daß der Erste gewinnt, denn das führt zu Streit, und es gibt Konflikte, und alles wird verdorben, Gott behüte. Unsere Rabbiner haben das sehr gefürchtet, weil sie Frieden in der Gemeinschaft wünschten.«

Im Talmud, wo eine ähnliche Konkurrenz um die Darbringung von Opfern im Tempel erörtert wird, kamen die Rabbinen zu dem Schluß, daß die Lösung in einer Lotterie liegt. »Um Ordnung zu schaffen, damit Friede in unserem Palast herrscht, unserer heiligen Stätte des Gebets, damit die Pflicht richtig erfüllt werden kann, um des Himmels willen, ohne Streitereien und heftige Auseinandersetzungen«, unterzieht Mintz alle erdenklichen Umstände und Ergebnisse der Kaddisch-Lotterie einer eingehenden Untersuchung. Die Einzelheiten sind zum Verrücktwerden. Das System besteht aus vielen Teilen. Da sind die verschiedenen Tageszeiten, zu denen Kaddisch gesagt wird; da sind Einheimische und Fremde; da sind unterschiedliche Zahlen von Einheimischen und Fremden; da sind Einheimische während der sieben Tage, der dreißig Tage, der zwölf Monate ihrer Trauer; da ist der einzelne, der des Jahrestages des Todes seines Vaters oder seiner Mutter gedenkt (er gewinnt, da er nur einen Tag hat, an dem er sich seiner Pflicht entledigen kann); da sind bisweilen drei oder vier oder fünf, die des Jahrestages des Todes ihres Vaters oder ihrer Mutter gedenken; da sind solche, die des Jahrestages des Todes ihres Vaters oder ihrer Mutter gedenken, aber nicht rechtzeitig zum Bethaus kommen; da sind Geschwister, die um ihren Vater oder ihre Mutter trauern, und Einzelkinder, die um ihren Vater oder ihre Mutter trauern; da sind Minderjährige; da sind Trauernde, die fähig sind, den Gottesdienst zu leiten und das Kaddisch zu rezitieren, und Trauernde, die unfähig sind, den Gottesdienst zu leiten und das Kaddisch zu rezitieren (das Kaddisch ist den Unfähigen und den Jungen vorbehalten, weil diejenigen, die die Gebete leiten, ihre Pflicht ohnehin glänzender erfüllt haben, da »Beten mit dem Kaddisch kommensurabel und lobenswerter ist«, wohingegen, »wenn es um das Kaddisch des Trauernden geht, alle gleich sind« – es ist der kleinste gemeinsame Nenner des Kummers in der Schul); und so geht es endlos weiter. In einem solchen System hatte anscheinend kein Trauernder das Privileg, mehr als ein Kaddisch am Tag zu rezitieren. Dies ist organisierte Religion in höchster Perfektion. Dabei kann man wirklich vergessen, warum man zur Schul gekommen ist.

◇

Voraussetzung des umständlichen Mintzschen Systems ist, um es noch einmal zu sagen, die undemokratische Praxis des ausersehenen Trauernden, und es ist kein Wunder, daß dieser komplizierte Apparat schließlich versagte. Doch wann versagte er? Nicht lange danach. Mordechai ben Abraham Jaffe, der einzelgängerische Kodifizierer aus Prag, der sich, nachdem die Juden 1561 aus Böhmen vertrieben worden waren, schließlich in Polen niederließ, gab hundert Jahre später Mintz' Führer für alle Wechselfälle des Kaddisch voller Bewunderung wieder. Jaffe verfaßte seinen eigenen Kodex des jüdischen Rechts, weil er sich über den elliptischen Charakter der zeitgenössischen Kodizes von Josef Karo und Moses Isserles ärgerte. »Sie stellen alles ohne Begründungen dar, so als sei alles Moses auf dem Sinai gegeben worden.« Jaffe, der Abhandlungen über Astronomie, Philosophie und Mystik in sein großes Werk aufnahm, fühlte sich für die Begründungen verantwortlich. Über den *Schulchan Aruch* (»Der gedeckte Tisch«) von Karo und Isserles schrieb er: »Sie haben ihren Tisch gedeckt mit Süßigkeiten und Köstlichkeiten, mit Blüten und mit Kräutern, doch die Speise ist fade, weil das Salz fehlt. Gelehrte, die diese Speise verzehren, werden den Geschmack kosten, der ihnen vertraut ist. Doch wie sollen arme Menschen wie wir an diesem faden, ungesalzenen Zeug Geschmack finden? Denn ein Gesetz kann nicht betrachtet werden ohne eine Begründung, so wie ein Gericht nicht verspeist werden kann ohne Salz.« Jaffe zieht einen Gehorsam vor, der nicht blind ist. Und seine Betrachtung über das Kaddisch des Trauernden ist in der Tat ein wenig salzig. Über das Alenu, das am Ende des Gottesdienstes gebetet wird, lehrt er, daß »nach diesem Gebet das Kaddisch des Trauernden rezitiert wird, und auch dann, wenn kein Trauernder im Jahre seiner Trauer im Bethaus anwesend, sollte es von einem anderen rezitiert werden, dessen Mutter oder Vater tot ist. Der Grund ist dieser: Ein Kaddisch muß immer gesagt werden, wenn Bibelverse gehört wurden, und da auch im Alenu Verse aus der Schrift enthalten sind, muß ein Kaddisch folgen. Doch es entstand der Brauch, dieses spezielle Kaddisch einem Trauernden zu überlassen, dessen Vater oder Mutter im Laufe des Jahres gestorben war, da es junge Waisen – und sogar Erwachsene – gibt, die nicht fähig sind, der Abgesandte der Gemeinde zu sein und den Gottesdienst und das Kaddisch für ihre toten Eltern zu leiten. Aus der Geschichte von Rabbi Akiba wissen wir ja, welcher große Nutzen dem Toten erwächst, wenn er einen Sohn hat, der Kaddisch sagt, besonders im ersten Jahr nach seinem Tode. Und so wurde bestimmt, daß dieses Kaddisch [am Ende des Gottesdienstes] für Trauernde reserviert wird.« Und dann fügt Jaffe knapp hinzu: »Denn dies ist alles, was die Trauernden brauchen, jung oder alt.« Im Bethaus ist Trauer nicht das Hauptereignis. Ein paar Seiten weiter berichtet Jaffe, nachdem er die Response von Moses Mintz zitiert hat, irritiert von »einem neuen Brauch, der sich zu meinen Lebzeiten in diesen Landen ausgebreitet hat«: Ein mittelalterliches Gedicht zum Lobpreis Gottes, das am Sabbat am Ende des Gottesdienstes rezitiert wird, wurde in sieben Abschnitte unterteilt, und an jedem Wochentag wurde am Ende des Gottesdienstes nach dem Kaddisch des Trauernden ein Abschnitt gesagt. Warum diese Verlängerung des täglichen Gottesdienstes? »Als ich jung war«, schreibt Jaffe, »hörte ich, dies sei ein Brauch ohne Begründung, außer daß er geschaffen wurde, weil gelegentlich viele Trauernde da sind und es auf diese Weise möglich würde, daß jeder ein Kaddisch bekommt.« Jaffe billigt diese Vervielfachung des Kaddisch des Trauernden nicht. Aber er traut sich auch nicht, einen Brauch zu annullieren. »Da er nun einmal existiert, mag er bleiben.«

Nach dem einflußreichen Gesetzeskommentar von Abraham Gombiner zu urteilen, ist das traditionelle System der Bevorzugungen hundert Jahre später in Polen noch immer im Schwange. Dieser Gelehrte des siebzehnten Jahrhunderts übt Kritik daran, daß derjenige, der das Kaddisch rezitieren darf, durch Los ermittelt wurde, und schreibt, daß »dieser Brauch um sich griff, weil sie das Respons von Rabbi Moses Mintz nicht gesehen hatten, damals noch nicht gedruckt war. Er hatte ja die Praktiken des Kaddisch in angemessener Weise geordnet.« Doch dann fügt Gombiner – Mintz hin, Mintz her – hinzu: »Es entspricht alles dem Brauch.« Anschließend trägt Gombiner seine eigenen Komplikationen vor. Was geschieht, wenn beim Auslosen unter vier oder fünf Trauernden zwei mit derselben hohen Zahl hervorgehen? (Zwischen den beiden Gewinnern wird noch einmal das Los geworfen.) Was geschieht, wenn zwei oder drei Trauernde das

Kaddisch dieses Tages unter sich ausgelost haben, und am Morgen taucht ein dritter Trauernder auf? (Es muß neu ausgelost werden.) Und so weiter. Diese ganze Glücksspielerei um all dieses Leid. Es ist einigermaßen absurd. Hat ein Trauernder nicht schon für eine Weile genug von den zufälligen Fügungen des Schicksals gehabt?

In Deutschland entdecke ich im siebzehnten Jahrhundert einen allmählichen Wandel. In Josef Schammes' Kompilation der Wormser Bräuche zeichnet sich eine Entwicklung hin zu Gleichheit und Einfachheit ab. Offenbar wurde ein Rotationssystem eingeführt: »Die um ihren Vater oder ihre Mutter Trauernden rezitieren in der Schul das Kaddisch des Trauernden, einer nach dem anderen, abwechselnd. Ein Trauernder am Ende seiner ersten sieben Trauertage hat jedoch Vorrang, und wenn er zum ersten Mal in der Schul erscheint, rezitiert er alle Kaddische [in diesem Gottesdienst]. Und am Ende der elf Trauermonate, wenn er aufhört, das Kaddisch des Trauernden zu sagen, rezitiert er ebenfalls alle Kaddische.« In dem von Schammes beschriebenen Schema verabreden die Trauernden unter sich eine Reihenfolge der Rezitation, damit so viele Trauernde wie möglich das Privileg haben können, öffentlich Kaddisch zu sagen. Weshalb denken sie dann nicht daran, mehr Rezitationen des Kaddisch in den Gottesdienst einzuführen und dadurch die Chancen der Trauernden zu erhöhen, damit alle Gelegenheit haben, sich und ihre Eltern öffentlich zu erlösen? Schammes warnt zweimal vor der Vermehrung des Gebets. Er schlägt sogar vor, eine Gelegenheit für das Kaddisch des Trauernden kurz vorm Ende des Gottesdienstes abzuschaffen, und zwar mit der Begründung, an das alte Gebet Alenu sei in den Jahren nach seiner Entstehung nur deshalb ein Bibelvers angehängt worden, damit noch ein Trauernder noch ein Kaddisch sagen kann. »Das Beste ist, die Kaddische nicht zu vervielfachen«, erklärt Schammes.

◇

Ein Jahrhundert später hat es den Anschein, als sei man von der Rotation zur Partizipation übergegangen und als sei das Kaddisch demokratisiert worden. Und die Demokratisierung kam von außerhalb der aschkenasischen Welt. In dem mit Anmerkungen versehenen Gebetbuch, das der stürmische Gelehrte Jakob Emden 1745 in Altona veröffentlichte, finde ich die folgende Bemerkung über das Kaddisch des Trauernden: »Von den unterschiedlichen Regelungen der Aschkenasim in der Frage, wer beim Sagen des Kaddisch Vorrang vor wem hat und wer wem gegenüber zurückzustehen hat, will ich hier nicht handeln, da dies gänzlich eine Sache des Brauches ist. (Und wie schön und angemessen ist der Brauch der Sephardim, daß, wenn viele Trauernde da sind, alle das Privileg haben und es gemeinsam sagen. In einer Sache, die nicht wesentlich oder von vorrangiger Bedeutung ist, sind Streitereien ebenso sinnlos wie die Mühe, genauere Hinweise aus dem Recht abzuleiten.)« Moses Sofer, der glänzende Streiter gegen den Modernismus, stützt Emdens Meinung in einem 1831 in Preßburg (Bratislava) verfaßten Respons. Sofer bemerkt, daß »es bei den Sephardim Brauch ist, daß alle Trauernden bei jeder Gelegenheit das Kaddisch gemeinsam sagen, und ihnen allen antwortet die Gemeinde; und der weise Rabbiner Jakob ben Zwi [Emden] schrieb in seinem Gebetbuch, er wolle auf die Gesetze des Kaddisch nicht eingehen, weil der Brauch der Sephardim, daß alle es gemeinsam sagen, richtig sei. Auch hier in unserem Lehrhaus sagen die jungen Männer, die in Trauer sind, das Kaddisch, das nach dem Studium gesagt wird, gemeinsam, und wenn im Bethaus Uneinigkeit zwischen zwei Trauernden ist, sagen es beide. Und was ist daran verkehrt?« Zu der Frage, wer die Gebete leiten soll, die natürlich nicht von allen Trauernden geleitet werden können, schreibt Sofer: »Ich weiß nicht, wie man zu einer Lösung des Problems gelangen kann«, es sei denn, der Rabbiner kann für das Nachmittags- und das Abendgebet ein anderes Quorum festlegen. Die Demokratisierung des Kaddisch war also offenbar das Werk der sephardischen Gemeinschaften, irgendwann zwischen dem sechzehnten Jahrhundert, als Benjamin Sew sich noch mit dem Problem herumschlug, und dem achtzehnten Jahrhundert, als Emden eine bereits etablierte Lösung des Problems lobte. Doch in der aschkenasischen Welt bestand das Problem weiter bis ins neunzehnte Jahrhundert, als Sofer einen Weg finden mußte, die ungebärdigen Trauernden, von denen er umgeben war, zufriedenzustellen.

Doch die Demokratie ist auch nicht ohne Probleme. Das Recht, für sich selbst zu sprechen, ist eine Sache, die Fähigkeit, für sich selbst zu sprechen, eine andere. Wie sich zeigte, gab es Trauernde, die das Kaddisch rezitieren wollten, aber nicht wußten wie, und sie waren froh, an die Segnungen der Repräsentation erinnert zu werden. Der galizische Rabbiner Zwi Hirsch Chajes bemerkte 1849 in einer polemischen Entgegnung auf eine Konferenz von Reformrabbinern: »Ich habe gehört, daß mancherorts die Praxis eingeführt wurde, daß die Trauernden das Kaddisch nicht jeder für sich rezitieren, sondern daß der Leiter der Gebete auf der Bima steht und das Kaddisch des Trauernden rezitiert, und die Trauernden stehen um ihn herum und sprechen es ihm nach, Wort für Wort, ob sie den Wortlaut nun kennen oder nicht. Das ist nach meiner Meinung eine gute Reform, da sie denen, die den Wortlaut nicht kennen, die Peinlichkeit erspart.«

Die Demokratie hat ihre eigene Form der Bedrückung. Es ist die Peinlichkeit.

Immer langsam. Im Teehaus stöbere ich in Sofers Entscheidungen, und ich stoße auf eine im Jahre 1800 verfaßte Meinung, in der Sofer das Gegenteil dessen zu vertreten scheint, was er drei Jahrzehnte später vertrat! 1831 vertrat er unter Berufung auf Emden das Gruppen-Kaddisch. Im Jahre 1800 führt er Emdens Bemerkung an, daß »der sephardische Brauch, bei dem alle Trauernden gleichzeitig und gemeinsam das Kaddisch sagen, angenehmer und passender ist«, doch in diesem früheren Text hat er Bedenken. »Es hat den Anschein, als sei dies ein legitimer Brauch, und je mehr Menschen eine Pflicht erfüllen, um so besser.« Doch wenn dies die beste Regelung des Problems ist, warum haben die Meister von Aschkenas es dann nicht in diesem Sinne geregelt? »Wir müssen uns wundern über unsere Vorväter, die doch im Besitz der Tora als eines alten Erbes waren ... Doch wie können wir sie verdächtigen, den richtigen Weg verdorben und verdreht zu haben?« Nicht, daß die Vorzüge des aschkenasischen Brauches direkt auf der Hand lägen. Nein, sagt Sofer, die Tradition des ausersehenen Trauernden, der zufolge die am stärksten verwundeten Trauernden Vorrang gegenüber den am wenigsten verwundeten Trauernden haben, »bedarf (ebenfalls) einer gründlichen Prüfung ... Stellen wir uns ein Geschäft vor, dessen Partner eine bestimmte Menge einer Ware bekommen haben, und einer der Partner würde sagen: ›Ich brauche die Ware am dringendsten, also gebt sie mir allein, und ihr anderen bekommt nichts davon!‹ Bestimmt würden die anderen antworten: ›Was geht es uns an, daß du die Ware am dringendsten brauchest? Sie gehört uns allen, und jeder sollte einen gleichen

Anteil bekommen!‹ Auch in diesem Fall bedarf der Mann in der ersten Woche seiner Trauer des Kaddisch dringender als die anderen, obwohl sie alle Partner sind. Warum sollten die anderen auf ihren Anteil verzichten?« Damit scheint der Fall zugunsten des sephardischen Brauches, des Gruppen-Kaddisch, entschieden zu sein. Doch Sofer hat eine Entgegnung, gestützt auf eine talmudische Quelle. Warum sollte ein Mann im ersten Trauermonat sein Privileg einem Mann in der ersten Trauerwoche abtreten? Weil es in seinem Interesse liegt. Es wird einmal der Tag kommen, da es um seine eigene Seele geht, da der Trauernde in der ersten Trauerwoche sein eigener Sohn sein wird, und er wird wünschen, daß man seinem Sohn den Vortritt gibt. Es mag sein, daß das Gruppen-Kaddisch im Interesse der Trauernden liegt, aber es liegt möglicherweise nicht im Interesse der Toten. Und daher entscheidet Sofer, daß die aschkenasische Tradition, die Tradition des ausersehenen Trauernden, erhalten bleiben soll.

Und sie sollte noch aus einem anderen Grund erhalten bleiben. In diesem frühen Text trägt Sofer eine ganz andere Erklärung für die Wirksamkeit des Kaddisch des Trauernden vor. »Das Wesen der Erlösung, die der Sohn für den Vater erwirkt«, schreibt er, »ist nicht eigentlich in der Rezitation des Kaddisch durch den Sohn zu suchen, sondern in dem Privileg, das er der Gemeinde verschafft, mit ihrem wiederholten Amen und ihren Lobpreisungen des Namens des Herrn kraftvoll [auf seine Rezitation] zu antworten. Er erlöst seinen Vater, indem er sich in einen Vermittler für die Gemeinde verwandelt. In diesem Lichte wird deutlich, daß unser Brauch die größere Wirksamkeit hat. Denn selbst wenn alle Trauernden das Kaddisch gemeinsam rezitieren, wird die entscheidende Stimme doch demjenigen gehören, dessen Kaddisch der Gemeinde die Gelegenheit zum Antworten gibt. Dies aber wird jeden der Trauernden veranlassen, sich in den Vordergrund zu drängen, so daß er als erster gehört wird und die Gemeinde auf seine Worte und nicht auf die Worte seiner Mittrauernden antwortet.« Der Trauernde ist ein Mittelsmann zwischen der Gemeinde und ihrem Gott, und sein Erfolg, die Gemeinde zu veranlassen, ihren Gott zu rühmen, ist der Ruhm, in dem sich die Seele seines Vaters sonnen kann. Eine solche Rolle kann nur ein individueller Trauernder spielen. Beim sephardischen Brauch werden die Trauernden gemeinsam einen solchen Lärm machen, in dem das Kaddisch untergeht. Sofer schlägt so etwas wie eine kommunitaristische Theorie des Kaddisch vor, in der die Rechtfertigung des Toten durch die Worte der Gemeinde bewirkt wird. Und da die Gemeinde verantwortlich ist, wird die Gemeinde belohnt. »Je mehr der Tote der Antwort der Gemeinde bedarf – der Antwort auf den Trauernden in der Woche nach seinem Tode, danach der Antwort auf den Trauernden im Monat nach seinem Tode, danach der Antwort auf den Trauernden am Jahrestag seines Todes –, desto größer ist der Lohn, den die Gemeinde dafür erhält, daß sie dem Toten geholfen hat.«

Wie ist der Widerspruch zwischen Sofer im Jahre 1800 und Sofer im Jahre 1831 zu erklären? Ich weiß es nicht. Die Antwort mag vielleicht sein, daß es alles eine Frage des Brauches ist. Vielleicht suche ich nach Theorien, wo es gar keine Theorien gibt. Man sollte die beruhigende Worte Emdens beherzigen: »In einer Sache, die nicht wesentlich oder von vorrangiger Bedeutung ist, sind Streitereien ebenso sinnlos wie die Mühe, genauere Hinweise aus dem Recht abzuleiten.«

Als ich heute morgen die Gemeinde leitete, antwortete sie beim Kaddisch mit Nachdruck. Ich war etwas verblüfft. Schauen sie mir etwa bei der Lektüre Sofers über die Schulter? Nein, ich weiß, was passiert ist. Sie sind Gläubige, und ich hatte das Richtige gesagt.

Als Moses Sofer im Jahre 1831 das Gruppen-Kaddisch in Preßburg genehmigte, genehmigte Akiba Eger es in Posen. Akiba Eger war Moses Sofers Schwiegervater, ein unentwegter Feind der Aufklärung und der Reform und ein Rabbiner von schrecklicher Gelehrsamkeit. (Er hat mich, ehrlich gesagt, immer in Schrecken versetzt.) Unter dem Zwang der Umstände änderte Eger einen Brauch: »Im Monat Aw des Jahres 5591 brach hier eine Choleraepidemie aus, und es kamen viele Trauernde, um Kaddisch zu sagen. Ich führte die Übung ein, daß alle Trauernden das Kaddisch gemeinsam sagen, und so wurde es ein Jahr lang gehalten. Fast ein Jahr später, am ersten Tag des Monats Aw des Jahres 5592, ließ die Epidemie nach, und ich gab Anweisung, daß das Kaddisch nicht länger gemeinsam gesagt werden sollte, außer einmal am Tag, am Ende des Morgengottesdienstes, wo das Kaddisch von allen Trauernden gemeinsam gesagt werden sollte, doch zu keiner anderen Zeit. Auf diese Weise würde jedem Trauernden Gelegenheit gegeben, wenigstens einmal am Tag Kaddisch zu sagen. Und so soll es sein, und so soll es bleiben für alle Zeit, mit Gottes Hilfe.« Dies ist ein schönes Beispiel für die Weiterentwicklung des Rituals. Die jüdische Praxis ist mitfühlend, aber sie ist nicht opportunistisch. Sie paßt sich an die Welt an, aber sie unterwirft sich nicht der Welt. Eine Praxis muß sich nicht nur vor ihren Umständen rechtfertigen, sondern auch vor ihren Prinzipien. Daher endete die Modifikation des Kaddisch des Trauernden, als die Epidemie endete, weil die wechselhaften Umstände der Geschichte nicht die Legitimationen des Gesetzes bieten können. Die Trauernden von Posen kehrten zum alten System zurück, das Kaddisch zu delegieren, weil Geschichte nicht alles ist, was Juden wissen müssen. Weil noch mehr dahintersteckte. Sie kehrten nicht vollständig zurück. Das Gruppen-Kaddisch war in Posen nur befristet, nur ein Notbehelf, doch der Rabbiner entdeckte im Befristeten, im Notbehelf eine Neuerung, die seiner Gemeinschaft auch in epidemiefreien Zeiten von Nutzen sein würde. Und so wurde ein Rest des neuen Brauches an den alten Brauch angehängt. Auf diese Weise entsprach der Rabbiner den Anforderungen der Trauernden und den Anforderungen der Prinzipien, den Bedürfnissen normaler Zeiten und den Bedürfnissen außergewöhnlicher Zeiten.

Ich schaute von meinem Buch auf und sah durchs Fenster, wie Arbeiter auf der Straße ein langes Kabel legten. Auch sie arbeiteten fleißig an der Übertragung von Energie. – Ein Kabel, das durch die Zeit, nicht durch den Raum verläuft.

◇

In einem bemerkenswerten Briefwechsel zwischen zwei Rabbinern des neunzehnten Jahrhunderts wird eine Meinungsverschiedenheit über die Wirksamkeit des Kaddisch des Trauernden sichtbar, die bis zu den Fundamenten des Brauches reicht. Im Jahre 1854 übersandte Beer Oppenheim, der Rabbiner von Eibenschitz (Ivancice) in Mähren, eine Meinung an Jakob Ettlinger, den Rabbiner von Altona, der in einem Band seiner Response Oppenheims Meinung und seine Meinung zu Oppenheims Meinung veröffentlichte. Oppenheim erbat Ettlingers Entscheidung zu einer von ihm vorgeschlagenen Reform. »Dies ist, was ich fragte: Eine gewisse Gemeinschaft besaß ein großes

Bethaus und ein kleines Bethaus sowie andere Betstuben. Als das große Bethaus baufällig wurde und einzustürzen drohte, rissen sie es nieder und errichteten ein großes und schönes Bethaus, das geräumig genug war, alle Mitglieder der Gemeinschaft aufzunehmen. Sie vereinbarten, daß niemand außerhalb dieses Bethauses beten sollte, und ferner vereinbarten sie, daß alle Trauernden, auch die in den dreißig Tagen ihrer Trauer und die, welche eine Jahrzeit [den Jahrestag des Todes von Vater oder Mutter] begingen, das Kaddisch des Trauernden gemeinsam, zur gleichen Zeit, sagen sollten. Doch einige wurden dadurch beunruhigt und wappneten sich mit dem, was Moses Isserles und Abraham Gombiner im Kodex des Gesetzes geschrieben hatten [daß das Kaddisch des Trauernden gemäß dem alten System der Bevorzugungen von einem ausersehenen Trauernden gesagt werden muß]. Doch die Gemeinschaft wollte das alte System nicht einführen und entgegnete, daß es tagtäglich zu Streitereien und heftigen Auseinandersetzungen führen würde, da nur ein Bethaus da ist. Und sie fragten mich, ob sie recht gehandelt hätten.«

Oppenheim sagte ihnen, sie hätten recht gehandelt. Der Rabbiner billigte die Änderung. »Ich antwortete ihnen, was sie getan hätten, sei in meinen Augen eine große und angemessene Reform.« Er nennt die Gründe für seine Billigung. Einer davon ist ein schönes Beispiel für das altehrwürdige Verfahren, Unterschiede zwischen den einzelnen Fällen aufzuzeigen, um die Bräuche zu bewahren: »Es trifft zu, daß Moses Isserles allgemein und nach ihm Abraham Gombiner detailliert geschrieben haben, daß bestimmte Trauernde beim Kaddisch Vorrang haben; was sie sagten, wollten sie jedoch nur auf eine Stadt bezogen wissen, in der es viele Bethäuser und Lehrhäuser gibt, in denen es möglich sein würde, alle ihre Forderungen bezüglich der Prioritäten unter den Trauernden zu erfüllen, einschließlich derjenigen in ihren dreißig Tagen und derjenigen in ihrer Jahrzeit. Doch in einer Stadt, in der es nur ein Bethaus gibt, werden jeden Tag viele Trauernde in ihren dreißig Tagen und ihrer Jahrzeit anwesend sein, und daher ist es recht, daß sie alle gemeinsam das Kaddisch sagen, zur gleichen Zeit, um die Möglichkeit von Streitigkeiten zu verringern. Auf diese Weise wird man den Frieden aufrechterhalten.« Den Frieden – und all die Autoritäten.

Oppenheim vermerkt, daß manche diese Reform generell ablehnten: »Einige schlagen Alarm und weisen darauf hin, daß es verboten sei, einen Brauch für null und nichtig zu erklären, weil jeder Brauch sein Tor im Himmel habe und seine Grundlage in den geistlichen Gipfeln [den Gelehrten des Altertums].« Schließlich war die Bewahrung des Brauchtums eine der Überlebensstrategien des Judentums. Doch Oppenheim hat eine knappe und noble Entgegnung: »Ich sage, daß es zulässig ist, einen Brauch für null und nichtig zu erklären, um einen Konflikt zu beenden.« Der Frieden hat höheren Rang als die Authentizität. Er zitiert einen Präzedenzfall in einem Respons von David ben Simra, dem Meister des Rechts und der Kabbala im Ägypten des siebzehnten Jahrhunderts, der seinerseits eine frühere Autorität zitiert, daß »wir nicht besorgt sind um einen Brauch, der die Bürde der Gemeinschaft erleichtert«; zudem habe die Ehrfurcht vor der Vergangenheit ihre Grenzen, da »wir nur die Richter haben, die in unserer Zeit leben«. Oppenheim möchte außerdem deutlich machen, daß er die Gefahr von Streitigkeiten in der Gemeinde in seiner eigenen Zeit nicht übertreibt: »Oft gibt es unterschiedliche Ansichten, aus denen Streit im Gotteshaus entsteht. Ich weiß dies mit Gewißheit, da ich selbst gesehen habe, daß ein Mann wegen eines Disputs um das Kaddisch einen anderen ins Gesicht schlug.«

Handgreiflichkeiten! Deshalb also erheben wir uns gemeinsam in der Schul, all die untröstlichen Männer, und betrauern gemeinsam unsere Toten. Andernfalls könnte jemand verletzt werden.

Heute abend kam bei meinen Gebeten nicht viel heraus. Die Schlägerei unter den Trauernden ging mir nicht aus dem Sinn. Für Oppenheim war der Ausbruch von Gewalt im Bethaus bestimmt eine Tragödie. Aber ich muß über den Vorfall lächeln. Die Komödie des Profanen.

Oppenheim nennt weitere Gründe für seine Reform, und sie sind einigermaßen überraschend. Sie scheinen sogar auf das Herz des Kaddisch des Trauernden zu zielen. Der Grund, warum man das Kaddisch auf unterschiedliche Weise organisieren darf, ist Oppenheim zufolge der, daß eigentlich nicht viel auf dem Spiel steht. Das Kaddisch ist im Grunde nicht gar so wichtig. »Zunächst finden wir die Institution des Kaddisch weder in den beiden Versionen des Talmud noch in Maimonides' noch in Jakob ben Aschers Gesetzeskodex. Alles, was wir finden, ist, daß Josef Karo in seinem Kommentar zu Jakob ben Aschers Kodex berichtet, daß das *Kol Bo* die Geschichte von Akibas Begegnung mit dem Holzfäller aus dem heiligen *Sohar* abgeschrieben hat, doch in seinem eigenen Gesetzeskodex erwähnt Karo diese Praxis überhaupt nicht, und erwähnt wird sie nur von Moses Isserles [in seinem Nachtrag zu Karos Kodex], der sie hervorgehoben und gesichert hat ... [Wenn das Kaddisch im alten rabbinischen Recht nicht zu finden ist,] findet man es dann vielleicht im Midrasch [der alten rabbinischen Legende]? Doch ein jüngst erschienenes Buch, das aus einer Sammlung von Responsen und späteren rabbinischen Schriften besteht, ist zu dem Schluß gekommen, daß das Kaddisch im Midrasch nirgendwo zu finden ist.« Oppenheim zitiert ferner ein Ende des vierzehnten oder Anfang des fünfzehnten Jahrhunderts entstandenes Respons von Isaak ben Scheschet Perfet, dasjenige, das mir vor Monaten geholfen hat, der Geschichte des Kaddisch des Trauernden unter den Sephardim auf die Spur zu kommen, in der Perfet bemerkte, daß »diese Geschichte [von Rabbi Akiba] im Talmud nicht zu finden ist«. Dieser Überblick über die Literatur soll zeigen, daß das Kaddisch des Trauernden nicht tief in der Tradition verankert ist. Schlimmer noch, seine Grundlage in der Philosophie ist ebenso dürftig wie seine Grundlage in der Geschichte. Oppenheim bedenkt die Legende von Rabbi Akiba und dem Verdammten mit einer verheerenden Bemerkung: »In Wahrheit hat die Geschichte, die im heiligen *Sohar* tatsächlich vorkommt, keine Erklärung. Vielleicht ist sie jemandem im Traum gekommen.« Der mährische Rabbiner scheint ein rationaler Mensch gewesen zu sein.

Und der mährische Rabbiner setzt seine Übung in der Entmystifizierung des Kaddisch fort: »Im übrigen gibt es, wenn man der Sache auf den Grund geht, keinen Grund, warum es einen Unterschied machen sollte, ob ein Trauernder das Kaddisch rezitiert oder ob viele Trauernde das Kaddisch rezitieren. In der Tat wurde das Wesen des Kaddisch in dem Buch *Das Vermächtnis* [von Abraham Horowitz] erklärt, wo es heißt, daß ›das Kaddisch kein Gebet ist, daß der Sohn vor Gott für den Vater betet, damit Er ihn aus den unteren Tiefen aufsteigen lasse. Es ist vielmehr ein Privileg und eine gute Tat, die dem

Toten zugute kommt, wenn sein Sohn öffentlich den Namen Gottes heiligt und die Gemeinde antwortet ...‹ Wenn dies der Fall ist, dann liegt es auf der Hand, daß Sein Name um so mehr geheiligt wird, je mehr Menschen das Kaddisch rezitieren.« Und daher darf das alte System abgeschafft werden. Allerdings möchte Oppenheim einen alten Gleichklang nicht durch einen neuen Mißklang ersetzen. Er empfiehlt folgendes: »Der Kantor sollte das Kaddisch rezitieren, und die Trauernden sollten es leise mitsprechen, Wort für Wort. Dies ist besser, als wenn alle es gleichzeitig laut sagen, weil die Gemeinde dann nicht verstehen könnte, was sie sagen, und daher nicht in der Lage wäre, zu antworten.« Was Oppenheim vorschlägt, ist eigentlich keine ausgesprochen radikale Veränderung. Mir erscheint sie wie ein Kompromiß. Sie beseitigt nur die undemokratischen Aspekte der Etikette.

Heute morgen war das Gebet anders als gestern abend. Heute morgen war ich mir jedes einzelnen Wortes bewußt. Als ich aus der Schul trat, fühlte ich mich wie ein brennendes Streichholz.

Es war Oppenheim klar, daß die Abschaffung eines Brauches eine ernste Sache ist, und er versuchte, seine Neuerung zu verteidigen, indem er ihr die Autorität von Moses Sofer verlieh. Am Ende seiner Entscheidung zitiert er die Entscheidung Sofers aus dem Jahre 1831, daß, wie Jakob Emden zustimmend bemerkt hatte, »es bei den Sephardim Brauch ist, daß alle Trauernden bei jeder Gelegenheit das Kaddisch gemeinsam sagen, und ihnen allen antwortet die Gemeinde ... Auch hier in unserem Lehrhaus sagen die jungen Männer, die in Trauer sind, das Kaddisch, das nach dem Studium gesagt wird, gemeinsam, und wenn im Bethaus Uneinigkeit zwischen zwei Trauernden ist, sagen es beide. Und was ist daran verkehrt?« Doch Oppenheim berief sich nicht nur auf Sofers Autorität als Jurist. Er berief sich auch auf Sofers Autorität als Reaktionär. Sofer war ja bekannt dafür, daß er verkündet hatte, daß »das Neue von der Tora verboten ist«; er hatte aus einer talmudischen Maxime, nach der es unzulässig ist, eine Kornernte zu verwenden, bevor nicht ihre ersten Früchte im Tempel dargebracht worden sind, durch provozierende Auslegung »das Prinzip (abgeleitet), daß das Neue von der Tora überall verboten ist und das Alte und sehr Alte stets mehr zu bewundern ist«. Daraus folgert

Oppenheim: »Wenn der weise Rabbi Moses Sofer, der immer sagte, das Neue sei von der Tora überall verboten, und der Neuerungen haßte, dennoch sagte, daß es recht ist, daß alle Trauernden das Kaddisch gemeinsam sagen, dann ist es sicherlich recht in dieser Stadt, in der es nur ein Bethaus gibt, daß der Brauch der Sephardim errichtet wird, und ohnehin dürfen in einem neuen Bethaus neue Bräuche errichtet werden.«

◇

Woher die abwehrende Haltung gegenüber Veränderungen? Weil die Zeit, in der dieser Rabbiner schrieb, ein goldenes Zeitalter der abwehrenden Haltung gegenüber Veränderungen war. Die Korrespondenz zwischen Beer Oppenheim und Jakob Ettlinger fand ein Jahrzehnt nach der bedeutenden Konferenz statt, die Reformrabbiner im Jahre 1844 in Braunschweig abgehalten hatten, einer Synode von modernisierenden, ja sogar revolutionären Rabbinern, die die Traditionalisten mit Abscheu erfüllte. Jakob Ettlinger war nicht nur eine geachtete juristische Autorität, er war auch einer der Begründer dessen, was wir heute als orthodoxes Judentum bezeichnen, das geschaffen wurde, um einer neuen, beispiellosen Herausforderung des traditionellen jüdischen Lebens zu begegnen. Die Herausforderung war das Reformjudentum. Juden waren in erheblicher Zahl und mit großem intellektuellen Aufwand dabei, ihre eigene Tradition auszulöschen. (Unter den vielen folgenreichen Revisionen des jüdischen Brauchtums, die von der Braunschweiger Versammlung beschlossen wurden, war die folgende: »Die Ehe eines Juden mit einer Christin, die Ehe mit Angehörigen monotheistischer Religionen überhaupt ist nicht verboten, wenn den Eltern von den Staatsgesetzen gestattet ist, die aus solcher Ehe erzielten Kinder auch in der israelitischen Religion zu erziehen.«) Die Traditionalisten sahen sich zu einer philosophischen und historischen Verteidigung ihres Judentums gezwungen. Denn ihr Judentum war nun nicht mehr das einzige Judentum. Aus einer allgemeinen Norm wurde eine spezielle Konfession – das quälende Zeitalter des jüdischen Konfessionalismus hatte begonnen. Ettlinger war einer der Architekten der orthodoxen Gegenoffensive: »Ich weiß nicht, wie die Sünder Israels heute verurteilt werden können«, schrieb er verzweifelt über die offene Entweihung des Sabbats. »Die Plage hat die Massen ergriffen.« Ettlinger war ein talmudisches

Genie und hatte außerdem an der Universität Würzburg studiert, bis die judenfeindlichen Krawalle von 1819 ihn zum Abbruch nötigten. Im Jahre 1845 gründete er den *Zionswächter*, eine konservativ ausgerichtete Zeitschrift, die in deutscher und hebräischer Sprache erschien, und viele von Ettlingers Responsen (einschließlich des hier zitierten) erschienen erstmals in ihren Spalten.

Es ist daher nicht erstaunlich, daß Ettlinger von Oppenheims Neuerung beunruhigt war. Der Zionswächter sah in der Reorganisation des Kaddisch des Trauernden den schlüpfrigen Abhang, der in der Reform endete. »Ich wundere mich sehr, daß mein ehrenwerter Kollege die Revision eines jüdischen Brauches, der seit mehr als dreihundert Jahren der Brauch der Gemeinschaften von Aschkenas und Polen war, daß nämlich das Kaddisch des Trauernden [der Reihe nach] von jedem Mann einzeln rezitiert werden soll, als ›eine große und angemessene Reform‹ bezeichnet hat. Er befürwortet statt dessen, in die Fußstapfen der Neuerer unserer Zeit zu treten, die die Liturgie geändert haben und darüber hinaus die Praxis eingeführt haben, daß alle Trauernden das Kaddisch gemeinsam sagen.« Die übelwollenden Reformer in Deutschland hatten also die Praxis der Trauernden in der Schul genau in der gleichen Weise korrigiert, wie sie die übelwollenden Traditionalisten in Mähren korrigiert hatten. Wußte Oppenheim das? Schämen sollte er sich!

Nachdem er seinen allgemeinen Einwand vorgetragen hat, trägt Ettlinger seine besonderen Einwände vor. Sie sind philosophischer, historischer und ritueller Natur. Philosophisch nimmt er Anstoß an Oppenheims Rationalismus. »Ich wüßte gern von meinem Kollegen, wieso die Geschichte [von Rabbi Akiba und dem Verdammten] ›keine Erklärung hat‹, zumal sie sich im Wachzustand und nicht in einem Traum zutrug. Ist es im übrigen wirklich erstaunlich, daß man in den Aussprüchen der Rabbinen findet, daß die Geister der Toten sich den Lebenden, insbesondere hervorragenden Menschen, zeigen und zu ihnen sprechen?« Ettlinger zitiert eine Reihe von alten Quellen, die einen Besuch der Toten bei den Lebenden schildern, und fragt sarkastisch, »ob mein ehrenwerter Kollege urteilen würde, daß auch dies alles Träume waren«. Ettlinger bestreitet, daß die Geschichte von Akiba im *Sohar* vorkommt – er hat recht, sie kommt dort nicht vor, und Oppenheim irrte außerdem, als er meinte, der *Sohar* habe als Quelle für den *Kol Bo* gedient –, doch findet er in dem mystischen Meisterwerk eine andere Legende, die zeigt, daß »die Toten zu den Weisen sprachen, wenn sie wach waren«. Er hält fest, daß die Geschichte von Akiba tatsächlich im *Sohar Chadasch* vorkommt – in der Passage, über die ich vor Monaten gebrütet habe –, und in dieser Pasage »scheint es in der Tat, als spiele sich der Vorfall in einem Traum ab. Doch im Grunde kommt es nicht darauf an, ob er sich in einem Traum oder im wirklichen Leben zugetragen hat. Da der Midrasch den Vorfall wiedergibt, muß er wahr sein und nicht ein Traumgespinst, das der Wind davonträgt.« Gegen den Naturalismus Oppenheims beharrt Ettlinger auf dem Supernaturalismus. In der rationalistischen Deutung der rabbinischen Legende entdeckt er die ersten Regungen des Impulses, am rabbinischen Recht herumzupfuschen.

Sodann wendet Ettlinger sich dem historischen Charakter des Kaddisch des Trauernden zu, um zu beweisen, daß »das Kaddisch einen hohen Status und seine Grundlage im Allerheiligsten in [der Legende von] Rabbi Akiba hat«. Er ist entrüstet, daß »ein großer und vorbildlicher Gelehrter« wie Oppenheim »dem Wort von Rabbi Moses Isserles widerspricht, der schrieb, daß sie [die Geschichte von Akiba] in den alten Kompilationen des Midrasch zu finden ist«. Ettlinger hält Oppenheims Bibliographie des Kaddisch seine eigene Bibliographie entgegen. Er weist darauf hin, daß Bachja ben Ascher behauptete, die Geschichte komme in einem kleineren talmudischen Traktat vor, und daß in Spanien am Ende des vierzehnten Jahrhunderts dieselbe Zuschreibung zu dem kleineren talmudischen Traktat von Isaak Aboab getroffen wurde, dem spanischen Anthologisten alter rabbinischer Lehren. (Er weist darauf hin, daß die Geschichte vom Kaddisch des Trauernden in Aboabs Version nicht erwähnt wird und der Trauernde seine Pflicht erfüllt, indem er die Gemeinde bei einem zentralen Gebet leitet, »aber das ist kein Wunder, denn das Kaddisch gab es zu Rabbi Akibas Zeiten noch nicht, sondern es entstand erst in Babylonien«.) Ettlinger räumt ein, daß die Geschichte »in den Texten [des Traktats], die wir besitzen«, nicht vorkommt. Doch »ist es allgemein bekannt, daß wir nicht die vollständigen Texte der kleineren Traktate besitzen, und dennoch ist es nie jemandem in den Sinn gekommen, an Rabbi Moses Isserles zu zweifeln und zu bestreiten, daß die Geschichte in einem Midrasch vorkommt«. Denn die Geschichte erscheint Ettlinger zufolge im *Midrasch Tanchuma*, einer kanonischen Sammlung rabbinischer Legenden, die in der byzantinischen Zeit in Palästina entstanden und im Frühmittelalter eine erhebliche Entwicklung durchmachten. Allerdings räumt Ettlinger, diesmal in einer Nebenbemerkung, ein, daß »dies nicht derselbe *Midrasch Tanchuma* ist, der in Amsterdam veröffentlicht wurde«. Das heißt, er kann die Geschichte von Akiba in der Ausgabe, die auf seinem Regal steht, nicht finden (so wie ich sie in der Ausgabe, die auf meinem Regal steht, nicht finden konnte).

Ettlinger selbst kann also nicht für die antike Entstehungszeit des Kaddisch des Trauernden garantieren. Er verläßt sich statt dessen auf Berichte über seine antike Entstehungszeit. Aber er schreitet forsch voran. Er zitiert Perfet über das Kaddisch des Trauernden im Spanien des vierzehnten Jahrhunderts (denselben Text, den Oppenheim zitierte), und schließlich verkündet er seine Schlußfolgerung: »Der Brauch des Kaddisch des Trauernden ist ein Brauch, der in den Tagen der frühen Autoritäten, vor über sechshundert Jahren, unter den Juden weite Verbreitung erlangte.« Eher vor mehr als sieben- bis achthundert Jahren; dennoch ist es interessant, wie Ettlinger die Geschichte des Brauches sieht. (Sein Quellenüberblick ist so unvollständig wie der Oppenheims.)

Ettlinger hat zwar nicht gezeigt, daß das Kaddisch des Trauernden ein aus der Antike stammendes Gebet ist, aber zumindest hat er gezeigt, daß es ein altehrwürdiges Gebet ist. Das mag für seinen Zweck genügen, die Vergangenheit gegen die Gegenwart ins Feld zu führen, sich auf das ehrwürdige Alter des Kaddisch des Trauernden zu berufen gegen diejenigen, die nicht glauben, daß es eine lange Geschichte hat »und daher in den Händen des Rabbiners behandelt werden kann wie Ton in den Händen des Töpfers, den er nach Belieben formen darf«. Eine solche Willkür bewies seiner Ansicht nach Oppenheim, als er den Trauernden von Eibenschitz erlaubte, das Kaddisch gemeinsam zu rezitieren. Ettlinger nimmt Oppenheims Bericht über die Uneinigkeit in der mährischen Gemeinde zur Kenntnis, aber er macht sich darüber lustig: »Ich vernehme solche Worte mit Staunen. Hängt der Brauch denn wirklich von einem bestimmten Bethaus ab?

Was die Mitglieder der Gemeinschaft bisher praktiziert haben, das ist der Brauch! Wenn jeder nach Belieben ändern kann, was die Gemeinschaften von Aschkenas und Polen seit Jahrhunderten praktiziert haben, nur wegen ein paar Sündern, die im Bethaus zur Gewalt greifen, sollen wir diesem dann Würde verleihen, indem wir es einen Brauch nennen, einen lässigen Brauch? Es war schließlich wegen solcher Leute [der Raufbolde im Bethaus von Eibenschitz], daß [in Hosea] geschrieben wurde: ›Die Wege des Herrn sind gerade, und die Gerechten werden darauf wandeln; die Abtrünnigen aber werden darauf fallen.‹« Warum sollte man der Verfehlung einiger weniger gestatten, die Gewohnheiten der Gemeinschaft zu verkehren? Soviel Einfluß darf der Sünde nicht eingeräumt werden.

Ettlinger blieb fest gegen Oppenheims Realismus. Auch darin war er ein Vater der Orthodoxie. Aber was sollte er tun? Er war ein Gläubiger. Für einen Gläubigen hat die Geschichte keine Macht über die Wahrheit. Und das ist das Schöne am Glauben in einer historistischen Zeit. In einer historistischen Zeit stellt der Aspekt der Ewigkeit einen Standpunkt dar, den es zu kritisieren gilt.

Wer braucht einen Realisten im Gebetsmantel? Nichts ist weniger erbaulich als ein frommer Mann, der weiß, wo es langgeht.

Die Welt ist schon immer zu weltlich.

Ettlinger bestreitet außerdem, daß Oppenheim Sofer richtig verstanden hat. Er legt dar, daß Sofer nicht entschieden hat, daß das Kaddisch des Trauernden bei allen Gelegenheiten von allen Trauernden gemeinsam gesagt werden soll, sondern nur, daß ein Mann, der beauftragt wurde, das Kaddisch zu rezitieren, es rezitieren darf, einmal während des Gottesdienstes, zusammen mit dem Trauernden, der es für alle Trauernden rezitiert. Ich ziehe erneut Sofers Entscheidung heran; Ettlinger hat zwar recht, was seine Entscheidung angeht, doch ist Sofers Großzügigkeit hinsichtlich der kollektiven Rezitation des Kaddisch des Trauernden unverkennbar. Ich finde, daß Oppenheims Deutung Sofers durchaus plausibel war.

Ettlinger muß sich nicht nur mit Sofers Meinung auseinandersetzen, sondern auch mit dem Präzedenzfall für Sofers Meinung, und das ist Emdens Erklärung, »wie schön und angemessen der Brauch der Sephardim ist, daß, wenn viele Trauernde da sind, alle das Privileg haben und es gemeinsam sagen«. Ettlingers Kommentar zu Emden hat besondere Autorität. Denn Emden war Ettlingers Vorgänger. Der erstere war Rabbiner in Altona im achtzehnten Jahrhundert, der letztere war Rabbiner in Altona im neunzehnten Jahrhundert. Was war denn nun Brauch in Altona? Ettlinger berichtet folgendes: »Hier hatte Jakob Emden seine respektierte Stellung und sein eigenes Bethaus, und ich habe nicht gehört, daß er den Brauch geändert und den Trauernden gestattet hätte, das Kaddisch gemeinsam zu sagen, wenngleich er gesagt hat, daß dieser Brauch unter den Sephardim seiner Ansicht nach korrekt sei.« Das ist erstaunlich. Was Rabbiner sagen, sollte mit dem übereinstimmen, was Rabbiner tun.

Sodann bietet Ettlinger einen hübschen Exkurs in die jüdische Anthropologie: »Was den Brauch der Sephardim angeht, so können wir nicht erkennen, was die Grundlage ihres Brauches ist. Auf jeden Fall besteht zwischen Sephardim und Aschkenasim ein riesiger Unterschied. Die Sephardim beten allgemein einstimmig, mit einer Stimme, ohne daß ein Betender vorauseilt oder nachhinkt; und da sie einen solchen Gebetsstil gewohnt waren, ist es naheliegend, daß sie, wenn sie das Kaddisch sagten, es einstimmig sagten ... Dies ist jedoch nicht der Fall bei uns, den aschkenasischen Gemeinschaften, die nicht mit einer Stimme beten und die Gebete deklamieren. Wenn viele Menschen zusammen einstimmig beten, ist es überdies schwierig, die Gebete zu hören und sich auf sie zu konzentrieren. Ich weiß dies genau, weil die Trauernden hier ebenfalls gewohnt sind, das Kaddisch der Rabbinen einstimmig zu rezitieren, und es ist ein Hohn und eine Farce, bei der der Starke seine Stimme erhebt, um die anderen zu übertönen, und sein Bruder kreischt, um es ihm gleichzutun. Der eine beginnt mit dem Gebet, wann er will, und der andere beendet das Gebet, wann er will, so daß es nicht möglich ist, mit einem Amen zu antworten. Ich hatte eine solche Art, das Kaddisch der Rabbinen zu sagen, längst unterbunden und die Einführung einer solchen Art von vornherein verhindert, wenn ich nicht davor zurückschrecken würde, einen bestehenden Brauch abzuschaffen. Was die anderen

Kaddische angeht, die im Gottesdienst vorkommen, so hat man von keiner einzigen Gemeinde in allen Gegenden von Aschkenas und Polen gesehen oder gehört, daß sie eine solche Praxis, sie zu sagen, eingeführt hätten, abgesehen von den Orten, wo eine solche Praxis eingeführt wurde von den Verfechtern der Reform, die die Bräuche Israels nicht achten.« – Ich muß schnellstens zur Schul. Das Kaddisch stört mich beim Studium des Kaddisch!

Schließlich richtet Ettlinger einen zornigen Appell an Oppenheim. »Aus den Worten meines Kollegen ersehe ich, daß auch er anerkennt, daß es nicht würdevoll ist, das Kaddisch gemeinsam zu rezitieren, weil viele Stimmen es schwermachen, zu hören, was gesagt wird; und aus diesem Grund hat er einen Kompromiß ersonnen, daß der Kantor das Kaddisch laut rezitiert und die Trauernden es leise mitsprechen. Die Wahrheit ist aber, daß genau dies der Brauch ist, der von den Verfechtern der Reform eingeführt wurde, da alles, was mit dem Kaddisch zusammenhängt, für sie nichts als Traumgespinst ist. Ob das Kaddisch seinen Zweck erfüllt, ist ihnen gleichgültig, denn sie trachten nur danach, die zu beschwichtigen, die ihre Eltern mit dem Kaddisch zu ehren wünschen. Und daher möchte ich meinen ehrenwerten Kollegen, der ihre Ansicht nicht teilt, fragen: Ist es nicht das Ziel des Kaddisch und liegt seine Größe nicht darin, daß es nicht nur vielen Menschen eine Gelegenheit bietet, das Verdienst zu erwerben, öffentlich den Namen Gottes zu heiligen, sondern auch dem Vater eine Gelegenheit bietet, durch Gebete [des Sohnes] Verdienst zu erwerben? Und wird dieses Ziel erreicht, wenn alle Trauernden das Kaddisch gemeinsam rezitieren und es nicht gehört wird? Gewiß wäre ihr Schweigen ihrem Reden vorzuziehen, denn ihr Reden würde falsch erscheinen, als ein Betrug.«

Wie oft war mein Kaddisch ein Betrug?

Erhoben und geheiligt ... Erhoben und geheiligt ... Erhoben und geheiligt ...

◇

Als meine Mutter einem Nachbarn erzählte, daß ich gewissenhaft meine Pflicht erfülle, Kaddisch zu sagen, sagte er: »Gut für deinen Sohn, und gut für deinen Mann.« Sie war auch der Ansicht, daß es gut sei für ihren Sohn, aber sie wußte nicht recht, inwiefern es gut war für ihren Mann. Ich erklärte ihr, daß der Nachbar die traditionelle Auslegung meines Tuns zum Ausdruck brachte, aber das schien sie nicht zu beeindrucken. Meine ungläubige Mutter hat natürlich recht. Es gibt keinen Beweis.

In der Schul lasen wir heute morgen über den Auszug aus Ägypten. Ich stolperte über ein Wort in einem Vers, den ich schon hunderte Male gelesen haben, aber nie richtig, bis heute. »Und es geschah, daß der Pharao das Volk ziehen ließ, da führte Gott sie nicht durch das Land der Philister, wiewohl es nahe war; denn Gott sprach: Damit es das Volk nicht gereue, wenn sie den Streit sehen, und sie nicht nach Ägypten zurückkehren.« So die King-James-Übersetzung [und entsprechend die deutsche Einheitsübersetzung – Anm. d. Ü.], die das Wort »gereuen« in der unbelasteten Bedeutung verwendet, die lediglich einen Sinneswandel meint. Gott befürchtete, die Juden könnten, mit der Gefahr einer kriegerischen Auseinandersetzung konfrontiert, sich anders besinnen. Doch im [hebräischen] Original spricht der Vers nicht von der Sorge, daß es sie »gereuen« könnte, sondern von der Sorge, daß sie »getröstet« werden. Wieso getröstet? Und auf einmal erkenne ich sie, die ursprüngliche Bedeutung des Wortes, das mich während dieses einen Jahres meines Lebens tyrannisiert hat. Getröstet werden bedeutet bereuen, daß heißt, sich anders besinnen, damit einverstanden sein, daß die Aufmerksamkeit vom eigenen Kummer abgelenkt wird, einen anderen Gegenstand, ein anderes Motiv, einen anderen Wunsch in das eigene Bewußtsein hereinzulassen. Denn Kummer will nichts anderes als Kummer. Er ist das vollkommene Beispiel für Einseitigkeit.

Das Gegenteil von Melancholie ist nicht Freude. Das Gegenteil von Melancholie ist Vielseitigkeit.

Meine Dämonen fordern mich dauernd zum Schlafen auf. Deshalb halte ich mich von meinem Bett fern. Aus dem Gebetbuch weiß ich, daß Schlaf eine Art Tod ist: »Ich danke dir, lebendiger und ewiger Gott«, soll ein Jude gleich nach dem Aufwachen sagen, »der du mir meine Seele zurückgibst.« Und etwas später: »Gepriesen seist Du, Ewiger. Du bringst den Toten ihre Seele zurück.« Der Schlaf ängstigt mich, weil ich ihn so sehr wünsche. Morgens haste ich zur Schul wie ein Mann, der vor einer Versuchung flieht.

Überleg dir das noch einmal, überleg dir das noch einmal. Die Schlafenden gleichen nicht den Toten. Die Toten schlafen nicht. Die Toten sind tot. Sie werden nicht erwachen. – Tja, da habe ich gerade die Wiederauferstehung der Toten geleugnet und damit mein Recht auf ein eigenes Kaddisch verwirkt. Ich habe häretisch gedacht. Doch ich rechne wirklich nicht damit, meinen Vater wiederzusehen. Wenn der Tod nicht endgültig ist, dann hält man uns zum Narren. Ist dies ein aufrührerischer Geist? Dann tut es mir leid. Es ist der einzige Geist, in dem ich für oder um meinen Vater beten kann, in dem ich mit diesem Kaddisch weitermachen kann.

Tod bedeutet nicht sterben für. Er bedeutet sterben, Punkt.

Ich bin müde, ich brauche eine Ruhepause, jedenfalls sage ich mir das jeden Morgen nach den Gebeten. Aber so einfach ist das nicht. Ich bin nicht müde, ich bin schwach. Mein Geist versucht zu sabotieren. Die Müdigkeit, über die ich klage, ist in Wahrheit eine Ausrede für die Zermürbung meiner Wachsamkeit. Ich befinde mich im Krieg mit mir selbst, und ich bin auf dem Rückzug. Ich hoffe auf Gnadenerweise. Ich muß mich von meinem Bett fernhalten.

Verzweiflung greift hinter den Augen an und befiehlt mir, sie zu schließen. Ich will nicht. Selbst bei vollkommener Dunkelheit muß man seine Augen offenhalten. Eine gesehene Dunkelheit ist eine unvollkommene Dunkelheit.

Ein Mann befindet sich in einem dunklen Raum. Er sieht nicht. Dennoch ist er nicht blind. Ein Mann, der nichts sieht, ist kein blinder Mann, wenn nichts zu sehen ist.

XI

Mit Benjamin Sew bin ich noch nicht fertig. Da ist noch das rätselhafte Respons, das er als Bestätigung seiner Auffassung des Kaddisch unter seine eigenen Response aufnimmt. »Ich habe«, schreibt er in seiner Einführung zu diesem Text, »einen Autor gefunden, an den eine Anfrage bezüglich des Kaddisch gerichtet wurde, und ich hielt es für angebracht, [sein Respons] dem meinen hinzuzufügen, um meine Worte zu untermauern.« Das Respons ist unterzeichnet mit »Owadia«. Sonst nichts. Wer ist Owadia? Sein Text nimmt Bezug auf bestimmte Autoritäten des fünfzehnten Jahrhunderts, aber ich kann ihn nicht mit Sicherheit identifizieren. Es ist sehr anständig von Benjamin Sew, daß er Owadias Erörterung in voller Länge wiedergibt, weil man den Eindruck gewinnen kann, als habe er seine eigene Erörterung weitgehend von ihr abgeleitet. Auch Owadia glaubt, daß »das Verdienst der Verwandten [des Toten] nichts nützt, nur das Verdienst des Sohnes nützt seinem Vater oder seiner Mutter etwas«; und er glaubt, daß die Beschränkung des Kaddisch auf die Kinder ihre Grundlage in »der uns allen vertrauten Legende von Rabbi Akiba« hat. Owadia bestätigt, daß Waisen in der Synagoge Vorrang gegenüber anderen Trauernden haben, und er berichtet, daß in dieser Frage allgemeiner Konsens besteht, der auch »aschkenasische Notablen«, die Rabbi Israel [Isserlein] hörten, und »Informanten aus Spanien und all den Provinzen« einschließt. Owadia macht außerdem eine interessante Bemerkung über die Entstehung eines speziellen Gebets für Trauernde. Es sei, sagt er, eine Konzession an die Realitäten des jüdischen Lebens: »Meiner unmaßgeblichen Meinung nach war es so, daß, da nicht jeder bereit und in der Lage ist, den gesamten Gottesdienst zu leiten und nicht jeder die Kenntnis oder die Fähigkeit besitzt, um an all den gebotenen Stellen das entsprechende Gebet zu verrichten, die alten Weisen etwas schufen, das für alle gleich sein würde – das Kaddisch am Ende des Gottesdienstes, das einfach und jedermann bekannt ist. Daher sollte jemand, der das entsprechende Wissen erworben hat, den Nachmittags- und Abend- und

Morgengottesdienst leiten, denn je mehr er betet und das Kaddisch-sagen vervielfacht, desto besser für die Seele des Toten; und jemand, der nicht die Kraft oder das Wissen besitzt, alle Gebete zu sagen, wird dieses Kaddisch sagen, auf daß nichts fehle.«

Die Geschichte der jüdischen Bildung – das ist ein heikles Thema! Wie sich zeigt, haben Rabbiner sich jahrhundertelang beklagt, daß das Buch dem Volk des Buches allzu oft verschlossen war. (Doch meine Brüder in Amerika sollten aus der Geschichte der jüdischen Unbildung keinen Honig ziehen. Sie haben Neuland erschlossen.)

Owadias Respons, das sich mit der Bedeutung des Kaddisch befaßt, enthält eine der interessantesten Formulierungen, die ich je gefunden habe. Sie taucht dort auf, wo er die Ausschließlichkeit des Kaddisch des Trauernden behandelt, das »allein [das Gebet des] Sohnes für den Vater und die Mutter« ist. Was ist dann mit Davids Gebet für Absalom? Owadia ist nicht der einzige Autor, der sich über diese Ausnahme von der Regel Gedanken macht, aber seine Lösung des Problems ist besonders aufschlußreich, jedenfalls für mich. Seine Lösung ist, daß Davids Gebet für Absalom etwas anderes ist als da Kaddisch, weil das Kaddisch kein Gebet ist. *Das Kaddisch ist kein Gebet.* Was ist es denn dann? Owadia erklärt: »Davids Gebet konnte seinem Sohn nützen, denn auch wenn er kein Verwandter ist, kann ein Mensch für einen Mitmenschen um Barmherzigkeit bitten ... Doch dieses Kaddisch ist kein Gebet, das der Sohn für seinen Vater betet, damit Gott ihn aus den unteren Tiefen aufsteigen lasse. Es ist vielmehr eine Zuschreibung von Verdienst für den Vater, daß der Vater seine Pflicht erfüllt hat, indem einer seiner Nachkommen den großen und erhabenen und ehrwürdigen Gott vor der ganzen Gemeinde heiligt [*jakdisch*], und dadurch wird Gott Einer sein und Sein Name wird Einer sein für die Versammlung, die darauf antwortet ›Amen, Sein großer Name sei gepriesen‹. Es ist eine große Sühne für die Seele des Vaters, da Fleisch von seinem Fleisch und Gebein von seinem Gebein bewirkt hat, daß Gott öffentlich geheiligt wird. Dies ist für mich der Grund für das Kaddisch des Sohnes und der Grund dafür, daß der Sohn den Vater erlöst: der Sohn *ist* der Vater, und die guten Taten und erfüllten Pflichten des Sohnes entfalten sich und gehen von ihm aus.«

Nach Owadias Ansicht ist das Kaddisch nicht ein Gebet um etwas. Es ist ein Beweis für etwas. Der Sohn bittet nicht, daß seinem Vater ein gnädiges Schicksal gewährt werde. Der Sohn beweist, warum sein Vater verdient hat, daß ihm ein gnädiges Schicksal gewährt werde. Der Sohn ist nicht der Anwalt, der Sohn ist der Zeuge.

◇

Ich bin der Zeuge!

Prüfe mich und vergib ihm.

Er lehrte mich, hier zu sein, und hier bin ich. Es sind die Toten, die für das Kaddisch für die Toten verantwortlich sind.

Wenn ich der Zeuge bin, dann brauche ich nicht eloquent zu sein. Was für eine Entlastung! Eloquenz ist nicht der Wahrheit abträglich, aber insofern sie zu schmeicheln oder zu beschönigen trachtet, ist sie dem Geist der Wahrheit abträglich, der sich um Wirkungen und Folgen nicht scheren darf. Wenn eine wahre Aussage schön formuliert wird, was überzeugt dann: die Wahrheit der Aussage oder ihre Schönheit?

Genauer gesagt, kann ich mich mit der Eloquenz von Zeugen begnügen. Das ist die Eloquenz, die auf Kunst verzichten kann.

Es durchkreuzt den Zweck einer Aussage über das, was wahr und was falsch ist, wenn sie faszinieren soll. Faszination ist eine Kapitulation vor dem Charisma, ein bezaubertes Versagen des Denkens.

Könnte man Gott sehen, würden wir nichts als schauen. Wir würden unser Leben mit der Betrachtung Gottes vergeuden.

Bei Licht Licht – so sagte Philo. Ich finde aber, das stimmt nicht. Bei Licht das, was im Licht ist. Nie enthüllt Licht nur sich selbst. Aus diesem Grund ist es keine angemessene Metapher für das geistige Leben in dieser Welt, die uns mit Objekten und Absichten vor Rätsel stellt.

Danke für das Licht, weil es all die Dinge enthüllt, für die wir danken müssen.

Eine reine Erfahrung von Licht? Nicht mit unseren Augen. Im Guten wie im Bösen sehen unsere Augen mehr.

Dies ist die Lehre von Owadia: jeder darf für jeden beten, und »wenn er geeignet und passend und würdig ist, daß sein Gebet erhört wird«, wird das Gebet erhört werden, doch das Kaddisch ist keine Äußerung dieser Art. Es ist keine Petition, es ist eine Demonstration von Ursache und Wirkung. Jetzt zeugt die Wirkung für die Ursache. Monatelang geht das Kind zur Schul, um zu sagen, nein, um zu zeigen, wer sein Vater oder seine Mutter war. Das Kaddisch ist kein Gebet für den Toten. Es ist ein Erfolg des Toten.

Wer war denn nun dieser Owadia, der mir dieses Geschenk gemacht hat? Ich schicke seinen Text nach Jerusalem, an einen bedeutenden Historiker der italienischen Judenheit. Er schreibt zurück, daß er nach Durchsicht seiner Unterlagen zu dem Schluß gekommen sei: »Ich weiß es nicht.« (Wenn ein gelehrter Mensch sagt, er wisse es nicht, hat man etwas gelernt.)

◇

Der Gedanke, daß das Kaddisch kein Gebet ist, ist für mich eine große Erleichterung. Mir war das ganze Jahr unwohl bei der Vorstellung, daß ich ein Gebet für den Toten darbringe. Ich kann ein solches Gebet nicht darbringen, weil es einen Kosmos voraussetzt, den ich nicht akzeptieren kann. Ein Gebet für den Toten ist eine fromme Absurdität.

Das Kaddisch – ein Gebet für den Toten? Natürlich nicht. Schau es dir doch an! Der Tote wird mit keinem Wort erwähnt. Auf einmal ist es ganz klar. Das Rätsel meiner ersten Trauermonate ist gelöst. Daß ich zwischen den Worten, die ich sprach, und den Verletzungen, die ich empfand, keinen Zusammenhang finden konnte, liegt daran, daß es keinen gibt. Ich hätte tun sollen, was zu tun mir beigebracht wurde. Ich hätte dem Text vertrauen sollen.

Aber schau genauer hin. Das Kaddisch ist kein Gebet für den Toten, aber das Kaddisch ist ein Gebet. Es ist ein Gebet für Gott! Der Trauernde erhebt sich und betet darum, daß Gott erhoben und geheiligt werde, hoch über jedem Lob und Gesang, Verherrlichung und Trostverheißung, die je in der Welt gesprochen wurde. Ich habe meinen Vater bewiesen, indem ich für meinen VATER gebetet habe! Wenn ich es richtig sehe, war es seine Vertrautheit und Häufigkeit, die die Rabbinen veranlaßte, das Kaddisch dem Trauernden zu übertragen, aber damit ist das Kaddisch auf einmal gar nicht mehr einfach. Es erscheint mir wie eine wilde metaphysische Idee.

Der Gedanke, daß mein lebendiger Gott mich braucht, ist noch unfaßlicher als der Gedanke, daß mein toter Vater mich braucht. »Hoch über jeder Trostverheißung«: also ist auch Gott ein Trauernder! Das Kaddisch ist eine Mitteilung von einem Trauernden an den anderen. Jedes Kaddisch der Liturgie ist ein Kaddisch des Trauernden, und Gott ist der Trauernde. In all dieser Alltäglichkeit ein Mysterium.

Und was läßt Gott trauern? Ich belästige die Rabbiner von Aschkenas. Sie haben sich natürlich über das Problem Gedanken gemacht. Ich stoße auf zwei Interpretationen der im Kaddisch erwähnten Trostverheißungen. Beide Interpretationen finden sich auf den ersten Seiten der Kompilation von Raschis Entscheidungen und Bräuchen, die unter dem Titel »Raschis Gebetbuch« bekannt ist. (Es wurde von seinen Schülern erheblich vermehrt.) Raschis erste Interpretation ist eine literarische. Danach ist »Trostverheißung« ein anderer Ausdruck für »Gesang« und »Verherrlichung«: »In den theologischen Aussagen der alten Rabbinen fanden wir, daß gesagt wurde, alle Lobpreisungen Davids in den Psalmen seien bestimmt für den am Ende kommenden Tag der Tröstung ... Wenn wir [im Kaddisch] sagen, ›hoch über jedem Lob und Gesang, Verherrlichung und Trostverheißung‹, dann meinen wir folglich: ›Du wirst gepriesen werden hoch über alle Lobpreisungen, die von den Propheten und David für den am Ende kommenden Tag der Tröstung geäußert wurden.‹« Der Trost, von dem das Kaddisch spricht, ist nichts anderes als eine bestimmte liturgische und homiletische Formel – die biblischen und rabbinischen Trostverheißungen am Ende der Zeiten, die aus Büchern und Predigten und Liedern bekannt sind. Das Kaddisch ist eine Ausgeburt eines Übermaßes an Verehrung, ein Traum von einer unbegrenzten Sprache der Verherrlichung. Es will darauf hinaus, alle doxologischen Formeln zu vernichten, und eine dieser Formeln ist die Tröstung. (Diese formale Definition der »Tröstung« kommt auch im Talmud vor. In einer Diskussion über die Reihenfolge der prophetischen Bücher der Bibel bemerkten die Rabbinen zum Beispiel, daß »Jeremia in seiner Gänze eine Vernichtung und der Anfang von Hesekiel eine Vernichtung und das Ende von Hesekiel eine Tröstung und Jesaja in seiner Gänze eine Tröstung ist«; und sie stellten die Regel des Kanonisierers auf, daß »Vernichtungen neben Vernichtungen und Tröstungen neben Tröstungen anzuordnen sind.«) Gegenstand dieser Tröstungen ist nicht das Leid Gottes, sondern das Leid der Menschen.

Die zweite Interpretation Raschis ist dagegen keine stilistische. Sie überschreitet die Grenze zum Mythos. In dieser Deutung, die er »von unserem Meister Rabbi Salomo« hörte, ist es nämlich der Gram Gottes, der durch das Kaddisch gelindert werden soll. »Diese Tröstungen stehen im Einklang mit dem, was im Talmud gesagt wird: ›Ich hörte eine göttliche Stimme traurig gurren und murmeln: »Wehe mir, daß ich Meinen Tempel zerstört und Mein Allerheiligstes verbrannt und Meine Kinder unter die Völker der Welt zerstreut habe!« Dann erfuhr ich von dem Propheten Elia, daß die Stimme Gottes nicht nur dieses eine Mal so spricht – nein, so spricht sie jeden Tag, dreimal täglich [zu den Zeiten des Gebets] – mehr noch, wenn Juden zu den Bethäusern und zu den Lehrhäusern kommen und [in der Antwort auf den Anfang des Kaddisch] ausrufen: »Sein großer Name sei gepriesen in Ewigkeit und Ewigkeit der Ewigkeiten!« nickt Gott traurig und sagt: »Wohl dem König, dessen Kinder ihn in seinem eigenen Hause preisen! Aber wehe dem Vater, der seine Kinder verbannt hat, und wehe den Kindern, die von ihres Vaters Tische verbannt wurden.«‹ Und aus diesem Grund sagen wir im Kaddisch ›Verherrlichung und Trostverheißung‹, denn Er bedarf der Tröstung für den Schmerz, den Er empfindet, wenn Er uns antworten hört.«

Raschi ist also der Meinung, daß das Kaddisch Gott traurig macht und daß es ihn froh macht. Für Gott ist das Kaddisch ein Hohn. Die Lobpreisung, die aus der Schul emporklingt, deprimiert ihn. Sie erinnert Ihn an die früheren Verhältnisse der Lobpreisung, die unbeschränkten Verhältnisse, die Er beschränkte. (Gottes Nostalgie!) Und daher soll das Kaddisch den Schaden, den es angerichtet hat, wiedergutmachen und Gott mit dem Trugbild einer Tröstung am Ende der Zeiten trösten. – Ein reizendes Märchen.

Eine unübertreffliche Tröstung für ein unübertreffliches Leid.

Raschis Gebetbuch gibt nicht den Anfang dieser talmudischen Legende. Hier ist er: »Rabbi Josse sagte: ›Einst ging ich eine Straße entlang und trat in eine Ruine, eine der Ruinen Jerusalems, um dort zu beten. Der Prophet Elia erschien und wartete auf mich am Eingang, bis ich mein Gebet beendet hatte. »Friede sei mit dir, mein Meister!« sagte er zu mir, als ich mein Gebet beendet hatte. »Und Friede sei mit dir, mein Meister und mein Lehrer!« erwiderte ich. »Mein Sohn«, sagte er, »warum bist du in diese Ruine getreten?« »Um zu beten«, sagte ich. »Du hättest auf der Straße beten sollen!« sagte er. »Ich fürchtete aber, die Vorübergehenden würden mich stören«, erklärte er. »Dann hättest du ein kurzes Gebet beten sollen«, gab er zurück. In diesem Augenblick begriff ich drei Dinge. Ich begriff, daß man nicht in eine Ruine eintreten sollte; und ich begriff, daß man auf der Straße beten kann; und ich begriff, daß man schnell beten muß, wenn man auf der Straße betet. Da richtete Elia wieder das Wort an mich. »Mein Sohn«, fragte er, »hast du in dieser Ruine eine Stimme gehört?« »Ich hörte eine göttliche Stimme traurig gurren wie eine Taube und murmeln: ›Wehe meine Kindern, für deren Sünden ich Mein Haus zerstörte ...‹«‹« Die Geschichte von Gottes Leid ist stärker, wenn sie in der Ruine spielt. Der Prophet versucht den Rabbi davon abzuhalten, in eine Ruine einzutreten, weil der Prophet nicht möchte, daß der Rabbi Gottes Geheimnis entdeckt, das darin besteht, daß Er ein Trauernder ist.

In einer Ruine siehst du mehr, weil du siehst, was nicht da ist.

Die Geschichte der jüdischen Kultur ist die Geschichte dessen, was in einer Ruine erreicht werden kann.

Raschis Interpretation der Tröstung im Kaddisch – ich meine seine zweite Interpretation, die okkulte, die unerhörte – erscheint in den Kommentaren zum Kaddisch, die später in Aschkenas entstanden. Salomo ben Samson von Worms gibt im elften Jahrhundert die Deutung seiner Zeitgenossen wieder (einer neueren Zuschreibung zufolge ist es Elieser ben Nathan im zwölften Jahrhundert), doch ein paar Seiten weiter taucht eine Wendung auf, die ein gewisses philosophisches Unbehagen angesichts der Vorstellung verrät, Gott sei ein Trauernder. Der Zweck der Tröstungen im Kaddisch, bemerkt er, besteht darin, »Gott gewissermaßen zu trösten«. Gewissermaßen, in der Tat!

Auch der Salbenmischer drückt sich vorsichtig aus. »Es ist, als ob ...«, schreibt er. Als ob was? »Als ob der Heilige reumütig wäre, wenn Er die Gesänge und Lobpreisungen hört [die im Bethaus gesagt werden], und als ob Er sagte: ›Wenn nur Mein Tempel noch stünde, würden sie singen und ihre Instrumente spielen und ihre Lobpreisungen dort darbringen!‹ Und Er bedauert die Zerstörung. Und so sagen wir [im Kaddisch] ›Trostverheißung‹ für all den Lob und Gesang und all die Verherrlichung, die je geäußert wurden und künftig geäußert werden.« Das Kaddisch ist demnach eine Aufrechnung der Verluste Gottes. An einer anderen Stelle seines Kommentars zur Liturgie läßt der Salbenmischer jegliche Vorsicht fahren. »Der Abgesandte der Gemeinde, der vor dem Schrein steht und die Gebete leitet, muß seine Seele aufs Spiel setzen und mit der ganzen Konzentration seines Herzens beten.« Leidenschaft ist beim Kaddisch ganz besonders angebracht. »Wenn er sagt ›Erhoben und geheiligt‹, soll er seine Augen auf den heiligen Schrein richten, weil die Gegenwart Gottes in ihr wohnt.« Und, so fügt der Salbenmischer enigmatisch hinzu, »das Kaddisch ist das Lied der Lieder.« (Das Kaddisch – ein Gebet eines Liebenden?) Was die Trostverheißungen im Kaddisch betrifft, so »sollen seine Trostverheißungen Gott trösten für das Exil, denn Gott schlägt Seine Hände zusammen, wenn Er Seiner zerstörten Stadt gedenkt und sich an die sogenannten ›geheimen Orte‹ begibt und dort einen Klageschrei ausstößt«. Der Salbenmischer fügt hinzu, daß auch dies ein Grund sei, warum das Kaddisch überwiegend auf aramäisch rezitiert wird. Die Engel verstehen kein Aramäisch, sie verstehen nur Hebräisch, »und wir wünschen nicht, daß die Engel, die Gott dienen, von Seinem Schmerz erfahren, deshalb sprechen wir Aramäisch ...

Sonst würden sie fragen: ›Warum bedarf die Gegenwart Gottes des Trostes?‹« Der Salbenmischer zieht aus diesem Mysterium auch eine praktische Schlußfolgerung. Wenn Gott ein Trauernder ist, den wir nun trösten müssen, dann müssen wir darauf achtgeben, wie wir ihn trösten. Die Darbietung im Bethaus muß schön sein. »Wir kommen, um zu trösten den Heiligen, gelobt sei Er, der die Zerstörung [des Tempels] bedauert. Würde Sein Tempel noch stehen, sagt Er, so würde Sein Volk Ihn mit solch angenehmen Stimmen preisen. Aus diesem Grund muß der Leiter der Gebete, wenn er zu der ›Trostverheißung‹ kommt, sie in die Länge ziehen und in seinem Herzen leidenschaftlich daran denken, daß Gott getröstet werden wird und daß Er auch uns sehr bald trösten wird.«

Als ich auf meinem Heimweg die Anhöhe hinaufging, verspürte ich das Bedürfnis, stehenzubleiben und meinen Kopf zu senken. Nicht nur der Glaube macht demütig. Auch der Zweifel macht demütig. (Genaugenommen macht der Zweifel einen demütiger als der Glaube.)

Gibt es einen Gott des Forschens? Und wie dient man einem Gott des Forschens – mit Fragen oder mit Antworten?

◇

Es gibt noch eine Interpretation des Grams Gottes, eine verblüffende Interpretation. Sie befördert das Kaddisch von einem Ausdruck der Sehnsucht nach Erlösung zu einem Ausdruck der Sehnsucht nach der Apokalypse. In verschiedenen mittelalterlichen Deutungen des Kaddisch bin ich auf diese Interpretation gestoßen. In einem Fragment eines Kommentars zum Kaddisch spricht Hai Gaon in Babylonien im zehnten und frühen elften Jahrhundert von »den Verheißungen der Seher«, und er schreibt, daß Gott, wie es im Kaddisch heißt, »verherrlicht« werden wird, »mit dem Kommen des Messias ... wenn die Nationen der Welt sich sammeln, um zu kämpfen gegen das Volk Israel, und Israel flieht nach Jerusalem ... und der Heilige wird sich ihnen offenbaren in Jerusalem und kämpfen« – und an dieser Stelle bricht das Fragment ab. Auch in Frankreich ist die apokalyptische Deutung des Kaddisch vollständig entwickelt, im *Machsor Vitry*, der möglicherweise schon im elften Jahrhundert entstand. (Man findet sie nicht im gedruckten Text des Werkes, aber man findet sie in

Handschriften, die sich in New York und Moskau befinden, die kürzlich veröffentlicht wurden.) Die Passage beginnt mit der Feststellung, daß die erste Zeile des Kaddisch – »Erhoben und geheiligt werde sein großer Name« – auf einen Vers in Hesekiel zurückgeht: »Und ich werde mich vor den Augen der Nationen an euch heiligen. Und ihr werdet wissen, daß ich der Herr bin.« Dies ist die Sprache der Apotheose, der eschatologischen Erfüllung. Im *Machsor Vitry* heißt es dazu ein wenig knapp: »Der Text bezieht sich auf den Kampf zwischen Gog und Magog.« Gog und Magog! In diesem Entscheidungskampf wird Gott überdies ein altes Unrecht korrigieren. Er wird Rache nehmen für nichts Geringeres als das Zerbrechen Seines Namens. Als die Israeliten auszogen aus Ägypten, wurden sie, wie man sich erinnern wird, von den Amalekitern angegriffen; und nachdem die Israeliten die Amalekiter in der Schlacht besiegt hatten, schwur Gott Amalek ewige Feindschaft. Moses baute einen Altar und verkündete den Schwur, den Gott, mit Seiner Hand an Seinem Thron, getan hatte, daß »der Herr Krieg haben wird wider Amalek von Geschlecht zu Geschlecht«. Doch der Name Gottes, den Moses bei der Zeremonie benützte, war ein gestutzter, ein unvollständiger Name. (Auch das Wort, das Moses für »Thron« benützte, war gestutzt, unvollständig.) Dem *Machsor Vitry* zufolge ist das Kaddisch daher ein Gebet für die Wiederherstellung des Namens Gottes, eine Bekräftigung der Hoffnung, daß »die Buchstaben von Gottes Name wieder zusammengefügt werden, das heißt des Namens, der entzweigeschnitten wurde, als Er schwor, wider Amalek Krieg zu haben«. Grundlage dieser Deutung ist die Schreibweise des aramäischen Wortes für »Sein Name« in der ersten Zeile des Kaddisch, die es möglich macht, daß die Wendung (ich kann hier nur eine grobe englische Entsprechung geben) nicht gelesen wird als »werde Sein großer Name«, sondern als »Sein Name werde groß«, das heißt, größer, als er bisher gewesen ist, in dem Zeitalter, in dem der Krieg wider Amalek noch nicht gewonnen ist. In der Wüste »schwor Gott, daß Sein Name in unserer Zeit und auf Seinem Thron nicht vollständig sein wird, bis Er selbst Rache genommen hat an Amalek«. Und daher macht das Kaddisch Gott traurig. Es erinnert Ihn daran, daß Er selbst in der Wüste verstümmelt wurde.

»Sein großer Name sei gepriesen.« Zu diesen Worten des Kaddisch hat der anonyme Verfasser im *Machsor Vitry* folgendes zu sagen: »Es ist unbedingt erforderlich, daß derjenige, [der das Kaddisch rezitiert,] das Wort ›großer‹ mit aller Kraft in die Länge zieht, und während er es in die Länge zieht, muß er in seinem Herzen über die Legenden [von Gog und Magog und Amalek] meditieren, die wir gerade erklärt haben. Denn wenn der Heilige hört, daß die Juden sich ausdrücklich zu dem Zweck versammeln, Ihn an den Eid zu erinnern, den Er geschworen hat, das Gedächtnis Amaleks auszutilgen ... wenn Er hört, wie sie mit aller Kraft diese Worte des Lobes verkünden [in denen sie ihre Hoffnung ausdrücken, daß Sein Name groß gemacht werde], dann sagt er sogleich: ›Wehe den Kindern, die vom Tisch des Vaters verbannt wurden, und wehe dem Vater, der seine Kinder von seinem Tisch entfernt hat, und sie preisen ihn so!‹ Aus diesem Grund ist in dieser Stunde [wenn das Kaddisch rezitiert wird] der Kummer im Himmel groß. Denn es erinnert Ihn an Amaleks Frevel wider den Himmel, der die Ursache war für die Teilung Seines Namens, und daher ist im Himmel großer Kummer. Und wenn die Engel diese große Traurigkeit in der Gegenwart des Heiligen hören und sehen, werden sie so aufgerüttelt und erschüttert und überwältigt, daß sie verstummen, weil sie nicht wissen, woher dieser Kummer in der Gegenwart Gottes kommt, da sie nicht Aramäisch verstehen.« Doch wir verstehen Aramäisch, und daher müssen wir Gott trösten wegen des Schicksals, an das wir gerade erinnert haben. Wir haben ihn betrübt, und so müssen wir ihn aufrichten.« Jetzt müssen wir Ihm Trost spenden für Seinen Kummer ... Unbedingt müßt ihr den Sinn verstehen, in dem wir [im Kaddisch] von ›Trostverheißung‹ für den Himmel sprechen. Denn wo kein Kummer ist, da kann auch kein Trost sein. Doch siehe, der Kummer im Himmel ist riesig, und es ist dieser Kummer, für den wir Trost spenden. Und darum sprechen wir Aramäisch – um zu trösten.«

Das Kaddisch – banal? Nicht einer solchen Deutung zufolge. Sein Thema ist die Wiederherstellung der Gottheit! Die liturgische Bagatelle wird zu einer regelrechten Übung in Esoterik. Wenn gegen Ende des Kaddisch Gott gebeten wird, daß »uns vom Himmel herab Fülle des Friedens – und Leben! – zuteil werden möge«, so ist die Bitte um Leben dem *Machsor Vitry* zufolge im strengen Sinne des Kampfes am

Ende der Zeiten zu verstehen. »Der Segen des Lebens wird auf Israel herabbeschworen, weil es nur wenige Überlebende jener Erlösung geben wird, nur einen in einer Stadt und zwei in einer Familie. Es heißt ja sogar [im Talmud]: ›möge der Messias kommen, aber möge ich ihn nicht sehen‹, wegen des Unglücks, das in jener Zeit eintreten muß. Aus diesem Grund sagt man, wenn man den Segen des Lebens erfleht [für die Juden], genaugenommen: Sein Reich komme für diejenigen, die noch am Leben sind.« Das Kaddisch – ein Gebet für Überlebende.

Die Erlösung geht einher mit Greueln. (Die Tradition spricht von »den Schmerzen des Messias«.) Somit ist die Erlösung, unter humanem Aspekt, ein Greuel.

Wer wird uns also von der Erlösung erlösen? Das können nur wir selbst.

»Sein Reich komme für diejenigen, die noch am Leben sind.« Das Kaddisch – nach 1945.

Die Schmerzen des Messias: Die Schmerzen kommen immer, der Messias kommt nie.

Im *Buch vom Obstgarten*, einem anderen Band der Raschi-Literatur, ist die apokalyptische Deutung des Kaddisch voll ausgebildet und lebendig. »›Erhoben und geheiligt.‹ Doch wie kann ein Sterblicher den Namen des Heiligen erheben und größer machen? Als ob ihm, Gott bewahre, etwas fehlte! Aber es fehlt ihm wirklich etwas ...« In dem Schwur, Amalek zu vernichten, »ist nur die Hälfte der Buchstaben des Namens erwähnt.« Das Kaddisch ist eine Bitte darum, daß die Buchstaben des Namens Gottes zusammengefügt werden. »Wir beten ›Erhoben und geheiligt‹, als wollten wir sagen: Möge es der Wille von Ihm sein, der sprach und die Welt erschuf, daß Er uns [vom Exil] unter den Nationen errettet und das Gedächtnis Amaleks austilgt und Seinen Namen heiligt, um ihn ganz zu machen.« Dies alles wird im Kampf von Gog und Magog eintreten. Mehr noch: »Unsere eigene Erlösung hängt ab von der Vergrößerung des Namens, denn der Name wird erst vergrößert werden, wenn das Gedächtnis Amaleks ausgetilgt wird, und das Gedächtnis Amaleks wird erst ausgetilgt werden, wenn wir erlöst werden, und bald.« (Der Text zieht aus dieser linguistischen Analyse des Schicksals des Namens Gottes eine überraschende Schlußfolgerung, nämlich, daß »der Eine Name ein aramäisches Wort« und nicht ein hebräisches Wort ist.) Bemerkenswert ist auch, was das *Buch vom Obstgarten* über die Engel und das Kaddisch zu sagen hat. Zutreffend wird darauf hingewiesen, daß das Kaddisch eine Mischung aus Aramäisch und Hebräisch ist und daß die Worte des Lobpreises im Kaddisch – »gepriesen ... gerühmt ... verherrlicht ... erhoben ... erhöht ... gefeiert ... hocherhoben« – nicht aramäisch, sondern hebräisch sind. »Und wenn die Engel diese Worte verstehen, ist es nicht wichtig, weil es einfach Lobpreis ist.« Anders die ersten Worte des Kaddisch. Sie sind kein Lobpreis, sie sind Gebet. Sie hoffen auf Gottes Heilung. Insofern sind sie ein Eingeständnis der Gebrechlichkeit Gottes – und diese Information darf den Engeln nicht in die Hände fallen. »Sollte jemand fragen, warum das Kaddisch auf aramäisch rezitiert wird, [so lautet die Antwort, daß] es so ist, damit die Engel nicht merken, daß der Name des Heiligen unvollständig ist, denn sonst würden sie die Welt zerstören.« Denn die Eifersucht der Engel ist tödlich. Sie möchten Gott nicht mit den Menschen teilen. Und nur die Furcht vor Gott hält sie ab – die Furcht vor Gott und die Sprache, die wir für das Kaddisch wählen. Unsere aramäischen Worte hindern sie am Erwerb des Wissens, das sie veranlassen würde, gegen die Welt tätig zu werden, des Wissens, daß Gott eine Wunde hat. Und so wechseln wir zwischen Hebräisch und Aramäisch hin und her, um die uncherubinischen Absichten der Untergebenen Gottes zu vereiteln. Und wir beschließen das Kaddisch mit der Bitte, daß »Fülle des Friedens – und Leben! – uns und ganz Israel vom Himmel herab zuteil werden möge«, »so als wollten wir sagen, daß Harmonie im himmlischen Haushalt herrschen möge, denn wenn die Engel nicht verstehen, was wir gesagt haben, wird ganz Israel Leben zuteil werden.«

Von Engeln wie von allen Wesen, die nicht menschlich und nicht göttlich sind, geht Gefahr aus.

»Sein großer Name sei gepriesen in Ewigkeit und Ewigkeit der Ewigkeiten!« Das *Buch vom Obstgarten* lehrt, daß die Gemeinde diese

Antwort im Kaddisch äußern soll »wie ein Mann, der laut schreit, der seine Zuhörer an Dinge erinnert«. An Dinge, die sie vergessen hatten und wieder vergessen werden. An Dinge, die ich vergessen hatte und wieder vergessen werde.

◇

Im Teehaus schürzt sich der Knoten. Mit Freude stelle ich fest, daß die apokalyptische Interpretation des Kaddisch bald widerlegt wurde. Der Höhenflug der chiliastischen Phantasie wurde durch eine recht unscheinbare Erwägung vereitelt: Er wurde nicht von der Syntax unterstützt. »Sein großer Name sei gepriesen«: Die Antwort der Gemeinde im Kaddisch muß der apokalyptischen Deutung zufolge in zwei Gebete aufgeteilt werden, nämlich, daß Sein Name groß sei und daß Sein Name gepriesen sei. Doch dies widerspricht den aramäischen Worten des Textes. Die Worte sagen nicht, daß Sein Name groß sein solle und daß Sein Name gepriesen sein solle. Die Worte sagen, daß Sein großer Name gepriesen sein solle. Sprachlich macht die apokalyptische Interpretation des Kaddisch also keinen Sinn. Dieses Problem wurde schon rund eine Generation später in Aschkenas aufgezeigt, von den Glossatoren des Talmud, die, als Tossafisten bezeichnet, die Interpretation des Kaddisch im *Machsor Vitry* in Frage stellten. Sie formulierten ihre Herausforderung in einer Glosse zu der Geschichte von Rabbi Josses Gebet in der Ruine. Die Legende im Talmud besagt, daß, »wenn Juden zu den Bethäusern und zu den Lehrhäusern kommen und ausrufen: ›Sein großer Name sei gepriesen in Ewigkeit und Ewigkeit der Ewigkeiten!‹ Gott traurig nickt und sagt: ›Wohl dem König, dessen Kinder ihn in seinem eigenen Hause preisen! Aber wehe dem Vater, der seine Kinder verbannt hat, und wehe den Kindern, die von ihres Vaters Tische verbannt wurden.‹« »Auf dieser Grundlage«, bemerkten die Tossafisten, »können wir die Interpretation im *Machsor Vitry* widerlegen, daß die Worte ›Sein großer Name sei gepriesen‹ ein Gebet sind, das wir für die Wiederherstellung Seines Namens beten ... Aus dem, was der Talmud hier sagt, geht klar hervor, daß diese Worte ein einziges Gebet enthalten und daß sie nicht sagen wollen, daß Sein Name groß sein solle, sondern daß Sein großer Name gepriesen sein solle.«

Messianismus? Nicht um den Preis der Grammatik.

Daß die Tossafisten die apokalyptische Interpretation des Kaddisch widerlegt hatten, brachte sie in den französischen und deutschen Gemeinschaften nicht gänzlich in Mißkredit – der Salbenmischer erwähnt sie kurz in seinem Kommentar zum Kaddisch –, doch wanderte sie offenbar nach Süden. In Italien wird sie im dreizehnten Jahrhundert von Zedekia dem Arzt neben der Interpretation des Kaddisch seines Bruders Benjamin angeführt. (»Das Kaddisch beruht auf der Zukunft«, bemerkte Benjamin Anaw kurz und bündig.) In der Provence erklärt Ascher von Lunel Ende des zwölften, Anfang des dreizehnten Jahrhunderts, das Thema des Kaddisch sei »das Zeitalter des Messias, wenn die Toten leben werden«, und auch er erwähnt die Verstümmelung des Namens Gottes; allerdings schreibt er die Misere Gottes nicht dem Krieg gegen Amalek zu, sondern dem Exil. »Im Exil«, schreibt Ascher, »ist der Name nicht vollständig«; und in Anspielung auf die talmudische Exegese des letzten Verses der Psalmen fügt er hinzu: »Im Exil kann die Seele nur die Hälfte des gepriesenen Namens loben.« Hundert Jahre später legt Aaron von Lunel die apokalyptische Deutung des Kaddisch ausführlich dar, und er zitiert ausgiebig den *Machsor Vitry*. In Spanien läßt sich David ben Josef Abudarham im vierzehnten Jahrhundert in seinem Kommentar zur Liturgie über die apokalyptische Analyse und ihre biblischen Quellen aus. Eigentlich kommentiert Abudarham die vollständigere jemenitisch-nordafrikanisch-spanische Variante des Kaddisch, die explizit messianisch ist. In diesem Ritus werden dem ersten Abschnitt des Kaddisch einige Worte hinzugefügt: »Sein Reich komme, und möge Er Seine Erlösung hervortreten lassen und die Krönung Seines Messias beschleunigen und Sein Allerheiligstes wiederherstellen.«

Ein Mann, der für seine Mutter Kaddisch sagt, meinte heute abend in der Schul, daß Benjamin Anaw zufolge »das Kaddisch auf der Zukunft beruht«. Er blickte mich säuerlich an und sagte: »Nicht auf meiner Zukunft.«

Die Tossafisten führten in ihrer Erörterung des Kaddisch die Klarheit der Sprache nicht nur gegen die Apokalypse ins Feld, sondern auch gegen die Lehre von den Engeln. In der schon zitierten wundervollen Passage – Jakob ben Ascher, der im vierzehnten Jahrhundert in Spanien lebte, nennt als ihren Verfasser den bewundernswerten Isaak ben Samuel von Dampierre, der ein Neffe von Jakob Tam und in der zweiten Hälfte des zwölften Jahrhunderts dessen Erbe in der Weiterentwicklung des Talmudismus in Frankreich war – heißt es weiter: »Was die verbreitete Ansicht betrifft, das Kaddisch werde auf aramäisch rezitiert, weil es ein schöner und hocherhabener Ausdruck des Lobpreises sei, und deshalb habe es auf aramäisch formuliert werden müssen, da die Engel es sonst verstehen und auf uns eifersüchtig sein würden, so ist diese Ansicht nicht plausibel. Es gibt doch viele schöne Gebete auf hebräisch [welches die Engel verstehen können]!« Isaak ist für die Interpretation des Kaddisch nicht auf Engel angewiesen. Das ist besonders auffällig angesichts von Isaaks Interesse an den esoterischen Lehren der frühen Pietisten in Aschkenas. Ihm wurde sogar nachgesagt, daß »er nachts zum Himmel auffuhr und Weisung von den Engeln erhielt«. Doch die angelologische Erklärung des Kaddisch ist für Isaak ein Beispiel von unangebrachter Esoterik. »Der Grund [dafür, daß das Kaddisch auf aramäisch gesagt wird] ist der, ... daß das Kaddisch gewöhnlich nach der Lehre und der Predigt gesagt wurde, und es waren ungebildete Menschen zugegen, und sie verstanden die Heilige Zunge nicht. Darum brachten die Rabbinen das Kaddisch in die Sprache der Übersetzung, damit jeder es verstünde, denn das war ihre Sprache.« Die »Heilige Zunge« war Hebräisch. Aramäisch war die »Sprache der Übersetzung«, die Sprache, in welche die Bibel und der rabbinische Diskurs im Altertum gewöhnlich übersetzt wurde. Die Diktion des Kaddisch sollte nicht die Unzulänglichkeiten von Engeln überwinden. Sie sollte die Unzulänglichkeiten von Menschen überwinden.

»Er fuhr nachts zum Himmel auf und erhielt Weisung von den Engeln.« Vielleicht haben Sie ihm gesagt, das Kaddisch sei unser Problem, nicht ihres.

Den Niedergang der apokalyptischen Interpretation des Kaddisch kann man in Jakob ben Aschers Gesetzeskodex beobachten, in dem die Traditionen des Nordens mit den Traditionen des Südens zusammenprallten. Er zitiert die verstiegene Ansicht, die Bezugnahme auf den »großen Namen« Gottes bedeute, daß »dem Namen, der jetzt nicht ganz ist, seine Ganzheit wiedergeben« werde als Folge »der Kämpfe von Gog und Magog«. »Manche interpretieren es so«, schreibt er. Er zitiert auch die angelologische Erklärung der aramäischen Gebetssprache (»damit die Engel nicht eifersüchtig auf uns werden, weil wir eine so schöne Lobpreisung darbringen«). Doch dann zieht Jakob die Schraube an: »Und Rabbi Isaak [von Dampierre] erklärte ...« Der in Spanien lebende Sproß von Aschkenas gab der Deutung seiner Vorfahren den Vorzug vor der Deutung seiner Nachbarn. Und er sagt klipp und klar, was daraus folgt, daß Isaak die Engel aus dem Kaddisch vertrieben hat: »Seine Sprache muß demnach wortwörtlich interpretiert werden. Das Aramäische ist einfach eine Übersetzung des Hebräischen: ›Sein großer Name sei gepriesen.‹« – Nicht »Sein Name sei groß« und »Sein Name sei gepriesen«. Einfach nur »Sein großer Name sei gepriesen«. Statt zweier mystischer Träume ein unmystischer Traum. Ein volkssprachlicher Traum.

»Beim Herumstöbern im Elternhaus«, schreibt ein Freund, »fand ich dies«, und er fügt ein Geschenk bei. Es ist der Text eines Respons von Salomo ben Abraham Adret, den er aus einer alten Ausgabe in der Bibliothek seines Vaters abgeschrieben hat. Er stimmt genau mit dem Text überein, den ich in einer neueren und schickeren Ausgabe von Adrets Entscheidungen habe. Der im späten dreizehnten Jahrhundert lebende Meister der spanischen Judenheit wurde nach dem Aramäischen im Kaddisch gefragt. Er antwortete, daß »die meisten Leute damals nur Aramäisch sprachen. Aus diesem Grund verfügten die Rabbinen die Rezitation des Kaddisch auf aramäisch, damit alle es verstünden und dadurch Seinen gelobten Namen heiligten.« Doch Adret berichtet außerdem von einer Entwicklung in der sprachlichen Geschichte des Kaddisch. »Es gibt gegenwärtig Vorbeter [die die Gemeinde beim Gottesdienst leiten], die [das Aramäische] ins Hebräische übersetzen ... und obwohl es ursprünglich auf aramäisch rezitiert wurde, rezitieren sie es ohne Bedenken in dieser Fassung.« Er vermerkt auch »den Brauch der einen oder anderen Gemeinschaft, [dem Text] nach Belieben etwas hinzuzufügen, sei es auf aramäisch oder auf hebräisch oder in jeder Sprache, die ihr Herz begehrt.« Adret hat gegen diese Wendigkeit nichts einzuwenden. »Es geht nichts verloren«, schreibt er. »Auch besteht kein Grund, sich wegen der modernen Übersetzung des größten Teils des Kaddisch in die Heilige Zunge zu beunruhigen, weil wir heute nicht mehr Aramäisch sprechen. Für uns sind alle Sprachen wieder gleich.« Sprachen erleben

Aufstieg und Niedergang, besonders unter den Juden im Exil. Es gibt die Heilige Zunge, und es gibt die unheiligen Zungen. Entscheidend ist, daß diejenigen, die das Kaddisch sagen, wissen, was es bedeutet. Der Rabbiner in Barcelona erklärte die Sprache des Kaddisch immanent, genau wie der Rabbiner in Dampierre. Es hatte nichts mit Engeln zu tun. Es war ein Zugeständnis an kulturelle Realitäten. Doch lehnte Adret die apokalyptische Deutung des Kaddisch nicht gänzlich ab. Im Anschluß an die Erörterung der Sprache äußert er sich über die Heilung des Namens Gottes, wenn der Schwur wider Amalek erfüllt sein wird. »Der Heilige wird nicht in das himmlische Jerusalem einziehen«, schreibt er, »bevor Er nicht das irdische Jerusalem wiederaufgebaut hat.«

»Für uns sind alle Sprachen wieder gleich.« Es ist eine Frage der Bequemlichkeit. Doch die Reformer in Adrets Zeiten dienten der Bequemlichkeit, indem sie das Gebet ins Hebräische übersetzten. Hat man schließlich je von einem Juden gehört, der nicht Hebräisch kann?

Adrets römischer Zeitgenosse Zedekia der Arzt hält die interessanten Ansichten seines Bruders und seines Lehrers über die sprachlichen Veränderungen des Kaddisch fest. »Mein Bruder Benjamin schrieb, ursprünglich sei das Kaddisch auf hebräisch gesagt worden ... doch in den Zeiten der Verfolgung wurde bestimmt, daß es verboten sei, ›Sein großer Name sei gepriesen!‹ zu verkünden. Und daher bestimmten die Rabbinen, daß es auf aramäisch gesagt werden solle, damit die Feinde die Worte nicht verstünden.« Das Kaddisch – ein kryptojüdisches Gebet! Benjamin Anaws Erklärung ist vage. An welche Verfolgung in alter Zeit denkt er? Jedenfalls ist diese Verfolgung Geschichte. Weshalb das Kaddisch dann nicht wieder auf hebräisch sagen? Er hat eine Antwort. »Die Verfolgung ist zwar vorüber, doch wünschten sie nicht, die Sache wieder in ihren ursprünglichen Zustand in hebräischer Sprache zu versetzen, damit die Wunder [mit denen Gott Sein Volk vor der Verfolgung rettete] nicht in Vergessenheit gerieten, mehr noch, damit sie allgemein bekannt würden.« Die Sprache des Kaddisch ist die Erinnerung an eine Errettung. Der Inhalt des Gebets bezieht sich auf die künftige Erlösung, doch die Form des Gebets bezieht sich auf eine zurückliegende Erlösung.

Aus Benjamins Interpretation folgt, daß die Wirkung dieser aramäischen Worte auf die Juden das Gegenteil ihrer Wirkung auf Gott ist. Gott wird durch ihren Klang entmutigt, und deshalb muß Er getröstet werden, doch die Juden werden durch ihren Klang ermutigt, die Worte selbst sind eine Tröstung der Juden. Schon bevor es dem Trauernden zugeeignet wurde, war das Kaddisch also eine Tröstung. Nicht für die Trauer von einzelnen. Für die Trauer eines Volkes.

Und Meir ben Moses, Zedekias Lehrer? »Dies war Rabbi Meirs Interpretation: Warum wird das Kaddisch auf aramäisch vorgetragen? Weil ein trauernder Mensch Kleider gegen Lumpen austauscht.« Zedekia fügt hinzu, daß Meir von der Trauer Gottes gesprochen habe, doch ich beharre stur auf der wörtlichen Bedeutung von Meirs Worten und werde dieses Jahr als das Jahr bezeichnen, in dem ich Kleider gegen Lumpen austauschte.

Außerdem als das Jahr, in dem ich entdeckte, wie angenehm sich Lumpen tragen. Die Seide im Sackleinen.

Als ich mit einem Freund über Homosexualität und jüdischen Tradition sprach, fiel mir eine Geschichte ein, die ich vor Monaten im *Tana D'Be Eliyahu Zuta* (»Die Lehre der Schule Elias, Kleinere Version«) gelesen habe. Darin betet der Sohn um die Erlösung der Seele seines Vaters von den Qualen, die er für die Sünde der Sodomie erleidet. Bei der Suche nach der entsprechenden Stelle stieß ich auf eine andere Passage, die den Kummer Gottes und den Kummer des Trauernden zu verbinden scheint zu allen Leiden, die das Kaddisch behandelt. In der »größeren Version« des Werkes lautet die Passage folgendermaßen: »In jeder Generation schlägt der Heilige [vor Kummer] Seine Hände zusammen und legt sie auf Sein Herz und dann auf Seine Arme und weint [um das Exil Israels und die Zerstörung Seines Tempels]. Er weint heimlich, und Er weint öffentlich. Warum heimlich? Weil es erniedrigend ist für den Löwen, in Gegenwart des Fuchses zu weinen, und für den König, in Gegenwart seiner Diener zu weinen, und für den Lehrer, in Gegenwart seiner Schüler zu weinen, und für den Besitzer, in Gegenwart des Arbeiters, den er angestellt hat, zu weinen. Wie [bei Jeremia] geschrieben steht: ›O daß mein Haupt Wasser wäre und mein Auge ein Tränenquell, so wollte ich Tag und Nacht beweinen die Erschlagenen der Tochter meines Volkes!‹ Bezieht sich dieser Vers wirklich auf Jeremia? Nein, [da das hebräische Wort für »Erschlagenen« dem hebräischen Wort für »Gesetzesbrecher« ähnelt]. Er bezieht sich auf den Heiligen, der Seine Welt aufteilte gemäß zweierlei Arten von Verhalten in Gerechte und Gottlose. Wer ist gerecht? Derjenige, der von dreizehn Jahren an die Schrift und die Lehren der Rabbinen studiert und Gottesfurcht und das Verrichten guter Taten gelernt hat, auf daß diese Vorzüge ihn sein Leben lang begleiten. Wenn er stirbt, ist der Heilige froh und begrüßt ihn mit den Worten: ›Hätte ein solcher Vater doch nur einen Sohn oder Enkel, der seinen Platz einnimmt!‹ Und wer ist gottlos? Derjenige, der von dreizehn Jahren an die Schrift und die Lehren der Rabbinen studiert hat und dann auf häßliche Abwege gerät und scheußliche Dinge tut. Wenn er stirbt, seufzt der Heilige und begrüßt ihn mit den Worten: ›Hätte ein solcher Vater doch nur einen Sohn oder Enkel, der ihn im Gedenken empfiehlt!‹ So tröstet das Kaddisch den Vater und den VATER.«

Vollkommenheit, trauernd um Unvollkommenheit. Eine grandiose Vorstellung. Aber so ist der Gott der Juden: Er ist verschlossen und Er ist offen. Sein Genügen genügt sich nicht. Er möchte gebraucht werden.

Die Tränen des Vollkommenen – vollkommene Tränen.

Doch das Lachen Gottes wäre abscheulich.

◇

Es ist merkwürdig, daß Owadias Erklärung des Kaddisch, diejenige, die Benjamin Sew zitiert, daß »dieses Kaddisch kein Gebet ist, das der Sohn für den Vater betet«, mich so stark beeindruckt. Ich bin dieser Erklärung schließlich schon vorher begegnet. Vor einigen Monaten und erneut vor einigen Wochen las ich bei Abraham Horowitz: »Dieses Kaddisch ist kein Gebet, das der Sohn vor Gott für den Vater betet, damit Er ihn aus den unteren Tiefen aufsteigen lasse. Es ist vielmehr ein Privileg und eine gute Tat, die dem Toten zugute kommt, wenn sein Sohn öffentlich den Namen Gottes heiligt und die Gemeinde antwortet.«

Eine Offenbarung muß nicht nur gegeben, sie muß auch empfangen werden.

Wurde nichts gesagt, oder wurde nichts gehört? Das Schicksal der Religion wird sich mit der Antwort auf diese Frage entscheiden.

Könnte man doch nur mit Sicherheit folgern, daß, wenn nichts gehört wurde, auch nichts gesagt wurde. Doch eine solche Folgerung ist nicht möglich, da die Sinne nicht unsere einzige Erkenntnisquelle sind. Deshalb wird die Ratlosigkeit nie ein Ende haben.

Gott hatte gesprochen, doch das Volk hatte nicht gehört! So wetterten jedenfalls die Propheten. Doch sie genossen einen unfairen Vorzug: Gott hatte zu *ihnen* gesprochen. Sie wußten den Unterschied zwischen einer Offenbarung und dem Bericht von einer Offenbarung nicht richtig einzuschätzen.

Geißle die Leute wegen ihrer Sünde, aber geißle sie nicht wegen ihres Zweifels. Der Zweifel ist die Aufrichtigkeit eines entmutigten Geistes.

Wenn das Auge das Objekt nicht sieht, kann die Folgerung, das Auge könne nicht sehen, ebenso falsch sein wie die, das Objekt existiere nicht. Wir müssen mehr über die Umstände der Kognition und ihr Versagen wissen.

Mystiker haben immer von der Auflösung der Subjekt-Objekt-Beziehung geträumt. Ich verstehe einen solchen Traum nicht. Ich möchte nicht das sein, was ich sehe, ich möchte klar sehen.

Was, wenn Gott auf Moses' schockierendes Verlangen eingegangen wäre und ihm Sein Angesicht gezeigt hätte? Moses hätte das Angesicht Gottes nur mit seinen eigenen Augen gesehen. Selbst angesichts des Unbegrenzten wäre er von seinen Sinnen begrenzt gewesen. Der Anblick Gottes bleibt der Anblick eines Objekts. Die Subjektivität ist damit noch nicht überschritten. Wir würden der Schilderung des Subjekts glauben oder auch nicht glauben. Auch sie müßte von der Philosophie bewertet werden.

Auch wenn ein Mensch Gott gesehen haben mag, spricht er doch nur für sich selbst.

Eine Welt, in der es zwischen dem Subjekt und dem Objekt keine Hindernisse gibt, ist eine erlöste Welt.

Owadia in Italien und Abraham Horowitz in Polen beteuern, das Kaddisch des Trauernden sei kein Gebet für die Toten. In Italien und in Polen, also in katholischen Kulturen, in denen zügellos für die Toten gebetet wird. Waren die Äußerungen dieser Autoren polemisch gemeint? Sicherlich machten sie einen Unterschied zwischen dem jüdischen Totengedenken und dem nichtjüdischen Totengedenken. Vielleicht waren sie besorgt, daß ihre Brüder das Kaddisch in einem fremden Licht sehen könnten.

Ich habe dieses Jahr fast ausschließlich in einem einzigen Idiom gelebt. Natürlich habe ich viele Dinge getan, die nichts mit dem Judentum zu tun haben, die von ihm weder verdunkelt noch geklärt werden. Doch die starken Gefühle, die ausgedehnten Überlegungen, die tiefen Erfahrungen: In diesem Jahr ist die Tradition da, um sie aufzugreifen und in ihre Tonart zu transponieren. Ich beklage mich nicht, daß die Tradition luftlos ist. In meiner Tradition ist eine Menge Luft. Was ich wünsche, ist nicht mehr Luft, es ist eine andere Luft.

Heute abend und gestern abend und vorgestern abend hätten wir fast kein Quorum zusammenbekommen, und die Getreuen waren darüber verärgert. Es gibt zu viele, die den Gottesdienst schwänzen, murrten sie. Es sollte eigentlich nicht so schwer sein. Es fielen harte Worte. Es gab praktische Anregungen, wie sich der Besuch verbessern ließe. Und in der Ecke stand ein älterer Mann in Hut und Mantel, im Gebet versunken.

Die übliche englische Übersetzung des hebräischen Namens für das, was ich seither in der Schul rezitiert habe, ist »Kaddisch des Trauernden«. Jetzt, nach dieser ganzen Zeit, sehe ich, daß diese Übersetzung falsch ist. Dies ist das *Kaddisch Jatom*: es ist nicht das »Kaddisch des Trauernden«, es ist das »Kaddisch der Waise«, das »Waisenkaddisch«.

◇

An anderer Stelle bei Benjamin Sew ein anderes Respons über das Kaddisch. Dieses ist wirklich interessant. Es wurde nicht ausgelöst durch eine Anfrage, sondern durch eine Beobachtung. »Da ich beobachtet habe, daß, wenn Trauernde in der Synagoge sind, die um ihre Eltern trauern, einige streng darauf bestehen, daß an Neumondstagen und an den Sabbaten und den Feiertagen während des Trauerjahres nicht Kaddisch gesagt wird, habe ich mich bemüht, Beweise dafür zu finden, daß sie irren, und Bestätigung für die, die an Neumondstagen und an den Sabbaten und den Feiertagen Kaddisch sagen.« Der alte Widerstreit zwischen Freude und Trauer, der im elften Jahrhundert in Aschkenas herrschte, die Auseinandersetzung zwischen den Begräbnisbräuchen von Mainz und den Begräbnisbräuchen von Worms, hatte also überlebt in Gestalt einer Meinungsverschiedenheit über die Angemessenheit des Waisenkaddisch an den Tagen der Freude! Benjamin Sew billigt nicht die Ansicht, die dem Trauernden die Erfüllung seiner Pflicht an diesen Tagen verwehrt. Er führt gegen sie einen Brauch an: »Wie wunderbar ist die Praxis der Aschkenasim, die ich hier in der Gemeinde von Venedig gesehen habe, dieser Stadt der Weisen, die in der Frage des Kaddisch zwischen dem gewöhnlichen Wochentag und den Sabbaten und Feiertagen und Neumondstagen keinen Unterschied machen! Nach meiner unmaßgeblichen Meinung sollte es so gemacht werden.« Und er zitiert einen Text. Einen Text, der für meine Zwecke von unschätzbarem Wert ist.

Der Text, den Benjamin Sew zitiert, ist ein Respons, »das ich gefunden habe«, von Isaak von Corbeil. Isaaks Respons ist eine kurze Übersicht über das Brauchtum des Kaddisch des Trauernden – wann es gesagt werden soll, welchen Trauernden der Vorrang zusteht, es zu sagen, und so weiter. Das Aufregende an der Entdeckung dieses Respons ist, daß Isaak im dreizehnten Jahrhundert in Frankreich lebte; er war der Verfasser des sogenannten *Sefer Mizwot Katan* (»Kleines Buch der Gebote«), eines Werkes, das im Mittelalter und der frühen Neuzeit viele Juristen beeinflußt hat. Isaaks Respons ist, mit anderen Worten, eine der frühesten Erörterungen des Waisenkaddisch. Auf jeden Fall ist es das früheste Respons zu dem Thema, das ich entdeckt habe. Auffällig ist an diesem frühen Text der Ton der Vertrautheit mit dem Kaddisch und seinen Problemen. »Was den Fall des Mannes angeht, der einen Sohn hatte, und eines anderen, der zwei

Söhne hatte, so ist jeder einzelne Sohn verpflichtet, seinen Vater zu ehren, und zwar auch nach seinem [des Vaters] Tod. Es ist daher angebracht, daß die Aufgabe geteilt wird, so daß der Sohn des ersten Mannes [das Kaddisch] für seinen Vater rezitieren kann und der Sohn des zweiten Mannes [das Kaddisch] für seinen Vater rezitieren kann.« Isaak schreibt über das Kaddisch, als sei es bereits eine Institution. Dieser Eindruck bestätigt sich später im Text, wo die Rede ist von »einem alten Mann, [der] mir erzählte, daß er seinen Söhnen befohlen habe, nach seinem Tod zu beten und das Kaddisch zu sagen«. Dieser alte Mann muß nach dem Brauch seiner Väter gehandelt haben – ein weiterer Beweis dafür, daß das Kaddisch aus dem zwölften Jahrhundert auf mich gekommen ist.

Isaak macht deutlich, daß das Waisenkaddisch ein kurzes und zweckmäßiges Gebet ist – eine verkürzte Version des »Vollkaddisch«, das an anderer Stelle im Gottesdienst gesagt wird –, das für Minderjährige geschaffen wurde. Erwachsene Trauernde können sich dagegen mit dem Vollkaddisch im Gottesdienst und mit all den anderen Gebeten ihrer Pflicht entledigen. Denn, so schreibt er, »Beten ist dem Kaddisch gleichwertig und herrlicher als es.« Und jetzt kommt der Teil von Isaaks Respons, der Benjamin Sew interessiert: Isaak hat »gehört, daß eine irrige Ansicht verbreitet ist, daß das Kaddisch, das am Sabbat gesagt wird, oder das Gebet [das am Sabbat gesagt wird] den Toten nicht soviel nützt wie das Kaddisch, das von Jungen an Wochentagen gesagt wird. Wenn aber das abgekürzte Kaddisch [das von Jungen an Wochentagen gesagt wird] den Toten nützt, dann nützt das Vollkaddisch [das von dem Mann, der die Gebete leitet, gesagt wird] ihnen gewiß noch mehr.« Dies ist Benjamin Sews Beleg dafür, daß »wir nicht allzu streng dagegen sein sollten, daß an Sabbaten und Feiertagen und Neumondstagen Kaddisch gesagt wird, und das gilt sicherlich auch für die [von dem Trauernden geleiteten] Gebete, genauso, wie es an gewöhnlichen Tagen gesagt wird, weil es [den Toten] an diesen Tagen nützt, wie es an den anderen Tagen nützt.« Benjamin Sew hat seine Antwort gefunden.

Isaak von Corbeil betont in seiner kleinen Sammlung von Betrachtungen über das Kaddisch die Bedürfnisse junger Trauernder. »Im Grunde bestehlen die Männer, die das abgekürzte Kaddisch rezitieren, die Minderjährigen, da sie mit dem Vollkaddisch und dem übrigen Gottesdienst [ihre Pflicht erfüllen] können. Und wenn der Jahrestag des Todes meines Vaters und meiner Mutter kommt, und er fällt auf einen Wochentag, so leite ich bis zum heutigen Tag die Gebete bis zum abgekürzten Kaddisch, und diesen Teil überlasse ich dem Jungen, weil er ihm zusteht.« Dies ist die früheste, mir bis jetzt untergekommene Erwähnung der Jahrzeit und der Pflicht, an diesem Gedenktag das Kaddisch des Trauernden zu rezitieren. Drei Jahrhunderte später führt Benjamin Sew die weite Verbreitung der Jahrzeit als weiteren Beleg dafür an, daß das Kaddisch an Sabbaten und Feiertagen gesagt werden muß. »Wir sehen allenthalben, daß Menschen alljährlich am Jahrestag des Todes von Vater oder Mutter sich kasteien und für sie im Bethaus das Kaddisch sagen. Wenn es jedoch zutreffend wäre, wie einige sagen, daß das Kaddisch an Sabbaten und Feiertagen und Neumondstagen nicht gesagt werden sollte, da die Toten an diesen Tagen von ihren Qualen befreit sind, und falls sie Kaddisch sagten, würden sie die Toten mit den Gottlosen vergleichen [deren Qualen mit dem Ende des Trauerjahres nicht enden], dann müßte man sie daran hindern, am Jahrestag des Tages, an dem ihre Eltern starben, zu fasten, da die Tage des Gerichts vorüber sind, und dieser Brauch wäre nicht legitim. Doch daraus, daß er ungestört geübt wird, müssen wir schließen, daß es richtig ist, das Kaddisch an Sabbaten und Feiertagen und Neumondstagen zu sagen, obwohl die Toten an diesen Tagen ruhen.« Dies ist eine schöne Illustration der Autorität des Brauchtums in der jüdischen Rechtsprechung. Die Rabbinen schließen nicht nur von Prinzipien auf Praktiken. Sie schließen auch von Praktiken auf Prinzipien.

»Ein alter Mann berichtete mir, er habe seinen Söhnen befohlen, daß sie nach seinem Tode über die sieben Trauertage hinaus volle dreißig Tage lang beten und das Kaddisch sagen sollten, an Wochentagen und am Sabbat. Und dies habe ich auch meinen Söhnen befohlen, als ihre Mutter starb. Und ich habe gehört, daß dies die Entscheidung des Salbenmischers sei.« Das Zeugnis Isaaks von Corbeil über die Frühgeschichte des Brauchs ist sehr wertvoll. Und für Benjamin Sew ist es ein weiterer Beleg dafür, das Gebet des Trauernden nicht vom Sabbatgottesdienst auszuschließen. Dennoch ist der Befehl des alten Mannes ein wenig verwirrend. Warum beschränkte er seine Forderung auf dreißig Tage, wenn nach zeitgenössischen Quellen in Aschkenas das Waisenkaddisch ein ganzes Jahr lang gesagt werden mußte? Und das ist nicht das einzige, was mich in Isaaks Text verwirrt. Er macht über das Kaddisch eine Bemerkung, die mir nirgendwo sonst begegnet ist. Nach seiner Meinung sollte man »zwölf Monate und zehn Tage« Kaddisch sagen – dies zu der Beschränkung seiner Dauer durch den alten Mann – »im Vergleich zum Jahr der Sintflut«. Isaak fügt sogleich die schon bekannte Einschränkung hinzu, daß die zwölf Monate auf elf Monate verkürzt werden sollten, »damit niemand seinen Vater gleichsetzt mit den Gottlosen Israels, auch wenn sein Strafgericht zwölf Monate dauert«. Sonderbar ist hier die Erwähnung der Sintflut, und sonderbar sind die zehn zusätzlichen Tage, um die das Kaddisch verlängert wird, um der Sintflut zu gedenken. Warum die Sintflut? Warum zehn Tage? Isaak stellt eine Berechnung der Dauer der Sintflut an, ausgehend von einer Bemerkung Raschis über die Genesis und einer astronomischen Überlegung, mit dem Ergebnis, daß die Sintflut ein Jahr dauerte. Nach Isaaks Vorstellung hängt das Trauerjahr also mit dem Jahr der Bestrafung der Welt durch Wasser zusammen. Warum? Das sagt er nicht. Weil ein Todesfall an den Tod überhaupt erinnert? Weil es einem trauernden Menschen manchmal schwerfällt, sich über Wasser zu halten?

Seit mittlerweile fünf Jahren hängt am Kühlschrank in meiner Küche eine Postkarte, die mir ein Freund schickte, ein sehr viel älterer Mann und einer von den wenigen, die ich kennengelernt habe, die eine eigene Spiritualität besaßen. »Traurig, was deine persönliche Lage angeht«, schrieb er, um mich in einer schwierigen Zeit zu stärken. »Ich finde Beten wirksam, auch wenn ich nicht allzuviel Zeit auf meinen Knien verbracht habe.« Auch er ist letztes Jahr gestorben.

◇

An einem Herbsttag des Jahres 1521 beurkundeten Benjamin Sew und zwei Kollegen, daß ein Mensch namen Moses Sousi tot war. »Am Mittwoch, dem achten Tag des Monats Cheschwan im Jahre 5281 … erschien Rabbi Samuel ben Salomo vor uns. Er bezeugte, daß er eines Tages am Eingang seines Hauses saß, als ein Türke auf ihn zutrat und sagte: ›Samuel, würdest du mir ein Leinengewand von der und der Art nähen?‹ (Es war ein Gewand von der Art, die Samuel gewöhnlich für ihn anfertigte.) Samuel erwiderte: ›Im Augenblick habe ich keine Zeit. Ich habe zuviel zu tun. Ich mache es dir später.‹ Der Türke sagte außerdem zu ihm: ›Hat einer von euch etwas von Moses Sousi gehört?‹ Samuel sagte: ›Nein.‹ Der Türke sagte: ›Dann wisse, daß ein gewisser Türke ihn ermordet hat.‹ Samuel bezeugte außerdem, daß an dem Tag, als das Gerücht laut wurde, Moses Sousi sei fortgelaufen, er [Samuel] einem Türken begegnet sei, der nicht aus der Stadt war. ›Hast du Moses Sousi gesehen?‹ wollte Samuel von ihm wissen. ›Er soll irgendwo in deinem Obstgarten sein.‹ Und der Türke wurde zornig über ihn und hätte fast sein Schwert gezogen. Und als wir diese Zeugnisse hörten, beurkundeten wir sie in den Urkunden der Gemeinschaft.« Die Tatsache, daß Benjamin Sew Samuels Zeugnis akzeptierte, hatte zur Folge, daß die Ehefrau von Moses Sousi wieder heiraten durfte. Der Rabbiner entschied, daß sie nicht eine *aguna* sei, eine Frau, der eine Wiederverheiratung verboten ist, weil der Tod ihres ersten Ehemannes nicht überzeugend bewiesen ist. Doch kaum hatte Benjamin Sew seine nachsichtige Entscheidung gefällt, als die Hölle losbrach. Moses Sousi wurde in Saloniki gesehen. Moses Sousi wurde in Ägypten gesehen. Und David ben Chajim ha-Kohen von Korfu focht Benjamin Sews Entscheidung an, wegen fehlenden Beweises und aus anderen Gründen. »Ich habe versucht, dich auf jede erdenkliche Weise zu rechtfertigen«, schrieb David an Benjamin Sew, »doch was kann ich tun? Mein Vater im Himmel sagte, ich solle mich von keinem Menschen einschüchtern lassen … Ich gebe dir hiermit zur Kenntnis, daß sehr unerfreuliche Dinge über dich gesagt werden, daß du verbotene Frauen freigegeben hast – und das ist ein schrecklicher Vorwurf. Wenn du nicht in solche Situationen geraten möchtest, rate ich dir, dich nicht auf dich selbst zu verlassen. Berate dich mit den Gelehrten deiner Generation, die du überall erreichen kannst.« Die Kontroverse zwischen dem Rabbiner von Arta und dem Rabbiner von Korfu zog sich über zehn Jahre hin und führte zu erbitterter Zwietracht zwischen den Autoritäten Italiens und den Autoritäten der Levante. Die Texte der Auseinandersetzung nehmen in Benjamin Sews Responsen hundert Seiten ein. (Er druckt die Meinungen aller Parteien ab.) Diese scharfe und zugleich von großer Gelehrsamkeit geprägte Kontroverse wird mit ausgesuchter Höflichkeit geführt, die nach meinem Eindruck nicht vollkommen unaufrichtig war. Denn ich bin darauf gestoßen, daß der Rabbiner von Korfu den Rabbiner von Arta in einem Respons über das Waisenkaddisch zitiert.

David ben Chajim ha-Kohen von Korfu verbrachte das letzte Jahr seines Lebens in Adrianopolis, wo er im Jahre 1530 starb. Der größte Teil seines Werkes wurde bei einem Brand im Haus seines Sohnes vernichtet, mit Ausnahme von dreißig Responsen. Der Sohn veröffentlichte sie im Jahre 1537 in Konstantinopel. (Auf der Titelseite der zweiten Ausgabe, die 1834 in Ostrow erschien, heißt es, daß »der Besitz des Sohnes ein Opfer der Flammen wurde, doch das Buch wurde gerettet, obwohl es ein verheerendes Feuer war und alles ringsum brannte, und nur zwei Entscheidungen wurden nicht von der Flamme angesengt; doch das Buch überlebte, es war ein Wunder.«) Davids dreißigstes Respons handelt von dem folgenden Fall: »Einer der Abtrünnigen, die die Religion Israels aufgaben zugunsten der Religion der Baal-Anbeter, unter dem Druck des Regierungsbefehls, der den Juden in der alten Zeit befahl, ihre Religion zu verwerfen zugunsten der Religion der Baal-Anbeter, wurde auf der Straße von Räubern ermordet, und die Räuber überließen sein Fleisch den Vögeln des Himmels und den Tieren des Feldes. Nun wünscht sein Sohn, für die Seelenruhe seines Vaters Kaddisch zu sagen. Doch im Bethaus sind andere Trauernde, deren Väter als Juden gestorben sind. Haben sie Vorrang bei der Rezitation des Kaddisch, oder darf dieser Trauernde, dessen Vater als Abtrünniger starb, das Kaddisch in regulärer Weise rezitieren, als einer von ihnen?«

Die »Abtrünnigen« waren die Marranos, die »Baal-Anbeter« waren die Christen, und die »alte Zeit« war ganz und gar nicht alt. In diesem Respons wird das Drama der Trauer wieder einmal in den Zusammenhang des iberischen Dramas des vierzehnten und fünfzehnten Jahrhunderts gerückt. (Vielleicht hat David, um die Zensoren zu narren, die Häresie und die Umstände maskiert.) Wie der Rabbiner von Arta, so wurde auch der Rabbiner von Korfu gebeten, dem trauernden Sohn eines Christen, der ein Jude war, zu gestatten, seinen gemarterten und ermordeten Vater mit dem Kaddisch zu ehren. Und Davids Entscheidung ist von aufrüttelnder Klarheit: »Es ist mir immer unbehaglich, Entscheidungen zu fällen, doch nach meiner unmaßgeblichen Meinung und auf den ersten Blick bedarf dieser Fall zu seiner Entscheidung einer großen Autorität. Es liegt auf der Hand, daß dieser Trauernde, dessen Vater in seiner Abtrünnigkeit getötet wurde, das Kaddisch als einer der Trauernden rezitieren muß.« Und David nennt das Prinzip, auf das er seine Entscheidung gründet: »Auch wenn er gesündigt hat, ist er doch ein Jude.«

»Auch wenn er gesündigt hat, ist er doch ein Jude«: dies ist eines der bedeutendsten Urteile in der Geschichte der Juden. Seine Quelle ist der Talmud in seiner Erörterung der Sünde Achans vom Stamme Juda, der »von dem Verbannten nahm« und so die Ursache war, daß Josuas Heer von dem Heer von Ai in die Flucht geschlagen wurde. Als Josua seine Kleider zerriß und auf sein Angesicht fiel und Gott anflehte, ihm den Grund zu nennen, warum die Israeliten geschlagen wurden, da wurde ihm Bescheid, daß »Israel gesündigt hat«. Daraufhin bekannte Achan, was er getan hatte, und wurde zu Tode gesteinigt, und »der Herr wandte sich von der Glut seines Zornes«. Im Talmud sieht Rabbi Abba bar Sabda in den Worten Gottes zu Josua ein hervorragendes Argument. »›Israel hat gesündigt‹: Rabbi Abba bar Sabda sagte: Auch wenn es gesündigt hat, so ist es doch Israel.« Israels Schuld hat Israels Identität, Israels Heiligkeit nicht ausgelöscht. Sündigende Juden bleiben Juden. Und Rabbi Abba fügte hinzu: »Wie die Leute sagen: Mag man eine Myrte auch mitten im Schilfrohr finden, so bleibt sie doch eine Myrte und wird weiterhin eine Myrte genannt.«

Die Dauerhaftigkeit der Myrte war für die Rabbinen nicht nur eine Sache des Trostes, sondern auch ein rechtliches Argument. Das Prinzip »Auch wenn er gesündigt hat, ist er doch ein Jude« wurde im Mittelalter zum großen Hilfsmittel der Judenheit gegen die verheerenden Folgen der Zwangsbekehrung in Aschkenas (wo Raschi die Aussage des Talmud auf die Nachwirkungen des Ersten Kreuzzugs übertrug) und in Spanien. Wo immer das Kreuz auftauchte, wurde es wieder und wieder zitiert. Konvertierte durften zurückkehren, wenn die Konversion kein wirklicher Abfall vom Glauben war. Denn auch mitten in der christlichen Gesellschaft, in der sie als Christen lebten, waren sie Juden. (Dies kommt einer rassistischen Definition des Judischseins gefährlich nahe, ich weiß; doch was diese Leute gefährdete, war nicht jüdischer Rassismus, sondern judenfeindlicher Rassismus.) Deshalb erstaunt es mich gar nicht, daß der Rabbiner von

Korfu, einer kleinen Insel, die Verbannte und *conversos* aus Spanien und Portugal aufnahm, sich auf dieses rettende Prinzip berief, um zu begründen, daß für den Abtrünnigen, der ermordet worden war, Kaddisch gesagt werden durfte. »Denn auch wenn er gesündigt hat, ist er doch ein Jude«, schreibt David über den Toten. »Wie es [im Talmud] heißt: ›Israel hat gesündigt‹: Rabbi Abba bar Sabda sagte: Auch wenn es gesündigt hat, so ist es doch Israel. Und wie die Leute sagen: Mag man eine Myrte auch mitten im Schilfrohr finden, so bleibt sie doch eine Myrte und wird weiterhin eine Myrte genannt. Schließlich hat Achan, wie in derselben Passage gelehrt wird, gegen alle fünf Bücher der Tora verstoßen, aber dennoch bezeichnet man ihn als ›Israel‹.«

»Auch wenn er gesündigt hat, ist er doch ein Jude.« Die Juden retten sich mit Definitionen.

»Auch wenn er gesündigt hat, ist er doch ein Jude.« Für die Juden des Altertums und des Mittelalters gab es kein Entrinnen aus dem Jüdischsein, und das war ihr Glück. Können moderne Juden ein solches Glück verstehen? »Auch wenn er gesündigt hat, ist er doch ein Jude« – für moderne Juden, die sich nach allen möglichen Richtungen flüchten, klingt das nicht nach einem Instrument des Mitleids. Es klingt nach einem Zwangsinstrument. Moderne Juden fürchten nicht das unterdrückende Christentum. Sie fürchten das unterdrückende Judentum. (Manche haben natürlich ein schlechtes Gewissen, wenn sie aus ihrer Tradition flüchten. Von diesen Juden könnte das Prinzip »Auch wenn er gesündigt hat, ist er doch ein Jude« als eine Art narrensichere Vereinnahmung empfunden werden, als eine frühe Warnung des Talmud vor der bequemen Ethnizität, in der sie früher oder später Zuflucht suchen.)

»Auch wenn er gesündigt hat, ist er doch ein Jude.« Dies ist ein Manifest des Nicht-Voluntarismus. Es nimmt die jüdische Identität den Juden aus der Hand. (Sie darf ihnen nicht anvertraut werden.)

Der Voluntarismus der modernen jüdischen Identität war eine der großen Revolutionen der jüdischen Geschichte. Doch wie alle Revolutionen übertrieb er. Er stellte törichte Nietzschesche Anforderungen an gewöhnliche Männer und Frauen. Doch für die meisten Menschen gilt, daß sie sich nicht selbst erfinden. Die meisten entscheiden sich dafür, das zu sein, was sie bereits sind. Auch das ist eine Art von Ehre.

Freiheit äußert sich nicht in Selbsthaß. Selbsthaß ist vielmehr eine Form der Unfreiheit.

Möchtest du das, was dir gegeben wurde, von dir abziehen? Das geht leider nicht. Doch eines steht dir frei. Du kannst etwas hinzutun.

Die additive Natur der menschlichen Existenz – an dieser verwirrenden Tatsache scheitern alle Orthodoxien und alle Heterodoxien.

Wir sind vielfältig, und Vielfalt verleiht Verantwortung. Vielfalt ist keine Ästhetik, sie ist eine Ethik, eine Lehre der Treueverhältnisse.

Wenn du vieles bist, dann gibt es vieles, was du kennenzulernen, zu entwickeln, zu beschützen hast.

Je mehr Dinge, die du schätzt, desto mehr Arbeit für dich.

»Auch wenn er gesündigt hat, ist er doch ein Jude.« Na schön. Aber was ist er sonst noch?

◇

In der Nacht sind die Orchideen auf meinem Schreibtisch eingegangen. Und am Morgen waren meine Bücher mit weißen und rosa Blüten bestreut, so als wären meine Bücher gestorben.

»Über diese Frage gibt es noch viel zu sagen«, schreibt David von Korfu, »doch die Zeit ist knapp. Darum fasse ich mich kurz und sage, daß der Sohn [des ermordeten Abtrünnigen] ihn [mit einem Kaddisch] erlöst, denn der Sohn erlöst den Vater, wie der Talmud sagt.« Dann faßt sich der Rabbiner jedoch keineswegs kurz, sondern setzt zu einer ausgreifenden Begründung seiner Entscheidung an. Einige der Gründe und Belegtexte, die er nennt, sind mir bekannt. Dem Argument, daß »der Sohn Vater und Mutter ehren soll, im Tod wie im

Leben, und es keine größere Ehre gibt als die Rechtfertigung der Eltern durch den Sohn [mit Hilfe des Kaddisch], und wir daher dem Trauernden, dessen Vater als Jude gestorben ist, bei der Rezitation des Kaddisch Vorrang geben müssen, weil er stärker verpflichtet ist, seinen Vater zu ehren, als der Trauernde, dessen Vater ein Abtrünniger und Baal-Anbeter war«, hält David entgegen, daß dies Unsinn sei, daß die Sohnespflicht des einen nicht größer ist als die Sohnespflicht des anderen, und um dies zu beweisen, beruft er sich auf Maimonides. Dessen Ansicht faßt David folgendermaßen zusammen: »Der Sohn ist verpflichtet, den Vater zu ehren, auch dann, wenn der Vater gottlos war, und auch dann, wenn er Ehebruch beging und nicht bereute, und auch dann, wenn er anderer Missetaten schuldig ist, und eventuell sogar dann, wenn er ein Abtrünniger und Götzenanbeter mit frevelhafter Absicht war.« David räumt ein, daß es in der letzteren Frage unterschiedliche Meinungen gibt, »doch in einem solchen Fall wie diesem, in dem der Abtrünnige von Räubern getötet wurde, wird jedermann zugeben, daß der Sohn verpflichtet ist, den Vater zu ehren und das Kaddisch für die Ruhe seiner Seele zu rezitieren, weil seine Ermordung seine Absolution war«. Als Präzedenzfall führt David außerdem Hesekia, den König von Juda, an, der die Gebeine seines gottlosen Vaters zum Begräbnis schleifte, um Buße zu tun für seine Gottlosigkeit, und die Weisen waren sich einig, daß er recht gehandelt hatte: »Alles, was der Sohn tun kann, um dem Vater Verdienst zu erwerben, muß er tun, selbst dann, wenn der Vater ein Götzenanbeter mit frevelhafter Absicht war, wie es Ahas [Hesekias Vater] war ... Hätte Hesekias Handlungsweise seinem Vater nicht genützt, hätte er es nicht getan, und die Weisen wären sich nicht einig gewesen.«

Nicht, daß die Marranos so böse wären wie Ahas, ganz im Gegenteil. David fügt gleich hinzu, daß ein Mann wie dieser ermordete Abtrünnige »kein Abtrünniger mit frevelhafter Absicht« ist, sondern nur »ein Abtrünniger zum eigenen Vorteil«, was eine geringere Schurkerei ist. Mehr noch, David erklärt kategorisch bezüglich aller Kryptojuden aus Spanien und Portugal, daß »all diese Abtrünnigen nur Abtrünnige zum eigenen Vorteil sind«. Unter ihrem Vorteil versteht er ihr Überleben. Ihr Christentum ist kein grundsätzliches, sondern ein pragmatisches. Man kann sie nicht verurteilen, weil sie Opfer der

Umstände sind. »Wenn sie Missetaten begehen, wenn sie verbotene Speisen essen, so tun sie es aus praktischen Gründen, nicht in provozierender Absicht ... [Sie sind] Abtrünnige, die unter Zwang ihren Glauben aufgegeben haben ... Wenn sie dort bleiben, wo sie sind, und nicht fliehen, so geschieht es, weil sie sich sonst schaden würden. Und wenn sie sich augenscheinlich am Dienste Baals beteiligen, so geschieht es, weil sie dazu gezwungen sind, denn anderenfalls würden sie getötet.« Anschließend zitiert David die Meinung von Ascher ben Jechiel, der sich Anfang des vierzehnten Jahrhunderts vor den Greueln in Deutschland nach Spanien flüchtete. »Ascher ben Jechiel wurde gefragt, ob solche Menschen den Abtrünnigen gleichen, die in frevelhafter Absicht verbotene Speisen essen, und er sagte nein, sie müssen wie jene betrachtet werden, die von Götzenanbetern mit Gewalt zu Gefangenen gemacht wurden, und sie tun, was sie tun, um ihres Überlebens willen.«

David läßt außerdem erkennen, daß er mehr über die Hintergründe dieses Falles weiß. Es stellt sich heraus, daß der Mann, für den er Kaddisch zu sagen erlaubt, nicht nur in seiner Abtrünnigkeit ermordet wurde. Er wurde auch in seiner Reue ermordet. Er befand sich auf dem Rückweg. Davids Meinung schließt mit dem folgenden bemerkenswerten Urteil: »Um so weniger darf dieser Abtrünnige, der getötet wurde, als ein Abtrünniger betrachtet werden, der verbotene Speisen in frevelhafter Absicht ißt, als mir zu Ohren kam, daß er bis nach Arta gelangte, um zum Judentum zurückzukehren, aber dort wurde er beraubt, und sein ganzes Geld wurde gestohlen, und er kehrte in sein Land [Spanien oder Portugal] zurück, um wieder etwas Geld zu verdienen. Dann brach er erneut zu diesem Ort auf, und er befand sich auf dem Weg nach Arta, als er in die Hände von Räubern fiel, die ihm alles nahmen, was er hatte. Es besteht also Grund zu der Annahme, daß dieser arme Mann nur deshalb die ganze Zeit in seinem Land blieb, um zu überleben, und daß er beabsichtigte, nach Arta zurückzukehren, um Jude zu werden. Offensichtlich ist er nicht schlechter als jene Abtrünnigen, von denen Opfer anzunehmen uns der Talmud erlaubt. Außerdem fand er Sühne, als er ermordet wurde. Daher ist es ganz und gar angebracht, daß sein Sohn für ihn das Kaddisch unter den Trauernden rezitiert. Möge Gott die Sünde der Schlange von uns nehmen und uns unseren Erlöser senden und uns vor Irrtümern bewahren, amen. So sprach David ben Chajim ha-Kohen, auf dem die Erschütterungen seiner Zeit lasten.«

Was für ein Unglück traf diesen Mann! Doch nach Davids Darstellung war er nicht nur ein Opfer, sondern auch ein Held. Und auf der nächsten Seite des Buches, das aufgeschlagen vor mir liegt, erfahre ich, warum David es für nötig hielt, zu erklären, warum sein Held »in seinem Land blieb« und sein Doppelleben so lange ertrug. Die Ostrower Ausgabe von 1834 druckt als Anhang die Texte von vier Responsen ab, die die Zensur aus der Konstantinopler Ausgabe von 1537 entfernt hatte, und das erste der zensierten Response beginnt mit dem folgenden zwingenden Argument: »Es ist ganz offensichtlich, daß ein Jude, der von dem Herrscher der Stadt gezwungen wird, Götzen anzubeten, und der die Möglichkeit hat, das Gebiet dieses üblen Herrschers zu verlassen und in ein anderes Gebiet zu ziehen, wo er seinen Schöpfer anbeten kann, dies aber nicht tut – daß ein solcher Mann nicht als ein zufälliger, sondern als ein absichtlicher Götzenanbeter gilt.« Ein absichtlicher Götzenanbeter: das ist im jüdischen Recht eine Verwünschung. Sie trifft jedoch nicht den tapferen und loyalen Sohn Israels, der von den Straßenräubern von Arta erschlagen wurde. Er muß sein Kaddisch haben!

Davids Text erinnert mich an eine Bemerkung eines portugiesischen Marranen aus dem siebzehnten Jahrhundert, der von der Inquisition gefoltert und eingesperrt wurde und schließlich nach Amsterdam entkam, wo er zu einem großen Verteidiger des Judentums wurde. Er erklärte im Rückblick auf sein gefährdetes und gespaltenes Dasein in Portugal: »Ich gab mich als Christ, weil ich gern lebe.« Als ich vor Jahren auf diese Äußerung stieß, gefiel mir ihr ihr sardonischer Ton. Es ist ein Ton, den man in der Literatur der Juden des Mittelalters und der frühen Neuzeit nicht oft hört; aber verdient haben sie ihn.

◇

Heute ist der erste Tag des elften Monats, des letzten Kaddischmonats. Ich hatte gedacht, daß ich mich darüber freuen würde. Doch als ich heute morgen die Schul verließ, war mir bange. Auf einmal kam mir das Kaddisch wie ein Abschiednehmen vor, und ich wollte nicht, daß es endet. Denn solange das Kaddisch im Mittelpunkt meines Lebens stand, so lange stand mein Vater im Mittelpunkt meines Lebens. Wenn das Kaddisch vorbei ist, wird er fort sein. Durch die strikte Einhaltung des Trauerjahres wurde die Rückkehr zu einem normalen Leben hinausgeschoben. Ich habe in einem Schwebezustand gelebt, von einer vaterlosen Welt abgeschirmt durch eine vatervolle Praxis. Die jüdische Trauerpraxis hat eine Abwesenheit in eine Gegenwart verwandelt. Vielleicht ist das nicht so großartig – ich meine, psychologisch. Nun, da das Ende des Kaddisch näherrückt, habe ich Angst. Eine Abwesenheit ist eine Abwesenheit. Es ist sinnlos, sich etwas anderes vorzumachen.

Man lindert die Traurigkeit eines Menschen nicht, indem man sie zu seinem Erkennungsmerkmal macht.

Heute nachmittag kam ein Mann in die Schul, der heute morgen seinen Sohn begraben hatte, und wir alle gaben seinem Leid den Vortritt. Er leitete die Gebete, und er wird es noch eine Weile tun; allerdings wird er nur dreißig Tage lang Kaddisch sagen, denn der Vater erlöst nicht den Sohn. Meine Pflichten als Abgesandter der Gemeinde sind damit möglicherweise beendet. (Doch am letzten Tag des Kaddisch meines Vaters werde ich noch ein letztes Mal die Gemeinde leiten.) Ich hatte einen Vater, er hatte einen Sohn. Es gibt etwas, das schlimmer ist als der natürliche Lauf der Welt. Es ist der unnatürliche Lauf der Welt.

Ich schlug etwas nach in dem strengen kleinen Handbuch der Gesetze des Kaddisch von Ephraim Margolioth, jenem Rabbiner und Geschäftsmann, der Anfang des neunzehnten Jahrhunderts in Brody lebte, über dessen Frauenfeindlichkeit ich mich vor Monaten geärgert habe, und finde bei Meschullam Finkelstein, über dessen Frauenfeindlichkeit ich mich noch mehr geärgert habe, in seinem Kommentar zu Margolioths Text die folgende Bemerkung: »Die Höllenqualen betragen nicht ein Sechstel der Qualen, welche die sündige Seele vor dem Eintritt in die Hölle erleidet, und es steht in den kabbalistischen Büchern geschrieben, daß es aus diesem Grund angebracht ist, daß der Sohn sich auch nach dem Abschluß der zwölf Trauermonate das Antlitz seines Vaters deutlich vergegenwärtigt und sich vorstellt, wie es bitterlich weint: ›Errette vom Schwert meine Seele, meine einzige von der Gewalt des Hundes!‹« Das hatte ich geahnt: Die Sage von mir und der Seele meines Vaters wird niemals enden! Einmal ein Trauernder, immer ein Trauernder. Hier erreicht die jüdische Tränenseligkeit ihre Höchstform.

Aber wer ist dieser Finkelstein, daß er mich zu lebenslänglicher metaphysischer Trauer verurteilt? Ich muß sagen, daß seine Autorität in meinen Augen nicht gesteigert wird durch das Sternchen, das er an das Ende seines Zitats aus den Psalmen setzt und das mich auf eine mystische Albernheit aus dem sechzehnten Jahrhundert über die eschatologische Bedeutung von Hunden verweist. (Da der Hund selbst im Schlaf empfindungsfähig ist, bewacht er die Straße zum Himmel, damit die Seele, die die dreißigtausend Straßen zur Hölle meiden möchte, sich nicht vorbeischleicht.) Und der makabre Finkelstein ist noch nicht fertig. Auch der Sohn eines gerechten Mannes ist nach zwölf Monaten nicht seiner Pflichten ledig, sagt er. »Auch wenn er glaubt, daß sein Vater ein gerechter Mann ist und seine Seele sich an der Fülle [des Himmels] ergötzt, sollte er sich vorstellen, daß er seinen Vater mit den Köstlichkeiten versorgt, die sein Vater liebte, denn die Tora und gute Taten und Liebe zur Seele seines Vaters sind die Köstlichkeiten seines Vaters.« Selbst wenn dein Vater ein Heiliger war, wird er dich für immer brauchen. In der jüdischen Familie endet die Bedürftigkeit nicht mit dem Tode. Du mußt ewig schreiben, du mußt ewig anrufen!

Finkelstein geht noch weiter und regt an, daß der weitblickende Vater Vorsorge für sich trifft: »Ein Mann sollte seine Söhne auffordern, sich ihr Leben lang auf die Erfüllung eines bestimmten Gebotes zu verpflichten, und wenn sie es erfüllen, so wird das höher geschätzt werden als Kaddischsagen.« Und er schließt: »Dies ist eine vorzügliche Idee für diejenigen, die keine Söhne, sondern nur Töchter haben.« Dies war der glänzende Einfall, auf den Abraham Horowitz ein paar Jahrhunderte früher kam, und ich muß danach meine Ansicht, der Kummer jüdischer Frauen sei Finkelstein gleichgültig gewesen, etwas zurücknehmen. Es ist immer nett, einen Rabbiner zu finden, der sich um die Frauen sorgt. Finkelstein ist in seinen morbiden Vorstellungen egalitär, und das bewundere ich an ihm. Wenn jüdische Söhne nicht loskommen dürfen, dann jüdische Töchter auch nicht. Darauf läuft die Gleichberechtigung der Frauen im Judentum hinaus: eine gleichmäßigere Verteilung der Lasten.

Ein Mensch, der den Tod kennengelernt hat, ist anders als der, der den Tod nicht kennengelernt hat. Doch hinfort ist der Tod nicht alles, was ein solcher Mensch kennt.

An diesem Sabbatmorgen schneite es, und als die Gottesdienste vorbei waren und wir nach draußen traten, haben einige beim Anblick der Schönheit den Atem angehalten. Alles war in Weiß getaucht. Ich machte einen Spaziergang im Rock Creek Park. Meine Augen hatten Mühe, die vertrauten Formen zu erkennen. Jede Krümmung, jede Fläche wurde vom Schnee wiederholt, und so gab es jeden Zweig, jeden Fels in einer helleren und einer dunkleren Version. Jeder Gegenstand war in ein Leichentuch gehüllt. Doch der Anblick hatte nichts Trauriges. Es war das Bild einer Verfeinerung. Auch dies war eine Probe auf die Qualität meiner Wahrnehmung. Hier waren Muster von Hell und Dunkel, die nicht Muster von Gut und Böse waren.

XII

Das Ende des Kaddisch meines Vaters rückt näher, und der Freund, dessen Vater ein paar Wochen nach meinem starb und mit dem ich mir die Pflichten des Trauernden in der Schul teile, schlug vor, wir sollten im Kalender nachsehen, um das Datum des letzten Kaddisch zu bestimmen. Wir setzten uns mit dem Rabbiner hin und schauten in den Kalender. Ich erschrak. Offensichtlich hatte ich falsch gerechnet. Meine elf Monate waren vor einem Monat um! Ich habe, in meiner Unschuld, in seiner Unschuld, zwölf Monate lang Kaddisch für meinen Vater gesagt. Es ist vorbei.

Die unerwartete Einsicht erschütterte mich. Ich sagte dem Rabbiner, dies sei unannehmbar, ich könne nicht einfach so aufhören, ich bräuchte noch einen letzten Tag mit dem Kaddisch. Wir einigten uns auf übermorgen.

In seiner Unschuld, Herr der Welt, in seiner Unschuld habe ich das Kaddisch weitere dreißig Tage für ihn rezitiert, in seiner Unschuld.

Wozu all das Studieren, wenn ich noch nicht einmal die elementarsten Gegebenheiten meiner Lage begriffen habe! Der Kalender mitsamt seinen gleichgültigen, unentrinnbaren Zahlen ist mir ein Greuel. Er ist das kälteste Stück Papier der Welt. In den ersten Monaten hielt ich es für unanständig, mich darüber zu informieren, wann das Kaddisch zu Ende sein würde, so als sei ich begierig darauf, daß es zu Ende ginge, und als einige Monate dahingegangen waren, wollte ich nicht mehr, daß es enden würde, und so achtete ich nicht mehr auf die Zeit. Ich habe mich selbst überlistet.

Oder vielleicht doch nicht. In meinem Irrtum habe ich meinen Vater über die Maßen geehrt. Mein Vater war immer der Ansicht, daß er über die Maßen geehrt werden sollte. Ich stelle mir vor, wie er gegenüber den anderen mit seinem Kaddisch prahlt: »Elf Monate? Was ist das schon? Mein Sohn – vielleicht habt ihr von ihm gehört? –, mein Sohn hat zwölf Monate lang …«

Ich erzählte einer Freundin von dem Vorfall und sie sagte: »Dein Vater hat Glück. Sein Sohn kann nicht zählen, aber beten.«

Ich rief meine Mutter an und sagte ihr, daß ich mir geschworen hätte, ihr eines Tages zu berichten: Ich habe es geschafft, es ist geschafft. Meine Stimme zitterte. Dies ist der Tag, an dem sie den Beweis meiner Liebe erhalten hat.

Das Kaddisch meines Vaters endet, wie das Kaddisch meines Vaters begonnen hat – plötzlich.

Doch einen Moment. Der hebräische Jahrestag des Todes meines Vaters kann eigentlich nicht so dicht bei dem englischen Jahrestag liegen. Das Ganze ist so schnell vorübergegangen. Ich bitte meine Mutter, in ihren Unterlagen nachzusehen. Sie teilt mir mit, ich hätte mich geirrt. Ich hatte den Todestag meines Vaters mit dem Tag verwechselt, an dem ich zum letzten Mal für ihn bete. Denn mein Kaddisch endet einen Monat vor dem Jahrestag seines Todes, damit ihm nicht Gottlosigkeit unterstellt wird. In Wirklichkeit endet mein Kaddisch – heute!

Mein Kaddisch, sein Kaddisch – wessen Kaddisch ist es?

Ich rufe den Rabbiner an, und wir müssen beide lachen. Wir sind uns einig, daß wir an unserem Fahrplan festhalten und ich morgen mein Kaddisch beenden werde.

Ich hatte den Todestag meines Vaters mit dem Tag verwechselt, an dem ich zum letzten Mal für ihn bete. Der psychologische Grund meines Unvermögens, das Datum richtig zu bestimmen, liegt auf der Hand und ist langweilig. Sein poetischer Aspekt ist mir lieber. Ich stelle mir lieber vor, daß meine Seele aus der Zeit entflohen ist. Die chronologische Zeit ist nicht identisch mit der geistlichen Zeit. Der Kalender legt nur äußerlich fest, wann Ereignisse des religiösen Lebens beginnen und enden. Doch die inneren Regungen …

Mein Vater bekommt also nicht einen zusätzlichen Monat Kaddisch geschenkt, er bekommt nur ein paar zusätzliche Tage Kaddisch geschenkt. Wenn ich es mir recht überlege, war es immer so. Er wollte das meiste, und ich gab ihm bloß mehr.

In seiner Unschuld, Herr der Welt, in seiner Unschuld habe ich das Kaddisch zwei weitere Tage für ihn rezitiert, in seiner Unschuld.

◇

Also zurück zum Drill. Morgens, nachmittags, abends. Der letzte Tag. Doch heute nachmittag bot der Drill Abwechslung. Gegenüber dem Büro der ultraorthodoxen Lobbyisten, von dem aus ich Lobby für die Seele meines Vaters betreibe, liegt eine Kathedrale. Als ich um die Ecke in die Rhode Island Avenue einbog, glühte das rote Backsteingemäuer der Kirche in einer unerwarteten Wintersonne, und Hunderte von Menschen kamen die Treppe herunter und traten auf die Straße, wo sie von Priestern in lavendelfarbenen Gewändern begrüßt wurden. Es war Aschermittwoch, und soeben war eine Messe zu Ende gegangen. Mir gefiel der Anblick dieser urbanen Männer und Frauen, die von Asche gezeichnet waren. Auch sie hatten ihr Tagesgeschäft ruhen lassen, um sich einer frommen Pein zu unterziehen. Ich arbeitete mich in Gegenrichtung durch die Menge, so wie sich ein Jude in einer christlichen Menge bewegen sollte, doch ich empfand ein Gefühl der Solidarität. Gemeinsam entrissen wir die Avenue ihrer Profanität. Das ist in dieser Stadt nichts Geringes.

Es ist der letzte Tag des Kaddisch. Als ich nach den Abendgebeten wieder zu Hause bin, empfinde ich ein Bedürfnis, nicht zu sprechen. Ich denke an meinen Vater, intensiv, aber heiter. Ich nippe ein wenig am Grappa. Von meinem Küchenfenster aus sehe ich den Mond an einem schwarzen Himmel, ein Stückchen Licht in Gestalt eines Kommas. Die himmlische Interpunktion irdischer Mühsal. Ich mache mich ans Geschirrspülen und beobachte, wie das Wasser die Essensreste ablöst, und spüle die Flecken ab, bis die weißen Teller sauber sind.

An diesem letzten Morgen teilte ich mir die Aufgabe, den Gottesdienst zu leiten, mit dem Mann, dessen Sohn gestorben war. Die Gedanken, die mich von den Gebeten ablenkten, waren durchaus angemessen – mein Vater, meine Tradition, mein Vater, meine Tradition, mein Vater, meine Tradition –, aber gleichwohl lenkten sie mich ab. Bete nur, sagte ich mir. Bete nur.

An diesem letzten Morgen hätte ich mir gewünscht, einen schönen Klang hervorzubringen, mit einer Stimme zu singen, die Gefallen findet, aber was ich hörte, war nur der Klang meiner eigenen Stimme. Es gab Momente der Befreiung auf dem Weg zum Kaddisch. »Höre unsere Stimmen, unser Gott ... Gott, Ursprung unserer Kraft, von dir kehren wir nie leer zurück.« – das waren die Lieblingsworte meines Vaters im Gebetbuch. Und im Psalm des Tages wurde ich erhöht durch den Vers: »Ich bin der Herr, dein Gott, der dich aus dem Lande Ägypten heraufgeführt hat; tue deinen Mund weit auf, und ich will ihn füllen!« Am Scheideweg von Glaube und Neigung – dort will ich leben. Und dann kam das Kaddisch, das ich leise, fast flüsternd rezitierte, nicht wie einer, der ein Argument vorträgt, sondern wie einer, der Abschied nimmt. Erhoben und geheiligt ... Nach dem Gottesdienst versammelte sich die ganze Gesellschaft, um nach altem Brauch das Glas zu heben auf die Seele, deren Kaddisch beendet ist. »Für die Seele ein Aufstieg, für die Juden eine Erlösung«: der Mann mit der volltönenden Stimme rezitierte den kernigen Spruch, und wir alle kippten unser Getränk herunter. Einige Freunde kamen auf mich zu, wünschten der Seele meines Vaters ein gutes Schicksal und kehrten zu ihrer Arbeit zurück. Ich tat einen tiefen Atemzug. Jetzt blieb nur noch das Nachmittagskaddisch.

Es ging schnell. Der Talmud stand vor mir auf dem Pult, während ich betete, und als ich die letzten Worte des Kaddisch meines Vaters äußerte, legte ich meine Hand auf den Talmud, fast als würde ich einen Eid ablegen. »Der Frieden stiftet in Seinen Himmelshöhen, stifte Frieden unter uns und ganz Israel, sprechet: amen!« Und alle sprachen amen. Ich war fertig. Es gab keinen Gefühlsausbruch. Weder stürzte ich in Verzweiflung, noch jauchzte ich vor Freude. Die Zeit tickte weiter.

Ich hatte mein Versprechen gehalten.

Für den Rest des Tages nahm ich mir frei und fuhr in der Stadt herum. Prachtvolle Straßen, ausgebrannte Straßen – eine Stadt des Prunks und des Verfalls.

Schließlich landete ich auf dem Rock Creek Cemetery, meinem Zufluchtsort in der Stadt, bei der von Saint-Gaudens geschaffenen Figur eines in Kontemplation versunkenen Mönches, die das Grab von Henry Adams und seiner durch Selbstmord umgekommenen Frau ziert. Ich kenne keinen Winkel, der universaler wäre, keinen Anblick, der stärker zur Konzentration auffordert als diese westliche Figur im östlichen Geist, jenseits von Glauben und Nichtglauben. Sie ist stumm auf eine Weise, die andere Figuren als geschwätzig erscheinen läßt; selbst wenn sie könnte, würde sie nicht sprechen. Ich komme oft hierher, und nie ohne stumm zu rezitieren, was Adams einmal über den Sinn dieses einsamen Ortes geschrieben hat: »Das Würdevollste, was ein Wurm tun konnte, war, sich aufzusetzen und still zu sitzen.« Mich aufsetzen und still sitzen, das brauchte ich heute. Der Schnee war noch nicht von der Bank aus poliertem Granit abgeschmolzen. Ich machte mir einen Platz frei und saß eine Stunde lang da. Ohne etwas Bedeutsames zu denken oder zu fühlen. Statt dessen ruhte ich mich an diesem ernsten Ort aus. Dann ging ich zurück zu meinem Wagen, den aufgeweichten Hang hinunter, auf dem man Stroh ausgestreut hatte, um auf dem schlüpfrigen Grund einen festeren Halt zu bieten.

Ich fuhr noch ein bißchen in der Stadt herum. Irgendwo hielt ich, um mir Obst zu kaufen. Als ich heimkam, lag auf dem Gartenweg hinter dem Haus eine herrenlose Krücke.

◇

Es ist mein erster Morgen ohne das Kaddisch. Ich bin jetzt ein Trauernder ohne ein Instrument.

Doch, ich habe ein Instrument. Ins Teehaus nahm ich eine Kompilation von Entscheidungen, Brauchen und Homilien mit, die Josef Hahn Nordlingen, Rabbiner von Frankfurt, im Jahre 1630 fertigstellte. Ich kenne das Buch schon aus meiner Untersuchung über die Judenverfolgungen, denn es ist eine eindringliche Quelle über den

Fettmilch-Aufstand von 1616, bei dem ein Metzger namens Vincenz Fettmilch die Zünfte zu Gewalttätigkeiten gegen die Juden von Frankfurt aufhetzte, so daß diese aus der Stadt flüchten mußten. Hahn berichtet, daß der Kaiser den Fettmilch und seine Gehilfen festnehmen und aufhängen ließ und daß er die Juden einlud, der Hinrichtung beizuwohnen, »und als die Einwohner der Stadt sahen, mit welcher Hochachtung die kaiserlichen Bediensteten uns behandelten, wagten sie nicht mehr, etwas Schlechtes über uns zu sagen, sondern halfen uns, den Schutt aus der Judengasse fortzuschaffen«. All das ereignete sich im Monat Adar, dem Monat des Purimfestes, und deshalb schufen die Frankfurter Juden, wie Hahn berichtet, ein neues Purim, das »Purim-Vincenz«, am Zwölften des Monats, um ihre Errettung vor dem »neuen Haman« zu feiern. Aber nicht das interessiert mich jetzt. Ich habe in Hahns Werk eine verblüffende Bemerkung über das Waisenkaddisch gefunden.

»Es ist bekannt, daß [das Kaddisch] die Toten aus der Hölle aufsteigen läßt, und zu diesem Zweck ist es am besten, wenn man das Gebet so gut betet, wie man kann«, schreibt Hahn. Und er fügt hinzu: »Aber diese Regelung ist nur für die Unwissenden bestimmt.« Nach seiner Ansicht ist das Kaddisch eine Konzession an die rauhen Realitäten des religiösen Lebens der Juden, an die geistigen Fähigkeiten, über die er an anderer Stelle seines Buches ein ziemlich vernichtendes Urteil fällt, wenn er schreibt, daß »jeder, dem es am Herzen liegt [die Gebete] zu verstehen, der sich aber aus Faulheit nicht die Mühe gemacht hat, sie zu verstehen, ein Sünder ist, da er in Wahrheit nicht wünscht, der richtigen Intention zu folgen. In meinen Augen ist er fast demjenigen gleichzusetzen, der ein Götzenbild ins Allerheiligste bringt ... Die Pflicht, die Gebete zu studieren und die Gebete zu erklären, geht jedem anderem Studium der Welt vor.«

Was gilt es also zu tun, um das Ziel des Kaddisch zu erreichen? Hahn hat eine entschiedene Antwort: »Das Studium der Tora nützt siebenmal mehr als alles Beten, und mit seiner Hilfe kann der Tote in Eden aufgenommen werden. Wenn der Sohn beim Studium der Tora Neuland betritt, ist das Verdienst, das in der mit Studium verbrachten Stunde [wörtlich: in der Jeschiwa] seinem Vater im Himmel zuwächst, unermeßlich ... Und daher sollte jeder, der um Vater oder

Mutter trauert, bestrebt sein, sein Äußerstes zu tun, um so viel zu lernen, wie er nur kann.«

Hahns Prioritäten gefallen mir. Wenn das Studium des Sohnes Vorrang vor dem Gebet des Sohnes hat, dann ist meinem Vater der Platz im Himmel sicher. Wie auch immer, mit dem Kaddisch ist jetzt Schluß. Studieren ist alles, was mir bleibt. Hahns Anregung kam genau zur rechten Zeit.

Der Gegensatz zwischen Beten und Lernen hat im Judentum eine lange Geschichte. Ich erinnere mich an die folgende Passage aus dem Talmud: »Rawa beobachtete, daß Rabbi Himnona seine Gebete verlängerte. Er sagte: ›Sie entsagen dem unvergänglichen Leben zugunsten des vergänglichen Lebens.‹ Nach seiner Überzeugung sollte man dem Studium eine eigene Zeit widmen, genauso wie dem Beten. Rabbi Jeremia kam zu Rabbi Sera und widmete sich dem Lernen, und als die Stunde des Gebets nahte, beeilte er sich, fertig zu werden, woraufhin Rabbi Sera ihm den Vers [aus den Sprüchen] vorhielt: ›Wer sein Ohr abwendet vom Hören des Gesetzes: selbst sein Gebet ist ein Greuel.‹« Beten und Lernen bedeuteten in der jüdischen Tradition oft unterschiedliche religiöse Ideale, unterschiedliche spirituelle Stile. Nicht zuletzt, weil es mir mit dem einen kläglich und mit dem anderen prima erging, war mir meine eigene Präferenz seit langem klar.

Der Unterschied zwischen Lernen und Beten ist der Unterschied zwischen Denken und Fühlen, zwischen Wissen und Wünschen, zwischen dem, was in unserer Macht steht, und dem, was unsere Macht übersteigt, zwischen Mühsal und Erregung, zwischen dem unvergänglichen Leben und dem vergänglichen Leben.

Der Anfang des zwölften Monats. Ich bin noch immer ein Trauernder. Nur wegen einer eschatologischen Spitzfindigkeit darf das Kaddisch nicht während der gesamten zwölf Trauermonate gesagt werden. Im letzten Monat meiner Trauer werde ich daher gewissenhaft die Schul aufsuchen, nur werde ich nicht das Kaddisch rezitieren, sondern lediglich auf das Kaddisch antworten. Für die anderen Trauernden werde ich da sein, um amen zu sagen, und der Name des Herrn sei gepriesen in Ewigkeit und Ewigkeit der Ewigkeiten, und mögen diese anderen Söhne und Töchter diese anderen Väter und Mütter erlösen. Heute abend sagte ich in meiner neuen Rolle amen und der Name des Herrn sei gepriesen in Ewigkeit und Ewigkeit der Ewigkeiten. Die anderen lächelten mich an, als sei ich der Glückliche, der davongekommen ist. Aber ich war nicht davongekommen.

Und es war ein richtig gewöhnlicher Abend in der Schul. Wie immer bangten wir um das Quorum [Minjan]. Einer deutete auf das lokale jüdische Mitteilungsblatt und sagte: »Vielleicht sollten wir in den Todesanzeigen nachschauen, wer die Trauernden sind.« Wo Tod ist, da ist Hoffnung. Ein anderer blickte den, der den Vorschlag gemacht hatte, an und fragte: »Sind Sie Nachlaßverwalter?« Wir waren uns alle einig, daß das Funktionieren der Schul nicht von Trauernden abhängen sollte. Der Tod ist ein dürftiges Fundament für eine Gemeinschaft. (Wenngleich er hilft.) Schließlich waren zehn zusammen, und ich sagte amen.

Als die anderen sich erhoben, um Kaddisch zu sagen, erhob ich mich ebenfalls, aber ich blieb stumm. Ich bin mit ihnen, aber ich bin keiner von ihnen. Ich bin ein Trauernder, der sich von seiner Trauer verabschiedet, ein Mann im Rehabilitationszentrum für Trauernde, dem man endlich die Entlassung aus der Gesellschaft des Todes gewährt hat.

»Amen.« Dieses kurze hebräische Wort bezeichnet Glaube, Hoffnung, Begeisterung, feierlichen Abschluß, Zugehörigkeit, die Verantwortlichkeit des Menschen. Ein verwaistes Amen ist ein Amen, das nach einer Lobpreisung gesprochen wurde, die man nicht gehört hat. Ein verwaistes Amen ist verboten. »Der ein verwaistes Amen sagt: seine Söhne werden Waisen sein«, so die eisige Warnung von Rabbi Azzai, dem Weisen aus dem zweiten Jahrhundert. Es gibt also ein verwaistes Amen, und es gibt das Amen einer Waise. Nach einer gewissen Zeit fängt man an, solche Dinge zu sammeln wie Schmetterlinge.

»Amen.« Das ist keine naturwüchsige Äußerung. Man muß lernen, es zu sagen.

◇

»Eine Stimme, plötzlich, hinter uns.« So beginnt ein Kapitel in Jorge Sempruns Erinnerungen, die heute im Büro eintrafen. »Eine Stimme? Eher eine unmenschliche Wehklage. Das unartikulierte Stöhnen eines verwundeten Tieres. Ein schauriger Singsang, der das Blut gefrieren läßt.« Semprun erinnert sich der Ereignisse am 14. April 1945, drei Tage nach der Befreiung von Buchenwald, wo er interniert war. »– Hörst du? [fragt ihn sein Freund Albert nach der Stimme.] ... – Was ist das? ... Der Tod, habe ich gesagt. Wer sonst? ... Es war der Tod, der sang, zweifellos, irgendwo inmitten des Leichenbergs. Das Leben des Todes also, das sich vernehmen ließ ... Albert ist bleich geworden. Er hat gelauscht, hat mich Arm gepackt, daß es wehtat, plötzlich ganz aufgeregt. – Jiddisch! hat er gerufen. Er spricht jiddisch! Der Tod sprach also jiddisch ... Wir machen ein paar Schritte im Mittelgang, wir bleiben stehen. Wir lauschen, versuchen festzustellen, woher die Stimme kommt. Alberts Atem fliegt. – Es ist das Gebet für die Toten, flüstert er ... Zwei Minuten später haben wir aus einem Leichenberg den Sterbenden gezogen, aus dessen Mund der Tod uns sein Lied singt.« Als ich das lese, wird mir eiskalt. Es war nicht Jiddisch, was da ertönte, es war Aramäisch. Ein Jude sagte Kaddisch in einem Quorum aus Leichen. Für sich? Für die anderen? Für die ganze Welt? Dies ist das schrecklichste Kaddisch, das es je gegeben hat.

Aber dann macht Semprun es in meinen Augen fast kaputt. »Wir tragen [den Mann] zur Tür der Baracke, in die Aprilsonne. Wir legen ihn nieder auf einen Haufen Lumpen, die Albert zusammengetragen hat. Der Mann hält die Augen geschlossen, aber er hat nicht aufgehört zu singen, mit heiserer, kaum hörbarer Stimme. Niemals habe ich ein menschliches Gesicht gesehen, das dem des Gekreuzigten so ähnlich war.« Habe ich recht gelesen? »Gewiß, der gekreuzigte Jesus singt gewöhnlich nicht das jüdische Totengebet. Aber das ist nebensächlich: aus theologischer Sicht spricht nichts dagegen, vermute ich, daß Christus das Kaddisch singt.« Das widert mich an. Es erinnert mich an das Bild, das Chagall malte, um gegen das Schicksal der Juden in Europa zu protestieren, jenes Bild, das im Museum in Chicago hängt, auf dem ein bartiger Jude an einem Kreuz hängt. Eine christliche Zivilisation rottete die Juden aus, und ein jüdischer Maler stellt die Juden als Jesus dar! Das ist nicht paradox, es ist schändlich. Und hier schreibt Semprun in ähnlichem Sinne von »meine(m) Christus des Kaddisch«.

Ich flog nach New York, wo ich mich mit meiner Mutter und meiner Schwester auf dem Friedhof verabredet hatte, um die letzten Anordnungen für das Grabdenkmal meines Vaters zu treffen. Das Betonfundament für den Stein war schlampig ausgeführt worden. Da stand ich nun an der Grabstelle, ich, der erlösende Sohn. Ich dachte an den Holzsarg, der ein paar Fuß unter meinen Stiefeln in der Erde ruhte. Der Gedanke löste nichts bei mir aus. Es ist nicht mein Vater, der in der kalten Erde liegt, es sind die körperlichen Überreste meines Vaters. Nein, meinen Vater muß man anderswo suchen. Wenn man ihn überhaupt finden kann, dann nur in der Rückerinnerung.

Der Unterschied zwischen den Lebenden und den Toten ist der Unterschied zwischen den Erinnerten und den Vergessenen. Am Leben zu sein, aber vergessen oder vernachlässigt oder verleugnet – ist das nicht eine Art Tod? Und tot zu sein, aber erinnert oder studiert oder vermißt zu werden – ist das nicht eine Art Leben?

Meine Mutter und meine Schwester trafen an der Grabstelle ein. Die Sonne stand hinter uns und warf unsere Schatten auf das Grab. Ich sah drei Schatten und einen Totenschatten. Wir einigten uns darauf, Efeu zu pflanzen, und gingen dann.

Wenn der letzte Mensch, der sich an meinen Vater erinnert, stirbt, wird mein Vater nicht mehr lebendig sein. Er wird dann nicht Erinnerung sein, er wird Geschichte sein. Geschichte bedeutet in Amerika das endgültige Aus. »Er ist Geschichte« – das bedeutet, daß er in keinem Sinne mehr weiterexistiert, die Lebenden nicht mehr beschäftigt. Hier bedeutet Geschichte ein freundliches Vergessen. (Es ist nicht der Potomac, der durch diese Stadt fließt. Es ist die Lethe.) Doch Juden wollen vom Vergessen nichts wissen. Aber wir sollten auch nicht übertreiben. Oft gehen wir mit unserem historischen Bewußtsein zu weit. Wir gehen abgöttisch mit der Geschichte um. Es gibt jedoch Dinge, die dauerhafter sind als die Geschichte.

Die Historie ist der Baal der Moderne.

◇

Wieder in Washington. Grüne Triebe brechen aus dem tauenden Boden hervor, und mir wird übel von der Symbolik.

Sempruns Geschichte geht mir nicht aus dem Sinn. Ein Freund, dem ich davon erzähle, verweist mich auf einen Band mit Dokumenten über das Schicksal religiöser Juden im Holocaust. Ich glaube, ich habe das Buch irgendwo auf meinen Regalen. Stimmt, ich habe es. Ich schlage es auf und lese von dem Schicksal der Juden in der Stadt Szydlowiec in Zentralpolen. Im September 1942 wurden Tausende von Juden aus Szydlowiec nach Treblinka deportiert. Ich lese: »Im zweiten Waggon [des Zuges, der sie ins Todeslager brachte] holte der Philanthrop und Gemeindevorsteher Isaak Steinman Kerzen aus seiner Tasche, und während er sie anzündete, sagte er: ›Juden! Von uns wird niemand übrigbleiben, um Kaddisch für uns zu sagen. Laßt uns deshalb unsere letzte Pflicht erfüllen und Kaddisch für uns selbst sagen!‹ Alle sprangen auf und sagten unter heißen Tränen und in tiefster Andacht: ›Erhoben und geheiligt werde sein großer Name ...‹«

Und ich lese von der Inschrift, die man auf der Wand der Schul in der Stadt Kowel fand, wo die Juden zusammengepfercht waren, um von dort zum Friedhof geführt und erschossen zu werden. Einer von ihnen kritzelte folgendes auf die Wand: »Ich, Jeruham ben Schlomo Ludmirer, war hier am fünften Tag des Monats Tischri, 1942. Sollen Verwandte von mir überleben, bitte ich, daß sie Kaddisch für mich sagen.«

Und ich lese von einem gewissen Rabbi Jeruham, der bei der Ankunft in Treblinka folgende Worte an seine Gemeindeglieder richtete: »Unsere Lebensreise ist zu Ende. Man hat uns hierher gebracht, um uns zu vernichten, Väter und Mütter mitsamt ihren Kindern, nicht eine Seele wird übrigbleiben. Und darum sage ich zu euch: Laßt uns für uns selbst das Kaddisch sagen, das in normalen Zeiten unsere Söhne und Verwandten für uns gesagt hätten.« Und ein Zeuge berichtete später: »Das große Kaddisch erklang.«

Das alles begräbt mich.

In der Toralesung dieser Woche wird Moses befohlen: »Gebiete den Israeliten, daß sie zu dir bringen das allerreinste Öl aus zerstoßenen

Oliven für den Leuchter, daß man ständig Lampen aufsetzen könne.« Was ist ständig? In meiner Ausgabe der Schrift wird eine alte rabbinische Bemerkung angeführt: »Ständig, auch am Sabbat. Ständig, auch in Unreinheit.« Die Rabbinen bezogen sich auf die rituellen Vorschriften der Stiftshütte und des Tempels, aber ich verstehe ihre Äußerung allgemeiner. Ständig ist ein Zeitmaß. Ständig ist ein Maß des Geltungsbereichs. Sie muß nicht jeden Tag und jede Minute brennen. Sie muß in allen Zuständen brennen. Das Reine, das Unreine: es gibt keinen Bereich, in dem die Flamme nicht flackern sollte.

Am Ende des heutigen Nachmittagsgottesdienstes begann ich in einem Moment der Geistesabwesenheit, das Kaddisch zu sagen. Da stand ich – eine trauernde Maschine.

Im religiösen Leben ist die Gewohnheit unerläßlich. Im geistlichen Leben ist die Gewohnheit anstößig.

Das Licht erschien mir heute morgen wie ein neues Licht. In den Straßen von Georgetown vollkommene Nachtlosigkeit. Die Schul sah aus, als sei sie mit einer Schicht Weißgold überzogen, vergleichbar einer Illumination am Rande einer Handschrift.

Gestern hat mein Kaddisch-Gefährte, dessen Trauerzeit sich ungefähr mit der meinen deckte, sein letztes Kaddisch gesagt, und heute war der erste Morgen, an dem die Gebete nicht von einem Trauernden geleitet wurden. Die Gemeinde wirkte etwas wehmütig. Sie vermissen wohl ihre Trauernden. Das Leben, sagte einer, kehrt doch wieder zur Normalität zurück. Da bin ich mir nicht so sicher. In einer Menschenansammlung ohne Leid ist die menschliche Erfahrung unzureichend repräsentiert.

◇

Ich saß im Teehaus und sah die Menschen hin und her eilen, und ich kam zu dem Schluß, daß nichts die Welt zu zerstören vermag. Die Kinder von Eltern sind die Eltern von Kindern. Die Schüler von Lehrern sind die Lehrer von Schülern. Das wird nicht aufhören. Als ich mein Buch aufschlug, eine Kompilation der Bräuche jüdischer Gemeinschaften in Österreich und Deutschland im Mittelalter, hatte ich dasselbe Gefühl der Unauslöschlichkeit. Die Tradition gleicht der Welt. Sie ist umfassender als alles, was sie in sich enthält. Keiner von uns vermag das alles zu ruinieren. Es ist dazu da, Bestand zu haben. Wir sind hineingeboren in ein Sein, das das Nichtsein verabscheut, und das ist unser Trost.

Jakob ben Moses ha-Levi Möllin starb im Jahre 1427 in Deutschland. Er war Rechtsgelehrter, Lehrer, Astronom und Kantor. Die Jeschiwa, die er im Jahre 1387 in Mainz gründete, brachte einige der bedeutendsten Rabbinen von Deutschland, Österreich und Böhmen hervor, und er war ihr Meister. Seine Praktiken wurden aufgezeichnet und weit verbreitet in einer Kompilation, die ein Schüler namens Salman von St. Goar zusammenstellte – »eine unbedeutende Schande von Mann namens Salman«, wie er sich in der Einführung zu dem Buch selbst bezeichnet. (Salman war sein Rufname. Richtig hieß er Eleasar ben Jakob.) Salman nahm einige der Homilien Möllins für die Feiertage in sein Buch auf, ferner Möllins mündliche und schriftliche Entscheidungen in Rechtsangelegenheiten und eine Zusammenstellung der Bräuche von bestimmten Lehrern Möllins. Möllins Lebenswandel, erklärt sein Gehilfe, sei mustergültig gewesen: »Ich habe das Betragen dieses Gottesmannes beobachtet und erforscht ... weil es angemessen ist, zu handeln, wie er gehandelt hat, der die Traditionen von unseren großen Rabbinen empfing und mit großer Sorgfalt ihren Bräuchen folgte.« Das Leben der mitteleuropäischen Juden im Mittelalter wird auf diesen Seiten lebendig. Das Buch enthält keinerlei Philosophie, und das ist der Grund, warum ich gern darin stöbere. Es versetzt mich in eine rauhe und vitale Kultur des Gehorsams, die mir so fremd und zugleich so vertraut ist. Möllin macht mich staunen über die Macht der Tradition. Jetzt bin ich zu ihm zurückgekehrt, um zu sehen, wie er es mit der Trauer hielt. Schöne neue Ausgaben mit seinen Bräuchen und Responsen sind in den letzten Jahren in Jerusalem entstanden, und mein Buchhändler in Brooklyn hat sie mir laufend zukommen lassen.

Kurz vor dem Ende des Kapitels über die Trauer finde ich eine sehr anrührende Schilderung des Todes seiner Frau im Jahre 1426. Hier ist sie (in Klammern die Interpolationen aus verschiedenen Handschriften): »Als Rabbi Möllins Frau starb, ein Jahr vor seinem Tode [im

Jahre 4186, ein Jahr, bevor er im Monat Elul 4187 in den Himmel berufen wurde, er in Worms und seine Frau in Mainz] [und als sie starb, ging er in ein Zimmer und weinte laut und sagte: ›Ihr Weiber und Frauen, helft mir, meine Frau zu betrauern, die Krone, die von meinem Kopf gefallen ist‹], ging ihr Ehemann, der Rabbi, an der Spitze des Leichenzuges und trug die Bahre, und sein Sohn war bei ihm. Er hieß diejenigen, die mit ihm die Bahre trugen, langsam zu gehen und nicht zu hasten. Sie legten die Tote in dem Haus, in dem die Toten gesäubert und gereinigt werden, auf den Boden, [und der Rabbi setzte die Bahre nieder] und sein Sohn und seine Tochter setzten sich zu ihrer Mutter und wehklagten um sie. Der Rabbi ging fort, nach dem Sarg zu sehen, damit er seinen Wünschen entsprechend gemacht würde. Mit lauter Stimme sprach er die Benediktion, die das Gericht rechtfertigt, und sein Sohn stand zu seiner Linken und sagte sie mit ihm – und die ganze Gemeinde leise mit ihnen. Dann trugen die Trauernden wie zuvor die Tote an der Spitze des Leichenzuges zur Grabstelle, und sie legten die Tote auf den Boden und nahmen ihre Plätze an ihrem Haupt ein. Der Rabbi nahm ein Messer und zerschnitt alle seine äußeren Gewänder, [und er zerschnitt alle Gewänder] seines Sohnes, bis auf das Hemd. Und er sagte zu sich, er solle außerdem jedes einzelne Gewand mit eigenen Händen zerreißen, bis zur Entblößung seines Herzens, und er vollzog den Akt des Zerreißens von der rechten Seite aus, vom Kragen her. [Und er wies die Frauen an, die Kleider seiner Tochter zu zerreißen.] Er befahl seinen Kindern, nicht in den Sarg zu schauen [und die Leiche dort liegen zu sehen], als er geöffnet wurde, um die Tote auf angemessene Weise hineinzulegen. Als sie die Tote ins Grab senkten und mit Erde zu bedecken begannen, zogen sich der Rabbi und sein Sohn in das Haus auf dem Friedhof zurück, und es war noch zwei Stunden bis Mittag, und der Rabbi betete das Achtzehnbittengebet, bevor die Gemeinde von der Grabstelle eintraf. Als sie eintrafen, wuschen sie sich die Hände. Der Sohn begann [das Kaddisch für seine Mutter zu rezitieren] das Kaddisch der Rabbinen zu sagen. Sein Vater rezitierte es nicht mit ihm. Auch setzte sich der Rabbi nicht unter die Gemeinde. Sie gingen hin und rupften Gras aus und warfen es hinter sich. Der Rabbi ging in seinen Schuhen, und sein Sohn [und seine Tochter] gingen ohne ihre Schuhe. Und als er vom Hof der Synagoge zu seinem Haus ging, geleitete ihn die ganze Gemeinde, und der Rabbi hieß sie, dort [in einem Minjan] alle Gebete [ohne Auslassungen] zu beten, genau wie sie in der Synagoge beten.«

Die Schilderung von Möllins Trauer geht so weiter: »Am Vorabend des Sabbats [der in seine sieben Trauertage fiel], als es Zeit war, mit dem Abendgebet zu beginnen, ging der Totengräber, den [trauernden] Rabbi herbeizurufen. Niemand sonst ging mit ihm, und an diesem Sabbat segnete er nicht seine Kinder und Verwandten [wie er es an anderen Sabbaten zu tun pflegte]. Als er das Bethaus verließ und seines Weges ging, sagte er niemandem ›guten Sabbat‹, wie es sein Brauch an jedem Sabbat war, wenn er eine Zeitlang vor dem Bethaus stand und Fremde begrüßte [Fremde nach Neuigkeiten fragte] und der ganzen Gemeinde ›guten Sabbat‹ sagte. Am Morgen des Sabbats brachte er die *Vier Säulen* in die Synagoge, wie er es an jedem Sabbat tat, und ich nehme an [ich weiß es nicht genau], daß er die Gesetze der Trauer studierte, denn es ist dem Trauernden verboten, während der Schiwa [der sieben Tage] zu studieren. Nach dem Sabbat [als es dunkelte] standen der Rabbi und sein Sohn [im Hof des Bethauses neben der Tür], bis das Abendgebet zu Ende war, und dann gingen sie heim. Und an demselben Sabbat war der Sohn von Rabbi Salman Runkel zugegen. Er war gekommen, um am Jahrestag des Todes seines Vaters das Waisenkaddisch zu sagen. Rabbi Möllin hieß seinen Sohn, am Sabbatabend und am Sabbatmorgen das Kaddisch für seine Mutter zu sagen, und den Sohn von Rabbi Salman Runkel hieß er, das Kaddisch am Ende des Sabbats zu sagen, andernfalls sein Sohn heimgehen müßte. Und so führte er den Brauch ein, daß, wenn jemand erscheint, um am Jahrestag des Todes von Vater oder Mutter Kaddisch zu sagen, und es sind einheimische Trauernde zugegen, er es nur einmal sagt. Und wenn keine anderen Trauernden zugegen sind, sagt er es alle drei Male.«

Dem modernen Leser mögen die rechtlichen Detailerörterungen, mit denen diese Schilderung endet, als nicht zu ihr gehörig erscheinen, als eine kasuistische Antiklimax – doch sie sind die Klimax. Der moderne Leser mittelalterlicher Texte muß sich in acht nehmen. Der moderne Leser fängt Feuer bei den menschlichen Einzelheiten des Textes, doch die menschlichen Einzelheiten werden nur erwähnt wegen der rituellen Einzelheiten, um deren Entstehung zu erklären und deren

Anlässe zu klären. In diesem Fall, um die Entscheidung bezüglich des Sohnes von Rabbi Runkel zu erläutern. In Schriften wie diesen ist die historische Phantasie der ungewollte Nutznießer der rituellen Phantasie.

»In Mainz war es Brauch, daß das Waisenkaddisch nicht jeden Tag gesagt wird, sondern nur dreimal am Sabbat.« Kann ich daraus schließen, daß das Kaddisch des Trauernden noch im vierzehnten Jahrhundert lediglich ein Ritus des Sabbats war, wie in seinen Anfängen? Ich bin mir nicht sicher.

Auf den Seiten, die der Schilderung der Begräbnisfeier für Möllins Frau vorausgehen, beschreibt Salman die Bräuche des Meisters bezüglich Tod und Trauer. Möllin »lehrte, daß man um die Eltern zwölf Monate lang trauert, und auch in einem Schaltjahr nicht länger als zwölf Monate. Die Waise soll jedoch die Gebete leiten und das Waisenkaddisch nur elf Monate lang sagen, um sie nicht als Sünder hinzustellen. Aber er muß gleichwohl während der zwölf Monate alle Trauerbräuche beachten und darf nicht an fröhlichen Versammlungen teilnehmen.« Eine annehmbare Vorschrift – doch dann fügt Möllin ein Detail hinzu. »Er sollte seinen Mantel über seinen Hals wikkeln [um seinen Kopf zu bedecken], nach Art der Trauernden, die im Rheinland leben.« Möllin lehrt, »daß es im Rheinland üblich ist, daß der Trauernde sich bis über den Hals in seinen *mitron* wickelt. Während der ganzen sieben Trauertage sitzt er so eingehüllt, eingewickelt in sein Gewand, seinen Mantel tragend, denn einem Trauernden ist es verboten, mit unbedecktem Kopf zu gehen. Und wenn er sich nicht auf diese Weise bedeckt, gilt er als einer, dessen Kopf unbedeckt ist. Auch am Sabbat während der sieben Tage soll er sich so einhüllen, wenn er mit seiner Familie am Tisch sitzt, und die Schuhe, die er zum Sabbat anzieht, werden hinreichend zeigen, daß er dem Sabbat zu Ehren seine Trauer vermindert hat. Und es ist bei den Rheinländern Brauch, wenn sie um jemand anderen als ihre Eltern trauern, sich in der Synagoge dreißig Tage lang [mit dem *mitron*, den sie um den Hals tragen] zu bedecken, und wenn sie um ihre Eltern trauern, die ganzen zwölf Monate lang. In Polen [und Sachsen] ist es jedoch nicht Brauch, den *mitron* um den Hals zu wickeln, [sondern sie verfahren] wie an jenen Orten, wo Trauernde sich nicht in dieser Weise einhüllen [selbst dann nicht, wenn sie um Vater oder Mutter trauern]. Es geschah einmal, daß ein junger Mann aus Polen in Rabbi Möllins Jeschiwa in Mainz studierte, und es oblag ihm, um seine Mutter zu trauern, und der Rabbi hieß ihn, sich nach der Art des Rheinlands in seinen *mitron* zu hüllen, aber während der ganzen zwölf Monate unrasiert zu bleiben, wie es in seinem Land Brauch war [denn es geziemt sich, sich nach den strengen Vorschriften seines Herkunftslandes zu richten].«

Der *mitron* oder *matran* war ein kurzer Umhang oder eine Kapuze oder eine Kappe, von der hinten ein Stück Stoff herunterhing, das um die Schultern drapiert oder um den Hals gewickelt werden konnte. Er konnte auch die Augen bedecken. Aus einer Geschichte der jüdischen Bekleidungssitten, die in meinem Regal steht, entnehme ich, daß es sich um »ein *chaperon* (handelt), dessen große Bedeutung darauf beruht, daß es als Bedeckung sowohl des Kopfes als auch der Augen dient, damit der Betende während des Gebets ganz eingehüllt war«. (Ein *chaperon* ist eine Kappe.) Diese Verhüllung kenne ich von deutschen Holzschnitten aus der frühen Neuzeit, die Juden im Bethaus darstellten. Und mir gefällt dieses Interesse an der Kleidung des Trauernden. Es ist dem Drama angemessen. Wenn das Leben dich isoliert hat, kann ein Zeichen deiner Isolation hilfreich sein als Hinweis an andere, daß sie nicht erwarten dürfen, dir ganz zu begegnen. Das zerrissene Gewand, in dem der Trauernde vom Begräbnis zurückkommt, ist ein solches Zeichen, und gleiches gilt für die Verhüllung des Trauernden, die Bedeckung des Kopfes des Trauernden. Das Sichtbare präsentiert das Unsichtbare.

Auf der anderen Straßenseite sah ich eine schöne Frau mit einem verunstalteten Fuß, hochmütig und hinkend. Ein Emblem der Wahrheit.

XIII

Ich habe mich in mein Zimmer zurückgezogen und eine Mauer aus Büchern um mich aufgebaut, und ich bin der Kopfbedeckung des Trauernden im Laufe der Tradition auf der Spur. Hier sind die Ergebnisse meiner kleinen Übung in der Geschichte der religiösen Mode. Die Sache nimmt ihren Anfang, wo eine solche Sache gewöhnlich ihren Anfang nimmt, im Talmud. Die Rabbinen bestimmen dort in einer Passage, daß »er seinen Kopf bedecken soll«, und in einer anderen Passage, daß »der Trauernde seinen Kopf verhüllen soll«. Sie leiten diese Forderung aus der Schrift ab, aus dem vierundzwanzigsten Kapitel von Hesekiel, das einen Vers enthält, aus dem Rabbinen vieles zur Praxis des Trauerns ableiten: »Menschensohn, siehe, ich nehme die Lust deiner Augen von dir weg mit einem Schlag; und du sollst nicht klagen und nicht weinen, und keine Träne soll dir kommen. Seufze schweigend, Totenklage stelle nicht an; binde dir deinen Kopfbund um und ziehe deine Schuhe an deine Füße, und deinen Bart sollst du nicht verhüllen und Brot der Leute nicht essen.« Für die Rabbinen ist dies eine Aussage, die voller Gegensätze steckt: Wenn der Prophet seinen Bart nicht verhüllen darf, weil es verboten ist zu trauern, dann hat der Trauernde seinen Bart zu verhüllen. Im dritten Buch Mose wird bezüglich des Aussätzigen die folgende Anordnung erlassen: »und er soll seinen Bart verhüllen«. In der kanonischen Bibelübersetzung ins Aramäische, die Onkelos im zweiten Jahrhundert anfertigte, werden diese Worte wiedergegeben mit »und er soll seinen Bart verhüllen wie ein Trauernder«. Im dritten Jahrhundert liefert der Weise Samuel ein wichtiges Detail: »Eine Bedeckung, die nicht dem Brauch der Ismaeliter entspricht, ist keine Bedeckung.« Und Rabbi Nachman fügt hinzu: »Alles, was sich unterhalb der Seiten seines Bartes befindet.« Sein Kinn eingeschlossen? Der Jerusalemer Talmud folgert aus dem Vers in Hesekiel, »daß er seinen Mund bedecken soll«, und fügt vorsichtig hinzu, daß er sich »von unten her« verhüllt, damit (wie Rabbi Hisda erklärt) »die Leute nicht sagen, er habe einen Schmerz in seinem Mund«. Es kann den Leuten nicht entgehen, daß ein Trauernder ein Trauernder ist. Scherira Gaon, die große Autorität der babylonischen Judenheit im zehnten Jahrhundert, bemerkte – wenn man dem im elften Jahrhundert lebenden italienischen Lexikographen Nathan ben Jechiel folgt –, daß diese Verhüllung das Gesicht bedecken sollte, einschließlich der Wangen und des Schnurrbarts, und »sie sollte oberhalb der Nase sein. Bis heute gibt es Ismaeliter, die ihren Turban um ihren Mund und über ihre Nase wickeln«. In Babylonien verhüllten Trauernde im zehnten und elften Jahrhundert ihr Haupt, wie Hai Gaons Beschreibung des Brauches zeigt, »nach dem Grund zu fragen«. Im nordafrikanischen Kairouan erklärt der bahnbrechende Talmudist Hanael ben Huschiel im frühen elften Jahrhundert, daß »er seinen Schnurrbart und seinen Bart und seine Nase mit seinem Turban oder seinem Gebetsmantel verdeckt. Die Araber nennen dies *al'mana*. Hanael vermerkt, daß »er am Sabbat seine Nase und und seinen Schnurrbart und seinen Bart, die er verhüllt, während er trauert, enthüllen soll, weil es am Sabbat keine Trauer gibt«, und er fügt hinzu: »aber es ist nicht nötig, daß er auch sein Haupt enthüllt«. Der geheimnisumwobene Salomo der Sohn der Waise, der anscheinend im elften Jahrhundert in Süditalien lebte und mit dem jüdischen Leben im islamischen Kulturkreis vollkommen vertraut war, bemerkt in seinem Talmudkommentar, daß »die Spanier, die Leute von Granada und Córdoba und Umgebung, ihr Haupt gewöhnlich unbedeckt lassen, während die Leute in den übrigen Teilen der Welt ihr Haupt nach der Art der Ismaeliter bedecken, das heißt, sie bedecken ihr gesamtes Gesicht mit Ausnahme der Augen, die sie unbedeckt lassen.« So sah das also aus. Der Trauernde mußte regelrecht sein Gesicht verbergen. Isaak ibn Ghijat entschied im Spanien des elften Jahrhunderts, daß der Trauernde »sein Haar wild wachsen lassen soll, und er darf es nicht mit seinem Hut oder seinem Mantel oder dergleichen bedecken, und er soll sich nach Art der Ismaeliter verhüllen«. In Maimonides' Gesetzeskodex, der im zwölften Jahrhundert in Ägypten entstand, ist die Verhüllung bindende Praxis, und als Quelle werden Hesekiel und Onkelos genannt. Abraham ben Nathan von Lunel, der provenzalische Gelehrte der Wende vom zwölften zum dreizehnten Jahrhundert, schreibt in einem Kompendium der Bräuche, daß der Trauernde »sein Haupt nach Art der Ismaeliter bedeckt, bis zur Spitze seines Bartes. Wenn er der buchstäblichen Bedeutung des Verses [in Hesekiel] entsprechend nur seinen Mund bedeckt, werden die anderen daraus lediglich schließen, daß er Probleme mit seinem Mund hat und nicht ißt.« Moses von Coucy, der französische Gelehrte und Prediger des dreizehnten Jahrhunderts, wiederholt die schom im Altertum von Samuel geäußerte Behauptung, dieses Umwickeln entspreche dem arabischen Stil, und ethnographisch fügt er hinzu: »Ich habe diesen Brauch in Spanien gesehen.« Nachmanides sagt im dreizehnten Jahrhundert in Spanien, daß »der Sinn dieser Verhüllung ist, daß das Haupt bedeckt ist ... Er soll um sein Haupt und seinen Bart bis hinab zu seinem Kinn bedeckt sein«; anschließend gibt Nachmanides die Forderung von Scherira Gaon wieder, daß »diese Bedeckung oberhalb der Nase sein soll, und bis heute gibt es Ismaeliter, die ihren Turban um ihren Mund und über ihre Nase wickeln, was sie *al'litham* nennen.« »Den ganzen Tag«, schreibt Nachmanides, solle der Trauernde so verhüllt sein, »doch wenn andere kommen, um ihn zu trösten, lüftet er seine Bedeckung, um sein Haupt zu enthüllen, aus Achtung vor den Leuten, so daß er sie in die Lage versetzt, sich [ihrer Pflicht, ihn zu trösten] zu entledigen«; anschließend verhüllt er sich wieder. Unter Berufung auf den Gaon Mattathias bar Mar Rawi, der im neunten Jahrhundert lebte, stellt Nachmanides überdies fest, daß auch ein Kopftuch und ein Umhängetuch reichen. Der große Talmudkommentator Jom Tow ben Abraham Ischbili, der um die Wende vom dreizehnten zum vierzehnten Jahrhundert in Spanien lebte, erklärt, daß »das Wesen dieser Verhüllung darin besteht, daß der Kopf bedeckt ist«, und er lehnt die Brauchtumsvariante ab, die in manchen Gemeinschaften praktiziert wird, wo »sie ihren Mund und ihren Bart mit einem Tuch verhüllen, aber nicht ihr Haupt bedecken«. Auf die Forderung des Talmud, das Kinn zu bedecken, scheint er weniger Wert zu legen, doch er trifft die bemerkenswerte Feststellung, der Sinn dieser Forderung sei, »die Lippen zu versiegeln«, gleichsam als ein Symbol des Schweigens. (Schweigen und kurze Rede sind dem Trauernden geboten, basierend auf der an Hesekiel gerichteten Forderung: »Seufze schweigend ...«) Nun lebten all diese Autoritäten im islamischen Kulturkreis oder seiner Nachbarschaft, in Regionen, in denen eine solche Verhüllung zur üblichen Kleidung gehörte. In Aschkenas lagen die Dinge jedoch anders. Raschi erklärt – in seinem Kommentar zu dem Vers im dritten Buch Mose – im elften Jahrhundert in Troyes, daß die »Verhüllung des Bartes« »wie ein Trauernder« bedeute, und in seinem Talmudkommentar bemerkt er, daß »die Grübchen am Kinn unterhalb seines Mundes« ebenfalls verhüllt werden sollen. Doch was Raschi festhielt, war das, was er sich vorstellte, nicht das, was er um sich sah. Die richtige Interpretation der alten Beschreibungen der Kopftracht des Trauernden war für Raschi denn auch praktisch folgenlos, da die Pflicht des Trauernden, seinen Kopf zu bedecken, in der Raschi-Literatur schlicht und einfach aufgehoben wurde. So lesen wir: »Trauernde sollen ihr Haupt sieben Tage lang verhüllen, Tag und Nacht. Viele halten sich jedoch nicht daran, weil die Nichtjuden sie verspotten, und sogar Mitglieder des eigenen Haushalts verspotten sie, und auf diese Weise werden sie zum Gespött und in den Augen der anderen entehrt. Wie es [im Talmud] heißt: ›Ein Trauernder sollte nicht ein Kindlein auf dem Schoß halten, weil das Heiterkeit erregen könnte, und er würde von den anderen verspottet.‹« Ein paar Generationen später bemerkten die Tossafisten in einem Kommentar zu einer Talmudpassage, daß »sich der heutige Brauch, nicht mehr den Kopf zu bedecken und nicht mehr das Bett umzudrehen [eine andere Forderung an Trauernde aus dem Altertum], auf die Aussage im Jerusalemer Talmud stützt, daß ›ein Reisender [der in Trauer ist], [wenn er in einem Gasthaus logiert] nicht das Bett umzudrehen braucht, damit man nicht von ihm sage, er sei ein Zauberer‹, das ist einer, der Hexerei betreibt. Auch wir befinden uns unter Nichtjuden, und wir haben Knechte und Mägde [die uns beobachten] ... Und es gibt noch einen Grund für [die Abschaffung der] Verhüllung des Hauptes, und zwar den, daß sie Gelächter hervorrufen würde, denn sie entspricht dem Brauch der Ismaeliter.« Moses von Coucy bezeugt zunächst, daß der Brauch in Spanien geübt wird, dann aber, daß »dies in diesen Reichen [Nordfrankreich] nicht Brauch war, weil es für die Nichtjuden und die Knechte und Mägde unter uns Anlaß zum Spott gäbe.« (Ein paar Generationen später gibt der Spanier Ischbili kommentarlos Moses' Ansicht wieder, daß der Brauch nicht mehr geübt werde, »weil sie unter den Nichtjuden leben, die sich sonst über sie lustig machen würden«.) In Nordfrankreich, in einem kühlen und christlichen Klima, kleidete man sich nicht nach Art der Araber. Und auch in Deutschland nicht: an den Ufern des Rheins gab es keine Ismaeliter. Wären Juden mit einem in Lumpen gehüllten Gesicht aufgetreten, hätte man sie verspottet, und die Gefahr der Verspottung war Grund genug, den Brauch aufzuheben. Die Juden wollten nicht fremdartig erscheinen. Die politischen Absprachen, auf denen ihr Leben unter den Christen beruhte, waren allzu brüchig. In Italien beurkundet Zedekia der Arzt im dreizehnten Jahrhundert die Aufhebung des Brauches durch Raschi und bezeugt, daß »es auch bei uns Brauch ist, nicht das Haupt zu verhüllen«. Ich vermute, daß dahinter eine Änderung des italienischen Brauches steckt, die von der Änderung des Brauchtums in Aschkenas angestoßen wurde, denn der römische Lexikograph Nathan ben Jechiel führt im elften Jahrhundert in seinem Wörterbuch rabbinischer Worte und Begriffe die »Verhüllung« nüchtern an, ohne einen Hinweis, daß sie aufgegeben worden sei. Doch es wird noch komplizierter. Um die Wende vom zwölften zum dreizehnten Jahrhundert erwähnt Elieser ben Joel ha-Levi zweimal die talmudischen Vorschriften zur Bedeckung des Kopfes, ohne die geringste Andeutung, sie seien veraltet. Vielleicht waren sie nicht in ganz Aschkenas veraltet. Es hat den Anschein, daß die Abschaffung des Brauches durch Raschi nicht überall in Deutschland akzeptiert wurde. Als Erfordernisse der Sicherheit mit Erfordernissen der Authentizität kollidierten, waren einige nicht bereit, den alten Brauch der aktuellen Gefahr zu opfern. So erklärt der Salbenmischer in Worms (fast ein Zeitgenosse Elieser ben Joels): »Der Trauernde soll sein Haupt verhüllen, wie es in unserer Zeit dadurch geschieht, daß er den Hut nach vorn über die Augen zieht. Und am Sabbat [wenn die öffentliche Zurschaustellung der Trauer suspendiert ist] geschieht dies diskret und nicht in der Öffentlichkeit.« Das Vorziehen des Hutes war ein schlauer Kompromiß des Salbenmischers. Es hatte nichts Auffälliges oder Ismaelitisches. Die Juden sahen darin einen Ausdruck der Trauer, die Nichtjuden sahen bloß einen Hut. Das sind Verschlüsselungen, zu denen Minderheiten manchmal greifen. Der von dem Salbenmischer erwähnte Hut war möglicherweise der berüchtigte spitze Hut, den Juden zum Zeichen ihres geringen Status tragen mußten, der allbekannte Hut, an dem die Nichtjuden sie jederzeit erkennen konnten. Und es könnte sein, daß der geneigte Hut des Salbenmischers sich ebenfalls auf eine Stelle im Talmud berufen kann: Nachdem Samuel entschieden hatte, daß das Haupt des Trauernden am Sabbat enthüllt sein muß, da es am Sabbat keine öffentliche Trauer gibt, entschied sein großer Rivale Raw, daß die Enthüllung des Hauptes des Trauernden am Sabbat eine freiwillige Sache ist; und die Tossafisten, Zeitgenossen des Salbenmischers in Deutschland und Frankreich, kommen in ihrem Kommentar zum Urteil Samuels, daß »eine Bedeckung, die nicht dem Brauch der Ismaeliter entspricht, keine Bedeckung ist«, zu dem Schluß, daß Raw in der Definition dieses Brauches noch weitergehend von Samuel abwich und »der Meinung war, daß eine Bedeckung, die nicht dem Brauch der Ismaeliter entspricht, dennoch eine Bedeckung ist«. Die Tossafisten fügen hinzu, daß »wenn Raw und Samuel [verschiedener Meinung sind], das Gesetz generell Raws Meinung folgt«. Es genügt also, den Hut zu neigen. In der Provence hielt man offenbar unterschiedliche Ansichten in Ehren. In Perpignan schreibt Menachem ha-Meiri um die Wende vom dreizehnten zum vierzehnten Jahrhundert: »Der Trauernde soll sein Haupt verhüllen, das heißt, er darf nicht mit unbedecktem Haupt dastehen, sondern soll es in einer Weise verhüllen, die einen Teil seines Gesichts bedeckt, das heißt seine Augen und darunter seinen Mund, so daß er äußerlich als ein zerbrochener und schicksalsergebener Mensch zu erkennen ist ... Wie dem auch sei, manche behaupten, daß die Umhänge, die wir tragen, die die Augen und den Bart bedecken, diese Verpflichtung hinfällig machen. Bei anderen ist es Brauch, die Verhüllung unter dem Umhang zu tragen. Und ihrem Brauch zufolge soll der Trauernde dies auch am Sabbat so halten, in Anwesenheit derer, die gekommen sind, ihn zu trösten, denn die bloße Bedeckung des Kopfes ist kein hinreichendes Zeichen der Trauer; doch eine vollständige Verhüllung nach Art der Ismaeliter, die das gesamte Gesicht bedeckt, ist am Sabbat verboten.« In Lunel berichtet Aaron ben Jakob ha-Kohen in den Anfängen des vierzehnten Jahrhunderts außerdem von anderen Bräuchen. Er schreibt, daß jemand, der erst dreißig oder mehr Tage nach dem Tod eines Familienangehörigen davon erfährt, seine Pflichten als Trauernder mit nur einem Trauertag erfüllen kann und nur (dies ist Nachmanides' Entscheidung) seine Schuhe auszuziehen, aber nicht sein Haupt zu verhüllen braucht, aber »wenn er keine Schuhe an den Füßen hat, verhüllt er sein Haupt eine Stunde lang und entledigt sich damit seiner Pflicht«. Und dann formuliert Aaron das allgemeine Prinzip: »Erforderlich ist, daß er in einer Weise handelt, die für die Trauer eigentümlich ist, damit seine Trauer öffentlich erkennbar ist.« Ein paar Seiten später schreibt er allgemeiner, daß »der Trauernde während aller sieben Tage, Tag und Nacht, sein Haupt verhüllen soll, aber viele beachten diesen Brauch nicht, weil die Nichtjuden sie verspotten«. Zu Aarons Zeit gibt es also einige, die sich verhüllen, und andere, die sich nicht verhüllen. Diese flexible Handhabung hing eventuell mit der politischen Unruhe seiner Zeit zusammen. (Im Jahre 1306 wurden die Juden aus Frankreich vertrieben, und Aaron floh nach Mallorca.) Aaron von Lunel berichtet ferner von einer anderen interessanten Variation, die in einer Bemerkung von Ascher ben Saul von Lunel vorkommt, der ein Jahrhundert früher sein Vorgänger in der Provence war: »Im *Buch der Bräuche* erklärte er, die Verhüllung des Hauptes sei gleichbedeutend mit der Ungekämmtheit des Hauptes, das heißt, der Trauernde soll alles unterlassen, was Haupthaar oder Bart attraktiv macht; aus diesem Grund legten Frauen beim Tod ihres Mannes ihr Kopftuch ab, und beim Tod anderer Verwandter ließen sie ihr Haar von dem Korb auf ihrem Kopf herabfallen.« Das ist wirklich schlau: Der Talmud verbietet dem Trauernden, eine Zeitlang seine Haare zu schneiden, so daß die Ungepflegtheit seiner äußeren Erscheinung die Störung in seinem Leben verdeutlicht – und auch das Verhüllen des Hauptes ist ein Zeichen, daß einem seine äußere Erscheinung gleichgültig ist, eine Möglichkeit auszudrücken, daß man zeitweilig aus dem normalen Leben ausgeschieden ist. Entscheidend ist, daß der Trauernde auf irgendeine Weise als solcher kenntlich ist. Doch rund ein Jahrhundert später wird der Kompromiß des Salbenmischers in Deutschland nicht akzeptiert, und man trägt die Kopftracht der Trauer. Von Israel Isserlein wird berichtet, daß »er während der gesamten sieben Trauertage in dem Umhang saß, den die Nichtjuden einen Mantel nennen, und in dem *mitron*, den die Nichtjuden eine Kappe nennen, und am Sabbat legte er den ersteren ab und saß in dem letzteren. An den übrigen Tagen des Jahres trug er zu Hause immer seinen großen Hut, und nur wenn er außerhalb seines Hauses oder in der Jeschiwa oder in seinem Winterzimmer war, trug er seinen Umhang und sein *mitron*.« Die Konstante in Isserleins Trauerkleidung war also die Bedeckung des Kopfes. Der *mitron*, um es noch einmal zu sagen, war ein kapuzenartiger Überwurf, eine Kappe, von der hinten ein Stück Stoff herabhing, das um die Schultern drapiert oder um den Hals gewickelt werden konnte. (Das »Winterzimmer« war der größte Raum im Hause des Meisters der Jeschiwa, in dem er mit seinen Schülern studierte; sein Name rührte daher, daß allein dieser Raum einen Kamin aufwies und beheizt werden konnte.) Jakob Möllin berichtet, daß »der Trauernde im Rheinland sich in seinen *mitron* um seinen Hals hüllt. Während der gesamten sieben Trauertage sitzt er auf diese Weise verhüllt, und er trägt seinen Mantel, denn es ist dem Trauernden verboten, mit unbedecktem Kopf zu gehen«, und so weiter. Und eine Interpolation in einer Handschrift beendet das Urteil folgendermaßen: »Ihm [Möllin] galt die Kappe an unserem *mitron* als gleichbedeutend mit einem unbedeckten Kopf«, und deshalb war sie ungenügend. Der Behang mußte um den Hals des Trauernden und über seinen Kopf gewickelt sein. Es konnte nicht geduldet werden, daß er ihm lediglich auf die Schultern fiel, denn so sah ein normaler Mann aus, nicht ein Mann, den ein Todesfall heimgesucht hatte. Doch Möllins Brauch war nicht Allgemeingut; er hält fest, daß die Trauernden in Polen nicht ihr Haupt verhüllen. Und dennoch befahl er einem Trauernden aus Polen, der im Rheinland weilte, entgegen seinem heimischen Brauch seinen Kopf zu bedecken. Gewalttätigkeiten gegen Juden waren zu Möllins Zeiten an der Tagesordnung, und trotzdem riet er, anders als seine Vorgänger, nicht zur Vorsicht. Sein Schüler Jakob Weil, der Anfang des fünfzehnten Jahrhunderts Rabbiner von Augsburg war und dessen Entscheidungen in der frühen Neuzeit große Bedeutung erlangten, spricht in einem kurzen Respons zum Thema der Trauer am Sabbat sachlich von der Bedeckung des Kopfes, so als sei sie allgemeiner Brauch: In seiner Zeit, sagt er, sei sie während der ersten dreißig Tage, in früheren Zeiten während der ersten sieben Tage praktiziert worden. Aus Nordafrika wird derweil von unterschiedlichen Bräuchen berichtet. Isaak ben Scheschet Perfet, der große spanische Rechtsgelehrte, der vor den Verfolgungen im Jahre 1391 floh und zum Oberhaupt des rabbinischen Gerichts in Algier wurde, schrieb vor, daß ein Trauernder, der das Trauerhaus verläßt, um im Bethaus zu beten, am Sabbat »seinen Schnurrbart bedecken soll, damit jeder erkennt, daß er ein Trauernder ist, und versuchen kann, ihn zu trösten«. Von Perfets Auffassung berichtet sein Schüler und Nachfolger Simeon ben Zemach Duran, der bedeutendste religiöse Denker und Rechtsgelehrte Nordafrikas in der ersten Hälfte des fünfzehnten Jahrhunderts. In einem seiner Response beschreibt er, welche Kopftracht ein Trauernder zu seiner Zeit trug: »Jene, die nachsichtig entscheiden, daß die Verhüllung des Hauptes nachts nicht beobachtet zu werden brauche, da es nachts kein Leid gebe, handeln ungehörig und verstoßen gegen die Worte der Zeitalter ... Es ist allerdings möglich, auf die Bedeckung des Kopfes zu verzichten, wenn man sich unter den Nichtjuden bewegt, um ihrem Spott zu entgehen. Und die Kopfbedeckung wird abgelegt in Anwesenheit derer, die gekommen sind, den Trauernden zu trösten, aus Achtung vor ihnen.« Die Verhüllung wurde also praktiziert, aber es gab mildernde Umstände. Die alte Unterscheidung zwischen dem islamischen und dem christlichen Kulturkreis, zwischen den Bräuchen der Sephardim und der Aschkenasim, schlägt sich ein Jahrhundert später in den Entscheidungen von Josef Karo und Moses Isserles nieder. Sie entscheiden unterschiedlich und paradigmatisch. In Safed erklärt Karo, daß »der Trauernde sein Haupt bedecken soll, das heißt, er soll seinen Kopf mit einem Umhängetuch oder einem Halstuch umwickeln und dessen Rand über seinen Mund und seine Nase ziehen, und diese Bedeckung soll den ganzen Tag lang getragen werden, doch wenn Leute kommen, ihn zu trösten, enthüllt er seinen Kopf, aus Achtung vor ihnen.« In seinem Kommentar zu Jakob ben Ascher macht Karo nähere Angaben. Auf die Besorgnis im Jerusalemer Talmud eingehend, daß ein Mann in Trauer nicht mit einem Mann verwechselt werden dürfe, der Zahnschmerzen hat, bemerkt Karo, daß »diejenigen, die ein Halstuch um ihr Kinn wickeln, dem Jerusalemer Talmud zufolge im Irrtum sind, denn es ist nicht klar, daß dies ein Zeichen der Trauer ist, und er könnte für einen gehalten werden, der einen Schmerz im Mund hat. Dies geschah tatsächlich, als ich zum ersten Mal jemanden sah, der in dieser Weise verhüllt war. Ich dachte, daß ihm sein Mund weh tut, bis ich später erfuhr, daß er ein Trauernder war.« Hatte Karo vielleicht einen seiner aschkenasischen Brüder gesehen? Karo zitiert außerdem die Warnung von Moses von Coucy (die ursprünglich von Raschi ausging), daß man nicht durch eine fremdartige Gewandung die Feindseligkeit der Nichtjuden heraufbeschwören solle, und antwortet darauf hochmütig: »Wir haben niemanden gesehen und von niemandem gehört, der aufgrund eines solchen Arguments von einer solchen Verhüllung gelassen hätte.« Er lebte ja auch im Osmanischen Reich, wo man keinen Argwohn erregte, wenn man völlig in Tücher gehüllt war. Doch in Polen übt Isserles an Karos Entscheidung scharfe Kritik: »Manche sagen, daß wir in diesen Landen die Verhüllung nicht praktizieren, und dies ist der allgemeine Brauch, und wir dürfen nicht so streng sein, daß wir das ändern, was unsere Vorväter praktiziert haben.« War der Brauch also aus Aschkenas verschwunden?

Nicht ganz. Isserles selbst teilt mit, daß der alte Kompromiß des Salbenmischers noch immer hier und da beobachtet wurde; zu Karos Aussage, daß nur der öffentliche Ausdruck der Trauer, darunter die Verhüllung des Hauptes, am Sabbat aufgehoben sei, bemerkt er, daß »dies der Fall ist, wenn die Verhüllung im Stil der Ismaeliter ist, doch die partielle Verhüllung, die mancherorts dreißig Tage lang geübt wird«, wird am Sabbat nicht aufgehoben, vermutlich weil sie relativ unaufdringlich ist. Mordechai Jaffe, Schüler und Kritiker von Isserles, verzeichnet um die Wende vom sechzehnten zum siebzehnten Jahrhundert die Tradition, die er ererbt hat: »In diesen Gegenden ist es nicht Brauch, das Haupt zu verhüllen, weil es unter den Nichtjuden großes Gelächter auslöst, und es ist verboten, streng zu sein und von den Bräuchen unserer Vorväter abzuweichen.« Doch Sabbatai ben Meir ha-Kohen, der die Pogrome von 1648 aufzeichnete und sieben Jahre später aus Wilna floh, um sein Leben zu retten, war ein halbes Jahrhundert später nicht bereit, aus Sicherheitsgründen den Brauch abzulegen. Der Äußerung von Isserles, der Brauch solle in der Vergessenheit bleiben, der die Vorväter ihn überlassen haben, hält Sabbatai entgegen: »Wie dem auch sein mag, die richtige Praxis ist eine partielle Verhüllung. Das heißt, den Hut über den Augen herunterzuziehen.« Das ist die alte List des Salbenmischers, die in einer neuen Zeit des Schreckens wiederauflebt. Josef Schammes schreibt in seiner Kompilation der Bräuche der Gemeinschaft von Worms in der Mitte des siebzehnten Jahrhunderts: »Der Trauernde sitzt [zu Hause], seinen *mitron* um den Hals und über den Kopf gewickelt. Er sitzt schweigend da, und die anderen bezeigen ihm während aller sieben Tage ihr Beileid, nach dem Morgengottesdienst und nach dem Abendgottesdienst, während er stumm auf dem Boden sitzt, seinen *mitron* um den Hals geschlungen. Und wenn die Tröster gegangen sind, darf er, wenn er es wünscht, seinen *mitron* aufdecken und in der gewöhnlichen Weise tragen.« Dies ist wie bei Isserlein: Aus Achtung vor seinen Besuchern soll er sein Haupt verhüllen. Duran und Karo stimmten dagegen mit Nachmanides überein: Aus Achtung vor seinen Besuchern soll der Trauernde sein Haupt verhüllen. Dieser Unterschied beruht vermutlich auf einem umfassenderen kulturellen Unterschied der Sitten und Kleidungsbräuche. An einer anderen Stelle in Schammes' Buch vermerkt sein jüngerer Zeitgenosse Jair Chajim Bacharach in einer Glosse: »Der Trauernde soll an jedem [christlichen] Feiertag, wenn er nicht in die Stadt geht, und überhaupt bei jeder Gelegenheit, wo er in der Öffentlichkeit erscheint, sei es beim Begräbnis oder was auch immer, unter den anderen erscheinen mit dem *mitron* um den Kopf gewickelt, wie es üblich ist, nicht in der Art der Trauernden.« Sicherheit über alles! (Die Trauer soll öffentlich sichtbar sein, doch mit der Öffentlichkeit fangen die Probleme an.) Josef Hahn Nordlingen schreibt im Jahr 1630 über die Praktiken der Frankfurter Juden: »Es ist alter Brauch, daß die Trauernden sich [vor dem Begräbnis] im Hof des Friedhofs verhüllen, doch nachdem sie die Rechtfertigung des Gerichts gesagt haben, legen sie ihre Tücher ab, um nicht den Toten zu verhöhnen, und die [auf dem Friedhof weilenden] Leute, die verhüllt waren, wie etwa diejenigen, die Umhänge tragen, nehmen sie erst dann vom Kopf, wenn sie heimgehen. Das alles dient ersichtlich dem Zweck, sicherzustellen, daß man sich nicht auf dem Friedhof versammelt, ohne sich zu bedecken.« Anschließend kommt er noch einmal auf das alte Bedenken zurück, daß die Bekleidungsvorschriften des jüdischen Rechts nicht die Sicherheit der Juden beeinträchtigen dürfen: »An ihren [der Christen] Feiertagen, wenn Juden nicht ihr Viertel verlassen, war es in Worms Brauch, daß Trauernde sich den ganzen Tag in ihren *mitron* hüllen – auf deutsch heißt er Kappe. Ändere niemand diesen Brauch unserer Vorväter. Und aus demselben Grund verhüllen sie [die Trauernden] sich dem Brauch gemäß im Hof des Bethauses.« An Hahns Bericht ist etwas merkwürdig: Offenbar hüllen sich die Trauernden vor dem Begräbnis in ihre Gebetsmäntel, die sie allerdings im Einklang mit dem Verbot, auf dem Friedhof Gebetsriemen und Gebetsmantel zu tragen, ablegen, um nicht »den Armen zu verhöhnen«. Interessanterweise legt Joel Sirkes in Krakau zur gleichen Zeit Wert darauf, die Verhüllung des Trauernden vom Gebetsmantel zu unterscheiden, »in den wir uns gewöhnlich das ganze Jahr über hüllen, der keine Verhüllung im Stil der Ismaeliter ist und dessen einziger Zweck darin besteht, die Würde und Pracht [des Rituals] zu erhöhen, wie es in dem [verzierten] Kragen zum Ausdruck kommt, der nach dem Brauch der Aschkenasim daran getragen wird«. Sirkes macht diese Bemerkung in seinem Kommentar zu dem aus dem vierzehnten Jahrhundert stammenden Gesetzeskodex von Jakob ben Ascher, dem das Erscheinungsbild der Trauernden in Spanien lieber war als das Erscheinungsbild der Trauernden in Aschkenas und der, ohne auch nur im geringsten auf die Kontroverse einzugehen, erklärte, daß »der Trauernde das Haupt verhüllen soll«. Sirkes berichtet dagegen von der Kontroverse über die Verhüllung des Trauernden (und auch über die Anstandsregel, in den ersten Tagen der Trauer seinen Gebetsmantel zu tragen). Unter Bezugnahme auf die Neuerung des Salbenmischers berichtet Sirkes, daß die Trauernden »in diesem Land« – in Polen – »ihre Hüte bis unter ihre Augen ziehen«, und »dies nennen wir Verhüllung«; er hat allerdings davon gehört, daß die Pflicht zweihundert Jahre früher, zu Zeiten von Jakob Weil, mittels »eines Kleidungsstückes namens Kappe« erfüllt wurde. Doch am Sabbat, wenn öffentliches Trauern verboten ist, muß der Hut im Bethaus »so getragen werden, wie gewöhnliche Leute ihn tragen«. Doch am Ende des neunzehnten Jahrhunderts ist die Verhüllung verschwunden und mit ihr der Hut. In Weißrußland bemerkt Jechiel Michel Epstein in seinem Gesetzeskodex, daß »die Verhüllung des Hauptes bei uns nicht mehr praktiziert wird«, und er zitiert Isserles. Doch eines macht Epstein Sorge: »In diesem Fall gibt es kein äußeres Zeichen der Trauer.« Das ist nicht akzeptabel. Das Äußere muß dem Inneren entsprechen. »Und so war es Brauch, daß die Trauernden unmittelbar nach dem Begräbnis ihre Schuhe ausziehen.« Doch in die Geschichte der Schuhe werde ich nicht eintreten. Es reicht, daß ich mich in die Geschichte der Verhüllung gehüllt habe.

XIV

Die Tradition ist ein Mantel. Sie ist kein Leichentuch. In einem Leichentuch ist man rein. In einem Mantel ist einem warm.

Ich weiß, wie meine Vorfahren gedacht haben. Ich möchte nicht wissen, wie sie ausgesehen haben.

Und was ist mit den Frauen? Was trugen die trauernden Frauen? Von allen Autoren, die ich durchstöbert habe, schreibt allein Josef Schammes ausdrücklich über die Frauen. »Eine Frau in Trauer bedeckt ihren Kopf mit einem sogenannten *storz* und wickelt ihren Gebetsmantel um den Kopf, die ganzen dreißig Tage, und die ganzen zwölf Monate, wenn sie um ihren Vater oder ihre Mutter trauert, in der Schul und überall, wo sie sich befindet.« Anschließend beschreibt Schammes die angemessene Bekleidung verschiedener weiblicher Verwandter des Toten, und er bemerkt, daß »sie auch einen Brauch haben, im ersten Jahr nach ihrer Heirat ihren Kopf nicht in den *storz* zu wickeln, auch nicht am Jahrestag des Todes ihrer Verwandten, außer nach dem Tode derer, die sie vollständig zu betrauern verpflichtet sind [also ihrer Eltern], in welchem Fall alle Gesetze der Trauer für sie gelten, auch im ersten Jahr nach ihrer Heirat.« Das klingt im ganzen gerecht. Aber dann verdirbt Schammes diesen Eindruck ein wenig. »Es gibt viele solcher Bräuche, die für die Frauen gelten«, schreibt er. »Sie sind den Frauen bekannt. Es ist unnötig, sie alle aufzuschreiben.« Schammes hat Wichtigeres zu tun, zum Beispiel, die Bräuche aufzuschreiben, die für die Männer gelten.

Der Herr verkündete Hesekiel, seine Frau werde sterben, doch er solle nicht trauern. Warum nicht? Weil er dem Volk vorleben sollte, daß auch sie nach der Bestrafung, die ihnen zuteil werden würde, nicht trauern sollten. »Und ihr werdet tun, wie ich getan habe: den Bart werdet ihr nicht verhüllen und Brot der Leute nicht essen, und eure Kopfbunde werden auf euren Häuptern sein, und eure Schuhe an euren Füßen; ihr werdet nicht klagen und nicht weinen, sondern werdet hinschwinden in euren Missetaten, und seufzen einer gegen den anderen.« Raschis Glosse ist bemerkenswert: »Beobachtet nicht die Bräuche der Trauer, weil ihr keine Tröster habt, denn da ist nicht einer unter euch, der kein Trauernder sein wird. Es ist keine Trauer außer dort, wo Tröster sind.« Keine Trauer außer dort, wo Tröster sind! Das ist der tröstlichste Gedanke, auf den ich in meinen Trauermonaten gestoßen bin. Was Raschi sagt, ist folgendes: Tröstung ist entweder unmöglich oder unausweichlich.

So etwas wie eine Welt der Trauernden gibt es ebensowenig wie eine Welt derer, die sich von der Welt zurückgezogen haben. Diejenigen, die sich gern durch ihre Ablösung von der Welt definieren möchten, sind ganz und gar auf die Welt angewiesen.

Und dann gibt Raschi »eine andere Lesart«: Hesekiel wird nicht um seine Frau trauern, weil »du dich fürchten wirst, in Gegenwart der Chaldäer, in deren Mitte du sein wirst, zu weinen«. Dies ist im Einklang mit der Entscheidung Raschis, daß französische Juden in Trauer nicht ihr Haupt im Stil der Araber verhüllen sollen. Furcht ist ein Hemmnis für die Äußerung des Andersseins.

Ist Identität demnach eine Frage des Mutes? Nur dann, wenn die Welt grausam ist. Aber die Welt ist nicht immer grausam. In einer offenen Gesellschaft bin ich kein Held, weil ich bin, was ich bin.

Wenn die Welt früher grausam war, ist dann zu befürchten, daß sie erneut grausam sein wird? Ich habe keine passende Antwort auf eine solche Frage. Es ist denkbar, daß Optimismus und Pessimismus keine Induktionen sind. Es ist denkbar, daß Optimismus und Pessimismus nicht durch Erfahrung zu verifizieren oder zu falsifizieren sind.

◇

Früher Freitagabend, ich gehe zu Fuß zur Schul. Die langen flachen Fenster der Bürogebäude am Rande des Rock Creek Parks glänzen im Licht der untergehenden Sonne. Die Sonne sehe ich nicht, aber ich sehe diese leuchtenden Flächen. In der Stadt gilt das als ein Sonnenuntergang. In der Kirche, die in der Nähe der Schul steht, läutet eine Glocke. Ein warmer Wind vertreibt die Wolken. Die Sabbatstunde.

Aus einem pseudepigraphischen Werk des achten Jahrhunderts: »Rabbi Elieser ben Hyrkanos sagte: Salomo sah, daß Gott die Freundlichkeit schätzte, und so baute er, als er den Tempel errichtete, auch zwei Tore, das eine für Bräutigame, das andere für Trauernde und Ausgestoßene. Am Sabbat gingen die Leute hin und setzten sich zwischen den beiden Toren nieder. Wenn jemand durch das Tor der Bräutigame ging, wußten sie, daß er ein Bräutigam war, und sagten zu ihm: ›Möge Er, der in diesem Hause wohnt, dich mit Söhnen und Töchtern erfreuen!‹ Wenn jemand durch das Tor der Trauernden ging, und sein Bart war [durch seine Verhüllung] bedeckt, wußten sie, daß er ein Trauernder war, und sagten zu ihm: ›Möge Er, der in diesem Hause wohnt, dich trösten!‹ Wenn jemand durch das Tor der Trauernden ging, und sein Bart war nicht bedeckt, wußten sie, daß er ein Ausgestoßener war, und sagten zu ihm: ›Möge Er, der in diesem Hause wohnt, dein Herz bewegen, daß du die Worte deiner Mitmenschen beachtest, damit sie dich aufnehmen!‹ Auf diese Weise konnte ganz Israel seiner Pflicht nachkommen, freundlich zu sein. Nach der Zerstörung des Tempels legten die Weisen fest, daß Bräutigame und Trauernde zu den Bethäusern und den Lehrhäusern gehen. Wenn die Anwesenden den Bräutigam erblicken, frohlocken sie mit ihm. Wenn sie den Trauernden erblicken, setzen sie sich mit ihm auf den Boden. Auf diese Weise kann ganz Israel seiner Pflicht nachkommen, freundlich zu sein.« Und die Ausgestoßenen? Wohin wenden sie sich jetzt, um Freundlichkeit zu erfahren?

Der Talmud geht in seiner sehr ausgiebigen Diskussion der Trauerpraktiken häufig auf die Gleichwertigkeit des Trauernden und des Ausgestoßenen ein. Der Trauernde und der Ausgestoßene sind Vertreter einer Auflösung, und deshalb sind sie Randfiguren: der Zerschmetterte und der Zerschmetternde, die von der Teilnahme an den normalen Aktivitäten der Gemeinschaft ausgeschlossen sind. (Beziehungsweise, was den Trauernden angeht, von der Teilnahme an dem normalen Vollzug.) Bosheit, Unreinheit, Tod: das sind die radikalen Brüche, die nicht assimilierbaren Andersartigkeiten. Die Gesellschaft muß sie kennzeichnen, kontrollieren, bannen.

Ich war ein Ausgestoßener, bis ich ein Trauernder wurde. Na ja, nicht ganz. Ich wurde nie aus dem Zentrum ausgestoßen, aber viele Jahre lang stieß ich mich selbst aus dem Zentrum aus und führte ein prächtiges Leben an einem Rand, den ich für mich selbst geschaffen hatte. (Das Zentrum ist die Schul. Das ist eine der grundlegenden Tatsachen der jüdischen Geschichte.) Dann wurde ich mit einer Pflicht konfrontiert, vor der ich mich nicht drücken wollte, und ich wurde aufgenommen. Die ironische Folge davon ist, daß ich die Trauer nicht als Erfahrung der Marginalität erleben kann, als die sie erlebt werden soll. Ich erlebe sie als Heimkehr. Eine unausweichliche Wiedervereinigung mit einem unvergänglichen Wesen.

Wer einmal von zu Hause fortgegangen ist, wird wieder von zu Hause fortgehen. Er hat gelernt, fern von zu Hause zu Hause zu sein. Er ist nicht untreu. Er hat ein anderes System der Treue.

Wesen sind transportierbar.

Manche Nomaden reisen zuviel.

»Möge Er, der in diesem Hause wohnt, dich trösten«, rieten sie dem Trauernden. »Möge Er, der in diesem Hause wohnt, dein Herz bewegen, daß du die Worte deiner Mitmenschen beachtest, damit sie dich aufnehmen«, rieten sie dem Ausgestoßenen. Den Rat für den Trauernden können sie sich schenken, aber mit dem Rat für den Ausgestoßenen kann ich etwas anfangen.

◇

Zurück zu meinen rheinischen Vorvätern. Aus einer Passage in Möllins Buch der Bräuche geht hervor, daß heftig um das Recht gekämpft wurde, das Kaddisch öffentlich im Bethaus zu sagen. »Rabbi Möllin wurde gefragt nach dem Waisenkaddisch, wenn drei Brüder und ein Fremder« sich im Bethaus befanden und das Privileg für sich forderten. Möllin antwortete, daß die Sache durch Los entschieden werden solle. (In Brooklyn hätten wir gesagt, sie sollen die Münze werfen.) Doch damit war der Streit nicht restlos geklärt. »Der Fremde fragte, ob sein Anspruch gegen jeden einzelnen der drei ausgelost werden müsse oder ob eine einzige Auslosung genügen würde, um gegen sie alle zu gewinnen.« Ein schlauer Fremder! Doch Möllin fiel nicht darauf herein. »Er erwiderte, daß er sich der Auslosung gegen jeden einzelnen stellen müsse, denn ihrem Vater kommt das Verdienst zustatten, mehrere Söhne zu haben.« Er fügt aber gleich einen Grundsatz der Gleichbehandlung hinzu, um jedes Mißverständnis auszuschließen: »Was das Waisenkaddisch betrifft, hat ein Fremder die gleiche Stellung wie ein Einheimischer, und der Arme ist dem Reichen gleich, und das Kind ist dem Erwachsenen gleich, und der Unwissende ist dem Gelehrten gleich.« Die Trauer ist, wie der Tod, ein großer Gleichmacher. Deshalb darf das Los entscheiden.

Vielleicht wollte Möllin verhindern, daß die Konkurrenz um die Vertretung der Gemeinde vor Gott aufgrund der gesellschaftlichen oder wirtschaftlichen Stellung entschieden würde. In einer Schul? Unausdenkbar!

Nachdem er das Kaddisch auf diese Weise demokratisiert hat, wendet Möllin sich der schwierigen liturgischen Frage jüngerer Kinder in Trauer zu. Sie mögen zwar gleichberechtigt sein, aber sie sind nicht dafür gerüstet. »Wenn die Waise ein Kind ist [das nicht lesen kann, sagte Rabbi Möllin, daß] sie es mit ihm lesen, Wort für Wort.« Im mittelalterlichen Mainz standen demnach die kleinen Jungen auf, um ihre toten Eltern zu erlösen. Und aus einer Handschrift ist zu entnehmen, daß man auch in Paris sehr geduldig war: »Rabbi Isaak verlangte, daß sie warteten, damit der kleine Junge, der gerade lesen lernt, das Kaddisch zusammenbrachte, Buchstabe für Buchstabe und mit all seinen Vokalen, und die Gemeinde von Paris, möge ihr Fels und ihr Erlöser sie behüten, wartete.« Ich habe keine Ahnung, wer Isaak von Paris war, Gott sei seiner Seele gnädig.

Heute abend war ich der zehnte Mann.

In Möllins Buch der Bräuche findet sich ein interessanter Eintrag über die Wirksamkeit des Gebets. Es geht um die merkwürdige Aussage im Talmud, daß »derjenige, der zum Gebet zurückeilt, nachdem er seine drei Schritte rückwärts getan [und damit sein Gebet abgeschlossen] hat, einem Hund gleicht, der zu seinem Ausgespieenen zurückkehrt«. Ich bin nicht der einzige, den dieses Gleichnis verwirrt. »Rabbi Möllin sagte, ein Streit sei ausgebrochen und weit verbreitet über die richtige Auflösung dieses Gleichnisses. Ihm schien, daß es aufzulösen sei im Lichte der Aussage, die mehrfach vorkommt, daß derjenige, der bereut, sich so fühlen solle, als habe er nie gesündigt, da er sicher ist, daß ihm vollkommen vergeben wurde. Er darf nicht [sagen: Was nützt mir meine Reue, habe ich doch gesündigt und Missetat begangen und übel gehandelt in den Augen des Herrn, und so mag es geschehen, daß mein Gebet nicht angenommen wird,] und denken, daß seine Sünden möglicherweise nicht vergeben wurden. Nein, er soll fest entschlossen sein, nie wieder zu sündigen. Und hier, in diesem Fall, wenn ein Mann sein Gebet beschließt und seine drei Schritte rückwärts tut, soll er schweigend stehenbleiben und sich vorstellen, daß sein Gebet angenommen wurde, daß ihm vergeben und er von allem reingewaschen ist. Wenn er gleich darauf wieder zum Gebet zurückkehrt, sieht es so aus, als habe er es eilig, zu beten und sein Bittgebet vorzutragen, weil er erneut sündigen wird [und auch, als sei es nicht sicher, daß sein erstes Gebet angenommen wurde], wie der Hund in dem Gleichnis, der von dem, was er gefressen hat, so voll ist, daß ihm davon übel wird und er es ausspeit, und dann kehrt er zu ihm zurück, und es schmeckt ihm so süß wie Honig, und er frißt es.«

Möllin möchte jeden Zweifel am Gebet ausschließen. Ein Mann, der nicht aufhört zu beten, ist ein Mann, der nicht glaubt – an was? Der Text suggeriert etwas anderes als die Interpolation zu dem Text. Folgt man dem Text, so ist der Mann, der unaufhörlich betet, sich seiner selbst nicht sicher, und deshalb läßt er nicht ab. Folgt man der Interpolation, so ist der Mann, der unaufhörlich betet, sich Gottes nicht sicher, und deshalb läßt er nicht ab. Sicherlich haben beide Ungewißheiten eine Grundlage in der Erfahrung. Wir alle werden erneut sündigen. Wir alle werden das Gefühl haben, daß unser Gebet mit Schweigen aufgenommen wurde. Einerseits die Sünde, andererseits das Schweigen – da ist es kein Wunder, daß manche Betende ihren Posten gar nicht verlassen möchten.

Im Teehaus mit zwei Bänden von Möllins Rechtsmeinungen. Einer der Bände ist eine Sammlung »neuer« Response, also von Responsen, die in der ersten, 1556 erschienenen Ausgabe nicht enthalten waren. Unter diesen erhaltenen Texten ist eine der klarsten Erörterungen des Waisenkaddisch, die mir je untergekommen sind. Möllin erhielt eine einfache Anfrage von zwei Rabbinern in Landshut: »Warum nennt man es das Waisenkaddisch? Und warum dürfen Minderjährige dieses Kaddisch sagen, da es doch um die Heiligung geht [für die ein Quorum von Männern erforderlich ist]?« Grundlegende Fragen. Möllin erteilt ihnen grundlegende Antworten. »Dieses Kaddisch wurde geschaffen [um rezitiert zu werden] nach ›Rabbi Eleasar sagte im Namen von Rabbi Hanina‹ [eine Talmudpassage zum Lob der Gelehrten, die im Sabbatgottesdienst mehrfach vorkommt] und nach dem Stufengesang [einer Reihe von Psalmen in der Liturgie für den Sabbatnachmittag] und nach dem Predigen und Lehren.« Mit anderen Worten: Textlich und historisch hat das Kaddisch nichts mit dem Trauern zu tun. Seine Verbindung mit dem Trauern, fährt Möllin fort, ist eine praktische Frage. »Waisen rezitieren es, weil sie ›Gepriesen seist du, Ewiger, unser Gott‹ [ein zentrales Gebet im Morgen- und Abendgottesdienst] erst rezitieren dürfen, wenn sie erwachsen sind, denn man kann andere nicht von einer Pflicht befreien, die zu erfüllen man selbst nicht verpflichtet ist«, und die Pflicht des Mannes, der den Gottesdienst leitet, ist es, alle Anwesenden von ihrer Pflicht zu befreien. Das Waisenkaddisch ist demnach ein Notbehelf, der es minderjährigen Waisen erlaubt, für ihre Eltern Zeugnis abzulegen, ohne in die Angelegenheiten der Gemeinde einzugreifen. Möllin will deutlich machen, daß das Kaddisch wegen seiner relativen Bedeutungslosigkeit als Text für die Trauernden ausgewählt wurde. »Alle Fälle des Kaddisch sind Setzungen der Rabbinen«, das heißt, sie haben keine Grundlage in der Schrift. »Dieses Kaddisch ist nicht etwas zwingend Vorgeschriebenes, und daher dürfen die Jungen es äußern.«

Möllin spielt auf die Legende von Akiba und dem Verdammten an und fährt dann fort: »Dies scheint mir auch der Grund dafür zu sein, daß Erwachsene es mit dem Waisenkaddisch genauer nehmen als mit den anderen Fällen des Kaddisch und dem ›Gelobt sei der Herr‹, obwohl dieses Kaddisch ein Zusatz zum Gottesdienst und kein obligatorischer Teil von ihm ist. Sie glauben, daß sie ihren Eltern Genugtuung verschaffen, [indem sie dieses rezitieren] statt der anderen.« Das Waisenkaddisch genoß also schon zu Möllins Zeit, rund zweihundert

Jahre nach seiner Erfindung, eine unangemessene Beachtung. Nach seiner Ansicht verdankt das Waisenkaddisch seine zentrale Bedeutung nicht dem Gesetz, sondern dem Gefühl. Rechtlich und liturgisch gesehen, ist es ein kleines Ding, das einen großen Raum einnimmt.

Es nimmt wirklich einen zu großen Raum ein. Möllin ist ehrlich besorgt über das Prestige, welches das Waisenkaddisch im jüdischen Leben erworben hat. (Und das ist fünfhundert Jahre her!) Er ist, wie sich herausstellt, ein Kritiker des Kaddisch, genauer gesagt, ein Kritiker des Kultes um das Kaddisch. »Aber in dieser Sache bin ich nicht mit ihnen einig, ganz im Gegenteil. Wer eine Pflicht erfüllt, die zu erfüllen er verpflichtet ist, ist größer als derjenige, der eine Pflicht erfüllt, die zu erfüllen er nicht verpflichtet ist.« Die Hauptsache ist nicht das Kaddisch, die Hauptsache ist der Gottesdienst. (Möllins letzter Satz ist ein berühmtes Diktum des Talmud.)

Schon im frühen fünfzehnten Jahrhundert möchte Möllin die Begeisterung für das Waisenkaddisch eindämmen. Wie nett, zu erfahren, daß die Verunstaltung der Religion durch Sentimentalität keine Entwicklung der Gegenwart ist. Hier pocht einer der großen Rabbinen des Mittelalters auf den Vorrang des Gesetzes vor dem Gefühl. Beten, wettert er, ist eine besonders anspruchsvolle Form der Selbstäußerung. Im geistlichen Leben gibt es erhabenere Ziele als die Artikulation menschlicher Bedürfnisse. Möllin ist ein früher Feind der Psychologie. (So möchte ich ihn jedenfalls sehen.)

◇

Wie kann man sich nun den Kult um das Kaddisch erklären? Möllin fällt auf, daß seine Beliebtheit plötzlich zugenommen hat: »Vielerorts ist es Brauch, das Waisenkaddisch häufiger zu rezitieren.« Er nennt für diese Entwicklung zwei Gründe, beide historischer Natur. Der eine besteht im Verfall der religiösen Kompetenz in Möllins Zeit. »Die Erwachsenen sind es nicht mehr so gewohnt, (im Bethaus) vor dem Schrein zu stehen« und die Gemeinde im Gebet zu leiten. Mit anderen Worten: Erwachsene in Trauer haben sich ebenso wie Kinder in Trauer daran gewöhnt, auf das kürzere und weniger anstrengende Kaddisch zu bauen. Zu mehr sind sie nicht imstande. Möllins

Bemerkung rückt die Inkompetenz meiner Zeitgenossen in die richtige Perspektive. (Es ist immer gut, wenn man seiner goldenen Zeitalter beraubt wird.) Der andere historische Grund, den Möllin für die Beliebtheit vorträgt, hat jedoch die entgegengesetzte Wirkung. Er erfüllt mich mit Dankbarkeit dafür, daß ich in der Geschichte meines Volkes so spät gekommen bin. Wenn es Orte gibt, schreibt Möllin, wo das Waisenkaddisch häufiger zu vernehmen ist, so deshalb, weil »sie es in einer Zeit, in der der Zorn in der Welt zugenommen hat, mit [dem Waisenkaddisch, das gesagt wird] an Sabbaten und Feiertagen, nicht bewenden lassen können.«

Der Zorn in der Welt? Gegen Ende seines Lebens war Möllin Zeuge der Verheerungen, welche die Hussitenkriege über die Juden brachten. Hier der Text eines Briefes, den er im Jahre 1420 von Mainz an die jüdischen Gemeinschaften Böhmens richtete: »Wir, die Demütigen und die Lämmer, haben die schrecklichen Greuel gesehen, die in ganz Aschkenas ausbrechen. Erst gestern erhielten wir Briefe von unseren Brüdern und Rabbinern in Köln, Eger, Nürnberg, Erfurt und Meißen, daß sie alle in Furcht und Zittern leben, denn auf den Straßen ist es schon zu Greueltaten gekommen, und auch in Neustadt bei Nürnberg, und noch zu anderen Dingen, die nicht zu beschreiben sind. Es ist unsere Meinung, daß wir allein auf unseren Vater im Himmel vertrauen dürfen, obwohl die hiesigen Leute, der Rat ebenso wie das gemeine Volk, an unserer Seite stehen, Gott sei gepriesen, und nach wie vor für unsere Sicherheit sorgen, wie auch andernorts, Gott sei gepriesen. Doch Menschenhilfe ist nichts nütze. So haben wir unsere Not auf den Herrn geworfen, gelobt sei Er, und die kluge Praxis unserer Vorväter aufgegriffen und es auf uns genommen, in einmütigem Entschluß, diese heilige Gemeinde und alle, die mit uns beten, daß nach diesem Sabbat, dem Sabbat der [Lesung des Anfangs der] Genesis, drei Tage lang zu fasten, Tag und Nacht, und das gilt für jeden von zwanzig Jahren aufwärts, Männer und Frauen, ausgenommen die Kranken und die Reisenden und die stillenden Frauen.« Das Fasten fand in den ersten Tagen des Oktobers 1420 statt, und das Schlimmste trat nicht ein. Die Zeitgenossen Möllins schrieben das gütige Geschick der deutschen Gemeinschaften seiner spirituellen Aufrüttelung zu. Der bahnbrechende Historiker Josef ha-Kohen berichtet in *Emek Ha'Bacha* (»Der Wert des Weinens«), einer 1558 erschienenen Leidenschronik der Juden, daß »viele derer, die in den Krieg [gegen die Hussiten] zogen, einen Schwur taten, sich im Falle ihrer glücklichen Heimkehr an den Juden auszulassen. Die Juden wurden dadurch in Angst und Schrecken versetzt, und unter ihnen war der fromme Rabbi Möllin, und sie ordneten Fastentage an und sie fasteten im Monat Cheschwan drei Tage und Nächte, und sie beteten die Gebete von Jom Kippur, und Gott errettete sie.« Der Zorn in der Welt.

Aber das war nicht alles. Möllin und seine Zeitgenossen mußten außerdem mit der Erinnerung an die jüngere Vergangenheit kämpfen. Sie waren Führer einer Judenheit, die sich von anderen Versuchen, sie auszulöschen, langsam erholte. Der Schwarze Tod in den Jahren 1348-49 entfesselte judenfeindliche Ausschreitungen, die sich über fast ein Jahrhundert hinzogen. Immer wieder wurden die Juden beschuldigt – so ein antisemitisches Pamphlet jener Zeit –, »sie wollten die Christenheit ausrotten, indem sie die Luft verpesten« und die Brunnen vergiften. Allein in Deutschland kam es 1348, 1357, 1382, 1397, 1401, 1424, 1448, 1453, 1472, 1475, 1501, 1541 und 1543 zu Greueltaten. Zusammengefaltet finde ich in einem meiner Bücher eine vergilbende Kopie einer Seite aus der alten *Jewish Encyclopedia*, einer grauenerregenden Seite, die in kleiner Schrift die deutschen Städte auflistet, in denen es im vierzehnten Jahrhundert zu Judenverfolgungen kam: es sind 333 Städte. Der Zorn in der Welt. Daher schrieb Möllin über eine frühere Autorität, er habe »gelebt vor den Verfolgungen, als man wußte, daß es Weise gibt im Land. Wir aber sind eine verwaiste Generation, haben niemanden, der zwischen rechts und links zu unterscheiden vermag.« Das schmerzliche Gefühl des Niedergangs, das in den Schriften Möllins und seiner Zeitgenossen deutlich wird, ist auch dem Umstand zuzuschreiben, daß sie als Geistliche einer versprengten Gemeinschaft dienten, »einer verwaisten Generation«. Es gab so viele Tote. Die Konventionen der Trauer waren den Anlässen zur Trauer nicht mehr gewachsen. Liturgisch war die Lösung einfach. Je mehr Tod, desto mehr Kaddisch.

Den Text von Möllins Brief aus dem Jahr 1420 habe ich einem der niederschmetterndsten Werke der jüdischen Geschichtsschreibung entnommen. Er erscheint im zweiten Band von Simon Bernfelds *Sefer*

Ha'Dema'ot (»Das Buch der Tränen«), einer dreibändigen Anthologie historischer und literarischer Quellen zur Verfolgung der Juden, von den seleukidischen Griechen im zweiten vorchristlichen Jahrhundert bis zu den Ukrainern im Jahre 1768. Für den Erforscher der Katastrophologie sind diese Bücher unverzichtbar. Und so mitleiderregend wie ihr Inhalt sind sie selbst. Bernfelds Bände erschienen zwischen 1923 und 1926 in Berlin. Sie erschienen also auf dem Höhepunkt der Geschichte, die sie beschreiben. Die vielleicht traurigsten Sätze in diesen Büchern sind die von Bernfeld selbst, am Ende seiner langen Einführung: »Etwas Wesentliches – und es ist die Grundlage unseres Verständnisses der jüdischen Geschichte – wurde hinreichend klar: Die Judenfrage wird ihre angemessene Antwort nur in der Beantwortung der Menschenfrage finden. Der Weg ist noch lang.« Ich habe die Originalausgabe von Bernfelds Werk mit dem dunkelbraunen Umschlag und der wunderbaren Typographie. Mein Exemplar ist arg mitgenommen. Ich fand es vor etlichen Jahren auf dem Boden einer Kiste mit alten Büchern in Herrn Steins staubiger Buchhandlung in Jerusalem. Die Bücher, warnte mich Herr Stein, seien für eine Benutzung fast zu zerbrechlich. »Sie sehen aus, als seien sie aus dem Feuer gerettet worden«, sagte er. »Sie *sind* aus dem Feuer gerettet worden«, sagte ich. Wenn ich sie auf meinem Regal sehe, sehe ich das Feuer.

◇

Heute abend packte mich die Furcht, daß meine Bücherschränke umkippen und alles von meinen Büchern zerstört wird. Das ist verrückt. Wenn mir der Ruin droht, dann am allerwenigsten von meinen Büchern.

Möllins Degradierung des Kaddisch darf nicht mißverstanden werden. Das Kaddisch mag eher eine Institution des Brauchtums als eine Institution des Rechts sein, doch ist das jüdische Brauchtum eine der Grundlagen des jüdischen Rechts, und Möllin verdankt seinen Platz in der Geschichte des jüdischen Rechts nicht zuletzt seinem Eintreten für das jüdische Brauchtum. Er schätzte die rituelle und liturgische Vielfalt des jüdischen Lebens und trat leidenschaftlich für ihre Berechtigung ein. »All die Gesetze der zwölf Trauermonate«, erklärt er in einem Respons, »werden an verschiedenen Orten unterschiedlich gehandhabt, entsprechend dem örtlichen Brauch.« Ein anderes Respons, das über das Kaddisch, beschließt er mit den folgenden nachdrücklichen Worten: »Verlaß dich nicht auf mich. Entscheidend ist der Brauch, und ihn solltest du deshalb erforschen. Mehr muß nicht gesagt werden.« Und so wiederholt Möllin in seiner Antwort an die Rabbiner von Landshut, daß das Waisenkaddisch »keine [gesetzliche] Pflicht und keine Satzung der Rabbinen ist, sondern ein Brauch.« Dennoch darf man in dem Fall, daß keine Waisen in der Synagoge sind, »das Waisenkaddisch keineswegs ausfallen lassen. Im Gegenteil, das Kaddisch muß nach Lehrreden und Schriftversen immer rezitiert werden«. Zur Bekräftigung zitiert er Maimonides. Pflichten sind mit mancherlei Sanktionen verbunden. Die kleineren Sanktionen binden einen genauso wie die größeren Sanktionen.

Brauchtum ist liebenswert auf eine Weise, wie es das Recht nicht ist. Brauchtum ist so unursprünglich. Es ist mit Fingerabdrücken übersät. Es macht die Realität der Praktiken gegen die Idealität der Prinzipien geltend.

Die Geschichte des Rechts ist eine Geschichte des Rationalismus. Die Geschichte des Brauchtums ist eine Geschichte des Humanismus.

Gegenstände kann man zerstören, die Geometrie nicht. Dafür kann man die Geometrie nicht anfassen oder schmecken.

»Zu Hause haben wir immer ...«: Es gab keinen Feiertag in unserer Familie, an dem nicht mein Vater oder meine Mutter einen Satz mit diesen Worten eröffnete, um dann zu beschreiben, auf welche Weise die Festtage in ihrem Winkel der Karpaten in den dreißiger Jahren begangen wurden, vor der Apokalypse. Sie waren nicht nur stolz darauf, daß sie die Tradition bewahrt hatten, sie waren auch stolz darauf, daß sie die Tradition abgewandelt hatten. Sie berichteten stolz von den verschwundenen Gepflogenheiten, als wollten sie sagen: Schau, so vieles gab es da!

Das Brauchtum unterscheidet sich vom Recht auch durch seine Verletzlichkeit. Es lebt in den Individuen und Gemeinschaften, die es praktizieren, und so stirbt es auch mit ihnen. Brauchtum kann ausgelöscht werden. Die in Möllins Zeit aufkommende »Brauchtumsliteratur« beruhte auch auf der Befürchtung, daß Bräuche ausgelöscht werden könnten. (Auf einer ähnlichen Befürchtung beruhte der religiöse Eifer meiner Eltern.)

Die Bewahrung des Brauchtums ist kein anthropologischer Imperativ. Sie ist ein moralischer Imperativ. Das haben mich meine Eltern gelehrt. Mit diesen Eigentümlichkeiten beweisen wir, daß wir lebendig sind und daß wir frei sind. Wenn ich am Vorabend von Pessach Äpfel und Walnüsse zerhacke und mit Zimt und Wein mische, genau wie es meine Eltern und deren Eltern gemacht haben, dann ist das ein Zeichen der Niederlage unserer Feinde. In unserer Küche wiederholt sich der Untergang von Imperien.

Wie wichtig Details sind, habe ich vom Brauchtum gelernt, nicht von der Kunst.

Das Recht – strahlender Glanz der Notwendigkeit; das Brauchtum – strahlender Glanz der Kontingenz.

◇

Möllins Erörterung des Kaddisch und der Vielfalt der damit zusammenhängenden Bräuche streift eine Frage der politischen Theorie. Welche Rechte hat der Fremde im Vergleich zu den Rechten des Einheimischen? Möllin weist darauf hin, daß es in dieser Hinsicht unterschiedliche Gepflogenheiten gibt. »Wenn Besucher in ihren zwölf Monaten [der Trauer] im Bethaus erscheinen und wünschen, die Gebete zu leiten und das Waisenkaddisch zu rezitieren, so ist es in Österreich Brauch, ihrem Wunsch zu entsprechen, denn in diesem Punkt haben die Einheimischen keinen Vorrang vor den Besuchern; doch Rabbi Meir Segal [Meir ben Baruch ha-Levi von Fulda, ein Jurist des vierzehnten Jahrhunderts] schuf in seinem Bethaus den Brauch, die Gemeindeglieder zu bevorzugen, und mit seiner Genehmigung wurde dieser Brauch von Rabbi Abraham [Klausner, Möllins Lehrer, der eine einflußreiche Sammlung von Bräuchen schuf] befolgt. Und so halten wir es auch hierorts, daß der Einheimische Vorrang gegenüber dem Besucher hat, es sei denn, der Besucher kommt ins Bethaus, um zum ersten Mal oder am Jahrestag des Todes seiner Eltern Kaddisch zu sagen.«

Dies ist offenbar ein weiterer Beleg für die rätselhafte Erscheinung, daß die rituellen Traditionen der Gemeinschaften in Deutschland und Österreich, der *minhag Rheinus*, »der Brauch des Rheins«, und der *minhag Ostreich*, »der Brauch Österreichs«, im späten Mittelalter eine unterschiedliche Entwicklung nahmen. In diesem Fall scheinen der österreichische und der deutsche Brauch auf unterschiedlichen Begriffen der Gemeinschaft zu beruhen. Der österreichische Brauch betrachtet die Pflicht, das Waisenkaddisch zu sagen, als eine universale jüdische Pflicht, und wenn eine Waise in der Schul erscheint, macht er keinen Unterschied zwischen ihnen. Die Zugehörigkeit zum jüdischen Volk genügt, um Mitglied der jüdischen Gemeinschaft zu sein. Der Fremde ist gleichberechtigt. Was jedoch den deutschen Brauch angeht, ist der Fremde nicht gleichberechtigt. Entscheidend ist die Zugehörigkeit zur Gemeinschaft. Es gibt nur ein einheimisches Kaddisch. Wie entscheidet nun Möllin zwischen dem inklusiven österreichischen Brauch und dem exklusiven deutschen Brauch? »Jeder Fluß folgt seinem eigenen Lauf«, schreibt er, die talmudische Formel für die religiöse Verschiedenheit zitierend, »und ich bin nicht würdig, zwischen ihnen zu entscheiden.« Da keiner dieser Bräuche im Widerspruch zum Recht steht, ist Toleranz die gebotene Haltung.

Aber da ist noch etwas. (Immer ist da noch etwas.) Möllins Ausdruck des Respekts vor der Vielfalt der jüdischen Erfahrung wird sogleich ausgeschmückt von seiner Begeisterung für die eigene Tradition. Nachdem er bescheiden erklärt hat: »Ich bin nicht würdig, zwischen ihnen zu entscheiden«, fährt er fort: »Unser Brauch erscheint mir indes etwas plausibler.« Und er begründet das. »Alle Bedürfnisse des Bethauses fallen schließlich der Gemeinschaft zur Last, zum Beispiel die Bezahlung eines Kantors oder eines Quorums, wenn notwendig, oder der Kauf einer Torarolle mitsamt ihrem Schmuck, und der Bau des Bethauses – das alles kommt aus den Mitteln der Gemeinschaft, und die Einheimischen erlegen sich gegenseitig den Zwang auf, das Bethaus zu bauen und die Torarolle zu kaufen und ein [paar Männer für ein vollständiges] Quorum für die hohen Feiertage zu bezahlen ... und es steht nicht in ihrer Macht, den Besucher zu zwingen, etwas zu all diesem oder zu irgendwelchen Ausgaben des Bethauses beizusteuern … Dies ist der Grund für den Brauch in einigen Gemeinschaften, daß der Einheimische den Besucher von seinem Sitz im Bethaus verdrängt und daß an Feiertagen nur ein Einheimischer zur Tora gerufen wird – gleichwohl pflegen sie an Sabbaten die Gäste zu ehren [indem sie sie zur Tora rufen], und die Einheimischen sind nicht hochmütig, denn an allen Sabbaten des Jahres kann manch anderer zur Tora gerufen werden … Auch jemand, der in der Stadt wohnt, aber dort kein Geschäft hat, hat Vorrang gegenüber einem Besucher, wegen seiner Präsenz und der Vorteile, welche die Gemeinschaft aus seiner Präsenz zieht. Und so dürfen die Gemeindeglieder auch in diesem Fall Fremden verwehren, das Privileg wahrzunehmen, diese Pflicht zu erfüllen, da sie an den Lasten der Synagoge keinen Anteil haben.« Hilf dem Fremden, aber ehre den Einheimischen.

Dennoch möchte Möllin nicht hartherzig erscheinen. Und so beendet er seine Erörterung mit einem Hinweis, der diese Rechte und Verantwortlichkeiten in die richtige Perspektive rückt: »In Österreich ist es außerdem Brauch, auch an Wochentagen regelmäßig das Waisenkaddisch zu sagen, und möglicherweise nehmen sie es deshalb nicht so genau [mit dem Unterschied zwischen Fremden und Einheimischen].« Der Unterschied ist also nicht nur ein philosophischer oder politischer. Er ist auch ein praktischer. In Österreich bestand mehr Gelegenheit, seiner Trauer Ausdruck zu geben.

In diesem einen Text wurde mir also beigebracht, Inklusivität aus prinzipiellen Gründen, Exklusivität aus prinzipiellen Gründen, Inklusivität aus praktischen Gründen und Exklusivität aus praktischen Gründen zu schätzen. So umfassend ist die rabbinische Vorstellungskraft. Sie muß alle Eventualitäten darstellen. Um die richtige Antwort zu kennen, muß sie die Welt kennen.

»Jeder Fluß folgt seinem eigenen Lauf.« Auf diese Weise erklärt der Talmud alle Gemeinschaften und ihre Bräuche für rechtsgültig. Und in diesen Fluß kann man zweimal steigen. Man muß sogar zweimal in diesen Fluß steigen. Man muß regelmäßig in ihn steigen. Dieser Fluß ist nicht der Fluß des Heraklit. Seine Verschiedenheit von sich selbst beeinträchtigt nicht seine Identität mit sich selbst. Er unterliegt dem Wandel, und doch ist er mehr als nur Wandel.

Man kann nicht zweimal in denselben Fluß steigen: so äußert sich ein grämlicher Monist. Jeder Fluß folgt seinem eigenen Lauf: so äußert sich ein emsiger Pluralist.

In einem anderen Respons, demjenigen an die Rabbiner von Landshut, schreibt Möllin etwas bündiger über Fremde und Einheimische. »Ich habe beobachtet, daß in Österreich zwischen Einheimischen und Besuchern kein Unterschied gemacht wird. Sie werden gleich behandelt, auch Fremde, die aus einem fernen Land kommen. Doch Rabbi Meir Segal führte in seinem Bethaus und in seinem Haus den Brauch ein, daß das Kaddisch dort ausschließlich von Gemeindegliedern rezitiert wird, die ständig dorthin kommen. Und Rabbi Abraham [Klausner] folgte diesem Brauch. Und auch hierorts ist es Brauch, daß Einheimische Fremde daran hindern, das Kaddisch zu rezitieren und die Gebete zu leiten, und nach meinem Eindruck ist das der Brauch in all diesen Gegenden, ein einfacher Brauch ... Das Waisenkaddisch gehört den Einheimischen, und Außenstehende haben keinen Anspruch darauf.« Bis hierher stimmt dieser Text mit dem anderen überein. Doch in diesem nennt Möllin einen anderen Grund für die unterschiedlichen Bräuche. Es ist ein entsetzlicher Grund: »An den Orten, wo sie keinen Unterschied zwischen Einheimischen und Besuchern machen, mag es daran liegen, daß sie wegen des Andrangs, der dort herrschte, beschlossen haben, über den Unterschied hinwegzusehen. Denn in der Stunde des Zorns befand sich dort eine gewaltige Menge, und deshalb machten die Einheimischen das Zugeständnis.« Die Fremden waren keine Besucher, die Fremden waren Flüchtlinge. Sie gingen in die Schul, weil sie sonst nirgendwo hingehen konnten. Und deshalb wurde ihnen gestattet, eine Gemeinde zu leiten, die nicht ihre eigene war.

Zur Begründung dieses Brauchs, der nicht sein eigener ist, greift Möllin auf einen anderen Text aus dem Talmud zurück: »Und in dieser Frage ziehen wir das allgemeine Prinzip heran, daß ›die Armen selber sich freuen [das Zugeständnis zu machen].‹« Möllin bezieht sich auf eine Erörterung über das Nachlesen auf einem Ährenfeld.

Dem Talmud zufolge hat ein Minderjähriger kein Besitzrecht an Dingen, die er findet. Warum ist es dann Kindern gestattet, auf einem Feld Nachlese zu halten, nachdem ihre Eltern auf ihm gearbeitet haben? Sie nehmen schließlich etwas fort, das eigentlich den Armen gehört. Der Weise Rabba schlug bezüglich der Kinder auf den Feldern eine Milderung vor: »Die Rabbinen erachteten es für richtig, einen, der kein Recht hat, wie einen zu behandeln, der ein Recht hat. Warum? Weil die Armen selber sich freuen [das Zugeständnis zu machen], so daß, wenn sie selbst auf den Feldern arbeiten, ihren eigenen Kindern gestattet ist, nach ihnen Nachlese zu halten.« Möllin spricht hier etwas Ominöses an. Er sagt, daß die Einheimischen den Fremden gestatten, das Kaddisch zu rezitieren, weil die Einheimischen eines Tages Fremde sein könnten. Eines Tages könnten auch sie sich in eine Schul fern der Heimat verirren und um das Recht bitten, ihre Eltern oder ihre Kinder zu betrauern.

Möllin hat in der Geschichte eine Grundlage für die österreichische Gepflogenheit der Inklusion gefunden. Die deutsche Gepflogenheit der Exklusion ist, sollte man glauben, eine Gepflogenheit für friedliche Zeiten. Doch in Österreich herrschten nicht immer friedliche Zeiten. Ich stehe vor einem Rätsel. Denn auch in Deutschland herrschten ja nicht immer friedliche Zeiten, wie Möllin selbst beobachtet hatte. Warum haben die deutschen Gemeinschaften dann nicht die Gepflogenheit der österreichischen Gemeinschaften übernommen? Auch in Deutschland drängten sich oft Flüchtlinge in den »Schulen«. Doch der deutsche Brauch blieb der deutsche Brauch. Und darauf kommt es an. Man folgt seinem eigenen Fluß. Möllin beschließt seine Meinung mit folgenden Worten: »Der Brauch eines Ortes ist sein Brauch, und ich werde nicht unsere Bräuche in Zweifel ziehen ... Und ihr habt recht entschieden, zumal da der Brauch unserer Vorfahren, deren Brauch Tora ist, euch bestätigt. Und in diesem Sinne habe ich schon der Gemeinschaft in Augsburg geantwortet.«

Das andere Respons ging also nach Augsburg! Der jüdische Historiker macht bei solchen Offenbarungen Freudensprünge. Der gesetzestreue Jude gähnt über sie.

◇

Heute morgen habe ich mir einen Zeitgenossen Jakob Möllins mit ins Teehaus genommen. Es ist Isaak von Tyrnau, der österreichische Verfasser einer beliebten Sammlung von Bräuchen. (Und Gegenstand einer außergewöhnlichen Legende, der zufolge der Kronprinz von Ungarn sich in Isaaks schöne Tochter verliebte und zum Judentum übertrat und heimlich bei Isaak studierte, bis er von katholischen Priestern entdeckt und auf dem Scheiterhaufen verbrannt wurde.) »Seit meiner Jugend«, bemerkt Isaak, »gebe ich mich mit ganzem Herzen dem Brauchtum hin.« Sein Buch sei nichts anderes als ein Handbuch, erklärt er dem Leser, geschrieben in »einfacher Sprache und für alle, auch die, die keine Gelehrten sind. Deshalb habe ich mich mit Beweisen und Begründungen nicht lange aufgehalten ... damit der Leser es rasch durchblättern kann, je nachdem, was er gerade braucht.« Isaaks kurze Beschreibung der Lage der österreichischen Judenheit bestätigt das von Möllin gezeichnete Bild der Verheerung: »Unserer Sünden wegen ist die Zahl der Schüler und Gelehrten zusammengeschrumpft. Und Menschen des Glaubens und der Gelehrsamkeit und der guten Taten sind in Österreich verschwunden und so dezimiert worden, daß ich eine Ansiedlung oder Gemeinschaft gesehen habe, in der nicht einmal zwei oder drei sind, die die Bräuche ihrer eigenen Stadt kennen, von den Bräuchen anderer Städte ganz zu schweigen.« Und so griff Isaak zur Feder. Schreiben ist in der jüdischen Geschichte oft eine Form der Rettung.

Das letzte Kapitel von Isaaks Handbuch trägt den Titel »Gesetze des Waisenkaddisch«, und es widmet sich ausschließlich den Konflikten zwischen Trauernden im Bethaus. »Was das Waisenkaddisch angeht«, beginnt Isaak, »so gibt es Gemeinschaften, in denen der Einheimische Vorrang vor dem Besucher hat, und andere, in denen sie gleichberechtigt sind, und jeder Fluß folgt seinem eigenen Lauf.« Isaak macht sich an eine Aufrechnung der Rechte von Einheimischen und Fremden, von Trauernden in der ersten Woche, im ersten Monat und im Jahr der Trauer, in unterschiedlichen Situationen an Sabbaten und Wochentagen. Er bemerkt, daß im Falle eines Trauernden in der ersten Trauerwoche »der Einheimische keinerlei Vorrang gegenüber dem Besucher hat«. Wenn ein Recht mit dem anderen kollidiert, empfiehlt er Auslosen. Auf die Jahrzeit, den Jahrestag des Todes von Vater oder Mutter, an dem ebenfalls Kaddisch rezitiert werden muß, geht Isaak ausführlicher ein, als ich es in anderen Texten aus seiner Zeit gefunden habe. »Wenn Leute«, schreibt er, »die aus mehreren unterschiedlichen Orten stammen, in eine neue Stadt kommen und dort einen Brauch einführen wollen, ziemt es sich, daß innerhalb des Bethauses derselbe Brauch gilt wie außerhalb des Bethauses.« Und er verrät mehr über die Zugehörigkeit zur Gemeinschaft: »Wenn die Söhne eines Verstorbenen in einer anderen Stadt wohnen, und sie kommen [weil ihr Vater gestorben ist] in diese Stadt, so gelten sie nicht als Einheimische, nur weil ihr Vater hier begraben ist. Nur diejenigen, die in der Gemeinschaft leben, gelten als Einheimische, und sie sind diejenigen, die Steuern zahlen oder der Gemeinschaft dienen. Doch auch die Armen der Stadt, die ständig dort wohnen, werden zu den Einheimischen gezählt.« Und »wenn ein Mann seinen Wohnsitz in der Gemeinschaft aufschlägt, gilt er von dem Augenblick an als Einheimischer, da er die Last gemeinsam mit den anderen zu teilen hat, die in der Gemeinschaft wohnen, und nicht, wenn er mit dem Edelmann [dem örtlichen christlichen Herrscher] einen Steuerbetrag vereinbart, auch wenn er an den Edelmann Steuern zahlen muß«. Wenn das Bethaus einen Lehrer einstellt oder für eine gewisse Zeit einen Totengräber anstellt, »dann gilt er, sofern er ledig ist und weder Weib noch Kinder hat, als Einheimischer, hat er aber Weib und Kinder an einem anderen Ort, so gilt er als Fremder«.

Die Juden der mittelalterlichen Welt hatten eine natürliche Begabung für die Gemeinschaft. Daraus wurde später eine Begabung für die Politik. Doch für ihren Eintritt in die Politik haben die Juden einen Preis gezahlt. Ihr Selbstverständnis wurde politisiert. Zum Entsetzen einiger Freunde, die in der Politik eines der höchsten Ziele im Leben sehen, habe ich oft behauptet, daß der Gemeinschaftsimpuls in der Geschichte der Juden nicht identisch war mit dem politischen Impuls. Die Juden hatten kein eigenes politisches System, und was haben sie dennoch zuwege gebracht! Sie hatten ein eigenes Moralsystem, ein eigenes religiöses System, ein eigenes Rechtssystem, ein eigenes soziales System. Sie brauchten die Politik nicht, um ein sinnvolles Leben zu führen. Ach, glückliche Juden. Doch nein, das stimmt nicht. Es sickerte durch, daß sie die Politik brauchen, um zu überleben. (Aber nur um zu überleben.)

Die jüdische Kultur, in der ich aufgewachsen bin, war eine ums Überleben kreisende Kultur. Sie war noch immer betäubt von der Zerstörung in Europa. »Früher stand ich jüdischen Philosophien, die für nichts anderes einzutreten schienen als für das Überleben an sich, äußerst kritisch gegenüber«, schrieb ein jüdischer Philosoph in den 1960er Jahren. »Ich habe mich anders besonnen.« Er hat sich später einen Namen gemacht mit dem Vorschlag, den 613 Geboten der Tora ein weiteres hinzuzufügen, »das ich kühn als das 614. Gebot bezeichnen will: Dem wahren Juden von heute ist es verboten, Hitler noch einen weiteren posthumen Sieg zu gewähren.« Diese Spiritualisierung der Katastrophe hatte damals nichts Groteskes. Doch bald darauf hörte ich erste kritische Äußerungen, daß das Überleben nicht der Zweck des Subjekts sei. Überleben wozu? Überleben als was? Solche Fragen faszinierten mich in meiner Jugend. Sie holten mich aus dem unablässigen Gedenken heraus, in dem ich lebte. Und es waren gute Fragen. Dennoch denke ich heute anders darüber. Die Entgegensetzung ist nicht annehmbar. Ein Überleben an sich hat es selbst in äußerster Not nicht gegeben. Es gibt kein Überleben ohne Sinn, und es gibt keinen Sinn ohne Überleben. Meine Eltern haben das verstanden. Ich bin der Sohn von Überlebenden, die keine Überlebenskämpfer waren.

◇

Heute war ich von allem entfremdet.

Jochanan ben Mattathias Treves war ein Zeitgenosse von Jakob Möllin und der Oberrabbiner von Paris. Als der Gelehrte Isaia Astruc seine Autorität in Frage stellte, entbrannte eine der berühmten Streitigkeiten der rabbinischen Geschichte. »Blick herab vom Himmel deines Studiums«, bekniete Jochanan einen bedeutenden spanischen Rabbiner um Unterstützung, die ihm gewährt wurde. Mit der Vertreibung der Juden aus Frankreich im Jahre 1394 endete der Streit schlagartig. (Der Kampf um die Autorität wurde gewaltsam entschieden.) Nur wenige der Response Jochanans sind erhalten – einige in Möllins Responsen und eines in Josef Karos Kommentar zu Jakob ben Aschers Gesetzeskodex. Gegenstand dieser erhaltenen Meinung ist das Waisenkaddisch, und sie entwickelt eine wahrlich eigenwillige Lösung des Problems der Priorität der Trauernden im Bethaus. Hier ist der Fall, der Jochanan zur Entscheidung vorgelegt wurde: »Einer der Einwohner der Stadt sagte Kaddisch für seine Mutter, die in der Stadt gestorben war; und ein angestellter Lehrer in der Stadt sagte ebenfalls Kaddisch für seine Mutter, die nicht in der Stadt gestorben war und nicht in der Stadt lebte; und eine alte Frau in der Stadt starb, ohne Kinder zu hinterlassen, so daß die Verwandten jemanden engagierten, für ihre Seele Kaddisch zu sagen.« Wer kommt bei der Zuteilung des Kaddisch im Bethaus als erster dran? »Dies hat nichts mit der Zahlung von Steuern zu tun«, beginnnt Jochanan. »Wenn man kein Geld hat, aber in der Stadt wohnt, dann hat man, auch wenn man nur ein gedungener Arbeiter ist, einen Anteil [an der Rezitation des Kaddisch]. Generell hat man, wenn man in der Stadt wohnt, auch wenn man nur ein gedungener Arbeiter ist, einen Anteil.« Eine klare egalitäre Regel. Und dann bringt Jochanan eine eigenartige Idee ein: »Wenn das Kaddisch für jemanden gesagt wird, der in der Stadt gestorben ist, dann hat man einen Anteil aus dem Recht des Toten, und wenn man in der Stadt wohnt, und sei es auch als gedungener Arbeiter, dann hat man einen Anteil aus eigenem Recht – und so kommt man auf zwei Anteile. Wohnt man aber nicht in der Stadt, und hat der Tote [für den das Kaddisch gesagt wird] nicht in der Stadt gewohnt, so hat der Betreffende keinerlei Anteil [an der Rezitation des Kaddisch]. So habe ich das Gesetz ausgelegt, und so habe ich die Gepflogenheit dort, wo ich lebe, festgelegt.« Die Folgen von Jochanans Abstufung der Trauernden erscheinen mir absurd. Nach seiner Logik muß eine Waise, die nicht an ihrem Heimatort ist, zurücktreten hinter einen Ortsfremden, der engagiert wurde, Kaddisch für einen Ortsfremden zu sagen. Das steht in flagrantem Widerspruch zur Hierarchie des Leidens, die von der Tradition bestimmt wurde. Was die Rechte der Lebenden angeht, ist Jochanan gerecht. Doch er glaubt, daß auch die Toten Rechte haben. Dem Bürgerrecht der Lebenden steht das Bürgerrecht der Toten entgegen! Wie kann einem Rabbiner, der selbst ein Vertreibungsopfer war, Verwurzelung so viel bedeutet haben? Jochanans Respons ist ein Hirngespinst der Stabilität. Doch die Juden zogen oft um, weil sie oft herumgeschubst wurden. Die Trauernden waren nah, und die Toten waren fern.

Was ist ein Flüchtling? Jemand, der seine Toten nicht dort ehrt, wo sie gelebt haben.

Wenn die Toten Rechte haben, dann haben sie auch Verantwortlichkeiten! Aber es hat ja Rabbiner gegeben, die auch das geglaubt haben ...

Als ich am Abend über die Wisconsin Avenue schlenderte, fuhr ein großes, altes, schwarzes Auto vorbei. Auf die Heckflossen waren die Worte gemalt: »Lebender Beweis«. Der Wagen der Waise!

»Lebender Beweis«: Je länger ich über die Wendung nachdachte, desto mehr ärgerte sie mich. Was die wichtigen Dinge betrifft, ist die Unterscheidung zwischen lebendem Beweis und totem Beweis sicher belanglos. Beweis ist Beweis. Man hat ihn, oder man hat ihn nicht. Ohnehin ist jeder Beweis ein lebender Beweis. Deshalb beweisen auch die Toten etwas; deshalb sind die Toten lebendig.

◇

Ein letzter Text von Möllin. (Ich werde ihn vermissen.) Es ist der melancholischste Text von allen. Er erhielt eine Anfrage: »Möge mich mein Meister aufklären über etwas, das ich über Rabbi Meir von Rothenburg gehört habe – daß er lehrte und entschied, daß das Kaddisch nicht rezitiert werden soll für einen Vater, der wegen der Heiligung des Namens getötet wurde. Könnte der Grund dafür sein, was im [Talmud] geschrieben ist, daß ihm wegen seines Märtyrertodes seine Sünden vergeben wurden und er daher nicht als ein böser Mensch zu betrachten ist [und seine Seele folglich nicht des Kaddisch bedarf]? Aber der Makel auf der Familie [zu dem es käme, wenn das Kaddisch für den Vater nicht gesagt würde] läßt es doch sicher ratsam erscheinen, daß wir streng sind [und das Kaddisch sagen]! Und ich habe unter Berufung auf meinen Meister [Möllin] sagen hören, daß er entschieden hat, daß es gesagt werden soll.« Die Tradition lehnt es ab, einem Menschen, der für die Tradition gestorben ist, Bosheit zu unterstellen. Die Gerechten mögen den Märtyrertod sterben oder auch nicht, doch diejenigen, die den Märtyrertod sterben, sind gerecht. Solche Opfer sind alles, was man wissen muß. Die Idealisierung des Märtyrers macht das Kaddisch zu einer akademischen Angelegenheit. Für einen solchen Vaer braucht ein Sohn jedenfalls keine Beweise zu präsentieren. Die Todesart seines Vaters ist Beweis genug. Warum sich um ein Urteil sorgen, wenn schon ein Freispruch vorliegt?

Der Rabbiner, der die Frage an Möllin richtete, hat gehört, daß Möllin anders entscheidet. Und Möllin bestätigt, daß dies der Fall ist. »Was das Kaddisch der Waisen der Märtyrer betrifft«, beginnt er sein Respons, »so habe ich nicht gehört, was der Herr über unseren heiligen Rabbi [Meir von Rothenburg] berichtet, doch habe ich gehört, daß andere diese Meinung haben [daß für einen Märtyrer nicht das Kaddisch rezitiert werden sollte]. Ich habe mich um diese Meinungen nicht gekümmert, da es mir vollkommen klar zu sein scheint, daß das Kaddisch rezitiert werden sollte.« Als seine Autorität zitiert Möllin ein Respons aus dem späten dreizehnten Jahrhundert von Chajim ben Isaak, dem Sohn des großen Isaak von Wien, der »schrieb, daß um Märtyrer getrauert werden muß, und ausführlich antwortete und zu dem Schluß kam, daß derjenige, der behauptet, daß Märtyrer nicht betrauert werden sollen, selbst der Sühne bedarf«.

Nach der Anführung eines rechtlichen Präzedenzfalles kommt Möllin zu einem historischen Präzedenzfall. »Ich habe von meinen Lehrern gehört, daß solches während der Verfolgung in Prag der Fall war, wo einige nicht wünschten, daß Trauer um die Märtyrer gehalten werde, doch am Ende einigten sich die Weisen jener Zeit darauf zu trauern.« Dies bezieht sich wahrscheinlich auf den Angriff auf die Juden von Prag im Jahre 1389. Und dann kommt Möllin zu der Überlegung, die hinter seiner Entscheidung steckt: »Dies scheint mir recht zu sein aus materiellen Gründen. Wohl sind [die Märtyrer] heilig im höchsten Grade und kein Geschöpf ist würdig, zu ihnen gerechnet zu werden, doch wer kann wirklich sicher sein, daß da keine Sünden sind, die verdienen, mit unnatürlichem Tod und den Schmerzen des Grabes bestraft zu werden, wie Rabbi Simcha schrieb? Auch Nachmanides schrieb, daß es Sünden gibt, deren Strafe in dieser Welt und in der nächsten ein vorzeitiger Tod ist. Denn würden wir anderes glauben, würde kein Kaddisch gesagt für einen Vater, der bekannt war für seine Gelehrsamkeit und berühmt für seine lebenslange Frömmigkeit! Außerdem heißt es, daß der Tod einen reinwäscht von seinen Sünden, und es gibt obendrein die Reinwaschung von Jom Kippur und der Reue, und manchmal muß einer von all diesen Gebrauch machen [und doch sagen wir für einen solchen Kaddisch]. Wir können nicht sicher sein, daß er [der Märtyrer] die Sühnetaten nicht ablehnte, und es bestehen auch noch andere Bedenken. Wir haben gesehen, daß es [in einer rabbinischen Legende] heißt, daß Jesse starb wegen des Ratschlags der Schlange [an Eva, Jesse verdankte seinen Tod also nicht einer eigenen Sünde, sondern der menschlichen Sterblichkeit], und doch [heißt es auch, daß] er getötet wurde [von dem König von Moab, einer anderen rabbinischen Legende zufolge]. Jemand, der so klug ist wie du, wird dies unschwer verstehen. Hiob wird der Beweis sein. Und auch Saul und seine Söhne: sie fochten die Kriege des Herrn, aber dennoch bedurften sie der Versicherung [durch Samuel, heraufbeschworen von der Wahrsagerin von Endor], daß ›du morgen mit deinen Söhnen bei mir sein wirst‹.«

Möllins Respons ist tiefgründig. Es lehrt, daß die Art, wie du stirbst, dich nicht reinwäscht von der Art, wie du gelebt hast. Ein heiliger Tod ist nicht gleichbedeutend mit einem heiligen Leben. Die Idealisierung des Märtyrertums endet für Möllin bei der Sterblichkeit: Auch die Märtyrer, der Jude oder die Jüdin, die wegen ihres Jüdischseins ermordet wurden, entgehen nicht dem ethischen Urteil. Auch die Märtyrer könnten gesündigt haben.

An einer solchen Vermutung ist nichts Schlimmes. Möllins Vorstellung von der uneingeschränkten Wahrscheinlichkeit der Sünde sollte freilich nicht mißverstanden werden als eine Vorstellung von der Erbsünde. In der jüdischen Tradition sind die Nachkommen von Adam und Eva durch den Ratschlag der Schlange nicht schuldig geworden. Die Nachkommen von Adam und Eva wurden dadurch endlich. (Die Verwechslung von Endlichkeit und Schuld hat eine Tradition des Denkens, von Heidegger bis Lévinas, auf Abwege geführt.) Die Nachkommen von Adam und Eva sind lediglich die unvollkommenen Geschöpfe, die Geschöpfe mit dem Interesse am Bösen, die freien Geschöpfe, die beschmutzten und beschmutzenden Geschöpfe.

Der mittelalterliche Rabbiner sucht nach einem Grund, für den Gerechten Kaddisch zu sagen, weil er nicht möchte, daß Gerechtigkeit mit Unschuld verwechselt wird. Im Judentum gibt es kein Ideal der Unschuld. Es gibt nur ein Ideal der Rechtschaffenheit. Also äußere das Kaddisch und errette eine Seele aus der Hölle, auch wenn du Zweifel daran hast. Öffne deine Augen für den, den du geliebt hast, und erhebe dich zum Beten.

Wenn Möllin darauf besteht, daß für die Seele des Märtyrers das Kaddisch gesagt wird, dann besteht er darauf, daß die Zuständigkeit der Moral umfassender ist als die Zuständigkeit der Geschichte. Daß du von Übel heimgesucht wurdest, macht dich nicht zu einem guten Menschen. Deinem eigenen Wert entgehst du nicht. Schon vor etlichen Jahren fiel mir auf, daß historische Milderungsgründe in der moralistischen Literatur der Juden keine Rolle spielen. Auf die Formulierung dessen, wie man denn sein Leben führen soll, hatten die gräßlichen Umstände, in denen sich so viele jüdische Autoren und jüdische Gemeinschaften befanden, keinen nennenswerten oder gar keinen Einfluß. Sie lockerten ihre Erwartungen an sich selbst nicht, weil die Welt sie ungerecht behandelt hatte. Die Geschichte lieferte ihnen ein Alibi, und sie schlugen es aus. Möllins Respons gehört in diese heroische Tradition. Inmitten der Verfolgung entscheidet er, daß Verfolgung nicht alles ist, worauf es ankommt.

◇

Doch warum sollte man »die Entsühnung ablehnen«, wie es dieser Märtyrer, so Möllins Sorge, getan haben könnte? Die Antwort ist: weil man kann. Da wir freie Wesen sind, können wir das Gute genauso ablehnen wie das Böse. Möllins Wendung ist bemerkenswert. Sie streift die Frage der menschlichen Verworfenheit.

Es ist nicht ganz so, wie die religiösen Existentialisten und die Philosophen einer tragischen Lebensauffassung und die Theologen im Zeitalter des Totalitarismus allesamt behauptet haben, ich meine die jüdischen, daß nämlich die jüdische Tradition »immanent« sei und verliebt in die Endlichkeit und unbelastet von dem Glauben an die Perfektibilität des Menschen. Ohne den Glauben an die Perfektibilität des Menschen kommt kein religiöses oder moralisches System aus. Auch die Moralisten in der jüdischen Tradition fordern, daß den höchsten Verhaltensmaßstäben genügt werde, und sie stützen diese Maßstäbe auf metaphysische Absolutheiten, und sie gehen scharf mit den Menschen ins Gericht. Was sollen sie sonst tun? Werte drücken kein Auge zu. Endlichkeit ist kein Freistellungsgrund. Ganz im Gegenteil: nur endliche Wesen können ethische Wesen sein.

Verzeihung, nicht Versöhnlichkeit.

Es geht darum, zwischen menschlicher Perfektibilität und menschlicher Perfektion zu unterscheiden und zu erkennen, daß Perfektibilität erstrebenswerter ist als Perfektion. Die Tiere sind perfekt insofern, als sie immer schon sind, was sie sein sollen; wir sind dagegen nie, was wir sein sollen. Wir sind die, von denen immer mehr verlangt werden kann.

Entweder Perfektion oder Transzendenz. – Nur ist das in Wahrheit keine Wahl. Wir haben nicht die Fähigkeit, unsere Fähigkeit zur Transzendenz zu transzendieren. Und das ist unsere Perfektion.

Transzendenz wird nicht nur durch mystische Visionen erreicht. Sie wird auch erreicht durch gewöhnliche Gedanken. Denke einen Gedanken, und du hast dich von dir gelöst. Denke einen Gedanken, und du bist ein Pilger.

Perfekte Wesen können nicht in der Zeit leben, und menschliche Wesen können nicht außerhalb der Zeit leben. Worin liegt dann die Perfektion von Wesen, die in der Zeit leben? In der Perfektibilität.

Das Unendliche ist das Unmenschliche. Darin liegt seine Anziehungskraft. Ich will nicht behaupten, gegen seine Anziehungskraft immun zu sein. Die Anbetung des Menschlichen ist eine Idolatrie. Warum *nicht* nach dem Unendlichen suchen? Dann suche nach ihm. Aber denke nicht, daß du es finden wirst; und wenn du es findest, denke nicht, daß du es sein kannst. (Aber du möchtest es sein …)

Und nach der Ekstase – was?

◇

Widersprüche sind die klärendsten Dinge der Welt! Aber sie können auch im Übermaß klären. Das muß ich mir immer in Erinnerung rufen. Das Verlangen nach Dichotomie ist ein Verlangen nach Einfachheit. Die Welt ist indes voller Begriffe und Entitäten, die nicht zusammenpassen, aber auch keine Gegensätze sind. So leicht ist die Realität nicht zu ordnen. Geduld ist daher das sicherste Anzeichen von Denken.

»Nichts Jüdisches ist mir fremd.« Scholem sagte das gern. Wir haben oft darüber gestritten. Ich wand ein, daß vieles von dem, was jüdisch ist, mir fremd sei (und ihm auch). Auch, daß dies ganz in Ordnung sei. In einer Tradition, die alle Spielarten des spirituellen Lebens umfaßt, muß es auch Spielarten geben, die man ablehnt; anderenfalls denkt man in stammesmäßigen und nicht in spirituellen Kategorien.

Ich stöbere in Biegeleisens Buchhandlung, umringt von schwarzen Hüten und schwarzen Bärten und schwarzen Kaftanen, als ich plötzlich das Gefühl habe, daß ich diesen Ort nie wieder verlassen sollte. Hier in diesem Raum ist das, was ich brauche. Hier ist das, wofür die Jahrtausende gewesen sind. Ich fühle mich winzig und glücklich. Die Bücher betteln: bleib, bleib, bleib. Ich zittere wie das bereitwillige Opfer einer Verführung. In der letzten Minute bezahle ich meine Rechnung und entkomme. (In der letzten Minute vor was?)

Die richtige Antwort auf die Tradition ist der Schwindel.

Schalom von Neustadt war Möllins Lehrer, und in Biegeleisens Buchhandlung gibt es eine neue Ausgabe seiner »Gesetze und Bräuche«. Schalom wirkte in der zweiten Hälfte des vierzehnten Jahrhunderts als Rechtsgelehrter in Wien und ließ sich schließlich in seiner Vaterstadt Neustadt nieder. (Anscheinend war er darüber nicht sonderlich froh. »Den Rabbinen zufolge muß ein Mann immer dort leben, wo sein Vater gelebt hat«, soll Schalom gesagt haben. »Sonst hätte ich schon etliche Male mein Zelt abgebrochen und Neustadt verlassen.«) Schaloms »Gesetze und Bräuche« sind das Knappste und Undiskursivste, was ich je gelesen habe. Das Buch setzt sich aus ganz kurzen Berichten von seinen Aussprüchen und Gepflogenheiten zusammen, und rechtliche oder theologische Erläuterungen fehlen fast gänzlich. In Schaloms Entscheidungen und Ritualen erkenne ich die Ursprünge von Möllins Entscheidungen und Ritualen, doch diese Schnappschüsse aus dem Leben dieses Rabbiners sind nicht nur von gelehrtem Interesse. Hier ein paar der Schnappschüsse:

– »Eine jüdische Frau betreffend, die während der Verfolgung ermordet wurde, sagte Rabbi Schalom, daß ihre Verwandten ihre Kleider zerreißen und um sie trauern sollten, wie sie um jeden anderen Toten trauern sollten.«

– »Es geschah einmal, daß eine [jüdische] Jungfrau in Österreich den Glauben verließ und in ihrer Gottlosigkeit starb und auf ihrem [der Christen] abscheulichen Friedhof begraben wurde. Viele Jahre vergingen, und die Juden des Ortes kamen, um ihre Gebeine einzusammeln und sie auf ihren Grabhügel zu werfen, gemäß ihrem Gesetz und Brauch; doch ihr Fleisch war nicht vollständig dahingeschwunden. Verwundert kamen sie zu dem frommen Rabbi Schalom von Neustadt und fragten ihn, was das zu bedeuten habe. Er stieß sie fort. Seinen Schülern sagte er jedoch, solange das Fleisch nicht dahingeschwunden sei, unterliege sie noch dem Strafgericht, und ihre Sünde sei noch nicht vergeben. Dies könne, sagte er, aus der Aussage im Talmud [wo es um das Begräbnis von Verbrechern geht, die auf Grund eines Gerichtsurteils hingerichtet wurden] abgeleitet werden, daß, ›wenn das Fleisch dahingeschwunden ist, er bei seinen Vätern beerdigt werden mag‹, wo Raschi erklärt, daß ›er in diesem Fall ein gerechter Mann ist, doch solange sein Fleisch noch da ist, gilt er weiterhin als ein gottloser Mann, und die Gerechten sollen nicht zusammen mit den Gottlosen begraben werden‹ ... Und laßt euch nicht verblüffen von den Gerechten, deren Leiber lange nach ihrem Tod in ihren Gräbern unversehrt sind. Dies ist ihrem Charakter und ihrer Rechtschaffenheit zuzuschreiben. Denn die Gerechten sterben mit einem göttlichen Kuß, und ihre Leiber bleiben erhalten bis eine Stunde vor der Wiederauferstehung der Toten.«
– »In Österreich trug sich ein Vorfall zu, einen Abtrünnigen betreffend, der getötet wurde. Genauer gesagt, wurde der Abtrünnige seiner Gottlosigkeit wegen schwer verwundet, und todkrank lag er drei Tage lang in seinem Bett, bevor er starb, und in dieser Zeit widerrief er nicht. Rabbi Schalom wollte den Verwandten des Mannes erlauben, um ihn zu trauern, da der Mann so schwere Verletzungen erlitten hatte, und die schreckliche Art seines Sterbens konnte als seine Sühne gelten. Doch Rabbi Möllin antwortete ihm: ›[Nach dem talmudischen Recht] ist ein sterbender Mann in jeder Beziehung wie ein lebender Mann, und dieser Mann um so mehr, als er nach seinen Verletzungen noch drei Tage gelebt hat, und er hatte die Gelegenheit, zu bereuen, doch er verharrte in seiner Bitterkeit, und daher brauchen seine Verwandten nicht um ihn zu trauern. Im Falle eines Mannes, der niedergeschlagen wurde und auf der Stelle tot war, würden wir sicherlich sagen, daß er eine Abrechnung gemacht und bereut hat, be-

vor er starb, und so könnte sein Tod als seine Sühne gelten. Im Falle dieses Mannes haben wir jedoch mit eigenen Augen gesehen, daß er keine Abrechnung gemacht hat.‹ Rabbi Schalom räumte ein, daß er recht habe.«

»Ein Mann muß immer dort leben, wo sein Vater gelebt hat«: nein, lieber Lehrer, nicht, wenn ein Mann ein Exilierter ist. Im Exil muß ein Mann dort leben, wo er ungestört ein sinnvolles Leben führen kann. Und er darf das Land, wo seine Väter lebten, nicht mit dem Land seiner Väter verwechseln. Schaloms Bemerkung ist ein treffendes Beispiel für das Axiom, daß der jüdische Nationalismus entstanden ist, um zu verwerfen.

Die spirituellen Bedingungen des Exils sind etwas Kostbares – siehe die mittelalterliche Zivilisation der Juden! Doch seine spirituellen Bedingungen dürfen nicht verwechselt mit seinen physischen Bedingungen. Die Tora wandert.

Es scheint ein Bericht von einer Entscheidung zu sein, dem zufolge Schalom erklärt haben soll, »warum es im Rheinland Orte gibt, wo das Waisenkaddisch an Wochentagen nicht gesagt wird«. Seine Erklärung war, daß dort das Gebet Alenu am Ende des Gottesdienstes nicht mit dem Bibelvers »der Herr bleibt ein König in Ewigkeit« schließt, mit dem es gewöhnlich schließt, »und deshalb würde das Kaddisch nicht der Schrift folgen«, und daher kann es nicht gesagt werden. Auch das Waisenkaddisch muß der allgemeinen Bedingung des Kaddisch genügen, eine Schriftrezitation oder einen Lehrvortrag abzuschließen. Mit Interesse nehme ich zur Kenntnis, daß das Waisenkaddisch zu Schaloms Zeiten, rund zwei Jahrhunderte, nachdem es als Teil der Liturgie für das Ende des Sabbats erfunden worden war, in Österreich noch nicht zu einem allgemeinen Bestandteil der Liturgie für alle Tage der Woche geworden war.

Ach, diese Freundlichkeit! Hier eine Erinnerung von Josef Ostreicher, der die Chronik von Schaloms Brauchen zusammenstellte: »Ich habe erlebt, wie die Frau von Rabbi Schalom in der Zeit ihrer Trauer ihrer Enkeltochter leise etwas vorsang, um sie zu beruhigen, und Rabbi Schalom war dabei und sagte kein Wort. Ich vermute, er hat ihr gesagt, daß es in Ordnung sei.« Singen ist dem Trauernden als Ausdruck der Freude verboten, doch der Rabbi entschied zugunsten des Wiegenlieds.

Vergiß nie die Kreatürlichkeit der Lehrer.

»Um ein Kind von ein bis zwei Jahren, das zusammen mit seiner Mutter getauft wurde [und starb], wird den Rabbinen zufolge getrauert, aber natürlich wird um einen Erwachsenen [der abtrünnig wurde und dann starb] nicht getrauert. Doch Rabbenu Tam zufolge wird um das Kind nicht getrauert.« Dies stammt aus einem kurzen Respons von Meir von Rothenburg im dreizehnten Jahrhundert, das von der Entscheidung berichtet, welche ein Jahrhundert zuvor von Jakob ben Meir Tam getroffen wurde, der, ein Enkel von Raschi, zu den beeindruckendsten Rabbinerpersönlichkeiten des Mittelalters gehört. Bemerkenswert erscheint mir eine der Erklärungen, die Meir für Jakobs Meinung gibt. »Rabbenu Tam pflegte als Begründung [für seine Entscheidung, daß wegen des Todes eines getauften Kindes nicht getrauert werden soll] anzugeben, daß man sich über seinen Tod freuen soll. Denn wenn das Kind nicht gestorben wäre, wäre es am Ende sicherlich ein Götzenanbeter geworden.« Sich über den Tod eines Kindes freuen! Die Rabbiner, berichtet Meir, fochten Jakobs Entscheidung und seine Begründung (»ein Kind, das nicht den Unterschied zwischen seiner rechten Hand und seiner linken Hand kennt …?«) an, doch Jakob rückte nicht von seiner Meinung ab. »Wie dem auch sei«, schreibt Meir, »Rabbenu Tam erklärte, daß es Brauch sei, um den Tod solcher Kinder nicht zu trauern, sondern sich zu freuen und fröhlich zu sein.« Das ist ekelhaft. Ich muß allerdings sagen, daß die Realität, in der Jakob seine Meinung formulierte, nicht minder ekelhaft war. In seiner Chronik des Zweiten Kreuzzugs schreibt Ephraim von Bonn im Jahre 1147: »Am zweiten Tag von Schawuot (Wochenfest) fiel der entfesselte Pöbel über Ramerupt her und brach in Rabbi Jakobs Haus ein und plünderte alles, was darin war. Vor seinen Augen zerrissen sie eine Torarolle. Sie ergriffen ihn und führten ihn auf ein Feld, wo sie mit ihm über seinen Glauben stritten. Dann stürzten sie sich mordlüstern auf ihn. Sie versetzten ihm fünf Schläge am Kopf und riefen dabei aus: ›Du bist der Führer der Juden, und deshalb nehmen wir für den Gekreuzigten Rache an dir. Ihr habt unseren Herrn fünfmal verwundet, und wir werden dich genauso verwunden!« Jakob wäre dort umgekommen, doch »unser Schöpfer erbarmte sich seiner wegen seiner Gelehrsamkeit und bewirkte, daß ein hoher Adliger über das Feld kam. Der Rabbi bestach den Edelmann mit [dem Versprechen eines] Pferdes. Der Edelmann nahm den Rabbi vor dem Haufen in Schutz. ›Überlaßt ihn mir‹, sagte er zu ihnen, ›ich werde mit ihm reden. Vielleicht läßt er sich von seinem Glauben fortlocken, und es gelingt uns, ihn zu überreden. Weigert er sich, gebe ich ihn euch zurück.‹« Und so überlebte der Rabbiner, um später zu entscheiden, daß Juden sich über den Tod eines Kindes freuen sollen, das sonst an die Christen verlorengegangen wäre. Rabbenu Tams Schilderung von dem Beinahe-Märtyrertum endet folgendermaßen: »Der Pöbel ließ sich erweichen, und so wurde das Schlimmste abgewendet. So erbarmte sich Gott in seinem Mitleid mit Seinem Volk des Mannes, der Sein Gesetz unter ihnen verkündete.«

Ich arbeitete bis tief in die Nacht und hatte Erfolg. Ich fand die Quelle von Meir von Rothenburgs Bericht über Jakob Tams unerfreuliche Entscheidung bezüglich des getauften Kindes. Meirs Quelle war sein Lehrer Isaak von Wien. Isaak geht auf den Disput unter den Rabbinern von Aschkenas im zwölften Jahrhundert etwas ausführlicher ein. (Die Rabbiner, die sich gegen Jakob Tam wandten, fragten: »Ein Kind wurde ins Wasser gehalten – was kann ihm das hinzufügen oder fortnehmen?« Die Taufe eines jüdischen Kindes, geben sie herausfordernd zu verstehen, ist zwar ein scheußlicher, aber doch ein vergeblicher Akt.) Isaak führt die Diskussion auf ihre talmudischen Anfänge zurück. Und seine Schlußfolgerung? Er hat keine. Über den abtrünnigen Vater hat er eine klare Meinung, doch über das abtrünnige Kind hat er keine klare Meinung. Am Ende seiner Betrachtungen über die Riten (oder nicht abgehaltenen Riten) für diejenigen, die eines Kapitalverbrechens schuldig gestorben sind, bemerkt er: »Aufgrund dessen, was ich früher erklärt habe, gibt es keine Trauer, wo es keine Sühne gibt. Ich erkläre, daß ich, der Verfasser, nicht weiß, wie ich im Falle des Todes des Kindes eines gottlosen Menschen entscheiden würde.« Die Tragödie ist stärker als der Jurist.

◇

Ich habe das Respons von Chajim ben Isaak über Trauer und Märtyrertum ausfindig gemacht, dasjenige, das von Jakob Möllin zitiert wird, und ich bin sehr froh. Recht, Geschichte und Religion fügen sich in dieser Meinung auf schöne Weise zu einer Einheit. (Der Text wurde aus mehreren Quellen von Chajims Sohn Isaak zusammengestellt.) Chajim beginnt folgendermaßen: »Vor mir erschien mein Verwandter und Freund Nachman, der Sohn von Rabbi Schemarja, und zeigte mir einen Brief von Rabbi Moses, dem Sohn von Rabbi Meir, möge das Andenken des Gerechten ein Segen sein, dem zufolge unser Lehrer Rabbi Schemarja, der Sohn von Rabbi Chajim, entschied, daß es keine Trauer für die Märtyrer gibt.« »Die Märtyrer«: dies bezieht sich offenbar auf die speziellen Opfer einer speziellen Greueltat. Chajim ist erbost über diese Entscheidung. »Aus dem Charakter dieses Mannes«, gibt er zurück, »könnte ich schließen, daß er nie ein Lehrhaus betreten hat! Ich erkläre, daß er selbst der Sühne und Vergebung bedarf für das, was aus seinem Mund kam.«

Anschließend zitiert Chajim einen talmudischen Disput in der Auslegung durch seinen Vater, Isaak von Wien, in dem es um die Frage ging, ob der Tod einem Mann, der in seiner Gottlosigkeit gestorben ist, Vergebung bringt, also einem Mann, der im Augenblick seines Todes einer Sünde schuldig war, auf die als Strafe der Tod steht, und der nicht bereut hat. Soll, da wir um die Gottlosen nicht trauern, um einen solchen Mann getrauert werden? Isaak war in seiner Meinung eindeutig: »Mir, dem Verfasser, Isaak, dem Sohn von Moses, erscheint es recht, daß um einen Mann, der eine Sünde begeht, deren Strafe der Tod ist, und dann stirbt, bevor er bereut hat, nicht getrauert wird.« (Dies ist der Text, den ich neulich gelesen habe.) Die angemessene Reaktion auf den Tod eines Mannes, der aufgrund eines Gerichtsurteils hingerichtet wurde, meint Isaak unter Berufung auf den Talmud, sei nicht Trauer, sondern Kummer, »denn Kummer ist nur im Herzen« und kommt nicht im Ritual zum Ausdruck. Und dann fängt die Dialektik an. Es wird unterschieden zwischen einem sündigen Mann, der eines natürlichen Todes gestorben ist, und einem sündigen Mann, der zu Tode gebracht wurde. Der letztere ist sicherlich zu betrauern. Anschließend wird unterschieden zwischen einem sündigen Mann, der rechtmäßig, das heißt durch ein jüdisches Gericht, zu Tode gebracht wurde, und einem sündigen Mann, der unrechtmäßig, das heißt, durch eine nichtjüdische Obrigkeit, zu Tode gebracht wurde. Der letztere ist sicherlich zu betrauern. Isaak folgert schließlich, daß »ein Mann, der in seiner Gottlosigkeit gestorben ist, nachdem er eine Sünde begangen hat, auf die die Todesstrafe steht, [und nicht bereut hat] – alle Autoritäten [im Talmud] sind sich einig, daß er nicht zu betrauern ist. Wurde er aber in seiner Gottlosigkeit von Nichtjuden hingerichtet, so sind alle sich einig, daß er zu betrauern ist.« Märtyrertum wäscht eine sündige Seele rein.

Nachdem er die Begründung seines Vaters vorgetragen hat, geht Chajim dazu über, die Entscheidung, daß Märtyrer nicht zu betrauern sind, seinerseits zu kritisieren. Wenn wir um Juden trauern, die eines Kapitalverbrechens schuldig waren und von Nichtjuden hingerichtet wurden, dann trauern wir gewiß um Juden, die sich nichts haben zuschulden kommen lassen und im Zuge der Verfolgungen hingemordet wurden! Chajim entscheidet voller Zorn: »Daher ist es um so mehr der Fall, von nun an bis zum Ende der Welt, daß wir [um einen Juden] trauern, der in seiner Gerechtigkeit von Nichtjuden ermordet wurde, so wie diese Märtyrer, die von Nichtjuden ermordet wurden und dadurch den Namen Gottes heiligten und geheiligt wurden [durch die Art, wie sie bezeugten] die Einzigartigkeit Seines Namens. Wer immer gesagt hat, daß um sie nicht getrauert werden solle, würdigt sie herab, denn er gibt zu verstehen, daß sie, Gott bewahre, wie jene sind, die in ihrer Gottlosigkeit gestorben sind. Wer so etwas sagt, bedarf selbst der Sühne und Vergebung!« Chajim schreibt voller Leidenschaft, und das ist nicht verwunderlich, wurde er doch Erbe des Gedenkens an zahlreiche Märtyrer. Und die Gefahr war noch nicht vorüber.

Chajim ist sich der Schärfe seiner Kritik wohl bewußt. Kaum hat er sie geäußert, entschuldigt er sich für seine Anmaßung: »Nun bin ich nicht gekommen, um zu geißeln, denn wer und was bin ich, mein Leben ist bloß Staub und Würmer, ich bin ein unwichtiger Schüler, und Rabbi Schemarja, der Sohn von Rabbi Chajim, ist der Meister. Doch mein Verwandter [Rabbi Nachman, der Sohn von Rabbi Schemarja] schreibt mir oft, und so habe ich mich nicht davon abgehalten, meine Meinung und das, was in meinem Herzen ist, zu äußern.« Anschließend aber kehrt der unwichtige Schüler wieder zum vorher gezeigten Maß seiner Empörung zurück: »Und würde er meine Meinung beachten, so würde er es, wie mir scheint, als Folge dessen, was er gesagt hat, auf sich nehmen, jeden Montag und Donnerstag bis Rosch ha-Schana zu fasten.« Chajim schließt mit einem Gebet und einer Rede: »Möge der Heilige, gelobt sei Er, unsere Herzen vereinen, Seinen Namen zu lieben und ihn zu fürchten, und uns zu Seiner Gegenwart in Reue zurückführen, und unsere Herzen bewegen zu einer vollständigen Reue vor Ihm, und möge Er uns zum Lohn dafür bald und in unseren Tagen unseren Erlöser senden. Und Friede sei mit meinem Lehrer und seiner Lehre und seiner Jeschiwa und mit der ganzen Gemeinschaft von Regensburg, und möge Gott Erbarmen haben mit ihnen und uns und ganz Israel, rasch und bald, und unsere Feinde schlagen und zerschmettern und vertreiben alle, die sich in Bosheit wider uns erheben, amen, und möge dies Sein Wille sein.«

Chajims Begründung ist das Gegenteil von Möllins Begründung. (Vielleicht ist das der Grund, warum Möllin auf die Heftigkeit von Chajims Respons eingeht, nicht aber auf seine Analyse.) Chajim glaubt, der Märtyrer sei zu betrauern, weil er durch die Art seines Sterbens von seinen Sünden reingewaschen wurde. Möllin glaubt, der Märtyrer sei zu betrauern, weil wir nicht sicher sein können, daß er rein war. Der eine sieht den Märtyrer idealistisch, der andere sieht den Märtyrer realistisch. Beide kommen zu demselben mitleidvollen Schluß.

Ich bin mir nicht sicher, ob ich Chajims Begründung verstehe. Was hat es für einen Sinn, um eine reingewaschene Seele zu trauern, wo es doch gerade der Zweck der Trauer ist, an ihrer Reinwaschung mitzuwirken? Es ist die beklagenswerte Seele, die gefallene Seele, die böse Seele, die der Dienste des Sohnes bedarf.

Ich bin mir ebenfalls nicht sicher, ob ich die talmudische Diskussion, auf der Chajims Entscheidung basiert, richtig verstehe. Immer wieder ärgert es mich, wie oberflächlich meine Kenntnis des Talmud ist. Ich sollte ihn studieren, ich sollte ihn studieren. Aber es ist zu spät – nicht zu spät, ihn zu studieren, aber zu spät, um zu glauben, daß es sein Studium ist, auf das es letztlich ankommt.

Chajims Text endet mit einer eindrucksvollen Passage, die Chajims Sohn in einer Kompilation von Schriften von Chajims Vater entdeckte: »Wer um der Einheit des Namens und der Heiligung des Namens willen getötet wird, in einer Zeit der Verfolgung oder nicht in einer Zeit der Verfolgung, unter dem Umstand, daß man ihm sagt: ›Diene dem fremden Gott, oder ich töte dich‹, und er überliefert sich dem Tode und wird erschlagen oder erhängt oder verbrannt um der Heiligung des Namens willen – alle Juden sollen um ihn trauern, denn er hat den Namen mit seiner Seele und seinem Leibe geheiligt, und sie sollen ihre Kleider zerreißen und ihn in den Bethäusern und Lehrhäusern rühmen, und seine Frau darf nicht wieder heiraten, aus Achtung vor dem Himmel und aus Achtung vor ihm.« Mit einem Wort, er war ein Held.

Während ich die Connecticut Avenue entlangfuhr, ging mir das Schicksal der Gottlosen durch den Kopf, die nicht das Glück haben, den Märtyrertod zu sterben. Jene, um die zu trauern uns verboten ist: wie finden sie Vergebung? Als ich heimkam, schaute ich mir noch einmal die betreffende Seite im Talmud an, und Raschi erklärte sie mir. Die Rabbinen stellen fest, daß wir um einen Mann, der auf Grund des Urteils eines jüdischen Gerichts hingerichtet wurde, Kummer empfinden dürfen, doch trauern dürfen wir um ihn nicht. Dies ist die fundamentale Unterscheidung im jüdischen Recht zwischen der emotionalen Reaktion auf den Tod und der rituellen Reaktion auf den Tod. Einem Mörder, der seines Verbrechens wegen hingerichtet wurde, werden die Riten versagt, die wir den Toten schulden, denn ihm diese Riten zu gewähren, wäre, wie Raschi bemerkt, »ein Mangel an Respekt vor dem Ermordeten«, also vor dem Opfer seines Verbrechens; die Gefühle, die wir den Toten schulden, können dagegen nicht versagt werden. Was die Sühne betrifft, »so wird seine Schande seine Sühne sein«. Die Schmach seiner Ausschließung von den geziemenden Formen der Trauer wird das Werk der geziemenden Formen der Trauer tun. Wenn die Gnade es nicht schafft, dann die Ungnade.

Allmählich glaube ich, daß es in dieser Tradition fast unmöglich ist, keine Vergebung zu finden. Da ist niemand, für den es nicht einen Weg nach Hause gibt. Der Erfindungsreichtum der Unerlösten.

Ein rührendes Respons von Jakob Weil, der deutschen Autorität des fünfzehnten Jahrhunderts, verfaßt, um einen gewissen Rabbi Simon aufzuklären und zu trösten, der um seinen Bruder trauerte, aber nicht recht wußte, ob seine Trauer den geziemenden Formen entsprach. Die Tatsachen des Falles sind unklar, außer daß Rabbi Simons Bruder wegen eines Verbrechens hingerichtet worden war. »Du hast recht getan, um deinen Bruder zu trauern«, schreibt Weil, »da er nicht nach dem Recht des Sanhedrin hingerichtet wurde.« Er zitiert die Entscheidung des Maimonides, daß Trauer denen nicht versagt wird, die vom Staat getötet werden, mögen sie auch des Verbrechens, dessen sie angeklagt wurden, schuldig sein und die ihnen zugemessene Strafe verdient haben. Zwischen dem Märtyrertod durch Nichtjuden und der Todesstrafe durch Nichtjuden besteht für Weil kein nennenswerter Unterschied. In beiden Fällen vergießen Nichtjuden jüdisches Blut. Schaut man jedoch auf die Worte des Maimonides – »alle, die vom Staat hingerichtet werden, auch wenn sie hingerichtet wurden nach dem Recht des Königs und die Tora die Genehmigung für solche Hinrichtungen erteilt hat …« –, so wird klar, daß er nicht an eine von einem nichtjüdischen Staat vollstreckte Todesstrafe denkt, sondern an eine Todesstrafe, die von einem jüdischen Staat vollstreckt wird. Inwiefern ist dies dann eine Bestätigung für die Trauer von Rabbi Simon, dessen Bruder von Christen in Deutschland hingerichtet wurde? Weil argumentiert *a fortiori*: Wenn wir schon um einen Juden trauern, der zu Recht getötet wurde, dann erst recht um einen Juden, der zu Unrecht getötet wurde.

Und dann nennt der barmherzige Rabbiner seinem kummervollen Korrespondenten eine Reihe von Gründen, zu glauben, daß sein Bruder sein Recht, betrauert zu werden, weder durch die Art, wie er gelebt hat, noch durch die Art, wie er starb, verwirkt hat. Weil ruft seinem gequälten Korrespondenten ins Bewußtsein, daß sein Bruder »von Nichtjuden durch eine seltsame Hinrichtungsart getötet wurde und entsetzlichen Leiden ausgesetzt war, die nicht dem Recht der Tora entsprechen«, und es ist wohlbekannt, daß »Leiden reinwäscht«. Auch »gehörte er nicht zu jenen, die sich von der Gemeinschaft absondern [denen die Trauerriten versagt werden]«, er beging lediglich ein Verbrechen. Ferner »wird in einem solchen Fall angenommen, daß er seine Sünden gebeichtet und bereut hat, wie du geschrieben hast«, und der Talmud erklärt, daß »alle, die beichten, einen Platz in der künftigen Welt haben«. Außerdem »stellte er sich, wie du geschrieben hast, freiwillig dem Scharfrichter, als man ihm sagte: ›komm aus eigenen Stücken heraus und stelle dich, damit du Sühne habest für deine Sünde‹, was er auch tat, und da er sich seinem Tod überließ, damit ihm Vergebung gewährt werde, wurde ihm gewiß Vergebung gewährt.« Weil schließt mit der alten Legende von dem Sohn des Weisen Yosi ben Yoezer, der »sich nicht geziemend verhielt« und »sich die vier Todesstrafen« des jüdischen Rechts »aufbürdete«, als eine Stimme zu vernehmen war, daß ihn ein Platz in der künftigen Welt erwarte. (Weil gibt die Legende ungenau wieder. In dem alten Text war der reuige Schurke nicht Yosis Sohn, sondern sein Neffe, und zu seinen »unziemlichen Verhaltensweisen« zählten Abtrünnigkeit und die Verhöhnung seines Onkels, als dieser im Begriff war, den Märtyrertod durch die griechische Obrigkeit zu erleiden; und die Stimme, die ihm ewiges Leben verhieß, war die Stimme seines Onkels, der am Seil des Henkers sein Leben aushauchte; und er richtete sich selbst mittels einer schrecklichen Vorrichtung, die ihn erhängte, steinigte, verbrannte und mit einem Schwert durchbohrte. Weil wollte Rabbi Simon wohl nicht mit den krassen Details dieser Analogie zum Fall seines Bruders quälen.)

In Frage steht nicht das Verbrechen des Bruders von Rabbi Simon. In Frage steht, ob die Strafe für dieses Verbrechen von außerhalb des Stammes kommen darf. Nein, sagen diese Quellen. Schuldig gewordene Juden sind trotzdem Juden. Die Tötung eines Juden durch einen Nichtjuden darf auf keinen Fall als normativ betrachtet werden.

Ich glaube, zwischen Maimonides und Raschi einen Konflikt entdeckt zu haben. (Der Traum eines Amateur-Talmudisten!) Er zeigt sich in der Interpretation der Talmudwendung »die vom Staat Hingerichteten«. »Staat« bezieht sich für Raschi auf »Götzenanbeter«, also Nichtjuden, und die Aussage, daß diese armen Seelen Vergebung finden, bezieht sich daher auf die Opfer einer nichtjüdischen Obrigkeit. Für Maimonides bezieht sich »Staat« auf eine jüdische Obrigkeit und auf ihre Opfer, da »die Tora die Genehmigung für solche Hinrichtungen erteilt hat«. Maimonides muß demnach einen anderen Grund haben, die Schuldigen auf Grund der Art ihres Sterbens freizusprechen. Und wie sieht Maimonides die Hinrichtung von Juden durch Nichtjuden? Können die schuldigen Opfer eines nichtjüdischen Scharfrichters gleichgesetzt werden mit den schuldigen Opfern eines jüdischen Scharfrichters? Eigentlich müßte ich mich weiter in die begrifflichen Verflechtungen dieser Frage hineinknien, aber dazu bräuchte ich jemanden, der diese Texte mit mir studiert, und ich habe niemanden. (Es ist meine Schuld.) Also werde ich es heute abend mit einer historischen Schlußfolgerung bewenden lassen. Sie lautet, daß der islamische Kulturkreis den Juden weit weniger unfreundlich gesonnen war als der christliche Kulturkreis. In Kairo hätte Maimonides sich einen Vergleich zwischen jüdischer und nichtjüdischer Gerechtigkeit durchaus erlauben können. In Troyes wurden solche Vergleiche immer stärker als empörend aufgenommen. Wenn Raschi von Hinrichtungen durch den Staat hört, dann hört er die Schreie von Märtyrern.

Schuldig gewordene Juden sind trotzdem Juden: Mit dieser Einstellung bin ich aufgewachsen, und manchmal ärgert sie mich. Denn im übrigen sind schuldig gewordene Juden trotzdem schuldig. Wieso sollte die Identität für die Gerechtigkeit von Belang sein? Ich weiß durchaus, daß die Identität, historisch gesehen, für die Gerechtigkeit von Belang war – oder genauer gesagt: für die Ungerechtigkeit. Es wurden sehr viel mehr Juden ermordet, weil sie jüdisch waren, als aus dem Grund, daß sie schuldig geworden waren. Das Mißtrauen der Juden gegenüber der nichtjüdischen Gerechtigkeit ist keine Ausgeburt ihrer Phantasie. Ich möchte die Sache jedoch nicht nur unter dem Aspekt dessen betrachten, was real ist, sondern auch unter dem Aspekt dessen, was recht ist. (Die Rabbinen haben sich bei der Analyse von moralischen Problemen nie mit historischen Gegebenheiten aufgehalten.) Ich komme also zurück auf die Aussage Isaaks von Wien, daß »ein Mann, der in seiner Gottlosigkeit gestorben ist, nachdem er eine Sünde begangen hat, auf die die Todesstrafe steht, [und nicht bereut hat] – alle Autoritäten sind sich einig, daß er nicht zu betrauern ist. Wurde er aber in seiner Gottlosigkeit von Nichtjuden hingerichtet, so sind alle sich einig, daß er zu betrauern ist.« Wieso? Ist es nicht ein altes Axiom der rabbinischen Tradition (die Idee geht bis auf Jeremia zurück), daß in weltlichen Angelegenheiten »das Recht des Staates das Recht ist«? Wenn ein Jude ein Kapitalverbrechen gegen den Staat begeht und der Staat reagiert mit der Todesstrafe, ist das dann wirklich ein Fall von Märtyrertum? Es zum Märtyrertum zu stilisieren, das ist, als wollte man einen Schuldigen auf Grund seiner Stammeszugehörigkeit entlasten. Sollte es mir, wenn er ein übler Mensch war, nicht eigentlich gleichgültig sein, daß er einer von uns war?

Ich habe mich auf der Suche nach einer Antwort auf meine Frage in meinen Büchern umgesehen, und ich habe etwas gefunden. Es ist eine Rechtsmeinung von Moses Sofer, der mitteilt, daß an einem Freitag im Sommer 1811 »die Leiche eines gerechten Mannes hierher gebracht wurde, den ein nichtjüdischer Mörder getötet hatte. Der Name des Mannes war war Rabbi David Secherles, möge Gott sein Blut rächen. Er wurde am Tag nach seiner Ermordung begraben. Da die Ältesten und die Vorsteher der Beerdigungsbruderschaft auf den Markt in Pest gegangen waren und die Hiergebliebenen sich in den Bräuchen der Beerdigungsbruderschaft nicht auskannten, kamen sie zu mir mit der Frage, ob es recht sei, ihn im Grab seiner Väter zu bestatten, oder ob für sein Grab ein gesonderter Platz vorgesehen werden sollte. Denn sie hatten gehört, daß die vier Todesstrafen [des Sanhedrin] nicht aufgehoben seien [ungeachtet der Tatsache, daß der Sanhedrin nicht mehr existiert], und daß jemand, der [eine von] diese(n) Strafen verdient, nicht bei seinen Vätern begraben werden darf. Ich prüfte gründlich die Bücher der frühen Autoritäten und den Gesetzeskodex, doch ich fand nichts, was dies bestätigt hätte. Dennoch sagte ich ihnen, daß ich mich am Brauch der Mitglieder der Beerdigungsbruderschaft nicht vergreifen würde, wenn sie zugegen wären; eine solche Entscheidung wird aber gewiß nicht von mir ergehen. Der Mann ist bei seinen Vätern zu bestatten, wie es der ihm zustehende Respekt verlangt.«

Sofer wendet sich gegen die Annahme, daß ein Jude, der von einem Nichtjuden getötet wurde, den Tod verdiente, da er eines Kapitalverbrechens schuldig gewesen sein muß, so daß seine Ermordung im Grunde seine Strafe war. Sofer hat etwas gegen diesen Rückschluß vom Tod auf die Schuld. »Nichts von dem, was diese Leute sagten, ist stichhaltig. Die Aussage, daß die vier Todesstrafen nicht aufgehoben wurden, bedeutet, daß jeder, der durch das Schwert zu sterben verdient, dem Staat überantwortet wird. Lassen wir das gelten. Würden wir aber darüber hinaus sagen, daß jeder, der dem Staat überantwortet wird, durch das Schwert zu sterben verdient, dann würden wir generell folgern, daß jeder, der durch Nichtjuden umkommt, [eine der] vier Todesstrafen verdient hat – und wie wollen wir dann [den Märtyrertod] von Rabbi Akiba und die Opfer [der Römer] in Lydda erklären? Nein, unsere Weisen haben sich sorgfältig ausgedrückt. Sie sagten, daß jeder, der durch das Schwert zu sterben verdient, dem Staat überantwortet wird. Sie sagten nicht, daß jeder, der dem Staat überantwortet wird, durch das Schwert zu sterben verdient. Und dies gilt um so mehr im Falle von jemandem, der von einem Mörder getötet wurde, welcher ihm auflauerte, um ihn umzubringen. Deshalb fällt dieser Mann [David Secherles] unseres Erachtens unter die Rubrik Gerechtigkeit und Würdigkeit und Heiligkeit.«

Damit stellt Sofer meine Frage auf den Kopf. Das Problem für das Recht – und für die Theodizee – ist nicht das unselige Schicksal des Schuldigen, sondern das unselige Schicksal des Unschuldigen. Daß die Schuldigen ihre Strafe finden, nimmt Sofer als gegeben an. Nicht die Realität der Gerechtigkeit beunruhigt Sofer, sondern die Realität der Ungerechtigkeit. Im weiteren Verlauf seines Respons zieht er aus der Betrachtung der Talmudpassage, die ich studiert habe, den Schluß, daß »einem, der von Nichtjuden ermordet wird, auf der Stelle vergeben wird, noch ehe die Qualen des Grabes beginnen«. Das ist gewiß auch gerecht!

Die Gebete gingen heute morgen zu schnell. Sie waren zu Ende, ehe ich mich für sie bereitmachen konnte. Das hat mich irritiert. Die Verlangsamung des Lebens ist einer der Gründe, warum ich wieder zur Schul gehe. Ich kann mir nichts vorstellen, das revolutionärer wäre, als die Dinge zu verlangsamen.

◇

Ein regnerischer Nachmittag. Hagel fällt vom Himmel. Und ich bin auf ein Beispiel von Kontinuität in der jüdischen Tradition gestoßen, das mich umwirft. Ich fand es in einem Werk mit dem Titel *Sche'elot u-Teschuwot Me'Ma'amakim* (»Response aus der Tiefe«) von Ephraim Oshry.

Ephraim Oshry war von 1941 bis 1944 Rabbiner im Ghetto von Kaunas (Kowno). In diesem Leichenhaus lehrte er den Talmud, und die frommen Juden, die dort mit ihm gefangensaßen, erbaten oft seine Meinung zu der Frage, wie sie unter ihren obszönen Lebensumständen weiterhin das jüdische Gesetz befolgen könnten. Nach dem Krieg kam Oshry nach New York und wirkte an einer Schul in der Lower East Side. (Während meiner Studentenzeit habe ich dort ein paarmal gebetet.) Zwischen 1959 und 1976 veröffentlichte er seine Holocaust-Response in vier Bänden. Im zweiten Band finde ich dies: »Frage: Am elften Tag des Monats Cheschwan, am dritten Tag, nachdem die Nazis, diese Schlachtermeister, möge ihr Name ausgelöscht werden, über zehntausend Leute – Männer, Frauen und Kinder – aus dem Ghetto von Kaunas holten und zu ihrem Gemetzel in der Neunten Festung brachten, wo sie sie mit einer furchtbaren, kaum zu beschreibenden Grausamkeit auf schmerzliche, qualvolle, entsetzliche Weise umbrachten, erschien vor uns ein Flüchtling aus dem Tal des Gemetzels. Er war ein junger Mann, der hatte fliehen können, und er schilderte dieses grausige Ereignis in allen Einzelheiten. Die verfluchten Deutschen befahlen den Todgeweihten, sich auszuziehen und in die Gruben zu springen, die sie für sie vorbereitet hatten, und dann feuerten sie mit Maschinengewehren auf sie; und als sie mit ihrer mörderischen Tat fertig waren, füllten sie die Gruben mit Erde auf und begruben sie alle, die Lebenden mitsamt den Toten, denn etliche dieser Märtyrer hatten noch den Odem des Lebens in sich und waren von den Kugeln nur verletzt worden. Es war nicht ein Haus im Ghetto, in dem es nicht einige Tote gab. Hier weinte ein Mann bitterlich um seinen Bruder, dort beklagte ein Mann seine Frau; hier wehklagte ein Mann um seine Kinder, dort weinte eine Frau um den Ehemann ihrer Jugend. ›Ach, Papa!‹ schrie ein Mann. ›Mein Sohn, mein Sohn!‹ schrie eine Frau ihren Schmerz aus sich heraus. Die Ghettoinsassen, die überlebt hatten, waren überhäuft von Kummer und Qual, und sie waren voller Trauer und Wehklagen. Und es kam vor mich Bertschik der Glaser, der Schatzmeister der Beerdigungsbruderschaft von Kloyz, und er fragte mich, ob wir die Märtyrer betrauern und das Kaddisch für sie rezitieren sollen.«

Ausgerechnet das wollte Bertschik wissen! Im *anus mundi* – eine rechtliche Frage. (Auch das ist »jüdischer Widerstand«.)

Der Rabbiner wußte, was der Glaser wissen wollte. »Antwort: In den Responsen von Rabbi Jakob Möllin, Nummer 99, wurde gefragt, ob das Kaddisch für jene gesagt werden müsse, die um der Heiligung des Namens willen getötet wurden. Der Fragesteller wollte darauf hinaus, daß um Märtyrer nicht getrauert wird, und Rabbi Möllin erwiderte: ›Ich habe von meinen Lehrern gehört, daß solches während der Verfolgung in Prag der Fall war ...‹« – und Oshry führt Möllins Entscheidung an, daß die Märtyrer zu betrauern sind, genau die Entscheidung, die ich vor kurzem studierte. Oshry ergänzt Möllins Ansicht um einen Hinweis auf Möllins Zeitgenossen Isserlein und schließt folgendermaßen: »Auf der Grundlage dieser Quellen belehrte ich den Fragesteller, daß um die Märtyrer von der Neunten Festung Trauer gehalten und Kaddisch für sie gesagt werden muß. Es war in der Tat ein furchtbarer und schrecklicher Anblick, als die Gemeinde der Überlebenden im Ghetto für diejenigen, die ihren Herzen teuer waren, gemeinsam Kaddisch sagte, mit einer Stimme. Möge Er, der diejenigen heilt, die gebrochenen Herzens sind, unsere Traurigkeit verbinden und zur Rettung Seines Volkes eilen und ihnen Erlösung schicken und sie erlösen für alle Zeit.«

Im Ghetto von Kaunas befanden sich rund dreißigtausend Juden. Die von Oshry beschriebene Greueltat ereignete sich am 28. Oktober 1941. Sie wird allgemein als »die große Aktion« bezeichnet. Die Neunte Festung war eine aus einem Ring von Festungen, die im neunzehnten Jahrhundert um Kaunas errichtet worden waren. Neuntausend Juden, die Hälfte davon Kinder, wurden dorthin gebracht und ermordet. Und um dem Geschehenen einen Sinn zu geben – um den Nazis die Erreichung ihres Zieles zu verwehren, das nicht nur in der Ausrottung der Juden, sondern auch in der Ausrottung des Judentums bestand –, konsultierten die Überlebenden von 1941 die Überlebenden von 1389!

1389, 1941: Die Generationen leben und sterben zusammen.

1389, 1941: Gedenke nicht nur der Toten, gedenke auch dessen, wessen die Toten gedachten.

1389, 1941: Unsere Feinde sind Staub, sie sind der Staub auf unserer Asche, sie sind der Staub auf unseren Büchern …

◇

Die Juden von Kaunas reagierten auf das Gemetzel mit einer Frage nach dem Kaddisch! Oshrys Text ruft mir einige der grimmigsten Zeilen hebräischer Dichtung in Erinnerung, Chajim Nachman Bialiks Verwünschung der Überlebenden des Pogroms von 1903 in Kischinew. Er schildert, wie Männer nach der Vergewaltigung ihrer Frauen aus ihren Verstecken kriechen und zur Schul eilen und Gott loben, daß er sie gerettet hat – und dann eilen die Priester unter ihnen zum Rabbiner und fragen ihn: »Rabbi! Meine Frau, welchen Status hat sie? Erlaubt oder verboten?«

Dafür verabscheut sie der Dichter. Ihre Treue zu ihrer Lebensart erscheint blind und feige (und gleichgültig gegen das Leiden ihrer Frauen und Töchter). Fast scheinen sie an dem Unglück mitschuldig zu sein. Der Dichter wählt statt dessen die Revolte. Wenn das Schicksal der Juden sich ändern muß, dann müssen sich auch die Juden ändern. Bialik hatte recht: Die Zeit war gekommen, daß die Juden gegen ihre Not tätig wurden, und sie konnten nur tätig werden, wenn sie den überkommenen Quietismus ablegten. Das Überleben verlangte ein gewisses Maß an geistiger Selbstaufopferung. Und dabei drückt sich in dem Zorn von Bialiks Gedicht noch eine andere Wut aus. Der Modernist war mit einem Glauben konfrontiert, der unverrückbar schien. Mit Vernunft oder Erfahrung war nichts gegen ihn auszurichten. Angesichts einer solchen Weltfremdheit bleibt dem weltlich Gesinnten nur die schäumende Wut.

»Rabbi! Meine Frau, welchen Status hat sie? Erlaubt oder verboten?« Die Frage ist nicht nur lächerlich, sie ist auch grandios. Die Revolutionäre sagten nur die halbe Wahrheit. Die ganze Wahrheit ist, daß die Juden sich ändern müssen und daß die Juden dieselben bleiben müssen. Ich sehe keinen Ausweg aus dieser ganz und gar undialektischen Situation, man kann nur versuchen, ihr unter beiden Aspekten gerecht zu werden. Ich sehe Größe bei dem Dichter von Kischinew, und ich sehe Größe bei dem Rabbiner von Kaunas.

Oshry hat noch einige weitere Response aus den Tiefen zum Kaddisch. Dieses ist aus seinem ersten Band: »Frage: Nachdem die verfluchten Deutschen, möge ihr Name ausgelöscht werden, am dritten und vierten Tag des Monats Nissan den Massenmord an jüdischen Kindern, den sie *Kinderaktion* nannten, verübt und zwölfhundert Kleinkinder und Säuglinge vernichtet hatten, die sie ihren Müttern von der Brust rissen und ins Gemetzel schickten, wurde ich von den niedergeschmetterten Eltern gefragt, ob ihnen die Pflicht obliege, das Kaddisch für ihre kleinen Kinder zu rezitieren, und wenn nicht, wie jung ein Kind sein müsse, um ein Kaddisch zu erfordern.« Und dies ist Oshrys Respons: »Antwort: Es steht geschrieben bei Isaak von Wien ...« – nein, das halte ich nicht aus. Dieses Material tut weh. Ich belasse es bei dem Hinweis, daß Oshry eine erkleckliche Anzahl von Autoritäten aufbietet, die in der Frage des Alters, von dem an ein jüdisches Kind rechtlich bedeutsam ist, so daß die hinterbliebenen Eltern das Kaddisch rezitieren müssen, unterschiedlicher Meinung sind. Wenn ich die Seiten von Oshrys Band umwende, zittert mir die Hand. Ich hasse die Realität, aus der diese Seiten hervorgegangen sind. Genug! Die Sonne steht hoch, ich mache einen Spaziergang.

Natürlich ist es töricht, Tatsachen zu hassen. Der Kampf gegen die Vergangenheit ist ein vergeblicher Kampf. Es ist wohl weiser, sie zu akzeptieren. Das weiß ich alles. Und doch gibt es Tatsachen, die man nie, aber auch nie akzeptieren darf. Das ist nicht bloß eine emotionale Frage. Der Grund, daß man bestimmte Tatsachen hassen muß, ist der, daß man sich für die Möglichkeit ihrer Wiederkehr rüsten muß. Wäre die Vergangenheit wirklich vergangen, könnte man sich eine Haltung der Akzeptanz erlauben und vom Studium der Geschichte ein Gefühl heiterer Gelassenheit davontragen. Oft ist die Vergangenheit jedoch nur eine frühere Manifestation des Bösen in unseren Herzen. Es ist nicht ganz richtig, wenn man sagt, die Geschichte wiederhole sich. Wir sind es, die die Geschichte wiederholen – oder auch nicht, wenn wir uns dazu entschließen, ihrer Wiederholung entgegenzutreten. Darum ist es einer der Zwecke des Studiums der Geschichte, daß wir lernen, uns ihrer zu erwehren.

Wenn du mit der Menschenwelt deinen Frieden gemacht hast, solltest du dich schämen.

In einer Anthologie jüdischer apokalyptischer Texte, die in dem apokalyptischen Jahr 1943 in Palästina veröffentlicht wurde – »es ist die Hoffnung unserer Generation, daß wir die letzte sind, die die Sehnsucht nach Erlösung empfindet, und die erste, die die Erlösung erlebt«, schreibt der Herausgeber, Judah Even-Shmuel, in seinem Vorwort –, prüfte ich einen Hinweis auf das *Buch von Serubabel*, den esoterischen Text aus dem siebten Jahrhundert, den ich vor etlichen Monaten konsultierte, und stoße in Even-Shmuels Anmerkungen auf Chajim Nachman Bialiks Verständnis des Waisenkaddisch. Der Herausgeber vermerkt, daß das Kaddisch – folgt man dem *Alphabet von Rabbi Akiba*, jenem Werk aus dem siebten Jahrhundert, mit dem ich meine Erforschung des Waisenkaddisch begann – im Himmel von Serubabel rezitiert wird, doch seinen Zweck beschreibt er unkorrekt. In dem Text von Pseudo-Akiba rezitiert Serubabel das Kaddisch, damit den Seelen der Toten ein Aufschub vor der Hölle gewährt werde. Dennoch schreibt Even-Shmuel, daß Serubabels Kaddisch und das Waisenkaddisch generell »das Gebet des Martyriums (sei), das alle Generationen Israels bindet«. Es kümmert ihn nicht, daß das Kaddisch, das im *Alphabet von Rabbi Akiba* erscheint, nicht das Waisenkaddisch ist, das es damals noch nicht gab. »Da es«, erklärt Even-Shmuel, »die wesentliche Grundlage der jüdischen Erziehung ist, in jedem Juden die Bereitschaft zum Martyrium auszubilden, bürgerte sich das Kaddisch ein als ein Gedenken an die Väter. Der verborgene Zusammenhang ist offenbar dies: ›Eure Lehre, o meine Väter, ist in mir bewahrt, und so bin ich bereit und gewillt, den Namen zu heiligen.‹« Was für eine seltsame Auffassung des Kaddisch! Und offenbar hat Even-Shmuel diese Auffassung des Kaddisch von Bialik übernommen, der großen Einfluß auf ihn hatte. »Die Vermutung, daß das Kaddisch das Gebet des Märtyrers sei, habe ich von Chajim Nachman Bialik übernommen, möge sein Gedenken ewig währen! [Bialik war 1934 gestorben.] Seiner Meinung nach wurde das Gebet (in seiner hebräischen Fassung) in der Zeit von Bar Kochba verfaßt (der sich im Jahr 132 gegen die Römer erhob), möglicherweise von Rabbi Akiba (der Bar Kochbas Aufstand unterstützte und in ihm eine messianische Gestalt sah). In diesem Gebet sprachen die Märtyrer von der Erlösung und vom Messias, und sie versicherten der Menge, die sie umgab und weinte, noch zu ihren Lebzeiten und in ihren Tagen werde die Erlösung kommen und das messianische Zeitalter anbrechen.« Eine Vermutung, fürwahr! Eine solche Auffassung des Kaddisch wird weder vom Text des Gebets noch von der Geschichte des Gebets gestützt. (Was ist das, die »hebräische Fassung« des Kaddisch?) Diese Auslegung ist bizarr. Allerdings mag sie 1943, als jeder Tag ein Tag des Martyriums war, nicht bizarr erschienen sein. 1943, als meine Großeltern und mein Onkel in einer Schlucht namens Bronica, wo Wildblumen wachsen, erschossen wurden.

XV

Heute beginnt die letzte Woche meines Trauerjahres. Letzte Nacht vertrieben Sorgen mir den Schlaf. Ich weiß warum. Dies war das Jahr meines Lebens, das einzige Jahr meines Lebens, von dem ich mit Gewißheit sagen kann, daß es nicht einen Tag ohne einen nicht-trivialen Moment gegeben hat.

Zu den jüdischen Vorstellungen über den Kummer gehört auch die, daß der Kummer Grenzen hat. Das Ende der Trauer ist ein wichtiger Teil der Tradition des Trauerns. Alte und mittelalterliche Autoritäten sind unerbittlich: die Trauer darf nicht länger dauern als ein Jahr. Man darf sich nicht in Trauer ergehen. Man muß der Versuchung widerstehen, sich im Nichts gemütlich einzurichten. Nicht die Welt ist gestorben; es ist nur jemand gestorben, den du geliebt hast. Die Welt wartet auf deine Rückkehr. Es gibt Dinge, die in der Welt getan werden müssen.

»Rabbi Juda sagte: Raw sagte, daß jemand, der allzu hartnäckig um seinen Toten trauert, um einen anderen Toten weint.« Diese talmudische Bemerkung über das obsessive Trauern ist tief. Man darf sein Leben nicht reduzieren auf das Leben eines Trauernden, und zwar nicht nur, weil es außerdem noch Glück in ihm gibt, sondern auch, weil es außerdem noch anderes Unglück in ihm gibt. Der Kummer der Waise ist nicht ihr einziger Kummer. Als mein Vater starb, herrschte bereits eine gedrückte Stimmung. Während ich für ihn Kaddisch sagte, dachte ich gelegentlich an einen Freund, der vor zwei Jahren in London gestorben war, und gelegentlich an einen Freund, der vor einem Jahr in New York gestorben war, und auch ihr Ende bereitete mir Kummer. Der eine Kummer wächst, der andere läßt nach. Daher muß man, sagt Raw, Ordnung in seinen Kummer bringen. Du mußt die Anlässe auseinanderhalten. Sie nicht miteinander verwechseln. Und trauere nicht allgemein. Trauere nur im besonderen.

Da der Tod endlich ist, ist auch der Kummer endlich. Da der Tod niemals enden wird, wird auch die Trauer niemals enden. Deshalb muß die Tradition einschreiten und ihr ein Ende setzen.

Kummer ist keine Weltanschauung. Er ist ein Leiden, und die Welt wird es sicherlich dämpfen. Außerdem sind Fühlen und Denken zweierlei. Ein Mensch, der noch kein Leid erfahren hat, kann dennoch glauben, daß das Sein leidvoll sei. Er mag recht oder unrecht haben, doch seine eigene Erfahrung wird den Zweifel nicht klären.

Der Talmudtext geht folgendermaßen weiter: »In der Nachbarschaft von Raw Huna lebte eine Frau, und sie hatte sieben Söhne. Einer von ihnen starb, und sie weinte allzusehr um ihn. Raw Huna ließ ihr eine Nachricht zukommen: ›Tu das nicht.‹ Sie schenkte ihr keine Beachtung. Er ließ ihr eine zweite Nachricht zukommen: ›Wenn du auf meine Warnung hörst, gut, wenn nicht, bereite Leichentücher für deine anderen Söhne vor.‹ Und sie starben. Sie weinte unaufhörlich. Schließlich ließ er ihr noch eine Nachricht zukommen, sie möge ein Leichentuch für sich selbst vorbereiten, und sie starb.« Die Geschichte einer Frau, die sich zu Tode trauerte.

◇

Die Tradition kennt etliche Begrenzungen des Kummers. Die Deadline von zwölf Monaten – eine Deadline, fürwahr – ist nur die letzte der Grenzen des Trauerns. Die Rabbinen im Talmud interpretieren den Vers bei Jeremia: »Weinet nicht um den Toten, und beklaget ihn nicht« folgendermaßen: »Weinet nicht allzu sehr um den Toten, und beklaget ihn nicht über die Maßen.« Und sie leiten daraus für die Tage unmittelbar nach dem Todesfall praktische Folgerungen ab. »Wie geschieht das konkret? Drei Tage sind für das Weinen und sieben Tage für das Wehklagen und dreißig Tage, in denen man keine neuen Kleider trägt und sich nicht die Haare schneidet.« Nach dreißig Tagen kehrt der Trauernde zur bekleidungs- und frisurmäßigen Normalität zurück, doch der Rest des Jahres bleibt mit seinen Einschränkungen. Die rituelle Regulierung des Kummers beruht auf der Erkenntnis seines allmählichen Nachlassens. Und dann ist die Trauer vorbei, ob sie nun erschöpft ist oder nicht.

Auch ein gebrochenes Herz muß einen Sinn für das rechte Maß beweisen.

Die Tossafisten zitieren eine schreckliche Passage aus dem Jerusalemer Talmud: »Während der ganzen sieben Tage ist das Schwert gezogen, bis zum dreißigsten Tag schwankt es, und nach zwölf Monaten kehrt es in seine Scheide zurück.« Das sind die inneren Stadien der Trauer, die den äußeren Stadien der Trauer entsprechen. Und wo ist das drohende Schwert während der restlichen elf Monate des Trauerjahres? Ich vermute, daß es unbewegt über meinem Haupt schwebt. Es stimmt: Das Verschwinden des Vaters oder der Mutter wird als Gefahr erlebt. Und was ist Trauer anderes als ein überwältigendes Empfinden der Verletzlichkeit des Lebens? Sie sterben, du stirbst. Das Leben wird nicht weniger zerbrechlich. Was sich mit der Zeit ändert, ist nicht die Zerbrechlichkeit des Lebens, sondern die Macht über das eigene Empfinden der Zerbrechlichkeit des Lebens. Allmählich gewinnst du einen Standpunkt, von dem aus du deinem Kummer Widerstand leistest, bis dein Kummer ein Teil von dir geworden ist. Er wird nicht ausgelöscht, er wird erorbert; und er ist erobert, wenn er zum Kontext geworden ist. Kontext ist ein anderes Wort für Tröstung.

Das Schwert mag wieder in seiner Scheide sein, doch der Tod ist mitnichten entwaffnet.

Die Tossafisten haben nicht die ganze Passage aus dem Jerusalemer Talmud zitiert. Der Rest klingt noch bedrohlicher: »Während dieses gesamten Jahr zielt das Gericht auf die gesamte Familie.« (Er hat uns aber auch immer in seine Affären hineingezogen!)

Maimonides behandelt das Schwert folgendermaßen: »Während der ersten drei Trauertage sollte er sich so sehen, als ruhte das Schwert auf seinem Nacken, und vom dritten bis zum siebten Tag, als läge es in einer Ecke, und danach, als schleiche es auf der Straße hinter ihm her. Dies alles, um ihn zu beunruhigen, damit er aus seinem Schlaf aufschreckt und bereut. Denn es steht [bei Jeremia] geschrieben: ›du hast sie geschlagen, aber es hat sie nicht geschmerzt‹, und wir müssen daraus schließen, daß man wach sein und sich bewegen lassen muß.«

Hin und wieder sprechen Leute davon, daß sie um sich selbst trauern. Mir gefällt dieses Gerede nicht. Die Vorstellung eines Standpunktes jenseits der Sterblichkeit schwächt mich in meinem Bestreben, luzide über meine Sterblichkeit zu denken. Es ist nicht möglich, um sich selbst zu trauern. Du kannst nicht vorgeben oder dir vorstellen oder berichten, du seist gestorben. Solange du nicht gestorben bist, lebst du. So einfach ist das, wirklich. Du möchtest um dich selbst trauern? Dann ist es nicht Kummer, was du empfindest, sondern Reue. Kummer ist ohne Abhilfe. Reue ist nicht ohne Abhilfe. Wenn dein bisheriges Leben dir Kummer bereitet hat, dann ändere dein Leben. (Aber wie auch immer du lebst, sterben wirst du doch.) Wenn du dich selbst achtest, ist Kummer nicht das einzige, das dir bleibt. Da ist zum Beispiel die Zerknirschung.

Jede Andeutung von Unsterblichkeit ist ein Ausweichen vor der Sterblichkeit.

Trauer um dich selbst? Das ist Reue ohne Verantwortung.

Trauer und Sterblichkeit sind zweierlei. Die Trauer verdankt ihre Macht dem Umstand, daß nichts getan werden kann. Der Tod läßt sich nicht korrigieren.

Vor einigen Jahren hörte ich von einem Soldaten, der in der Schlacht bei Cold Harbor im Jahre 1862 gefallen war. Bei seiner Leiche fand man sein Tagebuch, in das er geschrieben hatte: »Hier wurde ich getötet.«

Die Passage über das Trauern im Jerusalemer Talmud beläßt es nicht bei der Analogie des gezogenen Schwertes. Sie greift zu einer weiteren Analogie. »Mit was ist dies zu vergleichen? Es ist wie ein Gewölbe aus Steinen: wenn man an einem der Steine rüttelt, rüttelt man an allen Steinen.« Noch so eine scharfsinnige Unterscheidung. Trauern ist nicht ein Ereignis, das Auswirkungen hat. Die Auswirkungen sind das Ereignis.

Ich habe ein ganzes Jahr in den Nachwirkungen (eines Ereignisses) zugebracht.

An einer anderen Stelle im Talmud betrachten die Rabbinen den Mann, der zufällig seinen Freund trifft und entdeckt, daß er in Trauer ist. »Während der zwölf Monate darf er ihm tröstende Worte sagen, aber er darf sich nicht nach seinem Wohlergehen erkundigen.« Ein »Wie geht es dir?« kann sadistisch sein. Weiter heißt es in der Passage: »Nach den zwölf Monaten darf er sich nach seinem Wohlergehen erkundigen, aber er darf ihm keine tröstenden Worte sagen, höchstens indirekt.« Dieses kleine Hintertürchen gefällt mir. Danach heißt es weiter: »Rabbi Meir sagte: Wem ähnelt der Mann, der nach zwölf Trauermonaten seinen Freund trifft und tröstende Worte zu hören bekommt? Er ähnelt einem Mann, der sich das Bein gebrochen hatte, und das Bein ist geheilt, und dann trifft er einen Arzt, der zu ihm sagt: Komm zu mir, und ich werde dir das Bein brechen und es anschließend heilen, damit du meine ärztlichen Künste bewunderst.«

Wohl dem, der zu spät kommt, um zu trösten.

Meine Schwester ruft an. Der Herr vom Friedhof möchte wissen, ob der Efeu vor der für diesen Monat vorgesehenen Enthüllung des Grabes gepflanzt werden soll. Sie findet, daß er damit warten sollte. Wenn er ihn jetzt pflanzt, gibt es hinterher nichts mehr zu tun. Dann ist es vorbei. Ich sage ihr, daß es schon jetzt vorbei ist. Sie weiß es, aber sie möchte »das Endgültige hinausschieben«.

Das Endgültige hinausschieben! Wenn ich schon einmal eine schönere Artikulation jüdischer Morbidität gehört habe, kann ich mich nicht mehr an sie erinnern. Vielleicht war das schon immer der Punkt, in dem ich mit der Begeisterung meiner Tradition für Begräbnisfeiern über Kreuz bin. Ich sehe keinen Anlaß, das Endgültige hinauszuschieben. Das Endgültige ist auch so schon lang genug.

◇

Menasse ben Israel beschließt *Die Seele des Lebens* mit einer bemerkenswerten Analyse der Grenzen der Trauer. Sein Thema ist der erste Jahrestag des Todes, das Ende des Kaddischjahres. »Schließlich«, schreibt er, »ist es allgemeiner Brauch, nach Ablauf eines Jahres die Toten zu rühmen und um sie zu trauern, und der Grund für diesen Brauch ist [im Talmud] angegeben, wo geschrieben steht, daß der Körper zwölf Monate lang besteht und die Seele aufsteigt und sinkt, und nach den zwölf Monaten ist der Körper verwest, und die Seele steigt auf und sinkt nicht mehr.« Vor Monaten habe ich mich mit dieser Talmudlegende beschäftigt. Menasse stört sich an der physikalistischen Implikation dieser Passage. Es scheint so, als würde die Dauer der Trauerzeit dem Schicksal des Fleisches entsprechend festgelegt. »Auf welcher Grundlage entschieden sie, die Zeit in allen Fällen auf zwölf Monate zu beschränken? Die Erfahrung beweist ja, daß das Verwesen der Körper von der genauen Mischung ihrer Bestandteile ebenso abhängt wie von dem Ort, an dem sie begraben sind, ob er feucht oder trocken ist, ob er aus Fels, Boden oder Sand besteht.« Nein, sagt Menasse, nicht das Schicksal des Körpers, sondern das Schicksal der Seele bestimmt die Grenzen der Trauer. »Die Wahrheit ist, daß die Seelen nach ihren Körpern verlangen, und daher schweben sie über ihnen mit glühendem Verlangen, bis sie sie nach und nach vergessen. Und dies geschieht den Seelen nach zwölf Monaten, denn auch die vorbildlichste Liebe reicht so weit und nicht weiter.«

Hört die Liebe wirklich nach einem Jahr auf? Menasse zieht Parallelen aus dem jüdischen Recht heran. Aus den Ehegesetzen: »Und so bestimmte Er, der die Herzen der Menschen kennt, eine Grenze von einem Jahr für die Zeit, innerhalb derer ein Bräutigam sein Glück mit seiner Frau feiern mag, wie geschrieben steht [im fünften Buch Mose]: ›Wenn ein Mann kürzlich ein Weib genommen hat, so soll er nicht in den Krieg ziehen, und es soll ihm keinerlei Sache auferlegt werden; er soll ein Jahr lang frei sein für sein Haus und sein Weib erfreuen, das er genommen hat‹, denn die Liebe in ihrer stärksten Form dauert ein Jahr.« Aus dem Schadenersatzrecht: »Der Zeitraum, in dem man öffentlich erklären muß, daß man einen verlorenen Gegenstand gefunden hat, beträgt zwölf Monate, denn danach wird angenommen, daß die Eigentümer die Hoffnung auf Wiedererlangung verloren haben.« Aus den Gesetzen der Lobpreisungen: »Darum sagten die Rabbinen, daß derjenige, der nach einer Abwesenheit von einem Jahr seinen Freund trifft, sagen soll: ›Gepriesen seist Du, der Du die Toten auferstehen läßt‹, denn nach zwölf Monaten hatte er ihn gewiß vergessen.« Und so kommt Menasse zu dem Schluß: »In diesem Sinne dürfen wir die Intention unserer Weisen verstehen, als sie sagten, daß der Körper zwölf Monate erhalten bleibt und die Seele aufsteigt und sinkt. Sie meinten damit im Grunde nicht den Körper, denn das Vergehen des Körpers beruht, wie ich gesagt habe, auf seiner Zusammensetzung und der Erde, in der er begraben ist. Sie meinten vielmehr, daß die Kraft des Verlangens der Seele nach dem Körper während der zwölf Monate jederzeit existiert, und nach zwölf Monaten ist die Kraft ihres Verlangens nach dem Körper verbraucht, und dann steigt die Seele auf und sinkt nicht mehr … Zum Ausdruck des Leids, das die Verwandten bei der Trennung des Toten von ihnen empfinden, in jeder erdenklichen Hinsicht, an dem Tage des endgültigen Aufstiegs der Seele in die Höhen des Himmels und ihres Abschieds von ihnen, wurden die Trauer und ein Ausdruck des Kummers der Verwandten bestimmt, denn es ist, als gäben sie sie auf und als ließen sie die Hoffnung fahren, sie jemals wiederzusehen.«

Menasse war kein Romantiker. Er ging davon aus, daß die Hitze sich abkühlt. Er sah das Ende der Leidenschaft voraus, und er bereitete auf dieses Ende vor. Und dennoch ist die Geschichte, die er erzählt, zutiefst romantisch. Nach dem Tod bleibt die Seele, weil sie den Körper liebt. Sie kann nicht verlassen, was sie liebt. Die Dauer der Trauer ist das Jahr, in dem das Verlangen noch nicht vom Tod besiegt wurde. Wenn zwölf Monate verstrichen sind und der Tod das Verlangen besiegt, wird die Seele verschwunden sein. Und der Sohn wird zurück sein.

»Raw sagte: Zwölf Monate lang wird der Toten nicht vergessen.« Und er hat einen Belegtext aus den Psalmen: »Meiner ist im Herzen vergessen wie eines Gestorbenen; ich bin geworden wie ein zerbrochenes Gefäß.« Das »zerbrochene Gefäß« der King-James-Übersetzung [und der Luther-Übersetzung; Anm. d. Ü.] ist im Original ein »verlorenes Gefäß«, und es ist möglich, daß Raw an das Schadenersatzrecht dachte, an den verlorenen Gegenstand, der nach zwölf Monaten aufgegeben wird.

»Meiner ist im Herzen vergessen wie eines Gestorbenen«. Dies ist nicht das Ende des Verlangens. Dies ist das Ende des Erinnerns. Eine schreckliche Aussicht, besonders für Juden. Daß man uns nicht mag, dagegen haben wir nichts. Aber wir haben etwas dagegen, daß man sich unserer nicht erinnert. Wie dem auch sei – was ist ein Verlangen ohne Erinnerung?

Wenn sein Strafgericht vorüber ist, ist er vergessen. Das ist es: Wenn Juden aufhören, sich Sorgen zu machen, hören sie auf, sich zu erinnern. Da sie aber nie aufhören, sich Sorgen zu machen, ist ihre Tradition ungefährdet. Seit vielen Jahren denke ich über das kollektive Gedächtnis der Juden nach und frage mich, wovon es angetrieben wird. Nein, ich weiß es. Es wird angetrieben von Sorge! Sorge ist eine gewisse Art, die Geschichte wahrzunehmen; sie ist eine Anerkennung all des Unglücks, das geschehen ist, das geschehen könnte, das nicht geschehen darf. Sorge, der Motor der jüdischen Zivilisation. (Und die Antwort lag die ganze Zeit offen vor mir, im Haus meiner Eltern.)

»Gepriesen seist Du, der Du die Toten auferstehen läßt.« Zufällig finde ich einen köstlichen Kommentar zu dieser Lobpreisung von Mordechai ben Hillel, dem Gelehrten und Märtyrer von Nürnberg im späten dreizehnten Jahrhundert. Unter Berufung auf eine alte Autorität bemerkt er, daß man diese Lobpreisung rezitieren solle, wenn man einen alten Freund sieht, aber »nur, wenn man ihn gern hat und froh ist, ihn zu sehen«. Mordechai hat recht! Es wäre unbillig, von allen zu verlangen, daß sie beim Anblick von jedermann entzückt sind. So gesehen, wird das Ende der Tage zu einem Alptraum werden. Wiederauferstehung der Toten bedeutet, daß die Leute, die man am wenigsten ausstehen kann, wieder da sind.

Ich hätte besser nicht gewitzelt! Auf der Suche nach etwas anderem fand ich beim Salbenmischer heute abend dieses: »Zwei, die einander zu Lebzeiten gehaßt haben, dürfen nicht nebeneinander begraben werden, weil sie sonst auch im Tode keine Ruhe finden werden.« (Er gibt an, diese Perle rabbinischer Strenge sei »abgeschrieben aus dem *Buch des Ruhms*, das von dem großen Mann Rabbi Juda dem Frommen verfaßt wurde«.)

◇

Heute ein kurzer und vielsagender Text von Jakob Weil. Es ist ein Respons »bezüglich einer Frau, die ihren Töchtern befahl, [nach ihrem Tod] nicht den Umhang [der Trauernden] zu tragen«. Das beweist abermals, daß die Verhüllung noch immer getragen wurde; diese Frau verlangt jedoch von ihren Töchtern, den Brauch zu mißachten. Ihr Verlangen wirft ein interessantes Problem auf. Wenn ihre Töchter ihren Wunsch ehren, entehren sie sie, aber auch wenn sie ihren Wunsch nicht ehren, entehren sie sie. Kann der Vater oder die Mutter dem Kind befehlen, weniger zu trauern oder gar nicht zu trauern? Hier ist Weils Antwort: »Die Vernunft gebietet, daß ihre Töchter ihre Forderung erfüllen sollten, wie im Falle des Mannes, der verlangt, daß sein Eigentum nicht [von seinen Kindern] verwendet wird, um [sein] Begräbnis zu bezahlen, wo [die Rabbinen] entschieden, daß ihm gehorcht werden müsse, weil die Zeremonien gedacht sind als eine Ehrung der Toten, wie es [im Talmud] heißt. So geht es auch in diesem Fall vom Ende der dreißig Tage bis zum Ende der zwölf Monate um die Ehrung der Mutter, und da sie auf ihre Ehrenbezeugung verzichtet hat, wird auf ihre Ehrenbezeugung verzichtet.« Was ist mit den ersten dreißig Trauertagen? Weil ist sich nicht sicher. Nur wenn es um die Eltern geht, erstreckt sich die Trauer, wie man weiß, über ein Jahr. Bei anderen Toten dauert sie nur dreißig Tage. »Es ist mir nicht klar«, schreibt Weil, »ob es in den dreißig Tagen, während derer die Menschen um ihre sonstigen Toten [und nicht nur ihre Eltern] trauern, um die Ehrung der Lebenden geht, so daß nicht auf sie verzichtet werden kann, oder um die Ehrung der Toten, so daß auf sie verzichtet werden kann.« Weil möchte aber nicht mißverstanden werden. Was auch immer man bezüglich der dreißig Tage beschließt, »sicher ist, daß auf die Trauer selbst nicht verzichtet werden kann, denn in diesem Fall würden die Gesetze der Trauer aufgehoben«.

Darf ein Vater von seinem Sohn verlangen, nicht Kaddisch für ihn zu sagen? (Und darf sein Sohn ihm ungehorsam sein?)

Weil bezieht sich auf die Talmuddiskussion über die eigentliche Motivation der Begräbnisriten. »Die Rabbinen fragten: Wird die Lobrede aus Achtung vor den Lebenden oder aus Achtung vor den Toten gehalten?« Die Unterscheidung ist keine theoretische. Den Rabbinen geht es um eine praktische Unterscheidung. »Welchen praktischen Unterschied macht es, wenn er sagt, er wünsche nicht, daß eine Lobrede auf ihn gehalten werde?« Wenn eine Lobrede die Lebenden ehren soll, dann hat der Verstorbene keine Befugnis, auf sie zu verzichten, und wenn sie den Toten ehren soll, dann haben die Erben keine

Befugnis, auf sie zu verzichten. Und es gibt noch einen praktischen Unterschied: »Ferner, um [die Kosten] bei den Erben einzubringen.« Wenn ein ordentliches Begräbnis aus Achtung vor den Toten veranstaltet wird, dann müssen die Erben dafür aufkommen, ob sie es nun wünschen oder nicht. Wird es aus Achtung vor den Lebenden veranstaltet, dann mögen Groll und Habgier überwiegen. Der Talmud führt dann eine Reihe von biblischen Beispielen an, die dafür zu sprechen scheinen, daß die Achtung der Toten wichtiger sei als die Achtung der Lebenden, doch bei Licht besehen sind sie nicht entscheidend. Die Entscheidung wird aufgrund dieser Aussage von Rabbi Nathan gefällt: »Es ist ein gutes Zeichen für den Verstorbenen, wenn er [in dieser Welt] nach dem Tode bestraft wird. Wenn ein Toter nicht gelobt und nicht begraben wird oder wenn er von einem wilden Tier fortgezerrt wird oder wenn es leicht auf seine Bahre regnet, so ist das ein gutes Zeichen für ihn.« Mit anderen Worten: Seine Sünden werden ihm vergeben werden. Und so entscheiden die Rabbinen: »Wir schließen daraus, daß [die Riten] aus Achtung vor den Toten [vollzogen werden].« Denn wenn sie aus Achtung vor den Lebenden vollzogen würden, wie könnte dann die Entwürdigung der Leiche des armen Mannes ihn vor den Folgen seiner Sünden bewahren?

Die Trauer ist also für die Toten, nicht für die Lebenden gedacht. (Abermals zeigt die Tradition eine bewundernswerte Gleichgültigkeit für Psychologisches.) Das alles enthebt Weil aber nicht seiner Sorge. Wenn die Trauerrituale die Toten ehren sollen, dann könnten die Sterbenden das Recht haben, auf sie zu verzichten, wie die Frau in der an Weil gerichteten Frage, die nicht wünschte, daß ihre Töchter ihre schluchzenden Häupter verhüllen. Und so erklärte Weil: »sicher ist, daß auf die Trauer selbst nicht verzichtet werden kann, denn in diesem Fall würden die Gesetze der Trauer aufgehoben«. Glänzend! Dein Vater kann dich nicht von deiner Trauer um ihn entbinden, weil deine Trauer um ihn nicht nur eine Frage des Gehorsams ihm gegenüber ist.

Wenn du um deinen Vater trauerst, dienst du größeren Dingen als ihm. Die Trauer wird von mehr als ihrem Gegenstand und von mehr als ihrem Anlaß verlangt. Sie wird verlangt von der Stellung, die jemand in einer Familie, in einer Tradition, in einer Welt einnimmt.

Gibt es etwas Subjektiveres als Kummer? Doch Kummer ist auch etwas Objektives. Er wird vorgeschrieben von einem Kosmos, in dem du eine bestimmte Position hast. Das Kaddisch ist eine der Folgen dieser Position.

Die Objektivität des Kummers.

Du trauerst nicht nur, weil er tot ist. Du trauerst auch, weil von dir gefordert wird, zu trauern. Auf der einen Seite ist dein Herz, auf der anderen die Tora.

Dein Vater kann dir nicht verbieten, um ihn zu trauern. Und dein Vater kann dir nicht verbieten, ihn zu lieben. Und dein Vater kann dir nicht verbieten, ihm zu vergeben. Und dein Vater kann dir nicht verbieten, ihn zu verlassen. Die Grenzen der Macht deines Vaters machen es dir möglich, ihn zu achten. Eine Macht, die dich zu allem zwingen könnte, könntest du nicht achten. Du könntest sie nur fürchten und weglaufen.

Deine Ursprünge können dich nicht widerrufen.

Wenn, wie Rabbi Nathan sagt, jenen Toten, die nicht begraben werden, die von wilden Tieren angefallen werden, die von Regen benäßt werden, Sühne zuteil wird, dann wurde Sühne zuteil meinem Großvater und meiner Großmutter, meiner Tante und meinen Onkeln, meinen Cousins, allen meinen Brüdern, deren Leichen liegengelassen wurden auf den Feldern und und in den Schluchten und den Gruben und den Wäldern, in dieser Zeit und in den anderen Zeiten. Rabbi Nathans schöne Vorsorge für die Leichen der Jahrhunderte.

◇

Eine Krähe vor meinem Fenster hört nicht auf zu krächzen. Was ist los? Ah, ich verstehe. Es ist fast sieben. Ich muß los nach Georgetown. Ich wurde zum Gebet gerufen von einem Vogel!

Meir ben Baruch von Rothenburg war nicht nur der führende Talmudist seiner Zeit, er war auch eine legendenumwobene Gestalt. Im Jahre 1286, als Tausende von Juden wegen neuerlicher Blutbeschuldigungen, aber auch wegen der ungerechten Steuerpolitik und der Enteignung jüdischen Besitzes durch Rudolf I. aus Deutschland flohen – in einem Mandat an den Stadtrat von Mainz schrieb Rudolf: »da viele Juden, seine Kammerknechte, ohne seine oder des mit ihnen belehnten fürsten erlaubnis über das meer flüchtig geworden sind um sich der gewalt ihrer rechten herren zu entziehen, sei er befugt ihr ganzes eigenthum sich anzueignen« –, als die Juden vor dieser Definition ihres Status flohen, war Meir unter ihnen. Aber er kam nicht weg. Er wurde von einem jüdischen Apostaten erkannt und bei den Behörden denunziert und eingesperrt. Die jüdische Gemeinschaft sammelte eine Riesensumme, um ihren Führer freizukaufen; der König hoffte jedoch, von den Juden eine Bestätigung seiner Sicht ihres Status zu erzwingen, und weil er darauf bestand, daß sie nicht ein Lösegeld, sondern eine Steuer bezahlten, wurde nichts aus dem Geschäft. Sieben Jahre später starb Meir in der Festungshaft. (Vierzehn Jahre später wurden seine sterblichen Überreste freigekauft, und er wurde auf dem jüdischen Friedhof in Worms bestattet.) In seiner Haft hörte Meir freilich nicht auf zu arbeiten. Der Gefangene hatte einen freien Geist. Manchmal hatte er Papier und Feder, manchmal nicht. Und in dem Turm von Ensisheim leistete ihm ein ergebener Schüler namens Samson ben Zadok Gesellschaft. Samson verfaßte ein Buch, in dem er die Gedanken und Gepflogenheiten seines unbeugsamen Lehrers festhielt und einige von Meirs Responsen und sonstige Texte abdruckte. »Unser Lehrer Rabbi Meir von Rothenburg ließ sich sein Mahl am Sabbatabend stets bei Sonnenuntergang servieren, und er wartete nicht, bis es richtig dunkel war«: so unfeierlich beginnt Samsons Buch über die Gefangenschaft, und es behandelt der Reihe nach alle Pflichten des jüdischen Lebens, zu denen sich sein Lehrer äußerte, darunter auch die Pflicht, den Namen Gottes im Martyrium zu heiligen. (Samson hält Meirs berühmte Bemerkung fest: »Wenn ein Mann sich entschlossen hat, den Namen zu heiligen und für die Heiligung des Namens sein Leben zu opfern, und sie steinigen ihn oder verbrennen ihn oder begraben ihn bei lebendigem Leib oder erhängen ihn, gleich, was sie tun, er empfindet keinen Schmerz ... Viele überantworten sich dem Feuer und der Tötung ohne Wehgeschrei.«) Schließlich kommt Samson zu den Gesetzen der Trauer. Seine Bemerkungen sind ein lebhafter Nachtrag zu Meirs Traktat über die Gesetze der Trauer, dem einzigen seiner längeren Werke, das sich erhalten hat.

In Samsons Bemerkungen finde ich magische Zeilen über den Vers aus den Psalmen, über den ich mir schon Gedanken gemacht habe: »Meiner ist im Herzen vergessen wie eines Gestorbenen.« Meir hat für diesen Vers zwei Interpretationen, die beide auf Numerologie beruhen. Die eine ist eine rechtliche Interpretation. »In diesen drei Worten sind zwölf Buchstaben, und daraus entnehmen wir, daß der Tote nach zwölf Monaten vergessen ist und nach zwölf Monaten die Hoffnung aufgegeben wird, einen verlorenen Gegenstand wiederzuerlangen.« So einfach ist das. Die andere ist eine lyrische Interpretation. »Manche sagen auch, daß [der numerische Wert in den Worten] ›Meiner ist im Herzen vergessen wie eines Gestorbenen‹ [dem numerischen Wert in den Worten] ›außer der Braut seiner Jugend‹ gleicht. Ach, wie wird sie verehrt! Daraus entnehmen wir, daß man die verehrte Braut seiner Jugend nie vergißt und sie nie aus dem Herzen geht.« Meir war festgenommen worden, als er mit seiner Familie fliehen wollte. Als er in seiner Zelle diesen Vers über das Vergessen glossierte, dachte er da an seine Frau, die Braut seiner Jugend, die er nie wiedersehen sollte? Auf diese Weise habe ich bisher noch nicht an den großen Rabbiner gedacht. Ein Ritter des Rechts, ein Ritter der Liebe.

Ich sagte, Samsons Zeilen seien magisch, und ich meine das wörtlich. Seine Seiten über die Lebenden und die Toten beschreiben ein geisterhaftes Universum, eine Welt, in der Männer und Frauen mit Geistern verkehren. In dieser Hinsicht ist Meir von Rothenburg die perfekte Verkörperung seiner Kultur: er war logisch denkend und zugleich abergläubisch. Das Logische ist in seinem Werk nicht vom Übernatürlichen zu trennen. Samson gibt die folgende Geschichte wieder, die sein Meister ihm erzählte: »In einem Hause starb ein Mensch, und einer von denen, die im Hause waren, trank das Wasser, das zur Stunde des Todes im Hause war. Als der Weise das sah, rügte er ihn und sagte, man dürfe zur Stunde des Todes nicht trinken. Bald darauf starb derjenige, der das Wasser getrunken hatte. Sie fragten den Weisen: ›Warum hast du den Mann gerügt?‹ Und er sagte: ›Ich sah den Todesengel sein Messer in dem Wasser in jenem Hause nach dem Tode reinigen.‹«

Meir machte noch eine Bemerkung über die Bräuche von Trauernden. Wenn sie den Friedhof verlassen, sagte er zu Samson, »müssen die Frauen als erste zu ihren Häusern zurückkehren, weil der Todesengel und Satan ihre Hände nehmen und mit ihnen auf dem Friedhof tanzen«. Vielleicht dachte er an die schreckliche Passage im Jerusalemer Talmud, wo es um die besondere Beziehung von Frauen und Tod geht. (Ich las diese Passage vor einigen Monaten beim Salbenmischer.) Die Rede ist von einer Meinungsverschiedenheit über die bei einem Leichenzug einzuhaltende Reihenfolge. Die einen sagen, die Frauen sollten vor der Bahre gehen und die Männer ihr folgen, die anderen sagen, die Männer sollten vorn gehen und die Frauen folgen. Als Motiv für letztere Ansicht wird angegeben, »die Ehre der Töchter Israels zu schützen, damit niemand die Frauen anstarre«. Das Motiv, das für die erstere Ansicht angegeben wird, ist nicht so fürsorglich. Die Frauen gehen an der Spitze des Zuges, weil »sie den Tod in die Welt gebracht haben«. Diese alten Rabbinen dachten an Eva, durch deren Sünde wir sterblich wurden, aber ich entdecke in dieser Entscheidung auch ein Entsetzen vor den Frauen. Sind Frauen Mütter des Todes? Nein, sie sind die Mütter des Lebens!

Und Meir hat noch eine Bemerkung: »Unsere Vorgänger verboten, Wasser aus dem Fluß zu holen, weil es einmal geschah, daß die Nichtjuden eine Blutbeschuldigung erhoben und dort Juden töteten.«

Und noch eine Bemerkung: Meir beschreibt zunächst den Brauch, nach dem Begräbnis Gras auszurupfen, und erklärt dies als eine symbolische Bezugnahme auf die Wiederauferstehung der Toten; dann vermerkt er, daß manche das ausgerupfte Gras über die Schulter werfen. Warum »werfen sie es nach hinten und nicht nach vorn«? Er hat eine Antwort. »Ich habe gesehen, daß geschrieben steht ..., daß die Seele den Leib des Toten bis ans Grab begleitet, aber erst dann [zu Gott; Anm. d. Ü.] heimkehren darf, wenn die [am Grab] Versammelten ihre Erlaubnis geben, und indem sie das Gras hinter sich werfen, geben sie [der Seele] ein Zeichen ihrer Erlaubnis [zur Heimkehr], so als sagten sie, begib dich zu deiner Ruhe.« Was aber, wenn du nicht möchtest, daß diese Seele von uns geht? Was, wenn du dich mit einer Welt ohne diese Seele nicht abfinden kannst? Meir würde sagen, daß du grausam bist, daß die Seele die Ruhe verdient hat. Dagegen würde ich sagen, daß der Tod eines Vaters ebenfalls grausam ist, mag seine Seele auch die Ruhe verdient haben. Stell dich also an das frische

Grab, sage ich, und rupfe das Gras aus, aber wirf es nach nach vorn, nicht nach hinten, und die Wut, mit der es dem Horizont entgegenfliegt, wird deine Wut sein. Denn du selbst fliegst in jene Richtung, vaterlos dem Horizont entgegen.

Ich frage mich, was nach dem Tode seines Meisters aus Samson wurde. Wahrscheinlich hat er diese Jahre in der Festung vermißt. Ich stelle mir vor, daß er sie nicht gänzlich als Einengung empfunden hat.

»Ein Jude richtete eine Frage an Rabbi Meir von Rothenburg, möge er lange leben. Die Frage war, ob der Mann der Entsühnung bedarf, weil er am Tag des großen Mordens in Koblenz, der Stadt des Blutvergießens, seine Frau und seine vier Söhne tötete. Denn darum hatten sie ihn angefleht, als sie sahen, daß Gott Seinen Zorn entfesselt hatte und die Feinde begonnen hatten, die Kinder des lebendigen Gottes zu erschlagen, die für die Heiligung des Namens starben. Er gedachte auch sich selbst zu töten, um zusammen mit seiner Familie zu sterben, doch Gott errettete ihn durch das Eingreifen bestimmter Nichtjuden.« Diese furchtbare Anfrage wird um 1265 an Meir gerichtet worden sein, als sich das beschriebene Gemetzel in Koblenz zutrug. Und der Rabbi antwortete folgendermaßen: »Ich weiß nicht recht, wie ich in dieser Sache entscheiden soll. Unzweifelhaft ist, daß derjenige, der bereit ist, für die Heiligung des Namens zu sterben, sich selbst zerstören darf. Aber andere töten? Dies erfordert eine sorgfältige Untersuchung, ob sich nicht eine Quelle findet, die es gestattet ... Wir haben gehört und wir haben gefunden, daß viele Notablen ihre Söhne und Töchter getötet haben. Rabbi Kalonymus hat es ebenfalls [1096 in Mainz] getan, wie wir aus einem Klagegedicht wissen – und wer von ihm behaupten wollte, er habe der Entsühnung bedurft, verleumdet gewiß unsere frommen Vorgänger. Da es seine Intention war, recht zu handeln, legte er aus übergroßer Liebe zu unserem Schöpfer Hand an die Freude seines Lebens und tötete sie, und seine Kinder flehten ihn an, gleichermaßen mit ihnen zu verfahren. Diese Situation ist nicht zu vergleichen mit der Situation im Talmud [über Entschädigungen für Körperverletzungen], wo entschieden wird, daß [ein Mann, der angefleht wird] ›blende mein Auge und brich mir das Bein‹, gleichwohl haftbar ist [für Schäden, wenn er handelt, wie sein Opfer verlangt]. Hier, in diesem Fall, vergeben wir ihm ganz gewiß, weil er aus Liebe zu Gott gehandelt hat, und eine strenge Behandlung ist völlig fehl am Platz.«

Meirs Nachsicht mit dem armen Mann ist nicht erstaunlich. Besonders anrührend finde ich die Worte, mit denen sein Respons beginnt: »Ich weiß nicht recht, wie ich in dieser Sache entscheiden soll.« Wer wüßte das schon? Gepriesen sei die Autorität, die sich zu den Grenzen ihrer Autorität bekennt.

Die Leidensberichte aus Aschkenas sind die bewegendsten Dokumente aus der Geschichte meines Volkes im Mittelalter, aber ich muß ihnen widerstehen. Ich soll die Märtyrer ehren, aber ich soll sie nicht bewundern. Eine Behauptung wird nicht dadurch wahr, daß jemand für sie gestorben ist. Hört sich das hartherzig an? Dann will ich es anders formulieren. Eine Behauptung wird nicht dadurch wahr, daß jemand für sie getötet worden ist.

In all diesen Schilderungen vom heiligen Töten und heiligen Sterben herrscht allzuviel Gewißheit. Wer könnte nicht gleichwohl die Märtyrer für ihren Mut bewundern? Eine Definition des Märtyrertums: vorstellbarer Mut im Dienste einer unvorstellbaren Gewißheit.

Die Märtyrer ängstigen mich mit den Folgen der Liebe, die ich mit ihnen teile.

◇

Ich war heute abend vorzeitig in der Schul und schaute in den Abriß von Meir von Rothenburgs Meinungen zur Trauer, der bei Mordechai ben Hillel erscheint, seinem großen Schüler, der fünf Jahre nach Meirs Tod als Märtyrer umkam. Was mir heute abend ins Auge springt, ist Meirs unerbittliche Haltung, was die Grenzen der Trauer angeht. Er zitiert seinen Vorgänger Elieser ben Joel ha-Levi, den Weisen von Bonn im zwölften und dreizehnten Jahrhundert, der eines der wichtigsten Werke zum jüdischen Recht im Mittelalter verfaßte (ich habe ihn als den Rabbiner in Erinnerung, der ein Respons diktieren mußte, weil sein Sehvermögen beeinträchtigt war durch die Tränen, die er um seinen Bruder vergoß, der im Jahr 1216 den Märtyrertod starb): »Rabbi Elieser ben Joel schrieb, daß man sagt, daß einer, der um Vater oder Mutter trauert, vor Ablauf von zwölf Monaten kein Haus der Fröhlichkeit aufsuchen solle, so daß [wir folgern dürfen, daß] wir es in einem Schaltjahr [im jüdischen Kalender, dessen Jahr dreizehn Monate umfaßt] mit zwölf Monaten bewenden lassen können. Deshalb ist in den Texten die Rede von Monaten und nicht von einem Jahr.« Und in Mordechais Text heißt es später, daß »unser Rabbi Meir« Wert auf die Feststellung legte, daß das Strafgericht der Toten zwölf Monate dauert, »und auch wenn er ein gottloser Mensch war, erhält er sein Urteil zwölf Monate nach seinem Begräbnis, und daher braucht der Trauernde [nach dieser Zeit] nicht mehr um Vater oder Mutter zu trauern, außer er [erfährt mehr als zwölf Monate später vom Tode seiner Eltern und] trauert eine einzige Stunde lang, sonst aber absolut nicht.«

»Absolut nicht«: Warum auf ein Jahr der Rückschau zurückschauen? Nostalgie ist schon schlimm genug. Nostalgie nach der Nostalgie ist lachhaft.

Es mag lachhaft sein, aber es könnte auch unser Schicksal werden. Wann wird es so weit sein, daß wir uns nicht nur nach der Vergangenheit sehnen, sondern auch nach unserer Sehnsucht nach der Vergangenheit? Die Leute werden sich der Zeiten erinnern, da sie sich erinnerten. Sie werden ihres Gedenkens gedenken.

Es ist ein Gemeinplatz, daß das moderne Leben unsanft mit der Erinnerung umgegangen ist. Und da unsere Erinnerung beschädigt ist, idealisieren wir sie. Schuldbewußt befördern wir sie zu mehr, als sie ist, und verleihen ihr eine Autorität, die sie nicht verdient. Die Erinnerung ist die fehlbarste unserer Fähigkeiten. Ständig bedarf sie der Korrektur.

Die Erinnerung ist unvermeidlich bruchstückhaft. Das ist ihre Stärke. Sie bewahrt nicht alles. Wenn du nicht vergessen kannst, kannst du dich nicht erinnern. Das Aufspüren von Tradition ist bruchstückhaft, oder es ist nutzlos. Aber dann kommt der Historiker und kümmert sich um all die kostbaren Dinge, um die sich die Erinnerung nicht gekümmert hat.

Man bewundert die Erinnerung wegen ihrer Unmittelbarkeit und Authentizität. Dabei ist Unmittelbarkeit das Gegenteil von Authentizität. Wir können nicht unmittelbar sein, was wir sein sollen. Wir können nicht einmal unmittelbar sein, was wir sind.

Die einzige Authentizität, die unmittelbar unsere ist, ist die biologische Authentizität. Deshalb ist sie moralisch bedeutungslos.

Authentizität, das heißt, stellvertretend durch die eigenen Vorfahren leben.

Viele Jahre lang habe ich meinem Vater zugeredet, er solle seine Erinnerungen an seine ermordete Welt auf Band sprechen. Er hat sich nie dazu durchringen können, und ich bin darüber nicht wirklich traurig. Seine Erinnerung lebt weiter in meiner Erinnerung, seine Version von ihm in meiner Version von ihm. Mir ist klar, daß er manches falsch erinnerte und daß ich manches falsch erinnere. Ich werde meine Erinnerung an meinen Vater nicht mit meinem Wissen von ihm verwechseln. Aber ich bin ja auch sein Erbe und nicht sein Historiker.

Dasselbe kann ich nicht von meiner Tradition sagen. Ich bin ihr Erbe *und* ihr Historiker. Ich muß mich ihrer erinnern, *und* ich muß sie kennen. Ich muß gläubig sein, *und* ich muß zweifeln. Ich muß nah sein, *und* ich muß fern sein.

Ständig raffe ich mich zusammen und trage mich dorthin, wo ich bin.

Menschen ohne Geheimnisse können Menschen mit Geheimnissen nicht verstehen. Das ist keine Frage der Ehrlichkeit. Menschen mit Geheimnissen sind nicht unehrlich. Sie sind unglücklich. Sie möchten geliebt, aber nicht erkannt werden. – Ein Gedanke, der sich auf meinen Vater bezieht.

Kann man Geheimnisse und zugleich die Fülle des Lebens haben?

◇

Heute abend beginnt der letzte Tag. Als ich zur Schul kam, sank ich fast auf die Knie. Verzweifelt lauschte ich dem Kaddisch. Ich fuhr einen unserer alten Herren nach Hause. Als ich die Schul verließ, waren einige drinnen eifrig dabei, Essen für eine Obdachlosenunterkunft in der Nähe zu bereiten.

Heute morgen träumte ich einen furchtbaren Traum. Es ging um antike Schüsseln. Ein großer Mann versuchte, sie zu zerschlagen, und ich versuchte, sie zu retten. Er versuchte, sie zu zerschlagen, weil ich versuchte, sie zu retten, um mich in meiner Liebe zu ihnen zu quälen. Immer wieder kam es zu Handgreiflichkeiten zwischen uns. Ich rettete die antiken Schüsseln, und die ich nicht zu retten vermochte, zerbrachen nicht, und das war ein Wunder.

Der große Mann war mein Vater. Ich erwachte mit Angst. Das war wieder einer meiner Träume, in denen ich wütend auf meinen Vater war, wie ich sie früher oft hatte. Aber jetzt, ein Jahr nach seinem Tode? Vermutlich ist die Nachricht noch nicht beim Unbewußten angekommen.

Ein eisiger Morgen. Der allerletzte. Die Lederriemen, die ich mir um Arm und Kopf wickele, erinnern mich an den Stahl, mit dem man Beton armiert. Ich kann die Armierung gebrauchen.

Der Gottesdienst endet mit dem Psalm des Tages: »Ich entzog der Last seine Schulter.«

◇

In einem Werk aus dem vierzehnten Jahrhundert habe ich einen kurzen Essay gefunden, der sich gegen die Trauermentalität richtet. Es handelt sich um *Zeda La'Derech* (»Wegzehrung«), und sein Verfasser ist Menachem ben Serach. Das Buch, ein Leitfaden durch religiöse Gesetze und religiöse Begriffe, wurde für die Oberschicht der jüdischen Gemeinschaft von Toledo geschrieben, denn »wegen der Unruhe der Zeit und der Gier nach Titeln und überflüssigen Dingen werden sie in der Erfüllung der ihnen obliegenden religiösen Pflichten immer pflichtvergessener, besonders jene, die reisen, und jene, die am königlichen Hof dienen«. Menachems Einführung ist unter Ideengeschichtlern berühmt, schildert sie doch die Entwicklung der Tradition vom Anfang bis in ihre Gegenwart; sie enthält jedoch auch knappe, aber unvergeßliche Lebenserinnerungen Menachems. Die »Unruhe der Zeit«, von der Menachem sprach, kannte er aus eigener Erfahrung. »Ich, der Verfasser dieses Buches, der Nichtswürdige in meiner Familie, Menachem Sohn des heiligen Rabbi Aaron ben Serach, wurde im Lande Navarra geboren. Mein Vater gehörte zu den aus Frankreich Vertriebenen, die im Jahr 5066 (1306) im Monat Aw von dort verbannt wurden. Als ich sechzehn war, heiratete ich … Im Jahr 5088 (1328) erzürnte Gott über Sein Volk, und der König von Frankreich, der über Navarra herrschte, starb, und der Pöbel erhob sich und trachtete danach, alle Juden im Reich zu vernichten und zu ermorden und auszurotten. In Estella und im übrigen Land töteten sie an die sechstausend Juden. Mein Vater, meine Mutter und meine vier jüngeren Brüder heiligten den Namen Gottes und wurden getötet. Aus meines Vaters Haus bin nur ich davongekommen. Ich wurde schwer verletzt und litt große Schmerzen, denn fünfundzwanzig Schurken schlugen und verwundeten mich, und sie ließen mich nackt zurück unter den Toten, wo ich vom Beginn der Dämmerung bis zur Mitternacht blieb. Es war der dreiundzwanzigste Tag des Adar. Um Mitternacht erschien ein Ritter, der mit meinem Vater befreundet war, und er holte mich zwischen den Toten heraus und brachte mich in sein Haus und behandelte mich freundlich. Als meine Wunden schließlich geheilt waren, beschloß ich, nach Toledo zu gehen und die Tora zu studieren. In Navarra kam ein neuer König auf den Thron, und wir, die Kinder der Toten, flehten ihn an, das vergossene Blut unserer Väter zu rächen, aber es fruchtete nichts. Ich studierte zwei Jahre lang bei meinem Lehrer Rabbi Josua ibn Shouaib. Und dann kam ich im Jahr 5091 (1331) hierher.« Menachem geht auf Einzelheiten seines Studiums ein – die talmudischen Methoden von Aschkenas waren in Spanien eingeführt worden, und Menachem verbindet sie mit den Methoden der spanischen Schule –, und er zieht von Toledo um nach Alcalá, wo er zum Nachfolger seines Lehrers an der Akademie werden soll. Bald aber wird seine Berufung gewaltsam gestört. Heinrich von Trastámara und Peter der Grausame überziehen die Stadt mit einem Bruderkrieg. Heinrich belagert Toledo im Jahre 1368, und als Peter anrückt, um die Belagerung aufzuheben, wird er von seinem Bruder getötet, der daraufhin den Thron besteigt. »In jener

Zeit des Krieges, als allerorten Chaos war und jedermann nach Gutdünken handelte und das gemeine Volk die jüdischen Gemeinschaften Spaniens beraubte und ausplünderte, wurde das Volk Israel stark vermindert, und für die Juden im Königreich Kastilien war es eine Zeit der Not, wie sie sie nicht erlebt hatten, seit sie dort ihr Exil genommen hatten. Die heilige Gemeinschaft von Toledo litt doppelt unter der Belagerung, so sehr, daß sie schließlich das Fleisch ihrer Söhne und Töchter aßen. Rund achttausend Juden starben während der Belagerung, groß und klein, an Hunger und Entbehrung. Nur wenige überlebten, und der König erlegte ihnen eine Steuer auf, bis sie nicht einmal mehr ein Stück Brot für sich hatten. Auch ich wurde alles dessen, was ich hatte, beraubt, denn sie plünderten und bestahlen mich, und sie schlugen mich und verwundeten mich und nahmen mir meinen Mantel fort, und von all meinen Mühen blieb mir nichts als meine Bücher und mein Haus und mein Land.« Aus Alcalá wird Menachem gerettet von dem Höfling Don Samuel Abravanel (»ein intelligenter Mann und ein Freund der Gelehrten ... der, wenn der Drang der Geschäfte es erlaubt, eifrig die Werke der Schriftsteller und Philosophen studiert«), der ihn wieder in Toledo ansiedelt, wo »die Notabeln, die überlebt hatten, mich anflehten, und ich war bereit, unter ihnen zu leben, damit ein rettender Rest mit Gottes Hilfe erhalten bleibe«. (Samuel Abravanel trat sechs Jahre nach Menachems Tod im Gefolge der judenfeindlichen Ausschreitungen des Jahres 1391 zum Christentum über und wurde zu Juan Sanchez de Sevilla, floh aber später mit seiner Familie nach Portugal und kehrte zum Judentum zurück.)

Menachem ben Serach war, wie wir sagen würden, ein Überlebender. (Das ist einer der Ehrentitel unserer Zeit.) Und dieser Überlebende, dieser Mann, der zweimal alles verloren hat, der aus einem Haufen von Leichen gezogen wurde – dieser Mann sprach eine Warnung vor der Trauer aus. Als Text für seine kleine Predigt gegen die Morbidität wählte er die Verse aus dem Prediger, die das Gegenteil nahezulegen scheinen: »Es ist besser, in das Haus der Trauer zu gehen, als in das Haus des Gelages zu gehen« und »Das Herz des Weisen ist im Hause der Trauer, und das Herz des Toren im Hause der Freude.« Der Verfasser dieser Verse, sagt Menachem, »hat sich präzise ausgedrückt. Er sagte ›in das Haus der‹ und ›im Hause der‹. Er sagte nicht, es sei besser, trauern zu gehen, und er sagte nicht, das Herz des Weisen sei in Trauer. Denn die Wahrheit ist, daß das Herz der Toren in Trauer ist, weil im Herzen der Toren der Ärger wohnt. Trauer ist eine der schlechten Eigenschaften, die die Vollkommenheit des Menschen beeinträchtigen, da Weisheit und Inspiration wegen der Trauer vergehen.«

Um die verarmenden Wirkungen der Trauer zu belegen, führt Menachem das Beispiel der Trauer Jakobs um Joseph an, den er fälschlich für tot hielt. Jakob war »vollkommen in höchstem Maße«, und doch »ruhte der Göttliche Geist nicht während der ganzen Zeit seiner Trauer auf ihm, und er war ihm daher während langer Zeiten seines Lebens verborgen«. Menachem zieht daraus einen eindeutigen Schluß: »Wenn ein so vollkommener Mensch einen so großen Mangel erlitt, um wieviel mehr wird [dies] einem gewöhnlichen Menschen [geschehen], der zuviel trauert.« Menachem möchte nicht gefühllos sein. Er hat Verständnis dafür, daß Trauern menschlich ist. »Die Schrift verbietet das Weinen durchaus nicht«, schreibt er, »denn es ist natürlich, daß man zu Tränen gerührt wird, wenn die, die man liebt, von einem gehen, auch wenn sie noch am Leben sind ... Die Weisen verkennen nicht die Natur, und es liegt in der Natur des Menschen, zu weinen, wenn er von denen, die er liebt, getrennt wird, und um so mehr, wenn er nicht erwarten kann, sie wiederzusehen.« Doch das Natürliche ist der Anfang des menschlichen Lebens, nicht sein Ende. Auf das Natürliche folgt das Geistige. Der Rabbiner zollt der Wahrheit des Gefühls Anerkennung und strebt dann danach, des Gefühls Herr zu werden. Auch der Kummer erfordert Disziplin.

»Die wahre Weisheit«, fährt Menachem fort, »besteht darin, zu erkennen, daß die Trauer um den Toten weder ein Ausdruck von Weisheit noch ein Ausdruck des richtigen Glaubens ist.« Das sind starke Worte. Inwiefern widerstreitet die Trauer dem Glauben? Menachems Antwort ist einigermaßen verblüffend: Übertriebene Trauer ist ein Ausdruck übertriebener Liebe. Nicht die Trauer um den geliebten Menschen widerstreitet dem Glauben, sondern die Liebe zu dem geliebten Menschen. Das ist es, was Jakob nicht verstanden hatte. Er trauerte um seinen Sohn auf eine Weise, die den Sinn seiner Vaterschaft verzerrte. »Für den Gerechten«, behauptet Menachem, »gibt es keinen Grund, Söhne zu haben, außer dem, zusammen mit ihnen dem Herrn zu dienen.«

Nun, es gibt doch noch andere Gründe. Wir haben Kinder, bemerkt Menachem, weil wir animalische Wesen sind: Manche »haben den Willen [sich fortzupflanzen], weil sie durchtränkt sind von der Natur aller Lebewesen, die nicht die Fähigkeit des Denkens und nicht die Fähigkeit haben, mit ihren Händen etwas zu erschaffen, und sie wünschen Kinder zu haben und sie aufzuziehen, und sie nehmen freudig die Mühe auf sich, die sie mit ihnen haben, und wenn ihre Kinder sterben, trauern sie, weil all ihre Mühen umsonst sind. Wer auf diese Weise trauert, unterscheidet sich nicht von den Tieren. Sein Kummer gleicht dem Kummer der Kuh, die nach dem Verlust eines Kalbes brüllt, und daraus erwächst Verachtung und Zorn.« Andere, schreibt Menachem ein wenig dunkel, wünschen sich Kinder aus »einem üblen Motiv«, etwa, »um von ihnen Hilfe zu haben und mit ihnen zu prahlen vor ihren Nachbarn und Verwandten«. Diese ränkevollen Eltern trauern um ihre Kinder, wie ein Heerführer um den Verlust seines Heeres trauern würde, »und am besten würden diese Leute keine Kinder zeugen, denn der Verlust wird ihnen als Sünde vorgehalten werden«. Es gibt aber auch jene, die den höheren Sinn der menschlichen Fortpflanzung begreifen, »deren Absicht bei der Zeugung von Kindern es ist, daß sie lernen, auf den Wegen des Herrn zu wandeln und Ihm zu dienen, und die auf diesem Wege sind, dürfen sich mit Recht der Fortpflanzung freuen, und sie werden Gott danken und preisen, wenn sie [die Kinder] ihnen genommen werden.« In dieser Hinsicht war Abraham erfolgreich, wo Jakob versagte, als er sich rüstete, seinen Sohn zu opfern, »und er bat nicht darum, von diesem Gebot entbunden zu werden, dem schwersten aller schweren Gebote in der natürlichen Ordnung der Dinge«. Abraham hatte begriffen, daß die menschliche Liebe sich über die tierische Liebe erheben muß. Der Unterschied besteht in der Loslösung. Die Kinder eines Menschen sind nicht seine Kinder, sie sind Gottes Kinder. Menachem zieht (bezugnehmend auf eine berühmte Talmudlegende über den Tod von Rabbi Meirs Sohn) eine Analogie aus dem Schadenersatzrecht heran. Er setzt ein Kind mit einem Gegenstand gleich, der jemandem zur Aufbewahrung anvertraut wurde. Der Gegenstand ist nicht sein Eigentum, und seine Zwecke sind nicht dessen Zwecke. »Wenn der

Eigentümer kommt, um abzuholen, was ihm gehört, ziemt es sich dann für den, der es für ihn aufbewahrt hat, niedergeschlagen zu sein? Das würde ein unfreundliche Gesinnung offenbaren, und es nützt nichts.«

Das Argument, das Menachem gegen die Tyrannei der Liebe vorträgt, ist eindrucksvoll, nicht zuletzt, weil es in einer Erörterung der Gesetze der Trauer erscheint. Drei Tage für das Weinen, sieben Tage für das Wehklagen und so weiter: Um das abgestufte jüdische Trauerprotokoll verständlich zu machen, tritt Menachem für die Loslösung ein. Ich sage, er hat recht. Ich bin nicht nur ein animalisches Wesen, und ich bin nicht nur ein Sohn. Meine Seele reicht über meine Abstammung hinaus. Mein Vater hat mich mit meinen Absichten durchtränkt, aber meine Absichten tragen mich weit über meinen Vater hinaus. Im Herzen der Familie soll eine weise Entfremdung herrschen, ein Standpunkt, der strenger ist als der Standpunkt der Liebe. Im Herzen der Familie – ein geistlicher Keil.

Auch ein Vater, eine Mutter, ein Sohn oder eine Tochter können Götzen sein. Es gibt auch einen Götzendienst, der nichts anderes ist als allzu große Liebe.

Wenn ich Menachem lese, fällt mir auf, wie narzißtisch die Trauer ist. Vor einem Jahr starb mein Vater. Aber ist das wirklich die genaueste Beschreibung dessen, was geschah? Natürlich nicht. Vor einem Jahr starb *dieser Mensch*. So wie ich nicht nur sein Sohn bin, so war er nicht nur mein Vater. Ich sollte deshalb davon absehen, daß er mein Vater war. Wer war er? Was hat er getan? Ich sollte davon absehen, daß er mein Vater war, und um ihn trauern.

Was ist dann nach Menachems Ansicht der Zweck der Trauer? Er sagt es ganz geradeheraus: »Für einen intelligenten Menschen gibt es nichts, worum er zu trauern und sich zu grämen hat, außer seinen eigenen Sünden.« Ich habe ein Jahr gebraucht, um zu spüren, wie stark diese Idee ist. Kummer als eine Form der Reue. Reue als das Wesen des Kummers.

Menachem fügt seine Stimme in den Chor jener Denker ein, für die zwischen Sterblichkeit und Moral ein Wesenszusammenhang besteht. Der Trauernde ist ein Mensch, dem das Nachdenken über die Realität des Todes alle Flausen über seine Abhängigkeit von der materiellen Welt austreibt, der »einsieht, daß der Körper eines guten Menschen genauso verwest wie der Körper eines bösen Menschen, und daher prüft der lebende Mensch gewissenhaft sein eigenes Leben«. So gesehen, hat die Trauer ihren Platz diesseits der Metaphysik. Trauern ist ein Prozeß der Remoralisierung. Im Kummer steckt der Keim des Wandels.

Wenn der Sohn beweisen kann, daß beim Vater Verdienst ist, dann kann der Sohn beweisen, daß beim Sohn Verdienst ist.

Die moralische Energie der Trauer: Als ich in den ersten Monaten dieses Jahres bei Nachmanides auf diese Idee stieß, lehnte ich mich dagegen auf. Ich war nicht dazu aufgelegt, mir eine Moralpredigt halten zu lassen, mich kränkte die Vorstellung, daß der Tod meines Vaters die Gelegenheit war, mit meiner bisherigen Lebensweise Abrechnung zu halten. Mein Kummer war kein Ringen mit Werten, er war ein Ringen mit Fakten. Es war die Welt, die sich selbst zu erklären hatte. Aber an diesem Tag, dem letzten Tag, erkenne ich, was ich erkennen soll. Mögen die Fakten stumm ihren Lauf nehmen, mag die Welt sich in alle Ewigkeit wiederholen. Ich aber bin ein Mensch, der sterben wird, der Sohn eines Menschen, der gestorben ist, und ich kann mich selbst transzendieren. Ich bin der Riß in der Welt, da ich mich selbst transzendieren kann.

Die Welt erstickt an Natur.

◇

Der letzte Tag, der letzte Tag. Ich habe still im Büro meine Arbeit getan und bin still zum Nachmittagsgebet gegangen, und dann wurde ich allmählich mürbe. Ich sah den Mann aus der Regierungsbehörde, den sanften Mann mit dem festen Glauben, stehen und beten. Seine flehenden Arme beschrieben Bögen über seiner reglosen Gestalt. Ich bemerkte, daß er, je näher er Gott kam, desto weiter sich von uns entfernte. So sollte es sein. Sein Anblick ließ mich ruhig werden. Der

Gottesdienst kam und ging. »Unser Vater, unser König, sei uns gnädig und erhöre uns, denn wir haben keine Taten, erweise uns Liebe und Gnade und hilf uns.« Als ich die Räume der Lobbyisten verließ, schob ein Freund seine Hand in meine, so als wollte er mir zum Abschluß des Kurses gratulieren. Der Diener Gottes in der Ecke verharrte noch in seiner Anrufung.

Auf dem Rückweg zur Arbeit mache ich eine Pause auf dem kleinen Platz mit der Statue von Longfellow. Es ist nicht mehr als eine Insel im Verkehr, aber eine Insel im Verkehr ist das, was ich brauche. Der alte Dichter sitzt streng über mir. Seine rechte Hand ist über die Seite seines Stuhls herabgesunken, und sie hält ein Buch. Er denkt nach über das, was er gerade gelesen hat, oder er ist dabei, es zu vergessen. Ich sitze unter einem kahlen Baum, auf einer Holzbank, der die Winter, die sie durchgemacht hat, anzusehen sind, und beobachte die Tauben. Mein Kopf wird leer. Ich denke nicht mehr an Gründe. Ich bin mir lediglich bewußt, daß ich denke. Ich weiß nur, daß etwas ist und nicht nichts. Dies ist das Rauschen des Seins. Es geht rasch vorüber, und ich kehre an meine Arbeit zurück.

Im Gesetzeskodex des Maimonides lese ich: »Ein Mensch soll nicht über die Maßen um seinen Toten trauern. Wie [bei Jeremia] geschrieben steht: ›Weinet nicht um den Toten, und beklaget ihn nicht.‹ Das will besagen, weinet nicht allzusehr, denn das ist der Lauf der Welt, und ein Mensch, der sich um den Lauf der Welt grämt, ist ein Tor.«

Die Welt erklärt nicht. Das ist ihr eigentümliches, unmenschliches Privileg.

◇

Ich bin zu Hause. Das Licht wandert nun in der Richtung meiner Befreiung. Gleich wird die Sonne über meiner Trauer untergehen. Ich sitze an meinem Schreibtisch, aber ich kann nicht arbeiten. Ich kann nur durch das Fenster starren und dem Vergehen des Tages zuschauen und seine letzten Momente an den Veränderungen in Gold und Grau ablesen.

Die Dämmerung ist da. Meine Pflicht ist getan.

Die Dämmerung ist da. Ich gebe seinen Geist auf.

Die Dämmerung ist da. Er wird gerichtet.

Die Dämmerung ist da. Ich werde gerichtet.

Dies sind Dinge, für die ich zu klein bin.

Wird es denn nie dunkel?

Es wurde dunkel. Ich ging zur Schul. Die Luft war erfüllt vom Duft von Kaminfeuern. Meine Trauer um meinen Vater schlüpfte aus der Welt wie mein Vater. Ich fuhr mit der Hand über die Augen meines Kummers.

Wenn mein Becher voll ist, studiere ich ihn. Wenn mein Becher leer ist, trinke ich ihn aus.

Ich habe Lust zu lobpreisen. Gelobt sei das Buch, die Seite, der Vers, das Wort, der Buchstabe. Gelobt seien die großen Namen und die ungroßen Namen. Gelobt seien der Samt, der die Farbe von Wein hat, und der Wein. Gelobt seien das Teilchen im Licht und das Licht. Gelobt sei die Schulter, und gelobt sei die Last. Gelobt sei der Kalender. Gelobt sei die Uhr.

XVI

Ich bin kein Trauernder mehr. Das heißt, meine Trauer gehört jetzt ganz mir. Ein Jahr lang war das Private öffentlich. Den Forderungen meiner Tradition gemäß und gelegentlich mit Bedacht habe ich den Zustand meines Herzens offengelegt. Doch dieser Ritus ist nun zu Ende. Die Öffentlichkeit hat keinen Anspruch mehr auf das Private. Ich brauche nichts mehr zu zeigen. Ich bin wieder allein mit den Reinheiten und den Unreinheiten, seinen und meinen.

Was ich jetzt erlebe, hat nichts mit dem zu tun, was die Amerikaner »closure« nennen, Abschluß. Was für eine absurde Vorstellung vom Funktionieren der Emotionen! Die Amerikaner glauben wirklich, die Vergangenheit sei vergangen. Sie wollen nicht zur Kenntnis nehmen, daß die Vergangenheit wie das Licht eines fernen Sterns die Gegenwart durchtränkt. Dinge, die vorüber sind, enden nicht. Sie dringen in uns ein, suchen Zuflucht in der Subjektivität. Und dort leben sie weiter, im Bewußtsein von einzelnen und Gemeinschaften.

Es ist nicht möglich, eine empiristische Darstellung der Tradition zu geben.

Die Seele heilt nicht, wie der Körper heilt, weil die Seele durch ihre Wunden verbessert und sogar verzaubert wird.

»Abschluß« ist ein Ideal der Vergeßlichkeit. Es ist eine Leugnung des Endgültigen, insofern das Endgültige niemals endgültig ist. Nichts geschieht ein für allemal. Es ist alles auf Besuch, es kommt alles wieder. »Abschluß« sagt dagegen: ein für allemal. Das ist ein Mißverständnis der Subjektivität, die ihrem Wesen nach von der Vergangenheit verfolgt wird.

Aus einem Essay über den Tod von dem entschiedensten Rationalisten, den ich kenne: »Das Leben eines Menschen kann vieles umfassen, das nicht in den Grenzen seines Körpers und seines Geistes stattfindet, und was ihm widerfährt, kann vieles umfassen, das nicht in den Grenzen seines Lebens stattfindet. Diese Grenzen werden gemeinhin überschritten von den Mißgeschicken des Getäuscht- oder Verschmäht- oder Verratenwerdens. (Wenn das zutrifft, läßt sich leicht erklären, inwiefern es Unrecht ist, das einem Sterbenden gegebene Versprechen zu brechen. Es ist eine Kränkung des Toten. Für gewisse Zwecke kann man die Zeit als eine andere Form der Distanz auffassen.) Gutes und Böses kann dem Menschen ebensosehr aus dem Grunde zustoßen, daß er Hoffnungen hat, die sich erfüllen können oder auch nicht, und Möglichkeiten, die Wirklichkeit werden können oder auch nicht, wie auf Grund seiner Fähigkeit, zu leiden und zu genießen.« Ist das nicht eine Theorie der Unsterblichkeit?

Der Rationalist erklärte, daß man einen Toten kränken kann. Ich bin morgens aufgestanden, um das Kaddisch zu sagen. Es ist dasselbe.

Eines Rationalisten Theorie der Unsterblichkeit!

Über dem Eingang eines Gebäudes in der Nähe der Mall bemerke ich eine Uhr, die keine Zeiger hat. Wenn es im Paradies eine Uhr gibt, dann ist es diese.

◇

Manchmal finde ich das Werk von Schülern erbaulicher als das Werk von Meistern. Die Verehrung des Großen langweilt mich. Auch unterhalb des Großen kann man allerhand zustande bringen. Und so habe ich Josef ben Moses, genannt Jossel, gelesen. Er war ein Schüler von Israel Isserlein, der größten Autorität in Deutschland in der Generation, die auf Jakob Möllin folgte. Im Jahre 1475 beendete Jossel einen Digest der Gesetze und Bräuche seines Meisters, in dem er auch Anekdoten festhielt. Jossel erinnert mich an Salman, den getreuen Schüler und Gehilfen Möllins, nur daß er charmanter ist. Er schreibt, er sei nicht sehr helle – »viele dieser Dinge habe ich erst nach großer Mühe begriffen, dreimal mußte ich meinen Meister und die Schüler fragen, bis ich verstand« – und wisse sich nicht zu helfen – »Ich wußte nicht, wie man eine Feder zum Schreiben spitzt, und ich kann auch nicht schnell schreiben, und bisweilen war es mir eine

Last, Papier und Tinte zu kaufen, um dieses Buch zu schreiben«. Er ist ein bescheidener Mensch, und so bringt ihn sein Vorhaben ein wenig in Verlegenheit: »Ich muß erklären, wie es mir in den Sinn kam, dieses Buch zu schreiben, denn ich habe noch nicht erreicht, was man braucht, um ein Rabbiner oder ein Mitglied der Akademie genannt zu werden, und ich bin schon vierzig Jahre alt.« (Isserleins Kollegen und Schüler drängten ihn, es zu schreiben.) Bei Jossels Erörterung der Trauer kommen die Umstände seines eigenen Trauerfalls ans Licht. Über den Tod seines Vaters: »Als ich hörte, daß mein Vater auf der Reise ins Heilige Land dieses Leben verlassen hatte, und nicht wußte, ob mich die Nachricht zwölf Monate nach seinem Tode erreicht hatte, hieß er [Isserlein] mich ein einziges Kaddisch sagen, das genügen würde, bis ich das Datum seines Todes in Erfahrung brächte, obwohl in der Synagoge noch andere Waisen in Trauer waren [die das Recht hatten, in diesem Gottesdienst Kaddisch zu sagen], und ich brauchte nicht mein Kleid zu zerreißen.« (Die Ratlosigkeit eines Kindes, das über den Tod eines Elternteils nichts Genaues weiß, wird im jüdischen Recht ausgiebig diskutiert.) Über den Tod seiner Mutter: »Ich erinnere mich, daß ich, als meine Mutter, Frau Fejga, dieses Leben verließ, noch nicht [alt genug für] Bar Mizwa war. Sie wurde auf dem unteren Friedhof in der Stadt Augsburg begraben, weil mein Vater achtundzwanzig Jahre in der Ansiedlung Höchstadt an der Donau gelebt hatte, und ich wurde dort geboren. Mein Vater zahlte früher Steuern an den Herzog von Fürth und folgte den Augsburger Bräuchen, darunter auch dem, keine Butter von Nichtjuden zu essen. Dreißig Tage nach dem Tode meiner Mutter schickte mich mein Vater zur Gemeinschaft in Augsburg, um die Tora zu studieren und Kaddisch zu sagen. Und dort war ein Trauernder zugegen, der schon ein Bar Mizwa war und ein junger Mann und verlobt mit der Tochter eines der Mitglieder der Gemeinde, und er wollte nicht, daß ich das Kaddisch rezitiere, da ich ein Fremder sei und noch nicht Bar Mizwa, doch Rabbi Jakob Weil entschied, daß er mir erlauben solle, zweimal in der Woche das Kaddisch zu rezitieren.«

Jossels Ausführungen zur Trauer rühren an vertraute Themen: das Auslosen zur Bestimmung der Rangfolge der Trauernden im Bethaus (er beschreibt ein recht umständliches Verfahren eines solch frommen Glücksspiels); den Brauch »in den meisten Gemeinschaften, daß ein Fremder in Trauer das Kaddisch genauso wie ein Einheimischer in Trauer sagt«; die Ausschließung des Trauernden von der Vertretung der Gemeinde beim Gebet an Feiertagen (»er [Isserlein] wollte nicht einen Trauernden hören, er wollte einen Kantor hören, der fröhlich singt, oder einen Kantor, der auf die Worte achtet«, und Trauernde waren auch von der Leitung des Gebets um Regen ausgeschlossen). Und er berichtet von einem köstlichen Vorfall: »Ich erinnere mich, daß da einmal zwei Verwandte waren, die einander nicht ausstehen konnten. Als der eine starb, wollte der andere nicht um ihn trauern. Rabbi Jakob Weil befahl ihm, gegen seinen Willen zu trauern.«

In Jossels gewissenhaften Aufzeichnungen finde ich einen Bezug zu meiner eigenen Situation. »In der Trauerzeit zählt der Monat eines Schaltjahres zu den zwölf Monaten, und man braucht nicht dreizehn Monate lang zu trauern [bis der Jahrestag des Todes von Vater oder Mutter gekommen ist]. Dennoch lehrte er [Isserlein], daß [der Trauernde] [während des dreizehnten Monats] eine Unterscheidung beachten soll – so soll er sich bis zum Jahrestag des Todes seines Vaters nicht auf dessen Platz setzen.« Auch ich habe in einem Schaltjahr um meinen Vater getrauert. Nachdem ich zwölf Monate lang getrauert habe, muß ich jetzt noch einen Monat auf den Jahrestag des Todes meines Vaters warten, auf die Jahrzeit. Ich befinde mich also in einem Zwischenstadium. Von Jossel, der sich auf seinen Lehrer beruft, erfahre ich, daß ich dieses kleine Zwischenstadium durch »eine Unterscheidung« auszeichnen soll, durch einen Knalleffekt.

Die Idee gefällt mir. Aber was für ein Knalleffekt könnte das sein? Ich könnte aufhören, zur Schul zu gehen, aber dann würde ich entehren, was zu ehren ich mich bemühe. Ich könnte weiterhin zur Schul gehen, aber das würde niemanden überraschen, da man von mir sowieso erwartet, daß ich zur Schul gehe. (Dieses ganze Melodram meines Kaddisch beruht auf der Annahme meiner Pflichtvergessenheit. Wenn religiöse Juden trauern, hängen sie an den Gottesdienst, in dem sie sich ohnehin schon befinden, ein kurzes Gebet an.) Nach dem Platz meines Vaters trachte ich nicht, und so kann ich mit Jossels Anregung, mich nicht auf seinen Platz zu setzen, nichts anfangen. Ich habe nie gedacht, daß es mir einmal schwerfallen würde, mir einen Knalleffekt auszudenken. Ich war früher der Meister der Knalleffekte.

Jossel beschließt seine Erörterung und sein Buch mit der folgenden Geschichte: »Ich erinnere mich, daß ich den weisen Rabbi Isserlein fragte: ›Ein alter Mann wie du – was kannst du für eine Freude am Messias haben?‹ Und er antwortete: ›Oh, wenn ich den Messias nur für eine halbe Stunde sehen könnte, würde ich bereitwillig sterben.‹ Und ich war zu schwerfällig, ihn nach seinem Grund zu fragen.« Der arme begriffsstutzige Jossel! Dabei ist der Grund seines Meisters nicht schwer zu erretten. Die Freude, die ihm das Kommen des Messias bereiten würde, wäre die Freude an dem Wissen, daß er nicht getäuscht worden ist. Dazu würde die Stunde des Beweises, die halbe Stunde des Beweises genügen. Jossel hatte die Frage eines jungen Mannes an ihn gerichtet.

Heil Jossel, heil Salman, ihr glücklosen Helden einer todlosen Tradition!

Ach, hätte ich doch eine halbe Stunde des Beweises.

◇

Es ist fast vorüber. Aber es nicht ganz vorüber, und so muß ich ein Buch aufschlagen. Aus Brooklyn ist eine neue Ausgabe mit den Entscheidungen von Chajim ben Isaak eingetroffen, dem Sohn von Isaak von Wien und Schüler von Meir von Rothenburg. Vor einiger Zeit brütete ich über seinem Respons über Märtyrertum und Kaddisch. In dem neuen Band finde ich folgendes: »Wenn zwei Trauernde da sind und jeder in seinem Haus trauert, dann sollte der eine sein Haus verlassen und den anderen besuchen, auch in den ersten drei Tagen der Trauer.« Ein Trauernder soll sein Haus in den ersten drei Tagen (in unserer Zeit: während der ersten Woche) nicht verlassen. Hier wiegt die Pflicht zu trösten schwerer als die Pflicht zu trauern. Chajim berichtet von einer anderen Gepflogenheit im Deutschland des dreizehnten Jahrhunderts, die er offensichtlich gutheißt: »In Speyer ist es Brauch, daß der Trauernde sein Haus verläßt, bevor die Tage seiner Trauer um sind, und sich dem Leichenzug eines anderen Toten anschließt und ihn begräbt, doch sollte dies [nur] nach den ersten drei

Tagen geschehen.« Es mag grausam erscheinen, jemanden, der gerade von einem Begräbnis zurück ist, zu einem anderen Begräbnis hinauszuschicken, doch in Wahrheit ist es nicht grausam, es ist eine Übung in sozialer Verantwortung. Auch der Trauernde hat eine soziale Verantwortung. Seine Erfahrung hat ihm eine Fachkenntnis verschafft, die andere brauchen. Trauer soll nicht den Fachmann für Trauer behindern.

Die Untröstlichen sind die Meister der Tröstung. Sie bieten Mitgefühl ohne Illusion.

In Brooklyn, zur Enthüllung des Grabsteins meines Vaters. Meine Schwester nahm mich heute mit zur Schul. »Ich hatte letzte Nacht einen merkwürdigen Traum«, sagte sie. »In meinem Traum war er ein Holzfäller. Er trug Holz.« Sie sprach von unserem Vater. Ich war so verblüfft, daß ich außerstande war, ihr von Akiba und dem Toten zu erzählen, der dazu verdammt ist, Holz zu tragen. Vielleicht wandert Akiba auch über den Friedhof in Elmont. Während ich in die Schul trat, stellte ich mir vor, daß ich auf dem Friedhof in Elmont auf Akiba treffe und zu ihm sage: Ich weiß, Akiba, ich weiß. Ich muß ihn rechtfertigen. Aber ich habe ihn gerechtfertigt. Ich habe das Kaddisch gesagt, und ich habe die Tora studiert. Mein Vater hat dafür gesorgt, daß deine Dienste nicht erforderlich sind.

Segne meinen Vater, Akiba, segne meinen Vater.

In der alten Schul tobte ein Kampf, der selbst für die dort üblichen Verhältnisse häßlich war. Ich glaube, ich weiß, für welche Seite mein Vater Partei ergriffen hätte.

Es ist der siebte Tag des Adar. Das ist kein gewöhnlicher Tag im jüdischen Kalender. An diesem Tag starb Moses. Nach dem Gottesdienst widme ich mich in der Schul kurz dem Studium, zum Thema des siebten Adar. Dies ist mein Text für den Morgen, aus dem Talmud: »Als das Los, das Haman geworfen hatte [um das Datum für die Vernichtung der Juden Persiens zu bestimmen], auf den Adar fiel, frohlockte er und sagte: ›Der Würfel fiel auf den Monat, in dem Moses starb.‹ Er wußte nicht, daß Moses nicht nur am siebten Adar starb, sondern auch am siebten Adar geboren wurde.« In dieser Passage geht es darum, daß das Verdienst der Väter – in diesem Fall das Verdienst Moses'– den Juden zustatten kam und sie vor ihrem Feind bewahrte. Es ist ein gutes Zeichen – das würde ich jedenfalls sagen, wenn ich an Zeichen glauben würde –, daß wir an dem Datum, an dem Hamans Anschlag vereitelt wurde, einen Grabstein enthüllen, der großspurig verkündet: »Sie schrieen auf, und Gott erhörte sie und errettete sie aus all ihren Bedrängnissen«. Mein Vater hat schließlich Hamans Bekanntschaft gemacht.

Aber wie kamen die Rabbinen darauf, daß der siebte Adar der Tag Moses' war? Raschi leitet das extrapolierend aus den Bibelversen ab, unter Berücksichtigung der geziemenden Trauerzeit der Israeliten um ihren Führer. Die geziemende Trauerzeit der Israeliten! Schon damals? Ja, schon damals. Es ist ein Axiom der rabbinischen Kultur: ein Jude ist ein Jude ist ein Jude. Wenn wir wie unsere Vorfahren sind, dann sind unsere Vorfahren wie wir. Eines der Hilfsmittel der Identität ist der Anachronismus.

Raschi ist erstaunt, daß Moses am selben Datum starb, an dem er geboren wurde. Das bedarf der Erklärung. »Damit die Geburt für den Tod sühnt«, erklärt er. Nicht zum ersten Mal begegne ich der Vorstellung, daß der Tod eine Sache für Sühne ist. In welchem Sinn genau? Wofür muß den Toten vergeben werden? Für ihre Missetat oder für ihre Sterblichkeit?

Ist der Tod selbst eine Sünde? Vor zwanzig Jahren stieß ich bei einem englischen Schriftsteller des siebzehnten Jahrhunderts auf den folgenden Satz: »Ich fürchte den Tod weniger, als daß ich mich für ihn schäme.« Ich fand ihn damals schockierend, und ich finde ihn jetzt schockierend. Für diesen Mann war die menschliche Sterblichkeit ein Widerspruch zur menschlichen Würde.

Es ist ein Fehler, die Endlichkeit als peinlich zu empfinden, aber es ist ein großartiger Fehler.

Die Bucht, die sich vor dem Haus meiner Mutter erstreckt, war nicht aufgewühlt, und sie war nicht ruhig. Die Gewässer befanden sich in einem Zustand sanfter, unendlicher Bewegung. Sie predigten die Beständigkeit des Unbeständigen. Ich hörte sie deutlich. Kleine Boote glitten vorüber, zur See hinaus und von der See herein.

◇

Das Auto kam auf dem ungepflasterten Sträßchen hinter dem Friedhof zum Stillstand. Autotüren wurden geöffnet und geschlossen. Arme wurden in Arme genommen. Es wurde geflüstert. Eine unbeschreibliche Nüchternheit. Und dort stand vor uns das seltsamste Ding, daß ich je gesehen habe: ein Stein, auf dem WIESELTIER stand.

Weitere Autos hielten an. Hauptsächlich Cousins, dazu ein paar Freunde meines Vaters. Ganz plötzlich kam ein Winterwind auf, unpassend für diese Jahreszeit. Er war bitterkalt. Der Rabbiner forderte uns auf, anzufangen. Ich las einen Psalm: »Und er ist wie ein Baum, gepflanzt an Wasserbächen, der seine Frucht bringt zu seiner Zeit, und dessen Blatt nicht verwelkt.« Meine Schwester las einen Psalm: »Der Mensch – wie Gras sind seine Tage; wie die Blume des Feldes, also blüht er. Denn ein Wind fährt darüber, und sie ist nicht mehr.« Der Rabbiner sagte einige Worte über meinen Vater, die alle zutrafen. Die Leute bibberten in der Kälte. Ich bat einen jüngeren Cousin, das Gedenkgebet zu rezitieren, das einen barmherzigen Gott anfleht, »einen passenden Ruheplatz« für den Dahingeschiedenen zu ersinnen, und er rezitierte es mit seiner im Stimmbruch befindlichen Stimme. Der Rabbiner forderte meine Mutter auf, die Gaze zu entfernen, die den Stein am Fußende des Grabes verhüllte, der den Namen meines Vaters und die Namen seines Bruders und seiner Schwester trägt. Sie tat es, und die Namen waren enthüllt. Endlich hatte meine Mutter einen, den sie liebte, begraben.

Mein Vater, mein Vater, begraben und enthüllt.

Nicht der Anblick von meines Vaters Grab war der Anlaß, daß ich meiner Traurigkeit nicht mehr Einhalt zu gebieten vermochte. Es war der Anblick der alten Männer, die sich gegen den Wind zusammendrängten, der alten Männer in ihren Hüten und Mänteln, die gekommen waren, um wieder einen der ihren zu begraben, um wieder einem Gebet für einen weiteren Toten zu lauschen, die standhaften, selbstlosen alten Männer mit ihren Akzenten und ihren Geschichten, die erschöpften und unerschöpflichen Männer, die mir im Alter voraus waren, nunmehr ungerührt von den Windstößen. Sie gelangen an ihr Ende, dachte ich, und ich liebte sie, und ich weinte.

Ich platzte vor Abstammung.

Die Lebenden und die Toten, ich vermisse sie alle.

Dann hielt mich der Rabbiner an, einen weiteren Psalm zu lesen. »Der Herr ist mein Hirte, mir wird nichts mangeln.« Ich entschloß mich, ihn zu singen, auf die ruhige, düstere Art., auf die er an Sabbatnachmittagen gesungen wird. Ich trat näher an das Grab heran und sang, und während ich sang, riß ich mich los von meiner Angst. Ich sang auf den Tod des Wehklagens. Mein Gesang schwoll an, als wolle er in sich Platz machen für all die treuen und bestraften Menschen, die um ihn versammelt waren, um sie mit seinem Glanz zu beschirmen und sie mit seinem Frieden zu versiegeln. Stützt euch auf meine Zeit, stützt euch auf mein Herz, stützt euch auf mein Feuer. Ich werde unter eurer Last nicht wanken, ich werde nicht wanken. »Güte und Heil werden mir folgen alle Tage meines Lebens; und ich werde wohnen im Hause des Herrn immerdar.«

Die Lebenden und die Toten, ich vermisse sie alle.
Ich werde mit ihnen auf dem Ball des Trauernden tanzen.

Dann sagte ich das Kaddisch. Ich stand in den Aschen des Zorns und sprach die Sätze des Lobes. War das meine Stimme? Es war kein Kummer mehr, was sie ausstrahlte. Verherrlicht, sagte ich. Geheiligt, sagte ich. Ich blickte nach oben, ich blickte nach unten, ich blickte in die Runde. Mit meinen eigenen Augen erblickte ich Herrlichkeit.

Danksagungen

Kesher Israel, The Georgetown Synagogue, Washington, D.C., Rabbi Barry Freundel; The Manhattan Beach Jewish Center, Brooklyn, New York, Rabbi Joseph I. Singer, Rabbi Shlomo Horowitz; The Jewish Center, New York, New York, Rabbi Jacob J. Schacter.

Michael Sherman; Arthur Alper; Jordan Brinn; Norman Bensley; Abba Cohen; Carrol Cowan; Mort Feigenbaum; Baruch Fellner; Jonathan Frankel; Sharon Freundel; Michael Gelfand; Morris Glazer; Eliezer Halbfinger; Bernardo Hirschman; Ben Hoffman; David Icikson; Lilly Icikson; Lindsay Kaplan; Marcel Klapisch; Asher Kaufman; Max Klein; Phil Klein; Mark Koffsky; Robert Lebovics; Hadassah Lieberman; Joseph I. Lieberman; Harry Marks; Allan Mendelsohn; Seth Moshman; Ed Perlmutter; Jonathan Pincus; Morton Press; Daniel Renna; Mauricio Renner; Samuel Rosenstein; Hy Sanders; Jerry Schlechtman; Joshua Seidmann; Dov Spolsky; Ira Ungar; Gary Waxman; Sholom David Winograd.

Fouad Ajami; Yehuda Amichai; Stanislaw Baranczak; Avri Bar-Levav; Peter Berkowitz; Charles Berlin; Isaiah Berlin seligen Angedenkens; Moshe Biegeleisen; Shlome Biegeleisen; Robert Bonfil; Jennifer Bradley; Michelle Brown; Leonard Cohen; Thomas Damato; Maureen Dowd; Peggy Dowd; William Drenttel; Debra Durocher; Barry Freundel; Ruth Bader Ginsburg; Moshe Halbertal; Debra Helfand; Elliott Horowitz; Moshe Idel; Mahnaz Ispahani; Carol Brown Janeway; Yosef Kaplan; Stephanie Katz; Karen Kennerly; Adam Kirsch; David Kleinbart; Bernard Knox; Norman Lamm; Wynton Marsalis; Larry McMurtry; Sonny Mehta; Robert Milch; Yehudah Mirsky; Martha C. Nussbaum; Linda Orr; Howard Rosen; Gary Rosenblatt; Ellen Palevsky; Max Palevsky; Anne Peretz; Martin Peretz; Melanie Rehak; Marc Saperstein; Harold Schimmel; Jacob J. Schacter; Haym Soloveitchik; Bruce Steinke; Twyla Tharpe; Jeffrey Tyson; Ruth R. Wisse; James Wood; Herman Wouk; A.B. Yehoshua; Steven J. Zipperstein.

Thea Wieseltier Fattal; Isaac Fattal; Joshua Fattal; Isabel Fattal.

Stella Wieseltier.